KB100082

「한문 원본」을 원문·현토·주해한

삼국사기 三國史記

1권 – 신라본기

김부식(1075~1151) 원저
정민호 현토·주해
문경현 교수 추천 및 감수

明文堂

서문序文

문경현(문학박사 · 경북대 명예교수)

『삼국사기』는 우리나라 최고最古의 사서史書요 불후의 명귀다. 12세기 고려 인종 23년에 김부식이 감수국사 문하시중(수상)을 퇴직하고 난 다음에 사대모화 사상에 치우쳐 중국의 역사는 환하게 알고 있으나 도리어 자아의 역사를 까맣게 모르고 있는 현실을 개탄하여 인종대왕이 김부식에게 삼국사를 지어 올리라는 명을 받고 찬진한 사찬서私撰書다.

이 사서는 사마천司馬遷의 사기史記를 표준하여 본떠 지은 기전체紀傳體 50권의 역사책이다. 『삼국사기』의 사관史觀은 당시 사대주의 시대라 사대모화 사관의 범주를 피할 수 없었다. 그리고 그는 유학자라 합리적 유교사관에 입각하여 편찬했다. 그러므로 『삼국사기』에 일관된 민족 주체 의식의 관류貫流를 우리는 재발견해야 한다. 『삼국사기』는 황제의 편견사인 본기本紀를 채용하여 서술했다. 당시 우리는 중국에 사대하던 속국, 제후국을 자임하던 시대에 이와 같은 사관은 가위 파천황破天荒이라 하겠다. 그리고 우리의 고유한 전통문화를 존중하고 강한 자아의식을 발휘했다.

문장으로서 『삼국사기』는 당시 일세를 풍미하던 사륙변려체四六騈儷體를 따르지 않고 서한西漢의 고문체古文體로 저술한 기려웅위綺麗雄偉한 문장으로서도 걸작에 해당한다.

이와 같이 위대한 사서를 현토懸吐하고 주해하여 '교양한문대학' 교재로 만든 것은 참으로 훌륭한 문학적 쾌거라 하겠다. 이 책을 현토 주해한 정민호鄭旼浩 선생은 내가 평소에 존경하는 우리나라 문단의 중진 시인이다. 선생은 어려서부터 한문을 수학한 우리 시대 몇 안 되는 한학자 중의 한 분이다.

한학자 정 선생이 심혈을 기울여 현토 주해한 이 교재를 일독함에 참으로 놀라울 만치 정확한 현토와 주석으로 우리 학계에 기여함이 실로 크다고 생각한다. 한문 공부와 역사 공부를 병행하여 성취할 수 있는 훌륭한 교재라고 높이 평가하며 이 책으로 공부하여 김부식 공公의 위대한 문장과 역사학이 독자 제언諸彦의 학문향상에 기여비보寄與裨補하기를 기대하면서 서문으로 가름하는 바이다.

2020년 5월 18일

葆蕙莊 鵲巢芸香齋에서 文暻鉉 識之
보혜장 작소운향재 문경현 지지

이 책을 읽는 분들께

현토자의 변

「삼국사기」는 고려시대 대문장가 김부식金富軾이 지은 우리나라 최고의 역사서다. 무슨 책이든 원문으로 읽어야 제맛이 나기 마련인데 많은 사람들이 능력이 모자라 번역본을 읽게 된다. 이 「삼국사기」도 저자의 특유한 문채를 그대로 받아들이려면 한문본漢文本 그대로를 읽어야만 한다.

나는 이번에 뜻한 바가 있어 「삼국사기」에 현토를 하여 주해하면서 한문 문장의 본질을 찾으려고 노력했다. 요즈음 한문 공부를 하는 사람들이 부쩍 늘어나고 있다. 그래서 한문 공부를 하는 사람들이 원문을 읽는데 이해를 돕기 위해 긴 문장은 편하도록 잘라서 현토를 하고 ▶**어려운 낱말**◀을 따로 풀이해서 독자들의 이해를 돕고, ▷**본문풀이**◁를 두어 해석하는데 도움이 되도록 노력하였다. 원본 한문 역사서를 읽고 한문 공부를 함으로써 역사에 대한 이해도 빨라지게 될 것이 아닌가? 옛날에도 한문을 배우는데 사략史略이나 통감通鑑을 읽어 역사를 익히는 것이 상례이기도 했다.

그래서 나는 경주향교부설 사회교육원 〈신라사반〉에서 원본 삼

국사기를 풀이하는 강의를 해 왔었다. 나는 사학자가 아니기 때문에 단순히 원문을 한문적 해석으로 풀이 강의해왔다. 사학적 이론은 문경현 교수를 따랐음을 밝힌다. 그리하여 김부식의 한문 문장을 믿고 맛보기 위하여 그의 한문적 문장을 공부하고 한문을 공부하는 사람들에게 역사적 지식까지 주기 위한 것이었다. 그래서 몇 번의 강의 끝에 교정은 자연적으로 이루어지게 되었으며, 이번에 삼국사기를 찾는 분들이 많아서 이에 축쇄판을 출간하기에 이른 것이고, 신라, 고구려, 백제, 열전을 합하여 소위 통합 삼국사기를 만들게 되었다.

이 책이 많은 사람에게 사랑을 받고, 원문을 읽을 수 있는 기회가 많아지면 많아질수록 우리의 주위에는 지식인들이 늘어날 것이 아닌가 하는 자부심으로 이 글을 현토하고 주해한 것이다. 끝으로 이 책을 위해 기꺼이 서문을 써주신 문경현 박사께 고마움의 인사를 드리며, 이 책이 많은 사람들의 깊은 애정과 아낌을 받을 수 있길 기대하는 바이다.

2020년 榴花節에 懸吐 註解者 鄭畋浩 씀.
유화절 현토 주해자 정민호

목차

新羅本紀(신라본기)

1 始祖, 朴赫居世居西干
(시조, 박혁거세거서간) : B.C. 57~A.D. 4

○始祖의 姓은 朴氏요, 諱는 赫居世이니 前漢孝
시조 성 박씨 휘 혁거세 전한효

宣帝(전한7대 임금) 五鳳元年(B.C. 57년), 甲子(B.C. 57)
선제 오봉원년 갑자

四月丙辰[一曰, 正月十五日]에 卽位하다. 號는 居西干
사월병진 즉위 호 거서간

이니 時年이 十三이며 國號를 徐那伐(徐羅伐)이라 하
시년 십삼 국호 서나벌

다. 先是에 朝鮮遺民(고조선유민 : 亡人)이 分居山谷
선시 조선유민 분거산곡

之間하니 爲,六村이라. 一曰, 閼川楊山村이요, 二
지간 위육촌 일왈 알천양산촌 이

曰, 突山高墟村이요, 三曰, 觜山珍支村이요,[或云,
왈 돌산고허촌 삼왈 취산진지촌

干珍村] 四曰, 茂山大樹村이요, 五曰, 金山加利村
사왈 무산대수촌 오왈 금산가리촌

[加里村]이요, 六曰, 明活山高耶村이니, 是爲辰韓六
육왈 명활산고야촌 시위진한육

部니라. 高墟村長,蘇伐公이 望楊山麓하니 蘿井傍
부 고허촌장소벌공 망양산록 나정방

林間에 有馬하여 跪而嘶則往觀之하니 忽不見馬하
림간 유마 궤이시즉왕관지 홀불견마

고 只有大卵하여 剖之하니 有,嬰兒出焉이라. 則收
지유대란 부지 유영아출언 즉수

而,養之하니라. 及年이 十餘歲에 岐嶷然夙成하여
이양지 급년 십여세 기억연숙성

六部人이 以其生神異하여 推尊之라가 至是에 立爲君焉하다. 辰人은 謂瓠하여 爲朴이라 以初大卵如瓠하니 故로 以朴으로 爲姓하다. 居西干은 辰言에 王이니라.[或云呼,貴人之稱.]

▶ 어려운 낱말 ◀

[赫]:빛날(혁). [諱]:이름(휘). [宣]:펼(선). [那]:어찌(나). [遺]:끼칠(유). [閼]:가로막을(알). [觜]:부리(취). 털 뿔(자). [麓]:기슭(록). [蘿]:비단(라). [跪]:꿇어앉을(궤). [嘶]:울(시). [嬰]:어릴(영). [岐]:갈림길(기). [嶷]:높을(억). [岐嶷然(기억연)]:어릴 때부터 재능이 뛰어남을 이르는 모양. [瓠]:표주박(호).

▷ 본문풀이 ◁

시조의 성은 박씨이며, 이름은 혁거세이니 전한 효선제 오봉 원년 갑자 4월 병진【정월 15일이라고도 한다.】에 왕위에 올랐다. 왕호는 거서간이니, 이때 나이는 열세 살이었으며, 나라 이름은 서나벌이라 했다. 이보다 앞서 조선의 유민들이 산골에 분산되어 살면서 여섯 마을을 이루고 있었는데, 첫째는 알천의 양산촌이라 하고, 둘째는 돌산의 고허촌이라 하고, 셋째는 취산의 진지촌【혹은 간진촌이라고도 한다.】이라 하고, 넷째는 무산의 대수촌이라 하고, 다섯째는 금산의 가리촌이라 하고, 여섯째는 명활산의 고야촌이라고 하였다. 이것이 신한 6부가 되었다. 고허촌장 소벌공이 양

산 기슭을 바라보니 나정 옆의 숲 사이에 말이 꿇어 앉아 울고 있었다. 그가 즉시 가서 보니 말은 갑자기 보이지 않고 다만 큰 알이 있었다. 이것을 쪼개니 그 속에서 어린아이가 나왔다. 이 아이를 거두어 길렀다. 아이의 나이 10여 세가 되자 지각이 들고 영리하며 행동이 숙성하여 6부 사람들이 그의 출생을 기이하게 여겨 높이 받들다가, 이때에 이르러 임금으로 삼은 것이다. 진한 사람들은 호(瓠)를 "박" 이라고 하였는데, 처음의 큰 알이 박의 모양과 비슷하게 생겼으므로 그의 성을 박이라고 하였다. 거서간을 진한에서는 왕이라는 말이었다.【혹은 귀인을 칭하는 말이라고도 한다.】(재위 기간 B.C. 57~A.D. 4년)

○四年, 夏,四月辛丑,朔에 日有食之하다
사 년 하 사 월 신 축 삭 일 유 식 지

▶ **어려운 낱말** ◀

[朔] : 초하루(삭). [日有食之(일유식지)] : 해를 먹다. 곧 일식을 말함.

▷ **본문풀이** ◁

4년, 여름 4월 초하루 신축일에 일식이 있었다.

○五年, 春正月에 龍見於,閼英井하여 右脇으로
오 년 춘 정 월 용 현 어 알 영 정 우 협

誕生女兒하다. 老嫗見而異之하여 收養之하고 以,
탄 생 여 아 노 구 견 이 이 지 수 양 지 이

井名으로 名之하니 及長에 有,德容이러라. 始祖聞
정 명 명 지 급 장 유 덕 용 시 조 문

之하고 納以爲妃하니 有.賢行하고 能.內輔하여 時
지 납이위비 유현행 능내보 시

人이 謂之二聖이라 하다.
인 위지이성

▶ 어려운 낱말 ◀

[脇] : 옆구리(협). [誕] : 탄생할(탄). [嫗] : 늙은이(구). [納] : 드릴(납). [妃] : 왕비(비). [內輔(내보)] : 내조. 도울(보). [二聖(이성)] : 혁거세와 알영.

▷ 본문풀이 ◁

5년, 봄 정월에 용이 알영 우물에 나타나서 오른쪽 옆구리로 여자아이를 낳았다. 한 늙은이가 이를 보고 이상하게 여겨 데려다 그 아이를 기르고 그 우물 이름으로 그녀의 이름을 지으니, 그녀는 자라면서 덕스러운 용모가 있었다. 시조가 이를 듣고 그녀를 왕비로 받아들이니 행실이 어질고 내조가 훌륭하여 당시 사람들이 두 사람을 일러 성인이라고 하였다.

○八年에 倭人이 行兵하여 欲.犯邊이라가 聞.始
팔년 왜인 행병 욕범변 문시

祖有.神德하고 乃還하다.
조유신덕 내환

▶ 어려운 낱말 ◀

[倭] : 작을(왜), 일본인(왜). [犯] : 침범할(범). [邊] : 가(변). [還] : 돌아올(환).

▷본문풀이◁

8년, 왜인이 군사를 동원하여 변경을 침범했다가, 시조에게서 신덕이 있다는 말을 듣고 이에 돌아갔다.

○九年, 春,三月에 有星于,王良하다.
구년 춘 삼월 유성우 왕량

▶어려운 낱말◀

[星] : 혜성. [王良(왕량)] : 별. 성좌의 하나.

▷본문풀이◁

9년 봄 3월, 왕량 성좌에 혜성이 나타났다.

○十四年, 夏,四月에 有星于,參하다.
십사년 하 사월 유성우 삼

▶어려운 낱말◀

[參(삼)] : 별 이름.

▷본문풀이◁

14년, 여름에 4월, 삼(參) 성좌에 혜성이 나타났다.

○十七年, 王이 巡撫六部하다. 妃閼英從焉하여
십칠년 왕 순무육부 비알영종언

勸督農桑하고 以盡地利하니라.
권독농상 이진지리

▶ **어려운 낱말** ◀

[巡撫(순무)] : 여러 곳으로 돌아다니며 백성들의 마음을 위로함. [勸督(권독)] : 권하고 독려함. [農桑(농상)] : 농업. [地利(지리)] : 땅을 이용하다.

▷ **본문풀이** ◁

17년, 왕이 6부를 순행하여 위문했다. 왕비 알영도 함께하여 백성들에게 농사와 양잠을 권하고, 땅(농토)을 충분히 이용하도록 하였다.

○ 十九年, 春.正月에 〈卞韓(낙동강 유역에 있던 제국)〉이 以國來降하다.
십구년 춘정월 변한 이국내항

▶ **어려운 낱말** ◀

[卞] : 성(변), 조급할(변). [降] : 항복할(항). [來降(내항)] : 항복해 오다.

▷ **본문풀이** ◁

19년, 봄 정월에 〈변한〉이 나라를 가지고 항복해왔다.

○ 二十一年에 築.京城하고 號曰〈金城(:王城)〉이라 하다. 是歲에 高句麗始祖東明이 立하다.
이십일년 축경성 호왈 금성 시세 고구려시조동명 입

▶ 어려운 낱말 ◀

[築] : 쌓을(축). [京城(경성)] : 서울, 금성. [號] : 이름(호). 号.

▷ 본문풀이 ◁

21년, 서울에 성을 쌓고 〈금성〉이라고 불렀다. 이 해에 고구려 시조 동명이 왕위에 올랐다.(B.C. 37)

○二十四年, 夏,六月壬申,晦에 日有食之하다.
이 십 사 년 하 유 월 임 신 회 일 유 식 지

▶ 어려운 낱말 ◀

[夏] : 여름(하). [晦] : 그믐(회).

▷ 본문풀이 ◁

24년, 여름 6월 임신일 그믐에 일식이 있었다.

○二十六年, 春,正月에 營,宮室於〈金城〉하다.
이 십 육 년 춘 정 월 영 궁 실 어 금 성

▶ 어려운 낱말 ◀

[營(영)] : 경영하다. 여기서는 짓다. [宮室(궁실)] : 궁궐. [金城(금성)] : 서울. 당시 신라의 수도.

▷ 본문풀이 ◁

26년, 봄 정월에 〈금성〉에 궁실을 지었다.

○三十年, 夏,四月己亥,晦에 日有食之하다. 〈樂
삼 십 년 하 사 월 기 해 회 일 유 식 지 낙

浪〉人이 將兵來侵이라가 見,邊人이 夜户不扃하고
랑 인 장 병 래 침 견 변 인 야 호 불 경

露積被野하니 相謂曰, 此方民은 不相盜하니 可
노 적 피 야 상 위 왈 차 방 민 불 상 도 가

謂,有道之國이라. 吾儕,潛師而襲之는 無異於,盜
위 유 도 지 국 오 제 잠 사 이 습 지 무 이 어 도

이니 得,不愧乎아? 乃引還하다.
득 불 괴 호 내 인 환

▶ 어려운 낱말 ◀

[扃] : 빗장(경). [露積被野(노적피야)] : 노적가리가 그대로 들판에 쌓여있다. [不相盜(불상도)] : 서로 도둑질을 하지 않음. [吾儕(오제)] : 우리. 동배(제). [潛] : 몰래. 잠길(잠). [襲] : 덮칠(습). [愧] : 부끄러울(괴).

▷ 본문풀이 ◁

30년, 여름 4월 그믐 기해일에 일식이 있었다. 〈낙랑〉 사람들이 군사를 거느리고 침범하였다가, 국경 부근 사람들이 밤에도 문을 잠그지 않고, 노적가리가 들에 가득 쌓인 것을 보고 서로 말하기를, 이 지방 사람들은 서로 도둑질을 하지 않으니, 도덕이 있는 나라이다. 우리가 이러한 사람들을 군대로 몰래 기습한다는 것은 도적과 다름없으니, 이는 부끄러운 일이 아닌가? 하고는 군사를 이끌고 돌아갔다.

○三十二年, 秋,八月乙卯,晦에 日有食之하다.
삼 십 이 년 추 팔 월 을 묘 회 일 유 식 지

▷ **본문풀이** ◁

32년, 가을 8월 을묘 그믐날에 일식이 있었다.

○三十八年, 春,二月에 遣,「瓠公」하여 聘於〈馬
삼 십 팔 년 춘 이 월 견 호 공 빙 어 마
韓(충청,전라지방)〉하다. 〈馬韓〉王이 讓,「瓠公」曰,
한 마 한 왕 양 호 공 왈
"辰下,二韓은 爲我屬國이라 比年에 不輸職貢하니
진 변 이 한 위 아 속 국 비 연 불 수 직 공
事大之禮가 其若是乎아?" 對曰, "我國에 自,二
사 대 지 예 기 약 시 호 대 왈 아 국 자 이
聖肇興하사 人事修하고 天時和하여 倉庾充하며
성 조 흥 인 사 수 천 시 화 창 유 충
人民敬讓하여 自,〈辰韓〉遺民으로 以至〈下韓〉,〈樂
인 민 경 양 자 진 한 유 민 이 지 변 한 낙
浪〉,〈倭人〉까지 無不畏懷하니 而,吾王謙虛하사
랑 왜 인 무 불 외 회 이 오 왕 겸 허
遣,下臣하여 修聘하니 可謂,過於禮矣니이다. 而,大
견 하 신 수 빙 가 위 과 어 예 의 이 대
王赫怒하사 劫之以兵하니 是,何意耶니까?" 王이
왕 혁 노 겁 지 이 병 시 하 의 야 왕
憤欲殺之하니 左右諫止하여 乃許歸하다. 前此에
분 욕 살 지 좌 우 간 지 내 허 귀 전 차
中國之人이 苦,秦亂하여東來者衆이 多處,馬韓東
중 국 지 인 고 진 란 동 래 자 중 다 처 마 한 동
하여 辰韓雜居러니 至是에 寖盛이라, 故로 〈馬韓〉
진 한 잡 거 지 시 침 성 고 마 한
忌之하여 有,責焉하다. 「瓠公」者는 未詳其,族姓이
기 지 유 책 언 호 공 자 미 상 기 족 성
라 本,倭人으로 初에 以瓠繫腰하고 渡海而來하니
본 왜 인 초 이 호 계 요 도 해 이 래

故로 稱瓠러라.
고 칭호

▶ 어려운 낱말 ◀

[聘] : 초빙할, 예빙할(빙). [讓(양)] : 꾸짖다. [比年(비연)] : 해마다, 매년. [輸] : 실을(수). [職] : 벼슬, 공물(직). [職貢(직공)] : 공물, 방물. [肇] : 비로소(조). [庾] : 곳집, 창고(유). [倉庾(창유)] : 창고. [畏] : 두려워할(외). [刼] : 겁줄, 위협(겁). [憤] : 성낼(분). [寖] : 잠잘(침), 범하다(침), 점점(침). [忌] : 꺼릴(기). [寖盛(침성)] : 점점 번성하다. [瓠繫腰(호계요)] : 허리에 박을 매다. ※ [三韓(삼한)] : 한반도 남쪽에 있었던 나라, 곧 馬韓(백제에 합병), 辰韓(신라에 통합), 弁韓(신라에 병합).

▷ 본문풀이 ◁

38년, 봄 2월에 「호공」을 보내 〈마한〉을 예빙하였다. 〈마한〉 왕이 「호공」을 꾸짖으며 하는 말이, "〈진한〉과 〈변한〉은 우리나라의 속국인데, 근년에는 조공을 보내오지 않으니, 대국을 섬기는 예절이 이와 같은가?" 「호공」이 대답하기를, "우리나라에 두 분의 성인이 출현하면서, 사회가 안정되고 천시가 조화를 이루어, 창고가 가득 차고, 백성들은 공경과 겸양을 알게 되었습니다. 그리하여 〈진한〉의 유민들로부터 〈변한〉, 〈낙랑〉, 〈왜인〉에 이르기까지 우리를 두려워하고 경외하지 않는 자가 없습니다. 그럼에도 불구하고 우리 임금이 겸손하여 저를 보내 귀국을 예빙하게 하였으니, 이는 오히려 지나친 예절이라 할 수 있을 것입니다. 그런데 대왕께서 크게 성을 내고 무력으로 위협하시니, 그 이유가 무엇입니까?" 하니, 왕이 분노하여 그를 죽이려 하였으나, 측근들이 간하여 이를 말려서 그의 귀국을 허락하였다. 이에 앞서 중국 사람들 중에 진(秦)나라가 일으킨 난리로 말미암아 고통을 당하다가 동쪽으로 온 사람들이 많았는데, 그들 가운데의 대부분은 〈마한〉 동쪽에서 〈진한〉 사람들과 함께 살았었는데, 이 시기에 이르러 점점 번성하자 〈마한〉이 이를 시기하여 이와 같이 책망했던 것이다. 「호공」이란 사람은 그 집안과 성씨가 자세하게 알려져 있지 않다. 그는 본래 왜인이었는데, 처음에 박을 허리에 차고 바다를 건너왔기에 호공(瓠公)이라고 불렀다.

○三十九年, 〈馬韓〉王이 薨하다. 或이 說上曰,
삼십구년 마한왕 홍 혹 설상왈

"西韓(마한의 별칭)王이 前辱我使러니 今當其喪하니
서한 왕 전욕아사 금당기상

征之其國하면 不足平也리까?" 하니 上曰, "幸人
정지기국 부족평야 상왈 행인

之災는 不仁也니라." 不從하고 乃遣使, 弔慰하다.
지재 불인야 부종 내견사 조위

▶ 어려운 낱말 ◀

[薨] : 죽을(훙). [災] : 재앙(재). [不從(부종)] : 따르지 않다. [遣使(견사)] : 사신을 보냄. [弔慰(조위)] : 조문.

▷ 본문풀이 ◁

39년, 〈마한〉왕이 사망하였다. 어떤 사람이 왕에게 말하기를, "서한왕이 이전에 우리 사신을 모욕하더니, 이제 그 국왕이 죽은 기회를 이용하여 공격하면 그 나라를 평정할 수 있지 않겠습니까?" 하니, 왕이 말하기를, "다른 사람의 재난을 보고 우리의 다행으로 여기는 것은 어질지 못한 짓이다." 하고는, 왕은 그 말을 듣지 않고, 곧 사신을 보내 조문하였다.

○四十年에 百濟始祖,「溫祚」立하다.
사 십 년 백 제 시 조 온 조 입

▷본문풀이◁

40년에, 백제 시조「온조」가 왕위에 올랐다.(B.C. 18)

○四十三年, 春,二月乙酉,晦에 日有食之하다.
사 십 삼 년 춘 이 월 을 유 회 일 유 식 지

▷본문풀이◁

43년, 봄 2월 을유년 그믐에 일식이 있었다.

○五十三年,〈東沃沮〉에서 使者來하여 獻,良馬
오 십 삼 년 동 옥 저 사 자 래 헌 양 마
二十匹하며 曰, "寡君이 聞,南韓(新羅)에 有,聖人
이 십 필 왈 과 군 문 남 한 유 성 인
出하사 故로 遣臣來享하나이다."
출 고 견 신 래 향

▶어려운 낱말◀

[沃] : 기름질(옥). [沮] : 막을(저), 강 이름(저). [東沃沮(동옥저)] : 지금의 함흥지방. [寡君(과군)] : 자국의 임금을 겸손으로 부르는 말. [享] : 바칠(향).

▷ 본문풀이 ◁

53년, 〈동옥저〉의 사신이 와서 좋은 말 20필을 헌납하며 "우리 임금이 남한에 성인이 났다는 말을 들었기에 저를 보내 이를 바칩니다."라고 했다.

○ 五十四年, 春, 二月, 己酉에 星孛于, 河鼓하다.
오 십 사 년　춘 이 월 기 유　성 패 우 하 고

▶ 어려운 낱말 ◀

[星孛(성패)] : 살별. [河鼓(하고)] : 성좌. 견우성의 별칭.

▷ 본문풀이 ◁

54년, 봄 2월 기유일에 혜성이 하고(河鼓)성좌에 나타났다.

○ 五十六年, 春, 正月辛丑, 朔에 日有食之하다.
오 십 육 년　춘 정 월 신 축 삭　일 유 식 지

▶ 어려운 낱말 ◀

[朔] : 초하루(삭).

▷ 본문풀이 ◁

56년, 봄 정월 초하루 신축일에 일식이 있었다.

○ 五十九年, 秋, 九月戊申, 晦에 日有食之하다.
오 십 구 년　추 구 월 무 신 회　일 유 식 지

▷ 본문풀이 ◁

59년, 가을 9월 그믐 무신일에 일식이 있었다.

○ 六十年, 秋.九月에 二龍이 見於.金城井中하니
육 십 년 추 구 월 이 룡 현 어 금 성 정 중

暴雷雨하고 震.城南門하다.
폭 뢰 우 진 성 남 문

▶ 어려운 낱말 ◀

[金城井中(금성정중)] : 서울의 우물 속에. [暴雷雨(폭뢰우)] : 사나운 천둥과 비, 번갯불. 사나울(폭). [震] : 지진. 흔들린다(진). 벼락.

▷ 본문풀이 ◁

60년, 가을 9월에 용 두 마리가 금성 우물에 나타나니, 우레와 비가 심하고 성의 남문에 벼락이 쳤다.

○ 六十一年, 春.三月에 居西干이 升遐하여 葬.
육 십 일 년 춘 삼 월 거 서 간 승 하 장

蛇陵하니 在.〈曇巖寺〉北하니라.
사 릉 재 담 암 사 북

▶ 어려운 낱말 ◀

[遐] : 멀(하). [升遐(승하)] : 임금이 돌아가시다. [葬] : 장사 지낼(장). [蛇陵(사릉)] : 오릉. [曇] : 뜬구름(담). [曇巖寺(담암사)] : 경주 남천의 남쪽에 있었음.

▷ **본문풀이** ◁

61년, 봄 3월에 거서간이 승하하여 사릉(蛇陵)에 장사 지냈으니, 사릉은 〈담암사〉 북쪽에 있었다.

2 | 南解次次雄(남해차차웅) : 4~24

○ 南解.次次雄이 立하다. 次次雄[或云, 慈充이라 하
남해 차차웅 입 차차웅

다. 金大問(신라 33대 성덕왕 때 학자)云, 方言으로 謂巫也라. 世

人이 以巫事에 鬼神尙祭祀하니 故로 畏敬之하다가 遂稱尊長者

하니 爲慈充이라.]은 赫居世.嫡子也라. 身長大하고 性.
혁거세 적자야 신장대 성

沈厚하며 多.智略하다. 母는 「閼英夫人」이며, 妃는
침후 다지략 모 알영부인 비

「雲帝夫人」이다.[一云阿婁夫人.] 繼父卽位하고 稱元
운제부인 계부즉위 칭원

이라 하다.

▶ **어려운 낱말** ◀

[巫] : 무당(무). [嫡] : 맏(적), 적자(적). [沈] : 침착할 (침). [沈厚(침후)] : 깊이

가 있음. [智略(지략)] : 지혜와 도략. [婁] : 자루(루), 별 이름(루). [繼父(계부)] : 아버지를 이어서. 慈充-次次雄=임금의 호칭.

▷**본문풀이**◁

남해 차차웅【차차웅을 자충이라고도 한다. 김대문은 다음과 같이 말했다. '자충은 방언으로는 무당이라는 뜻이다. 무당이 귀신을 섬기고 제사를 주관하였으므로 사람들이 무당을 두려워하고 존경하다가, 마침내 존경받는 어른을 자충이라고 부르게 되었다.'】이 왕위에 올랐다. 그는 혁거세의 적자이다. 체격이 장대하고 성품이 침착하였으며 지략이 많았다. 어머니는 「알영부인」이며, 왕비는 「운제부인」【아루 부인이라고도 한다.】이다. 그는 아버지를 이어서 왕위에 올랐다. 이 해를 원년으로 하였다.

○論曰, 人君卽位하면 **踰年稱元**하니 **其法**이 **詳**
논 왈 인 군 즉 위 유 년 칭 원 기 법 상
於春秋하니 **此**는 **先王,不刊之典也**니라. **伊訓**(상서
어 춘 추 차 선 왕 불 간 지 전 야 이 훈
의 편명)에 **曰, "成湯旣沒**에 **大甲(太甲)元年**이라."
왈 성 탕 기 몰 대 갑 태 갑 원 년
하고 **正義**에 **曰, "成湯旣沒**에 **其歲卽,大甲(太甲)**
정 의 왈 성 탕 기 몰 기 세 즉 대 갑 태 갑
元年이라." **然**이나 **孟子**(맹자가 지은 책으로 만장장구)에
원 년 연 맹 자
曰, "湯崩에 **大丁(太丁)未立**하고, **外丙二年, 仲**
왈 탕 붕 대 정 태 정 미 립 외 병 이 년 중
壬四年이라." 하니 **則,疑若尚書之脫簡**하여 **而,正**
임 사 년 즉 의 약 상 서 지 탈 간 이 정

義之誤說也라 或曰, "古者에 人君卽位에 或,踰
의 지 오 설 야 혹 왈 고 자 인 군 즉 위 혹 유

月稱元年이요, 或,踰年而稱元年이라." 踰月而稱,
월 칭 원 년 혹 유 년 이 칭 원 년 유 월 이 칭

元年者는 "成湯,旣沒大甲(太甲)元年이 是也니
원 년 자 성 탕 기 몰 대 갑 태 갑 원 년 시 야

라." 孟子云, "大丁(太丁)未立者는 謂,大丁(太
맹 자 운 대 정 태 정 미 립 자 위 대 정 태

丁)이 未立而,死也오 外丙,二年, 仲壬,四年者는
정 미 립 이 사 야 외 병 이 년 중 임 사 년 자

皆謂,大丁(太丁)之子니라." 大甲(太甲)의 二兄이
개 위 대 정 태 정 지 자 대 갑 태 갑 이 형

或生二年, 或生四年而死하니 太甲所以得繼湯
혹 생 이 년 혹 생 사 년 이 사 태 갑 소 이 득 계 탕

耳라. 『史記』에 "便謂此,仲壬·外丙爲,二君은 誤
이 사 기 편 위 차 중 임 외 병 위 이 군 오

也니라. 由前에 則,以先君終年을 卽位稱元은 非
야 유 전 즉 이 선 군 종 년 즉 위 칭 원 비

是요, 由後면 則,可謂得,商人之禮者矣니라."
시 유 후 즉 가 위 득 상 인 지 예 자 의

▶ 어려운 낱말 ◀

[踰年(유년)] : 그해를 넘겨서. [不刊之典(불간지전)] : 고치지 못하는 법. [崩] : 임금 죽을(붕). [脫簡(탈간)] : 古書에 철한 데나 책 속에 편이나 장이 탈락됨. [踰] : 넘을(유). [沒] : 죽을(몰). [誤] : 잘못(오). [由前由後(유전유후)] : 由前은 앞의 것, 由後는 뒤의 학설.

〖 저자의 견해 〗

왕이 즉위하면 그 해를 넘겨 이듬해부터 원년이라 일컫는데, 이 법은 춘추(春秋)에 자세히 나와 있으니, 이는 선왕도 고치지 못

한 법전(法典)이다. 그런데 상서 이훈편(尙書 伊訓篇) "성탕(成湯)이 돌아갔으니 태갑 원년(太甲元年)이다." 하였고, 정의(正義)에는 "성탕이 돌아갔으니 그 해가 바로 태갑 원년이다."라고 하였다. 그러나 맹자에는 "성탕이 돌아갔으니 태정(太丁)은 아직 들어서지 못했고 외병(外丙)은 2년, 중임(仲壬)은 4년이다." 하였으니, 아마도 상서에 탈락되어 정의도 따라서 잘못 해석한 듯싶다. 어떤 사람은 말하기를, "옛적에 임금이 즉위하고서 그 달을 지나 원년이라 하기도 하고, 그 해를 지나 원년이라." 하기도 하였다.

달을 지나 원년이라 일컫는 것은 "성탕이 돌아갔으니 태갑원년이라."한 것이 그것이다. 맹자에 "태정이 들어서지 못했다." 한 것은 태경이 즉위하지 못하고 죽었다는 것이요, 외병은 2년, 중임 4년이란 두 사람이 다 태경의 아들임을 말한 것이다. 태갑의 두 형이 하나는 두 살 때 죽고, 하나는 네 살 때 죽었으므로 태갑이 탕의 뒤를 계승하게 된 것이다. [사기(史記)]에는 "중임 · 외병을 두 임금으로 만들었으니 이것은 잘못이다. 전설로 치면 선군이 돌아간 해를 즉위 원년이라 일컫는 것이 옳지 않고, 뒤의 설로 치면 상(尙)나라 예법을 따랐다."고 말할 수 있겠다.

○元年, 秋,七月에 樂浪兵至하여 圍,金城數重하다. 王이 謂,左右曰, "二聖棄國하시고 孤以,國人推戴히여 謬居於位하니 危懼若涉,川水라. 今,隣國來侵하니 是는 孤之不德也니 爲之若何리오?"

(원년, 추 칠월 낙랑병지 위 금성수중 왕 위 좌우왈 이성기국 고이 국인 추대 유거어위 위구약섭 천수 금 린 국래침 시 고지부덕야 위지약하)

左右對曰, "賊이 幸我有喪하고 妄以兵來하니 天
좌 우 대 왈　적　행 아 유 상　망 이 병 래　천

必不祐하리니 不足畏也니이다." 賊이 俄而退歸하
필 불 우　부 족 외 야　적　아 이 퇴 귀

니라.

▶어려운 낱말◀

[圍] : 에워 쌀(위). [棄國(기국)] : 나라를 뜨다. [棄] : 버릴(기). [孤(고)] : 내가. [戴] : 추대, 머리에 이다(대). [謬] : 그릇될(류). [謬居於位(유거어위)] : 임금 자리에 잘못 앉았다. [涉] : 건널(섭). [祐] : 도와줄 (우). [畏] : 두려워할(외). [賊] : 도적(적). [俄] : 갑자기, 곧(아).

▷본문풀이◁

원년 가을 7월에, 낙랑 군사가 금성을 여러 겹으로 포위하였다. 왕이 좌우에게 일러 말하기를, "두 분의 성인이 세상을 떠나시고 내가 백성들의 추대로 왕위에 올랐으나 이는 잘못된 일이니 조심스럽고 위태롭기가 냇물을 건너는 것과 같구나. 지금 이웃나라가 침범해오니, 이는 나에게 덕이 없는 탓이니 이를 어찌 하면 좋겠는가?" 하고 말하니, 좌우에서 말하기를, "적은 우리나라에 국상이 난 것을 요행으로 여기고 함부로 침범해왔으니, 하늘이 그들을 돕지 않을 것이니 두려워할 것이 전혀 없습니다."라고 말하였다. 얼마 후에 적들은 물러갔다.

○三年, 春,正月에 立,始祖廟하고 冬,十月丙辰,
삼 년　춘 정 월　입 시 조 묘　동 시 월 병 진

朔에 日有食之하다.
삭 일유식지

▶ 어려운 낱말 ◀

[廟] : 사당(묘). [朔] : 초하루(삭).

▷ 본문풀이 ◁

3년, 봄 정월에 시조의 사당을 건립하고, 겨울 10월 초하루 병진일에 일식이 있었다.

○ 五年, 春, 正月에 王이 聞, 脫解之賢하고 以, 長女로 妻之하다.
오년 춘 정월 왕 문탈해지현 이장 녀 처지

▷ 본문풀이 ◁

5년, 봄 정월에 왕이 탈해가 어질다는 소문을 듣고 자신의 장녀를 그의 아내로 주었다.

○ 七年, 秋, 七月에 以〈脫解〉로 爲, 大輔하고 委以, 軍國政事하다.
칠년 추 칠월 이 탈해 위대보 위 이 군국정사

▶ 이러운 낱말 ◀

[脫] : 벗을(탈). [輔] : 도울(보). [大輔(대보)] : 재상에 해당하는 벼슬. [委] :

위원(위).

▷ **본문풀이** ◁

7년, 가을 7월에 〈탈해〉를 대보로 위임하고 군사와 정치에 대한 사무를 맡겼다.

○八年에 春夏旱하다.
팔 년 춘 하 한

▷ **본문풀이** ◁

8년에, 봄과 여름에 가뭄이 들었다.

○十一年, 倭人이 遣,兵船百餘하여 掠,海邊民
십 일 년 왜 인 견 병 선 백 여 약 해 변 민
户하니 發,六部勁兵하여 以禦之하다. 〈樂浪〉이 謂,
호 발 육 부 경 병 이 어 지 낙 랑 위
內虛하고 來攻〈金城〉하니 甚急하니라. 夜에 有,流
내 허 내 공 금 성 심 급 야 유 유
星이 墜於賊營하니 衆懼而退하다가 屯於〈閼川〉
성 추 어 적 영 중 구 이 퇴 둔 어 알 천
之上에 造,石堆二十而去하니라. 六部兵,一千人追
지 상 조 석 퇴 이 십 이 거 육 부 병 일 천 인 추
之라가 自,吐含山東에서 至,閼川하여 見石堆하고
지 자 토 함 산 동 지 알 천 견 석 퇴
知,賊衆乃止하다.
지 적 중 내 지

▶ 어려운 낱말 ◀

[船] : 배(선). [掠] : 약탈(략). [勁] : 굳셀(경). [禦] : 막을(어). [墜] : 떨어질(추). [賊營(적영)] : 적의 진영. [衆懼(중구)] : 무리들이 두려워서. [屯] : 주둔할(둔). [堆] : 무더기(퇴). [石堆(석퇴)] : 돌무더기. [追] : 쫓을(추). [吐] : 뱉을(토). [含] : 빨아들일(함).

▷ 본문풀이 ◁

11년, 〈왜인〉이 병선 100여 척을 보내 해변의 민가를 약탈하니 6부의 정병을 보내 이를 방어하였다. 〈낙랑〉이 우리나라의 내부에 빈틈이 있다고 보고, 〈금성〉을 공격하여오니 상황이 위급하였다. 밤에 유성이 적의 진영에 떨어지자 적병이 두려워하며 퇴각하다가 〈알천〉 가에 주둔하면서, 돌무더기 20개를 쌓아놓고 물러갔다. 6부 군사 1천 명이 그들을 추격하다가, 〈토함산〉 동쪽으로부터 〈알천〉에 이르러 이 돌무더기를 보고는 적병이 많은 것으로 알고 이에 공격을 멈추었다.

○ 十三年, 秋, 七月戊子, 晦에 日有食之하다.
십삼년 추 칠월무자회 일유식지

▷ 본문풀이 ◁

13년, 가을 7월 그믐 무자일에 일식이 있었다.

○ 十五年에 京城旱하다. 秋, 七月엔 蝗하다. 民饑에 發倉하여 救之하다.
십오년 경성한 추 칠월 황 민기 발창 구지

▶어려운 낱말◀

[蝗] : 메뚜기(황). [饑] : 굶주릴(기). [發倉(발창)] : 창고를 열어서. [救] : 구원할(구).

▷본문풀이◁

15년에, 경성에 가뭄이 들었다. 가을 7월에, 메뚜기 떼가 출현했다. 백성이 굶주리므로 창고를 열어 구제하였다.

○十六年, 春,二月에 北溟(원산지방)人이 耕田타가 得,濊王印하여 獻之하다.
십육년 춘이월 북명 인 경전 득예왕인 헌지

▶어려운 낱말◀

[溟] : 바다(명). [北溟人(북명인)] : 북쪽 바닷가에 사는 사람. [耕] : 갈다(경). [濊] : 더러울(예). [印] : 도장(인). [濊王印(예왕인)] : 예맥왕의 옥새. [獻] : 바칠(헌).

▷본문풀이◁

16년, 봄 2월에 〈북명〉 사람이 밭을 갈다가 예왕의 도장을 주워서, 이를 왕에게 바쳤다.

○十九年에 大疫하여 人多死하고 冬,十一月에 無氷하다.
십구년 대역 인다사 동십일월 무빙

▶ 어려운 낱말 ◀

[大疫(대역)] : 큰 역병.

▷ 본문풀이 ◁

19년에, 전염병이 크게 돌아 사람이 많이 죽고, 겨울 11월, 얼음이 얼지 않았다.

○ 二十年, 秋에 大白(太白:금성)이 入, 太微(28수의 하나)하다.
이십년추 대백 입 태미

▶ 어려운 낱말 ◀

[太微(태미)] : 성좌의 명칭. [微] : 별 이름(미), 작을(미).

▷ 본문풀이 ◁

20년 가을에, 금성이 태미 성좌에 들어갔다.

○ 二十一年, 秋, 九月에 蝗하고 王薨하여 葬, 〈蛇陵園〉內하니라.
이십일년 추 구월 황 왕홍 장 사릉원 내

▶ 어려운 낱말 ◀

[蛇陵(사릉)] : 오릉.

▷ 본문풀이 ◁

21년, 가을 9월에 메뚜기 떼가 나타나고, 왕이 서거하여 〈사릉원〉에 장사지냈다.

3 儒理尼師今(유리이사금) : 24~57

○儒理.尼師今이 立하니 南解의 太子也니라. 母
유 리 이 사 금 입 남 해 태 자 야 모
는 雲帝夫人이며 妃는 日知葛文王之女也라.[或云
운 제 부 인 비 일 지 갈 문 왕 지 녀 야
妃姓朴, 許婁王之女.] 初에 南解薨하니 儒理當立이나
초 남 해 홍 유 리 당 입
以.大輔脫解가 素有德望하여 推讓其位하니 脫解
이 대 보 탈 해 소 유 덕 망 추 양 기 위 탈 해
曰, "神器大寶는 非.庸人所堪이라, 吾聞聖智人은
왈 신 기 대 보 비 용 인 소 감 오 문 성 지 인
多齒라, 試以餠噬之하니 儒理.齒理多라 乃與.左
다 치 시 이 병 서 지 유 리 치 리 다 내 여 좌
右奉立之하고 號를 尼師今이라." 하니 古傳如此니
우 봉 입 지 호 이 사 금 고 전 여 차
라. 金大問.則云하되 "尼師今은 方言也니 謂.齒理
김 대 문 즉 운 이 사 금 방 언 야 위 치 리
니라." 昔에 南解將死에 謂男.儒理와 壻.脫解曰,
석 남 해 장 사 위 남 유 리 서 탈 해 왈

"吾死後에 汝.朴昔二姓에 以.年長而.嗣位焉하
오사후 여박석이성 이년장이사위언

라." 하니 其後에 金姓亦興으로 三姓이 以.齒長上
기후 김성역흥 삼성 이치장상

嗣하니 故로 稱「尼師今」이라 하다.
사 고 칭 이사금

▶어려운 낱말◀

[儒] : 선비(유). [葛] : 칡(갈). [薨] : 죽을(훙). [讓] : 사양할(양). [神器大寶(신기대보)] : 임금의 자리. [庸] : 떳떳할(용). [噬] : 씹을(서). [尼] : 여승(니). [尼師今(이사금)] : 임금. [壻] : 사위(서). [嗣] : 이을(사). [齒理(치리)] : 이빨 자국.

▷본문풀이◁

유리 이사금(니사금)이 왕위에 올랐으니, 그는 남해의 태자다. 어머니는 운제부인이며, 왕비는 일지 갈문왕의 딸이다.【혹은 왕비의 성은 박씨이며, 허루왕의 딸이라고도 한다.】 처음에 남해가 서거했을 때, 유리가 당연히 왕위에 올라야 하는데, 유리는 대보 탈해가 본래 덕망이 있다고 생각하였으므로 왕위를 그에게 사양하였다. 탈해는 "임금이라는 자리는 보통 사람이 감당할 수 있는 것이 아니라고 하며, 훌륭하고 지혜로운 사람은 이가 많다고 말하였으니, 그들은 시험 삼아 떡을 깨물어 보니 유리의 이 자국이 많았으므로 즉시 측근들과 함께 그를 받들어 왕위에 오르게 하고, 왕호를 '이사금' 이라." 하였으니, 예부터 전해오는 말이 이와 같았다. 김대문은 "이사금은 방언이다."라고 말했다. '이사금' 은 곧 '이의 자국' 이란 말이니, 이전에 남해가 죽음을 앞두고, 아들 유리와 사위 탈해에게 "내가 죽은 뒤에는 너희들 '박'과 '석', 두 성을 가진 사람 중에 나이 많은 자가 왕위를 이으라."고 말했었다. 그러나 후에 김씨 성이 또한 홍기하였으므로, 세 성씨들 중에 나이 많은 자를 선택하여 왕위를 잇도록 하였다. 그래서 임금을 「이사금」이라고 불렀다.

○二年, 春, 二月에 親祀, 始祖廟하고 大赦하다.
이년 춘 이월 친사 시조묘 대사

▶ **어려운 낱말** ◀

[祀] : 제사(사). [廟] : 사당(묘). [大赦(대사)] : 크게 사면하다.

▷ **본문풀이** ◁

2년, 봄 2월, 왕이 친히 시조묘에 제사지내고 죄수들의 대사면을 실시하였다.

○五年, 冬, 十一月에 王이 巡行國内하다가 見, 一老가 飢凍將死하니 曰, "予以眇身居上하여 不能養民하고 使, 老幼로 至於此極하니 是, 予之罪也라." 하여 解衣以覆之하고 推食以食之하다. 仍命有司하여 在處存問하고 鰥寡孤獨과 老病, 不能自
오년 동 십일월 왕 순행국내 견 일 노 기동장사 왈 여이묘신거상 불능 양민 사 노유 지어차극 시 여지죄야 해의이복지 추식이식지 잉명 유사 재처존문 환과고독 노병 불능자

活者를 給養之하니 於是에 隣國百姓이 聞而來者
활자 급양지 어시 인국백성 문이래자

衆矣하니라. 是年에 民俗歡康하여 始製〈兜率歌〉
중의 시년 민속환강 시제 도솔가

하니 此는 歌樂之始也니라.
차 가악지시야

▶ 어려운 낱말 ◀

[凍] : 얼(동). [予] : 나(여). [眇] : 아득할(묘). [眇身(묘신)] : 임금이 스스로 겸손하게 낮추어 일컫는 말. [此極(차극)] : 이 극한 상황에 이르니. [覆] : 덮을(복). [鰥寡孤獨(환과고독)] : 과부, 홀아비, 고아 등 외로운 사람들. [隣] : 이웃(린). [兜] : 투구(두,도). [兜率歌(도솔가)] : 고대 신라시대의 가요. 兜率은 범어 Tusita의 음역.

▷ 본문풀이 ◁

5년, 겨울 11월에 왕이 국내를 순행하다가 어떤 노파가 굶주림과 추위로 죽어가는 것을 보고 "보잘 것 없는 내가 왕위에 앉았으니, 백성을 먹여 살릴 수 없고, 노인과 어린이로 하여금 이토록 극한에 이르게 하였으니, 이는 나의 죄이다."라고 말하면서, 옷을 벗어 덮어 주고 밥을 줘서 먹게 하였다. 그리고 관리에게 명하여 현지에서 홀아비, 과부, 고아, 자식 없는 노인을 위문하게 하고, 늙고 병들어 혼자의 힘으로 살아갈 수 없는 자들을 급양하게 하였다. 이렇게 되니, 이웃 나라의 백성들이 이 소식을 듣고 오는 자들이 많았다. 이 해에 백성들의 생활이 즐겁고 편안하여 처음으로 〈도솔가〉를 지었으니, 이것이 노래의 시작이었다.

○九年, 春에 改.六部之名하고 仍.賜姓하니 〈楊
구 년 춘 개 육 부 지 명 잉 사 성 양

山部〉는 爲.梁部하고 姓은 李로, 〈高墟部〉는 爲.沙
산 부 위 양 부 성 이 고 허 부 위 사

梁部로 하고 姓은 崔로, 〈大樹部〉는 爲.漸梁部[一云
량 부 성 최 대 수 부 위 점 량 부

牟梁]로 하고 姓은 孫으로, 〈于珍部〉는 爲.本彼部로
성 손 우 진 부 위 본 피 부

하여 姓은 鄭이요, 〈加利部〉는 爲.漢祇部로 姓은
성 정 가 리 부 위 한 기 부 성

裵로, 〈明活部〉는 爲.習比部하니 姓은 薛이라 하다.
배 명 활 부 위 습 비 부 성 설

又設.官有十七等하니 一曰, 伊伐湌. 二曰, 伊尺
우 설 관 유 십 칠 등 일 왈 이 벌 찬 이 왈 이 척

湌. 三曰, 迊湌. 四曰, 波珍湌. 五曰, 大阿湌. 六
찬 삼 왈 잡 찬 사 왈 파 진 찬 오 왈 대 아 찬 육

曰, 阿湌. 七曰, 一吉湌. 八曰, 沙湌. 九曰, 級伐
왈 아 찬 칠 왈 일 길 찬 팔 왈 사 찬 구 왈 급 벌

湌. 十曰, 大奈麻. 十一曰, 奈麻. 十二曰, 大舍.
찬 십 왈 대 나 마 십 일 왈 나 마 십 이 왈 대 사

十三曰, 小舍. 十四曰, 吉士. 十五曰, 大烏. 十
십 삼 왈 소 사 십 사 왈 길 사 십 오 왈 대 오 십

六曰, 小烏. 十七曰, 造位라 하다. 王이 旣定六部
육 왈 소 오 십 칠 왈 조 위 왕 기 정 육 부

하고 中分爲二하여 使.王女二人으로 各率部內女
중 분 위 이 사 왕 녀 이 인 각 솔 부 내 녀

子하여 分朋造黨하다. 自.秋七月.旣望으로 每日早
자 분 붕 조 당 자 추 칠 월 기 망 매 일 조

集하여 大部之庭에 績麻하여 乙夜(밤10시경) 而罷
집 대 부 지 정 적 마 을 야 이 파

하니 至.八月十五日에 考.其功之多小로 負者.置
지 팔 월 십 오 일 고 기 공 지 다 소 부 자 치

酒食하여 以謝勝者하니 於是에 歌舞百戲가 皆作
주 식　　이 사 승 자　　어 시　　가 무 백 희　개 작

하니 謂之,嘉俳(한가위)라 하다. 是時에 負家,一女子
위 지 가 배　　　　시 시　부 가 일 녀 자

가 起舞嘆曰, "會蘇! 會蘇! 라." 하니라. 其音哀雅
기 무 탄 왈　회 소　회 소　　　　기 음 애 아

하여 後人이 因,其聲而作歌하니 名을 〈會蘇曲〉이라
후 인　인 기 성 이 작 가　　명　　회 소 곡

하다.

▶어려운 낱말◀

[仍] : 인할(잉). [賜] : 줄(사). [墟] : 언덕(허). [漸] : 점차(점). [牟] : 보리(모). [祇] : 땅 귀신(기). [湌] : 먹을(찬). 餐과의 동자임. [迊] : 두루(잡). [奈] : 어찌(나). [麻] : 삼(마). [績] : 베 짤(적). [乙夜] : 밤을 5등분한 그 하나. *甲夜 : 밤8시, 乙夜 : 밤10시, 丙夜 : 밤12시, 丁夜 : 밤2시, 戊夜 : 새벽4시=五更. [罷] : 파할(파). [舞] : 춤출(무). [戲] : 희롱할(희). [嘉俳(가배)] : 한가위. [會蘇曲(회소곡)] : 회소곡.

▷본문풀이◁

9년, 봄에 6부의 이름을 고치고 성을 하사하였으니, 〈양산부〉는 양부로 고쳤으며, 성은 이씨이고, 〈고허부〉는 사량부로 고쳤으며, 성은 최씨, 〈대수부〉는 점량부【모량이라고도 한다.】로 고쳤으며, 성은 손씨, 〈우진부〉는 본피부로 고쳤으며, 성은 정씨, 〈가리부〉는 한기부로 고쳤으며, 성은 배씨, 〈명활부〉는 습비부로 고쳤으며, 성은 설씨로 정하였다. 또한 관직에 다음과 같이 17등급을 두었으니, 1.이벌찬 2.이척찬 3.잡찬 4.파진찬 5.대아찬 6.아찬

7.일길찬 8.사찬 9.급벌찬 10.대나마 11.나마 12.대사 13.소사 14.길사 15.대오 16.소오 17.조위라고 했다. 왕은 6부를 정하고 나서 이를 두 편으로 나누고, 두 왕녀로 하여금 각각 부내의 여자들을 거느려 편을 가르게 했다. 이들 두 편은 가을 7월 16일부터, 매일 새벽에 큰 부락의 뜰에 모여 길쌈을 시작하여, 밤 열시 경에 끝을 내니, 그들은 8월 15일이 되면 길쌈을 얼마나 했는지를 심사하였으며, 길쌈을 적게 한 편에서 술과 음식을 차려 길쌈을 많이 한 편에 사례하였다. 이때 노래와 춤과 여러 가지의 오락을 하였으니 이 행사를 '가배' 라고 하였다. 이 행사를 할 때, 진 편에서 한 여자가 일어나 춤을 추면서 탄식하는 소리로 "회소! 회소! 라."고 하였다. 그 소리가 슬프고도 우아하여, 뒷날 사람들이 이 곡에 노랫말을 붙여 노래를 지었으니 〈회소곡〉이라고 하였다.

○十一年(십일년), 京都(경도)에 地裂泉湧(지열천용)하다. 夏(하).六月(유월)에 大水(대수)하니라.

▶어려운 낱말◀

[裂] : 찢을(렬). [泉湧(천용)] : 샘물이 솟음.

▷본문풀이◁

11년, 서울에서 땅이 갈라지고 샘이 솟았다. 여름 6월, 홍수가 났다.

○十三年, 秋,八月에 〈樂浪〉이 犯,北邊하여 攻
십 삼 년 추 팔 월 낙 랑 범 북 변 공

陷〈朶山城〉하다.
함 타 산 성

▶ 어려운 낱말 ◀

[陷] : 빠질(함), 뽑을(함), 함락하다(함). [朶] : 늘어질(타), 송이(타).

▷ 본문풀이 ◁

13년, 가을 8월에 〈낙랑〉이 북쪽 변경을 침범하여 〈타산성〉을 점령하였다.

○十四年, 高句麗王 〈無恤〉이 襲,樂浪滅之하니
십 사 년 고 구 려 왕 무 휼 습 낙 랑 멸 지

其國人,五千來投하여 分居六部하다.
기 국 인 오 천 래 투 분 거 육 부

▶ 어려운 낱말 ◀

[麗] : 빛날(려). [恤] : 어여쁠(휼). [無恤(무휼)] : 고구려 3대 武神王. [襲] : 덮칠(습). [滅] : 멸할(멸). [投] : 던질(투).

▷ 본문풀이 ◁

14년, 고구려왕 「무휼 」이 〈낙랑〉을 습격하여 멸망시키니, 그 백성 5천 명이 투항해 와서 그들을 6부에 나누어 살게 하였다.

○十七年, 秋九에 〈華麗:영흥〉,〈不耐:안변〉 二縣
십 칠 년 추 구 화 려 불 내 이 현

人이 連謀하여 率.騎兵하여 犯.北境하니 貊國(:춘천
인 연모 솔기병 범북경 맥국

지방)渠帥가 以兵으로 要.曲河西하여 敗之하다. 王
거수 이병 요곡하서 패지 왕

이 喜하여 與貊으로 國結好하다.
희 여맥 국결호

▶ 어려운 낱말 ◀

[華] : 빛날(화). [耐] : 참을(내). [貊] : 북방 종족(맥). 부여국. [渠] : 거랑(거), 우두머리(거). [渠帥(거수)] : 악한 무리의 우두머리. 추장. [要] : 요격하다(요).

▷ 본문풀이 ◁

17년, 가을 9월에, 〈화려〉현과 〈불내〉현의 두 현 사람들이 공모하여 기병을 거느리고 북쪽 국경을 침범하였다. 맥국의 우두머리가 병사를 동원하여 곡하 서쪽에서 요격하여 이들을 물리쳤다. 왕이 기뻐하여 맥국과 친교를 맺었다.

○ 十九年, 秋.八月에 貊帥.獵得禽獸하여 獻之하다.
십구년 추팔월 맥수엽득금수 헌지

▶ 어려운 낱말 ◀

[貊帥(맥수)] : 貊國의 추장. [獵] : 사냥할(렵). [禽獸(금수)] : 새와 짐승들. [獻] : 드릴(헌).

▷ 본문풀이 ◁

19년, 가을 8월에 맥국의 우두머리가 사냥을 하여 새와 짐승을 잡아 바쳤다.

○三十一年, 春,二月에 星孛于,紫宮(紫微星)하다.
삼 십 일 년 춘 이 월 성 패 우 자 궁

▶어려운 낱말◀

[星孛(성패)] : 혜성. [紫宮(자궁)] : 별의 무리(성좌).

▷본문풀이◁

31년, 봄 2월에 자미 성좌에 혜성이 나타났다.

○三十三年, 夏,四月에 龍見,金城井하더니 有頃
삼 십 삼 년 하 사 월 용 현 금 성 정 유 경
에 暴雨自,西北來하다. 五月에 大風拔木하니라.
폭 우 자 서 북 래 오 월 대 풍 발 목

▶어려운 낱말◀

[井] : 우물(정). [有頃(유경)] : 조금 지나서. 얼마 후에. [拔] : 뽑다(발).

▷본문풀이◁

33년, 여름 4월에 금성 우물에서 용이 나타나더니 얼마 후에 폭우가 서북쪽으로부터 몰려왔다. 5월에 큰 바람이 불어 나무가 뽑혔다.

○三十四年, 秋,九月에 王이 不豫하여 謂,臣寮
삼 십 사 년 추 구 월 왕 불 예 위 신 료

曰, "「脫解」는 身聯國戚이요, 位處輔臣하고 屢著
왈 탈해 신련국척 위처보신 누저

功名이나 朕之二子는 其才不及遠矣라. 吾死之後
공명 짐지이자 기재불급원의 오사지후

에 卽大位를 以無忘我遺訓하라." 冬十月에 王이
즉대위 이무망아유훈 동시월 왕

薨하여 葬〈蛇陵園〉內하다.
홍 장 사릉원 내

▶ 어려운 낱말 ◀

[不豫(불예)] : 불편하다. [寮] : 관료(료). [身聯國戚(신련국척)] : 신분이 국척과 연관됨. [輔臣(보신)] : 임금을 도우는 신하. [屢] : 여러(누). [朕] : 나(짐). 임금이 자기를 일컬어서. [忘] : 잊을(망). [葬] : 장사(장). [蛇陵(사릉)] : 오릉.

▷ 본문풀이 ◁

34년, 가을 9월에 왕이 병이 들자 신하들에게 말했다. "「탈해」는 신분이 국척이요, 지위가 재상에 이르렀고, 공을 여러 번 세웠으나 나의 두 아들은 재능이 그를 따르지 못함이라. 그러므로 내가 죽은 뒤에는 탈해를 왕위에 오르게 하라. 나의 유언을 잊지 말라." 겨울 10월에, 왕이 서거하여 〈사릉원〉에 장사지냈다.

4 脫解尼師今(탈해이사금) : 57~80

○脫解尼師今이 立하니[一云, 吐解]時年이 六十二
탈 해 이 사 금 입 시 년 육 십 이

러라. 姓은 昔이요, 妃는 「阿孝夫人」이라. 「脫解」는
성 석 비 아 효 부 인 탈 해

本,多婆那國,所生也러니 其國이 在,倭國東北,一
본 다 파 나 국 소 생 야 기 국 재 왜 국 동 북 일

千里하다. 初에 其國王이 娶,女國王女로 爲妻하여
천 리 초 기 국 왕 취 여 국 왕 녀 위 처

有娠七年에 乃生大卵하다. 王曰, "人而生卵하니
유 신 칠 년 내 생 대 란 왕 왈 인 이 생 란

不祥也라 하여 宜棄之하라."하다. 其女不忍하고 以
불 상 야 의 기 지 기 녀 불 인 이

帛으로 裹卵竝,寶物하고 置於櫝中하여 浮於海하
백 이 란 병 보 물 치 어 독 중 부 어 해

다. 任其所往에 初至,金官國海邊하니 金官人이
임 기 소 왕 초 지 금 관 국 해 변 금 관 인

怪之하여 不取하고 又至,辰韓,阿珍浦口(지금의 영
괴 지 불 취 우 지 진 한 아 진 포 구

일)하니 是는 始祖,赫居世, 在位,三十九年也러라.
시 시 조 혁 거 세 재 위 삼 십 구 년 야

時에 海邊老母가 以繩으로 引繫海岸하여 開櫝見
시 해 변 노 모 이 승 인 계 해 안 개 독 견

之하니 有,一小兒在焉이어늘 其母,取養之하다. 及
지 유 일 소 아 재 언 기 모 취 양 지 급

壯에 身長九尺이요, 風神秀朗하고 知識過人하니
장 신 장 구 척 풍 신 수 랑 지 식 과 인

或曰, "此兒不知姓氏하니 初에 櫝來時에 有,一鵲
혹 왈 차 아 부 지 성 씨 초 독 래 시 유 일 작

飛鳴而隨之라 하여 宜省鵲字를 以昔爲氏하고 又
비 명 이 수 지 의 성 작 자 이 석 위 씨 우

解韞櫝而出이라." 하여 宜名脫解라 하다. 脫解始
해 온 독 이 출 의 명 탈 해 탈 해 시

에 以漁釣爲業으로 供養其母하여 未嘗有懈色이
이 어 조 위 업 공 양 기 모 미 상 유 해 색

러라. 母謂曰, "汝는 非常人이라. 骨相殊異하니 宜
모 위 왈 여 비 상 인 골 상 수 이 의

從學하여 以立功名하라." 하다. 於是에 專精學問하
종 학 이 립 공 명 어 시 전 정 학 문

고 兼知地理하여 望楊山下瓠公宅하고 以爲吉地
겸 지 지 리 망 양 산 하 호 공 택 이 위 길 지

라 하여 設詭計하여 以取而居之하니 其地後爲月
설 궤 계 이 취 이 거 지 기 지 후 위 월

城하다. 至南解王五年에 聞其賢하고 以其女로
성 지 남 해 왕 오 년 문 기 현 이 기 여

妻之하여 至七年에 登庸爲大輔하여 委以政事하
처 지 지 칠 년 등 용 위 대 보 위 이 정 사

다. 儒理將死에 先王顧命曰, "吾死後에 無論子
유 리 장 사 선 왕 고 명 왈 오 사 후 무 논 자

壻하고 以年長且賢者를 繼位하라." 하시니 是以
서 이 년 장 차 현 자 계 위 시 이

로 寡人先立이어늘 今也宜傳其位焉이라 하다.
과 인 선 입 금 야 의 전 기 위 언

▶어려운 낱말◀

[脫] : 벗을(탈). [昔] : 예(석), 성(석). [婆] : 늙은이(파). [那] : 어찌(나), 어조사(내). [倭] : 일본국(왜). [娶] : 장가갈(취). [娠] : 아이 밸(신). [帛] : 비단(백). [金官國(금관국)] : 가야, 지금의 김해. [竝] : 함께(병). [繩] : 노끈(승). [繫] : 메다(계). [風神秀朗(풍신수랑)] : 기풍과 정신이 뛰어나고 밝음. [鵲] :

까치(작). [韞] : 감출(온). [韞櫝(온독)] : 궤짝에 넣음. [漁釣(어조)] : 고기잡이. [懈] : 게으르다(해). [殊異(수이)] : 특별히 다르다. [詭] : 속일(궤). [顧] : 돌아볼(고).

▷**본문풀이**◁

탈해 이사금【토해라고도 한다.】이 왕위에 올랐다. 이때 나이가 62세였다. 성은 석이며, 왕비는 「아효부인」이다. 「탈해」는 본래 '다파나국' 에서 태어났으니, 이 나라는 왜국의 동북쪽으로 천 리 밖에 있다. 본래 그 나라 왕은 여국의 왕녀를 아내로 삼았는데, 임신한 지 7년 만에 큰 알을 낳았다. 왕은 "사람이 알을 낳았으니 이는 상서로운 일이 아니다. 그것을 버리는 것이 마땅하리라."라고 말했다. 그 여인이 알을 차마 버리지 못하고 비단으로 알과 보물을 함께 싸서 상자에 넣어 바다에 띄워 보냈다. 그 상자는 처음에 금관국 해변에 닿았다. 금관 사람은 이를 괴이하게 여겨 거두지 않았다. 그 상자는 다시 진한 아진포 어구에 닿았으니 이때가 곧 시조 혁거세 39년이었다. 그때 해변에 사는 노모가 상자를 줄로 끌어올려 해안에 매어 놓고 열어보니, 한 어린아이가 있었다. 그 노인은 이 아이를 데려다 길렀다. 이 아이가 장년이 되자 키가 9척이 되었으며, 기풍과 정신이 훌륭하였고, 지식이 남보다 뛰어났으니, 어떤 사람이 "이 아이는 성씨를 알 수 없으나 처음 상자가 도착하였을 때, 까치 한 마리가 울면서 날아 따라왔으니, 까치 작(鵲)자를 줄여 '석(昔)' 으로 성을 삼는 것이 좋겠고, 또한 상자를 풀고 나왔으니, '벗을 탈(脫)' 과 '풀 해(解)' 로 이름을 짓는 것이 좋겠다."고 말하여 탈해라 하였다. 탈해는 처음에는 고기잡이를 하여 어머니를 봉양하는데 그는 한 번도 게으름을 피운 적이 없었다. 그의 어머니가 말하기를, "너는 보통 사람이 아니요. 골격과 관상이 특이하니 마땅히 학문에 종사하여 공명을 세우라." 라고 말하였다. 이에 따라 그는 학문에 전념하였고 동시에 지리도 이해하게 되어 그는 양산 아래에 있는 호공의 집을 보고 그곳이 좋은 집터라고 생각하였다. 그리하여 꾀를 써서 이 터를 얻어 그곳에서 살았다. 이 땅은 뒷날 월성터가 되었다. 남해왕 5년에 이르러 그가 어질다는 소문이 나자, 왕은 자기의 딸을 그에게 시집보내어 7년에 그를 등용하여 대보로 임명하고 정사를 맡겼다. 유리가 죽음을 앞두고 말하기를, "내가 죽은 후에 아들과 사위를 막론하고 나이가 많고 현명한 자로 하여금 왕위를 잇게 하라."고 유언하였으나 내가 먼저 왕위에 올랐으니, 이제는 마땅히 왕위를 탈해에게 전해야 할 것이라고 하였다.

○二年(이년), 春(춘).正月(정월)에 拜(배).瓠公(호공)하여 爲(위).大輔(대보)하고 二月(이월)에 親祀(친사).始祖廟(시조묘)하다.

▶ **어려운 낱말** ◀

[瓠] : 바가지(호). [輔] : 도울(보). [大輔(대보)] : 재상. [祀] : 제사(사).

▷ 본문풀이 ◁

2년, 봄 정월에 '호공'을 대보로 임명하였다. 2월, 왕이 직접 시조 묘에 제사를 지냈다.

○ 三年, 春,三月에 王이 登,吐含山하니 有,玄雲如蓋하여 浮王頭上하다가 良久而散하다. 夏,五月에 與,倭國으로 結好交聘하고 六月에 有星이 孛于,天船하다.

(삼년 춘삼월 왕 등토함산 유현운 여개 부왕두상 양구이산 하오월 여왜국 결호교빙 유월 유성 패 우천선)

▶ 어려운 낱말 ◀

[登] : 오를(등). [吐含山(토함산)] : 토함산. [玄雲(현운)] : 검은 구름. [蓋] : 덮을(개), 우산(개). [浮] : 뜰(부). [良久(양구)] : 한참 있다가. [聘] : 예빙(빙). [天船(천선)] : 성좌의 이름.

▷ 본문풀이 ◁

3년, 봄 3월에 왕이 토함산에 올라가니, 덮개 모양의 검은 구름이 왕의 머리 위에 피어났다가 한참 후에 흩어졌다. 여름, 5월에 왜국과 친교를 맺고 사신을 교환하였다. 6월에, 천선 성좌에 혜성이 나타났다.

○ 五年, 秋,八月에 馬韓將「孟召」가 以〈覆巖

(오년 추팔월 마한장 맹소 이복암)

城〉으로 降하다.
성 항

▶어려운 낱말◀

[召] : 부를(소). [覆] : 엎을(복). [巖] : 바위(암). [降] : 항복(항)(강).

▷본문풀이◁

5년, 가을 8월에 마한 장수 「맹소」가 〈복암성〉을 바치고 항복하였다.

○七年, 冬,十月에 百濟王이 拓地하여 至〈娘子
칠 년 동 시 월 백 제 왕 척 지 지 낭 자

谷城:淸州〉하고 遣使請會하나 王이 不行하다.
곡 성 견 사 청 회 왕 불 행

▶어려운 낱말◀

[拓] : 개척하다(척). [娘] : 아가씨(낭). [遣] : 보낼(견).

▷본문풀이◁

7년, 겨울 10월에 백제왕이 국토를 개척하여, 〈낭자곡성〉까지 넓히고 사신을 보내 왕을 만나기를 요청했으나, 왕은 가지 않았다.

○八年, 秋,八月에 百濟遣兵하여 攻〈蛙山城:報
팔 년 추 팔 월 백 제 견 병 공 와 산 성

恩〉하고 冬,十月에 又攻〈狗壤城:沃川?〉하니 王이 遣
동 시 월 우 공 구 양 성 왕 견

騎二千으로 逆擊走之하다. 十二月에 地震하고 無
기 이 천 역 격 주 지 십 이 월 지 진 무

雪하니라.
설

▶ **어려운 낱말** ◀

[濟] : 건널(제). [攻] : 칠(공). [蛙] : 개구리(와). [狗] : 개(구). [壤] : 흙덩이(양). [騎] : 말 탈(기). [逆] : 거스르다(역). [擊] : 칠(격). [地震(지진)] : 지진.

▷ **본문풀이** ◁

8년, 가을 8월에 백제가 군사를 보내 〈와산성〉을 공격하고 겨울 10월, 백제가 다시 〈구양성〉을 공격하니, 왕은 기병 2천 명을 보내 그들을 공격하여 물리쳤다. 12월, 지진이 있었고 눈이 내리지 않았다.

○九年, 春,三月에 王이 夜聞,金城西,始林樹間
구 년 춘 삼 월 왕 야 문 금 성 서 시 림 수 간

에 有,鷄鳴聲하다. 黎明에 遣,瓠公視之하니 有,金
유 계 명 성 여 명 견 호 공 시 지 유 금

色小櫝이 掛,樹枝하고 白鷄,鳴於其下하다. 瓠公
색 소 독 괘 수 지 백 계 명 어 기 하 호 공

還告하여 王이 使人取하여 開之하니 有,小男兒,在
환 고 왕 사 인 취 개 지 유 소 남 아 재

其中하여 姿容奇偉하다. 上이 喜謂,左右曰, "此,
기 중 자 용 기 위 상 희 위 좌 우 왈 차

豈非天遺,我以令胤乎아!" 하고 乃收養之하다. 及
기 비 천 유 아 이 령 윤 호 내 수 양 지 급

長에 聰明하고 多,智略하여 乃名閼智(알지, 아기의 차
장 총 명 다 지 략 내 명 알 지

음)라 하다. 以其出於.金櫝이라 姓을 金氏라 하고
이기출어 금독 성 김씨

改.始林하여 名〈鷄林〉하니 因以爲.國號하다.
개 시림 명 계림 인이위 국호

▶ **어려운 낱말** ◀

[鳴] : 울(명). [黎] : 밝을(려). [瓠] : 박(호). [櫝] : 궤짝(독). [掛] : 걸(괘). [姿] : 모양(자). [奇偉(기위)] : 용모가 뛰어남. [此豈非(차기비)] : 이 ~가 아닌가! [胤] : 아들(윤). [聰] : 귀 밝을(총).

▷ **본문풀이** ◁

9년, 봄 3월에 왕이 밤에 금성 서쪽 '시림' 의 나무 사이에서 닭이 우는 소리가 나는 것을 들었다. 날이 밝을 무렵에 호공을 보내 어찌된 일인지를 알아보도록 하였으니, 호공이 가보니 그곳에는 나뭇가지에 금빛 나는 작은 상자가 걸려 있었고, 흰 닭이 그 아래에서 울고 있었다고 했다. 호공이 돌아와 이를 알려드리니, 왕은 사람을 보내 그 상자를 가져와 열게 하여 보니 그 속에는 어린 사내아이가 들어 있었고, 그 아이는 자태와 용모가 뛰어났다. 왕이 기뻐하며 측근들에게 말하기를, "이 아이는 어찌 하늘이 나에게 아들로 준 것이 아니겠는가!" 라고 말하고, 그 아이를 거두어 길렀다. 아이는 자라면서 총명하고 지략이 뛰어나서 그의 이름을 '알지' 라고 하였다. 그는 금빛이 나는 상자에서 나왔기 때문에 성을 김씨라고 하였고. 시림을 고쳐 〈계림〉이라 부르니, 이를 국호로 삼았다.

○十年에 百濟攻取〈蛙山城:報恩〉하고 留二百人
십년 백제공취 와산성 유이백인

居守하다가 尋取之하다.
거수 심취지

▶어려운 낱말◀

[取] : 취할(취). [蛙] : 개구리(와). [留] : 머무를(류). [尋] : 찾을(심).

▷본문풀이◁

10년에, 백제가 〈와산성〉을 공격하여 점령하고, 2백 명을 그곳에 남겨 거주시키며 수비하게 하였으나, 얼마 되지 않아서 이 땅을 다시 빼앗았다.

○十一年, 春正月에 以朴氏貴戚으로 分理國
십일년 춘정월 이박씨귀척 분리국

內州郡하다. 號爲州主郡主라 하고 二月에 以「順
내주군 호위주주군주 이월 이순

貞」으로 爲伊伐湌(17관등 중의 제1위)하고 委以政事
정 위이벌찬 위이정사

하다.

▶어려운 낱말◀

[戚] : 친척(척). [理] : 다스리다(리). [伐] : 칠(벌). [湌(찬)] : 존칭. 伊伐湌은 角干, 혹은 角粲, 舒發翰, 舒弗邯이라고도 함.

▷본문풀이◁

11년, 봄 정월에 박씨의 귀척으로 하여금 국내의 주와 군을 나누어 다스리게 하였다. 그 직위를 각각 주주와 군주라고 불렀다. 2월에, 「순정」을 이벌찬으로 임명하여 정사를 맡겼다.

○ 十四年에 百濟來侵하다.
십 사 년 백 제 래 침

▷본문풀이◁

14년에, 백제가 침범하였다.

○ 十七年에 倭人.侵〈木出島〉하다. 王이 遣.角干「羽烏」하여 禦之하나 不克하고「羽烏」死之하다.
십 칠 년 왜 인 침 목 출 도 왕 견 각 간 우 오 어 지 불 극 우 오 사 지

▶어려운 낱말◀

[角] : 뿔(각). [禦] : 방어할(어). [克] : 이길(극).

▷본문풀이◁

17년에, 왜인이 〈목출도〉를 침범하였다. 왕이 각간 「우오」를 보내 방어토록 하였으나 승리하지 못했다. 「우오」가 전사하였다.

○ 十八年, 秋.八月에 百濟寇邊하니 遣兵拒之하다.
십 팔 년 추 팔 월 백 제 구 변 견 병 거 지

▶ **어려운 낱말** ◀

[寇] : 도둑(구). 약탈하다.

▷ **본문풀이** ◁

18년, 가을 8월에 백제가 변경을 약탈하므로 군사를 보내 이를 방어하였다.

○ 十九年에 大旱하여 民饑하니 發倉賑給하다.
십 구 년 대 한 민 기 발 창 진 급
冬, 十月에 百濟가 攻, 西鄙〈蝸山城:報恩〉하여 拔之
동 시 월 백 제 공 서 비 와 산 성 발 지
하다.

▶ **어려운 낱말** ◀

[賑] : 구휼할(진). [給] : 줄(급). [鄙] : 더러울(비), 빼앗기다(비). 점령, 식읍(비).

▷ **본문풀이** ◁

19년에, 큰 가뭄이 들어서 백성들이 굶주리므로 창고를 풀어 구제하였다. 겨울 10월에, 백제가 서쪽 변경의 〈와산성〉을 공격하여 점령하였다.

○ 二十年, 秋, 九月에 遣兵伐, 百濟하여 復取〈蛙
이 십 년 추 구 월 견 병 벌 백 제 부 취 와
山城〉하다. 自, 百濟로 來居者, 二百餘人을 盡殺之
산 성 자 백 제 내 거 자 이 백 여 인 진 살 지

하다.

▷본문풀이◁

20년, 가을 9월에 군사를 보내 백제를 공격하여 〈와산성〉을 다시 찾았다. 〈백제〉에서 와서 살고 있던 2백여 명을 모두 죽였다.

○二十一年, 秋,八月에 阿飡「吉門」이 與,加耶
이 십 일 년 추 팔 월 아 찬 길 문 여 가 야
兵으로 戰於〈黃山津〉口하여 獲,一千餘級하다. 以
병 전 어 황 산 진 구 획 일 천 여 급 이
「吉門」으로 爲,波珍飡하여 賞功也하다.
길 문 위 파 진 찬 상 공 야

▶어려운 낱말◀

[阿飡(아찬)] : 벼슬 이름. [耶] : 어조사(야). [津] : 나루(진). [黃山津口(황산진구)] : 김해, 양산 사이 낙동강. [波珍飡(파진찬)] : 신라 때 벼슬 이름. 신라 17 등급 중의 제4위.

▷본문풀이◁

21년, 가을 8월에 아찬 「길문」이 가야 군사를 상대로 〈황산진〉 입구에서 싸워 1천여 명을 죽였다. 「길문」을 파진찬으로 임명하여 거기에 해당하는 상을 주었다.

○二十三年, 春,二月에 彗星이 見,東方이라가 又
이 십 삼 년 춘 이 월 혜 성 현 동 방 우

見,北方하더니 二十日에 乃滅하다.
현 북 방 이 십 일 내 멸

▶어려운 낱말◀

[彗星(혜성)] : 혜성.

▷본문풀이◁

23년, 봄 2월에 혜성이 동쪽에 나타났다가 다시 북쪽에 나타나더니 20일 만에 사라졌다.

○二十四年, 夏,四月에 京都大風하여 金城東門
이 십 사 년 하 사 월 경 도 대 풍 금 성 동 문

이 自壞하다. 秋,八月에 王이 薨하여 葬,城北〈壤
자 괴 추 팔 월 왕 훙 장 성 북 양

井〉丘하다.
정 구

▷본문풀이◁

24년, 여름 4월에 경도에 큰 바람이 불어 금성 동문이 스스로 무너졌다. 가을 8월에, 왕이 돌아가시어 성의 북쪽 〈양정〉 언덕에 장사지냈다.

5| 婆娑尼師今(파사이사금) : 80~112

○婆娑,尼師今이 立하니 儒理王의 第,二子也
파사 이사금 입 유리왕 제 이자야
라.[或云,儒理弟,柰老之子也] 妃는 金氏로 史省夫人이니
비 김씨 사성부인
許婁葛文王,之女也니라. 初에 脫解薨하니 臣僚欲
허루갈문왕 지녀야 초 탈해훙 신료욕
立儒理太子,逸聖하려 하니 或謂, "逸聖은 雖,嫡嗣
입유리태자 일성 혹위 일성 수 적사
나 而,威明不及,婆娑하니라." 하여 遂,立之하다. 婆
이 위명불급 파사 수 립지 파
娑는 節儉省用하고 而,愛民하므로 國人嘉之하니라.
사 절검성용 이 애민 국인가지

▶ 어려운 낱말 ◀

[婆娑(파사)] : 늙은 여자. 춤추는 모양. [省] : 살필(성). [葛文王(갈문왕)] : 신라에서 왕이 추서해서 내리는 추봉 왕. [僚] : 동료(료). [逸] : 편할(일). [嫡嗣(적사)] : 적자로서 대를 이음. [節儉省用(절검성용)] : 절도 있고 검소하며 사물을 아꼈다. [嘉] : 아름다울(가).

▷ 본문풀이 ◁

파사 이사금이 왕위에 올랐다. 그는 유리왕의 둘째 아들이다. 【혹은 유리의 아우 나로의 아들이라고도 한다.】 왕비는 김씨 사성부인이니, 그녀는 갈문왕 허루의 딸이다. 처음에 탈해가 죽었을 때 신하들은 유리의 태자 일성을 왕위에 오르게 하려 하였으나 누군가가

말하기를 "일성이 적자이기는 하지만 사람됨과 총명함이 파사만 못하다."고 하여, 마침내 파사를 왕위에 오르도록 한 것이다. 파사는 절도 있고 검소하며 물자를 아끼는 생활을 하였고, 또한 백성을 사랑하였으므로 백성들이 그를 좋다고 생각하였다.

○二年, 春,二月에 親祀,始祖廟하다. 三月에 巡
이 년 춘 이 월 친 사 시 조 묘 삼 월 순
撫州郡하여 發倉賑給하고 慮,獄囚하여 非,二罪이
무 주 군 발 창 진 급 려 옥 수 비 이 죄
면 悉,原之하다.
실 원 지

▶ **어려운 낱말** ◀

[始] : 처음(시). [巡撫(순무)] : 임금이 나라 곳곳에 순찰하다. [賑給(진급)] : 국가의 곡식을 나누어주다. [非二罪(비이죄)] : 사형의 죄가 아니면. [二罪(이죄)] : 1) 사형죄를 범한 자. 2) 絞,斬의 죄수. [悉原之(실원지)] : 모두 석방하다.

▷ **본문풀이** ◁

2년, 봄 2월에 왕이 직접 시조 묘에 제사를 지냈다. 3월에, 왕이 주와 군을 순행하여 창고를 풀어 백성들을 구제하고, 옥에 갇힌 죄수를 조사하여 두 가지의 사형죄에 해당하는 자가 아니면 모두 석방토록 하였다.

○三年, 春,正月에 下令曰, 今,倉廩空匱하고 戎
삼 년 춘 정 월 하 령 왈 금 창 름 공 궤 융
器頑鈍하고 儻有水旱之災하고 邊鄙之警이면 其
기 완 둔 당 유 수 한 지 재 변 비 지 경 기

何以.禦之리요? 宜令有司로 勸.農桑하고 練兵草
하 이 어 지 의 령 유 사 권 농 상 연 병 초

革하여 以備不虞하라.
혁 이 비 불 우

▶어려운 낱말◀

[倉廩空匱(창름공궤)] : 국가의 창고가 비었다. [戎器頑鈍(융기완둔)] : 무기가 무디어있음. [儻] : 혹시(당). [旱災(한재)] : 가뭄. [邊鄙之警(변비지경)] : 변방의 경비. [禦之(어지)] : 그것을 막다. [草革(초혁)] : 戰具의 총칭. [不虞(불우)] : 미리 헤아리지 못함. 불의의 재난. 근심 걱정. 염려.

▷본문풀이◁

3년, 봄 정월에 다음과 같은 명령을 내려 말하기를, 지금 나라 창고가 비었고 병기는 무디어지고, 혹시라도 홍수나 가뭄 또는 변방에 변고가 생기면 이에 어떻게 대처하리요? 마땅히 유사로 하여금 농사와 양잠을 장려하고 군사를 훈련시켜 뜻밖의 상황에 대비토록 하라고 했다.

○五年, 春.二月에 以「明宣」으로 爲.伊飡하고
오 년 춘 이 월 이 명 선 위 이 찬

「允良」으로 爲.波珍飡하다. 夏.五月에 古拖郡主가
윤 량 위 파 진 찬 하 오 월 고 타 군 주

獻.青牛하다. 〈南新縣〉에 夌麥連歧하여 大有年하
헌 청 우 남 신 현 능 맥 연 기 대 유 년

니 行者.不齎糧이러라.
행 자 부 재 량

▶어려운 낱말◀

[拖] : 끌(타). [古拖(고타)] : 고타는 안동, 거창, 진주의 3곳인데, 어느 곳인지 분명치 않음. [夌]: 언덕(릉). 밭. [麥] : 보리(맥). [岐] : 갈림길(기). 가닥, 갈래. [連岐(연기)] : 여러 가닥으로 뻗어 나옴. [有年(유년)] : 풍년. [齎] : 가져올(재). [齎糧(재량)] : 양식을 갖고 다니다.

▷본문풀이◁

5년, 봄 2월에 「명선」을 이찬으로, 「윤량」을 파진찬으로 임명하였다. 여름 5월에, 고타군주가 푸른색의 소를 바쳤다. 〈남신현〉에서는 하나의 보리 이삭에 여러 가닥이 생겨나 크게 풍년이 들었기 때문에 여행하는 사람들이 식량을 가지고 다니지 않았다.

○六年, 春.正月에 百濟犯邊하다. 二月에 以「吉元」으로 爲.阿湌하다. 夏.四月에 客星入.紫微하다.
육년 춘정월 백제범변 이월 이길원 위아찬 하사월 객성입자미

▶어려운 낱말◀

[犯邊(범변)] : 국경을 침범. [紫微(자미)] : 별자리.

▷본문풀이◁

6년, 봄 정월에 백제가 변경을 침범하였다. 2월에, 「길원」으로 아찬에 임명하였다. 여름 4월에, 객성이 자미 성좌에 들어갔다.

○八年, 秋.七月에 下令曰, "朕以不德으로도 有
팔년 추칠월 하령왈 짐이부덕 유

此國家하다. 西隣百濟하고 南接加耶하나 德不能
차 국 가 서 린 백 제 남 접 가 야 덕 불 능

綏하고 威不足畏하니 宜繕葺,城壘하여 以待侵軼
수 위 불 족 외 의 선 집 성 루 이 대 침 질

하라." 是月에 築〈加召:거창〉,〈馬頭:거창, 마리면〉 二
시 월 축 가 소 마 두 이

城하다.
성

▶ 어려운 낱말 ◀

[此(차)] : 이것. '有此國家' 는 국가를 맡고 있는 임금이라는 뜻. [綏] : 편안할(수). [畏] : 두려워할(외). [繕葺(선집)] : 수리하다. 허름하고 낡은 집을 고치다. [城壘(성루)] : 성과 보루. [侵軼(침질)] : 침략하다. [二城(이성)] : 加召城, 馬頭城을 말함.

▷ 본문풀이 ◁

8년, 가을 7월에 왕이 "내가 부덕함에도 나라를 맡았다. 우리나라는 서쪽으로 백제를 이웃하고 남쪽으로 가야에 접하였으나, 나의 덕망은 백성들을 편안히 살게 하지 못하고, 위엄은 외국을 두렵도록 하기에 부족하였으니, 마땅히 성과 보루를 수리하여 외적의 침략에 대비하라."는 명령을 내렸다. 이 달에 〈가소〉성과 〈마두〉성의 2성을 쌓았다.

○ 十一年, 秋,七月에 分遣使,十人하여 廉察,州
십 일 년 추 칠 월 분 견 사 십 인 염 찰 주

郡主하고 不勤公事하고 致,田野,多荒者는 貶黜之
군 주 불 근 공 사 치 전 야 다 황 자 폄 출 지

하다.

▶ **어려운 낱말** ◀

[[廉察(염찰)] : 자세히 조사함. 사세하게 살펴 고침. [貶] : 깎아내릴(폄). [黜] : 물리칠(출). [貶黜(폄출)] : 벼슬을 떨어뜨려 물리침.

▷ **본문풀이** ◁

11년, 가을 7월에 열 명의 사신을 파견하여 주주와 군주들을 조사하고, 공무에 성실하지 않거나 농토를 많이 황폐하게 한 자가 있으면 직급을 내리거나 추출하도록 하였다.

○十四年, 春,正月에 拜「允良」으로 爲,伊湌하
십 사 년 춘 정 월 배 윤 량 위 이 찬
고「啓其」로 爲,波珍湌하다. 二月에 巡幸〈古所夫
계 기 위 파 진 찬 이 월 순 행 고 소 부
里〉郡하여 親問高年하고 賜穀하다. 冬,十月에 京
리 군 친 문 고 년 사 곡 동 십 월 경
都地震하다.
도 지 진

▶ **어려운 낱말** ◀

[啓] : 열(계). [巡幸(순행)] : 임금이 고을을 순시함. [賜穀(사곡)] : 곡식을 내려주다.

▷ **본문풀이** ◁

14년, 봄 정월에 「윤량」을 이찬으로 임명하고, 「계기」를 파진찬으로 임명하였다. 2월에, 왕이 〈고소부리(:전북 고부의 고사부리인 듯?)〉군에 행차하여 나이 많은 백성을 직접 위문하고 곡식을 주었다. 겨울 10월, 경도에 지진이 있었다.

○十五年, 春,二月에 加耶賊이 圍,〈馬頭城〉하니
십오년 춘이월 가야적 위 마두성

遣,阿湌「吉元」하여 將騎一千으로 擊走之하다.
견아찬 길원 장기일천 격주지

秋,八月에 閱兵於,閼川하다.
추팔월 열병어알천

▶ 어려운 낱말 ◀

[耶] : 어조사(야). [賊] : 도적(적). [圍] : 에워싸다(위). [將] : 거느리다(장). [閱兵(열병)] : 군대를 사열함.

▷ 본문풀이 ◁

15년, 봄 2월에 가야의 적군이 〈마두성〉을 포위하자, 아찬 「길원」을 보내어 기병 1천을 거느리고 그들을 격퇴하였다. 가을 8월, 알천에서 군대를 사열하였다.

○十七年, 秋,七月에 暴風自南하여 拔,金城南,大樹하다. 九月에 加耶人이 襲,南鄙하니 遣,加城主「長世」하여 拒之나 爲賊所殺하다. 王이 怒하여 率,勇士五千으로 出戰하여 敗之하니 虜獲甚多하다.
십칠년 추칠월 폭풍자남 발금성남대수 구월 가야인 습남비 견가성주 장세 거지 위적소살 왕 노 솔 용사오천 출전 패지 노획심다

▶ 어려운 낱말 ◀

[南鄙(남비)] : 남쪽 변방. [拒] : 막다(거). 항거할(거). [怒] : 성낼(노). [率] : 인솔하다(솔). [敗之(패지)] : 그것을 물리치다. [虜獲(노획)] : 사로잡다. [甚多(심다)] : 매우 많이.

▷ 본문풀이 ◁

17년, 가을 7월에 남쪽에서 폭풍이 불어와 금성 남쪽에 있는 큰 나무가 뽑혔다. 9월에, 가야 사람들이 남쪽 변경을 습격하니, 가성성주 「장세」를 보내 방어토록 하였으나, 그가 전사하였다. 왕이 노하여 정예병 5천을 거느리고 출전하여 그들을 물리쳤다. 노획한 물자가 매우 많았다.

○ 十八年(십팔년), 春(춘).正月(정월)에 擧兵(거병).欲伐加耶(욕벌가야)하나 其國主(기국주)가 遣使請罪(견사청죄)하므로 乃止(내지)하다.

▶ 어려운 낱말 ◀

[擧兵(거병)] : 군사를 일으킴. [請罪(청죄)] : 사죄하다.

▷ 본문풀이 ◁

18년, 봄 정월에 군사를 동원하여 가야를 치려 하였으나, 임금이 사신을 보내 사죄하였으므로 이를 중지하였다.

○ 十九年(십구년), 夏(하).四月(사월)에 京都旱(경도한)하다.

▷본문풀이◁

19년 여름 4월, 서울에 가뭄이 들었다.

○二十一年, 秋,七月에 雨雹으로 飛鳥死하다. 冬,十月에 京都地震하고 倒,民屋하여 有,死者하니라.
이십일년 추 칠월 우박 비조사 동 시월 경도지진 도민옥 유사자

▶어려운 낱말◀

[雨雹(우박)] : 우박. [地震(지진)] : 지진. [倒民屋(도민옥)] : 민가의 집들이 무너지다.

▷본문풀이◁

21년, 가을 7월에 우박이 내려 날던 새가 죽었다. 겨울 10월에, 서울에 지진이 있었다. 민가가 쓰러져서 죽은 사람도 있었다.

○二十二年, 春,二月에 築城하고 名을 月城이라 하다. 秋,七月에 王이 移居月城하다.
이십이년 춘이월 축성 명 월성 추 칠월 왕 이거월성

▶어려운 낱말◀

[築城(축성)] : 성을 쌓다. [移居(이거)] : 옮기다.

▷본문풀이◁

22년, 봄 2월에 성을 쌓고 이름을 '월성' 이라 이름 지었다. 가

을 7월에, 왕이 '월성' 으로 옮겨 거주하였다.

○二十三年, 秋,八月에 〈音汁伐國:안강역 부근?〉
이십삼년 추팔월 음집벌국
과 與,〈悉直谷國:위의 인접국가〉이 爭疆하다가 詣王
여 실직곡국 쟁강 예왕
請決하다. 王이 難之하여 謂,金官國,首露王이 年
청결 왕 난지 위금관국수로왕 연
老,多智識하여 召問之하니 首露立議하여 以,所爭
로다지식 소문지 수로입의 이소쟁
之地를 屬,〈音汁伐國〉하다. 於是에 王이 命,六部
지지 속음집벌국 어시 왕 명육부
하여 會饗,首露王하니 五部,皆以伊飡爲主하나 唯,
회향수로왕 오부개이이찬위주 유
漢祇部,以位卑者主之하니 首露怒하여 命奴「耽
한기부이위비자주지 수로노 명노 탐
下里」하여 殺,漢祇部主「保齊」하고 而歸하다. 奴
하리 살한기부주 보제 이귀 노
逃依,音汁伐主「拖鄒干」家하니 王이 使人索其
도의음집벌주 타추간 가 왕 사인색기
奴하나「拖鄒」不送하다. 王이 怒하여 以,兵伐,〈音
노 타추 불송 왕 노 이병벌 음
汁伐國〉하니 其主餘衆으로 自降하다.「悉直」과
집벌국 기주여중 자항 실직
「押督(:경산)」二國王이 來降하다. 冬,十月에 拱,桃
압독 이국왕 내항 동시월 공도
李華하다.
리화

▶어려운 낱말◀

[汁] : 진액(집,즙). [爭疆(쟁강)] : 국경문제로 다투다. [詣] : 이를(예). [請決

(청결)] : 결정해줄 것을 청하다. [立議(입의)] : 의견을 내어. [於是(어시)] : 이에. [會饗(회향)] : 모아서 연회를 베풀다. [位卑者(위비자)] : 지위가 낮은 자. [拖] : 비탈(타). 다리니(범어)(타). [拖鄒干(타추간)] : 음집벌의 우두머리. [自降(자항)] : 스스로 항복함. [拱] : 함께(공).

▷**본문풀이**◁

23년, 가을 8월에 〈음집벌국〉과 〈실직곡국〉이 국경 문제로 다투다가 왕에게 와서 결정해줄 것을 요구하였다. 왕이 이 문제를 해결하기 어렵다고 여기고, 금관국 수로왕이 나이가 많고 아는 것이 많을 것이라고 생각하여 그를 불러와 물었다. 수로가 의견을 내어, 다투던 땅을 〈음집벌국〉에 주도록 하였다. 이에 왕은 6부로 하여금 수로왕을 위하여 연회를 베풀도록 하였다. 5부는 모두 이찬으로 우두머리를 삼았는데, 오직 한기부만은 직위가 낮은 자를 우두머리로 삼았다. 수로가 노하여 그의 종 「탐하리」를 시켜 한기부의 우두머리 「보제」를 죽이고 돌아갔다. 보제의 종이 도망하여 음집벌주 「타추간」의 집에 의탁하였다. 왕이 사람을 보내 그 종을 찾았으나 「타추」가 돌려보내지 않았다. 왕이 노하여 군사를 동원하여 〈음집벌국〉을 공격하니, 그 우두머리가 자기의 무리와 함께 스스로 항복하였다. 「실직」과 「압독」 두 나라 왕이 항복해왔다. 겨울 10월, 복숭아와 오얏나무 꽃이 함께 피었다.

○二十五年, 春.正月에 衆.星隕이 如雨하나 不
이 십 오 년 춘 정 월 중 성 운 여 우 부

至地라. 秋.七月에 「悉直國」 叛하니 發兵討平之
지 지 추 칠 월 실 직 국 반 발 병 토 평 지

하고 徙,其餘衆於南鄙하다.
사 기 여 중 어 남 비

▶ **어려운 낱말** ◀

[隕] : 떨어질(운). [不至地(부지지)] : 땅에 떨어지지 않는다. [叛] : 반역하다(반). [討] : 토벌하다(토). [南鄙(남비)] : 남쪽 변경.

▷ **본문풀이** ◁

25년, 봄 정월에 많은 별들이 비오듯 떨어졌으나, 땅에 이르지는 않았다. 가을 7월에, 「실직국」이 배반하자 군사를 보내 토벌 평정하고, 남은 무리를 남쪽 변경으로 옮겨 살도록 하였다.

○ 二十六年, 春,正月에 百濟,遣使請和하니라.
이 십 육 년 춘 정 월 백 제 견 사 청 화

二月에 京都雪,三尺하다.
이 월 경 도 설 삼 척

▶ **어려운 낱말** ◀

[請和(청화)] : 화친을 청함.

▷ **본문풀이** ◁

26년, 봄 정월에 백제가 사신을 보내 화해를 요청하였다. 2월, 서울에 눈이 석 자 깊이나 내렸다.

○ 二十七年, 春,正月에 幸〈押督:경산〉하여 賑貧
이 십 칠 년 춘 정 월 행 압 독 진 빈

窮하다. 三月에 至自〈押督〉하다. 秋,八月에 命,馬
궁 삼 월 지 자 압 독 추 팔 월 명 마

頭城主하여 伐,加耶하다.
두 성 주 벌 가 야

▶ 어려운 낱말 ◀

[押] : 누를(압). [督] : 살필(독). [賑] : 구휼할(진). [貧窮(빈궁)] : 가난하고 궁함. [至自(지자)] : ~으로부터 돌아오다.

▷ 본문풀이 ◁

27년, 봄 정월에 왕이 〈압독〉에 행차하여 가난한 백성들을 구제하였다. 3월에, 〈압독〉으로부터 돌아왔다. 가을 8월에, 마두성주에게 명령하여 가야를 정벌토록 하였다.

○二十九年, 夏,五月에 大水하다. 民飢하여 發使
이 십 구 년 하 오 월 대 수 민 기 발 사

十道하여 *開倉賑給하다. 遣兵伐〈比只國:창녕〉,
십 도 개 창 진 급 견 병 벌 비 지 국

〈多伐國:지금의 대구〉,〈草八國:합천 초계면 일대〉하여
다 벌 국 초 팔 국

幷之하다.
병 지

▶ 어려운 낱말 ◀

[飢] : 굶주릴(기). [幷] : 합병하다. *본문에는 '開食(倉)賑給으로 되어있음.

▷ 본문풀이 ◁

29년, 여름 5월에 홍수가 났다. 백성들이 굶주리므로 10도에 사신을 보내 창고를 열어 구제토록 하였다. 군사를 보내 〈비지국〉, 〈다벌국〉, 〈초팔국〉을 정벌하여 합병하였다.

○ 三十年, 秋, 七月에 蝗害穀하다. 王이 徧祭山川하고 以祈禳之하니 蝗滅하고 有年하다.
삼십년 추 칠월 황해곡 왕 편제산천 이기양지 황멸 유년

▶ 어려운 낱말 ◀

[蝗害穀(황해곡)] : 메뚜기가 곡식에 해를 주다. [徧] : 두루(편). [祈禳(기양)] : 기도하고 제사지냄. [禳] : 푸닥거리(양). 제사 이름.

▷ 본문풀이 ◁

30년, 가을 7월에 메뚜기 떼가 곡식을 해쳤다. 왕이 산천에 두루 제사를 지내고 기도를 드리니 메뚜기 떼가 없어지고 풍년이 들었다.

○ 三十二年, 夏, 四月에 城門自毁하다. 自, 五月에서 至, 秋七月까지 不雨하다.
삼십이년 하 사월 성문자훼 자 오월 지 추칠월 불우

▶ 어려운 낱말 ◀

[毁] : 헐다(훼). 훼손.

▷ 본문풀이 ◁

32년, 여름 4월에 성문이 저절로 무너졌다. 5월부터 가을 7월까지 비가 내리지 않았다.

○三十三年, 冬,十月에 王薨하여 葬〈蛇陵〉內하다.
삼십삼년 동시월 왕훙 장사릉내

▷ 본문풀이 ◁

33년, 겨울 10월에 왕이 서거하여 〈사릉원〉에 장사지냈다.

6 祇摩尼師今(지마이사금) : 112~134

○祇摩,尼師今이 立하다.[或云祇味] 婆娑王,嫡子로
지마이사금 입 파사왕적자

母는 史省夫人이다 妃는 金氏,愛禮夫人으로 葛文
모 사성부인 비 김씨애례부인 갈문

王,摩帝之女也니라. 初에 婆娑王이 獵於〈楡湌〉
왕마제지여야 초 파사왕 렵어유찬

之澤에 太子從焉하여 獵後에 過,漢岐部할새 伊湌
지택 태자종언 렵후 과한기부 이찬

「許婁」 饗之하다. 酒酣에 「許婁」 之妻,推門하고
허 루 향 지 주 감 허 루 지 처 추 문

携,少女子出舞하다. 「摩帝」 伊湌之妻도 亦,引出
휴 소 녀 자 출 무 마 제 이 찬 지 처 역 인 출

其女하니 太子見而,悅之하나 「許婁」 不悅하다. 王
기 녀 태 자 견 이 열 지 허 루 불 열 왕

이 謂,「許婁」曰, "此,地名이 大庖인데 公於此置,
위 허 루 왈 차 지 명 대 포 공 어 차 치

盛饌美醞으로 以,宴衎之하니 宜位 「酒多」라 하여
성 찬 미 온 이 연 간 지 의 위 주 다

在,伊湌之上이라." 하고 以,「摩帝」之女로 配,太子
재 이 찬 지 상 이 마 제 지 녀 배 태 자

焉하다. 「酒多」는 後云 「角干」이라 하다.
언 주 다 후 운 각 간

▶어려운 낱말◀

[摩] : 갈(마). [嫡子(적자)] : 맏아들. [獵] : 사냥할(렵). [楡] : 느릅나무(유). [澤] : 못(택). [饗] : 음식대접할(향). [酣] : 즐길(감). [悅] : 기쁠(열). [庖] : 부엌(포). [大庖] : 큰 부엌. [盛饌(성찬)] : 맛있는 음식. [醞] : 빚을(온). [宴衎(연간)] : 잔치를 즐기다. [酒多(주다)] : 17관등 중 이벌찬의 다른 이름으로 角干과 같다.

▷본문풀이◁

지마 이사금【혹은 지미라고도 한다.】이 왕위에 올랐다. 그는 파사왕의 적자로 어머니는 사성부인이다. 왕비는 김씨 애례부인으로 그녀는 갈문왕 마제의 딸이었다. 처음에 파사왕이 〈유찬〉 못가에 가서 사냥할 때 대지도 동행하여 사냥을 한 뒤 한기부를 지날 때, 이찬 「허루」가 음식을 차려 대접하였다. 술이 취하니 「허루」

의 아내가 젊은 딸을 데리고 나와 춤을 추었다. 그러자 이찬 「마제」의 부인도 역시 자기의 딸을 데리고 나왔다. 태자가 그녀를 보고 기뻐하였으나 「허루」는 이를 좋아하지 않았다. 왕이 「허루」에게 말하기를, 이곳 땅 이름이 대포(큰 부엌)인데, 공이 이곳에서 훌륭한 음식과 좋은 술을 차려 잔치를 베풀어 즐겁게 하니, 직위를 「주다(酒多:술이 많음:벼슬)」라고 하여 이찬 위에 두어야 마땅하겠다." 라고 말하고, 「마제」의 딸을 태자의 배필로 삼았다. 「주다」는 뒤에 「각간」이라고 불리었다

○二年, 春,二月에 親祀,始祖廟하다. 拜「昌永」
이년 춘 이월 친사 시조묘 배 창영

으로 爲,伊湌하여 以參政事하다. 「玉權」으로 爲,波
위 이찬 이참정사 옥권 위 파

珍湌하고 「申權」으로 爲,一吉湌하고 「順宣」으로
진찬 신권 위 일길찬 순선

爲,級湌하다. 三月에 百濟,遣使來聘하다.
위 급찬 삼월 백제 견사내빙

▶어려운 낱말◀

[參] : 참석(참). 三자의 구서. [聘] : 예빙하다(빙).

▷본문풀이◁

2년, 봄 2월에 왕이 친히 시조 묘에 제사를 올렸다. 「창영」을 이찬으로 임명하여 정사를 맡겼다. 「옥권」을 파진찬으로, 「신권」을 일길찬으로, 「순선」을 급찬으로 임명하였다. 3월에, 백제가 사신을 보내 예빙해왔다.

○三年, 春,三月에 雨雹으로 麥苗傷하다. 夏,四月
삼 년 춘 삼 월 우 박 맥 묘 상 하 사 월

에 大水하다. 慮囚하여 除,死罪하고 餘悉原之하다
대 수 려 수 제 사 죄 여 실 원 지

▶ 어려운 낱말 ◀

[慮囚(려수)] : 죄수를 심사하다. [除死罪(제사죄)] : 죽을 죄목을 제외하고. [悉] : 모두(실).

▷ 본문풀이 ◁

3년, 봄 3월에 우박이 내려 보리 싹이 상하였다. 여름 4월에, 홍수가 났다. 죄수들을 심사하여 사형수를 제외하고 나머지는 모두 석방하였다.

○四年, 春,二月에 加耶가 寇,南邊하다. 秋,七月
사 년 춘 이 월 가 야 구 남 변 추 칠 월

에 親征加耶하다. 帥,步騎하고 度,黃山河하니 加耶
친 정 가 야 솔 보 기 도 황 산 하 가 야

人이 伏兵林薄하고 以,待之하다. 王은 不覺直前하
인 복 병 임 박 이 대 지 왕 불 각 직 전

고 伏發圍,數重이어늘 王은 揮軍奮擊하여 決圍而
복 발 위 수 중 왕 휘 군 분 격 결 위 이

退하니라.
퇴

▶ 어려운 낱말 ◀

[寇] : 도둑(구). 약탈하다. [征] : 정벌하다(정). [帥] : 군사를 거느리다(수, 솔). [度] : 지날(도), 법도(도). [黃山河(황산하)] : 양산. 김해 사이의 낙동강. [薄] :

이를(박). [林薄(임박)] : 덤불. [揮(휘)] : 지휘하다. [奮擊(분격)] : 맹렬히 공격하다. [決圍(결위)] : 포위를 뚫고.

▷ 본문풀이 ◁

4년, 봄 2월에 가야가 남쪽 변경을 약탈하였다. 가을 7월에, 가야를 직접 공격하였다. 보병과 기병을 거느리고 황산하를 건너니 가야인들이 숲속에 군사를 매복시키고 기다렸다. 왕은 이를 모르고 곧바로 전진하니 복병이 나와 왕을 여러 겹으로 포위하거늘, 왕은 군사를 지휘하여 맹렬히 싸워 포위를 뚫고 물러나왔다.

○ 五年, 秋,八月에 遣將侵,加耶하고 王은 帥,精
오 년 추 팔 월 견 장 침 가 야 왕 솔 정
兵一萬하여 以繼之하니 加耶는 城,固守하다. 會,久
병 일 만 이 계 지 가 야 성 고 수 회 구
雨乃還하다.
우 내 환

▶ 어려운 낱말 ◀

[固守(고수)] : 굳게 지키다. [會(회)] : 때마침.

▷ 본문풀이 ◁

5년, 가을 8월에 장수를 보내 가야를 공격하게 하고, 왕은 정병 1만을 거느려 뒤를 이으니, 가야는 성을 닫고 굳게 수비하였다. 때마침 비가 오래 내려서 되돌아왔다.

○九年, 春.二月에 大星이 墜.月城西하니 聲如
구년 춘이월 대성 추월성서 성여

雷하다. 三月에 京都大疫하니라.
뢰 삼월 경도대역

▶어려운 낱말◀

[墜] : 떨어질(추). [疫] : 역병(역).

▷본문풀이◁

9년, 봄 2월에 큰 별이 월성 서쪽에 떨어지니 그 소리가 우레와 같았다. 3월에, 서울에 전염병이 크게 돌았다.

○十年, 春.正月에 以「翌宗」으로 爲.伊湌하고
십년 춘정월 이 익종 위이찬

「昕連」으로 爲.波珍湌하고 「林權」으로 爲.阿湌하
흔연 위파진찬 임권 위아찬

다. 二月에 築.〈大甑山城〉하다. 夏.四月에 倭人이
이월 축 대증산성 하사월 왜인

侵.東邊하다.
침동변

▶어려운 낱말◀

[翌] : 다음날(익), 돕다(익). [昕] : 아침(흔). [甑] : 시루(증).

▷본문풀이◁

10년, 봄 정월에 「익종」을 이찬으로 임명하고, 「흔연」을 파진찬으로 임명하고, 「임권」을 아찬으로 임명하였다. 2월에, 〈대중산성〉을 쌓았다. 여름 4월에, 왜인이 동쪽 변경을 침범하였다.

○十一年, 夏, 四月에 大風東來하여 折木飛瓦하
십일년 하사월 대풍동래 절목비와

고 至夕而止하다. 都人이 訛言, 倭兵大來라 하여 爭
지석이지 도인 와언왜병대래 쟁

遁山谷하다. 王이 命, 伊湌「翌宗」等으로 諭止之
둔산곡 왕 명이찬 익종 등 유지지

하다. 秋, 七月에 飛蝗害穀하여 年饑多盜하다.
추칠월 비황해곡 연기다도

▶ 어려운 낱말 ◀

[折] : 끊어질(절). [飛瓦(비와)] : 바람으로 기와가 날리다. [都人(도인)] : 서울 사람. [訛言(와언)] : 잘못 전해진 말.(와전). [爭遁(쟁둔)] : 앞다투어 도망가다. [諭] : 깨우칠(유). [諭止(유지)] : 사실을 알려서 그치게(돌이가게) 하다. [年饑多盜(연기다도)] : 흉년이 들어 도둑이 많았다.

▷ 본문풀이 ◁

11년, 여름 4월에 큰 바람이 동쪽에서 불어와 나무가 꺾이고 기와를 날리더니 바람은 저녁이 되어서야 그쳤다. 도시 사람들이 왜병이 크게 몰려온다는 잘못된 말을 듣고 앞다투어 산골짜기로 도망을 갔었다. 왕이 이찬 「익종」 등으로 하여금 그들에게 사실을 알리고 타일렀다. 가을 7월에, 메뚜기 떼가 곡식을 해쳐서 흉년이 들었고 도둑이 많았다.

○十二年, 春, 三月에 與, 倭國으로 講和하다. 夏,
십이년 춘삼월 여왜국 강화 하

四月에 隕霜하다. 五月에 金城東,民屋이 陷爲池
사 월　운 상　오 월　금 성 동 민 옥　함 위 지

하여 芙蕖生하다.
부 거 생

▶ 어려운 낱말 ◀

[隕霜(운상)] : 서리가 내림. [陷] : 패일(함). [芙蕖(부거)] : 연꽃과 연밥.

▷ 본문풀이 ◁

12년, 봄 3월에 왜국과 강화하였다. 여름 4월에, 서리가 내렸다. 5월에, 금성 동쪽 민가가 내려 앉아 연못이 되어서 그곳에 연잎이 생겨났다.

○ 十三年, 秋,九月庚申,晦에 日有食之하다.
십 삼 년　추 구 월 경 신 회　일 유 식 지

▷ 본문풀이 ◁

13년, 가을 9월 그믐 경신일에 일식이 있었다.

○ 十四年, 春,正月에 靺鞨이 大入北境하여 殺掠
십 사 년　춘 정 월　말 갈　대 입 북 경　살 략

吏民하다. 秋,七月에 又襲 〈大嶺柵〉하고 過於 〈泥
이 민　추 칠 월　우 습　대 령 책　과 어　이

河〉하다. 王이 移書,百濟하여 請救하니 百濟는 遣,
하　왕　이 서 백 제　청 구　백 제　견

五將軍하여 助之하니 賊聞而退하다.
오 장 군　조 지　적 문 이 퇴

▶ **어려운 낱말** ◀

[靺鞨(말갈)] : 종족의 명칭. 즉 말갈족. [殺掠(살략)] : 죽이고 약탈함. [嶺] : 고개(령). [柵] : 목책(책). [大嶺柵(대령책)] : 강릉 서쪽의 대관령. [泥河(이하)] : 덕원, 강릉. [泥] : 진흙(니). [移] : 옮기다, 보내다(이). [助] : 도울(조).

▷ **본문풀이** ◁

14년, 봄 정월에 말갈이 북쪽 변경을 크게 공격하여, 관리와 백성들을 죽이고 약탈했다. 가을 7월에, 그들은 다시 〈대령책〉을 습격하고 〈이하〉를 넘어왔다. 왕은 백제에 글을 보내 구원을 요청하였고, 백제는 다섯 명의 장군을 보내 돕게 하였다. 적은 이 소식을 듣고 물러갔다.

○ 十六年, 秋, 七月甲戌, 朔에 日有食之하다.
십육년 추 칠월갑술삭 일유식지

▶ **어려운 낱말** ◀

[朔] : 초하루(삭). *[戌] : 개(술), 戍는 수자리(수).

▷ **본문풀이** ◁

16년, 가을 7월 초하루 갑술일에 일식이 있었다.

○ 十七年, 秋, 八月에 長星이 竟天하다 冬, 十月에 國東地震하고 十一月에 雷하다.
십칠년 추팔월 장성 경천 동시월 국동지진 십일월 뢰

▶ 어려운 낱말 ◀

[長星(장성)] : 혜성(살별). [竟天(경천)] : 하늘 끝까지. [地震(지진)] : 지진.

▷ 본문풀이 ◁

17년, 가을 8월에 장성이 하늘 끝까지 뻗쳤다. 겨울 10월에, 나라의 동쪽에 지진이 있었고, 11월에는 우레가 있었다.

○十八年, 秋에 伊飡「昌永」이 卒하니 以波珍飡「玉權」으로 爲伊飡하여 以參政事하다.
십팔년 추 이찬 창영 졸 이파진찬 옥권 위이찬 이참정사

▶ 어려운 낱말 ◀

[卒] : 마치다. 죽다(졸). [參政(참정)] : 정사에 참여하다. – 참(參 – 叅)

▷ 본문풀이 ◁

18년, 가을에 이찬 「창영」이 죽으니, 파진찬 「옥권」을 이찬으로 임명하여 정사에 참여하도록 했다.

○二十年, 夏五月에 大雨하여 漂沒民戶하다.
이십년 하오월 대우 표몰민호

▶ 어려운 낱말 ◀

[漂沒(표몰)] : 물에 잠기다. [戶] : 지게(호), 집(호). [民戶(민호)] : 민가.

▷본문풀이◁

20년, 여름 5월에 큰 비가 내려 민가가 물에 잠겼다.

○二十一年, 春二月에 宮南門災하다.
이 십 일 년 춘 이 월 궁 남 문 재

▶어려운 낱말◀

[災] : 재앙(재). 화재, 수재 등.

▷본문풀이◁

21년, 봄 2월에 궁궐 남문이 불이 났다.

○二十三年, 春夏에 旱하고 秋八月에 王이 薨하니 無子하다.
이 십 삼 년 춘 하 한 추 팔 월 왕 홍 무 자

▶어려운 낱말◀

[薨] : 임금 죽을(홍).

▷본문풀이◁

23년, 봄과 여름에 가뭄이 들었고, 가을 8월에 왕이 서거하니 아들이 없었다.

7 逸聖,尼師今(일성이사금) : 134~154

○逸聖,尼師今이 立하니 『儒理王』의 長子니
일 성 이 사 금 입 유 리 왕 장 자

라.[或云,日知葛文王之子.] 妃는 朴氏이니 『支所禮王』,
비 박 씨 지 소 례 왕

之女니라.
지 녀

▷ **본문풀이** ◁

일성 이(니)사금이 왕위에 올랐다. 그는 『유리왕』의 맏아들이다.【혹은 일지 『갈문왕』의 아들이라고도 한다.】 왕비는 박씨인데, 그녀는 『지소례왕』의 딸이다.

○元年,九月에 大赦하다.
원 년 구 월 대 사

▶ **어려운 낱말** ◀

[赦] : 놓아줄(사), 사면할(사). [大赦(대사)] : 크게 사면하다. 特赦는 나라의 경사 때.

▷ **본문풀이** ◁

원년 9월에, 죄수들을 크게 사면하였다.

○二年, 春,正月에 親祀,始祖廟하다.
이년 춘정월 친사시조묘

▷본문풀이◁

2년, 봄 정월에 왕이 친히 시조의 사당에 제사를 올리다.

○三年, 春,正月에 拜「雄宣」하여 爲,伊湌하고
삼년 춘정월 배 웅선 위이찬

兼知,內外兵馬事하다.「近宗」이 爲,一吉湌하다.
겸지 내외병마사 근종 위일길찬

▶어려운 낱말◀

[拜] : 벼슬을 내리다. [兼知(겸지)] : 겸직하게 하다. [兵馬使(병마사)] : 군사에 관한 일.

▷본문풀이◁

3년, 봄 정월에 「웅선」을 이찬에 임명하고, 내외병마사를 겸하게 하였다. 「근종」이 일길찬이 되었다.

○四年, 春,二月에 靺鞨이 入塞하여 燒〈長嶺〉五柵하다.
사년 춘이월 말갈 입새 소 장령 오책

▶어려운 낱말◀

[塞] : 변방(새). [入塞(입새)] : 국경을 침범하다. [燒] : 태울(소).

▷ 본문풀이 ◁

4년, 봄 2월에 말갈이 국경을 침입하여, 〈장령〉 지방의 다섯 곳의 목책을 불태웠다.

○ 五年, 春, 二月에 置, 政事堂於, 金城하고 秋, 七
오년 춘 이월 치 정사당어금성 추 칠

月에 大閱, 閼川西하다. 冬, 十月에 北巡하고 親祀,
월 대열알천서 동 시월 북순 친사

太白山하다.
태백산

▶ 어려운 낱말 ◀

[政事堂(정사당)] : 정사를 의논하는 곳. 의사당(議事堂). [金城(금성)] : 왕성(王城). [大閱(대열)] : 군사 검열을 크게 하다. [北巡(북순)] : 북쪽지방을 순시하다.

▷ 본문풀이 ◁

5년, 봄 2월에 금성에 정사당을 설치하고, 가을 7월에, 알천 서쪽에서 군대를 크게 사열하였다. 겨울 10월에, 왕이 북쪽으로 순행하고, 태백산에서 친히 제사를 올렸다.

○ 六年, 秋, 七月에 隕霜殺菽하고 八月에 靺鞨이
육년 추 칠월 운상살숙 팔월 말갈

襲, 〈長嶺〉하여 虜掠民口(:人民)하다. 冬, 十月에 又
습 장령 노략민구 동 시월 우

來나 雷甚乃退하다.
래 뇌심내퇴

▶ 어려운 낱말 ◀

[隕] : 떨어질(운). [隕霜(운상)] : 서리가 내리다. [菽] : 콩(숙). [虜掠(노략)] : 포로로 잡아가다. 노략질하다. [雷甚(뇌심)] : 우뢰가 심하다.

▷ 본문풀이 ◁

6년, 가을 7월에 서리가 내려 콩을 말라 죽이고, 8월에, 말갈이 〈장령〉을 습격하여 약탈하고 주민들을 잡아갔다. 겨울 10월에, 말갈이 다시 습격해왔으나 우레가 심하여 퇴거했다.

○ 七年, 春.二月에 立柵〈長嶺〉하여 以防.靺鞨하다.
칠년 춘이월 입책 장령 이방 말갈

▷ 본문풀이 ◁

7년, 봄 2월에 〈장령〉에 목책을 세워 말갈을 방어하였다.

○ 八年, 秋.九月辛亥.晦에 日有食之하다.
팔년 추구월신해회 일유식지

▷ 본문풀이 ◁

8년, 가을 9월 그믐 신해일에 일식이 있었다.

○ 九年, 秋.七月에 召.群公議하여 征.〈靺鞨〉하니
구년 추칠월 소군공의 정 말갈

伊湌「雄宣」이 "上言不可라." 하니 乃止하다.
이 찬 웅 선 상 언 불 가 내 지

▶ **어려운 낱말** ◀

[召群公議(소군공의)] : 여러 신하들을 불러 의논하다. [公議(공의)] : 대신. [靺鞨(말갈)] : 여진족.

▷ **본문풀이** ◁

9년, 가을 7월에 왕이 여러 대신들을 불러 〈말갈〉을 칠 것을 논의하였으나, 이찬 「웅선」이 "불가능하다."고 왕에게 말하자, 이를 중지하였다.

○ 十年, 春, 二月에 修葺宮室하다. 夏, 六月乙丑
십 년 춘 이 월 수 즙 궁 실 하 유 월 을 축

에 熒惑이 犯, 鎭星하다. 冬, 十一月에 雷하다.
형 혹 범 진 성 동 십 일 월 뢰

▶ **어려운 낱말** ◀

[修葺(수즙,집)] : 지붕을 이고 수리하다(修繕). [熒惑(형혹)] : 화성의 딴 이름. 화재 병란의 징조를 보여준다는 별. 현혹하게 함. [鎭星(진성)] : 토성.

▷ **본문풀이** ◁

10년, 봄 2월에 궁실을 수리하였다. 여름 6월, 을축일에 화성이 토성을 범했다. 겨울 11월에, 우레가 있었다.

○十一年, 春,二月에 下令하되 "農者는 政本이
십 일 년 춘 이 월 하 령 농 자 정 본
요 食惟民天이라 하고 諸,州郡은 修完堤防하고 廣
식 유 민 천 제 주 군 수 완 제 방 광
闢田野하라." 하고 又,下令하여 "禁,民間에 用金珠
벽 전 야 우 하 령 금 민 간 용 금 주
玉하라." 하다.
옥

▶ **어려운 낱말** ◀

[堤坊(제방)] : 제방, 뚝방. [廣闢(광벽)] : 개간하여 넓히다.

▷ **본문풀이** ◁

11년, 봄 2월에 왕이 "농사는 정치의 근본이요, 먹는 것이야말로 백성들에게 하늘과 같은 것이다. 모든 주와 군에서는 제방을 수리하고 밭과 들을 개간하여 넓히라."는 명령을 내리고, 또한 "민간에서 금 · 은 · 주옥의 사용을 금하라."고 하였다.

○十二年, 春夏旱하니 南地最甚하여 民飢어늘
십 이 년 춘 하 한 남 지 최 심 민 기
移其粟하여 賑給之하다.
이 기 속 진 급 지

▶ **어려운 낱말** ◀

[粟] : 곡식(속). [賑] : 구휼할(진). [賑給(진급)] : 구휼미를 나누어주다.

▷ **본문풀이** ◁

12년, 봄과 여름에 가뭄이 들어서 남쪽 지방이 가장 심하여 백성들이 굶주렸으므로 식량을 옮겨서 그들에게 공급하였다.

○ 十三年, 冬,十月에 〈押督:경산〉이 叛하니 發兵,
십 삼 년 동 시 월 압 독 반 발 병

討平之하고 徙其餘衆於,南地하다.
토 평 지 사 기 여 중 어 남 지

▶ **어려운 낱말** ◀

[押] : 누를(압). [督] : 살필(독). [叛] : 반란, 다(반). [討平(토평)] : 토벌하여 평정함.

▷ **본문풀이** ◁

13년, 겨울 10월에 〈압독〉이 반란을 일으키자, 군사를 발하여 평정하고, 남은 무리들을 남쪽 지방으로 옮겨 살게 하였다.

○ 十四年, 秋,七月에 命,臣寮하여 各擧智勇을
십 사 년 추 칠 월 명 신 료 각 거 지 용

堪爲,將帥者하다.
감 위 장 수 자

▶ **어려운 낱말** ◀

[臣僚(신료)] : 신하들, 관료. [智勇(지용)] : 지혜와 용맹. [堪] : 견디다(감).
[堪爲(감위)] : 뛰어나서 ~가 될만한 자.

▷ **본문풀이** ◁

14년, 가을 7월에 신하들에게 명하여 장수가 될 만한 지혜와 용맹을 갖춘 자를 각각 천거하라고 하였다.

○十五年에 封「朴阿道」하여 爲葛文王하다.[新羅
십오년 봉 박아도 위갈문왕
追封王하여 皆稱葛文王하니 其義未詳이라.]

▶ **어려운 낱말** ◀

[阿] : 언덕(아).

▷ **본문풀이** ◁

15년에 「박아도」를 갈문왕에 봉했다.【신라에서는 추봉한 왕을 모두 갈문왕이라고 부르는데, 그 의미는 미상이다.】

○十六年, 春, 正月에 以「得訓」으로 爲沙湌하고
십육년 춘 정월 이 득훈 위사찬
「宣忠」으로 爲奈麻하다. 秋, 八月에 有星孛于天
선충 위나마 추팔월 유성패우천
市하다. 冬, 十一月에 雷하고 京都大疫하다.
시 동십일월 뢰 경도대역

▶ **어려운 낱말** ◀

[訓] : 훈계할(훈). [沙] : 모래(사). [沙湌(사찬)] : 관등 제8위. [宣] : 펼(선). [奈] : 어찌(나). [麻] : 삼(마). [奈麻(나마)] : 관등 제11위. [星孛(성패)] : 혜성. [天市(천시)] : 별의 이름. 자미성을 말함. [疫] : 돌림병(역).

▷ **본문풀이** ◁

16년, 봄 정월에 「득훈」을 사찬에, 「선충」을 나마로 삼았다. 가을 8월, 혜성이 천시 성좌에 나타났다. 겨울 11월, 우레가 있었고 서울에 전염병이 크게 돌았다.

○ 十七年에 自,夏四月,不雨하여 至,秋七月에 乃雨하다.
십칠년 자하사월불우 지추칠월 내우

▷ **본문풀이** ◁

17년, 여름 4월부터 비가 내리지 않다가 가을 7월이 되어서 비가 내렸다.

○ 十八年, 春,二月에 伊湌 「雄宣」이 卒하다. 以「大宣」으로 爲,伊湌하여 兼知,內外兵馬事하다. 三月에 雨雹하다.
십팔년 춘이월 이찬 웅선 졸 이 대선 위이찬 겸지내외병마사 삼월 우박

▶ **어려운 낱말** ◀

[雨雹(우박)] : 우박.

▷ **본문풀이** ◁

18년, 봄 2월에 이찬 「웅선」이 사망했다. 그래서 「대선」을 이찬

으로 임명하여 내외병마사를 겸하게 하였다. 3월, 우박이 내렸다.

○二十年, 冬,十月에 宮門,災하다. 彗星이 見,東
이 십 년 동 시 월 궁 문 재 혜 성 현 동

方하다가 又見,東北方하다.
방 우 현 동 북 방

▷본문풀이◁

20년, 겨울 10월에 궁궐 대문에 불이 났다. 혜성이 동쪽에 나타났다가 다시 동북쪽에 나타났다.

○二十一年, 春,二月에 王薨하다.
이 십 일 년 춘 이 월 왕 훙

▷본문풀이◁

21년, 봄 2월에 왕이 서거하였다.

8 阿達羅尼師今(아달라이사금) : 154~184

○阿達羅,尼師今이 立하니 逸聖의 長子也라. 身
아 달 라 이 사 금 입 일 성 장 자 야 신

長七尺이요 豊準하고 有,奇相하다. 母는 朴氏이니
장 칠 척 풍 준 유 기 상 모 박 씨

支所禮王之女이며 妃는 朴氏로 內禮夫人이니 祗摩王之女也니라.
지소례왕지녀 비 박씨 내례부인 지마왕지녀야

▶ 어려운 낱말 ◀

[阿] : 언덕(아). [逸] : 편안할(일). [豊準(풍준)] : 풍만하고 준수함. [奇相(기상)] : 일반 사람과 다른 관상. [祗] : 공경(지). [摩] : 갈다(마).

▷ 본문풀이 ◁

아달라 이사금이 왕위에 올랐다. 그는 일성의 맏아들이다. 그는 키가 일곱 자였으며, 풍채가 훌륭하고 얼굴 모양이 기이하였다. 어머니는 박씨인데 그녀는 지소례왕의 딸이며, 왕비는 박씨 내례부인이니, 지마왕의 딸이다.

○元年三月에 以「繼元」으로 爲伊湌하여 委軍國政事하다.
원년삼월 이 계원 위이찬 위군국정사

▶ 어려운 낱말 ◀

[繼] : 이을(계).

▷ 본문풀이 ◁

원년, 3월에 「계원」을 이찬으로 임명하여 군국의 정사를 맡겼다.

○二年, 春.正月에 親祀.始祖廟하고 大赦하다.
이 년 춘 정 월 친 사 시 조 묘 대 사

以「興宣」으로 爲.一吉湌하다.
이 홍 선 위 일 길 찬

▷본문풀이◁

2년, 봄 정월에 왕이 시조 사당에 친히 제사지내고, 죄수들을 크게 사면하였다. 「홍선」을 일길찬에 임명하였다.

○三年, 夏.四月에 隕霜하다. 開.〈鷄立嶺:조령〉路하다.
삼 년 하 사 월 운 상 개 계 립 령 로

▷본문풀이◁

3년, 여름 4월에 서리가 내렸다. 〈계립령(鳥嶺)〉에 길이 개통되었다.

○四年, 春.二月에 始置〈甘勿〉,〈馬山〉 二縣하다. 三月에 巡幸.〈長嶺〉鎭하여 勞.戍卒(衛戍兵)하고 各賜.征袍하다.
사 년 춘 이 월 시 치 감 물 마 산 이 현 삼 월 순 행 장 령 진 노 수 졸 각 사 정 포

▶어려운 낱말◀

[征袍(정포)] : 군복.

▷본문풀이◁

4년, 봄 2월에 〈감물〉현과 〈마산〉현 두 현을 처음으로 설치하였다. 3월에, 왕이 〈장령〉진에 행차하여 주둔하는 병사들을 위로하고 각각의 군사들에게 정포(군복)를 하사하였다.

○ 五年, 春, 三月에 開, 〈竹嶺〉하고 倭人來聘하다.
오 년 춘 삼 월 개 죽 령 왜 인 내 빙

▶어려운 낱말◀

[竹嶺(죽령)] : 고개의 이름. 죽령고개. [來聘(내빙)] : 예빙해 오다.

▷본문풀이◁

5년, 봄 3월에 〈죽령〉이 개통되었고 왜인이 예빙하러 왔다.

○ 七年, 夏, 四月에 暴雨로 閼川水溢하고 漂流人家하고 金城北門이 自毁하다.
칠 년 하 사 월 폭 우 알 천 수 일 표 류 인 가 금 성 북 문 자 훼

▶어려운 낱말◀

[水溢(수일)] : 물이 넘치다. [漂流(표류)] : 떠내려가다.

▷본문풀이◁

7년, 여름 4월에 폭우로 알천이 넘쳐서 집이 떠내려가고, 금성 북문이 저절로 무너졌다.

○八年, 秋, 七月에 蝗害穀하고 海魚, 多出死하다.
팔 년 추 칠 월 황 해 곡 해 어 다 출 사

▷본문풀이◁

8년, 가을 7월에 메뚜기 떼가 곡식을 해치고, 바다 고기가 육지로 올라와 죽었다.

○九年에 巡幸, 〈沙道城〉하여 勞, 戍卒하다.
구 년 순 행 사 도 성 노 수 졸

▶어려운 낱말◀

[戍卒(수졸)] : 주둔하고 있는 군사.

▷본문풀이◁

9년, 왕이 〈사도성(:盈德?)〉에 행차하여 주둔하는 병사를 위로하였다.

○十一年, 春, 二月에 龍見京都하다.
십 일 년 춘 이 월 용 현 경 도

▷본문풀이◁

11년, 봄 2월에 경도에 용이 나타났다.

○十二年, 冬, 十月에 阿飡「吉宣」이 謀叛하다가
십 이 년 동 시 월 아 찬 길 선 모 반

發覺하여 懼誅亡入百濟하다. 王이 移書求之나
발각 구주망입백제 왕 이서구지

百濟不許하다. 王이 怒하여 出師伐之하니 百濟嬰
백제불허 왕 노 출사벌지 백제영

城守不出하니 我軍糧盡乃歸하다.
성수불출 아군양진내귀

▶ **어려운 낱말** ◀

[懼誅(구주)] : 처형을 두려워함. [出師(출사)] : 군사를 동원하다. [嬰城(영성)] : 성문을 굳게 닫고 성을 지킴. 籠城. [糧] : 양식(량).

▷ **본문풀이** ◁

12년, 겨울 10월에 아찬 「길선」이 반역을 도모하다가 발각되자 처형을 두려워하여 〈백제〉로 도망갔다. 왕이 글을 보내 그를 넘겨줄 것을 요구했으나 〈백제〉가 응하지 않았다. 왕이 노하여 군사를 보내 백제를 공격하자, 백제는 성을 닫고 수비하며 나오지 않으니 우리 군사는 양식이 떨어져 돌아왔다.

○ 十三年, 春正月辛亥朔에 日有食之하다.
십삼년 춘정월신해삭 일유식지

▷ **본문풀이** ◁

13년, 봄 정월 초하루 신해일에 일식이 있었다.

○ 十四年, 秋七月에 百濟襲破國西二城하고
십사년 추칠월 백제습파국서이성

虜獲民口,一千而去하다. 八月에 命,一吉湌「興
노 획 민 구 일 천 이 거 팔 월 명 일 길 찬 흥

宣」으로 領兵,二萬伐之하고 王이 又,率騎八千하여
선 영 병 이 만 벌 지 왕 우 솔 기 팔 천

自,漢水臨之하니 百濟大懼하여 還其所掠,男女하
자 한 수 임 지 백 제 대 구 환 기 소 략 남 녀

고 乞和하다.
걸 화

▶ 어려운 낱말 ◀

[乞和(걸화)] : 화친하기를 사정했다.

▷ 본문풀이 ◁

14년, 가을 7월에 백제가 서쪽의 두 성을 격파하고, 주민 1천 명을 잡아 갔다. 8월에, 일길찬 「홍선」으로 하여금 군사 2만을 거느리고 그들을 공격하게 하고, 또한 왕은 기병 8천을 거느리고 한수로부터 그곳에 도착하니 백제는 크게 두려워하여 잡아갔던 남녀를 돌려주고 화친하기를 구걸했다.

○ 十五年, 夏,四月에 伊湌「繼元」이 卒하니 以
십 오 년 하 사 월 이 찬 계 원 졸 이

「興宣」으로 爲,伊湌하다.
홍 선 위 이 찬

▷ 본문풀이 ◁

15년, 여름 4월에 이찬 「계원」이 사망하자 「홍선」을 이찬으로 임명하였다.

○十七年, 春,二月에 重修,始祖廟하다. 秋,七月
십 칠 년 춘 이 월 중 수 시 조 묘 추 칠 월

에 京師地震하고 霜雹害穀하다. 冬,十月에 百濟
경 사 지 진 상 박 해 곡 동 시 월 백 제

寇邊하다.
구 변

▶어려운 낱말◀

[重修(중수)] : 다시 수리하다. [京師(경사)] : 서울, 즉 당시 경주를 말함. [寇邊(구변)] : 변방을 약탈함.

▷본문풀이◁

17년, 봄 2월에 시조의 사당을 중수하였다. 가을 7월에, 서울에 지진이 있었고 서리와 우박이 내려 곡식을 해쳤다. 겨울 10월에, 백제가 변경을 약탈하였다.

○十八年春에 穀貴하여 民饑하다.
십 팔 년 춘 곡 귀 민 기

▶어려운 낱말◀

[穀貴(곡귀)] : 곡이 귀함. [民飢(민기)] : 백성이 굶주리다.

▷본문풀이◁

18년 봄, 곡식이 귀하여 백성들이 굶주렸다.

○十九年, 春,正月에 以「仇道」로 爲,波珍飡하
십 구 년 춘 정 월 이 구 도 위 파 진 찬

고 「仇須兮」를 爲.一吉湌하다. 二月에 有事(祀).
구수혜 위일길찬 이월 유사사

始祖廟하다. 京都大疫하다.
시조묘 경도대역

▶ 어려운 낱말 ◀

[事]는 祀를 뜻함.

▷ 본문풀이 ◁

19년, 봄 정월에 「구도」를 파진찬에 임명하고 「구수혜」를 일길찬에 임명하였다. 2월에, 시조 묘에 제사를 지냈다. 서울에 전염병이 크게 돌았다.

○二十年, 夏.五月에 倭.女王 「卑彌乎」가 遣使
이십년 하오월 왜녀왕 비미호 견사

來聘하다.
내빙

▶ 어려운 낱말 ◀

[彌] : 활 부릴(미).

▷ 본문풀이 ◁

20년, 여름 5월에 왜국 여왕 「비미호」가 사신을 보내 예빙해왔다.

○二十一年, 春.正月에 *雨土하다. 二月旱하여
이십일년 춘정월 우토 이월한

井泉竭하다.
정 천 갈

▶ 어려운 낱말 ◀

[竭] : 다할(갈). [泉竭(천갈)] : 샘이 마르다. [井泉竭(정천갈)] : 우물물이 마르다.

▷ 본문풀이 ◁

21년, 봄 정월에 흙비가 내렸다. 2월에는 가뭄이 들어 우물과 샘물이 말랐다. *원문에는 '雨王(土)하다' 로 되어있다.

○ 三十一年, 春, 三月에 王薨하다.
삼 십 일 년 춘 삼 월 왕 홍

▷ 본문풀이 ◁

31년, 봄 3월에 왕이 서거하였다.

9 伐休尼師今(벌휴이사금) : 184~196?

○ 伐休, 尼師今[一作發暉]이 立하다. 姓은 昔이며 脫
벌 휴 이 사 금 입 성 석 탈

解王의 子「仇鄒」角干之子也라. 母姓은 金氏이
해 왕 자 구 추 각 간 지 자 야 모 성 김 씨

니 只珍內禮,夫人이다. 阿達羅,薨하니 無子하여 國
지진내례부인 아달라홍 무자 국

人이 立之하다. 王은 占,風雲하여 預知,水旱及,年
인 입지 왕 점풍운 예지수한급년

之豊儉하며 又,知人邪正하여 人謂之聖이라 하다.
지풍검 우지인사정 인위지성

▶ **어려운 낱말** ◀

[仇] : 원수(구), 짝(구). [鄒] : 나라 이름(추). 鄒魯之鄕(추로지향). [角干(각간)] : 신라 때 벼슬. [只] : 다만(지). [珍] : 보배(진). [王占風雲(왕점풍운)] : 왕은 바람과 구름을 보고 점을 치다. [預知(예지)] : 미리 알다. [儉(검)] : 검소하다. 곡식이 잘 익지 않는 일. [邪正(사정)] : 사악하고 올바름.

▷ **본문풀이** ◁

벌휴【발휘라고도 한다.】 이사금이 왕위에 올랐다. 그의 성은 석씨이며, 탈해왕의 아들 「구추」 각간의 아들이다. 어머니의 성은 김씨이니, 지진내례부인이다. 아달라가 서거하니 아들이 없었으므로 백성들이 그를 왕으로 세웠다. 왕은 바람과 구름을 보고 점을 쳐서 홍수와 가뭄, 그 해에 풍년이 들 것인가 흉년이 들 것인가를 미리 알았으며, 또한 사람이 정직한가 사악한가를 알았으므로, 사람들이 그를 성인이라고 불렀다.

○ 二年, 春,正月에 親祀,始祖廟하고 大赦하다.
이년 춘정월 친사시조묘 대사

二月에 拜,波珍飡 「俱道」와 一吉飡 「仇須兮」를
이월 배파진찬 구도 일길찬 구수혜

爲左右軍主하여 伐〈召文國:의성〉하다. 軍主之名
위 좌우군주 벌 조문국 군주지명

이 始於此니라.
시어차

▶어려운 낱말◀

[仇道(구도)] : 김알지의 5세손. [仇] : 원수, 원망(구). [須] : 모름지기(수). [召文國(소문국)] : 문경현 교수는 '조문국'으로 읽어야 한다고 함. [召] : 부를(소). [軍主之名(군주지명)] : 군주란 이름.

▷본문풀이◁

2년, 봄 정월에 시조의 사당에 친히 제사지내고 죄수들을 크게 사면하였다. 2월에, 파진찬 「구도」와 일길찬 「구수혜」가 좌우 군주가 되어 〈조문국〉을 정벌하였다. 군주라는 명칭이 이로부터 처음 시작되었다.

○三年, 春正月에 巡幸州郡하여 觀察風俗하다.
삼년 춘정월 순행주군 관찰풍속

夏五月壬申晦에 日有食之하다. 秋七月에 〈南新
하오월임신회 일유식지 추칠월 남신

縣〉에서 進嘉禾하다.
현 진가화

▶어려운 낱말◀

[觀察風俗(관찰풍속)] : 민정을 시찰하다. [縣] : 고을(현). [進嘉禾(진가화)] : 좋은 벼를 진상하다. 嘉禾는 이삭이 많이 붙은 벼.

▷ **본문풀이** ◁

3년, 봄 정월에 왕이 주와 군을 순행하여 풍속을 시찰하였다. 여름 5월, 그믐 임신일에 일식이 있었다. 가을 7월에, 〈남신현〉에서 좋은 벼이삭을 진상하였다.

○四年, 春,三月에 下令州郡하고 無作,土木之
사 년 춘 삼 월 하 령 주 군 무 작 토 목 지

事하여 以奪農時하다. 冬,十月에 北地大雪하여 深,
사 이 탈 농 시 동 시 월 북 지 대 설 심

一丈하다.
일 장

▶ **어려운 낱말** ◀

[奪] : 빼앗을(탈). [農時(농시)] : 농사지을 때. 즉, 농번기. [深(심)] : 깊이. [丈] : 발(장).

▷ **본문풀이** ◁

4년, 봄 3월에 주와 군에 명령을 내려 농사철에 토목 공사를 하지 않도록 하였다. 겨울 10월에, 북부 지방에 큰 눈이 내려 깊이가 한 장(발)이나 되었다.

○五年, 春,二月에 百濟來攻 〈毋山城〉하니 命,
오 년 춘 이 월 백 제 내 공 무 산 성 명

波珍飡「仇道」하여 出兵拒之하다.
파 진 찬 구 도 출 병 거 지

▶ 어려운 낱말 ◀

[毋山城(무산성)] : 충북 진천군에 있는 大毋山城 *(母山城을 毋山城(무산성)이라 함은 문경현 교수의 설을 따름.) [拒(거)] : 항거하다.

▷ 본문풀이 ◁

5년, 봄 2월에 백제가 〈무산성〉을 공격하니, 파진찬 「구도」로 하여금 군사를 이끌고 나아가 방어하게 하였다.

○ 六年, 秋,七月에 「仇道」가 與,百濟로 戰於 〈狗
육 년 추 칠 월 구 도 여 백 제 전 어 구

壤〉하여 勝之하고 殺獲,五百餘級하다.
양 승 지 살 획 오 백 여 급

▶ 어려운 낱말 ◀

[級(급)] : 등급. 적진에서 벤 머리수.

▷ 본문풀이 ◁

6년, 가을 7월에 「구도」가 백제와 〈구양〉에서 싸워 승리하였다. 이 전투에서 5백여 명을 죽이고 노획하였다.

○ 七年, 秋,八月에 百濟,襲,西境〈圓山鄕〉하고
칠 년 추 팔 월 백 제 습 서 경 원 산 향

又進圍,〈缶谷城〉하다. 「仇道」 率,勁騎五百하여
우 진 위 부 곡 성 구 도 솔 경 기 오 백

擊之하니 百濟兵,佯走러라. 「仇道」 追及〈蛙山:보
격 지 백 제 병 양 주 구 도 추 급 와 산

은〉하다가 爲.百濟所敗하다. 王이 以「仇道」失策
위 백 제 소 패 왕 이 구 도 실 책

으로 貶爲〈缶谷城〉主하고 以「薛支」로 爲.左軍
폄 위 부 곡 성 주 이 설 지 위 좌 군

主하다.
주

▶ 어려운 낱말 ◀

[襲] : 습격할(습). [圓山鄕(원산향)] : 예천 용궁의 圍山. [缶谷城(부곡성)] : 군위 缶溪面 일대. [勁騎(경기)] : 정예기병. [佯走(양주)] : 거짓으로 도망가다. [級] : 등급(급). [追及(추급)] : 적을 뒤쫓아감. [敗] : 패할(패). [貶] : 깎아 내리다(폄). 貶下하다. [缶] : 장군이(부).

▷ 본문풀이 ◁

7년, 가을 8월에 백제가 서쪽 국경 〈원산향〉을 습격하고, 다시 진격하여 〈부곡성〉을 포위하였다. 「구도」가 정예 기병 5백 명을 거느리고 공격하자, 백제 군사가 거짓으로 달아나는 체하였다. 「구도」가 〈와산〉까지 추격하다가 백제에게 패배하였다. 왕은 구도가 잘못했다고 하여 〈부곡성〉주로 강등시키고, 「설지」로 좌군주에 임명하였다.

○八年, 秋.九月에 蚩尤旗가 見于.角亢하다.
팔 년 추 구 월 치 우 기 현 우 각 항

▶ 어려운 낱말 ◀

[蚩] : 벌레가 기어가는 모양(치). [蚩尤旗(치우기)] : 별의 명칭. 혜성과 같으

나 뒤가 굽다. [角亢(각항)] : 각성과 항성. 角과 亢은 28수 중의 하나. * 원문에는 '四(三)月' 로 기록.

▷ **본문풀이** ◁

8년, 가을 9월에 치우기 별이 각성 성좌와 항성 성좌에 나타났다.

○ 九年, 春,正月에 拜「國良」하여 爲,阿湌하고
구 년 춘 정 월 배 국 량 위 아 찬

「述明」으로 爲,一吉湌하다. *三月에 京都雪하여
술 명 위 일 길 찬 삼 월 경 도 설

深,三尺하다. 夏,五月에 大水하여 山崩,十餘所하다.
심 삼 척 하 오 월 대 수 산 붕 십 여 소

▶ **어려운 낱말** ◀

[拜] : 절(배). 벼슬을 내리다. [崩] : 임금 돌아가실(붕). [山崩(산붕)] : 산이 무너짐.

▷ **본문풀이** ◁

9년, 봄 정월에 「국량」을 아찬에 임명하고, 「술명」을 일길찬에 임명하였다. 3월에, 서울에 눈이 내렸는데 깊이가 석 자였다. 여름 5월에, 홍수가 나서 산이 10여 군데 무너졌다.

○ 十年, 春,正月甲寅,朔에 日有食之하다. 三月
십 년 춘 정 월 갑 인 삭 일 유 식 지 삼 월

에 〈漢祇部:北川北〉女가 一産에 四男一女하다. 六
한 기 부 녀 일 산 사 남 일 녀 유

月에 倭人이 大饑하여 來求食者, 千餘人이라.
월 왜인 대기 내구식자 천여인

▶ **어려운 낱말** ◀

[大饑(대기)] : 크게 기근이 들어. [求食者(구식자)] : 먹을 것을 구하러 오는 자.

▷ **본문풀이** ◁

10년, 봄 정월 초하루 갑인 삭일에 일식이 있었다. 3월에, 〈한기부〉 여인이 한 번에 아들 넷과 딸 하나를 낳았다. 6월에, 왜인이 큰 기근이 들어, 먹을 것을 구하러 온 자가 천여 명이나 되었다.

○ 十一年, 夏, 六月乙巳, 晦에 日有食之하다.
십일년 하 유월을사 회 일유식지

▶ **어려운 낱말** ◀

[晦] : 그믐(회).

▷ **본문풀이** ◁

11년, 여름 6월 그믐 을사일에 일식이 있었다.

○ 十三年, 春, 二月에 重修宮室하다. 三月에 旱하다. 夏, 四月에 震, 宮南大樹하고 又震, 金城東門하다. 王薨하다.
십삼년 춘 이월 중수궁실 삼월 한 하 사월 진 궁남대수 우진 금성동문 왕홍

▶ **어려운 낱말** ◀

[宮室(궁실)] : 궁궐.

▷ **본문풀이** ◁

13년, 봄 2월에 궁실을 중수하였다. 3월에, 가뭄이 들었다. 여름 4월, 대궐 남쪽 큰 나무에 벼락이 치고, 금성 동문에도 벼락이 내렸다. 왕이 서거하였다.

10 奈解尼師今(나해이사금) : 196~230

○ 奈解.尼師今이 立하니 伐休王.之孫也니라. 母
나 해 이 사 금 입 벌 휴 왕 지 손 야 모
는 內禮夫人이요, 妃는 昔氏이니 助賁王之妹니라.
내 례 부 인 비 석 씨 조 분 왕 지 매
容儀雄偉하고 有.俊才하다. 前王太子「骨正」과
용 의 웅 위 유 준 재 전 왕 태 자 골 정
及.第二子「伊買」가 先死하고 大孫(嫡孫)이 尙.幼
급 제 이 자 이 매 선 사 대 손 상 유
少하여 乃立「伊買」之子하니 是爲.奈解尼師今이
소 내 립 이 매 지 자 시 위 나 해 이 사 금
니라. 是年에 自.正月로 至.四月까지 不雨타가 及.
시 년 자 정 월 지 사 월 불 우 급

王,卽位之日에 大雨하니 百姓이 歡慶하니라.
왕 즉 위 지 일 대 우 백 성 환 경

▶ 어려운 낱말 ◀

[容儀(용의)] : 용모. 자세. [雄偉(웅위)] : 훌륭하게 뛰어나다. [俊才(준재)] : 뛰어난 재주. [大孫(대손)] : 장손. [歡慶(환경)] : 경사를 환영하다. *奈解를 '나해' 로 읽음은 문경현 교수의 설을 따름.

▷ 본문풀이 ◁

나해 이사금이 왕위에 오르니, 그는 벌휴왕의 손자이다. 어머니는 내례부인이요, 왕비 석씨는 조분왕의 누이이다. 왕은 용모와 풍채가 훌륭하였고 재주가 뛰어났다. 전 임금의 태자 「골정(인명)」과 둘째 아들 「이매」가 먼저 죽고 장손이 아직 어렸으므로, 「이매」의 아들을 왕으로 세웠다. 이 사람이 나해 이사금이다. 이 해에 봄 정월부터 4월까지 비가 내리지 않다가, 왕이 즉위하던 날 큰 비가 내렸으므로 백성들이 즐거워하며 경사를 기뻐하였다.

○二年, 春,正月에 謁,始祖廟하다.
이 년 춘 정 월 알 시 조 묘

▶ 어려운 낱말 ◀

[謁] : 배알(알).

▷ 본문풀이 ◁

2년, 봄 정월에 왕이 시조의 사당에 배알하였다.

○三年, 夏,四月에 始祖廟前에 臥柳自起하다.
삼 년 하 사 월 시 조 묘 전 와 류 자 기

五月에 國西大水하여 免,遭水州縣에 一年租調하
오 월 국 서 대 수 면 조 수 주 현 일 년 조 조

고 秋,七月에 遣使撫問하다.
추 칠 월 견 사 무 문

▶어려운 낱말◀

[臥柳(와류)] : 누워있던 버드나무. [遭水(조수)] : 홍수의 조난을 당한 사람.
[租] : 세금(조). [調] : 고루다(조). 걷다. [撫問(무문)] : 달래어 위로하다.

▷본문풀이◁

3년, 여름 4월에 시조 묘 앞에 쓰러졌던 버드나무가 저절로 일어났다. 5월에, 서쪽 지방에 홍수가 나자 수재를 당한 주와 현에 1년의 세금을 면제하였고, 가을 7월에 사신을 보내 위문하였다.

○四年, 秋,七月에 百濟가 侵境하다.
사 년 추 칠 월 백 제 침 경

▶어려운 낱말◀

[侵境(침경)] : 국경을 침략하다.

▷본문풀이◁

4년, 가을 7월에 백제가 국경을 침범하였다.

○五年, 秋,七月에 太白(금성)晝見하고 隕霜殺草히
오 년 추 칠 월 태 백 주 현 운 상 살 초

다. 九月庚午,朔에 日有食之하다. 大閱於,閼川하다.
구월경오삭 일유식지 대열어알천

▶어려운 낱말◀

[太白(태백)] : 금성. [晝見(주현)] : 낮에 나타나다. [殺草(살초)] : 풀을 죽이다.

▷본문풀이◁

5년, 가을 7월에 금성이 낮에 나타났고 서리가 내려 풀이 죽었다. 9월 초하루 경오일에 일식이 있었다. 알천에서 크게 군대를 사열하였다.

○六年, 春,二月에 加耶國,請和하다. 三月丁卯,朔에 日有食之하다. 大旱하여 錄,內外繫囚하여 原輕罪하다.
육년 춘이월 가야국청화 삼월정묘 삭 일유식지 대한 녹내외계수 원 경죄

▶어려운 낱말◀

[請和(청화)] : 화친을 요청함. [大旱(대한)] : 날이 많이 가물다. [錄] : 기록하다. 살피다. 조사(록). [繫囚(계수)] : 죄수. [原(원)] : 근원. 용서하여 놓아주다. [輕罪(경죄)] : 가벼운 죄.

▷본문풀이◁

6년, 봄 2월에 가야국이 화친을 요청해왔다. 3월 초하루 정묘일에 일식이 있었다. 큰 가뭄이 들어서 서울과 지방의 죄수들을

조사하여 죄질이 가벼운 죄수는 석방하였다.

○八年, 冬,十月에 〈靺鞨〉 犯境하다. 桃李華하고
팔 년 동 시 월 말 갈 범 경 도 리 화

人,大疫하다.
인 대 역

▶ **어려운 낱말** ◀

[靺] : 버선(말), 말갈족(말). [鞨] : 말갈(갈).두건(갈). [華] : 빛날(화). 화려하다. 꽃피다. [疫] : 역병(역). [大疫(대역)] : 크게 전염병이 돌다.

▷ **본문풀이** ◁

8년, 겨울 10월에 〈말갈〉이 국경을 침범하였다. 복숭아와 오얏나무에 꽃이 피고, 백성들 사이에 전염병이 크게 돌았다.

○十年, 春,二月에 拜「眞忠」하여 爲,一伐湌하여
십 년 춘 이 월 배 진 충 위 일 벌 찬

以參國政하다. 秋,七月에 霜雹殺穀하고 太白(금성)
이 참 국 정 추 칠 월 상 박 살 곡 태 백

犯月하다. 八月에 狐鳴,金城及,始祖廟庭하다.
범 월 팔 월 호 명 금 성 급 시 조 묘 정

▶ **어려운 낱말** ◀

[一伐湌(일벌찬)] : 17관등 중 제1위. [霜雹(상박)] : 서리와 우박. [殺穀(살곡)] : 곡식이 죽다. [狐鳴(호명)] : 여우가 울다. [廟庭(묘정)] : 사당의 뜰 앞.

▷ **본문풀이** ◁

10년, 봄 2월에 「진충」을 일벌찬에 임명하여 국정에 참여시켰다. 가을 7월에, 서리와 우박이 내려 곡식을 죽이고 금성이 달을 범했다. 8월에, 여우가 금성과 시조묘의 뜰에 와서 울었다.

○十二年, 春.正月에 拜.王子「利音」[或云奈音]하여 爲.伊伐湌하고 兼知內外.兵馬事하다.
십이년 춘정월 배왕자 이음 위이벌찬 겸지내외병마사

▷ **본문풀이** ◁

12년, 봄 정월에 왕자 「이음」【혹은 니음이라고도 한다.】을 이벌찬에 임명하고, 내외병마사를 겸하게 하였다.

○十三年, 春.二月에 西巡郡邑하고 浹旬而返하다. 夏.四月에 倭人犯境하니 遣.伊伐湌「利音」하여 將兵拒之하다.
십삼년 춘이월 서순군읍 협순이반 하사월 왜인범경 견이벌찬 이음 장병거지

▶ **어려운 낱말** ◀

[浹旬(협순)] : 旬은 열흘(순). 열흘만에. [返] : 돌이킬(반), 돌아올(반). [犯境(범경)] : 국경을 침범. [將] : 장수. 거느리다(장). [拒] : 항거하다(거), 거절하다(거).

▷ **본문풀이** ◁

13년, 봄 2월에 왕이 서쪽의 군과 읍을 순찰하고 열흘 만에 돌아왔다. 여름 4월에, 왜인이 변경을 침범하니 이벌찬 「이음」으로 하여금 장병을 거느리고 가서 항전하게 하였다.

○十四年, 秋.七月에 浦上八國(창원, 칠원, 진해, 보
십 사 년 추 칠 월 포 상 팔 국
라,고성, 사천…등)이 謀侵〈加羅〉하니 加羅(阿羅)王
모 침 가 라 가 라 아 라 왕
子가 來.請救어늘 王이 命.大子(太子)「于老」와
자 내 청 구 왕 명 대 자 태 자 우 로
與.伊伐湌「利音」으로 將.六部兵하여 往救之하다.
여 이 벌 찬 이 음 장 육 부 병 왕 구 지
擊殺八國將軍하고 奪.所虜六千人하여 還之하다.
격 살 팔 국 장 군 탈 소 로 육 천 인 환 지

▶ **어려운 낱말** ◀

[浦上(포상)] : 바닷가. [謀侵(모침)] : 침략을 모의하다. [加羅(가라)] : 지금의 함안. [請救(청구)] : 구원을 요청함. [擊殺(격살)] : 쳐서 죽이다. [奪] : 빼앗을(탈). [虜] : 포로(로). [還] : 돌아올(환).

▷ **본문풀이** ◁

14년, 가을 7월에 바닷가의 여덟 나라가 공모하여 〈가라〉를 침범하자, 〈가라〉 왕자가 구원을 요청하기에, 왕이 태자 「우로」와 일벌찬 「이음」에게 6부 군사를 거느리고 가서 구원하게 하였다. 그들은 여덟 나라 장군을 죽이고, 포로 6천 명을 잡아서 돌아왔다.

○十五年, 春夏,旱하자 發使錄,郡邑獄囚하여 除,
십오년 춘하한 발사록군읍옥수 제

二死하고 餘悉原之하다.
이사 여실원지

▶어려운 낱말◀

[旱] : 가물(한). [錄] : 기록할(록). 심사. [獄] : 감옥(옥). [囚] : 죄수(수). [除] : 제거할(제). [二死] : 사형 죄이니 梟首와 棄市. [悉] : 모두(실). [原(원)] : 언덕. 되돌리다. 석방.

▷본문풀이◁

15년, 봄과 여름에 가뭄이 들자 사신을 보내 군과 읍의 죄수들을 조사하여 두 종류의 사형수를 제외하고 나머지 죄수는 모두 석방하였다.

○十六年, 春,正月에 拜「萱堅」하여 爲,伊湌하고
십육년 춘정월 배 훤견 위이찬

「允宗」을 爲,一吉湌하다.
윤종 위일길찬

▶어려운 낱말◀

[萱] : 풀이름(훤). [堅] : 굳을(견). [允] : 아들(윤).

▷본문풀이◁

16년, 봄 정월에 「훤견」을 이찬에 임명하고 「윤종」을 일길찬에 임명하였다.

○十七年, 春,三月에 加耶가 送,王子爲質하다.
십칠년 춘삼월 가야 송왕자위질

夏,五月에 大雨하여 漂毁民屋하다.
하오월 대우 표훼민옥

▶어려운 낱말◀

[送] : 보내다(송). [質] : 인질, 바탕(질). [漂] : 씻을(표). [毁] : 훼손할(훼).

▷본문풀이◁

17년, 봄 3월에 가야가 왕자를 인질로 보내왔다. 여름 5월, 큰 비가 내려 민가가 떠내려갔다.

○十九年, 春,三月에 大風折木하고 秋,七月에
십구년 춘삼월 대풍절목 추칠월

百濟,來攻國西 〈腰車城:상주의 要濟院인듯?〉하여 殺,
백제내공국서 요거성 살

城主「薛夫」하다. 王이 命,伊伐湌「利音」하여 率,
성주 설부 왕 명이벌찬 이음 솔

精兵六千으로 伐,百濟하고 破 〈沙峴城〉하다. 冬,
정병육천 벌백제 파 사현성 동

十二月에 雷하다.
십이월 뢰

▶어려운 낱말◀

[折] : 꺾을(절). [腰] : 허리(요). [薛] : 성(설). [率] : 거느리다(솔). [伐] : 치다(벌). [破] : 깨트리다, 격파하다(파). [峴] : 고개(현). [雷] : 우뢰(뇌).

▷ **본문풀이** ◁

19년, 봄 3월에 큰 바람이 불어 나무가 꺾이고, 가을 7월에는 백제가 서쪽 지방 〈요거성〉을 공격하여 성주 「설부」를 죽였다. 왕이 이벌찬 「이음」으로 하여금 군사 6천을 거느리고 백제를 치게 하였다. 그들은 〈사현성〉을 격파하였다. 겨울 12월, 우레가 있었다.

○ 二十三年, 秋, 七月에 武庫兵物이 自出하다.
이십삼년 추 칠월 무고병물 자출

百濟人이 來圍 〈獐山城:지금의 경산〉하니 王이 親,
백제인 내위 장산성 왕 친

率兵出擊하여 走之하다.
솔병출격 주지

▶ **어려운 낱말** ◀

[庫] : 창고(고). [圍] : 에워쌀(위). [獐] : 노루(상). [擊] : 칠(격). [走] : 달아날(주). 쫓다.

▷ **본문풀이** ◁

23년, 가을 7월에 무기고의 병기가 저절로 밖으로 나왔다. 백제가 〈장산성〉을 포위하였으므로 왕이 직접 군사를 이끌고 가서 이를 내쫓았다.

○ 二十五年, 春, 三月에 伊伐飡 「利音」 卒하다.
이십오년 춘 삼월 이벌찬 이음 졸

以 「忠萱」으로 爲, 伊伐飡하고 兼知, 兵馬事하다.
이 충훤 위 이벌찬 겸지 병마사

秋,七月에 大閱,楊山西하다.
추 칠 월 대 열 양 산 서

▶ **어려운 낱말** ◀

[卒] : 군사, 죽다(졸). [兼] : 겸할(겸). [閱] : 열람할(열). [楊] : 버들(양). [楊山(양산)] : 경주 남산.

▷ **본문풀이** ◁

25년, 봄 3월에 이벌찬 「이음」이 죽었다. 그래서 「충훤」을 이벌찬에 임명하고, 병마사를 겸하게 하였다. 가을 7월에, 양산 서쪽에서 크게 군대를 사열하였다.

○二十七年, 夏,四月에 雹傷菽麥하다. 〈南新縣〉
이 십 칠 년 하 사 월 박 상 숙 맥 남 신 현
엔 人死하여 歷月에 復活하다. 冬,十月에 百濟兵이
인 사 역 월 부 활 동 십 월 백 제 병
入 〈牛頭州:춘천〉하니 伊伐湌「忠萱」이 將兵拒之
입 우 두 주 이 벌 찬 충 훤 장 병 거 지
러니 至,〈熊谷〉하여 爲賊所敗하고 單騎而返하다.
지 웅 곡 위 적 소 패 단 기 이 반
貶爲鎭主하고 以「連珍」으로 爲,伊伐湌하고 兼知,
폄 위 진 주 이 연 진 위 이 벌 찬 겸 지
兵馬事하다.
병 마 사

▶ **어려운 낱말** ◀

[雹] : 우박(박). [菽] : 콩(숙). [麥] : 보리(맥). [縣] : 고을(현). [歷] : 지날(역), 역사(역). [熊] : 곰(웅). [騎] : 말 탈(기). [貶] : 폄하할(폄). [連] : 이를(연).

[珍] : 보배(진).

▷ **본문풀이** ◁

27년, 여름 4월에 우박이 내려 콩과 보리가 상했다. 〈남신현〉에서는 사람이 죽었다가 한 달이 지나서 다시 살아났다. 겨울 10월, 백제 군사가 〈우두주〉에 들어 왔으므로 이벌찬 「충훤」이 군사를 거느리고 가서 그들을 막으려 하였으나, 〈웅곡〉에 이르러 적에게 패하자 혼자 말을 타고 돌아왔다. 왕은 그를 진주로 강등시키고 「연진」을 이벌찬에 임명하여 병마사를 겸하게 하였다.

○二十九年, 秋, 七月에 伊伐湌「連珍」이 與, 百
이십구년 추 칠월 이벌찬 연진 여백

濟戰하여 〈烽山〉下에서 破之하고 殺獲, 一千餘級
제전 봉산하 파지 살획일천여급

하다. 八月에 築, 〈烽山城〉하다.
팔월 축 봉산성

▶ **어려운 낱말** ◀

[烽] : 봉화(봉). [獲] : 잡을(획). [殺獲(살획)] : 죽이고 노획하다. [築] : 쌓을(축).

▷ **본문풀이** ◁

29년, 가을 7월에 이벌찬 「연진」이 백제와 전투를 하였는데, 그는 〈봉산〉 아래에서 백제 병을 격파하고 1천여 명을 죽였다. 8월에, 〈봉산성〉을 쌓았다.

○三十一年, 春에 不雨타가 至.秋七月에 乃雨하
삼십일년 춘 불우 지추칠월 내우
다. 民飢하여 發倉賑給하다. 冬.十月에 錄.内外獄
민기 발창진급 동시월 녹내외옥
囚하여 原輕罪하다.
수 원경죄

▶ 어려운 낱말 ◀

[至] : 이를(지). [飢] : 굶주릴(기). [賑] : 구제할(진). [給] : 주다(급). [獄囚(옥수)] : 감옥의 죄수. [原] : 본디. 언덕(원). [輕罪(경죄)] : 가벼운 죄질.

▷ 본문풀이 ◁

31년, 봄에 비가 내리지 않다가 가을 7월에 이르러서야 비가 내렸다. 백성들이 굶주리므로 창고를 풀어 구제하였다. 겨울 10월, 서울과 지방의 죄수를 조사하여 죄질이 가벼운 자는 석방하였다.

○三十二年, 春.二月에 巡狩.西南郡邑하여 三
삼십이년 춘이월 순수서남군읍 삼
月에 還하다. 拜.波珍飡「康萱」하여 爲.伊飡하다.
월 환 배파진찬 강훤 위이찬

▶ 어려운 낱말 ◀

[巡] : 두를(순). [狩] : 사냥할(수). [巡狩(순수)] : 임금이 나라 안을 살펴보며 돌아다님. [巡狩=巡幸=巡守] : 천자가 제후국에 순시함을 말함.

▷ 본문풀이 ◁

32년, 봄 2월에 왕이 서남쪽 군읍을 순행하여 3월에 돌아왔다. 파진찬 「강훤」을 이찬에 임명하였다.

○ 三十四年, 夏,四月에 蛇鳴,南庫三日하다. 秋,
삼 십 사 년 하 사 월 사 명 남 고 삼 일 추
九月에 地震하고 冬,十月에 大雪하여 深,五尺하다.
구 월 지 진 동 시 월 대 설 심 오 척

▶ 어려운 낱말 ◀

[蛇] : 뱀(사). [鳴] : 울다(명). [震] : 벼락(진). 지진. 떨다(진).

▷ 본문풀이 ◁

34년, 여름 4월에 뱀이 남쪽 창고에서 사흘 동안 울었다. 가을 9월, 지진이 있었고, 겨울 10월, 눈이 크게 내려 눈 깊이가 다섯 자나 되었다.

○ 三十五年, 春,三月에 王薨하다.
삼 십 오 년 춘 삼 월 왕 홍

▶ 어려운 낱말 ◀

[薨] : 죽을(훙). 皇帝死曰(崩). 王死曰(薨)[훙].

▷ 본문풀이 ◁

35년, 봄 3월에 임금이 서거하였다.

11 助賁尼師今(조분이사금) : 230~247

○助賁尼師今이 立[一云,諸貴(諸賁)]하니 姓은 昔氏
조 분 이 사 금 입 성 석 씨

요, 伐休尼師今之孫也니라. 父는 「骨正」[一作忽爭]
벌 휴 이 사 금 지 손 야 부 골 정

이니葛文王이요, 母는 金氏로 玉帽夫人이니 「仇
갈 문 왕 모 김 씨 옥 모 부 인 구

道」葛文王之女니라. 妃는 阿爾兮夫人이니 奈解
도 갈 문 왕 지 녀 비 아 이 혜 부 인 나 해

王之女也니라. 前王이 將死에 遺言以壻「助賁」
왕 지 녀 야 전 왕 장 사 유 언 이 서 조 분

으로 繼位하다. 王은 身長하며 美儀來(采)하여 臨
계 위 왕 신 장 미 의 래 채 임

事에 明斷하니 國人이 畏敬之하다.
사 명 단 국 인 외 경 지

▶ 어려운 낱말 ◀

[助] : 도울(조). [賁] : 클(분). [尼] : 여승(니). [昔] : 옛(석), 성(석). [葛] : 칡(갈). [帽] : 모자(모). [阿] : 언덕(아). [爾] : 너(이). [兮] : 어조사(혜). [壻] : 사위(서). [繼] : 이을(계). [斷] : 끊을(단). [畏敬(외경)] : 두려워하다.

▷ 본문풀이 ◁

조분 이사금【제분이라고도 한다.】이 왕위에 올랐다. 그는 성이 석씨이고, 벌휴 이사금의 손자이다. 아버지는 「골정」【홀쟁이라고도 한다.】이니 갈문왕이요, 어머니는 김씨 옥모부인이니 갈문왕 「구

도」의 딸이다. 왕비는 아이혜부인이니, 그녀는 나해왕의 딸이다. 전 임금이 죽음을 앞두고, 사위 「조분」으로 하여금 왕위를 잇게 하라고 유언하였다. 왕은 키가 크며 외모가 잘생겼으며, 일에 임하면 명석한 판단을 내렸으므로 백성들이 그를 경외하였다.

○元年에 拜「連忠」하여 爲.伊湌하고 委.軍國事하다. 秋.七月에 謁.始祖廟하다.
원년 배 연충 위이찬 위군국사 추칠월 알시조묘

▶ **어려운 낱말** ◀

[謁] : 참배할(알). [廟] : 사당(묘).

▷ **본문풀이** ◁

원년, 「연충」을 이찬에 임명하여 군무와 국정을 맡겼다. 가을 7월, 왕이 시조의 사당에 배알하였다.

○二年, 秋.七月에 以.伊湌「于老」로 爲.大將軍하여 討破.〈甘文國:金泉〉하고 以其地로 爲郡하다.
이년 추칠월 이이찬 우로 위대장군 토파 감문국 이기지 위군

▶ **어려운 낱말** ◀

[討破(토파)] : 토벌하여 격파하다.

▷ **본문풀이** ◁

2년, 가을 7월에 이찬 「우로」를 대장군으로 삼아 〈감문국〉을 토벌하여 승리하고, 그 땅을 군으로 만들었다.

○三年, 夏,四月에 倭人이 猝至圍,金城하다. 王
삼 년 하 사 월 왜 인 졸 지 위 금 성 왕
이 親,出戰하니 賊이 潰走하다. 遣,輕騎하여 追擊
친 출 전 적 궤 주 견 경 기 추 격
之하여 殺獲,一千餘級하다.
지 살 획 일 천 여 급

▶ **어려운 낱말** ◀

[猝至(졸지)] : 쳐들어오다. [圍] : 에워싸다(위). [潰走(궤주)] : 괴멸되어 흩어지다. [輕騎(경기)] : 정예기병. [殺獲(살획)] : 죽고 사로잡다. [級(급)] : 명.

▷ **본문풀이** ◁

3년, 여름 4월에 왜인이 졸지에 쳐들어와 금성을 포위하였다. 왕이 직접 나아가 싸우니 적이 흩어져 도주하자 기병을 보내 추격하여 1천여 명을 살획했다.

○四年, 夏,四月에 大風으로 飛,屋瓦하다. 五月에
사 년 하 사 월 대 풍 비 옥 와 오 월
倭兵이 寇,東邊하다. 秋,七月에 伊湌「于老」가 與,
왜 병 구 동 변 추 칠 월 이 찬 우 로 여
倭人으로 戰,〈沙道:영덕의 沙冬院 부근?〉하여 乘風縱
왜 인 전 사 도 승 풍 종
火,焚舟하니 賊은 赴水死盡하다.
화 분 주 적 부 수 사 진

▶ 어려운 낱말 ◀

[屋瓦(옥와)] : 기와. [寇] : 도둑. 약탈(구). [縱] : 놓을(종). [乘風縱火(승풍종화)] : 바람을 타고 불을 놓다. [焚舟(분주)] : 배를 태우다. [賊] : 도적(적). [赴] : 달려갈(부), 넘어지다(부).

▷ 본문풀이 ◁

4년, 여름 4월에 큰 바람이 불어와 기와가 날았다. 5월에, 왜병이 동쪽 변경을 약탈하였다. 가을 7월, 이찬 「우로」가 왜인과 〈사도〉에서 싸웠는데, 그는 바람을 따라 불을 놓아 배를 불태웠다. 적들은 모두 물에 달려가 빠져 죽었다.

○ 六年, 春, 正月에 東巡撫恤하다.
육년 춘 정월 동순무휼

▶ 어려운 낱말 ◀

[巡] : 순방할(순). [撫恤(무휼)] : 백성을 위문하고 구제하다.

▷ 본문풀이 ◁

6년, 봄 정월에 왕이 동쪽으로 순행하여 백성을 위문하고 구제하였다.

○ 七年, 春, 二月에 〈骨伐國:永川〉王 「阿音夫」가
칠년 춘 이월 골벌국 왕 아음부

率衆來降하니 賜, 第宅田莊하여 安之하고 以其地
솔중내항 사 제택전장 안지 이기지

로 爲郡하다.
위 군

▶ **어려운 낱말** ◀

[來降(내항)] : 항복하다. [賜第(사제)] : 공신에게 공적에 따라 제물을 내려주다. [宅田(택전)] : 집과 밭. [莊] : 별장(장). [莊安(장안)] : 편안하게 살게 함.

▷ **본문풀이** ◁

7년, 봄 2월에 〈골벌국〉왕 「아음부」가 무리를 거느리고 항복해 오니, 왕은 그들에게 집과 밭을 주어 편안히 살게 하고, 그 땅을 군으로 만들었다.

○八年, 秋,八月에 蝗이 害穀하다.
팔 년 추 팔 월 황 해 곡

▶ **어려운 낱말** ◀

[蟥害(황해)] : 메뚜기의 피해. [穀] : 곡식(곡).

▷ **본문풀이** ◁

8년, 가을 8월에는 메뚜기 떼가 곡식을 해쳤다.

○十一年, 百濟가 侵,西邊하다.
십 일 년 백 제 침 서 변

▶ **어려운 낱말** ◀

[西邊(서변)] : 서쪽 변경.

▷ **본문풀이** ◁

11년, 백제가 서쪽 변경을 침범하였다.

○ 十三年,秋에 大有年하다. 〈古陁郡:安東〉에서
십 삼 년 추 대 유 년 고 타 군

進,嘉禾하다.
진 가 화

▶ **어려운 낱말** ◀

[陁] : 비탈질. 비탈질(타). [嘉禾(가화)] : 좋은 벼.

▷ **본문풀이** ◁

13년, 가을에는 큰 풍년이 들었다. 〈고타군〉에서 좋고 알찬 벼 이삭을 진상하였다.

○ 十五年, 春,正月에 拜,伊湌「于老」하여 爲,舒
십 오 년 춘 정 월 배 이 찬 우 로 위 서

弗邯(이벌찬의 다른 이름)하고 兼知,兵馬事하다.
불 한 겸 지 병 마 사

▶ **어려운 낱말** ◀

[舒弗邯(서불한)] : 신라 때 벼슬 이름.

▷ **본문풀이** ◁

15년, 봄 정월에 이찬 「우로」를 서불한에 임명하고, 병마사를 겸하게 하였다.

○十六年, 冬,十月에 高句麗가 侵,北邊하니 「于
십 육 년 동 시 월 고 구 려 침 북 변 우
老」가 將兵,出擊之하다가 不克하고 退保 〈馬頭
로 장 병 출 격 지 불 극 퇴 보 마 두
柵〉하다. 其夜苦寒하여 「于老」가 勞,士卒하고 躬,
책 기 야 고 한 우 로 노 사 졸 궁
燒柴煖之하니 群心이 感激하니라.
소 시 난 지 군 심 감 격

▶ **어려운 낱말** ◀

[北邊(북변)] : 북쪽 변방. [不克(불극)] : 이기지 못함. [柵] : 목책. 울타리(책).
[苦寒(고한)] : 매우 추워서. [燒柴(소시)] : 나무를 태워서. [煖] : 따뜻할(란).
[感激(감격)] : 느껴서 흠격하다.

▷ **본문풀이** ◁

16년, 겨울 10월에 고구려가 북쪽 변경을 침범하니 「우로」가 군사를 이끌고 공격하다가 이기지 못하고 물러나 〈마두책〉을 수비하였다. 그날 밤 날씨가 몹시 추워지자, 「우로」가 사졸들을 위로하고 직접 솔가지에 불을 피워 그들을 따뜻하게 하여 주었다. 사졸들이 그 진심에 감격하였다.

○十七年, 冬,十月에 東南에 有,白氣하여 如,匹
십 칠 년 동 십 월 동 남 유 백 기 여 필
練하다. 十一月에 京都地震하다.
련 십 일 월 경 도 지 진

▶ 어려운 낱말 ◀

[白氣(백기)] : 흰빛의 기운. [匹練(필련)] : 한 필의 비단. [京都(경도)] : 서울.

▷ 본문풀이 ◁

17년, 겨울 10월에 동남방에 흰 기운이 마치 한 필의 비단을 펼쳐놓은 것처럼 뻗쳤다. 11월, 경도에 지진이 있었다.

○ 十八年, 夏.五月에 王이 薨하다.
십 팔 년 하 오 월 왕 훙

▷ 본문풀이 ◁

18년, 여름 5월에 왕이 서거하였다.

12 | 沾解尼師今(첨해이사금) : 247~261?

○ 沾解.尼師今이 立하니 助賁王의 同母弟也니라.
첨 해 이 사 금 입 조 분 왕 동 모 제 야

▶ 어려운 낱말 ◀

[沾] : 더할(첨). [助] : 도울(조). [賁] : 크다(분). [同母弟(동모제)] : 같은 엄마

에서 태어난 아우. *문경현 교수의 설 : 沾解는 治解의 오자라고 함. 일명 理解라고도 한다고 함.

▷ **본문풀이** ◁

첨해 이사금이 왕위에 올랐다. 그는 조분왕의 동복아우이다.

○元年, 秋.七月에 謁.始祖廟하다. 封父「骨正」
원년 추 칠월 알 시 조 묘 봉부 골정
으로 爲.世神葛文王하다.
위 세 신갈 문 왕

▶ **어려운 낱말** ◀

[封] : 봉할(봉).

▷ **본문풀이** ◁

원년, 가을 7월에 왕이 시조의 사당에 배알하였다. 그 아버지 「골정」을 세신 갈문왕으로 봉했다.

○論曰, 「漢宣帝」 卽位에 「有司」 奏하되 "爲人
논 왈 한 선 제 즉 위 유 사 주 위 인
後者는 爲之子也니라. 故로 降其父母하여 不得祭
후 자 위 지 자 야 고 강 기 부 모 부 득 제
하니 尊祖之義也니라. 是以로 帝는 所.生父를 稱
존 조 지 의 야 시 이 제 소 생 부 칭
親하고 謚曰, 悼라 하며 母曰, 悼后라 하여 比.諸侯
친 시 왈 도 모 왈 도 후 비 제 후
王이니라." 하다. 此合.經義하니 爲.萬世法이니라.
왕 차 합 경 의 위 만 세 법

故로 後漢光武帝와 宋의 『英宗』은 法而行之하니라. 新羅는 自王親으로 入繼大統之君이 無不封崇其父稱王하며 非特如此而已라 封其外舅者도 亦有之니라. 此는 非禮이니 固不可以爲法也니라.

고 후한광무제 송 영종 법이행지 신라 자왕친 입계대통지군 무불봉숭기부칭왕 비특여차이이 봉기외구자 역유지 차 비례 고불가이위법야

▶ 어려운 낱말 ◀

[奏] : 아뢰다(주). [降] : 내릴(강), 항복(항). [尊祖(존조)] : 소상을 높이다. [諡] : 시호(시). [悼] : 슬플(도). [悼后(도후)] : 황제가 어머니를 불러 이르는 말(諡號). [經義(경의)] : 경전의 뜻. [萬世法(만세법)] : 만세의 법도. [大統之君(대통지군)] : 대통을 이은 임금. [外舅(외구)] : 장인. [非禮(비례)] : 예의가 아님. [固] : 진실로(고).

〖저자의 견해〗

한나라 「선제」가 즉위했을 때, 「유사」가 다음과 같이 상주하였다. "대를 잇는 자는, 자기에게 대를 물려준 그 사람의 아들이 됩니다. 그러므로 자기의 친부모를 낮추어 제사를 지내지 않습니다. 이는 황제의 조상을 높인다는 뜻입니다. 그러므로 황제께서는 생부를 친(親)이라 부르시고, 시호는 도(悼)라 하며, 생모는 도후(悼后)라고 불러서, 제후나 왕의 지위와 같도록 해야 할 것입니다."라고 했다. 이것이 경전의 뜻과 합치된다. 따라서 이것이 만세의 법도가 되어야 할 것이다. 그러므로 후한의 광무제와 송나라 『영종』은 이를 본받아 시행하였다. 신라에서는 왕의 친족 신

분으로서 왕통을 이은 임금이 자신의 생부를 왕으로 추봉하지 않은 일이 없었으며, 이뿐만 아니라 자신의 장인까지 왕으로 봉한 일도 있었다. 이는 예의에 맞지 않으므로 진실로 법도로 삼아서는 안 될 것이다.

○二年, 春.正月에 以.伊湌「長萱」으로 爲.舒弗
이 년 춘 정 월 이 이 찬 장 훤 위 서 불

邯하여 以參國政하다. 二月에 遣使하여 高句麗.結
한 이 참 국 정 이 월 견 사 고 구 려 결

和하다.
화

▶ **어려운 낱말** ◀

[舒] : 펼(서). [邯] : 땅이름(한). [參] : 참가할(참,삼). [遣使(견사)] : 사신을 보냄. [結和(결화)] : 화친을 맺다.

▷ **본문풀이** ◁

2년, 봄 정월에 이찬 「장훤」을 서불한으로 임명하여 정사에 참여하게 하였다. 2월에는, 고구려에 사신을 보내 화친을 맺었다.

○三年, 夏.四月에 倭人이 殺.舒弗邯「于老」하다. 秋.七月에 作〈南堂:聽政하는 宮〉於.宮南하다.[南堂或云都堂]「良夫」가 爲.伊湌하다.
삼 년 하 사 월 왜 인 살 서 불 한 우 로 / 추 칠 월 작 남 당 어 궁 남 / 양 부 위 이 찬

▷ **본문풀이** ◁

3년, 여름 4월에 왜인이 서불한 「우로」를 죽였다. 가을 7월에, 〈남당〉【도당이라고도 한다.】을 대궐 남쪽에 지었다. 「양부」가 이찬이 되었다.

○ 五年, 春,正月에 始,聽政於,南堂하다. 漢祇部人「夫道」者가 家貧無諂하고 工書算하여 著名於時하다. 王이 徵之爲,阿飡하여 委以 '物藏庫' 事務하다.

(오년 춘 정월 시 청정어 남당 한기부 인 부도 자 가빈무첨 공서산 저명 어시 왕 징지위 아찬 위이 물장고 사무)

▶ **어려운 낱말** ◀

[聽政(청정)] : 정사를 듣고 처리하다. [無諂(무첨)] : 아첨하는 일이 없음. [諂] : 아첨할(첨). [工書算(공서산)] : 글씨와 산수를 잘함. [著名(저명)] : 이름을 나타내다. [物藏庫(물장고)] : 물건을 보관하는 창고. [事務(사무)] : 일을 맡아하다.

▷ **본문풀이** ◁

5년, 봄 정월에 처음으로 남당에서 정사를 들었다. 한기부 사람 「부도」란 자는 집이 가난하였으나 아첨하는 일이 없고 글씨와 산수에 능하여 당시에 명성이 높았다. 왕이 그를 불러 아찬으로 삼아 '물장고' 에 업무를 맡겼다.

○ 七年, 夏,四月에 龍見,宮東池하고 金城南에

(칠년 하 사월 용현 궁동지 금성남)

臥柳自起하다. 自,五月에서 至,七月까지 不雨하여
와류자기 자오월 지칠월 불우

禱祀,祖廟及,名山하니 乃雨하다. 年饑하여 多,盜
도사조묘급명산 내우 연기 다도

賊하다.
적

▶ 어려운 낱말 ◀

[龍見(용현)] : 용이 나타나다. [臥柳自起(와류자기)] : 누웠던 버드나무가 자연적으로 일어나다. [禱祀(도사)] : 기도하고 제사를 지내다. [年饑(연기)] : 흉년이 들다. [盜賊(도적)] : 도둑.

▷ 본문풀이 ◁

7년, 여름 4월에 대궐 동쪽 연못에서 용이 나타나고, 금성 남쪽에 쓰러졌던 버드나무가 저절로 일어섰다. 5월부터 7월까지 비가 내리지 않았으므로, 조묘와 명산에 제사지내고 기도하였다. 그러니 곧 비가 내렸다. 흉년이 들어 도둑이 많았다.

○九年, 秋,九月에 百濟來侵하니 一伐湌「翊
구년 추구월 백제내침 일벌찬 익

宗」이 逆戰於〈槐谷〉西타가 爲賊所殺하다. 冬,十
종 역전어 괴곡 서 위적소살 동시

月에 百濟,攻〈烽山城:榮州?〉이나 不下하다.
월 백제공 봉산성 불하

▶ 어려운 낱말 ◀

[來侵(내침)] : 침략해 오다. [攻] : 치다(공).

▷ 본문풀이 ◁

9년, 가을 9월에 백제가 침범하니 일벌찬 「익종」이 〈괴곡〉 서쪽에서 그들과 싸우다가 적에게 죽는 바가 되었다. 겨울 10월에, 백제가 〈봉산성〉을 공격해왔으나 성을 점령받지 못했다.

○ 十年, 春.三月에 國東海에서 出.大魚三하니
십 년 춘 삼 월 국 동 해 출 대 어 삼

長.三丈이요, 高.丈有二尺하다. 冬.十月.晦에 日有
장 삼 장 고 장 유 이 척 동 시 월 회 일 유

食之하다.
식 지

▶ 어려운 낱말 ◀

[丈] : 한 발(장). [尺] : 한 자(척). [晦] : 그믐(회).

▷ 본문풀이 ◁

10년, 봄 3월에 동쪽 바다에서 큰 물고기 세 마리가 나왔다. (고래를 보고 그러는 것이 아닌지?) 그 길이는 세 발, 폭은 한 길 두 자였다. 겨울 10월 그믐에, 일식이 있었다.

○ 十三年, 秋.七月에 旱蝗하다. 年荒하여 多盜하다.
십 삼 년 추 칠 월 한 황 연 황 다 도

▶ 어려운 낱말 ◀

[年荒(연황)] : 흉년. [多盜(다도)] : 도둑이 많았다.

▷ 본문풀이 ◁

13년, 가을 7월에 가뭄이 들고 메뚜기 떼가 나타났다. 흉년이 들어 도둑이 많았다.

○ 十四年, 夏에 大雨하여 山崩, 四十與所하다.
십사년 하 대우 산붕 사십여소

秋, 七月에 星孛于, 東方하여 二十五日而, 滅하다.
추 칠월 성패우동방 이십오일이 멸

▶ 어려운 낱말 ◀

[山崩(산붕)] : 산이 무너짐. [星孛(성패)] : 혜성.

▷ 본문풀이 ◁

14년, 여름에 큰 비가 내려 40여 군데의 산이 무너졌다. 가을 7월에, 혜성이 동쪽에 나타났다. 혜성은 25일이 되어서야 사라졌다.

○ 十五年, 春, 二月에 築〈達伐城:大邱〉하고 以, 奈麻「克宗」으로 爲, 城主하다. 三月에 百濟, 遣使, 請和나 不許하다. 冬, 十二月二十八日에 王이 暴疾로 薨하다.
십오년 춘이월 축 달벌성 이나 마 극종 위성주 삼월 백제견사청 화 불허 동십이월이십팔일 왕 폭질 훙

▶ 어려운 낱말 ◀

[麻] : 삼(마). [請和(청화)] : 화친을 청하다. [暴疾(폭질)] : 갑자기 병들다.

▷ **본문풀이** ◁

15년, 봄 2월에 〈달벌성〉을 쌓고, 나마 「극종」을 성주로 임명하였다. 3월, 백제가 사신을 보내 화친을 요청하였으나 허락하지 않았다. 겨울 12월 28일, 갑자기 병이 나서 왕이 서거하였다.

13 味鄒尼師今(미추이사금) : 262~284

○味鄒,尼師今[一云,味照.]이 立하니 姓은 金이요, 母
미추이사금 입 성 김 모
는 朴氏이니 葛文王「伊柒」之女니라. 妃는 昔氏
박씨 갈문왕 이칠 지녀 비 석씨
로 光明夫人이니 助賁王之女니라. 其先에 閼智,
광명부인 조분왕지녀 기선 알지
出於鷄林하니 脫解王,得之하여 養於宮中하고 後
출어계림 탈해왕득지 양어궁중 후
에 拜爲,大輔하다. 閼智生,勢漢하고 勢漢生,阿道
배위대보 알지생세한 세한생아도
하고 阿道生,首留하고 首留生,郁甫하고 旭甫生,仇
아도생수류 수류생욱보 욱보생구
道하니 仇道則,味鄒之考也니라. 沾解無子하여 國
도 구도즉미추지고야 첨해무자 국
人이 立,味鄒하니 此는 金氏,有國之始也니라.
인 입미추 차 김씨유국지시야

▶어려운 낱말◀

[味] : 맛(미). [鄒] : 땅이름(추). [照] : 비칠(조). [柒(칠)] : 漆과 동자. 七의 구서. [妃] : 왕비(비). [助] : 도울(조). [賁] : 크다(분). 꾸미다(비). [閼] : 가로막을(알). [大輔(대보)] : 신라 때 벼슬 이름. [郁] : 성할(욱). [甫] : 겨우(보). [沾] : 적실(첨).

▷본문풀이◁

미추 이사금【미조라고도 한다.】이 왕위에 오르니 성은 김씨요, 어머니는 박씨이다. 그녀는 갈문왕 「이칠」의 딸이다. 왕비는 석씨 광명부인이니 조분왕의 딸이다. 미추의 조상 알지가 계림에서 태어나자 탈해왕이 데려와 궁중에서 길렀고, 뒤에 대보로 임명하였다. 알지가 세한을 낳고, 세한이 아도를 낳고, 아도가 수류를 낳고, 수류가 욱보를 낳고, 욱보가 구도를 낳았으니, 구도가 곧 미추의 아버지이다. 첨해가 아들이 없었으므로 백성들이 미추를 왕으로 세웠으니, 이것이 신라 김씨 왕조의 시작이 되었다.

○元年(원년), 春(춘), 三月(삼월)에 龍見(용현), 宮東池(궁동지)하다. 秋(추), 七月(칠월)에 金城(금성), 西門災(서문재)하고 延燒人家(연소인가), 三百餘區(삼백여구)하다.

▶어려운 낱말◀

[元年(원년)] : 왕 위에 오른 첫해. [龍見(용현)] : 용이 나타나다. [延燒(연소)] : 연이어 타버리다.

▷ **본문풀이** ◁

원년, 봄 3월에 대궐 동쪽 연못에 용이 나타났다. 가을 7월에, 금성 서문에 불이 나서 인가 삼백여 호가 연이어 불에 탔다.

○二年, 春.正月에 拜.伊湌「良夫」하여 爲.舒弗
이 년 춘 정 월 배 이 찬 양 부 위 서 불
邯하고 兼知.內外兵馬事하다. 二月에 親祀.國祖
한 겸 지 내 외 병 마 사 이 월 친 사 국 조
廟하고 大赦하다. 封考.仇道를 爲.葛文王하다.
묘 대 사 봉 고 구 도 위 갈 문 왕

▶ **어려운 낱말** ◀

[考] : 죽은 아버지(고).

▷ **본문풀이** ◁

2년, 봄 정월에 이찬 「양부」를 서불한에 임명하고 내외병마사를 겸하게 하였다. 2월에, 왕이 시조의 사당에 친히 제사를 올리고 죄수들을 크게 사면하였다. 아버지 구도를 갈문왕으로 봉하였다.

○三年, 春.二月에 東.巡幸.望海하고 三月에 幸
삼 년 춘 이 월 동 순 행 망 해 삼 월 행
〈黃山〉하여 問.高年及貧不能自存者하고 賑恤之
황 산 문 고 년 급 빈 불 능 자 존 자 진 휼 지
하다.

▶ 어려운 낱말 ◀

[望海(망해)] : 왕이 영토 안에서 바다를 멀리 바라보면서 올리는 제사. [不能自存者(불능자존자)] : 스스로 살 수 없는 자. [恤] : 어여삐 여길(휼).

▷ 본문풀이 ◁

3년, 봄 2월에 왕이 동쪽 지방을 순행하여 망해 제사를 올렸고, 3월에, 왕이 〈황산〉에 행차하여 노인 및 가난하여 스스로 살 수 없는 자들을 위문하고 진휼을 베풀었다.

○ 五年, 秋八月에 百濟來攻〈烽山城〉하다. 城主「直宣」이 率壯士二百人出擊之하니 賊敗走하다. 王이 聞之하고 拜「直宣」으로 爲一吉飡하고 厚賞士卒하다.

(오년 추팔월 백제내공 봉산성 성주 직선 솔장사이백인 출격지 적패주 왕 문지 배 직선 위일길찬 후상사졸)

▶ 어려운 낱말 ◀

[厚賞(후상)] : 상을 후하게 주다. [士卒(사졸)] : 군졸.

▷ 본문풀이 ◁

5년, 가을 8월에 백제가 〈봉산성〉을 공격하였다. 성주「직선」이 장사 2백 명을 거느리고 출격하니 적들은 패주하였다. 왕이 이 소식을 듣고「직선」을 일길찬에 임명하고, 병졸들에게 후하게 상을 주었다.

○七年에 春夏不雨하다 會,群臣於南當(:政聽)하고 親問,政刑得失하며 又,遣使五人하여 巡問百姓苦患하다.
칠년 춘하불우 회군신어남당 친문정형득실 우견사오인 순문백성고환

▶ **어려운 낱말** ◀

[親問政刑(친문정형)] : 친히 정사와 형벌을 묻다. [得失(득실)] : 잘잘못을. [苦患(고환)] : 괴롭고 근심되는 일.

▷ **본문풀이** ◁

7년, 봄과 여름에 비가 내리지 않았다. 여러 신하들을 남당에 모이게 하고 왕이 직접 정사와 형벌의 잘잘못을 물었으며, 또한 사신 다섯 명을 파견하여, 각지를 순회하면서 백성들이 무엇을 고통스러워하며 걱정하는지를 묻게 하였다.

○十一年, 春,二月에 下令하니 凡,有害農事者를 一切除之하다. 秋,七月에 霜雹害穀하고 冬,十一月에 百濟,侵邊하다.
십일년 춘이월 하령 범유해농사자 일체제지 추칠월 상박해곡 동십일월 백제침변

▶ **어려운 낱말** ◀

[有害農事者(유해농사자)] : 농사에 해가 되는 것을. [一切除之(일체제지)] : 일체 하지 않았다.

▷본문풀이◁

11년, 봄 2월에 농사에 해가 되는 일체의 모든 일을 없애라는 명령을 내렸다. 가을 7월에, 서리와 우박이 내려 곡식에 피해를 주었고, 겨울 11월에 백제가 변경을 침범하였다.

○十五年, 春二月에 臣寮가 請改作宮室하니 *王이 重勞人이라 不從하다.
(십오년 춘이월 신료 청개작궁실 왕 중노인 부종)

▶어려운 낱말◀

[宮室(궁실)] : 궁궐. [重勞人(중노인)] : 백성에게 노동을 시키는 것은 중대한 일. *원문에는 '上(王)이'로 되어있음.

▷본문풀이◁

15년, 봄 2월에 신하들이 궁궐을 다시 짓기를 청하였으나, 왕이 백성들에게 노동을 시키는 것은 중대하다고 하여 이에 따르지 않았다.

○十七年, 夏四月에 暴風拔木하다. 冬十月에 百濟兵來圍〈槐谷城:未詳〉하다. 命波珍飡「正源」으로 領兵拒之하다.
(십칠년 하사월 폭풍발목 동시월 백제병래위 괴곡성 명파진찬 정원 영병거지)

▶어려운 낱말◀

[拔木(발목)] : 나무가 뽑히다. [領兵(영병)] : 군사를 이끌고.

▷본문풀이◁

17년, 여름 4월에 폭풍이 불어 나무가 뽑혔다. 겨울 10월에, 백제 군사가 와서 〈괴곡성〉을 포위하였다. 파진찬 「정원」으로 하여금 군사를 이끌고 가서 방어하게 하였다.

○十九年, 夏, 四月에 旱하고 錄囚하다.
십구년 하사월 한 녹수

▶어려운 낱말◀

[錄囚(녹수)] : 죄수를 재심사함.

▷본문풀이◁

19년, 여름 4월에 가뭄이 들었고, 죄수들을 재심사하였다.

○二十年, 春, 正月에 拜, 「弘權」으로 爲, 伊湌하고 「良質」로 爲, 一吉湌하고 「光謙」으로 爲, 沙湌하다. 二月에 謁, 廟朝하고 秋, 九月에 大閱楊山(慶州 南山)西하다.
이십년 춘정월 배 홍권 위이찬 양질 위일길찬 광겸 위사찬 이월 알묘조 추구월 대열양산 서

▶ 어려운 낱말 ◀

[大閱(대열)] : 군사를 크게 사열함.

▷ 본문풀이 ◁

20년, 봄 정월에 「홍권」을 이찬으로 삼고 「양질」을 일길찬을 삼고, 「광겸」을 사찬으로 임명하였다. 2월에, 시조 묘에 참배하였고, 가을 9월, 양산 서쪽에서 크게 군사를 사열하였다.

○二十二年, 秋,九月에 百濟侵邊하고 冬,十月에
이 십 이 년 추 구 월 백 제 침 변 동 시 월
圍〈槐谷城〉하다. 命,一吉湌「良質」로 領兵禦之
위 괴 곡 성 명 일 길 찬 양 질 영 병 어 지
하다.

▷ 본문풀이 ◁

22년, 가을 9월에 백제가 변경을 침범하고, 겨울 10월에는 〈괴곡성〉을 포위하였다. 일길찬 「양질」로 하여금 군사를 이끌고 가서 방어하게 하였다.

○二十三年, 春,二月에 巡撫,國西諸城하다. 冬,
이 십 삼 년 춘 이 월 순 무 국 서 제 성 동
十月에 王薨하여 葬,大陵[一云,竹長陵(竹長陵) :지금은 대
십 월 왕 홍 장 대 릉
릉원, 혹은 미추왕능이라 함.]하다.

▶ 어려운 낱말 ◀

[巡撫(순무)] : 순행하면서 백성을 위로하다. [諸城(제성)] : 여러 성. [大陵(대릉)=竹長陵] : 지금의 미추왕릉.

▷ 본문풀이 ◁

23년, 봄 2월에 왕이 서쪽 지방의 여러 성을 순행하면서 백성들을 위문하였다. 겨울 10월에, 왕이 서거하였다. 대릉【죽장릉이라고도 한다.】에 장사지냈다.

14 儒禮尼師今(유례이사금) : 284~298

○儒禮.尼師今이 立하니[古記第三, 第十四, 二王同諱가
유 례 이 사 금 입

儒理, 或云儒禮, 未知孰是] 助賁王의 長子니라. 母는 朴
조 분 왕 장 자 모 박

氏이니 葛文王「奈音」之女니라. 嘗.夜行타가 星
씨 갈 문 왕 나 음 지 녀 상 야 행 성

光이 入口하여 因.有娠하다. 載誕之夕에 異香滿
광 입 구 인 유 신 재 탄 지 석 이 향 만

室하니라.
실

▶ 어려운 낱말 ◀

[諱(휘)] : 높은 사람의 이름. 혹은 죽은 이의 이름을 말할 때. [未知孰是(미지숙시)] : 어느 것이 옳은지는 알 수 없다. [嘗,夜行(상야행)] : 예전에(일찍) 밤에 길을 가다가. [星光入口(성광입구)] : 별빛이 입으로 들어오다. [娠] : 임신할(신). [載] : 싣다. 출생(재). [載誕之夕(재탄지석)] : 태어나는 날 저녁에. [異香(이향)] : 이상한 향기. [滿室(만실)] : 방에 가득.

▷ 본문풀이 ◁

유례 이사금【고기에는 제 3대, 제 14대의 두 왕의 이름을 똑같이 유리 혹은 유례라 하였는데, 어느 것이 옳은지는 알 수 없다.】이 왕위에 오르니, 그는 조분왕의 맏아들이다. 어머니는 박씨이고, 갈문왕 「나음」의 딸이었다. 그녀는 전날에 밤길을 가다가 별빛이 입으로 들어간 일이 있었는데, 이로 인하여 임신이 되었다. 태어나던 날 저녁에 이상한 향기가 방에 가득 찼었다.

○二年(이년), 春(춘).正月(정월)에 謁(알).始祖廟(시조묘)하다. 二月(이월)에 拜(배).伊湌(이찬)「弘權(홍권)」을 爲(위).舒弗邯(서불한)하고 委以機務(위이기무)(:기밀한 사무)하다.

▶ 어려운 낱말 ◀

[機務(기무)] : 국가의 중요한 정무, 기밀을 요하는 정무.

▷ **본문풀이** ◁

2년, 봄 정월에 왕이 시조 묘에 참배하였다. 2월에, 이찬「홍권」을 서불한에 임명하고 중요한 기밀정무를 맡겼다.

○三年, 春,正月에 百濟가 遣使請和하다. 三月에 旱하다.
삼년 춘정월 백제 견사청화 삼월 한

▷ **본문풀이** ◁

3년, 봄 정월에 백제가 사신을 파견하여 화친을 요청하였다. 3월에, 가뭄이 들었다.

○四年, 夏,四月에 倭人이 襲〈一禮部:郡?〉하여 縱火燒之하고 虜人,一千而去하다.
사년 하사월 왜인 습 일례부 종화소지 노인 일천이거

▶ **어려운 낱말** ◀

[襲] : 습격하다(습). [縱火燒之(종화소지)] : 불을 놓아 태우다.

▷ **본문풀이** ◁

4년, 여름 4월에 왜인이 〈일례부(일례군?)〉를 습격하여 불을 놓아 1천 명을 사로잡아 갔다.

○六年, 夏.五月에 聞.倭兵至하고 理.舟楫하고 繕.甲兵하다.
육년 하오월 문왜병지 이주즙 선갑병

▶어려운 낱말◀

[聞倭兵至(문왜병지)] : 왜가 쳐들어온다는 소문을 듣고. [理舟楫(이주즙)] : 배를 수리하다. [繕甲兵(선갑병)] : 갑옷과 병기를 수리함.

▷본문풀이◁

6년, 여름 5월에 왜병이 온다는 소문을 듣고 선박과 병기를 수리하였다.(修繕修理)

○七年, 夏.五月에 大水하여 月城頹毁하다.
칠년 하오월 대수 월성퇴훼

▶어려운 낱말◀

[頹毁(퇴훼)] : 헐어 무너지다.

▷본문풀이◁

7년, 여름 5월에 홍수가 나서 월성이 훼손되었다.

○八年, 春.正月에 拜「末仇」하여 爲.伊伐湌하다. 「末仇」는 忠貞하고 有.智略하여 王이 常.訪問
팔년 춘정월 배 말구 위이벌찬 말구 충정 유지략 왕 상방문

政要하다.
정 요

▶ 어려운 낱말 ◀

[拜] : 절(배). 벼슬을 내리다. [智略(지략)] : 지혜와 도략. [政要(정요)] : 정치의 요령.

▷ 본문풀이 ◁

8년, 봄 정월에 「말구」를 이벌찬에 임명하였다. 「말구」는 충직하고 지략이 많아서 왕이 자주 그를 찾아가서 정사의 요령을 물었다.

○九年, 夏,六月에 倭兵攻陷 〈沙道城:盈德?〉하니 命,一吉湌 「大谷」으로 領兵,救完之하다. 秋,七月에 旱하고 蝗하다.
구 년 하 유 월 왜 병 공 함 사 도 성 명 일 길 찬 대 곡 영 병 구 완 지 추 칠 월 한 황

▶ 어려운 낱말 ◀

[攻陷(공함)] : 공략하여 함락하다. [領兵(영병)] : 군사를 이끌다.

▷ 본문풀이 ◁

9년, 여름 6월에 왜병이 〈사도성〉을 공격하여 점령하자, 일길찬 「대곡」으로 하여금 군사를 이끌고 가서 구원하도록 하였다. 가을 7월에, 날씨가 가물었다. 메뚜기 떼가 나타났다.

○十年, 春,二月에 改築 〈沙道城:盈德?〉하고 移,
십 년 춘 이 월 개 축 사 도 성 이
〈沙伐州(:상주)〉 豪民八十餘家하다.
사 벌 주 호 민 팔 십 여 가

▶ **어려운 낱말** ◀

[豪民(호민)] : 세력이 있는 백성.

▷ **본문풀이** ◁

10년, 봄 2월에 〈사도성〉을 개축하고 〈사벌주〉의 민가 80여 호를 옮겨 살도록 하였다.

○十一年,夏에 倭兵來攻 〈長峰城〉이나 不克하다. 秋,七月에 〈多沙郡〉에 進,嘉禾하다.
십 일 년 하 왜 병 내 공 장 봉 성 불 극 추 칠 월 다 사 군 진 가 화

▶ **어려운 낱말** ◀

[進嘉禾(진가화)] : 좋은 벼를 진상하다.

▷ **본문풀이** ◁

11년, 여름에 왜병이 〈장봉성〉을 공격하였으나 그들은 승리하지 못하였다. 가을 7월에, 〈다사군〉에서 좋은 벼 이삭을 진상하였다.

○十二年,春에 王이 謂,臣下曰, "倭人이 屢犯,
십 이 년 춘 왕 위 신 하 왈 왜 인 누 범

我,城邑하여 百姓이 不得安居하니 吾欲與,百濟로
아 성 읍 백 성 부 득 안 거 오 욕 여 백 제

謀하되 一時浮海하여 入擊其國하면 如何오?" 하
모 일 시 부 해 입 격 기 국 여 하

니, 舒弗邯「弘權」이 對曰, "吾人은 不習水戰하
서 불 한 홍 권 대 왈 오 인 불 습 수 전

니 冒險遠征에 恐有不測之危하나이다. 況,百濟多
모 험 원 정 공 유 불 측 지 위 황 백 제 다

詐하고 常有,呑噬我國之心하니 亦恐難,與同謀하
사 상 유 탄 서 아 국 지 심 역 공 난 여 동 모

나이다." 하니 王曰, "善타." 하다.
왕 왈 선

▶ 어려운 낱말 ◀

[屢犯(누범)] : 자주 침범하다. [不得安居(부득안거)] : 편안히 살 수가 없다. [浮海(부해)] : 바다를 건너. [入擊(입격)] : 들어가서 쳐부수다. [不習水戰(불습수전)] : 수전에 익숙하지 못함. [冒險遠征(모험원정)] : 원정에 모험을 걸다. [恐有(공유)] : ~함이 있을까 두렵다. [多詐(다사)] : 속임수가 많다. [噬] : 물어뜯을(서). [呑噬(탄서)] : 씹어 삼키고 물어뜯음. [亦恐難(역공난)] : 역시 두렵고 어렵다. [與同謀(여동모)] : 함께 도모하기

▷ 본문풀이 ◁

12년, 봄에 왕이 신하에게 말하기를, "왜인이 자주 우리 성읍을 침범하여 백성들이 편안하게 살 수 없으니, 내가 백제와 함께 계획을 세워 백제와 우리가 일시에 바다를 건너 왜국을 공격하고자 하는데, 이 계획이 어떠한가?" 하고 말하였다. 서불한 「홍권」이 말하기를, "우리는 수전에 익숙하지 못하므로 모험 삼아 원정을 하는 경우에는 예상 밖의 위험이 있지 않을까 염려됩니다. 더구나

백제는 간사하고 항상 우리나라를 삼키려는 생각을 가지고 있습니다. 그러므로 또한 그들과 함께 일을 도모하기에는 어려움이 있을 것 같습니다."라고 대답하였다. 왕이 "옳다."고 말하였다.

○十四年, 春,正月에 以「智良」으로 爲,伊湌하고
십 사 년 춘 정 월 이 지 량 위 이 찬
「長昕」으로 爲,一吉湌하고 「順宣」으로 爲,沙湌하
장 흔 위 일 길 찬 순 선 위 사 찬
다. 〈伊西古國(:淸道)〉이 來攻金城(:王城)하여 我,大
이 서 고 국 내 공 금 성 아 대
擧兵이 防禦하여도 不能攘이어늘 忽有,異兵來하여
거 병 방 어 불 능 양 홀 유 이 병 래
其數가 不可勝紀하다. 人皆珥,竹葉하고 與,我軍
기 수 불 가 승 기 인 개 이 죽 엽 여 아 군
同으로 擊賊破之하고 後不知其,所歸하다. 人或見,
동 격 적 파 지 후 부 지 기 소 귀 인 혹 견
竹葉數萬이 積於 〈竹長陵:味鄒王陵〉이라 하다. 由是
죽 엽 수 만 적 어 죽 장 릉 유 시
로 國人이 謂하되 先王이 以,陰兵(:秘密兵)으로 助戰
국 인 위 선 왕 이 음 병 조 전
也라 하다.
야

▶어려운 낱말◀

[昕] : 아침(흔). [來攻(내공)] : 공격해 오다. [防禦(방어)] : 방어하다. [攘] : 물리칠(양). [忽有(홀유)] : 갑자기 나타남. [異兵(이병)] : 이상한 군사. [不可勝紀(불가승기)] : 헤아릴 수가 없었다. [珥] : 귀걸이(이). [擊賊破之(격적파지)] : 그 적군을 쳐부수다. [所歸(소귀)] : 돌아가는 곳. [由是(유시)] : 이로 말미암아. [陰兵(음병)] : 신왕이 음덕으로 온 군사. [助戰(조전)] : 싸움을 도우다.

▷ **본문풀이** ◁

14년, 봄 정월에 「지량」을 이찬에, 「장흔」을 일길찬에, 「순선」을 사찬에 임명하였다. 〈이서고국〉이 금성을 공격해왔는데, 우리나라가 군사를 크게 동원하여 이를 방어하였어도 물리칠 수 없었는데 갑자기 이상한 병사들이 나타나 그 수를 모두 헤아릴 수 없었다. 그들은 모두 댓잎을 귀에 꽂았는데 우리 군사와 함께 적군을 쳐부수고 난 후에는 돌아간 곳을 알 수 없었다. 어떤 사람이 수만 개의 댓잎이 〈죽장릉〉에 쌓여 있는 것을 보았다고 하였다. 이로 인하여 백성들이 말하기를, 돌아가신 임금께서 음병을 보내어 전쟁을 도우셨다고 말하였다.

○ 十五年, 春, 二月에 京都大霧하여 不辨人하더
　 십오년　 춘 이월　 경도대무　　 불변인

니 五日以霽하다. 冬, 十二月에 王薨하다.
　 오일이제　　　 동 십이월　 왕홍

▶ **어려운 낱말** ◀

[大霧(대무)] : 안개가 크게 덮였다. [不辨人(불변인)] : 사람을 분간하기 어렵다. [霽] : 갤(제).

▷ **본문풀이** ◁

15년, 봄 2월에 서울에 안개가 끼어서 사람을 분변할 수가 없더니 안개는 닷새 만에 개었다. 겨울 12월, 왕이 서거하였다.

15 | 基臨尼師今(기림이사금) : 298~310

○ 基臨,尼師今[一云基丘(基立)]이 立하니 助賁尼師
기 림 이 사 금 입 조 분 이 사

今之,孫也라. 父는 「乞叔」 伊湌이라.[一云 乞淑은 助賁
금 지 손 야 부 걸 숙 이 찬

之孫也라] 性寬厚하여 人皆稱之하다.
성 관 후 인 개 칭 지

▶ 어려운 낱말 ◀

[基] : 터(기). [臨] : 다다를(림). [丘] : 언덕(구). [乞] : 빌(걸). [淑] : 맑을(숙).
[寬厚(관후)] : 너그럽고 인후함. [稱] : 일컬을(칭). 칭송.

▷ 본문풀이 ◁

기림【기립이라고도 한다.】 이사금이 왕위에 올랐다. 그는 조분 이사금의 손자이다. 아버지는 「걸숙」 이찬이다.【걸숙은 조분의 손자라고도 한다.】 그는 성격이 관대하여 사람들이 모두 칭송하였다.

○ 二年, 春,正月에 拜「長昕」으로 爲,伊湌하고
이 년 춘 정 월 배 장 흔 위 이 찬

兼知,內外兵馬事하다. 二月에 祀始祖廟하다.
겸 지 내 외 병 마 사 이 월 사 시 조 묘

▶ 어려운 낱말 ◀

[昕] : 아침(흔).

▷ **본문풀이** ◁

2년, 봄 정월에 「장흔」을 이찬으로 임명하고, 내외병마사를 겸하게 하였다. 2월에는, 시조의 사당에 제사를 올렸다.

○ 三年, 春.正月에 與.倖國으로 交聘하다. 二月에
삼 년 춘 정 월 여 왜 국 교 빙 이 월

巡幸 〈比列忽:安邊〉하여 親問高年及.貧窮者하여
순 행 비 열 홀 친 문 고 년 급 빈 궁 자

賜穀有差하다. 三月에 至 〈牛頭州:春川〉하여 望祭.
사 곡 유 차 삼 월 지 우 두 주 망 제

太白山하다. 樂浪과 帶方의 兩國이 歸服하다.
태 백 산 낙 랑 대 방 양 국 귀 복

▶ **어려운 낱말** ◀

[交聘(교빙)] : 외교관계를 맺다. [巡幸(순행)] : 임금의 행차. [貧窮者(빈궁자)] : 가난하고 헐벗은 자. [賜穀(사곡)] : 곡식을 나누어주다. [歸服(귀복)] : 항복해 오다.

▷ **본문풀이** ◁

3년, 봄 정월에 왜국과 교빙했다. 2월, 왕이 〈비열홀〉에 순행하여 나이 많은 자와 가난한 자를 직접 위문하고 어려운 정도에 따라 곡식을 하사하였다. 3월에, 〈우두주〉에 이르러 태백산에 망제를 지냈다. 낙랑과 대방의 두 나라가 항복해왔다.

○ 五月에, 春夏旱하다.
오 월 춘 하 한

▶ 어려운 낱말 ◀

[旱] : 가물(한).

▷ 본문풀이 ◁

5년에, 봄과 여름에 가뭄이 들었다.

○ 七年, 秋八月에 地震하여 泉勇하다. 九月에
칠 년 추 팔 월 지 진 천 용 구 월

京都地震하여 壞民屋하고 有死者하다.
경 도 지 진 괴 민 옥 유 사 자

▶ 어려운 낱말 ◀

[泉湧(천용)] : 샘이 솟아올랐다. [民屋(민옥)] : 백성들의 가옥.

▷ 본문풀이 ◁

7년, 가을 8월에 지진이 일어나서 샘물이 솟아올랐다. 9월에는, 서울에 지진이 발생하여 민가가 무너지고 죽은 자도 있었다.

○ 十年, 復國號를 『新羅』라 하다.
십 년 부 국 호 신 라

▶ 어려운 낱말 ◀

[復] : 다시(부,복).

▷ 본문풀이 ◁

10년, 국호를 다시 『신라』로 하였다.

○十三年, 夏.五月에 王이 寢疾彌留하사 赦.内
십삼년 하오월 왕 침질미류 사내
外獄囚하다. 六月에 王薨하다.
외옥수 유월 왕홍

▶ **어려운 낱말** ◀

[寢疾(침질)] : 병들어 앓아눕다. [彌留(미류)] : 병이 오래 낫지 않음. 병이 위중함. [赦] : 사면(사). [内外(내외)] : 여기서는 중앙과 지방을 말함. [獄囚(옥수)] : 감옥의 죄수.

▷ **본문풀이** ◁

13년, 여름 5월에 왕이 병으로 위독해지자 중앙과 지방의 죄수들을 석방하였다. 6월에, 왕이 서거하였다.

16 | 訖解尼師今(흘해이사금) : 310~356?

○訖解.尼師今이 立하니 奈解王.孫也니라. 父는
흘해이사금 입 나해왕손야 부
「于老」角干(伊伐湌의 異稱)이요. 母는 命元夫人이니
우로 각간 모 명원부인
助賁王의 女也니라. *「于老」는 事君有功하여 累
조분왕 녀야 우로 사군유공 누

爲.舒弗邯하고 見.訖解.狀貌俊異하고 心膽明敏하
위 서 불 한 견 흘 해 상 모 준 이 심 담 명 민

여 爲事.異於常流하고 乃謂諸侯曰, "興.吾家者는
위 사 이 어 상 류 내 위 제 후 왈 흥 오 가 자

必.此兒也니라." 하더니 至時에 基臨.薨하고 無子
필 차 아 야 지 시 기 림 홍 무 자

하니 群臣議曰, "訖解.幼하나 有.老成之德이라."
군 신 의 왈 흘 해 유 유 노 성 지 덕

하고 乃.奉立之하다.
내 봉 립 지

▶ 어려운 낱말 ◀

[訖] : 마칠(흘), 이름(흘). [事君(사군)] : 임금을 섬김. [累] : 여러 번(누). [狀貌(상모)] : 용모. [俊異(준이)] : 뛰어나다. [心膽明敏(심담명민)] : 심기와 담력이 밝고 영민함. [常流(상류)] : 보통과 다름. [老成之德(노성지덕)] : 노련한 덕을 갖춤. [奉立(봉립)] : 받들어 왕으로 세움. *원문에는 '千老(于老)' 로 되어 있음.

▷ 본문풀이 ◁

흘해 이사금이 왕위에 올랐다. 그는 나해왕의 손자이다. 그의 아버지는 「우로」 각간이다. 그의 어머니는 명원부인이니, 조분왕의 딸이다. 「우로」는 임금을 섬기는 데에 공로가 있었으므로 여러 번 서불한이 되었다. 그는 흘해의 용모가 준수하며, 심기가 강직하고 두뇌가 명민하여 일을 처리하는 것이 보통 사람과 다른 것을 보고 여러 제후들에게 말했다. "내 집안을 흥하게 할 자는 반드시 이 아이다."라고 했다. 이때 기림이 죽고 아들이 없으니 여러 신하들이 의논하여 말하기를, "흘해가 비록 어리기는 하지만 '노성의 덕' 이 있다."라 하고 그를 받들어 왕으로 세웠다.

○二年, 春.正月에 以「急利」로 爲.阿飡하여 委以政要하고 兼知.內外兵馬事하다. 二月에 親祀.始祖廟하다.
이년 춘 정월 이 급리 위아찬 위이정요 겸지 내외병마사 이월 친사 시조묘

▶ 어려운 낱말 ◀

[委] : 맡기다. 위임하다(위). [政要(정요)] : 중요한 정사. [兼知(겸지)] : 겸하여 맡기다. [知(지)] : 대우, 맡기다.

▷ 본문풀이 ◁

2년, 봄 정월에 「급리」를 아찬으로 삼아 중요한 정사를 맡기고, 내외병마사를 겸하게 하였다. 2월에, 왕이 시조 묘에 직접 제사를 올렸다.

○三年, 春.三月에 倭國王이 遣使하여 爲子求婚하니 以.阿飡「急利」女로 送之하다.
삼년 춘 삼월 왜국왕 견사 위자구혼 이 아찬 급리 여 송지

▶ 어려운 낱말 ◀

[遣使(견사)] : 사신을 보내옴.

▷ **본문풀이** ◁

3년, 봄 3월에 왜국 왕이 사신을 보내 자기 아들의 혼처를 구하자 아찬 「급리」의 딸을 보냈다.

○ 四年, 秋.七月에 旱蝗하고 民飢하니 發使.救恤之하다.
사년 추칠월 한황 민기 발사구휼지

▶ **어려운 낱말** ◀

[民飢(민기)] : 백성들이 굶다. [發使(발사)] : 특사를 보냄. [救恤(구휼)] : 구제하다.

▷ **본문풀이** ◁

4년, 가을 7월에 가뭄이 들고 메뚜기 떼가 나타나고 백성들이 굶주리니 사신을 보내 그들을 구제하도록 하였다.

○ 五年, 春.正月에 拜.阿湌「急利」로 爲.伊湌하다. 二月에 重修宮闕하여 不雨乃止하다.
오년 춘정월 배아찬 급리 위이찬 이월 중수궁궐 불우내지

▶ **어려운 낱말** ◀

[阿湌(아찬)] : 신라 17등급의 여섯째 등급. 대아찬 아래 일길찬의 위, 육두품에 오를 수 있음. [伊湌(이찬)] : 신라 17관등 가운데 2째 위계. 迊湌(잡찬)의 위, 이벌찬의 아래임 六頭品(육두품)은 신라시대 신분제도인 頭品制의 최상

위. 五頭品의 위. [不雨(불우)] : 비가 오지 않음.

▷ **본문풀이** ◁

5년, 봄 정월에 아찬 「급리」를 이찬으로 임명하였다. 2월에, 궁궐을 중수하다가 비가 오지 않기에 이를 중단하였다.

○八年, 春夏旱하다. 王이 親錄囚하여 多原之하다.
팔 년 춘 하 한 왕 친 녹 수 다 원 지

▶ **어려운 낱말** ◀

[錄囚(녹수)] : 죄수를 재심함. [錄] : 살피다(록). [原之(원지)] : 석방.

▷ **본문풀이** ◁

8년, 봄과 여름에 가뭄이 들었다. 왕이 직접 죄수를 재심사하여 많이 석방하였다.

○九年, 春二月에 下令하되 "向以旱災로 年不順成이나 今則土膏(:地氣)가 脉起(脈動)하고 農事方始하니 凡所勞民之事를 皆停之하라." 하다.
구 년 춘 이 월 하 령 향 이 한 재 연 불 순 성 금 즉 토 고 맥 기 농 사 방 시 범 소 노 민 지 사 개 정 지

▶ **어려운 낱말** ◀

[向以(향이)] : 이전에, 접때. [旱災(한재)] : 가뭄. [年不順成(연불순성)] : 그해 농사가 잘 이루어지지 않음. [土膏脉起(토고맥기)] : 땅이 기름지고 생기가 일

다. [方始(방시)] : 바야흐로 시작됨. [勞民之事(노민지사)] : 백성들의 힘 드는 일. [停] : 머무를(정).

▷본문풀이◁

9년, 봄 2월에 왕이 하명하되 "지난해에는 가뭄으로 농사가 잘 되지 못하였으나, 이제 땅이 기름지고 생기가 돌아 농사가 바야흐로 시작되었으니 백성들을 노역시키는 일을 모두 중단하라." 고 하였다.

○二十一年, 始開〈碧骨池:金堤〉하니 岸長,一千八百步니라.

(이십일년 시개 벽골지 안장일천팔백보)

▷본문풀이◁

21년, 처음으로 〈벽골지〉에 물을 대기 시작하였으니, 둑의 길이가 1천8백 보였다. (*이는 백제본기의 것을 잘못 옮긴 것이 아닌가?)

○二十八年, 春,二月에 遣使聘,百濟하다. 三月에 雨雹하고 夏,四月에 隕霜하다.

(이십팔년 춘이월 견사빙백제 삼월 우박 하사월 운상)

▶어려운 낱말◀

[雨雹(우박)] : 우박. [隕] : 떨어질(운). [隕霜(운상)] : 서리가 내리다.

▷ 본문풀이 ◁

28년, 봄 2월에 사신을 보내 백제를 예빙하였다. 3월에, 우박이 내렸고, 여름 4월에는 서리가 내렸다.

○ 三十五年, 春.二月에 倭國이 遣使請婚이나 辭.以女旣出嫁하다. 夏.四月에 暴風拔.宮南大樹하다.

삼십오년 춘 이월 왜국 견사청혼 사 이녀기출가 하 사월 폭풍발 궁남대수

▶ 어려운 낱말 ◀

[辭] : 사절하다(사). [出嫁(출가)] : 시집가다. [大樹(대수)] : 큰 나무.

▷ 본문풀이 ◁

35년, 봄 2월에 왜국이 사신을 보내 청혼하였으나 딸이 이미 출가하였다는 이유로 사양하였다. 여름 4월, 폭풍이 불어 대궐 남쪽의 큰 나무가 뽑혔다.

○ 三十六年, 春.正月에 拜「康世」로 爲.伊伐湌하다. 二月에 倭王이 移書絶交하다.

삼십육년 춘 정월 배 강세 위 이벌찬 이월 왜왕 이서절교

▶ 어려운 낱말 ◀

[移書絶交(이서절교)] : 절교한다는 글을 보내다. 移는 글을 보내다.

▷ 본문풀이 ◁

36년, 봄 정월에 「강세」를 이벌찬에 임명하였다. 2월, 왜왕이 절교한다는 글을 보내왔다.

○ 三十七年(삼십칠년), 倭兵(왜병)이 猝至(졸지)〈風島(풍도)〉하여 抄掠邊戶(초략변호)(邊方民家)하고 又進圍, 金城急攻(우진위금성급공)하다. 王(왕)이 欲, 出兵相戰(욕출병상전)이나 伊伐湌(이벌찬)「康世(강세)」曰(왈), "賊(적)이 遠至(원지)하여 其鋒(기봉)을 不可當(불가당)이니 不若緩之(불약완지)로 待其師老(대기사노)하나이다." 하니 王(왕)이 然之(연지)하여 閉門不出(폐문불출)하다. 賊(적)이 食盡將退(식진장퇴)하니 命(명), 「康世(강세)」로 率, 勁騎追擊(솔경기추격)하여 走之(주지)하다.

▶ 어려운 낱말 ◀

[猝至(졸지)] : 갑자기 오다. [抄掠(초략)] : 노략질하다. 抄는 노략질(초). [急攻(급공)] : 다급하게 공격함. [鋒(봉)] : 날카로운 기세. [不可當(불가당)] : 감당하지 못함. [不若(불약)] : ~만 같지 못함. [緩] : 느릴(완). [師老(사노)] : 군사들이 맥이 빠지다. [食盡將退(식진장퇴)] : 먹을 것이 떨어져서 돌아가다. [勁] : 굳셀(경). [勁騎(경기)] : 강력한 기마병. [追擊(추격)] : 쫓아가서 격퇴하다. [走之(주지)] : 달아나게 하다.

▷ 본문풀이 ◁

37년, 왜병이 갑자기 〈풍도〉에 와서 변경의 민가를 약탈하고, 또한 금성을 포위하여 공격하였다. 왕은 군사를 보내 전투를 벌이려 하였으나 이벌찬 「강세」가 말하기를, "적병이 멀리서 왔으니 그 예봉을 당할 수 없으니, 공격 시간을 늦추어 그들이 피로하기를 기다리는 것이 나을 듯합니다." 하니, 왕이 그렇다고 생각하여 성문을 닫고 나가지 않았다. 적들은 식량이 떨어지자 퇴각하려 하였다. 이때 왕이 「강세」로 하여금 강한 기병을 이끌고 추격하게 하여 그들을 격퇴하였다.

○三十九年에 宮井이 水暴溢하다.
삼십구년　궁정　수폭일

▶어려운 낱말◀

[宮井(궁정)] : 대궐의 우물. [溢] : 넘칠(일). [水暴溢(수폭일)] : 물이 철철 흘러 넘치다.

▷본문풀이◁

39년에, 대궐 우물의 물이 솟아 넘쳐흘렀다.

○四十一年, 春, 三月에 鶴巢, 月城隅하다. 夏, 四月에 大雨浹旬하여 *平地는 水深이 三, 四尺하고 漂沒, 官私屋舍하고 山崩, 十三所하다.
사십일년　춘삼월　학소월성우　하사월　대우협순　평지　수심　삼사척　표몰관사옥사　산붕십삼소

▶어려운 낱말◀

[鶴巢(학소)] : 학의 둥지. [浹旬(협순)] : 열흘 동안. [漂沒(표몰)] : 물에 잠기다.

[官私屋舍(관사옥사)] : 관가와 민가. *원문에는 '平地水(深)' 으로 되어있음.

▷ **본문풀이** ◁

41년, 봄 3월에, 학이 월성 모퉁이에 둥지를 틀었다. 여름 4월에, 큰 비가 열흘 동안 내려 평지에 물이 서너 자 깊이로 차고, 관가와 민가가 유실되거나 물에 잠기고, 산이 열세 군데 무너졌다.

○ 四十七年, 夏.四月에 王薨하다.
사십칠년 하사월 왕홍

▷ **본문풀이** ◁

47년, 여름 4월에 왕이 서거하였다.

17 | 奈勿尼師今(나물이사금) : 356~402

○ 奈勿.尼師今[一云那密]이 立하다. 姓은 金이니
나물 이사금 입 성 김

「仇道」 葛文王之孫也니라. 父는 「末仇」 角干이며
구도 갈문왕지손야 부 말구 각간

母는 金氏로 休禮夫人이며 妃는 金氏니 味鄒王女
모 김씨 휴례부인 비 김씨 미추왕녀

니라. 訖解가 薨하니 無子라 奈勿이 繼之하다. [末仇
흘 해 훙 무 자 나 물 계 지

는 味鄒尼師今의 兄弟也니라.]

▶ 어려운 낱말 ◀

[奈] : 어찌(나). 奈落(나락,나). 범어 Naraka의 음역.

▷ 본문풀이 ◁

나물 이사금【나밀이라고도 한다.】이 왕위에 올랐다. 그의 성은 김씨이고, 「구도」 갈문왕의 손자이다. 아버지는 「말구」 각간이며, 어머니는 김씨로 휴례부인이다. 왕비는 김씨이니 미추왕의 딸이다. 흘해가 죽고 아들이 없었으므로 나물이 그 뒤를 이었다.【말구는 미추 이사금의 동생이다.】

○論曰, 取妻,不取同姓은 以厚別也라. 是故로
논 왈 취 처 불 취 동 성 이 후 별 야 시 고

「魯公」之,取於吳와 「晉侯」之有四姬를 陳「司
노 공 지 취 어 오 진 후 지 유 사 희 진 사

敗:官名」와 鄭「子產:公孫僑」은 深譏之니라. 若,新羅
패 정 자 산 심 기 지 약 신 라

는 則,不止取,同姓而已라 兄弟子姑,姨從姊妹도
즉 부 지 취 동 성 이 이 형 제 자 고 이 종 자 매

皆聘爲妻하니 雖,外國各異俗이라도 責之以,中國
개 빙 위 처 수 외 국 각 이 속 책 지 이 중 국

之禮면 則,大悖矣니라. 若,匈奴之,烝母報子는 則,
지 례 즉 대 패 의 약 흉 노 지 증 모 보 자 즉

又甚於此矣니라.
우 심 어 차 의

▶어려운 낱말◀

[不取同姓(불취동성)] : 같은 성에 장가들지 않음. [厚別(후별)] : 분별을 철저히 함. [魯公之取於吳(노공지취어오)] : 노공이 오나라 왕실에 아내를 취함. [陳侯之有四姬(진후지유사희)] : 진후가 성이 같은 4명의 첩을 가진 것. [深譏(심기)] : 몹시 비방함. [而已(이이)] : ~뿐 아니라. [兄弟子姑姨從姉妹(형제자고이종자매)] : 사촌, 고종, 이종 누이. [聘爲妻(빙위처)] : 아내로 삼다. 聘은 찾아가다, 장가들다(빙). [異俗(이속)] : 다른 풍속. [責] : 따져 밝히다(책). [大悖(대패)] : 크게 잘못됨. [匈奴(흉노)] : 오랑캐. [烝母報子(증모보자)] : 어미를 사통하고 자식을 간통하다.(烝:사통, 報:간통). ※下淫上曰烝(하음상왈증)은 아랫사람이 윗사람을 간음하는 것이 烝이다. 取:娶 *원문에는 '味鄒尼師柰(今)' 으로 되어있음. [奈勿]을 '나물' 로 읽는 것은 문경현 교수의 학설임. 奈가 부사 때에는 '내' 로, 명사 때에는 '나' 로 읽는 다고 함.

〖저자의 견해〗

아내를 취하되 자기와 같은 성을 취하지 않는 것은 동성과 타성의 구별을 두텁게 함이다. 그러므로「노공(魯公)」이 오(吳)나라 왕실에 장가든 것과「진후(晉侯)」가 사희(四姬)를 첩으로 둔 것에 대하여, 진(陳)나라「사패(司敗)」와 정(鄭)나라「자산(子産)」은 이를 몹시 비난하였다. 그런데 신라의 경우에는 같은 성씨끼리 혼인하는 행위를 그치지 않았을 뿐 아니라, 사촌이나 고종, 이종 누이들까지도 아내로 삼았다. 비록 외국과 우리나라의 풍속이 각각 다르다고는 하지만 중국의 예법을 기준으로 따지자면 이는 대단히 잘못된 일이다. 오랑캐들이 어미나 자식을 간음하는 것은 또한 이보다도 더욱 심한 경우이다.

○二年, 春에 發使撫問,鰥寡孤獨하고 各,賜穀
이년 춘 발사무문 환과고독 각사곡

三斛하고 孝悌,有異行者는 賜職一級하다.
삼곡 효제유이행자 사직일급

▶어려운 낱말◀

[使撫問(사무문)] : 특사를 보내 위문하다. [鰥寡孤獨(환과고독)] : 홀아비, 과부, 고아, 자식 없는 노인(사고무친). [斛] : 휘(곡).곡식을 되는 단위. *10斗를 斛(곡)이라 함. [孝悌有異(효제유이)] : 특별히 효도하는 사람. [賜職一級(사직일급)] : 한 계급씩을 올려주다.

▷본문풀이◁

2년, 봄에 왕이 사신을 보내 홀아비, 과부, 고아, 자식 없는 노인들을 위문하고, 그들에게 각각 곡식 3곡씩을 주었다. 특별히 효성이 지극하고 우애가 깊은 자들에게는 직위를 한 급씩 올려주었다.

○三年, 春,二月에 親祀,始祖廟하니 紫雲이 盤
삼년 춘이월 친사시조묘 자운 반

旋廟上하고 神雀이 集於廟庭하다.
선묘상 신작 집어묘정

▶어려운 낱말◀

[紫雲盤旋(자운반선)] : 보랏빛 구름이 감돌다. [神雀(신작)] : 신비한 새. [廟庭

(묘정)] : 사당의 뜰.

▷ **본문풀이** ◁

3년, 봄 2월에 왕이 시조의 사당에 친히 제사를 지냈다. 보랏빛 구름이 묘당 위에 감돌고 신기한 새가 시조 묘의 뜰에 모였다.

○ 七年, 夏,四月에 始祖,廟庭樹가 連理하다.
칠 년 하 사 월 시 조 묘 정 수 연 리

▶ **어려운 낱말** ◀

[廟庭樹(묘정수)] : 시조 묘 뜰에 있는 나무. [連理(연리)] : 나뭇가지가 붙어 하나가 되다.

▷ **본문풀이** ◁

7년, 여름 4월에 시조 묘 뜰에 있는 나뭇가지가 맞붙어 하나가 되었다.

○ 九年, 夏,四月에 倭兵大至하다. 王이 聞之하고
구 년 하 사 월 왜 병 대 지 왕 문 지
恐,不可敵하여 造,草偶人,數千하고 衣衣持兵하여
공 불 가 적 조 초 우 인 수 천 의 의 지 병
列立,吐含山下하고 伏,勇士一千於〈斧峴〉東原(지
열 립 토 함 산 하 복 용 사 일 천 어 부 현 동 원
금의 東方里?)하다. 倭人이 恃衆直進이어늘 伏發,擊其
왜 인 시 중 직 진 복 발 격 기
不意하니 倭人이 大敗走하여 追擊,殺之幾盡하다.
불 의 왜 인 대 패 주 추 격 살 지 기 진

▶ 어려운 낱말 ◀

[倭兵大至(왜병대지)] : 일본 대부대가 공격해 오다. [恐不可敵(공불가적)] : 대적할 수 없다고 생각하여. [草偶人(초우인)] : 풀로 만든 사람. [衣衣持兵(의의지병)] : 군인들처럼 옷을 입히다. [伏勇士一千(복용사일천)] : 용병 일천 명을 복병시키다. [恃衆直進(시중직진)] : 자기의 병력 많음을 믿고. [不意(불의)] : 뜻밖에. [大敗走(대패주)] : 크게 패하여 도망가다. [追擊殺之(추격살지)] : 추격하여 죽이다. [幾盡(기진)] : 거의 다.

▷ 본문풀이 ◁

9년, 여름 4월에 왜병이 대대적으로 공격해왔다. 왕이 이를 듣고 대적할 수 없다고 생각하여, 풀로 허수아비 수천 개를 만들어 옷을 입히고, 옷을 입힌 허수아비마다 병기를 들게 하여 토함산 아래에 열을 지어 세워놓고, 용사 1천 명을 〈부현〉 동쪽 벌판에 매복시켰다. 왜인은 자신의 병력이 많은 것을 믿고 곧장 진격해왔다. 복병들이 갑자기 공격하여 추격하니 왜인들이 대패하여 도주하였다. 우리 군사가 추격하여 거의 모두 죽였다.

○十一年, 春.三月에 百濟人이 來聘하다. 夏.四
십 일 년 춘 삼 월 백 제 인 내 빙 하 사

月에 大水하여 山崩.十三所하다.
월 대 수 산 붕 십 삼 소

▶ 어려운 낱말 ◀

[來聘(내빙)] : 와서 예빙하다. [大水(대수)] : 큰물이 지다.

▷본문풀이◁

11년, 봄 3월에 백제인이 와서 예빙하였다. 여름 4월에, 홍수가 나서 산이 열세 군데 무너졌다.

○十三年, 春에 百濟遣使하여 進良馬二匹하다.
십삼년 춘 백제견사 진양마이필

▶어려운 낱말◀

[遣使(견사)] : 사신을 보내다. [進良馬(진양마)] : 좋은 말을 진상하다.

▷본문풀이◁

13년, 봄에 백제가 사신을 보내 좋은 말 두 필을 바쳤다.

○十七年에 春夏大旱하다. 年荒民飢하고 多流亡하니 發使開倉하여 賑之하다.
십칠년 춘하대한 년황민기 다류망 발사개창 진지

▶어려운 낱말◀

[多流亡(다류망)] : 유랑자가 많아. [開倉(개창)] : 창고를 열어.

▷본문풀이◁

17년에, 봄과 여름에 큰 가뭄이 들었다. 흉년이 들어 백성들이 굶주리고 유랑자가 많이 생기자 왕은 특사를 보내 창고를 풀어 구제하였다.

○十八年에 百濟〈禿山城:未詳〉主가 率人,三百
십팔년 백제 독산성 주 솔인 삼백
來投하니 王이 納之하고 分居六部하다. 百濟王이
래투 왕 납지 분거육부 백제왕
移書曰, "兩國和好하여 約爲兄弟하니 今,大王이
이서왈 양국화호 약위형제 금대왕
納我逃民은 甚乖和親之意하며 非,所望於大王也
납아도민 심괴화친지의 비소망어대왕야
니 請還之하라." 하니 答曰, "民者는 無常心이라,
청환지 답왈 민자 무상심
故로 思則,來하고 斁則,去하니 固其所也니라. 大王
고 사즉래 역즉거 고기소야 대왕
은 不患民之不安하고 而責寡人이 何其甚乎아?"
불환민지불안 이책과인 하기심호
하니 百濟聞之하고 不復言하다. 夏,五月에 京都雨
백제문지 불부언 하오월 경도우
魚하다.
어

▶ 어려운 낱말 ◀

[禿] : 대머리(독), 민둥산(독). [來投(래투)] : 항복하여 오다. [移書(이서)] : 글을 보내다. [和好(화호)] : 화친하여 우호국이 되다. [納我逃民(납아도민)] : 우리의 도망치는 백성을 받아들임. [逃] : 도망(도). [甚乖(심괴)] : 심히 괴리된 현상임. [請還之(청환지)] : 청컨대 돌려보내라. [無常心(무상심)] : 항상 그런 마음이 아니다. [斁] : 싫어하다(역). [斁則去(역즉거)] : 힘들게 하면 떠난다. [寡人(과인)] : 임금이 자신을 일러 하는 말. [不復言(불부언)] : 다시 말하지 않았다. [雨魚(우어)] : 비에 고기가 함께 떨어지다.

▷ 본문풀이 ◁

18년에, 백제 〈독산성〉주가 백성 3백 명을 이끌고 투항하였다. 왕은 이들을 받아들여 6부에 나누어 살게 하였다. 백제왕이 글을 올려 말하기를, "두 나라가 화목하여 형제처럼 지내기로 약속하였는데, 지금 대왕은 우리나라에서 도망간 백성들을 받아들였으니, 이는 화친하자는 뜻과 크게 어긋나는 것이며, 대왕에게 기대했던 바가 아니니, 청컨대 그들을 돌려보내기를 바란다." 고 했다. 신라왕이 말하기를, "백성이란 항시 같은 마음을 갖는 것이 아닌 까닭에 왕이 그들을 돌보아주면 오고, 힘들게 하면 가나니, 백성이란 원래 그런 것이거늘, 대왕이 백성들을 편안하게 해주지 않은 것을 걱정하지 않고, 과인을 책망함이 어찌 이토록 심한가?" 라고 했다. 백제가 이를 듣고 다시 말을 하지 못했다. 여름 5월에는 서울에 비가 왔는데, 물고기가 빗속에 섞여 떨어졌다.

○二十一年, 秋, 七月에 〈夫沙郡:未詳〉에 進, 一角鹿하더니 大, 有年하다.
이십일년 추 칠월 부사군 진 일각 록 대 유년

▷ **본문풀이** ◁

21년, 가을 7월에 〈부사군〉에서 뿔이 하나인 사슴을 진상하더니, 그 해 대풍년이 들었다.

○二十四年, 夏, 四月에 楊山(南山)에서 有, 小雀이 生, 大鳥하다.
이십사년 하 사월 양산 유 소작 생 대조

▷ **본문풀이** ◁

24년, 여름 4월에 양산에서 작은 새가 저보다 큰 새를 낳았다.

○二十六年, 春夏旱하여 年荒民飢하다. 遣「衛
이 십 육 년 춘 하 한 년 황 민 기 견 위

頭」로 *入〈符秦〉하여 貢.方物하다.「符堅(秦王)」이
두 입 부 진 공 방 물 부 견

問「衛頭」曰, "卿이 言.海東之事에 與古不同은
문 위 두 왈 경 언 해 동 지 사 여 고 부 동

何耶오?" 答曰, "亦猶中國하니 時代變革이면 名
하 야 답 왈 역 유 중 국 시 대 변 혁 명

號改易으로 今焉得同이리요?" 하다.
호 개 역 금 언 득 동

▶ **어려운 낱말** ◀

[符秦(부진)] : 중국을 말함. [貢方物(공방물)] : 방물을 조공 바침. [卿(경)] : 그대. 2인칭 대명사. [海東(해동)] : 당시의 신라. [與古不同(여고부동)] : 옛날과 다름. [何耶(하야)] : 어쩐 일인가? [亦猶(역유)] : 이 역시. [時代變革(시대변혁)] : 시대가 변함. [名號改易(명호개역)] : 명칭과 호칭이 바뀜. [今焉得同(금언득동)] : 지금과 어찌 같겠습니까? * 원문에는 '入符秦(荷秦)' 으로 되어있다.

▷ **본문풀이** ◁

26년, 봄과 여름에 가물어 흉년이 들어 백성들이 굶주렸다.「위두」를 〈부진〉에 보내 토산물을 바쳤다.「부견」이「위두」에게 물어 말하기를, "그대가 해동의 사정을 이야기함에 있어, 사용하는 언어가 옛날과 같지 않으니 무슨 까닭인가?" 하고 물으니,「위두」가 대답하기를, "이는 또한 중국과 동일한 현상입니다. 시대가 변하면 명칭과 호칭도 바뀌는 법이니, 오늘날의 언어가 어찌 예전과 같겠습니까?"라고 했다.

○三十三年, 夏.四月에 京都地震하고 六月에 又
삼십삼년 하사월 경도지진 유월 우
震하다. 冬에는 無氷하니라.
진 동 무빙

▶ **어려운 낱말** ◀

[又震(우진)] : 또 지진이 일어나다. [無氷(무빙)] : 얼음이 얼지 않음.

▷ **본문풀이** ◁

33년, 여름 4월에 경도에 지진이 있었고, 6월에 또 여진이 있었다. 겨울에도 물이 얼지 않았다.

○三十四年, 春.正月에 京都大疫하다. 二月에
삼십사년 춘정월 경도대역 이월
雨土하고 秋.七月에 蝗하여 穀不登하다.
우토 추칠월 황 곡부등

▶ **어려운 낱말** ◀

[大疫(대역)] : 크게 역병이 돌았다. [雨土(우토)] : 흙비, 곧 황사 비를 말함. [蝗(황)] : 메뚜기. [穀不登(곡부등)] : 곡식이 익지 않음. [登(등)] : 이루다, 성취하다.

▷ **본문풀이** ◁

34년, 봄 정월에 경도에 전염병이 크게 돌았다. 2월에, 흙비가 내렸고, 가을 7월, 메뚜기 떼가 생겨나고 곡식도 잘 익지 않았다.

○三十七年, 春,正月에 高句麗가 遣使하다. 王이
삼 십 칠 년 춘 정 월 고 구 려 견 사 왕
以,高句麗의 强盛으로 送,伊湌「大西知:미추왕의 동
이 고 구 려 강 성 송 이 찬 대 서 지
생」子,「實聖」을 爲質하다.
자 실 성 위 질

▶ **어려운 낱말** ◀

[遣使(견사)] : 사신을 보내다. [爲質(위질)] : 인질로 삼다. *내물왕과 대서지는 형제임. 奈勿王의 아들 - 눌지(19대), 大西知의 아들 - (실성:18대)

▷ **본문풀이** ◁

37년, 봄 정월에 고구려가 사신을 보내왔다. 고구려가 강성했기 때문에 왕은 이찬 「대서지」의 아들 「실성」을 인질로 보냈다.

○三十八年, 夏,五月에 倭人이 來圍金城하여 五
삼 십 팔 년 하 오 월 왜 인 내 위 금 성 오
日不解하니 將士皆請出戰하다. 王曰, "今,賊이 棄
일 불 해 장 사 개 청 출 전 왕 왈 금 적 기
舟深入하여 在於死地하니 鋒,不可當이라." 하고 乃
주 심 입 재 어 사 지 봉 불 가 당 내
閉城門하니 賊,無功而退하다. 王이 先遣,勇騎二
폐 성 문 적 무 공 이 퇴 왕 선 견 용 기 이

百하여 遮其歸路하다. 又遣,步卒一千으로 追於獨
백 차기귀로 우견보졸일천 추어독

山(영일군 神光)하여 夾擊,大敗之하고 殺獲甚衆하다.
산 협격대패지 살획심중

▶어려운 낱말◀

[來圍(내위)] : 포위하다. [棄舟深入(기주심입)] : 배를 버리고 육지에 깊이 들어오다. [鋒(봉)] : 날카로운 무기. [不可當(불가당)] : 감당하지 못함. [閉] : 닫을(폐). [勇騎(용기)] : 용감한 기병. [遮] : 막다(차). [夾擊(협격)] : 적을 가운데 두고 양쪽에서 공격함. [夾] : 끼다(협). [殺獲(살획)] : 죽이고 사로잡다.

▷본문풀이◁

38년, 여름 5월에 왜인이 와서 금성을 포위하고 5일 동안 풀지 않으니, 모든 장병들이 나아가 싸우기를 요청하였다. 왕이 말하기를, "지금 적이 배를 버리고 육지로 깊이 사지에 들어왔으니 그 예봉을 당할 수 없다."라고 말하고 성문을 닫으니 적은 성과 없이 물러갔다. 왕이 먼저 용감한 기병 2백 명을 보내 그들의 퇴로를 막았다. 그리고 또한 보병 1천 명을 보내 독산까지 추격하여 양쪽에서 협공하여 그들을 대파하였고 죽은 적병과 포로로 잡힌 적병이 매우 많았다.

○四十年, 秋,八月에 〈靺鞨(濊陌)〉이 侵,北邊하여
사십년 추팔월 말갈 침북변

出師,大敗之於〈悉直:三陟〉之原하다.
출사대패지어 실직 지원

▶ **어려운 낱말** ◀

[悉] : 모두(실).

▷ **본문풀이** ◁

40년, 가을 8월에 〈말갈〉이 북쪽 변경을 침범하므로 군사를 보내 〈실직〉 평야에서 그들을 대파하였다.

○四十二年, 秋, 七月에 北邊〈何瑟羅:江陵〉에 旱
사 십 이 년 추 칠 월 북 변 하 슬 라 한
蝗하고 年荒民飢하다. 曲赦囚徒하고 復, 一年租調
황 년 황 민 기 곡 사 수 도 부 일 년 조 조
하다.

▶ **어려운 낱말** ◀

[瑟] : 비파(슬). [曲赦囚徒(곡사수도)] : 지방 죄수들을 특사하다. 曲은 지방을 의미함. [復(부)] : 면제하다. [租調(조조)] : 세금.

▷ **본문풀이** ◁

42년, 가을 7월에 북쪽 변방 〈하슬라〉에 가뭄이 들고 메뚜기 떼가 나타났다. 흉년이 들고 백성들이 굶주렸다. 그 지방(曲)의 죄수를 특사하고, 1년간의 세금을 면제하여 주었다.

○四十四年, 秋, 七月에 飛蝗이 蔽野하다.
사 십 사 년 추 칠 월 비 황 폐 야

▶ 어려운 낱말 ◀

[蔽] : 덮을(폐).

▷ 본문풀이 ◁

44년, 가을 7월에 날아다니는 메뚜기 떼가 들을 뒤덮었다.

○四十五年, 秋,八月에 星孛于,東方하다. 冬,十月
사 십 오 년 추 팔 월 성 패 우 동 방 동 시 월

에 王이 所嘗御,內廐馬가 跪膝하여 流淚哀鳴하다.
왕 소 상 어 내 구 마 궤 슬 유 루 애 명

▶ 어려운 낱말 ◀

[星孛(성패)] : 혜성. [嘗御(상어)] : 타고 다니던. [內廐馬(내구마)] : 마구간의 말. [跪] : 꿇어앉을(궤). [哀鳴(애명)] : 슬피 울다.

▷ 본문풀이 ◁

45년, 가을 8월에 혜성이 동쪽에 나타났다. 겨울 10월, 왕이 타던 마구의 말[內廐馬]이 무릎을 꿇고 눈물을 흘리며 슬프게 울었다.

○四十六年, 春夏에 旱하다. 秋,七月에 高句麗,
사 십 육 년 춘 하 한 추 칠 월 고 구 려

質子「實聖」이 還하다.
질 자 실 성 환

▷ 본문풀이 ◁

46년, 봄과 여름에 가뭄이 들었다. 가을 7월에, 고구려에 인질로 가있던 「실성」이 돌아왔다.

○四十七年, 春,二月에 王薨하다.
사십칠년 춘이월 왕훙

▷본문풀이◁

47년, 봄 2월에 왕이 서거하였다.

18 實聖尼師今(실성이사금) : 402~417?

○實聖,尼師今이 立하니 閼智裔孫이며 「大西知:
실성이사금 입 알지예손 대서지

미추왕의 아우」 伊湌之子라. 母는 伊利夫人[伊,一作,企]
이찬지자 모 이리부인

이니 「昔登保」 阿干(阿湌)之女요, 妃는 味鄒王女
석등보 아간 지녀 비 미추왕녀

也라. 實聖은 身長七尺五寸이요 明達하여 有,遠
야 실성 신장칠척오촌 명달 유원

識하다. 奈勿이 薨하니 其子幼少하여 國人이 立,實
식 나물 훙 기자유소 국인 입실

聖하여 繼位하다.
성 계위

▶ 어려운 낱말 ◀

[裔孫(예손)] : 후손. [明達(명달)] : 사물에 밝고 통달함. [遠識(원식)] : 미래를 식견하다. [繼位(계위)] : 임금 자리를 잇게 하다.

▷ 본문풀이 ◁

실성 이사금이 왕위에 올랐다. 그는 알지의 후손이며, 「대서지」 이찬의 아들이다. 어머니 이리부인【'伊'를 '企'라고도 한다.】은 아간(阿干) 「석등보(昔登保)」의 딸이다. 왕비는 미추왕의 딸이다. 실성은 키가 7척 5촌이요, 총명하여 미래를 예견하는 식견이 있었다. 나물이 별세하였으나 그의 아들이 어렸기 때문에 백성들이 실성으로 하여금 왕위를 잇게 하였다.

○元年(원년), 三月(삼월)에 與倭國通好(여왜국통호)하고 以奈勿王子(이나물왕자)「未斯欣(미사흔)」을 爲質(위질)하다.

▶ 어려운 낱말 ◀

[通好(통호)] : 우호관계를 맺다.

▷ 본문풀이 ◁

원년 3월, 왜국과 우호 관계를 맺고, 나물왕의 아들 「미사흔」을 인질로 보냈다.

○二年, 春,正月에 以「未斯品」으로 爲,舒弗邯
이년 춘정월 이 미사품 위서불한

하고 委以,軍國之事하다. 秋,七月에 百濟侵邊하다.
위이군국지사 추칠월 백제침변

▶ 어려운 낱말 ◀

[軍國之事(군국지사)] : 군사와 정치에 관한 일.

▷ 본문풀이 ◁

2년, 봄 정월에 「미사품」을 서불한으로 임명하고, 군사와 정치에 관한 일을 맡겼다. 가을 7월에, 백제가 변경을 침범하였다.

○三年, 春,二月에 親謁,始祖廟하다.
삼년 춘이월 친알시조묘

▶ 어려운 낱말 ◀

[謁] : 참배할(알).

▷ 본문풀이 ◁

3년, 봄 2월에 왕이 직접 시조의 사당에 참배하였다.

○四年, 夏,四月에 倭兵이 來攻〈明活城:경주의 명
사년 하사월 왜병 내공 명활성

활산성〉이나 不克而歸니라. 王이 率,騎兵하고 要之
불극이귀 왕 솔기병 요지

〈獨山:영일군 신광면〉之南하여 再戰破之하고 殺獲,
독산 지남 재전파지 살획

三百餘級하다.
삼 백 여 급

▶ 어려운 낱말 ◀

[不克(불극)] : 이기지 못함. [要(요)] : 요격하다. [殺獲(살획)] : 죽이고 사로잡다. [級] : 등급. 적의 머리수(급).

▷ 본문풀이 ◁

4년, 여름 4월에 왜병이 〈명활성〉을 공격했으나 이기지 못하고 돌아갔다. 왕이 기병을 거느리고 〈독산〉 남쪽에서 요격하였으며, 다시 싸워 그들을 격파하고 3백여 명을 죽였다.

○ 五年, 秋,七月에 國西에 蝗害穀하다. 冬,十月
오 년 추 칠 월 국 서 황 해 곡 동 시 월
에 京都地震하고 十一月에 無氷하니라.
경 도 지 진 십 일 월 무 빙

▶ 어려운 낱말 ◀

[無氷(무빙)] : 얼음이 얼지 않음.

▷ 본문풀이 ◁

5년, 가을 7월에 서쪽 지방에 메뚜기 떼가 나타나 곡식을 해쳤다. 겨울 10월에, 경도에 지진이 있었다. 11월, 얼음이 얼지 않았다.

○ 六年, 春,三月에 倭人이 侵,東邊하고 夏,六月
육 년 춘 삼 월 왜 인 침 동 변 하 유 월

에 又侵南邊하여 奪掠,一百人하다.
우 침 남 변 탈 략 일 백 인

▶어려운 낱말◀

[奪掠(탈략)] : 약탈하여 잡아가다.

▷본문풀이◁

6년, 봄 3월에 왜인이 동쪽 변경을 침략하고, 여름 6월에 다시 남쪽 변경을 침범하여 1백 명을 잡아갔다.

○七年, 春,二月에 王이 聞,倭人於,對馬島에 置
칠 년 춘 이 월 왕 문 왜 인 어 대 마 도 치

營하고 貯以兵革資粮하여 以謀襲我하고 我欲先
영 저 이 병 혁 자 량 이 모 습 아 아 욕 선

其未發에 揀精兵하여 擊破兵儲하니 舒弗邯「未
기 미 발 간 정 병 격 파 병 저 서 불 한 미

斯品」曰, "臣은 聞하니 '兵은 凶器요, 戰은 危事
사 품 왈 신 문 병 흉 기 전 위 사

라' 하니다. 況,涉巨浸以伐人타가 萬一失利하면 則,
황 섭 거 침 이 벌 인 만 일 실 리 즉

悔不可追이니 不若,依險設關하여 來則禦之하고
회 불 가 추 불 약 의 험 설 관 내 즉 어 지

使,不得侵猾하여 便則,出而禽之하나이다. 此,所謂
사 부 득 침 활 편 즉 출 이 금 지 차 소 위

致人이언정 而,不致於人으로 策之上也니이다." 하
치 인 이 불 치 어 인 책 지 상 야

니 王이 從之하다.
왕 종 지

▶ 어려운 낱말 ◀

[置營(치영)] : 진영을 설치하다. [兵革資粮(병혁자량)] : 군대와 군량미. [襲我(습아)] : 우리를 습격함. [未發(미발)] : 먼저 발동하기 전에. [揀,精兵(간,정병)] : 정병을 뽑아. [擊破兵儲(격파병저)] : 쌓아둔 군사시설을 격파함. [儲] : 쌓을(저). [兵,凶器(병,흉기)] : 병기는 흉물스런 기구. [戰,危事(전,위사)] : 전쟁은 위험한 일. [涉巨(섭거)] : 큰 바다를 건너서. [浸(침)] : 침략. 侵과 같음. [悔不可追(회불가추)] : 후회해도 어쩔 수 없음. [不若(불약)] : ~만 같지 못함. [依險設關(의험설관)] : 험난한 곳에 요새를 설치함. [禦] : 방어할(어). [侵猾(침활)] : 교활하게 침략함. [便則(편즉)] : 형편이 좋아지면. [禽] : 사로잡다(금). [致人,而不致於人(치인,이불치어인)] : 남을 끌더라도 남에게 끌리지는 말아야 한다. [致] : 끌어들이다(치).

▷ 본문풀이 ◁

7년, 봄 2월에 왕은 왜인이 대마도에 병영을 설치하고 병기와 군량을 저축하여 우리나라를 습격하려 한다는 말을 듣고, 그들이 공격해오기 전에 먼저 정병을 뽑아 그들의 군사시설을 공격하고자 하였다. 서불한 「미사품」이 말하기를, "저는 '병기란 흉물스런 도구요, 전쟁이란 위험한 일이다.' 라고 들었습니다. 황차 큰 바다를 건너 타국을 공격하는 것이야말로 이보다 더할 것입니다. 만일 실패한다면 후회해도 소용없을 것이니, 차라리 험난한 지형을 찾아 요새를 설치하였다가 적이 올 때 이를 막아 침범하지 못하게 하고, 우리에게 유리할 때 나가서 사로잡는 것이 나을 것입니다. 이것이 소위 '내가 남을 끌어당길지언정 남에게 끌려 다니지 않아야 한다.' 는 것이니, 계책 중에는 상책입니다." 하니, 왕이 이 의견을 따랐다.

○十一年에 以,奈勿王子「卜好」로 質於,高句麗
십 일 년 이 나 물 왕 자 복 호 질 어 고 구 려
하다.

▶ 어려운 낱말 ◀

[質(질)] : 인질.

▷ 본문풀이 ◁

11년, 나물왕의 아들 「복호」를 고구려에 인질로 보냈다.

○十二年, 秋,八月에 雲起狼山하여 望之如,樓
십 이 년 추 팔 월 운 기 낭 산 망 지 여 루
閣하고 香氣郁然하여 久而不歇하다. 王이 謂,是必
각 향 기 욱 연 구 이 불 헐 왕 위 시 필
仙靈降遊이니 應是福地라 하여 從此後로 禁人斬
선 령 강 유 응 시 복 지 종 차 후 금 인 참
伐樹木하다. 新成〈平壤州:?〉大橋하다.
벌 수 목 신 성 평 양 주 대 교

▶ 어려운 낱말 ◀

[郁然(욱연)] : 더욱더 왕성함. [歇] : 쉬다, 다하다(헐). [仙靈降遊(선령강유)] : 신선들이 내려와서 놀다. [福地(복지)] : 복된 땅. [斬伐樹木(참벌수목)] : 수목을 베다. 즉 벌목.

▷ 본문풀이 ◁

12년, 가을 8월에 낭산에 구름이 피어올라 누각처럼 보였고,

향기가 퍼져 오래도록 사라지지 않았다. 왕이 이는 틀림없이 신선이 내려와 노는 것이니 응당 복스러운 땅이라고 하여, 그 후로 이곳에서 벌목을 하지 못하게 하였다. 〈평양주〉에 큰 다리를 새로 축성하였다.

○十四年, 秋.七月에 大閱於〈穴城〉原하고 又御.
십 사 년 추 칠 월 대 열 어 혈 성 원 우 어
金城南門하여 觀射하다. 八月에 與.倭人戰於〈風
금 성 남 문 관 사 팔 월 여 왜 인 전 어 풍
島〉하여 克之하다.
도 극 지

▶어려운 낱말◀

[觀射(관사)] : 활쏘기 관람.

▷본문풀이◁

14년, 가을 7월에 왕이 〈혈성〉 벌에서 크게 군대를 사열하고, 또한 금성 남문에 행차하여 활쏘기를 관람하였다. 8월, 왜인과 〈풍도〉에서 싸워 승리하였다.

○十五年, 春.三月에 東海邊에서 獲.大魚하니 有
십 오 년 춘 삼 월 동 해 변 획 대 어 유
角하고 其大盈車하다. 夏.五月에 〈吐含山〉이 崩하
각 기 대 영 거 하 오 월 토 함 산 붕
고 泉水湧하니 高.三丈이러라.
천 수 용 고 삼 장

▶ 어려운 낱말 ◀

[獲,大魚(획,대어)] : 큰 고기를 잡다. [泉水湧(천수용)] : 샘물이 용솟음치다.
[高三丈(고삼장)] : 높이가 세 길.

▷ 본문풀이 ◁

15년, 봄 3월에 동해변에서 큰 물고기를 잡았는데, 뿔이 있고 크기가 수레에 가득 찰 정도였다. 여름 5월에, 〈토함산〉이 무너지고 샘물이 세 길 높이로 솟아올랐다.

○ 十六年, 夏.五月에 王이 薨하다.
십 육 년 하 오 월 왕 홍

▷ 본문풀이 ◁

16년 여름 5월, 왕이 서거하였다.

19 訥祇麻立干(눌지마립간) : 417~458

○ 訥祇.麻立干[金大問云, "麻立者는 方言으로 謂橛也라.
눌 지 마 립 간

橛謂誠操(標)로 准位而置라, 則王은 橛爲主하고 臣은 橛列於下

하니 因以名之."]이 立하니 奈勿王,子也니라. 母는 保
입 나물왕자야 모 보

反夫人[一云〈內禮吉怖(포)〉]이니 味鄒王,女也요. 妃는
반부인 미추왕녀야 비

實聖王之女니라. 奈勿王,三十七年에 以,「實聖」으
실성왕지녀 나물왕삼십칠년 이 실성

로 質於高句麗하고 及,「實聖」還,爲王하니 怨,奈勿
질어고구려 급 실성 환 위왕 원 나물

을 質己於外國하여 欲害其子以報怨하다. 遣人하
질기어외국 욕해기자이보원 견인

여 招在,高句麗時에 相知人하여 因,密告하되 "見,
초재고구려시 상지인 인밀고 견

訥祇則,殺之하라." 하다. 遂令하되 「訥祇」,往하여
눌지즉살지 수령 눌지 왕

逆於中路하다. 麗人이 見,「訥祇」하니 形神爽雅하
역어중로 려인 견 눌지 형신상아

여 有,君子之風하니 遂告曰, "爾國王이 使,我害
유군자지풍 수고왈 이국왕 사아해

君이나 今,見君하니 不忍賊害라." 하고 乃歸하다.
군 금견군 불인적해 내귀

「訥祇」怨之하여 反,弑王[실성]하고 自立하다.
눌지 원지 반시왕 자립

▶ **어려운 낱말** ◀

[訥] : 말더듬을(눌). [祇] : 공경할(지). [麻立(마립)] : 말뚝. [橛] : 말뚝(궐). [准] : 표준(준). [怖] : 두려워할(포). [怨] : 원망할(원). [遣人(견인)] : 사람을 보내다. [相知人(상지인)] : 서로 아는 사람. [密告(밀고)] : 몰래 알리다. [逆(역)] : 맞이하다. 거슬리다. [爽] : 시원할(상). [形神爽雅(형신상아)] : 외모가 시원시원하고 정신이 고상하다. [爾國(이국)] : 너의 나라. [不忍賊害(불인적해)] : 차마 해치지 못함. [弑王(시왕)] : 임금을 시해하다.

▷ **본문풀이** ◁

눌지 마립간【김대문은 "'마립'은 방언으로는 '말뚝'인데, 말뚝은 곧 성조를 뜻한다. 이는 직위에 따라 놓는 것이니 즉, 왕은 말뚝이 중심이 되고 신하는 말뚝 그 아래에 나열한다. 이를 빌어 와서 왕의 명칭으로 삼았다."라고 말했다.】이 왕위에 올랐다. 그는 나물왕의 아들이다. 어머니는 보반부인【내례길포라고도 한다.】이며, 미추왕의 딸이다. 왕비는 실성왕의 딸이다. 나물왕 37년에 「실성」을 고구려에 인질로 보냈는데, 「실성」이 돌아와 왕이 되고나서 나물이 자기를 외국에 인질로 보낸 것을 원망하였다. 그는 나물의 아들을 죽임으로써 자신의 원한을 풀고자 하였다. 그는 사람을 보내 고구려에 있을 때 서로 알고 지내던 사람을 불러와 은밀히 그에게 "눌지를 보거든 죽이라."고 말했다. 그리고 마침내 「눌지」를 가게 하여 도중에서 그와 마주치도록 하였다. 고구려 사람이 「눌지」를 보니 외모가 쾌활하고 정신이 고상하여 군자의 기풍을 갖추고 있었다. 그는 "그대의 국왕이 나로 하여금 그대를 죽이도록 하였으나 이제 그대를 보니 차마 죽일 수 없다."라고 말하며 돌아갔다. 「눌지」가 이를 원망하여 도리어 왕(실성)을 시해하고 스스로 왕이 되었다.

○二年, 春,正月에 親謁,始祖廟하다. 王弟「卜好」가 自,高句麗에서 與,堤上「奈麻」로 還來하다. 秋에 王弟「未斯欣」이 自,倭國으로 逃還하다.

(이년 춘 정월 친알 시조묘 왕제 복호 자 고구려 여 제상 나마 환래 추 왕제 미사흔 자 왜국 도환)

▶ 어려운 낱말 ◀

[逃還(도환)] : 도망하여 돌아왔다.

▷ 본문풀이 ◁

2년, 봄 정월에 왕이 시조의 사당에 직접 참배하였다. 왕의 아우 「복호」가 고구려에서 「나마」 제상과 함께 돌아왔다. 가을에, 왕의 아우 「미사흔」이 왜국에서 도망해 왔다.

○ 三年(삼년), 夏(하), 四月(사월)에 〈牛谷(우곡)〉에서 水湧(수용)하다.

▷ 본문풀이 ◁

3년 여름 4월, 〈우곡〉에서 물이 솟아올랐다.

○ 四年(사년)에 春夏大旱(춘하대한)하다. 秋(추), 七月(칠월)에 隕霜殺穀(운상살곡)하고 民飢(민기)하여 有賣(유매), 子孫者(자손자)하다. 慮囚原罪(여수원죄)하다.

▶ 어려운 낱말 ◀

[慮囚原罪(여수원죄)] : 죄수를 재심사하여 석방.

▷ 본문풀이 ◁

4년, 봄과 여름에 가뭄이 심하였다. 가을 7월, 서리가 내려 곡식이 죽고 백성이 굶주려 자손을 파는 자가 있었다. 죄수를 재심사하여 석방하였다.

○七年, 夏,四月에 養老於南堂하니 王이 親,執
칠 년 하 사 월 양 로 어 남 당 왕 친 집
食하고 賜,穀帛有差하다.
식 사 곡 백 유 차

▶ 어려운 낱말 ◀

[穀帛(곡백)] : 곡식과 비단.

▷ 본문풀이 ◁

7년, 여름 4월에 남당에서 노인들을 대접하였는데, 왕이 직접 음식을 집어 주고, 곡식과 비단을 등급에 따라 하사하였다.

○八年, 春,二月에 遣使하여 高句麗,修聘하다.
팔 년 춘 이 월 견 사 고 구 려 수 빙

▷ 본문풀이 ◁

8년, 봄 2월에 고구려에 사신을 파견하여 수교하였다.

○十三年에 新築〈矢堤:위치 미상〉하니 岸長이 二
십 삼 년 신 축 시 제 안 장 이
千一百七十步러라.
천 일 백 칠 십 보

▶ 어려운 낱말 ◀

[岸長(안장)] : 둑의 길이.

▷ 본문풀이 ◁

13년, 새로 〈시제〉를 축성하였는데, 둑의 길이가 2천1백7십 보였다.

○ 十五年, 夏, 四月에 倭兵이 來侵東邊하여 圍〈明活城〉이나 無功而退하다. 秋, 七月에 霜雹殺穀하다.
십오년 하사월 왜병 내침동변 위 명활성 무공이퇴 추칠월 상박살곡

▷ 본문풀이 ◁

15년, 여름 4월에 왜병이 동쪽 변경을 침략하고 〈명활성〉을 포위하였으나 아무 성과 없이 물러갔다. 가을 7월, 서리와 우박이 내려 곡식이 죽었다.

○ 十六年, 春에 穀貴하여 人食, 松樹皮하다.
십육년 춘 곡귀 인식송수피

▶ 어려운 낱말 ◀

[人食松樹皮(인식송수피)] : 사람들이 소나무 껍질을 벗겨먹다.

▷ 본문풀이 ◁

16년, 봄에 곡식이 귀하여 사람들이 소나무 껍질을 벗겨 먹었다.

○十七年, 夏.五月에 「未斯欣」卒하니 贈.舒弗
십 칠 년 하 오 월 미 사 흔 졸 증 서 불

邯하다. 秋.七月에 百濟.遣使請和하므로 從之하다.
한 추 칠 월 백 제 견 사 청 화 종 지

▶ **어려운 낱말** ◀

[遣使請和(견사청화)] : 사신을 보내 화친을 청함.

▷ **본문풀이** ◁

17년, 여름 5월에 「미사흔」이 사망하자, 그에게 서불한을 추증하였다. 가을 7월에, 백제가 사신을 보내어 화친을 요청하였으므로 이에 응하였다.

○十八年, 春.二月에 百濟王이 送.良馬二匹하
십 팔 년 춘 이 월 백 제 왕 송 양 마 이 필

다. 秋.九月에 又送白鷹하다. 冬.十月에 王이 以.黃
추 구 월 우 송 백 응 동 시 월 왕 이 황

金明珠로 報聘(回禮)百濟하다.
금 명 주 보 빙 백 제

▶ **어려운 낱말** ◀

[匹] : 짝(필). [馬匹(마필)] : 몇 마리의 말. [白鷹(백응)] : 흰매. [報聘百濟(보빙백제)] : 백제에 답례하다.

▷ **본문풀이** ◁

18년, 봄 2월에 백제왕이 좋은 말 두 필을 보내왔다. 가을 9월에도 백제왕이 다시 흰매를 보내왔다. 겨울 10월, 왕이 황금과 명

주로 백제에 보답하였다.

○十九年, 春,正月에 大風拔木하다. 二月에 修
십 구 년 춘 정 월 대 풍 발 목 이 월 수
葺,歷代園陵하고 夏,四月에 祀,始祖廟하다.
즙 역 대 원 릉 하 사 월 사 시 조 묘

▶ 어려운 낱말 ◀

[修葺(수즙)] : 집과 지붕을 보수하다. [園陵(원릉)] : 왕릉 묘원.

▷ 본문풀이 ◁

19년, 봄 정월에 큰 바람이 불어 나무가 뽑혔다. 2월에는 역대의 능원을 보수하였다. 여름 4월에, 왕이 시조의 사당에 제사를 올렸다.

○二十年, 夏,四月에 雨雹하고, 慮囚하다.
이 십 년 하 사 월 우 박 여 수

▷ 본문풀이 ◁

20년, 여름 4월에 우박이 내렸고, 죄수를 재심사하였다.

○二十二年, 夏,四月에 〈牛頭郡:春川〉에 山水暴
이 십 이 년 하 사 월 우 두 군 산 수 폭
至하여 漂流五十餘家하다. 京都,大風雨雹하다. 教
지 표 류 오 십 여 가 경 도 대 풍 우 박 교
民牛車之法하다.
민 우 거 지 법

▶ **어려운 낱말** ◀

[牛車之法(우거지법)] : 소 수레 만드는 방법.

▷ **본문풀이** ◁

22년, 여름 4월에 〈우두군〉에서 산골물이 갑자기 불어나 50여 호가 떠내려갔다. 경도에서는 큰 바람이 불고 우박이 내렸다. 백성들에게 우차 만드는 법을 가르쳤다.

○二十四年에 倭人侵南邊하여 掠取生口而去
이십사년 왜인침남변 약취생구이거

하다. 夏六月에 又侵東邊하다.
하유월 우침동변

▶ **어려운 낱말** ◀

[掠取(약취)] : 약탈. [生口(생구)] : 가축. 사로잡은 적군.

▷ **본문풀이** ◁

24년, 왜인이 남쪽 변경을 침범하여 가축을 약탈해갔다. 여름 6월에, 동쪽 변경을 다시 침범하였다.

○二十五年, 春二月에 〈史勿縣:泗川〉에서 進長
이십오년 춘이월 사물현 진장

尾白雉하니 王이 嘉之하여 賜縣吏穀하다.
미백치 왕 가지 사현이곡

▷ 본문풀이 ◁

25년, 봄 2월에 〈사물현〉에서 흰 빛깔의 꼬리가 긴 꿩을 진상하였다. 왕이 이를 가상히 여겨 그 현의 관리에게 곡식을 하사하였다.

○二十八年, 夏,四月에 倭兵이 圍,金城十日하더
이십팔년 하사월 왜병 위금성십일
니 糧盡乃歸하다. 王이 欲,出兵追之러니 左右曰,
양진내귀 왕 욕출병추지 좌우왈
"兵家之說에 *'窮寇勿追라.'하니 王其舍之하소
병가지설 궁구물추 왕기사지
서." 하니 不聽하고 率,數千餘騎하여 追反及於〈獨
불청 솔수천여기 추반급어 독
山:迎日 神光〉之東에 合戰하여 爲賊所敗하니 將士,
산 지동 합전 위적소패 장사
死者過半하다. 王이 蒼黃하여 棄馬上山하니 賊,圍
사자과반 왕 창황 기마상산 적위
之數重하다. 忽,昏霧하여 不辨咫尺이라 賊이 謂有
지수중 홀혼무 불변지척 적 위유
陰助라 하여 收兵退歸하니라. (*本文의 '日자' 1자를 생략함.)
음조 수병퇴귀

▶ 어려운 낱말 ◀

[糧盡乃歸(양진내귀)] : 양식이 떨어져 돌아가다. [窮寇勿追(궁구물추)] : 궁한 도적을 추격 말라. [追反(추반)] : 추격하여 반격하다. [蒼黃棄馬(창황기마)] : 당황하여 말을 버리다. [忽昏霧(홀혼무)] : 갑자기 어두워지는 안개.

▷ **본문풀이** ◁

28년, 여름 4월에 왜병이 금성을 열흘 동안 포위했다가 식량이 떨어지자 돌아갔다. 왕이 군사를 보내 추격하려 하자, 측근들이 "병가의 말에 '궁한 도적을 쫓아가지 말라.' 하였으니, 왕은 그들을 내버려 두십시오."라고 말했다. 그러나 왕은 이를 듣지 않고 수천여 명의 기병을 거느리고 추격하여 〈독산〉 동쪽에 이르러 접전하였다. 왕이 이 전투에서 적에게 패하여 죽은 장병이 절반이 넘었다. 왕은 당황하여 말을 버리고 산으로 올라가니 적이 여러 겹으로 산을 포위하였다. 이때 갑자기 어두운 안개가 끼어 지척을 분별할 수 없게 되었다. 적은 하늘이 왕을 돕는다고 생각하여 군사를 거두어 물러갔다.

○三十四年, 秋,七月에 高句麗,邊長이 獵於〈悉
삼십사년 추칠월 고구려변장 엽어실
直:三陟〉之原하니 〈何瑟羅城:江陵〉主「三直」이 出
직 지원 하슬라성 주 삼직 출
兵掩殺之하다. 麗王이 聞之,怒하여 使來告曰,
병엄살지 려왕 문지노 사래고왈
"孤與大王과 修好至歡也러니 今,出兵殺我邊長
고여대왕 수호지환야 금출병살아변장
하니 是何義耶아?" 하고 乃,興師하여 侵我西邊하
시하의야 내흥사 침아서변
다. 王이 卑辭謝之하니 乃歸하니라.
왕 비사사지 내귀

▶ **어려운 낱말** ◀

[掩殺(엄살)] : 불의에 습격하여 죽임. [孤(고)] : 나(왕의 겸칭으로 일인칭 대

명사). [何義(하의)] : 무슨 뜻인가? [興師(홍사)] : 군사를 일으켜. [卑辭謝(비사사)] : 겸손하게 사과하다.

▷ **본문풀이** ◁

34년, 가을 7월에 고구려의 변방 장수가 〈실직〉벌에서 사냥을 하고 있었는데, 〈하슬라〉성주 「삼직」이 군사를 보내 그를 습격하여 죽였다. 고구려 왕이 이를 듣고 분노하여 사신을 보내 "내가 대왕과 더불어 우호관계를 맺어 매우 기뻐하였는데, 이제 군사를 보내 우리 변방의 장수를 죽였으니, 이는 무슨 도리인가?" 라고 말하고, 즉시 군대를 동원하여 우리나라의 서쪽 변경을 침범하였다. 왕이 낮추어 겸손한 말로 사과하자 그들이 돌아갔다.

○ 三十六年, 秋, 七月에 〈大山〉郡에서 進, 嘉禾하다.
삼십육년 추 칠월 대산군 진 가화

▶ **어려운 낱말** ◀

[進,嘉禾(진,가화)] : 좋은 벼를 진상하다.

▷ **본문풀이** ◁

36년, 가을 7월에 〈대산〉군에서 상서로운 벼이삭을 진상하였다.

○三十七年, 春夏旱하다. 秋, 七月에 群狼이 入, 始林하다.
삼 십 칠 년 춘 하 한 추 칠 월 군 랑 입 시 림

▶어려운 낱말◀

[群狼(군랑)] : 이리떼.

▷본문풀이◁

37년, 봄과 여름에 가뭄이 들었다. 가을 7월에, 이리떼가 시림(계림)에 들어왔다.

○三十八年, 秋, 七月에 霜雹害穀하다. 八月에 高句麗, 侵北邊하다.
삼 십 팔 년 추 칠 월 상 박 해 곡 팔 월 고 구 려 침 북 변

▷본문풀이◁

38년, 가을 7월에 서리와 우박이 내려 곡식이 죽었다. 8월에, 고구려가 북쪽 변경을 침범하였다.

○三十九年, 冬, 十月에 高句麗가 侵, 百濟하니 王이 遣兵救之하다.
삼 십 구 년 동 시 월 고 구 려 침 백 제 왕 견 병 구 지

▶ 어려운 낱말 ◀

[遣兵救之(견병구지)] : 군사를 보내 구원하다.

▷ 본문풀이 ◁

39년, 겨울 10월에 고구려가 백제를 침범하므로 왕이 군사를 보내 구원하였다.

○ 四十一年, 春, 二月에 大風拔木하다. 夏, 四月에 隕霜傷麥하다.
사십일년 춘이월 대풍발목 하사월 운상상맥

▶ 어려운 낱말 ◀

[隕霜(운상)] : 서리가 내림.

▷ 본문풀이 ◁

41년, 봄 2월에 큰 바람이 불어 나무가 뽑혔다. 여름 4월에, 서리가 내려 보리를 상하게 하였다.

○ 四十二年, 春, 二月에 地震하여 金城(王城)南門自毀하다. 秋, 八月에 王薨하다.
사십이년 춘이월 지진 금성 남문 자훼 추팔월 왕홍

▶ 어려운 낱말 ◀

[自毀(자훼)] : 저절로 무너지다.

▷본문풀이◁

42년, 봄 2월에 지진이 나서 금성 남문이 저절로 무너졌다. 가을 8월에, 왕이 서거하였다.

20 慈悲麻立干(자비마립간) : 458~479

○慈悲麻立干이 立하니 訥祇王의 長子요, 母는 金氏니 「實聖」之女也니라.
자비마립간 입 눌지왕 장자 모 김씨 실성 지녀야

▷본문풀이◁

자비 마립간이 왕위에 올랐다. 그는 눌지왕의 맏아들이었다. 그의 어머니는 김씨이며, 「실성」왕의 딸이다.

○二年, 春二月에 謁始祖廟하다. 夏四月에 倭人이 以兵船百餘艘로 襲東邊하여 進圍月城하니 四面矢石이 如雨하다. 王이 城守하니 賊이 將退하
이년 춘이월 알시조묘 하사월 왜인 이병선백여소 습동변 진위월성 사면시석 여우 왕 성수 적 장퇴

다. 出兵擊敗之하고 追北至海口(浦項 부근)하니 賊
출병격패지 추배지해구 적

의 溺死者가 過半하니라.
익사자 과반

▶ 어려운 낱말 ◀

[艘] : 배(소). [東邊(동변)] : 나라의 동쪽 변방. [進圍(진위)] : 에워싸다. [矢石(시석)] : 돌과 화살. [城守(성수)] : 성을 사수하다. [追北(추배)] : 패배하는 적을 추격. [溺死者(익사자)] : 물에 빠져 죽은 자.

▷ 본문풀이 ◁

2년, 봄 2월에 왕이 시조의 사당에 참배하였다. 여름 4월에, 왜인이 병선 백여 척을 동원하여 동쪽 변경을 침범하여 월성을 포위하니, 사방에서 화살과 돌이 비 오듯 하였다. 왕이 성을 지키니 적이 물러갔다. 또 군사를 보내 적을 격파하고, 도주하는 적을 바다 어구까지 추격하니 적병 가운데 물에 빠져 죽은 자가 절반이 넘었다.

○四年, 春二月에 王이 納舒弗邯「未斯欣」女
사년 춘이월 왕 납서불한 미사흔 여

로 爲妃하다. 夏四月에 龍見金城井中하니라.
위비 하사월 용현금성정중

▶ 어려운 낱말 ◀

[納] : 드릴(납). 맞이하여.

▷본문풀이◁

4년, 봄 2월에 왕이 서불한 「미사흔」의 딸을 드려 왕비로 삼았다. 여름 4월에, 금성 우물에서 용이 나타났다.

○五年, 夏,五月에 倭人이 襲破〈活開城:未詳〉하
오 년 하 오 월 왜 인 습 파 활 개 성

여 虜人,一千而去하다.
노 인 일 천 이 거

▶어려운 낱말◀

[虜] : 사로잡을(노).

▷본문풀이◁

5년, 여름 5월에 왜인이 〈활개성〉을 습격하여 1천 명을 사로잡아 갔다.

○六年, 春,二月에 倭人이 侵〈歃良城:梁山〉하여
육 년 춘 이 월 왜 인 침 삽 량 성

不克而去하니 王이 命「伐知」「德智」로 領兵,伏
불 극 이 거 왕 명 벌 지 덕 지 영 병 복

候於路하고 要擊大敗之하다. 王은 以,倭人이 屢
후 어 로 요 격 대 패 지 왕 이 왜 인 누

侵疆埸하니 緣邊(沿海地方)에 築,二城하다. 秋,七月
침 강 역 연 변 축 이 성 추 칠 월

에 大閱하다.
대 열

▶ 어려운 낱말 ◀

[歃] : 마실(삽). [伏候(복후)] : 척후병을 매복하다. [要擊(요격)] : 잠복하여 있다가 타격하다. [要] : 잠복하여 노리다(요). [屢侵(누침)] : 자주 침범하다. [埸] : 국경, 경계, 밭두둑(역). [疆埸(강역)] : 국경지역. [緣邊(연변)] : 국경. [緣(연)] : 가장자리를 뜻함. [閱] : 사열(열).

▷ 본문풀이 ◁

6년, 봄 2월에 왜인이 〈삽량성〉을 침범하였으나 이기지 못하고 돌아가는데, 왕이 「벌지」와 「덕지」로 하여금 군사를 거느리고 길에 매복하여 기다리고 있다가 그들을 공격하게 하여 대승하였다. 왜인이 자주 국경을 침범하므로 왕은 변경의 두 곳에 성을 쌓았다. 가을 7월에, 크게 군사를 사열하였다.

○ 八年, 夏.四月에 大水하여 山崩.一十七所하고 五月에 〈沙伐郡〉에 蝗하니라.
(팔년 하사월 대수 산붕 일십칠소 오월 사벌군 황)

▶ 어려운 낱말 ◀

[大水(대수)] : 홍수.

▷ 본문풀이 ◁

8년, 여름 4월에 홍수가 나서 산이 열일곱 군데 무너졌다. 5월에, 〈사벌군〉에 메뚜기 떼가 나타났다.

○十年, 春에 命.有司(담당 관서)하여 修理戰艦하
십 년 춘 명 유 사 수 리 전 함
다. 秋.九月에 天赤하고 大星이 自北으로 流.東南
추 구 월 천 적 대 성 자 북 유 동 남
하다.

▶어려운 낱말◀

[戰艦(전함)] : 해전을 위한 군함.

▷본문풀이◁

10년 봄, 유사에게 명하여 전함을 수리하였다. 가을 9월에, 하늘에서 붉은 빛이 돌았고, 큰 별이 북쪽에서 동남쪽으로 흘러갔다.

○十一年, 春에 高句麗가 與.〈靺鞨:東濊〉로 襲.北
십 일 년 춘 고 구 려 여 말 갈 습 북
邊〈悉直城:三陟〉하다. 秋.九月에 徵.〈何瑟羅:江陵〉
변 실 직 성 추 구 월 징 하 슬 라
人하되 年.十五已上하여 築城於〈泥河:江陵 50천〉하
인 년 십 오 이 상 축 성 어 이 하
다.[泥河一名,泥川]

▶어려운 낱말◀

[徵(징)] : 징발하다. [築城(축성)] : 성을 쌓다.

▷본문풀이◁

11년, 봄에 고구려가 〈말갈〉과 함께 북쪽 변경의 〈실직성〉을 습격하였다. 가을 9월, 〈하슬라〉 사람으로서 15세 이상 되는 자를 징발하여 이하【이하를 니천이라고도 한다.】에 성을 쌓았다.

○十二年, 春,正月에 定,京都坊(행정구획)里名하다. 夏,四月에 國西大水하여 漂毁民户하고 秋,七月에 王이 巡撫하여 經水州郡하니라.
십이년 춘정월 정경도방 이명 하사월 국서대수 표훼민호 추칠월 왕 순무 경수주군

▶어려운 낱말◀

[坊里名(방리명)] : 행정구역의 명칭. [漂毁(표훼)] : 물에 훼손되다. [巡撫(순무)] : 순행하여 위로하다.

▷본문풀이◁

12년, 봄 정월에 서울의 방(坊)과 이(里)의 이름을 정하였다. 여름 4월에, 서쪽 지방에 홍수가 나서 민가가 떠내려가고 허물어지고 가을 7월에, 왕이 수해를 당한 주와 군을 순행하여 위로하였다.

○十三年에 築,〈三年山城:報恩 烏頂山城〉[三年者는 自,興役始終으로 三年訖(흘)功이라 故로 名之하다]하다.
십삼년 축 삼년산성

▶어려운 낱말◀

[訖] : 끝내다. 마칠(흘).

▷ **본문풀이** ◁

13년, 삼년산성【삼 년이란 것은 공사를 시작한지 삼 년 만에 끝났다고 하여 붙인 이름이다.】을 쌓았다.

○十四年, 春,二月에 築〈芼老城:未詳〉하다. 三月
십 사 년 춘 이 월 축 모 로 성 삼 월
에 京都地裂하니 廣袤二丈이요 濁水湧하다. 冬,十
경 도 지 열 광 무 이 장 탁 수 용 동 시
月에 大疫하다.
월 대 역

▶ **어려운 낱말** ◀

[袤] : 길이(무). 동서를 廣, 남북을 袤라 함. [大疫(대역)] : 큰 역병.

▷ **본문풀이** ◁

14년, 봄 2월에 〈모로성〉을 쌓았다. 3월에, 경도에서 땅이 갈라졌으니, 갈라진 틈이 2발이나 되고 혼탁한 물이 솟아올랐다. 겨울 10월, 전염병이 크게 돌았다.

○十六年, 春,正月에 以,阿湌「伐智」와 級湌「德
십 육 년 춘 정 월 이 아 찬 벌 지 급 찬 덕
智」로 爲,左右將軍하다. 秋,七月에 葺〈明活城〉하다.
지 위 좌 우 장 군 추 칠 월 즙 명 활 성

▶ **어려운 낱말** ◀

[葺] : 수리하여 고치다(즙).

▷ 본문풀이 ◁

16년, 봄 정월에 아찬 「벌지」와 급찬 「덕지」를 좌우 장군으로 삼았다. 가을 7월에, 〈명활성〉을 보수하였다.

○ 十七年에는 築,〈一牟〉,〈沙尸〉,〈廣石〉,〈沓
십칠년 축 일모 사시 광석 답
達〉,〈仇禮〉,〈坐羅〉,等城하다. 秋,七月에 高句麗王
달 구례 좌라 등성 추 칠월 고구려왕
「巨連:長壽王」이 親率兵하고 攻,百濟하다. 百濟王
거련 친솔병 공 백제 백제왕
『慶:蓋鹵王』이 遣子「文周」救援하다. 王이 出兵救
경 견자 문주 구원 왕 출병구
之러니 未至에 百濟已陷하고『慶』亦被害하다.
지 미지 백제이함 경 역피해

▶ 어려운 낱말 ◀

[鹵] : 짠땅(로). [已陷(이함)] : 이미 함락되다. [被害(피해)] : 해를 당함.

▷ 본문풀이 ◁

17년에는 〈일모〉 · 〈사시〉 · 〈광석〉 · 〈답달〉 · 〈구례〉 · 〈좌라〉 등에 성을 쌓았다. 가을 7월에, 고구려왕 「거련」이 직접 군사를 거느리고 백제를 공격했다. 백제왕 『경:개로왕』이 아들 「문주」를 보내 신라에 구원을 요청하였다. 왕은 군사를 보내어 구원토록 했는데, 구원병이 도착하기 전에 백제가 이미 함락되었고, 또한 『경』도 죽음을 당했다.

○十八年, 春.正月에 王이 移居.〈明活城〉하다.
십 팔 년 춘 정 월 왕 이 거 명 활 성

▶ 어려운 낱말 ◀

[移居(이거)] : 옮겨 거주함.

▷ 본문풀이 ◁

18년 봄 정월, 왕이 〈명활성〉으로 이사하여 그곳에 거주하였다.

○十九年, 夏.六月에 倭人이 侵.東邊하다. 王이
십 구 년 하 유 월 왜 인 침 동 변 왕
命.將軍「德智」하여 敗之하니 殺虜.二百餘人하다.
명 장 군 덕 지 패 지 살 로 이 백 여 인

▶ 어려운 낱말 ◀

[殺虜(살로)] : 죽이고 사로잡다.

▷ 본문풀이 ◁

19년, 여름 6월에 왜인이 동쪽 변경을 침범했다. 왕이 장군「덕지」를 시켜 그들을 공격하여 백여 명을 죽이거나 사로잡았다.

○二十年, 夏.五月에 倭人擧兵하여 五道來侵이
이 십 년 하 오 월 왜 인 거 병 오 도 래 침
나 竟.無功而還하다.
경 무 공 이 환

▷본문풀이◁

20년, 여름 5월에 왜인이 군사를 동원하여 다섯 길로 들어와 침범했으나 마침내 아무런 성과 없이 돌아갔다.

○二十一年, 春,二月에 夜赤光이 如,匹練하여
이 십 일 년 춘 이 월 야 적 광 여 필 련

自地至天하다.(火山폭발?) 冬,十月에 京都地震하다.
자 지 지 천 동 시 월 경 도 지 진

▶어려운 낱말◀

[匹練(필련)] : 비단을 펼친 듯. [自地至天(자지지천)] : 땅에서 하늘로 올라감.

▷본문풀이◁

21년, 봄 2월에 밤에 붉은 빛이 땅에서 하늘까지 뻗쳤는데 마치 비단을 펼쳐 놓은 듯했다. 겨울 10월에, 경도에 지진이 있었다.

○二十二年, 春,二月三日에 王薨하다.
이 십 이 년 춘 이 월 삼 일 왕 홍

▷본문풀이◁

22년, 봄 2월 3일에 왕이 서거하였다.

21 炤知麻立干(소지마립간) : 479~500

○炤知,麻立干[一云,毗處(비처)]이 立하니 慈悲王,長子니라. 母는 金氏이니 舒弗邯「未斯欣」之女요 妃는 善兮夫人이니「乃宿」伊伐飡女也니라. 炤知幼로 有,孝行하고 謙恭自守하여 人咸服之러라.
소지마립간 입 자비왕장 자 모 김씨 서불한 미사흔 지녀 비 선혜부인 내숙 이벌찬녀야 소지 유 유효행 겸공자수 인함복지

▶ **어려운 낱말** ◀

[炤] : 밝을(소). [毗] : 돕다(비). [欣] : 기쁠(흔). [謙] : 겸손할(겸). [謙恭自守(겸공자수)] : 겸손과 공경을 잃지 않음. [咸] : 모두(함). [人咸服之(인함복지)] : 모든 사람들이 함께 감복하다. *炤知→소지→조지(炤=照(문경현 교수의 학설).

▷ **본문풀이** ◁

소지(조지) 마립간【비처라고도 한다.】이 왕위에 올랐다. 그는 자비왕의 맏아들이다. 어머니는 김씨이니, 서불한 「미사흔」의 딸이다. 왕비는 선혜부인이며 「내숙」 이벌찬의 딸이다. 소지(조지)는 어릴 때부터 효성스러웠고, 겸손함과 타인을 공경하는 자세를 잃지 않았기 때문에 사람들이 모두 탄복하였다.

○元年에 大赦하고 賜,百官爵,一級하다.
원년 대사 사 백관작 일급

▶어려운 낱말◀

[爵] : 벼슬(작).

▷본문풀이◁

원년에 죄수들에게 대사령을 실시하고, 모든 관리들에게 벼슬을 한 급씩 올려 주었다.

○二年, 春,二月에 祀,始祖廟하다. 夏,五月에 京
이 년 춘 이 월 사 시 조 묘 하 오 월 경
都旱하다. 冬,十月에 民飢하니 出倉穀하여 賑給之
도 한 동 시 월 민 기 출 창 곡 진 급 지
하다. 十一月에 〈靺鞨〉이 侵,北邊하다.
십 일 월 말 갈 침 북 변

▶어려운 낱말◀

[民飢(민기)] : 백성들이 굶주리다. [賑] : 진휼하다(진). [穀賑給之(곡진급지)] : 곡식을 나누어주다.

▷본문풀이◁

2년, 봄 2월에 시조 사당에 가서 제사를 올렸다. 여름 5월에, 경도에 가뭄이 들었다. 겨울 10월에, 백성이 굶주리므로 창고의 곡식을 풀어 나누어 주었다. 11월에, 〈말갈〉이 북쪽 변경을 침범하였다.

○三年, 春,二月에 幸,〈比列城:安邊〉하여 存撫軍
삼 년 춘 이 월 행 비 열 성 존 무 군

士하고 賜,征袍하다. 三月에 高句麗가 與,靺鞨로
사 사 정 포 삼 월 고 구 려 여 말 갈

入,北邊하여 取,〈狐鳴:青松 虎鳴山?〉等,七城하고 又,
입 북 변 취 호 명 등 칠 성 우

進軍於,〈彌秩夫:興海〉하다. 我軍은 與,百濟 · 加
진 군 어 미 질 부 아 군 여 백 제 가

耶, 援兵으로 分道禦之하다. 賊이 敗退하니 追擊
야 원 병 분 도 어 지 적 패 퇴 추 격

破之〈泥河〉西하여 斬首,千餘級하다.
파 지 이 하 서 참 수 천 여 급

▶ 어려운 낱말 ◀

[幸(행)] : 행차. [存撫(존무)] : 위문하다. [征袍(정포)] : 군복. [取(취)] : 빼앗다. [分道禦之(분도어지)] : 길을 나누어 막다. [泥] : 진흙(니). [斬首(참수)] : 목을 베다.

▷ 본문풀이 ◁

3년, 봄 2월에 왕이 〈비열성〉에 행차하여 군사들을 위문하고 군복을 하사하였다. 3월에, 고구려와 말갈이 북쪽 변경에 들어와서 〈호명〉 등 일곱 성을 빼앗고, 다시 〈미질부〉로 진군하였다. 우리 군사는 백제 및 가야의 구원병과 함께 길을 나누어 방어하였다. 적이 패하여 물러가자 그들을 〈이하〉 서쪽까지 추격하여 1천여 명의 목을 베었다.

○ 四年, 春,二月에 大風拔木하다. 金城南門에
사 년 춘 이 월 대 풍 발 목 금 성 남 문

火하고 夏,四月에 久雨하다. 命,內外有司하여 慮囚
화 하 사 월 구 우 명 내 외 유 사 여 수

하다. 五月에 倭人이 侵邊하다.
오월 왜인 침변

▶ 어려운 낱말 ◀

[慮] : 생각할(려). 심사함.

▷ 본문풀이 ◁

4년, 봄 2월에 큰 바람이 불어 나무가 뽑혔다. 금성 남문에 불이 나고 여름 4월에 오랫동안 비가 내렸다. 왕이 중앙과 지방의 유사들에게 명령하여 죄수를 재심사하도록 하였다. 5월에, 왜인이 변경을 침범하였다.

○ 五年, 夏, 四月에 大水하고 秋, 七月에 大水하다.
오년 하 사월 대수 추 칠월 대수
冬, 十月에 幸〈一善:善山〉界하여 存問, 遘災百姓하고 賜穀有差하다. 十一月에 雷하고 京都大疫하다.
동 시월 행 일선 계 존문 구재백성 사곡유차 십일월 뢰 경도대역

▶ 어려운 낱말 ◀

[存問(존문)] : 안부를 묻고 위로하다. [遘] : 만날(구). [遘災(구재)] : 재앙을 만나다.

▷ 본문풀이 ◁

5년, 여름 4월에 큰 홍수가 났고, 가을 7월에도 큰 홍수가 났다. 겨울 10월에, 왕이 〈일선〉 지방에 행차하여 재해를 당한 백성들

을 위문하고, 재해의 정도에 따라 곡식을 나누어 주었다. 11월에, 우레가 있었고 서울에 전염병이 크게 돌았다.

○六年, 春.正月에 以「烏含」으로 爲.伊伐湌하
육 년 춘 정 월 이 오 함 위 이 벌 찬

다. 三月에 土星犯月하고 雨雹하다. 秋.七月에 高
삼 월 토 성 범 월 우 박 추 칠 월 고

句麗.侵北邊하니 我軍이 與.百濟로 合擊於〈毋山
구 려 침 북 변 아 군 여 백 제 합 격 어 무 산

城:鎭川東?〉下하여 大破之하다.
성 하 대 파 지

▶ **어려운 낱말** ◀

[大破(대파)] : 크게 격파하다.

▷ **본문풀이** ◁

6년, 봄 정월에 「오함」으로 이벌찬에 임명하였다. 3월에, 토성이 달을 범하고 우박이 내렸다. 가을 7월에, 고구려가 북쪽 변경을 침범하므로 우리 군사와 백제 군사가 〈무산성〉 아래에서 함께 공격하여 그들을 대파시켰다.

○七年, 春.二月에 築.〈仇伐城:未詳〉하다. 夏.四
칠 년 춘 이 월 축 구 벌 성 하 사

月에 親祀.始祖廟하고 增置.守廟二十家하다. 五
월 친 사 시 조 묘 증 치 수 묘 이 십 가 오

月에 百濟來聘하다.
월 백 제 내 빙

▶ 어려운 낱말 ◀

[守廟(수묘)] : 사당지기. [聘(빙)] : 예빙하다.

▷ 본문풀이 ◁

7년, 봄 2월에 〈구벌성〉을 쌓았다. 여름 4월, 왕이 시조 사당에 친히 제사를 지냈고, 묘지기 20가를 더 두었다. 5월에, 백제가 예빙해왔다.

○八年, 春,正月에 拜,伊湌「實竹」하여 爲,將軍하다. 徵〈一善〉界의 丁夫(壯丁)三千하여 改築,〈三年:報恩〉,〈屈山:靑山〉二城하다. 二月에 以「乃宿」으로 爲,伊伐湌하여 以參國政하다. 夏,四月에 倭人犯邊하다. 秋,八月에 大閱於〈狼山〉之南하다.

팔년 춘정월 배이찬 실죽 위장군 징 일선 계 정부 삼천 개축 삼년 굴산 이성 이월 이 내숙 위이벌찬 이참국정 하사월 왜인 범변 추팔월 대열어 낭산 지남

▶ 어려운 낱말 ◀

[徵(징)] : 징발하다. [界(계)] : 경계지역. [參(참)] : 참여하다. [狼] : 이리(낭).
[狼山(낭산)] : 경주에 있는 산 이름.

▷ 본문풀이 ◁

8년, 봄 정월에 이찬 「실죽」을 장군으로 임명하였다. 〈일선〉 지방의 장정 3천 명을 징발하여 〈삼년〉성과 〈굴산〉성의 두 성을

개축하였다. 2월에, 「내숙」을 이벌찬으로 임명하여 국정을 맡겼다. 여름 4월에, 왜인이 변경을 침범하였다. 가을 8월에, 〈낭산〉 남쪽에서 군사를 크게 사열하였다.

○九年, 春.二月에 置.神宮於〈奈乙:蘿井〉하다.
구년 춘이월 치신궁어 나을

〈奈乙〉은 始祖.初生之處也라. 三月에 始置.四方
나을 시조초생지처야 삼월 시치사방

郵驛하고 命.所司하여 修理官道(驛路)하다. 秋.七月
우역 명소사 수리관도 추칠월

에 葺.〈月城:半月城〉하고 冬.十月에 雷하다.
즙 월성 동시월 뢰

▶어려운 낱말◀

[郵驛(우역)] : 공문을 전하는 우편 역. 步遞의 驛遞. [葺] : 수리하다(즙). [葺月城(즙월성)] : 월성을 수리하다. [雷(뢰)] : 우뢰.

▷본문풀이◁

9년, 봄 2월에 신궁을 〈나을〉에 설치하였다. 〈나을〉은 시조가 처음 탄생한 곳이다. 3월에, 처음으로 사방에 우역(郵驛)을 설치하고, 소관 관청으로 하여금 관도(官道)를 수리하게 하였다. 가을 7월에, 〈월성〉을 수리하였고, 겨울 10월에 우레가 있었다.

○十年, 春.正月에 王이 移居月城하다. 二月에
십년 춘정월 왕 이거월성 이월

幸〈一善郡:善山〉하여 存問.鰥寡孤獨하고 賜穀有
행 일선군 존문환과고독 사곡유

差하다. 三月에 至自〈一善〉하여 所歷,州郡獄囚에
차 삼월 지자 일선 소력 주군옥수

除,二死하고 悉原之하다. 夏,六月에 〈東陽:未詳〉에
제 이사 실원지 하 육월 동양

서 獻,六眼龜하니 腹下에 有,文字하다. 秋,七月에
헌 육안구 복하 유문자 추 칠월

築〈刀那城:위치 미상〉하다.
축 도나성

▶어려운 낱말◀

[移居(이거)] : 옮겨오다. [存問(존문)] : 왕이 백성의 노고를 묻다. [鰥寡孤獨(환과고독)] : 과부, 홀아비, 무자식, 고아, 즉, 사고무친. [至自(지자)] : ~에서 돌아오다. [所歷(소력)] : 지나오는 길에. [獄囚(옥수)] : 죄수. [六眼龜(육안구)] : 눈이 6개 있는 거북. [腹] : 배(복). [那] : 어찌(나).

▷본문풀이◁

10년, 봄 정월에 왕이 월성으로 옮겨 살았다. 2월에, 왕이 〈일선군〉에 행차하여 홀아비, 과부, 고아, 자식 없는 노인들을 위문하고, 어려운 정도에 따라 곡식을 하사하였다. 3월에, 왕이 〈일선〉에서 돌아오는 길에 도중의 주와 군의 죄수들 가운데 두 종류의 사형수를 제외한 나머지 죄수들을 모두 석방하였다. 여름 6월에, 〈동양〉 지방에서 여섯 개의 눈을 가진 거북을 헌납하였는데, 그 거북의 배에 글자가 있었다. 가을 7월에, 〈도나성〉을 쌓았다.

○十一年, 春,正月에 驅,游食百姓하여 歸農하다.
십일년 춘 정월 구 유식백성 귀농

秋,九月에 高句麗가 襲,北邊하여 至〈戈峴:위치 미
추 구월 고구려 습 북변 지 과현

상〉하고 冬,十月에 陷,〈狐山城:위치 미상〉하다.
동 시 월 함 호 산 성

▶ **어려운 낱말** ◀

[游食(유식)] : 떠돌아다니며 얻어먹음. [歸農(귀농)] : 농촌으로 돌려보내다.
[戈] : 창(과). [峴] : 재(현). [陷] : 함락(함). [狐] : 여우(호).

▷ **본문풀이** ◁

11년, 봄 정월에 유랑하는 백성들을 모아 농촌으로 귀농시켰다. 가을 9월에, 고구려가 북쪽 변경을 침범하여 〈과현〉에 이르렀고, 겨울 10월에는, 〈호산성〉을 함락하였다.

○十二年, 春,二月에 重築〈鄙羅城(鄒羅城)〉하
십 이 년 춘 이 월 중 축 비 라 성 추 라 성
다. 三月에 龍見,〈鄒羅井:慶州,南七里〉하다. 初에 開,
삼 월 용 현 추 라 정 초 개
京師市肆하여 以通,四方之貨하니라.
경 사 시 사 이 통 사 방 지 화

▶ **어려운 낱말** ◀

[重築(중축)] : 다시 쌓다. [鄙] : 더러울(비). 변경. [鄒] : 지명. 땅이름(추).
[京師(경사)] : 서울, 즉 금성. [肆] : 가게(사). [貨] : 재물, 물자(화).

▷ **본문풀이** ◁

12년, 봄 2월에 〈비라성〉을 다시 쌓았다. 3월에, 〈추라정〉에 용이 나타났다. 처음으로, 서울에 시장을 열어 사방의 재물을 유

통시켰다.

○十四年, 春夏,旱하니 王이 責己하여 減,常膳하다.
십 사 년 춘 하 한 왕 책 기 감 상 선

▶어려운 낱말◀

[減] : 줄이다(감). [減常膳(감상선)] : 항상 먹는 반찬을 줄이다. [膳] : 반찬(선).

▷본문풀이◁

14년, 봄과 여름에 가뭄이 들자, 왕이 자신의 책임을 느끼고 자신이 먹는 음식을 줄이도록 하였다.

○十五年, 春,三月에 百濟王「牟大:東城王」가 遣使請婚하니 王이 以,伊伐湌「比智」女를 送之하다. 秋,七月에 置,〈臨海:경주의 동쪽?〉,〈長嶺:경주 동쪽 25리〉二鎭하여 以備倭賊하다.
십 오 년 춘 삼 월 백 제 왕 모 대 견 사 청 혼 왕 이 이 벌 찬 비 지 여 송 지 추 칠 월 치 임 해 장 령 이 진 이 비 왜 적

▷본문풀이◁

15년, 봄 3월에 백제왕「모대」가 사신을 보내 혼인을 청하니, 왕은 이벌찬「비지」의 딸을 보냈다. 가을 7월, 〈임해〉, 〈장령〉의 두 진(鎭)을 설치하여 왜적을 방비하였다.

○十六年, 夏,四月에 大水하다. 秋,七月에 將軍
십 육 년 하 사 월 대 수 추 칠 월 장 군
「實竹」等이 與,高句麗로 戰,〈薩水(:淸州)〉之原하
실 죽 등 여 고 구 려 전 살 수 지 원
여 不克하고 退保,〈犬牙城:위치 미상〉하다. 高句麗
불 극 퇴 보 견 아 성 고 구 려
兵이 圍之하니 百濟王「牟大」가 遣兵三千하여 救,
병 위 지 백 제 왕 모 대 견 병 삼 천 구
解圍하다.
해 위

▶ 어려운 낱말 ◀

[救解圍(구해위)] : 포위를 풀어 구하다.

▷ 본문풀이 ◁

16년, 여름 4월에 홍수가 났다. 가을 7월, 장군 「실죽」 등이 〈살수〉 벌에서 고구려와 싸웠으나 이기지 못하고 퇴각하여 〈견아성〉을 지키고 있었다. 고구려 군사가 포위하니, 백제왕 「모대」가 군사 3천 명을 보내 주어서 포위를 풀고 구원하였다.

○十七年, 春,正月에 王이 親祀神宮하다. 秋,八
십 칠 년 춘 정 월 왕 친 사 신 궁 추 팔
月에 高句麗가 圍,百濟〈雉壤城:未詳〉하니 百濟請
월 고 구 려 위 백 제 치 양 성 백 제 청
救하다. 王이 命,將軍「德智」로 率兵以,救之하여
구 왕 명 장 군 덕 지 솔 병 이 구 지
高句麗,衆潰하니 百濟王이 遣使來謝하다.
고 구 려 중 궤 백 제 왕 견 사 래 사

▶어려운 낱말◀

[衆潰(중궤)] : 무리들을 궤멸했다. [遣使來謝(견사래사)] : 사신을 보내서 감사를 전함.

▷본문풀이◁

17년, 봄 정월에 왕이 신궁에 직접 제사를 올렸다. 가을 8월에, 고구려가 백제의 〈치양성〉을 포위하자, 백제가 구원을 요청하였다. 왕이 장군 「덕지」로 하여금 군사를 거느리고 가서 그들을 구원하게 하여서 고구려 군사가 궤멸해버리니 백제왕이 사신을 보내 사과하였다.

○十八年, 春,二月에 加耶國이 送,白雉하니 尾
십팔년 춘이월 가야국 송백치 미
長五尺이라. 三月에 重修宮室하고 夏,五月에 大
장오척 삼월 중수궁실 하오월 대
雨하여 閼川水漲하고 漂沒,二百餘家하다. 秋,七月
우 알천수창 표몰이백여가 추칠월
에 高句麗가 來攻〈牛山城:未詳〉하니 將軍「實竹」
고구려 내공 우산성 장군 실죽
이 出擊하여 〈泥河:江陵〉上에서 破之하다. 八月에
출격 이하 상 파지 팔월
幸하여 南郊觀稼하다.
행 남교관가

▶어려운 낱말◀

[白雉(백치)] : 하얀색의 꿩. [尾長(미장)] : 꼬리의 길이. [漲] : 넘을(창). [水漲(수창)] : 물이 불어 넘치디. [漂沒(표몰)] : 물에 잠기다. [南郊觀稼(남교관가)] :

남쪽 들판의 농사일을 구경하다. [觀稼(관가)] : 들판에서 농사일을 바라보다. [稼] : 심을(가). 농사 지음.

▷본문풀이◁

18년, 봄 2월에 가야국이 꼬리의 길이가 다섯 자인 흰 꿩을 보내왔다. 3월에, 궁실을 중수하였고, 여름 5월에, 큰 비가 내리고 알천의 물이 불어 2백여 호가 잠기거나 떠내려갔다. 가을 7월에, 고구려가 〈우산성〉을 공격하니 장군 「실죽」이 출격하여 〈이하(泥河)〉에서 그들을 격파하였다. 8월에, 왕이 남쪽 교외에 행차하여 농사일을 구경하였다.

○十九年, 夏.四月에 倭人이 犯邊하다. 秋.七月에 旱蝗하다. 命.群官하여 擧才堪.牧民者를 各.一人하다. 八月에 高句麗.攻陷〈牛山城〉하다.

(십구년, 하.사월에 왜인이 범변하다. 추.칠월에 한황하다. 명.군관하여 거재감.목민자를 각.일인하다. 팔월에 고구려.공함〈우산성〉하다.)

▶어려운 낱말◀

[擧(거)] : 추천. [才堪(재감)] : 재주가 뛰어남. [牧民者(목민자)] : 나라의 관리가 될 만한 사람.

▷본문풀이◁

19년, 여름 4월에 왜인이 변경을 침범하였다. 가을 7월에, 가뭄이 들고 메뚜기 떼가 나타났다. 왕이 모든 관리들에게 명하여 목민자가 될 만한 능력이 있는 자를 한 사람씩 천거하도록 하였다. 8월에, 고구려가 〈우산성〉을 공격하여 함락하였다.

○二十二年, 春,三月에 倭人이 攻陷〈長峰鎭:慶州동쪽?〉하다. 夏,四月에 暴風拔木하고 龍見,金城井하다. 京都에 黃霧四塞하다. 秋,九月에 王幸〈捺已郡:榮州〉하다. 郡人에 「波路」가 有,女子하니 名曰「碧花」라, 年이 十六歲에 眞,國色也라. 其父가 衣之以,錦繡하고 置,輿羃以,色絹하여 獻王하다. 王이 以爲饋食하고 開見之하니 斂然幼女라, 怪而不納하다. 及還宮하니 思念不已라. 再三微行하여 往,其家幸之하다. 路經〈古陁郡:安東〉에 宿於老嫗之家타가 因問曰, "今之人은 以,國王이 爲,何如主乎아?" 하니 對曰, "衆以爲,聖人이나 妾獨疑之니이다." 何者오? "竊聞하니 王이 幸〈捺已〉之女하여 屢,微服而來하니 夫,龍爲魚服이면 爲,漁者所制니 今王은 以,萬乘之位(천자를 뜻함)하여 不自愼重하면 此而爲聖이며 孰非聖乎리오?" 하니 王이

聞之大慙하여 則,潛逆迎女하여 置於別室하고 至
문지대참 즉잠역영녀 치어별실 지

生一子하다. 冬,十一月에 王薨하다.
생일자 동십일월 왕훙

▶ 어려운 낱말 ◀

[塞] : 막히다(색). [捺] : 누를(날). [錦繡(금수)] : 비단. [輿] : 수레(여). [冪] : 덮을(멱). [絹] : 비단(견). [饋食(궤식)] : 음식. [斂然(염연)] : 거두다. [不納(불납)] : 받지 않다. [思念不已(사념불이)] : 생각이 다하지 않다. [微行(미행)] : 몰래 행하다. [竊] : 훔칠(절). [屢] : 여러 번(누). [微服(미복)] : 평복. [魚服(어복)] : 고기 모습과 같다면. [所制(소제)] : 잡힘을 당하다. [大慙(대참)] : 크게 부끄럽게 여겨서. [逆] : 맞이하다(역). [潛逆(잠역)] : 몰래 만나다.

▷ 본문풀이 ◁

22년, 봄 3월에 왜인이 〈장봉진〉을 공격하여 점령하였다. 여름 4월에, 폭풍이 불어 나무가 뽑히고 용이 금성 우물에 나타났다. 도성에는 사방 누런 안개가 끼었다. 가을 9월에, 왕이 〈날이군〉에 행차하였다. 이 군에 살고 있는 「파로」라는 사람에게 딸이 있었으니, 이름은 「벽화」라고 하였고, 나이는 열여섯 살에 실로 일국의 미인이었다. 그의 아버지가 그녀에게 비단옷을 입혀 가마에 태우고 채색비단을 덮어 왕에게 바쳤다. 왕이 음식을 진상하는 것이라고 생각하여 열어 보니 얌전한 어린 소녀였는데, 왕은 이는 정상적인 일이 아니라고 여겨 받지 않았다. 그러나 왕이 대궐에 돌아오자 그녀에 대한 생각을 버릴 수 없었다. 왕은 두세 차례 미복으로 갈아입고 그녀의 집으로 찾아가 그녀와 관계를 맺었다. 어느 날은 도중에 〈고타군〉을 지나다가 한 노파의 집에 묵게 되었는데, 왕이 노파에게 묻기를, "오늘날 백성들은 국왕을 어떤 사람이라고 생각하는가?" 하니, 노파가 대답하기를, "많은 사람들이 성왕이라고 생각하지만 나는 그렇게 보지 않소." 왜냐하면, "내가 듣건대, 왕은 〈날이군〉에 사는 여자와 관계하면서 자주 평복을 입고 다닌다 하니, 무릇 용의 겉모습이 고기와 같이 생겼다면 어부의 손에 잡히는 것이라, 지금의 왕은 만승의 지위에 있는데 스스로 신중하지 못하니 이런 사람이 성인이라면 누가 성인이 아니겠소?" 했다. 왕은 이 말을 듣고 몹시 부끄러워 즉시 남모르게 그녀를 맞이하여 별실에 두었는데, 그녀는 아들을 하나 낳았다. 겨울 11월, 왕이 서거하였다.

22 智證麻立干(지증마립간) : 500~514

○智證麻立干이 立하니 姓은 金氏요, 諱는 〈智大路〉[或云智度路, 又云,智哲老]니라. 奈勿王之曾孫이며「習寶」葛文王之子요, *炤知王之再從弟也니

(지증마립간 입 성 김씨 휘 지대로 나물왕지증손 습보 갈문왕지자 소지왕지재종제야)

라. 母는 金氏로 鳥生夫人이며 訥祇王之女니라.
모 김씨 조생부인 눌지왕지녀
妃는 朴氏,延帝夫人이며「登欣」伊湌女니라. 王
비 박씨 연제부인 등흔 이찬녀 왕
體鴻大하고 膽力過人하다. 前王이 薨하니 無子라
체홍대 담력과인 전왕 훙 무자
故로 繼位하니 時年이 六十四歲니라.
고 계위 시년 육십사세

▶어려운 낱말◀

[智] : 지혜(지). [炤] : 밝을(소). [王體鴻大(왕체홍대)] : 임금의 체구가 매우 크다. [過人(과인)] : 남보다 지나치다.

▷본문풀이◁

지증 마립간이 왕위에 올랐다. 그의 성은 김씨이고, 이름은 〈지대로〉【혹은 지도로, 또는 지철로라고도 한다.】이다. 그는 나물왕의 증손이며,「습보」갈문왕의 아들이고, 소지왕의 재종 아우가 된다. 어머니는 김씨 조생부인이니 눌지왕의 딸이다. 왕비는 박씨 연제부인이며「등흔」이찬의 딸이다. 왕은 체격이 크고 담력이 뛰어났다. 전 임금이 서거하니 아들이 없었으므로 그가 왕위를 이었다. 이때 그의 나이는 64세였다.

○論曰, 新羅王稱에 居西干者一이며 次次雄者
논왈 신라왕칭 거서간자일 차차웅자
一하며 尼師今者十六하고 麻立干者四니라. 羅末
일 이사금자십육 마립간자사 나말

名儒.崔致遠作『帝王年代曆』에는 皆稱某王하고
명유 최치원작 제왕년대력 개칭모왕

不言.居西干.等하니 豈.以其言이 鄙野하여 不足
불언 거서간 등 기이기언 비야 부족

稱也인저? 曰,『左.漢』은 中國史書也니 猶存楚語
칭야 왈 좌한 중국사서야 유존초어

로 '穀於菟'라 하고 匈奴語로 '撐犁孤塗' 等이라
곡오도 흉노어 탱리고도 등

하니 今記.新羅事하야는 其存方言이 亦宜矣니라.
금기신라사 기존방언 역의의

▶어려운 낱말◀

[羅末名儒(나말명유)] : 신라 말 유명한 유학자. [其言鄙野(기언비야)] : 그 말씨가 천박함. [左.漢(좌.한)] : 좌전과 한서. [穀於菟(곡오도)] : 범어로 乳虎의 뜻이다. [菟] : 새삼(토, 도). [탱리고도(撐犁孤塗)] : 匈奴語로 천자의 뜻. [撐] : 버틸(탱). *원문에는 '照(炤)知王(麻立干)'으로 되어있음. [其存方言(기존방언)] : 방언을 보존함이. [亦宜(역의)] : 역시 옳다.

〖저자의 견해〗

신라의 왕 가운데에, 거서간 칭호를 사용한 경우가 하나이며, 차차웅 칭호를 사용한 경우가 하나, 이사금 칭호를 사용한 경우가 열여섯, 마립간 칭호를 사용한 경우가 넷이다. 신라 말의 명유 최치원이 지은 [제왕연대력]에서는 이들을 모두 왕(王)이라고 불렀고, 거서간 등으로는 부르지 않았다. 그러나 무슨 이유로 그 용어가 천박하여 부를 만한 것이 못된다고 여긴 것인가? [좌전]과 [한서]는 중국의 역사서이다. 그러나 이 책에는 오히려 초나라 용어인 '곡오도(穀於菟)'와 흉노 용어인 '탱리고도(撐犁孤塗)'라는 말이 그대로 보존되어 있다. 이제 신라의 사적을 기록함에 있어서도 방언을 그대로 기록해두는 것이 또한 옳다고 생각한다.

○三年, 春,三月에 下令하여 禁,殉葬하다. 前에
삼년 춘삼월 하령 금순장 전
國王이 薨하면 則,殉에 以,男女로 各,五人이나 至
국왕 훙 즉순 이남녀 각오인 지
是로 禁焉하다. 親祀神宮(柰乙)하고, 三月에 分命,
시 금언 친사신궁 삼월 분명
州郡主하여 勸農하니 始用牛耕하니라.
주군주 권농 시용우경

▶ 어려운 낱말 ◀

[禁殉葬(금순장)] : 순장을 금하다. [分命(분명)] : 분명하게 명을 내리다. [勸農(권농)] : 농사를 권장함. [牛耕(우경)] : 소를 사용하여 땅을 갈다.

▷ 본문풀이 ◁

3년, 봄 3월에 순장을 금하는 명령을 내렸다. 이전에는 임금이 죽으면 남녀 각각 다섯 명씩을 순장하였는데, 이때에 와서 폐지되었다. 왕이 직접 신궁에 제사를 지냈고, 3월에, 주와 군주에 꼭같이 명령하여 농사를 권장토록 하였으며, 처음으로 소를 이용하여 밭을 갈기 시작하였다.

○四年, 冬,十月에 群臣上言하다. "始祖創業(開
사년 동시월 군신상언 시조창업
國)已來로 國名未定하여 或稱,斯羅하고 或稱,斯盧
이래 국명미정 혹칭사라 혹칭사로

하며 或言,〈新羅〉라" 하니 臣等은 以爲 "新者는 德
혹언 신라 신등 이위 신자 덕
業日新하고 羅者는 網羅四方之義라, 則,其爲,國
업일신 나자 망라사방지의 즉 기위 국
號가 宜矣하니다. 又觀自古로 有,國家者는 皆,稱
호 의의 우관자고 유 국가자 개 칭
帝稱王이나 自我,始祖立國으로 至今,二十二世까
제칭왕 자아 시조립국 지금 이십이세
지 但稱方言으로 未正尊號이니 今,群臣이 一意로
단칭방언 미정존호 금 군신 일의
謹,上號하여 '新羅國王' 하나이다." 하니 王이 從之
근 상호 신라국왕 왕 종지
하다.

▶ 어려운 낱말 ◀

[德業日新(덕업일신)] : 덕과 업이 날로 새롭다. [網羅四方(망라사방)] : 사방에 버려 놓다. 사방을 덮다. [尊號(존호)] : 임금을 높이는 호. [謹上號(근상호)] : 삼가 호를 올려서. * 新羅者는 德業日(新)하고 網(羅)四方이라. 그래서 '신라' 라고 함.

▷ 본문풀이 ◁

4년, 겨울 10월에 여러 신하들이 왕에게 말하기를, "시조가 나라를 창건한 이래로 나라 이름을 아직 정하지 못한 채 〈사라〉라고 부르기도 하고, 〈사로〉라고 부르기도 하였으며, 또는 〈신라〉라고 부르기도 하였습니다." 저희들은, " '신(新)' 은 덕업이 나날이 새로워진다는 뜻이요, '라(羅)' 는 사방을 모두 망라한다는 뜻이므로, '신라' 를 나라 이름으로 삼는 것이 옳다고 생각합니다.

또한 예로부터 나라의 군주를 살펴보면, 모두 '제(帝)' 나 '왕' 으로 칭호를 삼았는데, 우리 시조가 나라를 창건하고 지금까지 22대가 되도록 오직 방언으로 왕호를 삼았을 뿐 아직도 존귀한 칭호를 정하지 못했으니, 이제 여러 신하들이 한 뜻으로 삼가 '신라국왕' 이라는 칭호를 올립니다." 하니, 왕이 이를 따랐다.

○五年, 夏,四月에 制,喪服法하여 頒行하다. 秋,九月에 徵,役夫하여 築〈波里:三陟부근?〉,〈彌實:興海〉,〈珍德?〉,〈骨火:永川〉,等,十二城하다.

(오년 하사월 제상복법 반행 추 구월 징역부 축파리 미실 진덕 골화 등 십이성)

▶어려운 낱말◀

[頒行(반행)] : 반포하여 실행하다. [徵] : 부르다. 징발(징). [徵役夫(징역부)] : 부역할 사람을 징발함.

▷본문풀이◁

5년, 여름 4월에 상복법(喪服法)을 제정하여 반포 시행하였다. 가을 9월에, 일할 사람을 징발하여 〈파리〉, 〈미실〉, 〈진덕〉, 〈골화〉 등의 열두 개 성을 쌓았다.

○六年, 春,二月에 王이 親定,國內州郡縣하다. 置,〈悉直州:三陟〉하여 以「異斯夫」로 爲,軍主하니

(육년 춘이월 왕 친정국내주군현 치실직주 이 이사부 위군주)

軍主之名은 始於此니라. 冬,十一月에 始命所司하
군 주 지 명 　 시 어 차 　 　 동 십 일 월 　 시 명 소 사

여 藏氷하고 又制舟楫之利하다.
장 빙 　 우 제 주 즙 지 리

▶ 어려운 낱말 ◀

[悉] : 모두(실). [軍主(군주)] : 군대를 총괄하는 사람. [藏氷(장빙)] : 얼음을 저장함. [楫] : 노(즙,접). [舟楫之利(주즙지리)] : 선박이용의 제도화. * '軍主之名, 始於此' 라는 기록은 伐休尼師今 2년 조에도 보인다. 그러나 이곳의 기록이 맞다.

▷ 본문풀이 ◁

6년, 봄 2월에 왕이 친히 국내의 주와 군과 현을 정하였다. 〈실직주〉를 설치하고 「이사부」를 군주로 임명하였다. 군주라는 칭호는 이에서 시작되었다. 겨울 11월에, 처음으로 소관 부서에 명하여 얼음을 저장하게 하고, 또한 선박의 이용을 법제화 하였다.

○ 七年, 春,夏旱하여 民饑하니 發倉賑救하다.
칠 년 　 춘 하 한 　 　 민 기 　 　 발 창 진 구

▶ 어려운 낱말 ◀

[發倉賑救(발창진구)] : 창고를 풀어 구제함.

▷ 본문풀이 ◁

7년, 봄과 여름에 가뭄이 들어 백성들이 굶주리자, 창고를 풀어 구제하였다.

○十年, 春,正月에 置,京都東市하다. 三月에 設,
십 년 춘 정 월 치 경 도 동 시 삼 월 설

檻穽하여 以除猛獸之害하다. 秋,七月에 隕霜殺菽
함 정 이 제 맹 수 지 해 추 칠 월 운 상 살 숙

하다.

▶ 어려운 낱말 ◀

[京都東市(경도동시)] : 경도에 동시를 설치함. [設,陷穽(설함정)] : 울타리와 함정을 설치함. [檻穽(함정)] : 울타리 밑에 함정을 설치하여 맹수를 막았다. [以除猛獸之害(이제맹수지해)] : 맹수의 피해를 막음.

▷ 본문풀이 ◁

10년 봄 정월, 경도에 동시를 설치하였다. 3월, 나무 울타리와 함정을 만들어 맹수의 피해를 없애도록 하였다. 가을 7월, 서리가 내려 콩이 죽었다.

○十一年, 夏,五月에 地震壞,人屋하고 有,死者
십 일 년 하 오 월 지 진 괴 인 옥 유 사 자

하다. 冬,十月에 雷하다.
동 시 월 뢰

▶ 어려운 낱말 ◀

[壞人屋(괴인옥)] : 인가가 파괴됨.

▷ 본문풀이 ◁

11년, 여름 5월에 지진이 나서 민가가 쓰러지고 사람이 죽었다. 겨울 10월에 천둥과 우레가 있었다.

○十三年, 夏,六月에 〈于山國〉이 歸服(來屬)하여
십 삼 년 하 유 월 우 산 국 귀 복

歲以土宜로 爲貢하다. 于山國은 在,〈溟州:江陵〉正
세 이 토 의 위 공 우 산 국 재 명 주 정

東,海島이니 或名,〈鬱陵島〉라 하다. 地方,一百里하
동 해 도 혹 명 울 릉 도 지 방 일 백 리

여 恃險不服하더니 伊飡「異斯夫」가 爲〈何瑟羅
시 험 불 복 이 찬 이 사 부 위 하 슬 라

州:江陵〉軍主하여 謂,于山人이 愚悍하여 難以威來
주 군 주 위 우 산 인 우 한 난 이 위 래

하여 可以計服이라 하고 乃,多造木偶獅子하여 分
가 이 계 복 내 다 조 목 우 사 자 분

載戰船하고 抵,其國海岸하여 告曰, "汝若不服이
재 전 선 저 기 국 해 안 고 왈 여 약 불 복

면 則,放此猛獸하여 踏殺之하리라." 하니 國人이
즉 방 차 맹 수 답 살 지 국 인

恐懼則降하다.
공 구 즉 항

▶ 어려운 낱말 ◀

[于山國(우산국)] : 울릉도. [土宜(토의)] : 토산물. [鬱] : 막힐(울). [恃險不服(시험불복)] : 지형의 험난함을 믿고 항복하지 않음. [悍] : 사나울(한). [愚悍(우한)] : 어리석고 사납다. [難以威來(난이위래)] : 위엄으로 다루기가 어려우므로, 來는 허사. [計服(계복)] : 계략으로 항복시킴. [獅] : 사자(사). [木偶獅子(목우사자)] : 나무로 만든 사자. [抵] : 닿을(저). [踏殺(답살)] : 밟아 죽임. [恐懼(공구)] : 두려워서. [降] : 항복(항,강).

▷ **본문풀이** ◁

13년 여름 6월, 〈우산국〉이 귀순하여, 매년 토산물을 조공으로 바치기로 하였다. 〈우산국〉은 〈명주〉의 정 동쪽 바다에 있는 섬인데, 〈울릉도〉라고도 한다. 그 섬은 사방 1백 리인데, 그들은 지세가 험한 것을 믿고 항복하지 않았었다. 이찬 「이사부」가 〈하슬라주〉의 군주가 되었을 때, 우산 사람들이 우둔하고도 사나우므로, 위세로 다루기는 어려우며, 계략으로 항복시켜야 한다고 말했다. 그는 곧 나무로 가짜 사자를 만들어 병선에 나누어 싣고, 〈우산국〉의 해안에 도착하였다. 그는 거짓말로 "너희들이 만약 항복하지 않는다면 이 맹수를 풀어 너희들을 밟아 죽이도록 하겠다."고 말하였다. 〈우산국〉의 백성들이 두려워하여 곧 항복하였다.

○十五年, 春,正月에 置,小京於〈阿尸村:安康〉하
십 오 년 춘 정 월 치 소 경 어 아 시 촌

고 秋,七月에 徙,六部及,南地人户하여 充實之하
추 칠 월 사 육 부 급 남 지 인 호 충 실 지

다. 王薨하니 諡曰「智證」이라 하다. 新羅諡法이
왕 훙 시 왈 지 증 신 라 시 법

始於此니라.
시 어 차

▶ **어려운 낱말** ◀

[小京(소경)] : 작은 도시. [尸] : 시체(시). [徙] : 이사(사). [南地(남지)] : 남쪽 지방. [人戸(인호)] : 주민들. [充實之(충실지)] : 충실하게 하다. [諡] : 시호(시). [新羅諡法(신라시법)] : 신라에서 시호를 쓰는 법.

▷ **본문풀이** ◁

15년, 봄 정월에 〈아시촌〉에 소경을 설치하고, 가을 7월에, 6부와 남쪽 지방의 주민들을 옮겨 살게 하여, 이곳에 채워서 충실하게 했다. 왕이 서거하였다. 시호를 「지증」이라 하였으니, 신라의 시호법이 이로부터 시작되었다.

23 法興王(법흥왕) : 514~540

○法興王이 立하다. 諱는 原宗[〈册府元龜〉에는 姓이
　법 흥 왕　 입　　 휘　 원 종

募요 名은 泰]이니 智證王의 元子니라. 母는 延帝夫
　　　　　　　 지 증 왕　 원 자　　 모　 연 제 부

人이며 妃는 朴氏로 保刀夫人이다. 王은 身長이
인　　 비　 박 씨　 보 도 부 인　　 왕　 신 장

七尺이요, 寬厚愛人하다.
칠 척　　 관 후 애 인

▶ **어려운 낱말** ◀

[諱(휘)] : 이름. [册府元龜(책부원구)] : 책 이름. [保] : 보호할(보). [寬] : 너그러울(관). [厚] : 후할(후). [寬厚(관후)] : 너그럽고 관대함.

▷ **본문풀이** ◁

법흥왕이 왕위에 올랐다. 이름은 원종【'책부원귀' 에는 성이 '모' 이며, 이름은 '태' 라고 되어 있다.】이며, 지증왕의 원자이다. 그의 어머니는 연제부인이요, 그의 왕비는 박씨이며 보도부인이다. 왕은 키가 7척이고, 성품이 관대하여 사람 사귀기를 좋아하였다.

○ 三年, 春,正月에 親祀神宮(柰乙神宮)하다. 龍見, 楊山井中하다.
삼년 춘정월 친사신궁 용현 양산정중

▶ **어려운 낱말** ◀

[祀] : 제사(사). [神宮(신궁)] : 신을 모신 집. [楊] : 버들(양). [井] : 우물(정).

▷ **본문풀이** ◁

3년, 봄 정월에 왕이 직접 신궁에 제사를 지냈다. 양산 우물에서 용이 나타났다.

○ 四年, 夏,四月에 始置兵部하다.
사년 하사월 시치병부

▷ **본문풀이** ◁

4년, 여름 4월에 처음으로 병부(兵部)를 설치하였다.

○ 五年, 春,二月에 築,〈株山城〉하다.
오년 춘이월 축 주산성

▶ **어려운 낱말** ◀

[築] : 쌓을(축). [株] : 나무그루(주).

▷ **본문풀이** ◁

5년, 봄 2월에 〈주산성〉을 쌓았다.

○ 七年, 春,正月에 頒示律令하고 始制,百官公服하고 朱紫之秩하다.
칠년 춘정월 반시율령 시제백관공복 주자지질

▶ **어려운 낱말** ◀

[頒] : 반포할(반). [律令(율령)] : 법령. [朱] : 붉을(주). [紫] : 자색(자). [朱紫(주자)] : 주색과 자색. [秩] : 차례(질). 순서, 등급.

▷ **본문풀이** ◁

7년, 봄 정월에 법령을 반포하고, 처음으로 관리들의 관복을 제정하였다. 붉은 빛과 자줏빛으로 등급을 표시하였다.

○ 八年에 遣使於〈梁〉하여 貢,方物하다.
팔년 견사어 양 공방물

▶ **어려운 낱말** ◀

[梁] : 양나라. 들보(양). [貢] : 바칠(공). [貢方物(공방물)] : 방물을 조공 보내다.

▷본문풀이◁

8년, 사신을 〈양(梁)〉나라에 보내 토산물을 바쳤다.

○九年, 春.三月에 加耶國王이 遣使請婚하니 王
구 년 춘 삼 월 가 야 국 왕 견 사 청 혼 왕

은 以.伊湌「比助夫」之妹를 送之하다.
이 이 찬 비 조 부 지 매 송 지

▶어려운 낱말◀

[請婚(청혼)] : 청혼하다. [助] : 돕다(조). [妹] : 여동생(매).

▷본문풀이◁

9년, 봄 3월에 가야국왕이 사신을 보내 혼인을 청하였다. 이찬 「비조부」의 누이를 보냈다.

○十一年, 秋.九月에 王이 出巡하여 南境拓地하
십 일 년 추 구 월 왕 출 순 남 경 척 지

다. 加耶國王이 來會하다.
가 야 국 왕 내 회

▶어려운 낱말◀

[拓] : 개척할(척). [南境拓地(남경척지)] : 남쪽 경계지역의 땅을 넓힘.

▷본문풀이◁

11년, 가을 9월에 왕이 남쪽 국경을 순행하면서 국토를 개척하였다. 가야국왕이 와서 회견하였다.

○十二年, 春,二月에 以,大阿飡「伊登」으로 爲,
십 이 년 춘 이 월 이 대 아 찬 이 등 위
〈沙伐州〉君主하다.
사 벌 주 군 주

▶어려운 낱말◀

[登] : 오를(등).

▷본문풀이◁

12년, 봄 2월에 대아찬「이등」을〈사벌주〉군주(軍主)로 임명하였다.

○十五年에 肇行佛法하다. 初에 訥祇王時에 沙
십 오 년 조 행 불 법 초 눌 지 왕 시 사
門「墨胡子」가 自,高句麗로 至,〈一善郡:善山〉하니
문 묵 호 자 자 고 구 려 지 일 선 군
郡人「毛禮」가 於,家中에 作,窟室하고 安置하다.
군 인 모 례 어 가 중 작 굴 실 안 치
於是에〈梁〉이 遣使에 賜,衣著香物이나 君臣이
어 시 양 견 사 사 의 저 향 물 군 신
不知其,香名과 與其所用이라 遣人하여 齎香徧問
부 지 기 향 명 여 기 소 용 견 인 재 향 편 문
하니「墨胡子」見之하고 稱其名目曰, "此,焚之
묵 호 자 견 지 칭 기 명 목 왈 차 분 지
則,香氣芬馥하여 所以達誠於,神聖하며 所謂〈神
즉 향 기 분 복 소 이 달 성 어 신 성 소 위 신
聖〉하여 未有過於,三寶니 一曰, 佛陀(득도자)요, 二
성 미 유 과 어 삼 보 일 왈 불 타 이
曰, 達摩(일체만법)요, 三曰, 僧伽(불제자.沙門)니라.
왈 달 마 삼 왈 승 가

若,燒此發願이면 則,必有靈應이라." 하니 時에 王
약 소 차 발 원 즉 필 유 영 응 시 왕

女가 病革하여 王이 使,「胡子」로 焚香表誓하니 王
녀 병 혁 왕 사 호 자 분 향 표 서 왕

女之病이 尋愈하니라. 王이 甚喜하여 餽贈尤厚하
녀 지 병 심 유 왕 심 희 궤 증 우 후

다.「胡子」가 出見「毛禮」하고 以,所得物贈之하며
호 자 출 현 모 례 이 소 득 물 증 지

因語曰, "吾今에 有,所歸하여 請辭한다." 하고 俄
인 어 왈 오 금 유 소 귀 청 사 아

而,不知所歸하다. 至『毗處王:炤知王』時에 有「阿
이 부 지 소 귀 지 비 처 왕 시 유 아

道」[一作,我道] 和尙(승려의 존칭)이 與,侍者三人으로
도 화 상 여 시 자 삼 인

亦來「毛禮」家하니 儀表似「墨胡子」하다. 住,數
역 래 모 례 가 의 표 사 묵 호 자 주 수

年에 無病而死하고 其,侍者三人留住하여 講讀經
년 무 병 이 사 기 시 자 삼 인 유 주 강 독 경

律하니 往往有,信奉者하다. 至是에 王이 亦欲興,
률 왕 왕 유 신 봉 자 지 시 왕 역 욕 흥

佛敎하나 群臣不信하고 喋喋騰,口舌하니 王이 難
불 교 군 신 불 신 첩 첩 등 구 설 왕 난

之하다. 近臣「異次頓」[或云,處道.]이 奏曰, "請斬小
지 근 신 이 차 돈 주 왈 청 참 소

臣하여 以定衆議하소서." 하니 王曰, "本欲興道인
신 이 정 중 의 왕 왈 본 욕 흥 도

데 而殺無辜는 非也니라." 하니 答曰, "若,道之得
이 살 무 고 비 야 답 왈 약 도 지 득

行이면 臣雖死나 無憾이니다." 王이 於是에 召,群
행 신 수 사 무 감 왕 어 시 소 군

臣問之하니 僉曰, "今見僧徒는 童頭異服하고 議
신 문 지 첨 왈 금 견 승 도 동 두 이 복 의

論奇詭하여 而非常道니이다. 今若縱之하면 恐有
론기궤 이비상도 금약종지 공유

後悔하리다 臣等은 雖卽重罪라도 不敢奉詔하나이
후회 신등 수즉중죄 불감봉조

다." 「異次頓」 獨曰, "今,群臣之言이 非也니다.
이차돈 독왈 금군신지언 비야

夫有,非常之人이라야 然後에 有,非常之事니이다.
부유비상지인 연후 유비상지사

今聞佛敎淵奧하니 恐,不可不信이니다." 하니 王
금문불교연오 공불가불신 왕

曰, "衆人之言이 牢不可破한데 汝獨異言하니 不
왈 중인지언 뇌불가파 여독이언 불

能兩從이로다." 하고 遂,下吏하여 將誅之하다. 「異
능양종 수하이 장주지 이

次頓」 臨死曰, "我,爲法하여 就刑하니 佛若有神
차돈 임사왈 아위법 취형 불약유신

이면 吾死,必有異事하리라." 하고 及斬之하니 血從,
오사필유이사 급참지 혈종

斷處湧하고 色白如乳러라. 衆이 怪之하여 不復,非
단처용 색백여유 중 괴지 불부비

毁佛事하다.[此據는 金大問『鷄林雜傳』所記書之요, 大柰麻, 金
훼불사

用行이 所撰한 '我道和尙碑' 의 所錄과는 殊異하다.]

▶ **어려운 낱말** ◀

[肇行(조행)] : 처음으로 행하다. [沙門(사문)] : 스님. [窟] : 땅굴(굴). [衣著(의저)] : 옷가지. [齎] : 가져온 물건(재). [齎香徧問(재향편문)] : 가져온 향을 두루 물어보았다. [芬馥(분복)] : 향기가 높은 모양. [未有過(미유과)] : 지나지 않음이 없다. [革] : 심하다(혁). [病革(병혁)] : 병이 위독하여짐. [表誓(표서)]

: 맹서를 표하다. [尋愈(심유)] : 병이 낫다. [餽贈尤厚(궤증우후)] : 예물을 후하게 보냄. [餽] : 보낼(궤). 먹일(궤). [經律(경률)] : 불경과 계률. [喋] : 재잘거릴(첩). [喋喋騰口舌(첩첩등구설)] : 입으로 재잘거림. [辜] : 무고할(고). [憾] : 끼일(감). [僉] : 여러분(첨). [詭] : 속일(궤). [詔] : 고할(조). 조서, 임금의 말씀. [淵奧(연오)] : 오묘하니. [牢] : 굳이. 견고하다(뢰).

▷본문풀이◁

15년, 처음으로 불법이 시행되었다. 처음 눌지왕 때, 중 「묵호자」가 고구려로부터 〈일선군〉에 왔었다. 그곳 사람 「모례」가 집 안에 굴을 파서 방을 만들고 그를 편히 모셨다. 이때 〈양〉나라에서 사신을 보내 의복과 향을 주었으나 임금이나 신하들이 그 향의 이름과 용도를 알지 못했다. 이렇게 되자 관리에게 향을 주어 여러 곳을 다니며 물어보게 하였다. 「묵호자」가 이를 보고 그 이름을 말해주면서 "이것을 태우면 향기가 피어나고, 그 정성이 신성한 곳에 이르게 됩니다. 소위 〈신성〉이란 3보(三寶)를 일컫는 것이니, 첫째는 불타(佛陀)요, 둘째는 달마(達摩)요, 셋째는 승가(僧伽)라 합니다. 만일 이것을 태우며 원하는 바를 기원하면 반드시 영험이 있을 것이오."라고 말하였다. 그때 왕의 딸이 병으로 위독했었다. 왕은 「묵호자」로 하여금 향을 태우며 서원하게 하였다. 왕녀의 병이 낫게 되었다. 왕이 매우 기뻐하여 「묵호자」에게 예물을 후하게 주었다. 「묵호자」가 물러 나와 「모례」를 보고 예물을 주면서 "나는 지금 갈 데가 있어 작별코자 한다."라고 말했다. 잠시 후에 그가 간 곳을 알 수 없었다. 『비처왕』 때가 되어 「아도」 **【'阿道'를 '我道'로 쓰기도 한다.】** 화상이라는 사람이 시자(侍者) 세 사람과 역시 「모례」의 집으로 왔다. 그의 모습이 「묵호자」와 비슷하였다. 그는 몇 년 동안 살다가 아무런 병도 없이 죽었다. 그의 시자 세 사람이 그 집에 계속 머물러 있으면서 불경과 계율을 강독하니, 가끔 불법을 신봉하는 자가 나타났다. 이때에 이르러 왕도 역시 불교를 흥하게 하려 하였다. 그러나 여러 신하들이 불교를 믿지 않고 반대가 많았으므로 왕도 난처한 상황이 되었다. 근신 「이차돈」【혹은 처도라고도 한다.】이 왕에게 "청컨대 소신의 목을 베어 여러 사람들의 분분한 견해를 하나로 모으소서."라고 말했다. 왕은 "본래 불도를 흥하게 하려는 것인데, 무고한 사람을 죽이는 것은 옳지 않다."고 대답하였다. 「이차돈」은 "만약 불도가 시행된다면 소신이 죽더라도 유감이 없을 것입니다."라고 말했다. 이렇게 되자 왕은 여러 신하들을 불러 의견을 물었다. 그들은 모두 "요즈음 중의 무리를 보면, 머리를 깎고 이상한 복장을 하였으며, 말하는 것이 기괴하니, 이는 영원한 진실의 도가 아닙니다. 이제 만약 그들을 방치한다면 후회할 일이 생길까 염려되오니, 저희들은 비록 중죄를 당할지라도 감히 명령을 받들 수 없습니다."라고 말하였다. 「이차돈」은 홀로 "지금 여러 신하들의 말은 옳지 않습니다. 무릇 비상한 사람이 있은 후에야 비상한 일이 있는 것입니다. 이제 불교의 심오한 경지를 들어보면, 이를 믿지 않을 수 없을 것입니다."라고 말했다. 왕은 "여러 사람들의 의견이 강경하여 이를 꺾지 못하겠고, 너만이 혼자 견해가 다른 말을 하고 있으니, 두 편을 모두 따를 수는 없다."라고 말하고, 마침내 형리로 하여금 그의 목을 베도록 하였다. 「이차돈」이 죽음을 앞두고 말했다.

"나는 불법을 위하여 형벌을 받는다. 만일 부처의 영험이 있다면 내가 죽고 나서 반드시 이상한 일이 있을 것이다." 「이차돈」의 목을 베니, 목을 벤 곳에서 피가 솟아 나왔는데, 그 색깔이 젖빛처럼 희었다. 사람들이 이를 괴이하게 여겨 다시는 불사를 비방하거나 헐뜯지 못하였다.【이 기록은 김대문의 [계림잡전]에 의한 것이다. 그러나 이 기록은 대나마 김용행이 지은 '아도 화상비'의 기록과는 현격하게 다르다.】

○十六年에 下令하여 禁.殺生하다.
십육년 하령 금살생

▶ **어려운 낱말** ◀

[禁] : 금할(금). [禁殺生(금살생)] : 살생을 금함.

▷ **본문풀이** ◁

16년에 살생을 금하는 명령을 내렸다.

○十八年, 春.三月에 命.有司하여 修理堤防하다.
십팔년 춘삼월 명유사 수리제방

夏.四月에 拜.伊湌「哲夫」로 爲.上大等(수상)하고
하사월 배이찬 철부 위상대등

摠知國事하다. 上大等.官이 始於此하니 如.今之
총지국사 상대등관 시어차 여금지

宰相이니라.
재상

▶어려운 낱말◀

[知(지)] : 다스리다. [摠知(총지)] : 모두 맡다. [摠知國事(총지국사)] : 국사를 총괄함.

▷본문풀이◁

18년, 봄 3월에 유사에게 명하여 제방을 수리하였다. 여름 4월에, 이찬 「철부」를 상대등에 임명하고, 국사를 총괄하게 하였다. 상대등이라는 벼슬이 이때부터 시작되었으니, 이는 지금의 재상과 같다.

○十九年에 金官國(本加耶)主「金仇亥」가 與,妃及三子하니 長曰「奴宗」이요, 仲曰「武德」이요 季曰「武力」이니, 以,國帑寶物로 來降하다. 王이 禮待之하여 授位上等하고 以,本國으로 爲,食邑하다. 子,武力은 仕至,角干하니라.

(십구년 금관국 주 김구해 여비 급삼자 장왈 노종 중왈 무덕 계왈 무력 이국탕보물 내항 왕 예대지 수위상등 이본국 위식읍 자무력 사지각간)

▶어려운 낱말◀

[帑] : 금고(탕). 보물. [國帑寶物(국탕보물)] : 나라의 보물. [來降(내항)] : 항복해 오다. [食邑(식읍)] : 먹고 살 수 있도록 나라에서 주는 고을.

▷본문풀이◁

19년에, 금관국주 「김구해」가 왕비 및 그의 세 아들인 맏아들

「노종」, 둘째 아들 「무덕」, 막내아들 「무력」과 함께 금관국의 보물을 가지고 항복하여 왔다. 왕이 예의에 맞게 그를 대우하여 상등 직위를 주고, 금관국을 그의 식읍으로 주었다. 아들 「무력」은 벼슬이 각간에 이르렀다.

○二十一年에 上大等「哲夫」卒하다.
이십일년 상대등 철부 졸

▶어려운 낱말◀

[哲] : 밝을(철).

▷본문풀이◁

21년, 상대등 「철부」가 죽었다.

○二十三年에 始稱年號하여 云,『建元』으로 元年이라 하다.
이십삼년 시칭년호 운 건원 원년

▶어려운 낱말◀

[稱] : 일컬을(칭). [建] : 세울(건).

▷본문풀이◁

23년에 처음으로 연호를 정하여,『건원』 원년이라고 하였다.

○二十五年, 春,正月에 教許하되 外官,携家之任하다.
이십오년 춘정월 교허 외관휴가지 임

▶ 어려운 낱말 ◀

[教許(교허)] : 교서를 내려 허락하다. [携] : 끌(휴). [携家(휴가)] : 가족을 데리고.

▷ 본문풀이 ◁

25년, 봄 정월에 외관들이 가족을 데리고 부임해도 좋다는 교서를 내렸다.

○二十七年, 秋,七月에 王薨하니 謚曰「法興」이라 하다. 葬於〈哀公寺〉北峯(孝峴里 臥山)하니라.
이십칠년 추칠월 왕홍 시왈 법흥 장어 애공사 북봉

▶ 어려운 낱말 ◀

[謚] : 시호(시). 임금이 내리는 호칭. [葬] : 장례(장). [哀] : 슬플(애). [峯,峰] : 봉우리(봉).

▷ 본문풀이 ◁

27년, 가을 7월에 왕이 서거하였다. 시호를 「법흥」이라 하였다. 〈애공사〉 북쪽 봉우리에 장사지냈다.

24 眞興王(진흥왕) : 540~576

○眞興王이 立하다. 諱는 彡麥宗[或作,深麥夫]이니,
진흥왕 입 휘 삼맥종

時年이 七歲로 法興王弟, 葛文王「立宗」之子也
시년 칠세 법흥왕제 갈문왕 입종 지자야

니라. 母는 夫人金氏이니 法興王之女니라. 妃는 朴
모 부인김씨 법흥왕지녀 비 박

氏로 思道夫人이니 王이 幼少하여 王太后(법흥왕비)
씨 사도부인 왕 유소 왕태후

가 攝政하다.
섭정

▶ 어려운 낱말 ◀

[彡] : 터럭(삼). [幼少(유소)] : 어려서. [攝政(섭정)] : 정사를 도우다. [攝] : 간섭하다(섭).

▷ 본문풀이 ◁

진흥왕이 왕위에 올랐다. 이름은 삼맥종【혹은 심맥부라고도 한다.】이다. 이때 그의 나이 일곱 살이었고, 그는 법흥왕의 아우 갈문왕 「입종」의 아들이다. 그의 어머니는 김씨 부인이니, 법흥왕의 딸이다. 왕비는 박씨 사도 부인이니 왕이 어렸으므로 왕태후가 섭정하였다.

○元年, 八月에 大赦하고 賜,文武官爵一級하다.
원년 팔월 대사 사문무관작일급

冬,十月에 地震하고 桃李華하다.
동 시 월 지 진 도 리 화

▶ **어려운 낱말** ◀

[挑] : 복숭아(도). [華] : 빛날(화). 여기서는 '花' 로 통함. [桃李華(도리화)] : 복사꽃과 오얏꽃.

▷ **본문풀이** ◁

원년, 8월에 대사령을 실시했고 문무관들에게 작위 한 급씩을 올려 주었다. 겨울 10월에, 지진이 있었고, 복숭아나무와 오얏나무에 꽃이 피었다.

○二年, 春,三月에 雪,一尺하다. 拜「異斯夫」하여 爲,兵部令(지금의 국방장관)하고 掌,內外兵馬事(軍事)하다. 百濟가 遣使請和하니 許之하다.
이 년 춘 삼 월 설 일 척 배 이 사 부 위 병 부 령 장 내 외 병 마 사 백 제 견 사 청 화 허 지

▶ **어려운 낱말** ◀

[掌(장)] : 관장하다.

▷ **본문풀이** ◁

2년, 봄 3월에 눈이 한 자나 내렸다. 「이사부」를 병부령으로 임명하고, 중앙과 지방의 군대에 관한 업무를 맡게 하였다. 백제가 사신을 보내와 화친을 청하였다. 왕이 이를 허락하였다.

○五年, 春,二月에 〈興輪寺:慶州〉成하다. 三月에
오년 춘이월 흥륜사 성 삼월
許人出家하여 爲,僧尼奉佛하다.
허인출가 위승니봉불

▶어려운 낱말◀

[許人(허인)] : 누구나. [僧] : 스님(승). [尼] : 여승(니). [僧尼(승니)] : 스님. [奉佛(봉불)] : 부처를 받들다.

▷본문풀이◁

5년, 봄 2월에 〈흥륜사〉가 이루어졌다. 3월에는, 누구나 출가하여 중이 되어 부처를 믿는 것을 허락하였다.

○六年, 秋,七月에 伊湌「異斯夫」奏曰, "國史
육년 추칠월 이찬 이사부 주왈 국사
者는 記,君臣之善惡하여 示,褒貶於萬代니이다. 不
자 기군신지선악 시포폄어만대 불
有修撰이면 後代何觀이리오?" 하니 王이 深然之하
유수찬 후대하관 왕 심연지
고 命,大阿湌「居柒夫」等하여 廣集文士하여 俾
명대아찬 거칠부 등 광집문사 비
之修撰하다.
지수찬

▶어려운 낱말◀

[褒貶(포폄)] : 좋고 나쁨. 상과 벌. [俾] : ~하게 하다(비). [修撰(수찬)] : 서책을 편집하고 책을 만드는 일. [俾之修撰(비지수찬)] : 수찬을 하게 하다.

▷본문풀이◁

6년, 가을 7월에 이찬 「이사부」가 왕에게 이르기를, "나라의 역사라는 것은 임금과 신하들의 선악을 기록하여, 좋고 나쁜 것을 만대 후손들에게 보여주는 것입니다. 이를 책으로 편찬해놓지 않는다면 후손들이 무엇을 보겠습니까?" 라고 말하니, 왕이 깊이 그렇다고 여기고 대아찬 「거칠부」 등에게 명하여 문사들을 널리 모아 그들로 하여금 역사를 편찬하게 하였다.

○九年, 春, 二月에 高句麗가 與, 「穢」人(東濊)으로 攻, 百濟〈獨山城〉하니 百濟請救하다. 王이 遣, 將軍「朱玲」하여 領, 勁卒三千으로 擊之하여 殺獲甚衆하다.

구년 춘 이월 고구려 여 예 인 공 백제 독산성 백제청구 왕 견 장군 주령 영 경졸삼천 격지 살획심중

▶어려운 낱말◀

[穢] : 더러울(예). 濊貊族(예맥족). [穢人(예인)] : 예맥인. [勁] : 굳셀(경). [勁卒(경졸)] : 강한 군졸. [殺獲(살획)] : 죽이고 노획하다.

▷본문풀이◁

9년, 봄 2월에 고구려가 「예」와 함께 백제의 〈독산성〉을 공격하자, 백제가 구원을 요청하였다. 왕은 장군 「주령」을 보내서 정병 3천을 거느리고 그들을 공격하여서 포로를 많이 잡았고 살획한 자도 매우 많았다.

○十年, 春에 梁이 遣使하여 與,入學僧「覺德」
십 년 춘 양 견 사 여 입 학 승 각 덕

으로 送,佛舍利(佛骨)하다. 王이 使,百官으로 奉迎,
송 불 사 리 왕 사 백 관 봉 영

興輪寺,前路하다.
흥 륜 사 전 로

▶ **어려운 낱말** ◀

[輪] : 둥글(륜).

▷ **본문풀이** ◁

10년, 봄에 양나라가 사신과 유학승 「각덕」으로부터 부처의 사리를 보내왔다. 왕이 백관들로 하여금 홍륜사 앞길에서 그들을 맞이하게 하였다.

○十一年, 春,正月에 百濟가 拔,高句麗〈道薩城:
십 일 년 춘 정 월 백 제 발 고 구 려 도 살 성

天安?〉하다. 三月에 高句麗가 陷,百濟〈金峴城:全
삼 월 고 구 려 함 백 제 금 현 성

義?〉하다. 王이 乘,兩國兵疲하여 命,伊湌「異斯夫」
왕 승 양 국 병 피 명 이 찬 이 사 부

로 出兵擊之하여 取,二城하여 增築하고 留,甲士一
출 병 격 지 취 이 성 증 축 류 갑 사 일

千하여 戍之하다.
천 수 지

▶ **어려운 낱말** ◀

[薩] : 보살(살). [陷] : 함락(함). [乘(승)] : 틈타서. [疲] : 피로하다(피). [兵疲

(병피)] : 군사가 피로하다. [取] : 빼앗다(취). [戍] : 군인들이 지키다(수).

▷본문풀이◁

11년, 봄 정월에 백제가 고구려의 〈도살성〉을 빼앗았다. 3월에, 고구려가 백제의 〈금현성〉을 함락했다. 왕은 두 나라 군사가 피로한 틈을 타서 이찬 「이사부」로 하여금 그들을 공격하게 하여 두 성을 빼앗아 성을 증축하고, 군사 1천 명을 그곳에 머물러 수비하게 하였다.

○十二年, 春,正月에 改元『開國』이라 하다. 三
십이년 춘정월 개원 개국 삼

月에 王이 巡守次〈娘城:淸州〉하여 聞「于勒」及,
월 왕 순수차 낭성 문 우륵 급

其弟子「尼文」이 知,音樂하고 特喚之하다. 王은
기제자 이문 지 음악 특환지 왕

駐〈河臨宮〉하여 令奏其樂에 二人이 各製,新歌奏
주 하림궁 영주기악 이인 각제 신가주

之하다. 先是에 〈加耶國〉『嘉悉王』이 製,十二弦
지 선시 가야국 가실왕 제 십이현

琴하여 以象,十二月之律하고 乃命「于勒」하여 製
금 이상 십이월지률 내명 우륵 제

其曲에 及其國亂하다. 操,樂器投我하니 其樂名을
기곡 급기국란 조 악기투아 기악명

〈加耶琴〉이라 하다. 王이 命「居柒夫」等하여 侵,
가야금 왕 명 거칠부 등 침

高句麗하고 乘勝取,十郡하다.
고구려 승승취 십군

▶ 어려운 낱말 ◀

[改元,開國(개원개국)] : 연호를 '개국' 이라 고침. [巡守(순수)] : 임금이 순행함. [尼] : 여승(니). [特喚之(특환지)] : 특별히 그를 불렀다. [新歌奏(신가주)] : 새 노래를 지어 연주함. [弦琴(현금)] : 12줄 거문고. [操,樂器投我(조,악기투아)] : 악기를 가지고 우리나라에 귀순함.

▷ 본문풀이 ◁

12년, 봄 정월에 연호를 『개국』으로 바꾸었다. 3월, 왕이 순행 중에 〈낭성〉에서 묵으면서, 「우륵」과 그의 제자인 「이문」이 음악을 잘한다는 소문을 듣고 특별히 그들을 초청하였다. 왕은 〈하림궁〉에 머무르며 음악을 연주하여 두 사람은 각각 새 노래를 지어 연주하였다. 이에 앞서 〈가야국〉의 『가실왕』이 열두 달을 음률로 상징하는 12현금을 만들고, 「우륵」으로 하여금 이에 맞는 악곡을 짓게 하였다. 그러나 가야국이 혼란스러워지자 「우륵」은 악기를 가지고 우리나라로 귀순해왔으니, 이에 따라 그 악기의 이름을 〈가야금〉이라고 하였다. 왕이 「거칠부」 등에게 명하여 고구려를 공격하게 하고, 승승장구하여 열 곳의 군(郡)을 빼앗았다.

○十三年, 王이 命「階古」「法知」「萬德」三人
십 삼 년 왕 명 계 고 법 지 만 덕 삼 인
으로 學樂於「于勒」하다. 「于勒」은 量,其人之所能
학 악 어 우 륵 우 륵 양 기 인 지 소 능
하여 教, 「階古」로 以琴하고, 教, 「法知」로 以歌하
교 계 고 이 금 교 법 지 이 가
고, 教, 「萬德」으로 以舞하다. 業成에 王이 命,奏之
교 만 덕 이 무 업 성 왕 명 주 지

曰, "與前〈娘城〉之音과 無異라." 하고 厚賞焉하다.
왈 여전 낭성 지음 무이 후상언

▶ 어려운 낱말 ◀

[量] : 헤아리다(량). [所能(소능)] : 할 수 있는 능력. [業成(업성)] : 학업을 이루다. [無異(무이)] : 다름이 없음. [厚賞(후상)] : 상을 후하게 주다.

▷ 본문풀이 ◁

13년, 왕이 「계고」, 「법지」, 「만덕」 세 사람으로 하여금 「우륵」에게서 음악을 배우도록 하였다. 우륵은 그들의 기량에 따라서 「계고」에게는 '가야금' 을 가르치고, 「법지」에게는 '노래' 를 가르치고, 「만덕」에게는 '춤' 을 가르쳤다. 학업이 끝나자 왕이 그들로 하여금 연주하게 하고 이르기를, "그전에 〈낭성〉에서 듣던 소리와 다름이 없다." 라고 말하며, 후하게 상을 주었다.

○十四年, 春, 二月에 王이 命, 所司하여 築, 新宮
십사년 춘 이월 왕 명 소사 축 신궁
於月城東하니 「黃龍」이 見其地하다. 王이 疑之하
어월성동 황룡 현기지 왕 의지
여 改爲佛寺하고 賜號曰, 「皇龍」이라 하다. 秋, 七
개위불사 사호왈 황룡 추 칠
月에 取, 百濟東北鄙하여 置〈新州:지금의 廣州古邑〉하
월 취 백제동북비 치 신주
고 以, 阿飡 「武力:金官國主의 季子」으로 爲, 軍主하다.
이 아찬 무력 위 군주
冬, 十月에 娶, 百濟王女하여 爲, 小妃하다.
동 시월 취 백제왕녀 위 소비

▶어려운 낱말◀

[所司(소사)] : 맡은 관청. [新宮(신궁)] : 새 궁궐. [王疑之(왕의지)] : 임금이 (황룡이 나타난 것을) 이상히 여겨. [改爲佛寺(개위불사)] : 궁궐을 절로 바꾸다. [賜號(사호)] : 명칭을 내리다. [鄙(비)] : 변경. [置(치)] : 두다. [娶] : 장가들(취).

▷본문풀이◁

14년, 봄 2월에 왕이 관계 기관에 명하여 월성 동쪽에 새 궁궐을 짓게 하였는데, 그 터에서 「황룡」이 나타났다. 왕이 이를 이상히 여겨서 궁궐을 고쳐 절을 짓고, 「황룡」이라는 이름을 하사하였다. 가을 7월에, 백제의 동북 변경을 빼앗아 〈신주〉를 설치하였다. 아찬 「무력」을 그곳의 군주로 임명하였다. 겨울 10월, 왕이 백제의 왕녀를 맞아 소비로 삼았다.

○十五年, 秋,七月에 修築〈明活城:慶州 명활산성〉
십 오 년 추 칠 월 수 축 명 활 성
하다. 百濟王「明禮:聖王」가 與「加良」과 來攻〈管
백 제 왕 명 례 여 가 량 내 공 관
山城:沃川〉하니 軍主角干「于德」과 伊湌「耽知」
산 성 군 주 각 간 우 덕 이 찬 탐 지
等이 逆戰失利하다. 新州軍主「金武力」이 以,州
등 역 전 실 리 신 주 군 주 김 무 력 이 주
兵으로 赴之하여 及,交戰하고 裨將〈三年山郡:지금
병 부 지 급 교 전 비 장 삼 년 산 군
의 報恩〉의「高干都刀」가 急擊殺,百齊王하다. 於是
고 간 도 도 급 격 살 백 제 왕 어 시
에 諸軍乘勝하여 大克之하여 斬,佐平四人과 士卒,
제 군 승 승 대 극 지 참 좌 평 사 인 사 졸

二萬九千六百人하고 匹馬도 無反者하다.
이 만 구 천 육 백 인 필 마 무 반 자

▶ 어려운 낱말 ◀

[來攻(내공)] : 공격하여오다. [逆戰(역전)] : 맞붙어 싸웠으나. [失利(실리)] : 불리. [州兵赴之(주병부지)] : 그 고을의 군사를 끌고 와서. [急擊殺(급격살)] : 급히 추격하여 죽이다. [大克(대극)] : 크게 승리하다. [斬] : 목 베다(참). [佐平(좌평)] : 백제 때 16품 관등의 첫째 등급. 좌평은 모두 6좌평이 있었음. [匹馬無反(필마무반)] : 한 필의 말들도 돌아가지 못함.

▷ 본문풀이 ◁

15년, 가을 7월에 〈명활성〉을 수축하였다. 백제왕 「명례(明禮)」가 「가량」과 함께 와서 〈관산성〉을 공격하였다. 군주 각간인 「우덕」과 이찬 「탐지」 등이 이들과 싸웠으나 불리하게 되었다. 신주의 군주 「김무력」이 주병을 이끌고 와서 이들과 교전하였는데, 비장인 〈삼년산군〉의 「고간도도」가 재빨리 공격하여 백제왕을 죽였다. 이때 모든 군사들이 승세를 타고 싸워 대승하였다. 이 싸움에서 좌평 네 사람과 장병 2만 9천6백 명을 참살하였고, 백제군은 말 한 필도 살아서 돌아가지 못했다.

○十六年, 春,正月에 置〈完山州〉於〈比斯伐:지
십 육 년 춘 정 월 치 완 산 주 어 비 사 벌
금의 昌寧〉하다. 冬,十月에 王이 巡幸〈北漢山〉하여
동 시 월 왕 순 행 북 한 산
拓定封疆하고 十,一月에 至自,北漢山하여 教,所
척 정 봉 강 십 일 월 지 자 북 한 산 교 소

經州郡에 復,一年租調하고 曲赦除,二罪(絞,斬)하고
경 주 군 복 일 년 조 조 곡 사 제 이 죄

皆,原之하다.
개 원 지

▶ 어려운 낱말 ◀

[拓定封疆(척정봉강)] : 국경을 개척하여 정하다. [至自(지자)] : ~에서 돌아와. [敎(교)] : 교서. [所經州郡(소경주군)] : 지나온 고을에. [所經(소경)] : 지나온 곳(군). [復(복)] : 면제함. [曲赦(곡사)] : 어느 지방에 한하여 죄인을 사면. 曲은 일부분의 뜻. [皆原之(개원지)] : 모두 되돌리다.

▷ 본문풀이 ◁

16년, 봄 정월에 〈비사벌〉에 〈완산주〉를 설치하였다. 겨울 10월에, 왕이 〈북한산〉을 순행하여 국경을 확정하였고, 11월, 왕이 북한산에서 돌아와 교시를 내려, 순행했던 주와 군에 1년간의 납세를 면제해주고, 해당 지방 죄수 가운데 두 종류의 사형수를 제외하고 나머지를 모두 석방하게 하였다.

○十七年, 秋,七月에 置,〈比列忽州:安邊〉하고 以,
십 칠 년 추 칠 월 치 비 열 홀 주 이

沙湌「成宗」으로 爲,軍王(軍主)하다.
사 찬 성 종 위 군 왕

▶ 어려운 낱말 ◀

[忽] : 갑자기(홀).

▷ **본문풀이** ◁

17년, 가을 7월에 〈비열홀주〉를 설치하고, 사찬 「성종」을 그곳의 군주로 임명하였다.

○ 十八年, 以〈國原:忠州〉을 爲〈小京〉하다. 廢〈沙伐州:尙州〉하여 置〈甘文州:金泉郡〉하고 以沙飡「起宗」으로 爲軍主하다. 廢〈新州:廣州〉하고 置〈北漢山州〉하다.

십팔년 이 국원 위 소경 폐 사벌주 치 감문주 이사찬 기종 위군주 폐 신주 치 북한산주

▶ **어려운 낱말** ◀

[軍主(군주)] : 우두머리. 軍王- 軍主. [廢] : 폐하다, 없애다(폐). [置] : 두다(치).

▷ **본문풀이** ◁

18년, 〈국원〉을 〈소경〉으로 삼았다. 〈사벌주〉를 없애고 〈감문주〉를 설치하였다. 사찬 「기종」을 그곳의 군주로 임명하였다. 〈신주〉를 없애고 〈북한산주〉를 설치하였다.

○ 十九年, 春二月에 徙貴戚子弟及六部豪民을 以實〈國原〉하다. 奈麻「身得」이 作砲弩上之하여 置之城上하다.

십구년 춘이월 사귀척자제급육부호민 이실 국원 나마 신득 작포노상지 치지성상

▶ **어려운 낱말** ◀

[徙] : 옮기다(사). [貴戚(귀척)] : 귀족. [豪民(호민)] : 호족. [砲弩(포노)] : 포와 활(쇠뇌).

▷ **본문풀이** ◁

19년, 봄 2월에 귀족의 자제들과 6부의 호민들을 〈국원〉으로 옮겨 살게 하게 하여 〈국원〉을 충실하게 하였다. 나마 「신득」이 포와 노를 만들어 바쳤으므로, 이를 성 위에 설치하였다.

○二十三年, 秋,七月에 百濟,侵掠邊户어늘 王이
이십삼년 추 칠월 백제 침략변호 왕
出師拒之하여 殺獲一千餘人하다. 九月에 〈加耶〉
출사거지 살획일천여인 구월 가야
叛하니 王이 命「異斯夫」하여 討之하고, 「斯多
반 왕 명 이사부 토지 사다
含」으로 副之하다. 「斯多含」이 領,五千騎로 先馳
함 부지 사다함 영오천기 선치
入〈栴檀門〉하여 立,白旗하니 城中이 恐懼하여 不
입 전단문 입백기 성중 공구 부
知所爲하다. 「異斯夫」 引兵臨之하니 一時에 盡
지소위 이사부 인병임지 일시 진
降하다. 論功에 「斯多含」 爲最하여 王이 賞以,良
항 논공 사다함 위최 왕 상이양
田及,所虜二百口하다. 「斯多含」이 三讓이나 王이
전급소로이백구 사다함 삼양 왕
強之하니 乃受其,生口하여 放爲良人하고 田分與,
강지 내수기생구 방위량인 전분여
戰士하니 國人이 美之하라.
전사 국인 미지

▶ 어려운 낱말 ◀

[侵掠(침략)] : 침범하여 노략질하다. [邊戶(변호)] : 변방의 백성. [討] : 토벌할(토). [領] : 거느릴(령). [栴] : 단향목(전). [白旗(백기)] : 흰 깃발. [恐懼(공구)] : 두려워해서. [盡降(진항)] : 모두 항복함. [論功(논공)] : 공로를 가림. [良田(양전)] : 좋은 밭. [虜(로)] : 포로. [强之(강지)] : 강력히 주장함. [國人美之(국인미지)] : 온 나라 사람들이 잘한다고 칭찬함.

▷ 본문풀이 ◁

23년, 가을 7월에 백제가 변경의 주민을 침탈하기에 왕이 군사를 보내 싸워서 1천여 명을 죽이거나 사로잡았다. 9월에, 〈가야〉가 반란하니, 왕은 「이사부」로 하여금 그들을 토벌케 하고, 「사다함」으로 하여금 「이사부」를 돕게 하였다. 「사다함」이 기병 5천을 거느리고 먼저 〈전단문〉으로 들어가서 흰 깃발을 꽂으니 성 사람들 전체가 두려워하여 어찌 할 줄을 몰랐다. 「이사부」가 군사를 인솔하고 그곳에 도착하니, 그들이 일시에 모두 항복하였다. 공로를 평가하는데 「사다함」이 으뜸이었기에 왕이 좋은 밭과 포로 2백 명을 상으로 주었다. 「사다함」은 세 번이나 사양하였으나 왕이 강력하므로 포로를 받았으나, 「사다함」은 이들을 풀어주어 양민을 만들고, 밭은 군사들에게 나누어 주었다. 백성들이 이를 매우 아름답게 여겼다.

○ 二十五年(이십오년)에 遣使(견사)하여 〈北齊(북제)〉 朝貢(조공)하다.

▶ 어려운 낱말 ◀

[北齊(북제)] : 중국의 전국시대의 한 국가. [朝貢(조공)] : 상대편 국가에 방물을 보냄.

▷ 본문풀이 ◁

25년, 사신을 〈북제〉에 보내 조공하였다.

○二十六年, 春,二月에 北齊「武成皇帝」가 詔하여 以王爲 '使持節,東夷校尉,樂浪郡公,新羅王'하다. 秋,八月에 命,阿湌「春賦」로 出守國原하다. 九月에 廢,〈完山州:昌寧〉하고 置,〈大耶州:陜川〉하다. 陳,遣使「劉思」하여 與僧「明觀」으로 來聘하고 送,〈釋氏經論〉千七百餘卷하다.

(이십육년 춘 이월 북제 무성황제 조 / 이왕위 사지절 동이교위 낙랑군공 신라왕 / 추 팔월 명 아찬 춘부 출수국원 / 구월 폐 완산주 치 대야주 / 진 견사 유사 여승 명관 내빙 / 송 석씨경론 천칠백여권)

▶ 어려운 낱말 ◀

[詔] : 조서(조). [國原(국원)] : 국경. [釋氏經論(석씨경론)] : 불경의 이름.

▷ 본문풀이 ◁

26년, 봄 2월에 북제의 「무성황제」가 조서를 내려 왕을 '사지절, 동이교위, 낙랑군공, 신라왕' 으로 삼았다. 가을 8월에, 아찬 「춘부」로 하여금 국원을 지키게 하였다. 9월, 〈완산주〉를 없애고

〈대야주〉를 설치하였다. 진나라에서 사신 「유사」와 중 「명관」을 보내와 예빙하고, 불경 1천7백여 권을 보내왔다.

○二十七年, 春,二月에 〈祇園〉,〈實際〉二寺成하다. 立,王子 「銅輪」하여 爲,王太子하다. 遣使於陳하여 貢,方物하다. 〈皇龍寺〉畢功하다.
이십칠년 춘이월 지원 실제 이사성 입왕자 동륜 위왕태자 견사어진 공방물 황룡사 필공

▶ 어려운 낱말 ◀

[祇] : 공경할(지). [銅] : 구리(동). [輪] : 바퀴(륜). [方物(방물)] : 지방 특산물. [畢] : 마칠(필). [畢功(필공)] : 공사를 마무리함.

▷ 본문풀이 ◁

27년, 봄 2월에 〈지원〉사와 〈실제〉사 두 절이 준공되었다. 왕자 「동륜」을 왕태자로 봉하였다. 사신을 진나라에 보내 토산물을 바쳤다. 〈황룡사〉가 준공되었다.

○二十八年, 春,三月에 遣使於陳하여 貢,方物하다.
이십팔년 춘삼월 견사어진 공방물

▷ 본문풀이 ◁

28년, 봄 3월에 사신을 진나라에 보내 토산물을 바쳤다.

○二十九年, 改元하여 『大昌』이라 하다. 夏,六月
이 십 구 년 개 원 대 창 하 유 월
에 遣使於,陳하여 貢,方物하다. 冬,十月에 廢,〈北漢
견 사 어 진 공 방 물 동 시 월 폐 북 한
山州〉하고 置,〈南川州〉하다. 又廢,〈比列忽州〉하고
산 주 치 남 천 주 우 폐 비 열 홀 주
置,〈達忽州〉하다.
치 달 홀 주

▶ 어려운 낱말 ◀

[改元(개원)] : 연호를 고치다. [方物(방물)] : 우리나라에서 나는 중요 물건들.

▷ 본문풀이 ◁

29년, 연호를 『대창』으로 고쳤다. 여름 6월, 사신을 진나라에 보내 토산물을 바쳤다. 겨울 10월, 〈북한산주〉를 없애고 〈남천주〉를 설치하였다. 또한 〈비열홀주〉를 없애고 〈달홀주〉를 설치하였다.

○三十一年, 夏,六月에 遣使於,陳하여 獻,方物
삼 십 일 년 하 유 월 견 사 어 진 헌 방 물
하다.

▶ 어려운 낱말 ◀

[獻(헌)] : 드리다.

▷본문풀이◁

31년, 여름 6월에 사신을 진나라에 보내 방물을 바쳤다.

○三十二年에 遣使於陳하여 貢方物하다.
삼십이년 견사어진 공방물

▷본문풀이◁

32년, 사신을 진나라에 보내 방물을 바쳤다.

○三十三年, 春正月에 改元『鴻濟』하다. 三月에 王太子「銅輪」卒하다. 遣使北齊朝貢하다. 冬十月二十日에 爲戰死士卒하여 設八關筵會於外寺하여 七日에 罷하다.
삼십삼년 춘정월 개원 홍제 삼월 왕태자 동륜 졸 견사북제조공 동시월이십일 위전사사졸 설팔관연회어외사 칠일 파

▶어려운 낱말◀

[鴻] : 기러기(홍). [筵] : 자리(연). [八關筵會(팔관연회)] : 불교의 한 신앙의식으로, 여덟 가지 악을 關閉한다는 齋式. [外寺(외사)] : 지방에 있는 절. [罷] : 파할(파).

▷본문풀이◁

33년, 봄 정월에 연호를 『홍제』로 고쳤다. 3월, 왕태자「동륜」이 죽었다. 사신을 북제에 보내 조공하였다. 겨울 10월 20일, 전

사한 사졸을 위하여, 지방에 있는 절에서 팔관 연회를 열어 7일 만에 끝냈다.

○三十五年, 春,三月에 鑄成,〈皇龍寺丈六像〉하
삼 십 오 년 춘 삼 월 주 성 황 룡 사 장 륙 상

다. 銅重,三萬五千七斤하고 鍍金重,一萬一百九
동 중 삼 만 오 천 칠 근 도 금 중 일 만 일 백 구

十八分하다.
십 팔 푼

▶어려운 낱말◀

[鑄] : 주물(주). [丈六像(장륙상)] : 불상의 길이가 1장6척의 불상. 신라삼보(9층탑, 옥대, 장육존상)의 하나. [鍍] : 도금할(도).

▷본문풀이◁

35년, 봄 3월에 〈황룡사장륙상〉의 주조가 끝났다. 구리의 중량이 3만 5천7근이었으며, 도금한 금의 중량이 1만 1백9십8푼이었다.

○三十六年, 春夏旱하다. 皇龍寺丈六像이 出涙
삼 십 육 년 춘 하 한 황 룡 사 장 륙 상 출 루

至踵하다.
지 종

▶어려운 낱말◀

[涙] : 눈물(루). [踵] : 발꿈치(종).

▷**본문풀이**◁

36년, 봄과 여름에 가뭄이 들었다. 황룡사의 장륙상이 눈물을 흘렸는데, 그 눈물은 발꿈치까지 이르렀다.

○三十七年, 春에 始奉『源花』하다. 初에 君臣
삼 십 칠 년 춘 시 봉 원 화 초 군 신
이 病,無以知人하여 欲使,類聚群遊하고 以,觀其
병 무 이 지 인 욕 사 유 취 군 유 이 관 기
行義하여 然後에 擧而用之하다. 遂簡,美女二人하
행 의 연 후 거 이 용 지 수 간 미 녀 이 인
니 一曰,「南毛」요, 二曰,「俊貞」으로 聚徒,三百
일 왈 남 모 이 왈 준 정 취 도 삼 백
餘人하다. 二女爭娟相妬하다가 「俊貞」이 引,「南
여 인 이 녀 쟁 연 상 투 준 정 인 남
毛」於,私第하여 强,勸酒至醉하고 曳而投,河水하여
모 어 사 제 강 권 주 지 취 예 이 투 하 수
以殺之하다. 「俊貞」이 伏誅하니 徒人이 失和罷散
이 살 지 준 정 복 주 도 인 실 화 파 산
하다. 其後에 更取,美貌男子하여 粧飾之하고 名,花
기 후 갱 취 미 모 남 자 장 식 지 명 화
郎以奉之하니 徒衆雲集하여 或,相磨以道義하고
랑 이 봉 지 도 중 운 집 혹 상 마 이 도 의
或,相悅以歌樂하여 遊娛山水에 無遠不至러라. 因
혹 상 열 이 가 악 유 오 산 수 무 원 부 지 인
此에 知,其人邪正하니 擇其善者하여 薦之於朝하다.
차 지 기 인 사 정 택 기 선 자 천 지 어 조
金大問『花郎世記』曰, "賢佐忠臣이 從此而秀하
김 대 문 화 랑 세 기 왈 현 좌 충 신 종 차 이 수
고 良將勇卒이 由是而生이라." 하다. 崔致遠〈鸞郎
양 장 용 졸 유 시 이 생 최 치 원 난 랑

碑〉序에 曰, "國有玄妙之道하니 曰,〈風流〉니라.
비 서 왈 국유현묘지도 왈 풍류

設敎之源이 備詳仙史이어니와 實乃包含,三敎(유.
설교지원 비상선사 실내포함삼교

불.선)는 接化群生이니라. 且如,入則孝於家하고 出
접화군생 차여입즉효어가 출

則忠於國은 '魯司寇:孔子'之旨也요, 處,無爲之事
즉충어국 노사구 지지야 처무위지사

와 行,不言之敎는 '周柱史:老子'之,宗也요, 諸惡莫
행불언지교 주주사 지종야 제악막

作하고 諸善奉行은 '竺乾太子:釋迦'之,化也라."하
작 제선봉행 축건태자 지화야

다. 唐「令狐澄」의『新羅國記』에 曰, "擇,貴人子
당 영호징 신라국기 왈 택귀인자

弟之,美者하여 傅,粉粧飾之하여 名曰, '花郎'이라
제지미자 부분장식지 명왈 화랑

하여 國人이 皆,尊事之也라."하다.「安弘法師」入
국인 개존사지야 안홍법사 입

隋求法하고 與,胡僧「毗摩羅」等, 二僧廻하여 上
수구법 여호승 비마라 등 이승회 상

『稜伽勝鬘經』及 佛舍利하다.
능가승만경 급 불사리

▶어려운 낱말◀

[病(병)] : 근심, 고민. [類聚(유취)] : 무리들을 불러 모으다. [群遊(군유)] : 여럿이서 놀다. [爭娟相妬(쟁연상투)] : 서로 예쁘다고 질투함. [私第(사제)] : 개인의 집. [曳] : 끌(예). [伏誅(복주)] : 형벌에 복종하여 죽음. [罷散(파산)] : 흩어지다. [粧飾(장식)] : 꾸미다. [遊娛山水(유오산수)] : 자연을 찾아다니며 놀다. [邪正(사정)] : 간사하고 정의로움을. [玄妙之道(현묘지도)] : 아득하고 오묘한 도. [魯詞寇(노사구)] : 공자를 말함. [周柱史(주주사)] : 노자를 가리킴.

[竺乾太子(축건태자)] : 불교의 도, 즉 석가를 말함. [傅粉(부분)] : 분을 바르고 단장함. [胡僧(호승)] : 서역의 중. 호국의 중. [胡僧(호승)] : 외국(서역)의 중. [毘=毗] : 도울(비). [毗摩羅(비마라)] : 호승(서역의 중)의 이름. [稜] : 모서리(릉). [鬘] : 머리 장식(만).

▷ 본문풀이 ◁

37년 봄, 처음으로 『원화(源花)』를 두어 받들었다. 처음에, 임금과 신하들이 인재를 알아낼 수 없는 것이 병폐라고 생각하였다. 이에 따라 친구들끼리 여럿이 모여 서로 어울리도록 하고, 그들의 행동거지를 살펴본 후에 적절한 자를 천거하여 임용하기로 하였다. 이리하여 마침내 「남모」와 「준정」이라는 미녀 두 사람을 선발하고, 그들을 중심으로 3백여 명의 무리를 모았다. 그런데 두 여자가 미모를 다투어 서로 질투하다가, 「준정」이 「남모」를 자기 집으로 유인하여 술을 억지로 권하였다. 「준정」은 「남모」가 취하게 한 후에 그녀를 끌어내어 강물에 던져 죽였다. 「준정」은 사형에 처해지고 모인 무리들은 화목하지 못하여 해산하였다. 그 후 다시 얼굴이 잘생긴 남자를 뽑아 곱게 단장시켜, '화랑' 이라 하고 그를 떠받들게 하였다. 그러자 무리들이 구름처럼 모여 들었다. 그들은 더러는 도의를 서로 연마하고, 더러는 노래와 음악을 서로 즐기면서 산수를 찾아 유람하여, 먼 곳까지 그들의 발길이 닿지 않은 곳이 없었다. 이렇게 하여 그들의 인품의 옳고 그름을 알게 되었으니, 그중에서 선량한 인물을 택하여 조정에 추천하였다. 김대문의 [화랑세기]에는 "어진 재상과 충성스러운 신하가 이에서 나왔고, 훌륭한 장수와 용감한 병사가 이에서 생겼다."라고 기록되어 있다. 최치원의 〈난랑비〉 서문에는 "우리나라에는 현묘한 도가 있으니, 이를 〈풍류〉라고 하였다. 이 교를 창설한 내력은 선사(仙史)에 자세히 밝혀져 있는데, 실제적으로는 유불선의 세 가지 교를 포괄하여 중생을 교화하자는 것이다. 이를테면 집에서는 효도하고, 집밖에 나아가서는 나라에 충성하는 것은 공자의 뜻이요, 무위의 일에 처하며, 不言의 가르침을 실천하는 것은 노자의 뜻이요, 모든 악행을 하지 않고, 모든 선행을 실천하는 것은 석가의 교화와 같은 것이다."라고 기록되어 있다. 당나라 「영호징」의 [신라국기]에는 "귀인의 자제 중에서 훌륭한 자를 선발하여 곱게 꾸민 다음, 이름을 '화랑'이라 하여 백성들이 모두 떠받들어 섬겼다."라고 기록되어 있다. 「안홍법사」가 수나라에 들어가 불교를 공부하고, 서역의 중 「비마라」 등 두 명의 중과 함께 돌아와 [능가승만경]과 부처의 사리를 바쳤다.

○秋,八月에 王薨하다. 諡曰「眞興」이라 하고 葬
추 팔 월 왕 홍 시 왈 진 흥 장
于,〈哀公寺〉北峯하다. 王이 幼年卽位하여 一心奉
우 애공사 북 봉 왕 유 년 즉 위 일 심 봉
佛타가 至,末年에 祝髮,被,僧衣하고 自號「法雲」
불 지 말 년 축 발 피 승 의 자 호 법 운
이라 하며 以終其身하다. 王妃,亦效之爲尼하여 住
이 종 기 신 왕 비 역 효 지 위 니 주
〈永興寺〉라가 及其薨也에 國人이 以,禮葬之하다.
영 흥 사 급 기 흥 야 국 인 이 례 장 지

▶ 어려운 낱말 ◀

[祝髮(축발)] : 기른 머리를 바싹 깎음. 剃髮(체발)하다. [髮被僧衣(발피승의) : 머리를 깎고 가사를 입음. [尼] : 여승(니).

▷ 본문풀이 ◁

가을, 8월에 왕이 서거하였다. 시호를 「진흥」이라 하고 〈애공사〉 북쪽 봉우리에 장사지냈다. 왕은 어려서 왕위에 올라서 한마음으로 불도를 신봉하였다. 말년에 와서는 머리를 깎고 가사를 입고 「법운」이라는 법명을 스스로 지어 부르며 생애를 마쳤다. 왕비도 역시 이를 본받아 중이 되어 〈영흥사〉에서 살다가 돌아가시니 백성들이 예를 갖추어 장사지냈다.

25 眞智王(진지왕) : 576~579

○ 眞智王이 立하다. 諱는 舍輪[或云〈金輪〉]이니 眞
진 지 왕 입 휘 사 륜 진

興王.次子요. 母는 思道夫人이며 妃는 知道夫人
흥 왕 차 자 모 사 도 부 인 비 지 도 부 인

이다. 太子早卒하니 故로 眞智.立하다.
태 자 조 졸 고 진 지 립

▶ 어려운 낱말 ◀

[諱(휘)] : 죽은 사람의 이름. [輪] : 바퀴(륜). [妃(비)] : 왕비. [早卒(조졸)] : 일찍 죽다.

▷ 본문풀이 ◁

진지왕이 왕위에 올랐다. 그의 이름은 사륜【혹은 금륜이라고도 한다.】이며, 진흥왕의 둘째 아들이다. 어머니는 사도부인이며 왕비는 지도부인이다. 태자가 일찍 죽었으므로 진지가 왕위에 올랐다.

○元年에 伊湌「居柒夫」로 爲,上大等(首相)하여
원 년 이 찬 거 칠 부 위 상 대 등
委以國事하다.
위 이 국 사

▶ 어려운 낱말 ◀

[柒(칠)] : 漆과 같은 글자. [委] : 맡기다(위).

▷ 본문풀이 ◁

원년에, 이찬「거칠부」를 상대등으로 임명하여 국사를 맡겼다.

○二年, 春,二月에 王이 親祀神宮하고 大赦하다.
이 년 춘 이 월 왕 친 사 신 궁 대 사
冬,十月에 百濟,侵,西邊州郡하니 命,伊湌「世宗」
동 시 월 백 제 침 서 변 주 군 명 이 찬 세 종
으로 出師하여 擊破之於〈一善:善山〉北하여 斬獲,
출 사 격 파 지 어 일 선 북 참 획

三千七百級하고 築〈內利西城〉하다.
삼 천 칠 백 급　　　축　내 리 서 성

▶어려운 낱말◀

[斬獲(참획)] : 전쟁터에서 적군을 무찌르고 포획하다. [級(급)] : 명. [築] : 쌓을(축).

▷본문풀이◁

2년, 봄 2월에 왕이 직접 신궁에 제사지내고 대사령을 내렸다. 겨울 10월에, 백제가 서쪽 변경의 고을을 침범하니, 이찬 「세종」으로 하여금 군사를 거느리고 출동하게 하여 〈일선〉 북쪽에서 이들을 격파하고 3천7백 명을 죽이고 포획했고, 〈내리서성〉을 쌓았다.

○三年, 秋,七月에 遣使於陳하여 以獻方物하다.
삼 년　추 칠 월　견 사 어 진　　이 헌 방 물

與,百濟〈閼也山城:全北礪山〉하다.
여 백 제　알 야 산 성

▶어려운 낱말◀

[與(여)] : 어우르다. 점령. [閼] : 가로막을(알).

▷본문풀이◁

3년, 가을 7월에 진(陳)에 사신을 보내 방물을 바쳤다. 백제의 〈알야산성〉을 점령하였다.

○四年, 春.二月에 百濟.築〈熊峴城:報恩郡〉,〈松
사년 춘이월 백제축 웅현성 송
述城〉하여 以梗〈蒜山城〉,〈麻知峴城〉,〈內利西
술성 이경 산산성 마지현성 내리서
城〉之路하다. 秋.七月十七日에 王薨하니 謚曰, 眞
성지로 추칠월십칠일 왕홍 시왈 진
智라 하고 葬于.〈永敬寺〉北하다.
지 장우 영경사 북

▶어려운 낱말◀

[熊] : 곰(웅). [峴] : 재(현). 고개. [梗] : 막다(경). 가시나무. 대강(경). [蒜] : 달래(산)=마늘(산). [謚] : 시호(시).

▷본문풀이◁

4년, 봄 2월에 백제가 〈웅현성〉과 〈송술성〉을 쌓아 〈산산성〉·〈마지현성〉·〈내리서성〉의 통로를 막았다. 가을, 7월 17일에 왕이 서거하였다. 시호를 진지라 하고, 〈영경사〉 북쪽에 장사지냈다.

26 眞平王(진평왕) : 579~632?

○眞平王이 立하다. 諱는 白淨이니 眞興王의 太子「銅輪」之子也니라. 母는 金氏이니 萬呼[一云萬內]夫人이며 葛文王「立宗」之女이며 妃는 金氏이니 摩耶夫人이며 葛文王,「福勝」之女니라. 王은 生有奇相하고 身體長大하여 志識이 沈毅明達하니라.
진평왕 입 휘 백정 진흥왕 태자 동륜 지자야 모 김씨 만호 부인 갈문왕 입종 지녀 비 김씨 마야부인 갈문왕 복승 지녀 왕 생유기상 신체장대 지식 침의명달

▶어려운 낱말◀

[淨] : 깨끗할(정). [銅] : 구리(동). [呼] : 부르다(호). [摩] : 갈(마). 만질(마). [毅] : 굳셀(의). [明達(명달)] : 밝고 활달하다.

▷본문풀이◁

진평왕이 왕위에 올랐다. 그의 이름은 백정이며, 진흥왕 태자「동륜」의 아들이다. 어머니는 김씨 만호【만내라고도 한다.】부인이며, 갈문왕「입종」의 딸이다. 왕비는 김씨 마야부인이며, 갈문왕「복승」의 딸이니라. 왕은 태어나면서부터 얼굴 생김이 보통과 달랐으며, 그는 체격이 장대하여 지식이 깊고 의기가 밝고 활달하였다.

○元年, 八月에 以.伊湌「弩里夫」로 爲.上大等
원 년 팔 월 이 이 찬 노 리 부 위 상 대 등
하다. 封母弟「伯飯」으로 爲.眞正葛文王하고「國
봉 모 제 백 반 위 진 정 갈 문 왕 국
飯」으로 爲.眞安葛文王하다.
반 위 진 안 갈 문 왕

▶ **어려운 낱말** ◀

[弩] : 활(노). [封] : 책봉할(봉).

▷ **본문풀이** ◁

원년, 8월에 이찬「노리부」를 상대등에 임명하였다. 왕의 어머니의 동생인「백반」을 진정 갈문왕에 봉하고,「국반」을 진안갈문왕에 봉했다.

○二年, 春.二月에 親祀神宮하다. 以.伊湌「后
이 년 춘 이 월 친 사 신 궁 이 이 찬 후
稷」을 爲.兵部令(국방장관)하다.
직 위 병 부 령

▶ **어려운 낱말** ◀

[稷] : 피(직), 사직(직).

▷ **본문풀이** ◁

2년, 봄 2월에 왕이 신궁에 친히 제사를 지냈다. 이찬「후직」을 병부령에 임명하였다.

○ 三年, 春.正月에 始置.〈位和府〉하니 如.今吏
삼 년 춘 정 월 시 치 위 화 부 여 금 이

部(관리임명 및 黜斥을 맡음)니라.
부

▶ **어려운 낱말** ◀

[吏部(이부)] : 고려 때 상서육부의 하나.

▷ **본문풀이** ◁

3년, 봄 정월에 처음으로 〈위화부〉를 설치하였으니, 이는 지금의 이부(吏部)와 같다.

○ 五年, 春.正月에 始置.〈船府署:선박을 관리함〉하
오 년 춘 정 월 시 치 선 부 서

고 大監(장관), 弟監(차관)各.一員하다.
대 감 제 감 각 일 원

▶ **어려운 낱말** ◀

[船府(선부) : 신라 때 선박에 관한 일을 맡아보던 관아. 문무왕 18년에 처음 베풀고 경덕왕 때 이제부로 고치고, 혜공왕 때 본 이름으로 고침. [大監(대감)] : 신라 때 시위부의 무관. [弟監(제감)] : 병부의 한 벼슬.

▷ **본문풀이** ◁

5년, 봄 정월에 처음으로 〈선부서〉를 설치하고, 대감과 제감 각 한 명씩을 두었다.

○六年, 春,二月에 改元『建福』이라 하다. 三月
육 년 춘 이 월 개 원 건 복 삼 월
에 置,〈調府令:재무장관〉一員하여 掌,貢賦하고 〈乘
치 조 부 령 일 원 장 공 부 승
府令〉一員하여 掌,車乘하다.
부 령 일 원 장 거 승

▶어려운 낱말◀

[調府令(조부령)] : 신라 때 貢賦를 맡은 관아. [掌貢賦(장공부)] : 세금을 맡아 거두는 일. [乘府令(승부령)] : 거승과 마필을 맡아보던 관원. [掌車乘(장거승)] : 수레를 관장함.

▷본문풀이◁

6년, 봄 2월에 연호를 『건복』으로 고쳤다. 3월, 〈조부령〉 한 명을 두어 납세와 부역에 관한 사무를 관장케 하고, 〈승부링〉 한 명을 두어 수레에 관한 일을 맡게 하였다.

○七年, 春,三月에 旱하니 王避正殿하며 減,常膳
칠 년 춘 삼 월 한 왕 피 정 전 감 상 선
하고 御,南堂하여 親,錄囚하다. 秋,七月에 高僧「智
어 남 당 친 록 수 추 칠 월 고 승 지
明」이 入陳求法하다.
명 입 진 구 법

▶어려운 낱말◀

[正殿(정전)] : 왕이 조회를 하는 궁전. [常膳(상선)] : 평소에 먹던 음식. [南堂(남당)] : 삼국시대 초기의 政廳-都堂.

▷본문풀이◁

7년, 봄 3월에 가뭄이 드니, 왕이 정전에 거처하지 않았으며, 평상시보다 음식을 줄이고 남당에 나가 죄수를 직접 재심사하였다. 가을 7월에, 고승「지명」이 불법을 구하기 위하여 진나라에 갔다.

○八年, 春,正月에 置,〈禮部令〉二員하다. 夏,五月에 雷震하고 星殞如雨하다.
팔년 춘정월 치 예부령 이원 하오 월 뇌진 성운여우

▶어려운 낱말◀

[禮部令(예부령)] : 신라 때 문교와 의례를 맡아보던 관아.

▷본문풀이◁

8년, 봄 정월에 〈예부령〉 두 명을 두었다. 여름 5월, 뇌성과 벼락이 치고 별이 비 오듯 떨어졌다.

○九年, 秋,七月에「大世」,「仇柒」二人이 適海하다.「大世」는 奈勿王七世孫이며 伊飡「冬臺」之子也니라. 資,俊逸하고 少有,方外志하여 與,交遊僧「淡水」曰, "在此,新羅山谷之間에 以終一
구년 추칠월 대세 구칠 이인 적해 대세 나물왕칠세손 이찬 동대 지자야 자준일 소유방외지 여교 유승 담수 왈 재차신라산곡지간 이종일

生은 則,何異池魚,籠鳥하여 不知,滄海之浩大와
생 즉하이지어농조 부지창해지호대
山林之,寬閑乎아? 吾將,乘桴泛海하여 以至,吳越
산림지관한호 오장승부범해 이지오월
하여 侵尋追師하고 訪道於,名山하리라. 若,凡骨可
침심추사 방도어명산 약범골가
換이면 神仙을 可學하고 則,飄然乘風於,泬寥之表
환 신선 가학 즉표연승풍어혈료지표
하면 此,天下之奇遊가 壯觀也리니 子能從我乎
차천하지기류 장관야 자능종아호
아?" 「淡水」 不肯하니 「大世」 退而求友하다. 適
담수 불긍 대세 퇴이구우 적
遇「仇柒」 者러니 耿介有,奇節하여 遂與之遊,南
우 구칠 자 경개유기절 수여지유남
山之寺하다. 忽,風雨落葉하여 泛於庭潦하니 大世,
산지사 홀풍우낙엽 범어정료 대세
與,仇柒言曰, "吾有與君으로 西遊之志하니 今,各
여구칠언왈 오유여군 서유지지 금각
取一葉하여 爲之舟하고 以,觀其行之先後라."하다.
취일엽 위지주 이관기행지선후
俄而「大世」之葉이 在前하니 「大世」가 笑曰, "吾
아이 대세 지엽 재전 대세 소왈 오
其行乎아! " 하니 仇柒이 勃然曰, 「予亦男兒也라
기행호 구칠 발연왈 여역남아야
豈,獨不能乎아! 」 하니 「大世」는 知其可與하고 密
기독불능호 대세 지기가여 밀
言其志하다. 「仇柒」曰, "此,吾願也라." 하고 遂,相
언기지 구칠 왈 차오원야 수상
與爲友하여 自,南海乘舟而去하고 後,不知其,所往
여위우 자남해승주이거 후부지기소왕
하니라.

▶ 어려운 낱말 ◀

[適海(적해)] : 바다를 건너 어디론가 떠났다. [資俊逸(자준일)] : 자질이 뛰어나다. [外志(외지)] : 외방에 뜻을 둠. [池魚籠鳥(지어농조)] : 작은 연못 속의 고기요, 조롱의 새. [桴] : 뗏목(부). [乘桴泛海(승부범해)] : 뗏목을 타고 바다를 건너다. [侵尋追師(침심추사)] : 점점 앞으로 나아가 스승을 찾다. [泬寮之表(혈료지표)] : 텅 비어있는 모양. [表] : 날아다니다(표). [奇遊壯觀(기류장관)] : 기이한 놀이의 좋은 경치. [耿介(경개)] : 한결같이 굳은 지조. [庭潦(정료)] : 정원의 연못. [勃然(발연)] : 벌컥 성을 내는 모양. [密言其志(밀언기지)] : 몰래 자기의 뜻을 말하다.

▷ 본문풀이 ◁

9년, 가을 7월에 「대세」와 「구칠」 두 사람이 배를 타고 바다의 어디론가 떠나갔다. 「대세」는 나물왕의 7대손이며, 이찬 「동대」의 아들이었다. 그는 자질이 뛰어나고 젊어서부터 세속을 떠나 외지로 나가려는 뜻을 품었었다. 그는 「담수」라는 중과 사귀면서 말하기를, "신라 같은 산골에서 일생을 마친다는 것은, 연못의 고기가 산림의 크기를 모르고, 새장의 새가 바다의 넓음을 모르는 것과 무엇이 다르겠는가? 나는 장차 뗏목을 타고 바다를 지나 오나라 월나라로 가서 스승을 찾을 것이며, 명산에서 도를 구할 것이다. 만약 속된 자세를 바꿀 수 있거나 신선이 되는 것을 배울 수 있다면, 표표하게 바람을 타고 허공을 날아다닐 것이다. 이것이야말로 천하의 신기한 노릅이요, 장관일 것이다. 그대는 나를 따를 수 있겠는가?" 하니, 「담수」는 이에 따르지 않았다. 「대세」는 그를 버리고 다시 친구를 찾았다. 그는 마침 「구칠」이라는 사람을 만났는데, 그는 사람됨이 굳건하고 남다른 절개가 있었다. 그는 곧「구칠」과 함께 남산에 있는 절을 유람하였다. 그런데 갑자기 비바람이 불어와 정원의 연못에 나뭇잎이 떠다니고 있었다.「대세」가「구칠」에게 말하기를, "나는 그대와 함께 서방을 유람할 생각이 있다. 이제 우리가 나뭇잎 하나씩을 주워 이를 배로 생각하고 띄워서 누구의 것이 먼저 가는지 보자." 조금 후에「대세」의 잎사귀가 앞서자「대세」가 웃으면서 "내가 먼저 간다!"라고 말하니「구칠」은 발끈 성을 내며, "나도 또한 사나이이다. 어찌 갈 수 없으리!"라고 말하였다.「대세」는「구칠」이야말로 같이 행동을 할 만한 사람임을 알고, 은근히 자신의 뜻을 말했다.「구칠」은 "그것이 바로 내 소원이다."라고 대답했다. 그들은 마침내 서로 친구가 되어 배를 타고 남해를 떠났다. 그 후로 그들이 간 곳을 아무도 알지 못했다.

○十年, 冬十二月에 上大等「弩里夫」卒하니 以伊湌「首乙夫」로 爲上大等하다.
(십년 동십이월 상대등 노리부 졸 이이찬 수을부 위상대등)

▶ 어려운 낱말 ◀

[上大等(상대등)] : 신라 때 최고의 벼슬 이름. 법흥왕 18년에 둠. 나라의 정권을 맡은 대신으로 上臣이다.

▷ 본문풀이 ◁

10년, 겨울 12월에 상대등「노리부」가 죽으니, 이찬「수을부」

로 상대등에 임명하였다.

○十一年, 春,三月에 「圓光法師」가 入陳求法하
십 일 년 춘 삼 월 원 광 법 사 입 진 구 법

다. 秋,七月에 國西大水하여 漂沒人户가 三萬三
추 칠 월 국 서 대 수 표 몰 인 호 삼 만 삼

百六十하고 死者,二百餘人하다. 王이 發使賑恤之
백 육 십 사 자 이 백 여 인 왕 발 사 진 휼 지

하다.

▷ **본문풀이** ◁

11년, 봄 3월에 「원광법사」가 진나라에 들어가 불법을 닦았다. 가을 7월에, 서쪽 지방에 홍수가 나서 유실된 인가가 3만 3백6십 호이며, 사망자가 2백여 명이었다. 왕이 사자를 보내 곡식을 주어 구제하였다.

○十三年, 春,二月에 置,領客府令,二員하다. 秋,七
십 삼 년 춘 이 월 치 영 객 부 령 이 원 추 칠

月에 築〈南山城〉하니 周,二千八百五十四步러라.
월 축 남 산 성 주 이 천 팔 백 오 십 사 보

▶ **어려운 낱말** ◀

[領客府令(영객부령)] : 외교를 맡아보는 관아.

▷ **본문풀이** ◁

13년, 봄 2월에 영객부령 두 명을 두었다. 가을 7월, 〈남산성〉

을 쌓았으니 그 둘레가 2천8백5십4보였다.

○十五年, 秋,七月에 改築〈明活城〉하니 周,三千
십오년 추칠월 개축 명활성 주삼천
步요, 〈西兄山城〉하니 周,二千步러라.
보 서형산성 주이천보

▷ **본문풀이** ◁

15년, 가을 7월에 〈명활성〉을 개축하였으니 그 둘레가 3천 보이고, 〈서형산성〉을 쌓았으니 둘레가 2천 보였다.

○十六年에 隋帝가 詔하여 拜,王爲 '上開府,樂
십육년 수제 조 배왕위 상개부낙
浪郡公,新羅王' 하다.
랑군공신라왕

▷ **본문풀이** ◁

16년, 수나라 황제가 조서를 내려 왕을 '상개부, 낙랑군공, 신라왕' 에 책봉하였다.

○十八年, 春,三月에 高僧 「曇育」이 入隋求法
십팔년 춘삼월 고승 담육 입수구법
하다. 遣使如隋하여 貢,方物하다. 冬,十月에 〈永興
견사여수 공방물 동시월 영흥
寺〉火하여 延燒,三百五十家하니 王이 親臨하여
사화 연소삼백오십가 왕 친임
救之하다.
구지

▶ 어려운 낱말 ◀

[曇] : 흐린 하늘(담). [如] : 보내다(여). 가다. [延] : 이을(연). [燒] : 타다(소).

▷ 본문풀이 ◁

18년, 봄 3월에 고승 「담육」이 수나라에 가서 불법을 연구하였다. 수나라에 사신을 보내 토산물을 바쳤다. 겨울 10월, 〈영흥사〉에 불이 나서 3백50호가 연이어 불에 타니 왕이 직접 나가서 이를 구제하였다.

○ 十九年에 〈三郎寺〉成하다.
십 구 년 삼 랑 사 성

▷ 본문풀이 ◁

19년에 〈삼랑사〉가 낙성되었다.

○ 二十二年에 高僧 「圓光」이 隨朝聘使奈麻 「諸文」과 大舍 「橫川」으로 還하다.
이 십 이 년 고 승 원 광 수 조 빙 사 나 마 제 문 대 사 횡 천 환

▶ 어려운 낱말 ◀

[朝聘使(조빙사)] : 중국과 통교를 하는 사신. [大舍(대사)] : 외교를 맡은 관아.

* [隋] : 수나라(수). [隨] : 따를(수).

▷ **본문풀이** ◁

22년에, 고승「원광」이 조빙사로 수나라에 갔던 나마「제문」과 대사「횡천」을 따라 함께 돌아왔다.

○二十四年에 遣使,大奈麻「上軍」이 入隋하여
이 십 사 년 견 사 대 나 마 상 군 입 수
進,方物하다. 秋,八月에 百濟來攻,〈阿莫城:雲峰〉하
진 방 물 추 팔 월 백 제 내 공 아 막 성
다. 王이 使,將士逆戰하여 大敗之하니「貴山」「箒
왕 사 장 사 역 전 대 패 지 귀 산 추
項」이 死之하다. 九月에 高僧「智明」이 隨入,朝使
항 사 지 구 월 고 승 지 명 수 입 조 사
上軍으로 還하다. 王이 尊敬明公(智明)戒行하여 委,
상 군 환 왕 존 경 명 공 계 행 위
大德하다.
대 덕

▶ **어려운 낱말** ◀

*阿莫城을 '아모성'으로 읽는다는 학설=문경현 교수. [箒] : 빗자루(추). [大德(대덕)] : 큰 덕을 갖춘 불교의 승려.

▷ **본문풀이** ◁

24년에, 대나마「상군」을 사신으로 수나라에 보내 토산물을 바쳤다. 가을 8월, 백제가 〈아막성(아모성)〉을 공격하였다. 왕이 장병들로 하여금 싸우게 하여 그들을 대파하였다.「귀산」과「추항」이 여기에서 전사하였다. 9월, 고승「지명」의 나라에 사신으로 갔던 상군을 따라 돌아왔다. 고승「지명」이 계행을 존경하여 대덕으로 삼았다.

○二十五年, 秋八月에 高句麗侵〈北漢山城〉하
이십오년 추팔월 고구려 침 북한산성
니 王이 親率兵一萬以拒之하다.
왕 친솔병 일만이거지

▶어려운 낱말◀

[率] : 거느리다(솔). [拒] : 항거하다(거).

▷본문풀이◁

25년, 가을 8월에 고구려가 〈북한산성〉을 침략하니, 왕이 친히 군사 1만을 이끌고 나아가 그들을 항거했다.

○二十六年, 秋七月에 遣使大奈麻「萬世」,
이십육년 추칠월 견사 대나마 만세
「惠文」等을 朝隋하다. 廢〈南川州:利川〉하고 還置
혜문 등 조수 폐 남천주 환치
〈北漢山州:漢山州〉하다.
북한산주

▶어려운 낱말◀

[大奈麻(대나마)] : 신라 17관등의 열째 번 등급. 대나마에는 9계단이 있음.

▷본문풀이◁

26년, 가을 7월에 대나마 「만세」와 「혜문」 등을 수나라에 사절로 보내 조회하였다. 〈남천주〉를 없애고 다시 〈북한산주〉를 설치하였다.

○二十七年, 春,三月에 高僧「曇育」이 隨入朝
이 십 칠 년 춘 삼 월 고 승 담 육 수 입 조
使하고「惠文」으로 還하다. 秋,八月에 發兵侵,百濟
사 혜 문 환 추 팔 월 발 병 침 백 제
하다.

▶ 어려운 낱말 ◀

[曇] : 흐린 하늘(담).

▷ 본문풀이 ◁

27년, 봄 3월에 고승 「담육」이 수나라에 사절로 갔던 「혜문」을 따라 돌아왔다. 가을 8월에, 군사를 보내 백제를 침공하였다.

○三十年, 王이 患,高句麗가 屢侵封埸하여 欲請
삼 십 년 왕 환 고 구 려 누 침 봉 장 욕 청
〈隋〉兵하여 以征,〈高句麗〉하다. 命「圓光」하여 修,
수 병 이 정 고 구 려 명 원 광 수
乞師表하니 光曰, "求,自存而滅他는 非,沙門之
걸 사 표 광 왈 구 자 존 이 멸 타 비 사 문 지
行也어니와 貧道,在,大王之土地하고 食,大王之水
행 야 빈 도 재 대 왕 지 토 지 식 대 왕 지 수
草하니 敢,不惟命,是從하리요!" 하고 乃述以聞하
초 감 불 유 명 시 종 내 술 이 문

다. 二月에 高句麗,侵北境하여 虜獲,八千人하다.
이월 고구려 침북경 노획 팔천인

四月에 高句麗,拔,〈牛鳴山城〉하다.
사월 고구려 발 우명산성

▶ 어려운 낱말 ◀

[屢侵(누침)] : 자주 침범함. [封場(봉장)] : 영토, 국토. [修] : 짓다(수). [乞師表(걸사표)] : 군사를 청하는 외교문서. [聞] : 말을 듣다(문).

▷ 본문풀이 ◁

30년에, 왕은 고구려가 자주 국토를 침범하는 것을 걱정하여 〈수〉나라 군사를 청하여 〈고구려〉를 치고자 하였다. 왕은 「원광」으로 하여금 수나라에 군사를 빌리는 글을 쓰게 하였다. 「원광」은 "자기가 살기 위하여 남을 멸하는 것은 불교도의 행실이 아니지만, 제가 대왕의 땅에서 살고, 대왕의 땅에서 나는 물과 곡식을 먹고 있으니, 어찌 감히 명령을 좇지 않겠습니까!" 라고 말하면서, 이에 곧 술문(述文)하라는 할 말을 들었다. 2월에, 고구려가 북쪽 변경을 침범하여 8천 명을 사로잡아 갔다. 4월에, 고구려가 〈우명산성〉을 점령하였다.

○三十一年, 春,正月에 〈毛只嶽:未詳〉下에서 地
삼십일년 춘정월 모지악 하 지

燒하니 廣,四步요, 長,八步요, 深,五尺으로 至,十月
소 광사보 장팔보 심오척 지시월

十五日,滅하다.
십오일 멸

▶ 어려운 낱말 ◀

[嶽] : 뫼뿌리(악). [廣] : 넓을(광). [深] : 깊다(심). [滅] : 멸할(멸).

▷ 본문풀이 ◁

31년, 봄 정월에 〈모지악〉 아래 땅에 불이 났으니, 불탄 자리의 넓이가 4보, 길이가 8보, 깊이가 5척이나 되었고, 불은 10월 15일에 이르러서야 꺼졌다.

○ 三十三年에 王이 遣使隋하여 奉表請師하니
삼십삼년 왕 견사수 봉표청사
隋煬帝,許之하다. 行兵事在『高句麗本紀(고구려본
수양제 허지 행병사재 고구려본기
기:영양왕 22년)』하다. 冬,十月에 百濟兵,來圍〈椵岑
동 시월 백제병 래위 가잠
城〉,百日하여 縣令「讚德」이 固守나 力竭死之하
성 백일 현령 찬덕 고수 역갈사지
고 城沒하다.
성몰

▶ 어려운 낱말 ◀

[奉表請師(봉표청사)] : 글을 올려 군사를 청함. [煬] : 쬐다(양). [椵] : 나무 이름(가). [岑] : 봉우리(잠). [讚] : 찬성할(찬). [竭] : 다할(갈). [力竭死之(역갈사지)] : 힘이 모자라 전사함. * 원문에는 '軍王(軍主)邊品' 으로 되어 있음.

▷ 본문풀이 ◁

33년에, 왕이 수나라에 사신을 보내 군사를 요구하는 내용의 글을 바쳤다. 수양제가 이를 허락하였다. 군사를 동원한 사실은

[고구려본기]에도 실려 있다. 겨울 10월에, 백제 군사가 〈가잠성〉을 백일 동안 포위하여 현령「찬덕」이 굳게 수비하였으나 힘이 다하여 전사하였고 성은 함락되었다.

○三十五年,春에 旱하다. 夏,四月에 降霜하다.
삼십오년 춘 한 하사월 강상
秋,七月에 隋使「王世儀」가 至,皇龍寺하여 設百
추칠월 수사 왕세의 지황룡사 설백
高座하고 邀「圓光」等의 法師하여 說經하다.
고좌 요 원광 등 법사 설경

▶어려운 낱말◀

[降] : 내리다(강,항). [設] : 베풀다(설). [座] : 자리(좌). [百高座(백고좌)] : 불도를 수업하는 회장. [邀] : 맞을(요).

▷본문풀이◁

35년, 봄에 가뭄이 들었다. 여름 4월에, 서리가 내렸다. 가을 7월에, 수나라 사신「왕세의」가 황룡사에 와서 백고좌를 열고,「원광」등의 법사를 초청하여 불경을 설법하게 하였다.

○三十六年, 春,二月에 廢〈沙伐州:尙州〉하고 置
삼십육년 춘이월 폐 사벌주 치
〈一善州:善山〉하여 以,一吉湌「日夫」로 爲,軍主하
일선주 이일길찬 일부 위군주
다.〈永興寺〉塑佛이 自壞하고 未幾에『眞興王』
영흥사 소불 자괴 미기 진흥왕
妃, 比丘尼死하다.
비 비구니사

▶ 어려운 낱말 ◀

[塑佛(소불)] : 흙으로 만든 부처. [未幾(미기)] : 얼마 안 있어.

▷ 본문풀이 ◁

36년, 봄 2월에 〈사벌주〉를 폐지한 후 〈일선주〉를 설치하여, 일길찬 「일부」를 군주로 삼았다. 〈영흥사〉의 흙으로 빚은 불상이 저절로 훼손되고, 얼마 후에 『진흥왕』의 왕비였던 비구니가 사망하였다.

○ 三十七年, 春, 二月에 賜, 大酺三日하다. 冬, 十月에 地震하다.
삼십칠년 춘 이월 사 대포삼일 동 시월 지진

▶ 어려운 낱말 ◀

[大酺(대포)] : 잔치.

▷ 본문풀이 ◁

37년, 봄 2월에 왕이 큰 연회를 사흘 동안 베풀었다. 겨울 10월에, 지진이 있었다.

○ 三十八年, 冬, 十月에 百濟來攻, 〈母山城:阿莫城〉하다.
삼십팔년 동 십월 백제내공 모산성

▷ **본문풀이** ◁

38년, 겨울 10월에 백제가 〈모산성〉을 공격하였다.

○四十年에 〈北漢山州〉 *軍主 「邊品」이 謀復〈椵岑城〉 發兵하여 與,百濟戰하다. 「奚論」이 從軍하여 赴敵力戰하다가 死之하니 論은 「讚德」 之子也니라.
사십년 북한산주 군주 변품 모복 가잠성 발병 여백제전 해론 종군 부적력전 사지 논 찬덕 지자야

▶ **어려운 낱말** ◀

[邊] : 갓(변). [謀復(모복)] : 회복을 위한 계모. [赴敵(부적)] : 적진에 달려가다.

▷ **본문풀이** ◁

40년, 〈북한산주〉 군주 「변품」이 〈가잠성〉을 수복하기 위하여 백제와 싸웠다. 「해론」이 이에 종군하여 적과 만나 전력을 다하여 싸우다가 전사하였으니, 「해론」은 「찬덕」의 아들이었다.

○四十三年, 秋,七月에 王이 遣使大唐하여 朝貢方物하다. 高祖親勞問之하고 遣,通直,散騎常侍「庾文素」 來聘하여 賜以璽書及,畵 · 屛風 · 錦綵三百段하다.
사십삼년 추칠월 왕 견사대당 조공 방물 고조친로문지 견 통직 산기상시 유문소 내빙 사이새서급화 병풍 금채 삼백단

▶ 어려운 낱말 ◀

[親勞(친로)] : 친히 위로함. [通直(통직)] : 벼슬 이름. 고려 때는 문관의 품계. [散騎常侍(산기상시)] : 중국에서 말을 타고 천자를 경호하는 벼슬 이름. 고려 때는 좌산기상시와 우산기상시의 총칭. [璽] : 옥새(새). [璽書(새서)] : 조서. [錦綵(금채)] : 비단.

▷ 본문풀이 ◁

43년, 가을 7월에 왕이 사신을 당나라에 보내 토산물을 조공하였다. 고조가 직접 사신을 위로하고, 통직 산기상시 「유문소」를 사절로 파견하면서 조서, 그림, 병풍, 비단 등 3백 단을 보냈다.

○四十四年, 春.正月에 王이 親幸.〈皇龍寺〉하
사십사년 춘 정월 왕 친행 황룡사

다. 二月에 以.伊湌「龍樹」로 爲.內省私臣하다. 初
이월 이 이찬 용수 위 내성사신 초

王七年에 〈大宮〉·〈梁宮〉·〈沙梁宮〉三所에 各
왕칠년 대궁 양궁 사량궁 삼소 각

置私臣이러니 至時에 置.內省私臣.一人하여 兼掌
치사신 지시 치 내성사신 일인 겸장

三宮하다.
삼궁

▶ 어려운 낱말 ◀

[親幸(친행)] : 임금이 직접 행차함. [內省(내성)] : 서울의 大宮, 梁宮, 沙梁宮의 세 궁의 일을 맡았던 관아. [私臣(사신)] : 내성의 궁궐을 지키던 관아.

▷ 본문풀이 ◁

44년, 봄 정월에 왕이 친히 〈황룡사〉에 행차했다. 2월, 이찬 「용수」를 내성(內省)의 사신(私臣)으로 임명하였다. 왕은 즉위 7년에는 〈대궁〉, 〈양궁〉, 〈사량궁〉 세 곳에 각각 사신을 두었는데, 이때에 이르러 내성에 사신 1인을 두어 3궁을 동시에 관장하게 한 것이다.

○四十五年, 春.正月에 置.兵部大監.二員하다.
사십오년 춘정월 치병부대감이원

冬.十月에 遣使.大唐朝貢하다. 百濟襲〈勒弩縣〉하다.
동시월 견사대당조공 백제습 늑노현

▶ 어려운 낱말 ◀

[兵部大監(병부대감)] : 신라 때 병부를 지키던 관아. [二員(이원)] : 두 사람.
[租貢(조공)] : 대국에 공물을 바치다. [勒] : 굴레(륵).

▷ 본문풀이 ◁

45년, 봄 정월에 병부 대감 두 명을 두었다. 겨울 10월에, 당나라에 사신을 보내 조공하였다. 백제가 〈늑노현〉을 습격하였다.

○四十六年, 春.正月에 置.侍衛府大監.六員과
사십육년 춘정월 치시위부대감육원

賞賜署.大正(大匠) 一員과 大道署.大正 一員하다. 三月에 唐.高祖降使하여 冊王.爲 '柱國樂浪郡
상사서대정대장 일원 대도서대정 일원 삼월 당고조강사 책왕위 주국낙랑군

公,新羅王'하다. 冬,十月에 百濟兵이 來圍,我〈速
공 신 라 왕 동 시 월 백 제 병 내 위 아 속

含〉,〈櫻岑〉,〈岐岑〉,〈烽岑〉,〈旗懸〉,〈穴柵〉等, 六
함 앵 잠 기 잠 봉 잠 기 현 혈 책 등 육

城하다. 於是에 三城(速含.岐岑.穴柵)이 或沒或降하
성 어 시 삼 성 혹 몰 혹 항

다. 級湌「訥催」가 合〈烽岑〉,〈櫻岑〉,〈旗懸〉,三
급 찬 눌 최 합 봉 잠 앵 잠 기 현 삼

城하여 兵堅守하다가 不克死之하다.
성 병 견 수 불 극 사 지

▶어려운 낱말◀

[侍] : 모실(시). [衛] : 지킬(위). [侍衛府(시위부)] : 신라 때 왕궁을 수호하는 군부. [賞賜署(상사서)] : 신라 때 倉部에 속한 관아. 상주는 일을 맡음. [大正(대정)] : 상사서의 으뜸 벼슬. [署] : 관청(서). [大道署(대도서)] : 신라 때 사찰을 맡아보던 관아. [柱] : 기둥(주). [圍] : 포위할(위). [速] : 빠를(속). [含] : 머금을(함). [櫻] : 앵두(앵). [岑] : 높을(잠). [柵] : 목책(책). [訥] : 말더듬을(눌). [烽] : 봉화불(봉). [懸] : 달릴(현). [堅守(견수)] : 단단히 지키다.

▷본문풀이◁

46년, 봄 정월에 시위부 대감 6명과 상사서 대정 1명과 대도서 대정 1명을 두었다. 3월에, 당 고조가 사신을 보내 왕을 '주국낙랑군공, 신라왕' 으로 책봉하였다. 겨울 10월에, 백제 군사가 우리의 〈속함〉·〈앵잠〉·〈기잠〉·〈봉잠〉·〈기현〉·〈혈책〉 등 여섯 성을 포위하였다. 이때 3성이 함락되거나 항복하였다. 급찬 「눌최」가 〈봉잠〉·〈앵잠〉·〈기현〉 3성의 군사를 합하여 굳게 지키다가 이기지 못하고 죽었다.

○四十七年, 冬.十一月에 遣使.大唐朝貢하다. 因訟하되 高句麗.塞路하여 使不得朝하고 且數侵入이라 하다.
사십칠년 동십일월 견사 대당조공 인송 고구려 색로 사부득조 차삭침 입

▶어려운 낱말◀

[訟] : 알리다. 송사하다(송). [塞路(색로)] : 길이 막히다. [且] : 또(차). [且數(차삭)] : 자주.

▷본문풀이◁

47년, 겨울 11월에 당나라에 사신을 보내 조공하였다. 그때 고구려가 길을 막아 당나라에 조회할 수 없음과, 또한 그들이 자주 침범한다는 사실을 알렸다.

○四十八年, 秋.七月에 遣使.大唐朝貢하다. 唐高祖.遣.〈朱子奢〉來하여 詔諭與.高句麗로 連和하다. 八月에 百濟.攻〈主在城〉하니 城主「東所」가 拒戰死之하다. 築.〈高墟城〉하다.
사십팔년 추칠월 견사 대당조공 당 고조 견 주자사 래 조유여 고구려 연화 팔월 백제공 주재성 성주 동소 거전사지 축 고허성

▶어려운 낱말◀

[奢] : 사치할(사). [詔] : 조서(조). [諭] : 권유하다(유). [詔諭(조유)] : 조서를 내려 권유함. [連和(연화)] : 함께 화친하다. [拒戰(거전)] : 항전하다. [墟] : 옛

터(허). 언덕.

▷ **본문풀이** ◁

48년, 가을 7월에 당나라에 사신을 보내 조공하였다. 당 고조가 〈주자사〉를 보내 고구려와 화친할 것을 권하였다. 8월, 백제가 〈주재성〉을 공격하였다. 〈주재성〉 성주 「동소」가 항전하다가 전사하였다. 〈고허성〉을 쌓았다.

○四十九年, 春,三月에 大風雨土하여 過,五日하
사 십 구 년 춘 삼 월 대 풍 우 토 과 오 일

다. 夏,六月에 遣使,大唐朝貢하다. 秋,七月에 百濟
하 유 월 견 사 대 당 조 공 추 칠 월 백 제

將軍「沙乞」이 拔,西鄙二城하여 虜,男女三百餘
장 군 사 걸 발 서 비 이 성 노 남 녀 삼 백 여

口하다. 八月에 隕霜殺穀하다. 冬,十一月에 遣使,
구 팔 월 운 상 살 곡 동 십 일 월 견 사

大唐朝貢하다.
대 당 조 공

▶ **어려운 낱말** ◀

[拔] : 뽑다(발). [虜] : 포로(로).

▷ **본문풀이** ◁

49년, 봄 3월에 큰 바람이 불고 흙비가 내려서 5일 동안 계속되었다. 여름 6월에, 당나라에 사신을 보내 조공하였다. 가을 7월에, 백제 장군 「사걸」이 서쪽 변경의 2성을 점령하고, 남녀 3백여 명을 사로잡아 갔다. 8월에, 서리가 내려 곡식이 죽었다. 겨울 11월에, 당나라에 사신을 보내 조공하였다.

○五十年, 春,二月에 百濟가 圍,〈椵岑城〉하니
오 십 년 춘 이 월 백 제 위 가 잠 성
王이 出師,擊破之하다. 夏에 大旱하여 移市하고 畵
왕 출 사 격 파 지 하 대 한 이 시 화
龍祈雨하다. 秋冬民飢하여 賣,子女하다.
룡 기 우 추 동 민 기 매 자 녀

▶어려운 낱말◀

[椵] : 나무 이름(가). [移] : 옮길(이). [移市(이시)] : 날이 가물 때 시장을 옮김. [畵龍(화룡)] : 용의 그림. [祈雨(기우)] : 비를 빌다. [賣] : 팔다(매).

▷본문풀이◁

50년, 봄 2월에 백제가 〈가잠성〉을 포위하자, 왕이 군사를 보내 격파하였다. 여름에, 큰 가뭄이 들자 시장을 옮기고 용을 그려 기우제를 지냈다. 가을과 겨울에, 백성들이 굶주림에 지쳐 자녀를 파는 일이 있었다.

○五十一年, 秋,八月에 王이 遣,大將軍「龍春」
오 십 일 년 추 팔 월 왕 견 대 장 군 용 춘
「舒玄」과 副將軍「庾信」하여 侵,高句麗〈娘臂城(:
서 현 부 장 군 유 신 침 고 구 려 낭 비 성
淸州)〉하다. 麗人이 出城列陣하니 軍勢甚盛이라 我
여 인 출 성 렬 진 군 세 심 성 아
軍이 望之懼하여 殊無鬪心하다. 「庾信」曰, "吾聞
군 망 지 구 수 무 투 심 유 신 왈 오 문

振領而裘正하고 提網而網張이라 하니 吾其爲,網
진 령 이 구 정 　 제 망 이 망 장 　 오 기 위 망

領乎리라!" 하고 乃,跨馬拔劒하고 向,敵陣하여 直
령 호 　 내 과 마 발 검 　 향 적 진 　 직

前하니 三入三出에 每入에 或斬將,或搴旗하다.
전 　 삼 입 삼 출 　 매 입 　 혹 참 장 혹 건 기

諸軍이 乘勝하여 鼓噪進擊하여 斬殺,五千餘級하
제 군 　 승 승 　 고 조 진 격 　 참 살 오 천 여 급

니 其城이 乃降하다. 九月에 遣使,大唐朝貢하다.
기 성 　 내 항 　 구 월 　 견 사 대 당 조 공

▶ **어려운 낱말** ◀

[娘] : 처녀(낭). [臂] : 팔(비). [陣] : 진칠(진). [盛] : 강성(성). [甚盛(심성)] : 심히 강성하다. [懼] : 두려워할(구). [殊無鬪心(수무투심)] : 달리 싸울 생각을 하지 않음. [領] : 옷깃(령). [振領(진령)] : 옷깃을 잡고 흔들다. [裘] : 갖옷(구). [提網(제망)] : 그물을 당기다. [網張(망장)] : 그물이 펴지다. [網領(망령)] : 그물과 옷깃. [跨] : 걸터앉을(과). [拔劍(발검)] : 칼을 뽑다. [搴] : 뽑을(건). [噪] : 떠들썩할(조).

▷ **본문풀이** ◁

51년, 가을 8월에 왕이 대장군 「용춘」·「서현」과 부장군 「유신」을 보내 고구려의 〈낭비성〉을 공격하게 하였다. 고구려 사람들은 성 밖에 나와 진을 치고 있었다. 그들의 기세는 아주 드높았다. 아군은 이를 보고 겁을 내어 싸울 생각을 하지 못했다. 「유신」이 말하기를, "나는 옷깃을 잡고 흔들면 옷이 반듯해지고, 그물의 꼭지를 쳐들면 그물이 펴진다."는 말을 들었다. 내가 그물의 꼭지와 옷깃이 되어 보겠다! 라고 말하며, 즉시 말에 올라 칼을 빼들고

적진을 향하여 곧장 돌진하였다. 세 번을 적진 속에 들어갔다 나오면서 그때마다 적장의 목을 베거나 깃대를 뽑아왔다. 그러자 군사들이 기세를 올리며 북을 치고 함성을 지르면서 진격하여 5천여 명을 참살하였으니 〈낭비성〉이 드디어 항복하였다. 9월, 당나라에 사신을 보내 조공하였다.

○五十二年에 大宮庭,地裂하다.
오십이년 대궁정 지열

▶어려운 낱말◀

[大宮(대궁)] : 본 대궐. [裂] : 찢어질(렬).

▷본문풀이◁

52년에, 큰 대궐 뜰의 땅이 갈라졌다.

○五十三年, 春,二月에 白狗가 上于宮墻하다.
오십삼년 춘 이월 백구 상우궁장

夏,五月에 伊飡「柒宿」과 與,伊飡「石品」이 謀叛
하 오월 이찬 칠숙 여 이찬 석품 모반

하니 王이 覺之하고 捕捉「柒宿」하여 斬之東市하
왕 각지 포착 칠숙 참지동시

고 幷夷,九族하다. 阿飡「石品」은 亡至,百濟國境
병이 구족 아찬 석품 망지 백제국경

이나 思見妻子하여 晝伏夜行으로 還至〈叢山〉하여
사견처자 주복야행 환지 총산

見,一樵夫하고 脫,衣換樵夫,蔽衣로 衣之하고 負
견 일초부 탈 의환초부 폐의 의지 부

薪,潛至於家타가 被捉伏刑하다. 秋,七月에 遣使大唐하여 獻,美女二人하니 「魏徵:당의 명신」은 以爲不,宜受라 하다. 上이 喜曰, "彼〈林邑〉獻,鸚鵡도 猶言苦寒하여 思歸其國이어늘 況,二女는 遠別,親戚乎아!" 하며 付,使者歸之하다. 白虹이 飮于宮井하고 土星犯月하다.

▶ 어려운 낱말 ◀

[狗] : 개(구). [墻] : 담장(장). [謀叛(모반)] : 반란을 도모하다. [捕捉(포착)] : 잡다. [斬] : 목 벨(참). [東市(동시)] : 동쪽에 있는 장터. [夷] : 오랑캐, 다스리다(이). [幷夷(병이)] : 함께 다스리다. [九族(구족)] : 父系親族 4, 母系(외가) 3, 妻族 2의 총합. [思見(사견)] : 보고 싶어. [晝伏夜行(주복야행)] : 낮에는 숨고 밤에만 행동함. [樵夫(초부)] : 나무꾼. [敝衣(폐의)] : 떨어진 옷. [負薪(부신)] : 나뭇짐을 지다. [被捉(피착)] : 붙들리다. [伏刑(복형)] : 형을 받다. [獻] : 드리다(헌). [林邑(임읍)] : 지금의 안남.(무더운 지방). [鸚鵡(앵무)] : 앵무새. [苦寒(고한)] : 춥고 괴로움. [白虹(백홍)] : 흰 무지개. 불길의 징조. [飮] : 빠지다, 드리우다(음). [宮井(궁정)] : 대궐의 우물. [犯] : 범할(범).

▷ 본문풀이 ◁

53년, 봄 2월에 흰 개가 대궐의 담장 위에 올라갔다. 여름 5월에, 이찬 「칠숙」과 아찬 「석품」이 반역을 도모하였다. 왕이 이를 알고 「칠숙」을 잡아 동쪽 시장에서 참수하고, 구족을 처형하였다.

아찬 「석품」은 백제 국경까지 도망하였으나, 처자가 보고 싶어 낮에는 숨고 밤이면 걸어서 〈총산〉까지 돌아왔다. 그는 그곳에서 나무꾼 한 사람을 만나 그의 해어진 옷과 바꾸어 입은 채 나무를 지고 몰래 집에 돌아왔으나 곧 체포되어 처형당했다. 가을 7월에, 당나라에 사신을 보내 미녀 두 명을 바쳤다. 그러나 「위징」은 이를 받는 것이 옳지 않다고 말하였다. 황제가 기뻐하며, "저 〈임읍〉에서 바친 앵무새도 추운 고통을 말하며 자기 나라로 돌아가기를 원하거늘, 황차 가족을 멀리 이별하고 온 두 여자의 처지야 어떻겠는가!" 라고 말하고, 사신에게 맡겨 돌려보냈다. 흰 무지개가 대궐 우물로 들어갔고, 토성이 달을 범했다.

○五十四年, 春.正月에 王薨하다. 諡曰, 眞平이
오십사년 춘정월 왕홍 시왈 진평

라 하고 葬于.漢只하다. 唐太宗이 詔하여 贈 〈左光
장우한지 당태종 조 증 좌광

祿大夫〉하고 賻物段.二百하다. [古記云,貞觀(당태종의
록대부 부물단이백

연호)六年王壬辰 正月卒로, 而唐書『資理(治)通鑑』皆云, "貞觀五年,辛卯에 羅王眞平卒이라." 하니 豈其誤耶아?]

▶ 어려운 낱말 ◀

[諡] : 시호(시). [只] : 다만(지). [贈] : 주다(증). [賻] : 부의(부). [賻物(부물)] : 부의로 주는 물건. [資理通鑑(자리통감)] : 중국의 역사서. [自治(理)通鑑] : 중국 북송 때 사마광이 지은 역사책. 고려 성종의 諱字가 '治' 이므로 '理'를 넣었음. [誤] : 잘못(오).

▷ **본문풀이** ◁

54년, 봄 정월에 왕이 서거하였다. 시호를 진평이라 하고, 한지에 장사지냈다. 당 태종이 조서로 〈좌광록대부〉 벼슬을 추증하고, 비단 2백 단을 부의하였다.【고기에는 '정관 6년 임진 봄 정월에 죽었다' 라고 기록되어 있고, [신당서]와 [자리(치)통감]에는 모두 '정관 5년 신묘에 신라왕 진평이 죽었다.' 라고 기록되어 있으니 틀린 것이 아닐까?】

27 善德王(선덕왕) : 632~647

○善德王이 立하다. 諱는 「德曼」이니 眞平王의
선덕왕 입 휘 덕만 진평왕

長女也라. 母는 金氏摩耶夫人이다. 「德曼」은 性
장녀야 모 김씨마야부인 덕만 성

이 寬仁明敏하다. 王薨하니 無子라 國人이 立,「德
관인명민 왕훙 무자 국인 입덕

曼」하여 上號를 「聖祖皇姑」라 하다. 前王,時에 得,
만 상호 성조황고 전왕시 득

自唐來 '牡丹花圖'와 幷,花子를 以示「德曼」이러
자당래 목단화도 병화자 이시 덕만

니 「德曼」曰, "此花雖,絶艶이나 必是,無香氣이니
덕만왈 차화수절염 필시무향기

다." 하니 王이 笑曰, "爾何以,知之오?" 하니 對曰,
왕 소왈 이하이지지 대왈

“圖花에 無,蜂蝶하니 故로 知之하나이다. 大抵,女
도화 무봉접 고 지지 대저여

有國色이면 男隨之하고 花有香氣면 蜂蝶이 隨之
유국색 남수지 화유향기 봉접 수지

故也이니 此花絶艶이나 而,圖畵에 又無蜂蝶하니
고야 차화절염 이도화 우무봉접

是必,無香花니이다.” 하거늘 種植之하니 果如所言
시필무향화 종식지 과여소언

으로 其,先識이 如此하니라.
기선식 여차

▶ 어려운 낱말 ◀

[曼] : 끌다, 아름답다(만). [摩] : 갈(마). [耶] : 어조사(야). [寬] : 너그러울(관). [寬仁(관인)] : 성격이 너그러움. [敏] : 민첩할(민). [明敏(명민)] : 밝고 민첩함. [皇姑(황고)] : 돌아가신 시어머니. 先姑의 존칭. [牧丹花(목단화)] : 모란꽃. [絶艶(절염)] : 뛰어나게 아름다움. [蜂蝶(봉접)] : 벌 나비. [大抵(대저)] : 대개. [姑] : 시어머니(고). [種植(종식)] : 심다. [過如所言(과여소언)] : 과연 말한 바와 같았다. [識] : 알(식).

▷ 본문풀이 ◁

선덕왕이 왕위에 올랐다. 그의 이름은 「덕만」이니, 진평왕의 장녀이다. 어머니는 김씨 마야부인이다. 「덕만」은 성품이 너그럽고 어질고 명민하였다. 진평왕이 서거하였으나 아들이 없었으므로 백성들이 덕만을 왕위에 오르게 하여 「성조황고」라는 칭호를 올렸다. 그전 임금 때, 당나라에서 온 모란꽃 그림과 꽃씨를 얻어 「덕만」에게 보였더니 「덕만」이 말하기를, “이 꽃이 비록 곱기는 하지만 틀림없이 향기가 없을 것이다.”라고 말하니, 왕이 웃으면서 “네가 어떻게 그것을 아느냐?” 고 물으니 대답하기를, “꽃을 그렸으나 나비가 없기에 이를 알았습니다. 무릇 여자로서 국색을 갖추고 있으면 남자가 따르는 법이요, 꽃에 향기가 있으면 벌과 나비가 따르는 법입니다. 이 꽃이 무척 고운데도 그림에 벌과 나비가 없으니, 이는 틀림없이 향기가 없는 꽃일 것입니다.” 라고 하기에 그 씨앗을 심어보니 과연 말한 바와 같았으므로 앞을 내다보는 식견이 이와 같았다.

ㅇ元年(원년), 二月(이월)에 以,大臣(이대신)「乙祭(을제)」로 摠持國政(총지국정)하다. 夏,五月(하오월)에 旱(한)하여 至,六月(지유월)에 乃雨(내우)하다. 冬,十月(동시월)에 遣使,撫問國內(견사무문국내)하여 鰥寡孤獨(환과고독)과 不能自存者(불능자존자)를 賑恤之(진휼지)하다. 十二月(십이월)에 遣使,入唐朝貢(견사입당조공)하다.

▶ **어려운 낱말** ◀

[摠持(총지)] : 모두 맡기다. [持] : 가지다(지). [政] : 정사(정). [旱] : 가물(한). [撫] : 어루만지다(무). [鰥] : 홀아비(환). [寡] : 과부(과). [鰥寡孤獨(환과고독)] : 매우 어렵게 살아가는 사람들. [不能自存(불능자존)] : 혼자 살 수 없음. 독거인. [賑恤(진휼)] : 어려운 이를 구휼하다. [貢] : 바칠(공). [朝貢(조공)] : 조공을 바치다.

▷ **본문풀이** ◁

원년, 2월에 대신 「을제」로 하여금 국정을 총괄하게 하였다. 여름 5월에, 가뭄이 들었다가 6월이 되어서야 비가 왔다. 겨울 10월에, 특사를 보내 국내의 홀아비, 과부, 고아, 자식 없는 노인으로서 자신의 힘으로 살아갈 수 없는 자들에게 곡식을 주어 구제하였다. 12월에, 당나라에 사신을 보내 조공하였다.

○二年, 春.正月에 親祀神宮하고 大赦하다. 復諸.州郡一年租調하다. 二月에 京都地震하고 秋.七月에 遣使.大唐朝貢하다. 八月에 百濟侵.西邊하다.

이년 춘정월 친사신궁 대사 부제주군일년조조 이월 경도지진 추칠월 견사대당조공 팔월 백제침서변

▶어려운 낱말◀

[復] : 면제할(부). [租] : 세금(조). [調] : 조정하다(조). [震] : 떨칠(진). [邊] : 갓(변).

▷본문풀이◁

2년, 봄 정월에 왕이 직접 신궁에 제사를 지내고 대사령을 내렸다. 모든 주와 군의 1년 납세를 면제하였다. 2월에, 서울에 지진이 있었고, 가을 7월에, 당나라에 사신을 보내 조공하였다. 8월에, 백제가 서쪽 변경을 침범하였다.

○三年, 春.正月에 改元하여 『仁平』이라 하다. 〈芬

삼년 춘정월 개원 인평 분

皇寺〉成하다. 三月에 雹大如栗하다.
황 사 성 삼 월 박 대 여 률

▶ 어려운 낱말 ◀

[芬] : 향기로울(분). [雹] : 우박(박). [栗] : 밤(율).

▷ 본문풀이 ◁

3년, 봄 정월에 연호를 『인평』으로 고쳤다. 〈분황사〉가 낙성되었다. 3월에, 크기가 밤알과 같은 우박이 내렸다.

○ 四年에 唐遣使,持節하여 冊命王爲하여 '柱國,
사 년 당 견 사 지 절 책 명 왕 위 주 국
樂浪郡公,新羅王'이라 하고 以襲父封하다. 〈靈廟
낙 랑 군 공 신 라 왕 이 습 부 봉 영 묘
寺〉成하다. 冬,十月에 遣,伊飡 「水品」, 「龍樹」[一
사 성 동 시 월 견 이 찬 수 품 용 수
云龍春]하여 巡撫州縣하다.
순 무 주 현

▶ 어려운 낱말 ◀

[持] : 가질(지). [持節(지절)] : 천자에게 받은 부절을 가짐. [冊] : 책봉하다. [襲] : 잇다(습). [父封(부봉)] : 아버지의 봉작. [巡] : 순행(순). [州縣(주현)] : 고을.

▷ 본문풀이 ◁

4년, 당나라에서 사신을 보내 황제의 신임표를 가지고 와서 왕을 '주국 낙랑군공 신라왕' 으로 책봉하여, 아버지의 봉작을 잇게 하였다. 〈영묘사〉가 낙성되었다. 겨울 10월에, 이찬 「수품」과 「용수」【용춘이라고도 한다.】를 보내 주와 현을 순행하며 백성들을 위로하게 하였다.

○五年, 春,正月에 拜,伊湌「水品」하여 爲,上大
오년 춘정월 배이찬 수품 위상대
等하다. 三月에 王疾하여 醫禱無效하니 於〈皇龍
등 삼월 왕질 의도무효 어 황룡
寺〉設,百高座하고 集僧,講〈仁王經〉하여 許度僧,
사 설백고좌 집승강 인왕경 허도승
一百人하다. 夏,五月에 蝦蟆가 大集宮西,〈玉門池〉
일백인 하오월 하마 대집궁서 옥문지
하니 王이 聞之하고 謂,左右曰, "蝦蟆怒目은 兵士
왕 문지 위좌우왈 하마노목 병사
之相也이니 嘗聞하니 西南,邊에 亦有地名이 〈玉門
지상야 상문 서남변 역유지명 옥문
谷(女根谷)〉者하니 其,或有隣國兵이 潛入其中乎아?"
곡 자 기혹유인국병 잠입기중호
하고 將軍「閼川」과「弼呑」으로 率兵搜之하니 果,
장군 알천 필탄 솔병수지 과
百濟將軍「于召」가 欲襲〈獨山城〉하여 率,甲士五
백제장군 우소 욕습 독산성 솔갑사오
百人으로 來伏其處어늘「閼川」이 掩擊,盡殺之하
백인 내복기처 알천 엄격진살지
다.「慈藏法師」入唐求法하다.
자장법사 입당구법

▶**어려운 낱말**◀

[疾] : 병(질). [醫禱(의도)] : 의약과 기도. [效] : 효험(효). [設] : 베풀다(설). [集僧(집승)] : 스님을 모으다. [許度僧(허도승)] : 도승으로 허락하다. [蝦蟆(하

마)] : 두꺼비. 두꺼비 과에 속하는 큰 개구리 비슷한 양서류. [怒目(노목)] : 성을 낸 눈. [嘗聞(상문)] : 일찍 들으니. [隣國兵(인국병)] : 이웃나라의 군사. [潛入(잠입)] : 몰래 침입하다. [率] : 인솔(솔). [搜之(수지)] : 그곳을 수색하다. [果] : 과실, 과연(과). [甲士(갑사)] : 갑옷 군사. [來伏(내복)] : 와서 잠복하다. [掩擊(엄격)] : 엄습하여 격파함. [求法(구법)] : 불법을 탐구함.

▷**본문풀이**◁

5년, 봄 정월에 이찬 「수품」을 상대등으로 임명하였다. 3월에, 왕에게 병환이 나서 약과 기도가 모두 효험이 없었으므로 〈황룡사〉에서 백고좌를 열고, 중을 모아 〈인왕경〉을 강의하고, 그리고 도승(度僧) 1백 명을 허락하였다. 여름 5월에, 개구리 떼가 대궐 서쪽 〈옥문지〉에 많이 모이니, 왕이 이를 듣고 좌우 측근들에게 말하기를, "성난 눈은 병사의 모습이니 일찍이 서남쪽 변경에 〈옥문곡〉이라는 지명을 가진 곳이 있다고 들었는데, 이웃 나라 군사가 혹시 이 골짜기에 잠입한 것이 아닌가 하고, 곧 장군 「알천」과 「필탄」으로 하여금 그곳에 가서 탐색을 하게 하니, 그곳에 과연 백제 장군 「우소」가 〈독산성〉을 습격하기 위하여 군사 5백 명을 이끌고 와서 숨어 있기에 「알천」이 이를 습격하여 모두 죽였다. 「자장법사」가 불법을 탐구하기 위하여 당나라에 갔다.

○六年, 春正月에 拜伊湌「思眞」하여 爲舒弗邯하다. 秋七月에 拜「閼川」으로 爲大將軍하다.

(육년 춘정월 배이찬 사진 위서불한. 추칠월 배 알천 위대장군)

▶ 어려운 낱말 ◀

[舒弗邯(서불한)] : 이벌찬(伊伐湌).

▷ 본문풀이 ◁

6년, 봄 정월에 이찬 「사진」을 서불한으로 임명하였다. 가을 7월에, 「알천」을 대장군으로 임명하였다.

○ 七年, 春, 三月에 〈七重城:지금의 積城〉, 南에 大石이 自移, 三十五步하다. 秋, 九月에 雨, 黃花하다. 冬, 十月에 高句麗가 侵, 北邊〈七重城〉하여 百姓이 驚擾入, 山谷하다. 王이 命, 大將軍「閼川」으로 安集之하다. 十一月에 「閼川」이 與, 高句麗兵으로 戰於〈七重城〉外하여 克之하고 殺虜甚衆하다.

칠년 춘 삼월 칠중성 남 대석 자이 삼십오보 추 구월 우 황화 동 시월 고구려 침 북변 칠중성 백성 경요입 산곡 왕 명 대장군 알천 안집지 십일월 알천 여 고구려병 전어 칠중성 외 극지 살로심중

▶ 어려운 낱말 ◀

[移] : 옮길(이). [驚擾(경요)] : 놀라서 동요하다. [閼] : 가로 막을(알). [集] : 모을(집). [安集之(안집지)] : 안심시켜 다시 모여 살게 하다. [克] : 이길(극). [殺虜(살로)] : 죽이고 사로잡다. [甚] : 심할(심). [衆] : 무리(중). [甚衆(심중)] : 매우 많다.

▷ 본문풀이 ◁

7년, 봄 3월에 〈칠중성〉 남쪽에 있던 큰 돌이 저절로 35보 거리

를 옮겨갔다. 가을 9월에, 노랑 꽃비가 내렸다. 겨울 10월에, 고구려가 북쪽 변경의 〈칠중성〉을 침범하여 백성들이 놀라 산골짜기로 들어갔다. 왕이 대장군 「알천」에게 명령하여 이들을 안심시켜 다시 모여 살도록 하였다. 11월, 「알천」이 고구려 군사와 〈칠중성〉 밖에서 싸워 승리하였다. 이 싸움에서 죽이거나 사로잡은 자가 심히 많았다.

○八年, 春,二月에 以〈何瑟羅州〉를 爲〈北小
팔년 춘 이월 이 하슬라주 위 북소
京〉하고 命,沙飡「眞珠」로 鎭之하다. 秋,七月에 東
경 명 사 찬 진 주 진 지 추 칠 월 동
海水,赤且熱하여 魚鼈死하다.
해 수 적 차 열 어 별 사

▶ 어려운 낱말 ◀

[鎭] : 진칠(진). 방어를 위한 군 주둔지. [鼈] : 자라별.

▷ 본문풀이 ◁

8년, 봄 2월에 〈하슬라주〉를 〈북소경〉으로 만들었다. 사찬 〈진주〉로 하여금 이 성을 수비하게 하였다. 가을 7월, 동해의 물이 붉게 변하고 더워져서 자라와 고기들이 죽었다.

○九年, 夏,五月에 王이 遣,子弟於,唐하여 請入
구년 하 오월 왕 견 자 제 어 당 청 입
國學하다. 是時에 太宗(唐)은 大徵,天下名儒하여
국 학 시 시 태 종 대 징 천 하 명 유

爲學官하고 數幸國子監하여 使之講論하고 學生
위 학관 삭 행 국 자 감 사 지 강 론 학 생

能明一大經(예기,춘추)已上이면 皆得補官하고 增
능 명 일 대 경 이 상 개 득 보 관 증

築學舍千二百間하고 增學生滿三千二百六十員
축 학 사 천 이 백 간 증 학 생 만 삼 천 이 백 육 십 원

하다. 於是에 四方學者가 雲集京師(:長安)하니 於是
어 시 사 방 학 자 운 집 경 사 어 시

에 高句麗百濟高昌吐蕃도 亦遣子弟入學하다.
고 구 려 백 제 고 창 토 번 역 견 자 제 입 학

▶ 어려운 낱말 ◀

[請] : 청하다(청). [國學(국학)] : 당시 당나라 국립학교. [徵] : 부를(징). [儒] : 선비(유). [學官(학관)] : 요즈음의 교수. [國子監(국자감)] : 성균관의 딴 이름. 여기서는 당나라의 교육기관. 율학, 산학 등을 공부. [講] : 강의. 외울(강). [一大經,已上(일대경이상)] : 한 가지 이상의 경서. [補官(보관)] : 관리에 임명. [學舍(학사)] : 교실. [高昌(고창)] : 5~7세기 타림분지 동부의 투르판 지방에 있었던 漢人의 식민지 국가. [吐藩(토번)] : 중국 당송시대 티베트족을 일컫던 이름.

▷ 본문풀이 ◁

9년, 여름 5월에 왕이 자제들을 당나라에 보내 국학에 입학시켜 주기를 요청하였다. 이때 태종은 천하의 유명한 학자들을 모아 학관으로 임명하고, 국자감에 자주 가서 그들에게 강론을 하게 하였으며, 학생들 가운데 [예기]나 [춘추좌씨전] 가운데 한 가지 이상 능통한 자에게는 모두 관직을 주고, 학사 1천2백 칸을 증축하고, 학생을 3천2백60명으로 증원하였다. 이리하여 사방의

학자들이 경사(서울 장안)로 모여들었다. 이때 고구려, 백제, 고창, 토번도 자제들을 보내 입학시켰다.

○十一年, 春,正月에 遣使大唐獻,方物하다. 秋,
십 일 년 춘 정 월 견 사 대 당 헌 방 물 추
七月에 百濟王,義慈가 大擧兵하여 攻取國西,四十
칠 월 백 제 왕 의 자 대 거 병 공 취 국 서 사 십
餘城하고 八月에 又與,高句麗로 謀하여 欲取〈黨
여 성 팔 월 우 여 고 구 려 모 욕 취 당
項城:華城郡 南陽面〉하여 以絶,歸唐之路하니 王이 遣
항 성 이 절 귀 당 지 로 왕 견
使,告急於,太宗하다. 是月에 百濟將軍「允忠」이
사 고 급 어 태 종 시 월 백 제 장 군 윤 충
領兵攻拔,〈大耶城:합천〉하니 都督,伊飡「品釋」,
영 병 공 발 대 야 성 도 독 이 찬 품 석
舍知「竹竹」,「龍石」等이 死之하다. 冬에 王이
사 지 죽 죽 용 석 등 사 지 동 왕
將伐,百濟하여 以報,大耶之役하여 乃遣,伊飡「金
장 벌 백 제 이 보 대 야 지 역 내 견 이 찬 김
春秋」於,高句麗하여 以,請師하다. 初에 大耶之,敗
춘 추 어 고 구 려 이 청 사 초 대 야 지 패
也에 都督「品釋」之妻,死焉하니 是는 春秋之女
야 도 독 품 석 지 처 사 언 시 춘 추 지 녀
也니라. 春秋,聞之하고 倚柱而立하여 終日不瞬하
야 춘 추 문 지 의 주 이 립 종 일 불 순
고 人物過前에도 而,不之省하다. 旣而焉曰, "嗟乎
인 물 과 전 이 불 지 성 기 이 언 왈 차 호
라! 大丈夫,豈不能,呑百濟乎아!" 하고 便,詣王曰,
대 장 부 기 불 능 탄 백 제 호 변 예 왕 왈
"臣은 願奉使,高句麗請兵하여 以報,怨於百濟하리
신 원 봉 사 고 구 려 청 병 이 보 원 어 백 제

다." 하니 王이 許之하다. 高句麗王「高臧:寶藏王」이
왕 허지 고구려왕 고장

素聞,春秋之名하고 嚴兵衛而後에 見之하다. 春秋
소문 춘추지명 엄병위이후 견지 춘추

進言曰, "今,百濟無道하여 爲,長蛇封豕하여 以,侵
진언왈 금백제무도 위장사봉시 이침

軼我,封疆하니 寡君,願得大國,兵馬하여 以洗其恥
질아봉강 과군원득대국병마 이세기치

하고 乃使下臣으로 致命於,下執事하나이다." 하니
내사하신 치명어하집사

麗王,謂曰, "竹嶺은 本是,我地分이라 汝若還,竹
여왕위왈 죽령 본시아지분 여약환죽

嶺西北之地면 兵可出焉이니라." 春秋,對曰, "臣
령서북지지 병가출언 춘추대왈 신

은 奉,君命,乞師하옵고 大王은 無意,救患以,善隣하
봉군명걸사 대왕 무의구환이선린

고 但,威劫行人하여 以要歸地하니 臣은 有死而已
단위겁행인 이요귀지 신 유사이이

요 不知其他이니다." 하니 臧이 怒其言之,不遜하다
부지기타 장 노기언지불손

하여 囚之別館하다. 春秋,潛使人으로 告,本國王하
수지별관 춘추잠사인 고본국왕

니 王은 命,大將軍,「金庾信」하여 領,死士一萬人,
왕 명대장군 김유신 영사사일만인

赴之하다. 庾信,行軍過,漢江하여 入,高句麗,南境
부지 유신행군과한강 입고구려남경

하니 麗王聞之하고 放,春秋以還하다. 拜,庾信하여
여왕문지 방춘추이환 배유신

爲,〈押梁州:지금의 慶山郡〉軍主하다.
위압량주 군주

▶ 어려운 낱말 ◀

[役(역)] : 전쟁. [旣而(기이)] : 이윽고. [嗟乎(차호)] : 슬프다. [便(변)] : 곧, 문득. [詣] : 이르다, 나아가다(예). [便詣(변예)] : 곧 나아가서. [封豕(봉시)] : 돼지처럼 탐하여 먹음을 비유함. [長蛇封豕(장사봉시)] : 뱀과 돼지처럼 많이 탐하는 식욕에 비유. [侵軼(침질)] : 갈마들어 침략함. [封疆(봉강)] : 국경. 경계. [寡君(과군)] : 자기 나라 임금을 다른 나라 임금께 겸손으로 하는 말. 우리 임금님께서. [下執事(하집사)] : 집사를 내려 보내어. [行人(행인)] : 이국의 使者. [死士(사사)] : 결사대. [赴] : 닿을(부).

▷ 본문풀이 ◁

11년, 봄 정월에 당나라에 사신을 보내 방물을 바쳤다. 가을 7월에, 백제왕 의자가 군사를 크게 일으켜 서쪽 지방의 40여 성을 공격하여 빼앗았고, 8월에, 다시 고구려와 공모하여 〈당항성〉을 빼앗아 당나라로 가는 길을 막고자 하였다. 왕이 사신을 당나라로 보내 태종에게 급한 사정을 통보하였다. 이 달에 백제장군 「윤충」이 군사를 거느리고 〈대야성〉을 공격하여 점령하였다. 도독 이찬 「품석」과 사지 「죽죽」·「용석」 등이 이 싸움에서 전사하였다. 겨울에, 왕이 백제를 공격하여 〈대야성〉의 패배를 보복하고자 하였다. 이를 위하여, 이찬 「김춘추」를 고구려에 보내 군사의 파견을 요청하였다. 처음에 〈대야성〉이 패했을 때 도독 「품석」의 아내가 여기서 죽었다. 그녀는 춘추의 딸이었다. 춘추는 이 소식을 듣고, 온종일 기둥에 기대서서 눈도 깜빡이지 않은 채, 사람이나 물체가 앞을 지나가도 알아보지 못했다. 그는 얼마 후에 "아아! 대장부가 어찌 백제를 이길 수 없으랴!" 하고는, 곧 왕에게 나아가 "명령을 내려 주신다면 제가 고구려에 가서 군사의 파견을 요청하여 백제에 대한 원한을 갚기를 원하나이다."라고 말했다. 왕은 이를 허락을 하였다. 고구려왕 「고장」은 원래 춘추에 대한 명성을 듣고 있었다. 그는 먼저 군사의 호위를 엄하게 한 뒤에 춘추를 만났다. 춘추가 말하기를, "지금 백제가 무도하여, 사악하기 뱀과 같이 되어 우리 국토를 침범하였습니다. 이제 우리 임금이 귀국의 군사를 얻어 치욕을 씻고자 하여, 저를 보내어 하집사에게 명령을 전하게 한 것입니다." 하니, 고구려 왕이 말하기를, "죽령은 본래 우리 땅인데, 너희들이 만약 죽령 서북 땅을 돌려준다면 군사를 파견할 수 있다."고 말했다. 춘추가 대답하기를, "제가 임금의 명령을 받들어 군사를 빌리고자 하여 왔으나, 대왕께서는 이웃의 환난을 구원하여 이웃과 잘 지낼 뜻은 없고, 다만 남의 나라 사신을 위협하여 땅을 돌려주기를 요구하니, 저에게는 죽음이 있을 뿐, 다른 것은 모르겠습니다." 하니, 그의 말이 공손하지 않자 「고장」은 분노하여 그를 별관에 가두었다. 춘추는 사람을 시켜 비밀리에 본국 왕에게 이를 보고하도록 하였다. 왕은 대장군 「김유신」에게 명령하여 결사대 1만 명을 거느리고 고구려로 가도록 하였다. 유신이 군사를 이끌고 한강을 건너 고구려의 남쪽 변경으로 들어가자, 고구려 왕이 이를 듣고 춘추를 석방하여 돌려보냈다. 유신을 〈압량주〉의 군주로 임명하였다.

○十二年, 春.正月에 遣使.大唐獻.方物하다. 三
십이년 춘정월 견사대당헌방물 삼

月에 入唐,求法高僧「慈藏」이 還하다. 秋,九月에
월 입 당 구 법 고 승 자 장 환 추 구 월

遣使,大唐上言하되 "高句麗·百濟가 侵凌臣國하
견 사 대 당 상 언 고 구 려 백 제 침 릉 신 국

여 累遣攻襲,數十城하고 兩國連兵으로 期之必取
누 조 공 습 수 십 성 양 국 련 병 기 지 필 취

코자 將以,今玆九月에 大擧하여 下國社稷을 必不
장 이 금 자 구 월 대 거 하 국 사 직 필 불

獲全하리니 勤遣陪臣하여 歸命大國에 願乞偏師(:
획 전 근 견 배 신 귀 명 대 국 원 걸 편 사

小部隊)하오니 以存救援하소서." 하니 而,帝謂,使人
이 존 구 원 이 제 위 사 인

曰, "我實哀,爾爲二國所侵하여 所以頻遣,使人和
왈 아 실 애 이 위 이 국 소 침 소 이 빈 견 사 인 화

爾,三國이나 高句麗·百濟는 旋踵翻悔하여 意在
이 삼 국 고 구 려 백 제 선 종 번 회 의 재

呑滅하여 而分爾,土宇하니 爾國은 設,何奇謀로 以
탄 멸 이 분 이 토 우 이 국 설 하 기 모 이

免顚越고?" 하니 使人曰, "吾王이 事窮計盡하여
면 전 월 사 인 왈 오 왕 사 궁 계 진

唯告,急,大國하니 冀以全之하노이다." 하다. 帝曰,
유 고 급 대 국 기 이 전 지 제 왈

"我,少發邊兵하여 摠,契丹·靺鞨[女眞]로 直入遼東
아 소 발 변 병 총 거 란 말 갈 직 입 요 동

하면 爾國自解하리니 可緩爾,一年之圍나 此後知,
이 국 자 해 가 완 이 일 년 지 위 차 후 지

無繼兵이면 還肆侵侮하여 四國俱擾하여 於爾未
무 계 병 환 사 침 모 사 국 구 요 어 이 미

安하리니 此爲一策이요, 我又能給,爾數千,朱袍丹
안 차 위 일 책 아 우 능 급 이 수 천 주 포 단

幟(붉은 옷과 붉은 깃발)하여 二國(麗,濟)兵至면 建而陳
치 이 국 병 지 건 이 진

之하라. 彼見者,以爲我兵하고 必皆奔走하리니 此
지 피 견 자 이 위 아 병 필 개 분 주 차

爲二策이요. 百濟國이 恃海之險하고 不修機械하
위 이 책 백 제 국 시 해 지 험 불 수 기 계

고 男女紛雜하여 互相燕聚하리니 我以,數十百船
남 녀 분 잡 호 상 연 취 아 이 수 십 백 선

으로 載以甲卒하고 銜枚泛海하여 直襲其地하리라.
재 이 갑 졸 함 매 범 해 직 습 기 지

爾國은 以,婦人爲主하여 爲,隣國이 輕侮하여 失主
이 국 이 부 인 위 주 위 린 국 경 모 실 주

延寇하여 靡歲休寧하니 我遣一,宗支하여 與爲爾,
연 구 미 세 휴 녕 아 견 일 종 지 여 위 이

國主하면 而,自不可獨王하리니 當遣兵,營護하여
국 주 이 자 불 가 독 왕 당 견 병 영 호

待爾國安하여 任爾自守이니 此爲三策이니 爾宜
대 이 국 안 임 이 자 수 차 위 삼 책 이 의

思之하여 將從何事오?" 하다. 使人은 但唯而,無對
사 지 장 종 하 사 사 인 단 유 이 무 대

하니 帝嘆,其,庸鄙하여 非,乞師告急之,才也하다.
제 탄 기 용 비 비 걸 사 고 급 지 재 야

▶ 어려운 낱말 ◀

[累遭(누조)] : 자주 당하다. [獲] : 얻을(획). [必不獲全(필불획전)] : 반드시 온전하지 못할 것이니. [陪臣(배신)] : 제후의 대부가 천자에 대하여 자기를 일컫는 말. [歸命(귀명)] : 명령을 받아 의지하다. [偏師(편사)] : 한편에 있는 조그만 군사. [旋踵(선종)] : 발길을 돌리자 말자. [土宇(토우)] : 변방의 땅. [顚越(전월)] : 굴러 떨어짐. [冀] : 바랄(기). [還肆侵侮(환사침모)] : 다시 방자하여 깔보고 침약하다. [肆] : 방자할(사). [陳] : 늘어놓다(진). [燕聚(연취)] : 한가롭게 모여 놀다. [銜枚(함매)] : 조용하게. 옛날 군사들이 행군을 할 때 떠들지 못하게 하무(군인들의 입에 물리던 가로 막대)를 물리던 일. [延寇(연구)] : 도

적 때가 들끓다. [靡歲休寧(미세휴녕)] : 미령하지 못함. 일 년 내내 편할 날이 없음. [宗支(종지)] : 한 종중의 종파와 지파. [乞師(걸사)] : 군사를 빌리다.

▷ **본문풀이** ◁

12년, 봄 정월에 당나라에 사신을 보내 방물을 바쳤다. 3월에, 당나라에 들어가 불법을 탐구하던 고승 「자장」이 돌아왔다. 가을 9월에, 당나라에 사신을 보내 말하기를, "고구려와 백제가 신의 나라를 침공하여 수십 개의 성이 누차 공격을 당했습니다. 이제 이들 두 나라 군사가 연합하여 우리나라를 필히 빼앗고자, 이번 9월에 군사를 크게 일으키려 하고 있습니다. 이렇게 되면 우리나라의 사직이 유지될 수 없습니다. 삼가 저의 신하를 보내 대국에 우리의 운명을 맡기오니, 일부의 군대라도 빌려 주어 구원해주기를 원합니다."라고 했다. 황제가 사신에게 말하기를, "너희가 두 나라의 침략을 받는 것이 진실로 애통하다. 그렇기에 자주 사신을 보내 너희 세 나라가 화친하도록 한 것이다. 그러나 고구려와 백제는, 사신이 발길을 돌리자마자 약속을 어기고 있다. 이는 너희 나라를 빼앗고 너희 나라를 나누어 갖자는 데에 뜻이 있는 것이다. 너희 나라에는 사직을 보전할 수 있는 무슨 특별한 대책이라도 있는가?" 하니, 사신이 말하기를, "우리 임금께서는, 상황은 급하고 대책이 없으므로 급한 사정을 대국에 말하여 나라의 보전을 바라는 것입니다." 하니 황제가 말하기를, "내가 변방의 군사를 조금 내고, 거란 · 말갈과 함께 곧장 요동을 치면, 너희 나라에 대한 포위가 자연히 풀릴 것이다. 이렇게 되면 1년 동안은 포위

상태를 완화시킬 수 있을 것이다. 그러나 이 이후에 군사를 계속 하여 보내지 않을 것을 그들이 알면, 도리어 함부로 침략을 할 것 이다. 이리되면 네 나라가 모두 소란해지고 너희 나라도 편하지 못할 것이다. 이것이 첫째 계책이요, 내가 또한 너희 나라에 우리 나라가 사용하는 붉은 옷과 붉은 기 수천 벌을 주고, 고구려 백제 의 두 나라 군사가 올 때 이것을 벌려 세워 놓아라. 그리하면 저 들은 이를 우리나라 군대로 여기고 반드시 모두 도주할 것이니, 이것이 두 번째 계책이다. 백제는 바다의 험한 요새를 믿고 병기 를 수리하지 않은 채 남녀가 난잡하게 뒤섞여 놀고 있는 실정이 니, 내가 수십 수백 척의 배에 무장한 군사를 싣고 소리 없이 바 다를 건너 바로 그 나라를 습격할 것이다. 너희 나라는 여자를 임 금으로 삼았으니, 그렇기에 이웃 나라로부터 경멸을 당하고 있으 며, 주인을 잃은 채 도적이 들끓고 있으니 편안한 시절이 없다. 내가 나의 친척 한 명을 보내 너희 나라의 임금을 삼겠다. 그러나 그가 혼자 임금 노릇을 할 수는 없을 것이므로 당연히 군사를 파 견하여 보호하다가 너희 나라가 안정되면, 너희 나라에 맡겨 스 스로 나라를 지키도록 할 것이다. 이것이 세 번째 계책이다. 장차 어느 계책을 따르겠는지 그대는 잘 생각하여 보아라." 하니, 사신 은 다만 "예" 할 뿐 확실한 대답을 하지 않았다. 황제는 그의 사람 됨이 용렬하여, 군사를 요청하고 급한 상황을 호소할만한 인재가 못됨을 개탄하였다.

○十三年, 春,正月에 遣使大唐하여 獻,方物하다.
십 삼 년 춘 정 월 견 사 대 당 헌 방 물

太宗이 遣使.農丞 相里「玄奬」으로 齎.璽書하여
태종 견사 농승 상리 현장 재새서
賜.高句麗曰, "新羅는 委命國家요 朝貢不闕하니
사고구려왈 신라 위명국가 조공불궐
爾與百濟로 宜卽戢兵하라 若更攻之면 明年에 當.
이여백제 의즉즙병 약경공지 명년 당
出師擊.爾國矣리라." 하니 「蓋蘇文(高句麗의 莫離支-
출사격이국의 개소문
首相)」이 謂,「玄奬」曰, "高句麗와 新羅는 怨隙(:
위 현장 왈 고구려 신라 원극
원한)已久라 往者에 隋室相侵에 新羅乘釁하여 奪.
이구 왕자 수실상침 신라승흔 탈
高句麗.五百里之地하고 城邑.皆據有之하니 非.返
고구려오백리지지 성읍개거유지 비반
地還城이면 此.兵恐은 未能已니라." 하니 「玄奬」
지환성 차병공 미능이 현장
曰, "已往之事를 焉可追論하리오?" 하나 蘇文은
왈 이왕지사 언가추론 소문
竟.不從하다. 秋.九月에 王이 命.「庾信」으로 爲.大
경부종 추구월 왕 명 유신 위대
將軍하여 領兵伐.百濟하여 大克之하여 取城七하다.
장군 영병벌백제 대극지 취성칠

▶ 어려운 낱말 ◀

[齎] : 가질(재). [璽書(새서)] : 임금의 조서. [賜] : 보내다. 주다(사). [戢] : 거둘(즙). [釁] : 틈(흔). 사이. [皆據有之(개거유지)] : 그것을 모두 차지하다. [據] : 웅거할(거). [兵恐(병공)] : 전쟁의 공포는. [此兵恐(차병공)] : 이 전쟁은. [未能已(미능이)] : 그만둘 수 없다. [追論(추론)] : 다시 재론하다. [大克(대극)] : 크게 이기다.

▷ **본문풀이** ◁

13년, 봄 정월, 당나라에 사신을 보내 방물을 바쳤다. 태종이 사농승 상리「현장」에게 조서를 주어 고구려에 보내 다음과 같이 말하기를, "신라는 운명을 우리나라에 맡기고 조공을 하지 않는 일이 없으니, 너희 나라와 백제는 마땅히 군사를 곧 거두어들여야 한다. 만약 또다시 신라를 공격을 한다면 내년에는 틀림없이 군대를 동원하여 너희 나라를 공격할 것이다."「개소문」은「현장」에게 다음과 같이 말하기를, "고구려와 신라는 사이가 나빠진지 이미 오래이다. 과거 수나라가 침범하였을 때, 신라는 그 틈을 타서 고구려의 땅 5백여 리를 빼앗고 성읍을 모두 차지하였으니, 그 땅과 성을 돌려주지 않으면 이번 전쟁은 그만둘 수 없을 것이다." 했다.「현장」은, "지나간 일을 어찌 따질 수 있겠는가?" 라고 말했으나, 개소문은 끝까지 따르지 않았다. 가을 9월에, 왕이「유신」을 대장군으로 임명하여, 군사를 거느리고 백제를 치게 하였다.「유신」은 크게 승리하여 일곱 성을 빼앗았다.

○十四年, 春,正月에 遣使大唐하여 貢獻方物하
십사년 춘정월 견사대당 공헌방물
다. 庾信이 自伐,百濟還하여 未見王하고 百濟大
유신 자벌백제환 미견왕 백제대
軍이 復來寇邊하다. 王命으로 庾信이 遂,不至家하
군 부래구변 왕명 유신 수부지가
고 往伐破之하여 斬首,二千級하다. 三月에 還命
왕벌파지 참수이천급 삼월 환명
於王하고 未得歸家에 又急報,百濟復來侵하니 王
어왕 미득귀가 우급보백제부래침 왕

이 以事急이라. 乃曰, "國之存亡이 繫公一身하니
이사급 내왈 국지존망 계공일신

庶不憚勞하고 往其圖之하라!" 하니 庾信이 又不
서불탄로 왕기도지 유신 우불

歸家하고 晝夜鍊兵하다. 西行道에 過宅門하니 一
귀가 주야연병 서행도 과택문 일

家男女가 瞻望涕泣이나 公,不顧而歸하다. 三月에
가남녀 첨망체읍 공불고이귀 삼월

創造,〈皇龍寺〉塔하니 從,「慈藏」之請也니라. 夏,
창조 황룡사 탑 종 자장 지청야 하

五月에 太宗이 親征,高句麗하니 王이 發兵三萬으
오월 태종 친정고구려 왕 발병삼만

로 以,助之하다 百濟乘虛하여 襲取,國西七城하다.
이조지 백제승허 습취국서칠성

冬十一月에 拜,伊湌「毗曇」으로 爲,上大等하다.
동십일월 배이찬 비담 위상대등

▶ 어려운 낱말 ◀

[還] : 돌아올(환). [寇邊(구변)] : 변경을 침범. [庾] : 곳집(유). [庶] : 여러(서). [庶不憚勞(서불탄로)] : 여러 가지 괴로움을 꺼려하지 말고. [圖] : 도모하다(도). [鍊兵(연병)] : 군사를 훈련하다. [瞻望(첨망)] : 바라보다. [涕泣(체읍)] : 훌쩍거리며 울다. [創造(창조)] : 새로 만들다. [乘虛(승허)] : 허함을 타서. [毗] : 도울(비).

▷ 본문풀이 ◁

14년, 봄 정월에 당나라에 사신을 보내 방물을 바쳤다. 유신은 백제를 치고 돌아와서 아직 왕도 만나지 못하고 있는데, 그때 대부대의 백제군이 다시 변경을 침범하였다. 왕은 유신에게 출정을 명하였다. 유신은 집에도 가보지 못한 채 출정하여 백제군을 격파하고 2천 명의 목을 베었다. 3월에, 유신이 돌아와 왕에게 복명하고 아직 집에도 돌아가지 못하고 있었다. 그때, 백제가 다시 침노한다는 급보가 왔다. 왕은 사세가 급하다고 판단하고 유신에게 말하기를, "나라의 존망이 공의 한 몸에 매었으니, 노고를 마다하지 말고 가서 대책을 도모하라!" 유신은 또다시 집에 돌아가지 않고, 밤낮으로 군사를 훈련시켰다. 그가 서쪽으로 행군하는 도중에 자기의 집 앞을 지나게 되었는데, 온 집안 식구들이 나와 유신을 바라보고 눈물지었다. 그러나 그는 돌아보지도 않고 싸움터로 갔다. 3월에, 〈황룡사〉 탑을 세웠다. 이는 「자장」의 요청에 의한 것이었다. 여름 5월에, 당나라 태종이 직접 고구려를 공격하였다. 왕은 군사 3만을 동원하여 이를 도왔다. 백제는 이 틈을 타서 신라를 습격하여 서쪽의 일곱 성을 빼앗았다. 겨울 11월에, 이찬 「비담」을 상대등으로 임명하였다.

○十六年, 春.正月에 **「毗曇」「廉宗」 等**이 **謂.女主不能善理**라 하여 **因.謀叛擧兵**이나 **不克**하다. **八月**에 **王薨**하니 **諡曰 「善德」**이라 하고 **葬于〈狼山〉**하다.

(십육년 춘 정월 비담 염종 등 위여주불능선리 인모반거병 불극 팔월 왕홍 시왈 선덕 장우 낭산)

[『唐書』云, 貞觀二十一年卒이라 하고, 『通鑑』云, 二十五年卒이라 하니 以本史考之하여 通鑑이 誤也니라.]

▷ **본문풀이** ◁

16년 봄 정월, 「비담」과 「염종」 등이 여왕이 정치를 잘못한다는 구실로 군사를 동원하여 반역을 도모했으나 성공하지 못했다. 8월에, 왕이 별세하였다. 시호를 「선덕」이라 하고 〈낭산〉에 장사지냈다.【[당서]에는 '정관 21년에 죽었다' 고 하였고, [통감]에는 '25년에 죽었다' 고 하였는데, 이 책에서 고증한다면 통감이 잘못이다.】

○論曰, 臣은 聞之하니 古有「女媧氏」하나 非.
논왈 신 문지 고유 여와씨 비

正是天子이며 佐.「伏犧」하여 理.九州耳이며 至若
정시천자 좌 복희 이구주이 지약

「呂雉:呂后」,「武曌」하여는 値.幼弱之主하여 臨朝
여치 무조 치유약지주 임조

稱制로 史書에는 不得公然稱王하고 但書「高皇
칭제 사서 부득공연칭왕 단서 고황

后.呂氏」하고「則天皇后武氏」者하니 以.天言之
후여씨 측천황후무씨 자 이천언지

하면 則.陽剛而陰柔하고 以.人言之하면 則.男尊而
즉양강이음유 이인언지 즉남존이

女卑니라. 豈可許.姥嫗出.閨房하여 斷.國家之.政
여비 기가허모구출규방 단국가지정

事乎아? 新羅는 扶起女子하여 處之王位하니 誠.
사호 신라 부기녀자 처지왕위 성

亂世之事로 國之不亡이 幸也니라.『書』에 云, "牝
란세지사 국지불망 행야 서 운 빈

鷄之晨이라." 하고 易에 云, "羸豕孚.蹢躅이라." 하
계지신 역 운 영시부척촉

니 其可不爲之.戒哉아?
기가불위지계재

▶ **어려운 낱말** ◀

[伏犧(복희)] : 중국 고대 황제로 팔괘를 만듦. [九州] : 고대 중국의 행정구역. [呂雉(여치)] : 한고조의 왕비 呂后. [武曌(무조)] : 당 고종의 妃, 武候. [値] : 만날(치). [許(허)] : 조사로 쓰임. [姥嫗(모구)] : 늙은 할미. [扶起(부기)] : 불러 일으켜 세움. [誠(성)] : 진실로. [牝] : 암컷(빈). [牝鷄之晨(빈계지신)] : 書經, 牧誓篇에 있는 말로, 암탉이 때를 알린다는 것이니, 부인이 外事에 參涉하는 것을 비유한 말. [晨] : 새벽(신). [羸豕孚蹢躅(영시부척촉)] : 易經에 있는 말로 '영시' 는 약한 돼지, 즉 암돼지의 뜻이요, 蹢躅에 孚한다는 뜻으로 껑충껑충 뛰기 시작한다는 말이니, 不吉한데 비유한 말이다. [蹢躅(척촉)] : 주저하여 머뭇거리는 모양. [孚] : 미쁠(부).

〖**저자의 견해**〗

나는 다음과 같은 말을 들었으니, 옛날에 「여와씨」가 있었으나, 그녀는 천자가 아니라 「복희」를 도와 9주를 다스렸을 뿐이며, 「여치」와 「무조」 같은 경우에는 어리고 약한 임금을 만났기에 조정에 나와 정사를 보았으므로, 역사서에서는 공공연히 임금이라 일컫지 못하고 다만 「고황후 여씨」, 「측천황후 무씨」로만 기록하고 있다. 하늘의 원리로 말한다면, 양(陽)은 강하고 음(陰)은 부드러운 것이며, 사람의 원리로 말한다면, 남자는 존귀하고 여자는 비천한 것이다. 어찌 늙은 할미가 규방을 나와 국가의 정사를 처리하는 것을 허락할 수 있을 것인가? 신라는 여자를 추대하여 왕위에 오르게 하였으니, 이는 실로 어지러운 세상에나 있을 일이었으니, 나라가 망하지 않은 것이 다행이었다. [서경]에는 "암탉이 새벽에 운다." 고 하였고, 주역에는 "암돼지가 껑충거린다." 고 하였으니 즉, 암탉이 울고 여윈 돼지가 껑충거린다 하였으니 어찌 경계하지 않을 수 있겠는가?

28 眞德王(진덕왕) : 647~654?

○眞德王이 立하다. 名은 勝曼이요, 眞平王의 母
진덕왕 입 명 승만 진평왕 모
弟(동복아우) 「國飯」[一云,國芬] 葛門王之,女也이며
제 국반 갈문왕지 녀야
母는 朴氏로 月明夫人이다. 「勝曼」은 恣質豊麗하
모 박씨 월명부인 승만 자질풍려
며 長,七尺이요, 垂手過膝하다.
장칠척 수수과슬

▶어려운 낱말◀

[曼] : 끌(만), 비단(만). [資質豊麗(자질풍려)] : 자태가 아름답다. [垂手(수수)] : 팔을 드리우다. [膝] : 무릎(슬).

▷본문풀이◁

진덕왕이 왕위에 올랐다. 그녀의 이름은 〈승만〉이며, 진평왕의 동복아우인 갈문왕 「국반」【국분이라고도 한다.】의 딸이다. 어머니는 박씨 월명부인이다. 「승만」은 자태가 곱고 아름다웠으며, 키가 7척이었고, 팔을 늘리면 그 길이가 무릎을 넘었다.

○元年, 正月,十七日에 誅「毗曇」하고 坐死者,三
원 년 정 월 십 칠 일 주 비 담 좌 사 자 삼

十人하다. 二月에 拜,伊湌「閼川」으로 爲,上大等
십 인 이 월 배 이 찬 알 천 위 상 대 등

하고 大阿湌「守勝」으로 爲,〈牛頭州:春川〉軍主하
대 아 찬 수 승 위 우 두 주 군 주

다. 唐,太宗이 遣使持節하여 追贈,前王을 爲,'光祿
당 태 종 견 사 지 절 추 증 전 왕 위 광 록

大夫'하고 仍,冊命王하여 爲,〈柱國〉으로 封,'樂浪
대 부 잉 책 명 왕 위 주 국 봉 낙 랑

郡王'하다. 秋,七月에 遣使,入唐謝恩하고 改元
군 왕 추 칠 월 견 사 입 당 사 은 개 원

『太和』라 하다. 八月에 彗星,出於南方하고 又,衆星
태 화 팔 월 혜 성 출 어 남 방 우 중 성

北流하다. 冬,十月에 百濟兵圍〈茂山〉,〈甘勿〉,〈桐
북 류 동 시 월 백 제 병 위 무 산 감 물 동

岑〉,三城하니 王遣庾信하여 率,步騎一萬으로 以,
잠 삼 성 왕 견 유 신 솔 보 기 일 만 이

拒之하다. 苦戰氣碣하니 庾信麾下「丕寧子」及,
거 지 고 전 기 갈 유 신 휘 하 비 녕 자 급

其子「擧眞」이 入,敵陣하여 急格,死之하니 衆皆
기 자 거 진 입 적 진 급 격 사 지 중 개

奮擊하여 斬首,三千餘級하다. 十一月에 王이 親
분 격 참 수 삼 천 여 급 십 일 월 왕 친

祀神宮하다.
사 신 궁

▶어려운 낱말◀

[誅] : 벨(주). [毗] : 돕다(비). [曇] : 흐릴(담). [上大等(상대등)] : 신라 때 최고의 벼슬 이름. [持節使(지절사)] : 천자가 보내는 사신. [追贈(추증)] : 죽은 다음에 내리는 벼슬. [仍] : 인할(잉). [冊命(책명)] : 책립. 책봉이 명령. [柱國

(주국)] : 勳位의 등급. [急格(급격)] : 매우 빠르고 격렬하게 싸우다.

▷**본문풀이**◁

원년, 봄 정월 17일에 「비담」을 목 베어 처형하였다. 이에 연루되어 죽은 자가 30명이었다. 2월에, 이찬 「알천」을 상대등으로 임명하고, 대아찬 「수승」을 〈우두주〉 군주로 임명하였다. 당 태종이 지절사를 보내 전왕을 '광록대부' 로 추증했다. 그리고 신왕을 〈주국〉으로 삼아 '낙랑군왕' 으로 책봉하였다. 가을 7월, 당나라에 사신을 보내 은혜에 사례하였다. 연호를 『태화』로 고쳤다. 8월, 혜성이 남쪽에 나타나고, 또한 별 무리가 북쪽으로 흘러갔다. 겨울 10월, 백제 군사가 〈무산성〉, 〈감물성〉, 〈동잠성〉의 3성을 포위하였다. 왕은 유신을 파견하여, 보병과 기병 1만을 거느리고 맞붙어 싸웠다. 그들은 악전고투로 기운이 다하였다. 그런 가운데 유신의 부하 「비녕자」와 그 아들 「거진」이 적진에 들어가 격렬하게 싸우다 전사하니, 이에 여러 군사들이 용감하게 공격하여 3천여 명의 머리를 베었다. 11월, 왕이 친히 신궁에 제사를 지냈다.

○二年, 春.正月에 遣使.大唐朝貢하다. 三月에
이 년 춘 정 월 견 사 대 당 조 공 삼 월
百濟將軍「義直」이 侵.西邊하여 陷.〈腰車城:尙州〉
백 제 장 군 의 직 침 서 변 함 요 거 성
等, 一十餘城하다. 王이 患之하여 命.〈押督州:押梁
등 일 십 여 성 왕 환 지 명 압 독 주
州〉都督「庾信」으로 以.謀之하다. 庾信은 於是에
도 독 유 신 이 모 지 유 신 어 시

訓勵士卒로 將以發行에 「義直」拒之어늘 庾信은
훈려사졸 장이발행 의직 거지 유신

分軍爲,三道하여 夾擊之하니 百濟兵이 敗走러라.
분군위삼도 협격지 백제병 패주

庾信은 追北하여 殺之幾盡하다. 王이 悅하여 賞賜,
유신 추배 살지기진 왕 열 상사

士卒有差하다. 冬에 使「邯帙許」로 朝唐하니 太
사졸유차 동 사 감질허 조당 태

宗이 勅,御史(官名)問하되 "新羅는 臣事大朝에 何
종 칙어사 문 신라 신사대조 하

以,別稱年號아?" 帙許言하되 "曾是,天朝(:唐)가 未
이별칭년호 질허언 증시천조 미

頒,正朔(달력)하니 是故로 先祖,『法興王』以來로 私
반정삭 시고 선조 법흥왕 이래 사

有紀年이어니와 若,大朝有命이면 小國이 又何敢
유기년 약대조유명 소국 우하감

焉이리오?" 하니 太宗이 然之하다. 遣,伊飡,「金春
언 태종 연지 견이찬 김춘

秋」及,其子『文王(文汪)』을 朝唐하니 太宗은 遣,
추급기자 문왕 문왕 조당 태종 견

光祿卿「柳亨」하여 郊勞之하다. 旣至에 見,春秋하
광록경 유형 교로지 기지 견춘추

니 儀表英偉하여 厚待之하다. 「春秋」,請詣國學(:
의표영위 후대지 춘추 청예국학

국자감)과 觀釋奠(선사의 제사)及,講論하니 太宗許之
관석전 급강론 태종허지

하고 仍,賜御製(:당태종이 지은 글)〈溫湯〉及〈晉祠碑
잉사어제 온탕 급 진사비

文〉과 幷,新撰『晉書:晉代의 史記』하다. 嘗召燕見하
문 병신찬 진서 상소연견

여 賜以,金帛尤厚하고 問曰, "卿은 有所懷(할말이)
사이금백우후 문왈 경 유소회

乎아?" 하니 春秋奏曰, "臣之本國이 僻在海隅하
호 춘 추 주 왈 신 지 본 국 벽 재 해 우

여 伏事天朝(중국)를 積有歲年하나 而,百濟强猾하
복 사 천 조 적 유 세 년 이 백 제 강 활

여 屢肆侵凌하며 況,往年(선덕왕 11년)에는 大擧深
누 사 침 릉 황 왕 년 대 거 심

入하여 攻陷,數十城하고 以塞朝宗(入朝)之路니이
입 공 함 수 십 성 이 색 조 종 지 로

다. 若,陛下不借天兵(唐兵)하여 剪除凶惡하면 則,
약 폐 하 불 차 천 병 전 제 흉 악 즉

敝邑人民은 盡爲所虜하여 則,梯航述職(山海를 건넌
폐 읍 인 민 진 위 소 로 즉 제 항 술 직

다는 뜻)을 無復望矣리다." 하니 太宗이 深然之하여
무 부 망 의 태 종 심 연 지

許以出師하다. 春秋又請하여 改其章服하고 以從
허 이 출 사 춘 추 우 청 개 기 장 복 이 종

中華制하니 於是에 內出珍服으로 賜,春秋及其從
중 화 제 어 시 내 출 진 복 사 춘 추 급 기 종

者하고 詔授,春秋爲特進하고 文王(文汪)은 爲,'左
자 조 수 춘 추 위 특 진 문 왕 위 좌

武衛將軍'하다. 還國에 詔令,三品已上燕餞之하
무 위 장 군 환 국 조 령 삼 품 이 상 연 전 지

여 優禮甚備하다. 春秋奏曰, "臣有七子하니 願使
우 례 심 비 춘 추 주 왈 신 유 칠 자 원 사

不離,聖明(宿)侍衛하소서!" 하고 乃命其子,『文汪
불 리 성 명 시 위 내 명 기 자 문 왕

(춘추의 아들)』하여 與,大監(宗乃)命,文留而宿衛하
여 대 감 종 내 명 문 류 이 숙 위

다. 春秋,還至海上에 遇,高句麗邏兵(:순라병)하니
춘 추 환 지 해 상 우 고 구 려 나 병

春秋從者「溫君解」가 高冠大衣하고 坐於船上하
춘 추 종 자 온 군 해 고 관 대 의 좌 어 선 상

니 邏兵見以爲.春秋하고 捉殺之어늘 春秋乘.小船
나 병 견 이 위 춘 추 착 살 지 춘 추 승 소 선

至國하다. 王이 聞之嗟痛하고 追贈「君解」하여 爲.
지 국 왕 문 지 차 통 추 증 군 해 위

大阿湌하고 優賞其.子孫하다.
대 아 찬 우 상 기 자 손

▶ 어려운 낱말 ◀

[訓勵(훈려)] : 훈련을 시켜 떠나려는 병사. [將以發行(장이발행)] : 장차 떠나려 할 때. [夾擊(협격)] : 협곡에 숨었다가 공격함. [追北(추배)] : 패배하여 도망가는 군사를 추격하다. [幾盡(기진)] : 거의 다. [御史(어사)] : 官名. 탄핵의 임무를 맡은 관리. [臣事大朝(신사대조)] : 신하의 나라가 대당을 섬김에. [勞(로)] : 위로해서 맞이함. [儀表英偉(의표영위)] : 겉모양이 잘생김. [釋奠(석전)] : 향교에서 행하는 여러 성인에게 행하는 제사. [燕見(연견)] : 한가로이 보고. [僻在海隅(벽재해우)] : 바다 한쪽에 치우쳐 있다. [積有歲年(적유세년)] : 여러 해가 되다. [强猾(강활)] : 군세고 교활하다. [朝宗之路(조종지로)] : 당에 入朝하는 길. [梯航述職(제항술직)] : 山海를 건넌다는 뜻. 述職은 조공을 뜻함. [章服(장복)] : 예복. [燕餞(연전)] : 송별의 잔치. [邏] : 돌(라). [嗟痛(차통)] : 크게 슬퍼하다.

▷ 본문풀이 ◁

2년, 봄 정월에 당나라에 사신을 보내 조공하였다. 3월, 백제 장군 「의직」이 서쪽 변경을 침범하여 〈요거〉 등 10여 성을 점령하였다. 왕이 이를 걱정하여 〈압독주〉 도독 「유신」으로 하여금 이 문제를 해결하도록 명령하였다. 이에 따라 유신이 군사들을 격려하여 작전을 시작하려 하자 「의직」이 저항하였다. 유신이 군사를 세 갈래로 나누어 협격하자, 백제 군사가 패주하였다. 유신은 도망가는 백제 군사를 추격하여 거의 모두 죽였다. 왕이 기뻐하면서 군사들에게 공훈에 따라 상을 주었다. 겨울, 「감질허」를 당나라에 보내 조회하도록 하였다. 당태종이 어사로 하여금 다음과 같이 묻기를, "신라가 신하의 자격으로 대국을 섬기면서 어찌하여 당과 다른 연호를 사용하는가?" 하니, 「질허」는 "일찍이 대국 조정에서 정삭(正朔)을 반포하지 않았으므로, 선조 『법흥왕』 이래 우리 나름대로의 연호를 사용한 것이다. 만약 대국 조정의 명령이 있었다면, 우리나라가 어찌 감히 다른 연호를 사용하였겠습니까?"라고 말했다. 태종이 이를 수긍하였다. 이찬 「김춘추」와 그의 아들 『문왕』을 당나라에 파견하여 조회케 하였다. 태종은 광록경 「유형」을 교외까지 내보내 맞이하면서 그들을 위로하였다. 그들이 도착하자 태종이 「춘추」의 풍모가 영특하며 늠름한 것을 보고 후하게 대우하였다. 춘추는 국학에 가서 석전과 강론을 참관하기를 요청하였다. 태종이 이를 허락하고, 당의 황제가 지은 〈온탕〉 및 진사비의 비문과 새로 지은 [진서]를 주었다. 태종이 하루는 춘추를 연회에 불러 황금과 비단을 더욱 후하게 주면서, "그대에게 무슨 소원이 있는가?"라고 물었다. 춘추가 무릎을 꿇고 "신의 나라가 멀리 바다 한 구석에 있어, 대국을 섬긴 지 여러 해가 되었습니다. 그러나 백제가 강성하고 교활하여 침략을 일삼아 왔습니다. 더구나 지난해에는 대군을 거느리고 대대적으로 침입하여 수십 개의 성을 점령하여 대국에 입조할 길을 막았습니다. 만약 폐하께서 군사를 보내 그 흉악한 무리들을 없애지 않는다면, 우리나라 백성은 모두 포로가 될 것이며, 육로와 수로를 거쳐 술직하는 일도 다시 기대할 수 없을 것입니다."라고 말했다. 태종이 크게 동감하고 군사의 파견을 승낙하였다. 춘추는 또한 관리들의 휘장과 복식을 바꾸어 중국의 제도를 따르겠다고 청했다. 이에 태종은 내전으로 하여금 진귀한 의복을 춘추와 수행원들에게 하사하였다. 태종은 조칙을 내려 춘추를 특진에, 문왕을 '좌무위장군'에 제수하였다. 춘추가 귀국할 때, 태종이 3품 이상의 관리들을 모아 연회를 베풀고 그들과 전별하였다. 태종이 그들을 우대하는 예절이 이와 같이 극진하였다. 춘추는 황제에게 "저의 자식이 일곱입니다. 원컨대 그중의 하나인 『문왕』으로 하여금 성상의 곁을 떠나지 않는 숙위가 되게 하여 주소서!"라고 말하였다. 태종은 곧 그의 아들 『문왕』과 대감 (원문 2자 결자)에게 숙위를 명하였다. 춘추가 귀국하는 도중에 바다에서 고구려의 순라병을 만났다. 이렇게 되자 춘추의 시종인 「온군해」가 큰 모자를 쓰고 대의를 입고 배 위에 앉아 있었다. 순라병은 그를 춘추로 알고 잡아 죽였다. 춘추는 작은 배를 타고 신라로 돌아왔다. 왕이 이 소식을 듣고 슬퍼하며 「군해」에게 대아찬을 추증하고, 그의 자손들에게 상을 후하게 주었다.

○三年, 春,正月에 始服中朝衣冠하다. 秋,八月
삼년 춘정월 시복중조의관 추팔월
에 百濟將軍「殷相」이 率衆來하여 攻陷〈石吐〉
백제장군 은상 솔중래 공함 석토
等, 七城하다. 王이 命,大將軍「庾信」과 將軍「陳
등 칠성 왕 명대장군 유신 장군 진
春」과「竹旨」와「天存」等으로 出相拒之하다. 轉
춘 죽지 천존 등 출상거지 전

鬪經旬不解하고 進屯於〈道薩城:천안?〉下하다. 庾
투경순불해 진둔어 도살성 하 유

信이 謂衆曰, "今日必有百濟人來諜하리니 汝等
신 위중왈 금일필유백제인래첩 여등

은 佯不知하고 勿敢誰何하라!" 하고 乃使,徇于軍
양부지 물감수하 내사순우군

中曰, "堅壁不動하니 明日엔 待,援軍然後에 決戰
중왈 견벽부동 명일 대원군연후 결전

하리라." 하다. 諜者聞之하고 歸報「殷相」하니「殷
첩자문지 귀보 은상 은

相」等이 謂有加兵하리라 하고 不能不,疑懼하다.
상 등 위유가병 불능불의구

於是에 庾信等이 進擊하여 大敗之하여 殺虜將士,
어시 유신등 진격 대패지 살로장사

一百人하고 斬,軍卒八千九百八十級하고 獲,戰馬
일백인 참군졸팔천구백팔십급 획전마

一萬匹하고 至若,兵杖不可勝數러라.
일만필 지약병장불가승수

▶ 어려운 낱말 ◀

[轉鬪(전투)] : 전전긍긍하는 戰鬪. [經旬不解(경순불해)] : 열흘이 지나도 해결을 못함. [諜] : 첩자(첩). [徇于軍中(순우군중)] : 군중을 돌아보며 말하다. [徇] : 주창할(순). [堅壁不動(견벽부동)] : 성이 견고하여 움직이지 않는다. [至若(지약)] : 혹은 ~하는데 까지 이르다. [兵仗(병장)] : 군사와 무기. [不可勝數(불가승수)] : 헤아릴 수 없을 정도로.

▷ 본문풀이 ◁

3년, 봄 정월에 처음으로 중국의 의관을 착용하였다. 가을 8월에, 백제장군 「은상」이 군사를 거느리고 와서 〈석토〉 등의 일곱 성을 공격하여 점령하였다. 왕은 대장군 「유신」과 장군 「진춘」, 「죽지」, 「천존」 등에게 대항하도록 명령하였다. 그들은 장소를 옮겨가며 열흘이 지나도록 싸웠으나 백제군을 물리치지 못하고 〈도살성〉 아래에서 진을 쳤다. 유신은 군사들에게 말하기를, "오늘은 틀림없이 백제의 첩자가 정탐을 하러 올 것이니, 너희들은 이를 모르는 체하고, 절대로 누구인가를 묻지 말라!" 하고 유신은 곧바로 사람을 시켜 진중을 여기 저기 돌아다니면서 결연한 자세로 "움직이지 말라. 내일 구원병이 온 후에 결전을 하겠다."라고만 말하도록 하였다. 첩자가 이 말을 듣고 돌아가 「은상」에게 그대로 보고하였다. 「은상」 등은 증원병이 온다고 생각하여 두려운 마음을 품지 않을 수 없었다. 이때 유신 등이 진격하여 적을 크게 쳐부수고, 장병 백 명을 죽이거나 사로잡았으며, 군졸 8천9백80명의 머리를 베고, 군마 만 필을 얻었으며, 노획한 병기 종류는 셀 수 없을 정도로 많았다.

○四年, 夏.四月에 下教하여 以.眞骨在位者는
사년 하사월 하교 이진골재위자
執牙笏(:상아로 만든 笏)하다. 六月에 遣使大唐하여
집아홀 유월 견사대당
告破百濟之衆하고 王이 織錦作.五言大乎頌(大平頌)하여 遣.春秋子 「法敏」으로 以獻.唐皇帝하다.
고파백제지중 왕 직금작 오언대호송 견춘추자 법민 이헌당황제
其辭에 曰,
기사 왈

『大唐開洪業(:왕업)하니 巍巍皇猷昌이라. 止戈戎
대 당 개 홍 업 외 외 황 유 창 지 과 융

衣定하고 修文繼百王이라. 統天崇雨施하고 理物
의 정 수 문 계 백 왕 통 천 숭 우 시 이 물

體含章이라. 深仁諧日月하고 撫運邁陶唐이라. 幡
체 함 장 심 인 해 일 월 무 운 매 도 당 번

旗何赫赫하고 鉦鼓何鍠鍠이라. 外夷違命者는 剪
기 하 혁 혁 정 고 하 굉 굉 외 이 위 명 자 전

覆被天殃이라. 淳風凝幽顯하고 遐邇競呈祥이라.
복 피 천 앙 순 풍 응 유 현 하 이 경 정 상

四時和玉燭(4계절의 和順)이요 七曜(日月火水木金土)巡
사 시 화 옥 촉 칠 요 순

萬方이라. 維嶽降宰輔(시경에서 인용)하고 維帝任忠
만 방 유 악 강 재 보 유 제 임 충

良이라. 五三成一德이 昭我唐家皇(光)이로다.』라
량 오 삼 성 일 덕 소 아 당 가 황

고 했다.

高宗嘉焉하여 拜.法敏하여 爲.〈大府卿〉以還하
고 종 가 언 배 법 민 위 대 부 경 이 환

다. 是歲에 始行中國『永徽』年號하다.
시 세 시 행 중 국 영 휘 년 호

▶어려운 낱말◀

[眞骨(진골)] : 신라 귀족의 하나. 聖骨(성골)은 부계 모계혈통이 다 왕족(朴.昔.金)임에 대해, 眞骨은 부모 兩系 중에 한쪽은 왕족이되, 다른 한쪽이 왕족이 아닌 경우. [巍巍(외외)] : 높고 크고 웅장함. [猷] : 꾀하다(유). [止戈(지과)] : 전쟁을 그치다. [體含章(체함장)] : 광채를 머금다. [撫運(무운)] : 순환하는 운수. [邁] : 지날(매). [幡旗(번기)] : 펄럭이는 깃발. [鉦鼓(정고)] : 징과 북. [鍠鍠(굉굉)] : 鐘鼓의 소리. [剪覆(전복)] : 잘라서 엎다. [凝] : 모이다(응). [幽顯(유현)] : 밝고 어두운 곳. [呈祥(정상)] : 상서를 드리다. [宰輔(재보)] : 동

량과 같은 신하. [五三(오삼)] : 삼황오제.

▷ **본문풀이** ◁

4년, 여름 4월에 교서를 내려 진골로서 현직에 있는 자는 상아홀(笏)을 들게 하였다. 6월에, 당나라에 사신을 보내 백제를 이긴 사실을 알리고, 왕은 비단에 5언시 〈태평송〉을 써서, 이를 춘추의 아들 「법민」으로 하여금 당나라 황제에게 바치도록 하였다. 그 글은 다음과 같다.

위대한 당나라 왕업을 열었으니
높고 높은 황제의 앞길 번창하여라.
전쟁을 끝내 천하는 평정하고,
학문을 닦아 백대에 이어지리라.
하늘의 뜻 받드니 은혜의 비 내리고
땅의 만물 다스려 빛나는 이치 얻었네.
어짊은 깊고 깊어 일월과 어울리고,
시운도 따라오니 언제나 태평하네.
큰 깃발 작은 깃발 저리도 빛나며,
징소리 북소리 어찌 저리 쟁쟁한가?
외방의 오랑캐 황제 명령 거역하면,
하늘의 재앙으로 멸망하리라.
시골이나 도시에나 풍속이 순박하고,
멀리서 가까이서 좋은 일 다투어 일어나네.
빛나고 밝은 조화 사계절과 어울리고,

해와 달과 오성이 만방을 도는구나.

산신의 뜻으로 재상이 보필하고,

황제는 충신 인재를 믿으시니,

삼황과 오제의 덕이 하나가 되어

우리 당나라를 밝게 비추리로다.

고종이 이 글을 아름답게 여기고, 법민에게 〈대부경〉을 제수하여 돌려보냈다. 이 해에 처음으로 중국의 연호인 『영휘』를 사용하였다.

○論曰, 三代(夏殷周)에 更,正朔하고 後代稱,年號
논왈 삼대 경정삭 후대칭년호

는 皆,所以大,一統하고 新,百姓之,視聽者也니라.
개소이대일통 신백성지시청자야

是故로 苟非乘時竝起하여 兩立而爭,天下하여 與
시고 구비승시병기 양립이쟁천하 여

夫姦雄이 乘間而作하여 覬覦神器(천자의 지위)면
부간웅 승간이작 기유신기

則,偏方小國의 臣屬天子之邦者는 固,不可以私,
즉편방소국 신속천자지방자 고불가이사

名年이리라. 若,新羅가 以,一意事,中國하여 使航
명년 약신라 이일의사중국 사항

(使臣의 海行)貢(貢篚)相望於道하여 而,法興으로 自稱
공 상망어도 이법흥 자칭

年號하면 惑矣리라. 厥後承愆襲繆하여 多歷年所
년호 혹의 궐후승건습료 다역연소

하니 聞,太宗之誚讓하고 猶且因循타가 至是然後
문태종지초양 유차인순 지시연후

에 奉行唐號하니 雖出於不得已언정 而抑可謂
봉행당호 수출어부득이 이억가위

過而能改者矣니라.
과이능개자의

▶어려운 낱말◀

[正朔(정삭)] : 역법을 이름. 제왕이 나라를 세우면 歲首를 고쳐서 新曆을 천하에 공포하였다. [苟非(구비)] : 진실로 ~하지 않으면. [覬覦(기유)] : 분에 넘치는 희망을 품음. [貢篚(공비)] : 공물을 담는 광주리이니, 즉 조공을 말함. [厥後(궐후)] : 그후에도. [因循(인순)] : 고치지 않고 옛 그대로 머뭇거림. [襲繆(습료)] : 잘못되고 그릇됨. [誚讓(초양)] : 꾸짖어 나무람. 讓은 責. [抑可謂(억가위)] : ~라고 할 수 있다. 抑은 발어사.

〖저자의 견해〗

하, 은, 주 삼대에 정삭을 고치고, 후대에 와서 연호를 사용한 것은, 모두가 대통일을 이룬 왕조가 백성들의 이목을 새롭게 하기 위해서였다. 이러한 이유로 동일한 시기에 함께 일어나서 천하를 두고 양립하고 있는 경우이거나, 또는 간웅들이 기회를 이용하여 천하를 노리는 경우가 아닌 이상, 주변의 소국으로서 천자의 나라에 신하의 처지로 속한 나라라면 절대로 사사로이 연호를 사용할 수 없는 것이다. 신라의 경우에는 줄곧 중국을 섬겨 사신들이 탄 배와 공물 꾸러미가 길에 연이어 있었음에도 불구하고, 법흥왕이 우리만의 연호를 사용한 것은 이해할 수 없는 일이다. 그 뒤에도 이러한 잘못을 답습한 지 여러 해가 되었으며, 태종의 견책을 듣고도 고치지 않다가 이때에 이르러 당의 연호를 사용하게 되었다. 이것이 비록 마지못하여 한 일이기는 하지만, 바꾸어 생각하면 '잘못하기는 했으나 이를 고칠 수 있었던 사람들' 이라고 말할 수 있을 것이다.

○五年, 春.正月.朔에 王이 御.朝元殿하여 受.百
오년 춘정월삭 왕 어조원전 수백
官正賀하니 賀正之禮가 始於此니라. 二月에 改.
관정하 하정지례 시어차 이월 개
稟主를 爲.執事部하여 仍拜波珍湌「竹旨」를 爲.
품주 위집사부 잉배파진찬 죽지 위
執事中侍하여 以掌.機密事務하다. 波珍湌「金仁
집사중시 이장기밀사무 파진찬 김인
問:춘추의 제2자」으로 入唐朝貢하고 仍留宿衛하다.
문 입당조공 잉유숙위

▷ **본문풀이** ◁

5년, 봄 정월 초하루에 왕이 '조원전' 에 나아가 백관들의 신년 하례를 받았다. 신년 하례의 예식이 여기에서 처음 시작되었다. 2월에, '품주' 를 '집사부' 로 고치고, 파진찬 「죽지」를 집사중시로 임명하여 기밀 사무를 관장하게 하였다. 파진찬 「김인문」을 당나라에 보내 조공하고 이어서 숙위로 머물러 있게 하였다.

○六年, 春.正月에 以.波珍湌「天曉」로 爲.'左
육년 춘정월 이파진찬 천효 위 좌
理方府令'하다. 遣使大唐.朝貢하다. 三月에 京都
리방부령 견사대당조공 삼월 경도
大雪하다. 王宮南門이 無故自毁하다.
대설 왕궁남문 무고자훼

▷ 본문풀이 ◁

6년, 봄 정월에 파진찬「천효」를 '좌리방부령' 으로 삼았다. 당나라에 사신을 보내 조공하였다. 3월에, 경도에 큰 눈이 내렸다. 왕궁남문이 무고하게 저절로 무너졌다.

○七年, 冬,十一月에 遣使大唐하여 獻,金總布
칠 년 동 십 일 월 견 사 대 당 헌 금 총 포
하다.

▷ 본문풀이 ◁

7년, 겨울 11월에 당나라에 사신을 보내 '금총포' 를 바쳤다.

○八年, 春,三月에 王薨하다. 諡曰「眞德」이라 하
팔 년 춘 삼 월 왕 홍 시 왈 진 덕
고 葬,沙梁部하다. 唐高宗聞之하고 爲,擧哀於〈永
장 사 량 부 당 고 종 문 지 위 거 애 어 영
光門〉하다. 使,大常丞「張文收」로 持節,弔祭之하
광 문 사 대 상 승 장 문 수 지 절 조 제 지
며, 贈,'開府儀同三司' 하고 賜,綵段三百하다. 國
증 개 부 의 동 삼 사 사 채 단 삼 백 국
人謂,始祖「赫居世」로 至『眞德』二十八王까지
인 위 시 조 혁 거 세 지 진 덕 이 십 팔 왕
謂之,「聖骨」하며, 自『武烈』로 至,末王까지 謂之,
위 지 성 골 자 무 렬 지 말 왕 위 지
「眞骨」하다. 唐「令狐澄」의『新羅記』에 曰, "其
진 골 당 영 호 징 신 라 기 왈 기
國에 王族은 謂之第,一骨이라 하고 餘貴族은 第,二
국 왕 족 위 지 제 일 골 여 귀 족 제 이

骨(골)이라." 하다.

▶어려운 낱말◀

[唐高宗(당고종)] : 태종의 아들. [持節(지절)] : 節을 가지고. 즉 황제의 신표를 가지고. [吊祭(조제)] : 조문과 제사를 올리다.

▷본문풀이◁

8년, 봄 3월에 왕이 서거하였다. 시호를 「진덕」이라 하고, 사량부에 장사지냈다. 당 고종이 이를 듣고 〈영광문〉에서 추도식을 거행하였다. 그리고 대상승 「장문수」를 사절로 삼아, 황제의 신임표를 가지고 와서 조문하게 하였으며, 왕에게 '개부의동삼사' 를 추증하고, 비단 3백 필을 부의로 주었다. 시조 「혁거세」로부터 『진덕왕』까지 28대 왕을 「성골」이라고 불렀으며, 『무열왕』으로부터 마지막 임금까지를 「진골」이라고 불렀다. 당나라 「영호징」의 [신라기]에는 "그 나라에서는 왕족을 제 1골이라 부르고, 나머지 귀족을 제 2골이라고 불렀다."라고 기록되어 있다.

29 太宗武烈王(태종무열왕) : 654~661?

○太宗武烈王이 立하다. 諱는 春秋이며 眞智王
태종무열왕 입 휘 춘추 진지왕
의 子인 伊湌 龍春[一云〈龍樹〉]之子也니라.[『唐書』以爲
자 이찬 룡춘 지자야
眞德之弟라 하니 誤也라.] 母는 天明夫人이니 眞平王女
모 천명부인 진평왕녀
이다. 妃는 文明夫人이니 舒玄(:김유신의 아버지) 角湌
비 문명부인 서현 각찬
(角干)女也니라. 王은 儀表英偉하며 幼有,濟世志니
녀야 왕 의표영위 유유 제세지
라. 事,眞德하여 位歷,伊湌하며 唐帝가 授以特進하
사진덕 위역이찬 당제 수이특진
다. 及,眞德薨하니 群臣이 請,閼川伊湌으로 攝政하
급진덕훙 군신 청알천이찬 섭정
니 閼川이 固讓曰, "臣老矣하고 無,德行可稱하다.
알천 고양왈 신로의 무덕행가칭
今之德望崇重이 莫若,春秋公이라, 實可謂,濟世
금지덕망숭중 막약춘추공 실가위제세
英傑矣라."하다. 遂奉爲王하니 春秋三讓하다가 不
영걸의 수봉위왕 춘추삼양 부
得已而,就位하다.
득이이취위

▶ 어려운 낱말 ◀

[儀表英偉(의표영위)] : 용모가 영특하고 위대함. [濟世志(제세지)] : 세상을 구해내려는 뜻. [可稱(가칭)] : 가히 ~라 할만한. [德望崇重(덕망숭중)] : 덕망이

높고 중함. [莫若(막약)] : ~함만 같지 못함. [濟世英傑(제세영걸)] : 세상을 구할 수 있는 영웅.

▷**본문풀이**◁

태종 무열왕이 왕위에 올랐다. 그의 이름은 춘추이니, 진지왕의 아들인 이찬 용춘【용수라고도 한다.】의 아들이다. 【[당서]에는 진덕왕의 아우라고 기록되어 있으나 이는 잘못이다.】 어머니는 천명부인이니, 진평왕의 딸이다. 왕비는 문명부인이니, 각찬 서현의 딸이다. 왕은 풍모가 영명하고 당당하였으며, 어려서부터 제세(濟世)에 뜻을 두었다. 그는 진덕왕을 섬겨 이찬의 직위를 지냈으며, 당나라 황제가 특진을 제수하였다. 진덕왕이 죽자 여러 신하들이 이찬 알천에게 섭정할 것을 요청하니, 알천은 굳이 사양하며 "나는 늙었고 이렇다 할만한 덕행도 없다. 지금 덕망이 두텁기로는 춘추공만한 이가 없으니, 그는 실로 세상을 다스릴 영걸이라고 할 수 있다."고 말했다. 마침내 그를 받들어 왕으로 삼으려 하니, 춘추가 세 번이나 사양하다가 마지못하여 왕위에 올랐다.

○元年, 夏,四月에 追封王考하여 爲,文興大王하
원 년 하 사 월 추 봉 왕 고 위 문 흥 대 왕

고 母를 爲,文貞太后하다. 大赦하다. 五月에 命,理
모 위 문 정 태 후 대 사 오 월 명 이

方府令「良首」等으로 詳酌律令하여 修定'理方
방 부 령 양 수 등 상 작 률 령 수 정 이 방

府'格,六十餘條하다. 唐遣使하여 持節備禮하고
부 격 육 십 여 조 당 견 사 지 절 비 례

冊命爲,'開府儀同三司,新羅王'하다. 王이 遣使
책명위 개부의동삼사 신라왕 왕 견사

入唐하여 表謝하다.
입당 표사

▶ **어려운 낱말** ◀

[追封王考(추봉왕고)] : 왕의 아버지를 추서하여 벼슬을 내림. [理方府令(이방부령)] : 법률을 맡은 벼슬. [理方府,格六十餘條(이방부,격육십여조)] : 이방부에서 수찬한 신라법령. [表謝(표사)] : 사례를 표함.

▷ **본문풀이** ◁

원년, 여름 4월에 작고한 왕의 부친을 문흥대왕, 어머니를 문정태후로 추증하였다. 죄수들에게 대사령을 내렸다. 5월, 이방부령 「양수」 등으로 하여금 법령을 상세히 검토하게 하여 이방부의 법령 60여 조를 정리 보완하였다. 당나라에서 지절사를 보내서 예절을 갖추어 왕을 '개부의동삼사, 신라왕'으로 책봉하였다. 왕이 당나라에 사신을 보내 감사의 뜻을 표하였다.

○二年, 春,正月에 拜,伊飡「金剛」하여 爲,上大
이년 춘정월 배이찬 금강 위상대

等하고 波珍飡「文忠」을 爲,中侍하다. 高句麗가
등 파진찬 문충 위중시 고구려

與,百濟·靺鞨로 連兵하여 侵軼我,北境하여 取,
여백제 말갈 연병 침질아북경 취

三十三城하다. 王이 遣使,入唐求援하니 三月에
삼십삼성 왕 견사 입당구원 삼월

唐遣〈營州〉都督「程名振」과 左右衛中郎將「蘇
당견 영주 도독 정명진 좌우위중랑장 소

定方」하여 發兵擊,高句麗하다. 立,元子「法敏」하여 爲,太子하고 庶子,「文汪」을 爲,伊湌하고 「老且」를 爲,海湌하고 「仁泰」를 爲,角湌하고 「智鏡」,「愷元」을 各爲,伊湌하다. 冬,十月에 〈牛首州(:春川)〉에서 獻,白鹿하다. 屈弗郡(安東, 臨河面)에서는 進,白猪하니 一首二身八足이라. 王女「智照」를 下嫁,大角湌(大角干)「庾信」하다. 立鼓樓,月城內하다.

▶ **어려운 낱말** ◀

[侵軼(침질)] : 침략하다. [元子(원자)] : 태자. [下嫁(하가)] : 왕녀를 시집보냄. [鼓樓(고루)] : 북을 달아둔 누각.

▷ **본문풀이** ◁

2년, 봄 정월에 이찬 「금강」을 상대등으로, 파진찬 「문충」을 중시로 임명하였다. 고구려가 백제 및 말갈과 군사를 연합하여, 우리 북쪽 국경을 침범하여 33개소의 성을 빼앗았다. 왕은 당나라에 사신을 보내 구원을 요청하였는데, 3월에, 당나라가 〈영주〉 도독 「정명진」과 좌우위 중랑장 「소정방」을 파견하여 고구려를 공격하였다. 맏아들 「법민」을 태자로 세우고, 서자인 「문왕」을 이찬, 「노차」를 해찬, 「인태」를 각찬, 「지경」과 「개원」을 각각 이찬으로 임명하였다. 겨울 10월, 〈우수주〉에서 흰 사슴을 바쳤다. 굴불군에서 흰 돼지를 진상하였는데, 돼지의 머리는 하나, 몸체는 둘, 발이 여덟 개였다. 왕의 딸 「지조」가 대각찬 「유신」에게 시집갔다. 월성 안에 고루를 세웠다.

○三年에 金仁問이 自唐歸하니 遂任軍主하여
삼년 김인문 자당귀 수임군주
監築〈獐山城:慶北 慶山〉하다. 秋,七月에 遣子,右武
감축 장산성 추 칠월 견자 우무
衛將軍,文汪으로 朝唐하다.
위장군 문왕 조당

▷본문풀이◁

3년에, 김인문이 당나라에서 돌아오자, 그를 군주로 임명하여 〈장산성〉의 축조 공사를 감독하게 하였다. 가을 7월에, 아들 「우무위(右武衛)장군」 문왕으로 하여금 당나라에 조회하게 하였다.

○四年, 秋,七月에 〈一善郡〉大水하여 溺死者,三
사년 추 칠월 일선군 대수 익사자 삼
百餘人하다. 東〈吐含山〉에 地燃하여 三年而滅하
백여인 동 토함산 지연 삼년이멸
다. 興輪寺門이 自壞하고 北巖,崩碎爲米하여 食
흥륜사문 자괴 북암 붕쇄위미 식
之하니 如,陳倉米하다.
지 여 진창미

▶ 어려운 낱말 ◀

[溺] : 물에 빠질(익). [燃] : 불에 타다(연). [輪] : 바퀴(륜). [壞] : 무너질(괴). [崩碎(붕쇄)] : 산이 무너져 산산조각이 되다. [陳倉米(진창미)] : 창고에서 묵은 살.

▷ 본문풀이 ◁

4년, 가을 7월에 〈일선군〉에 큰 홍수가 나서 익사자가 3백 인이나 되었다. 동쪽 〈토함산〉에서 땅에 불이 나서 그 불이 3년 지난 후에야 꺼졌다. 흥륜사의 대문이 저절로 무너졌고, 북쪽의 바위가 산산이 무너져 쌀로 변하여, 그 쌀을 먹어 보니 창고의 묵은 쌀과 같았다.

○ 五年, 春.正月에 中侍「文忠」으로 改爲伊飡하고「文汪」으로 爲.中侍하다. 三月에 王以.〈何瑟羅:江陵〉는 地連〈靺鞨〉로 人不能安이라 하여 罷京爲州하여 置.都督以鎭之하다. 又以〈悉直:지금의 三陟〉으로 爲.北鎭하다.

오년 춘정월 중시 문충 개위이찬 문왕 위중시 삼월 왕이 하슬라 지연 말갈 인불능안 파경위주 치도독이진지 우이 실직 위북진

▷ 본문풀이 ◁

5년, 봄 정월에 중시 「문충」의 벼슬을 이찬으로 바꾸고, 「문왕」을 중시로 임명하였다. 3월에, 왕이 〈하슬라〉는 지역적으로 〈말

갈〉과 연이어 있으므로 백성들이 편안히 지낼 수 없다고 생각하였다. 이에 따라 경을 폐지하여 주로 만들고, 도독을 두어 그곳을 수비하게 하였다. 또한 〈실직〉을 북진으로 만들었다.

○六年, 夏,四月에 百濟,頻犯境이어늘 王이 將伐
육 년 하 사 월 백 제 빈 범 경 왕 장 벌
之하여 遣使入唐하여 乞師하다. 秋,八月에 以,阿飡
지 견 사 입 당 걸 사 추 팔 월 이 아 찬
「眞珠」로 爲,兵部令(국방장관)하다. 九月에 〈何瑟羅
진 주 위 병 부 령 구 월 하 슬 라
州(강릉)〉에 進,白鳥하다. 公州의 〈基郡江(미상)〉中
주 진 백 조 공 주 기 군 강 중
에서 大魚出死하니 長,百尺으로 食者死하다. 冬,十
대 어 출 사 장 백 척 식 자 사 동 시
月에 王이 坐朝하여 以,請兵於唐에 不報를 憂形於
월 왕 좌 조 이 청 병 어 당 불 보 우 형 어
色하니 忽有人於,王前에 若,先臣「長春」,「罷郞」
색 홀 유 인 어 왕 전 약 선 신 장 춘 파 랑
者하여 言曰, "臣雖枯骨이나 猶有,報國之心하여
자 언 왈 신 수 고 골 유 유 보 국 지 심
昨到大唐이니다. 認得, 皇帝命,大將軍「蘇定方」
작 도 대 당 인 득 황 제 명 대 장 군 소 정 방
等하여 領兵以,來年五月하여 來伐百濟하리다. 以,
등 영 병 이 래 년 오 월 내 벌 백 제 이
大王勤佇,如此하시어 故로 玆,控告하나이다." 言畢
대 왕 근 저 여 차 고 자 공 고 언 필
而滅하니 王이 大驚異之하여 厚賞兩家,子孫하고
이 멸 왕 대 경 이 지 후 상 량 가 자 손
仍,命所司하여 創〈漢山州〉에 〈莊義寺:彰義門外〉하
잉 명 소 사 창 한 산 주 장 의 사

여 以資冥福하다.
이 자 명 복

▶ 어려운 낱말 ◀

[頻] : 자주(빈). [犯境(범경)] : 국경을 침범함. [乞師(걸사)] : 군대를 빌다. [認得(인득)] : 알게 되었다. [勤佇(근저)] : 골똘히 바라다보다. [控告(공고)] : 아뢰나이다. [言畢(언필)] : 말을 마치다. [資冥福(자명복)] : 명복을 빌어주다. 資는 도움 주다.

▷ 본문풀이 ◁

6년, 여름 4월에 백제가 자주 국경을 침범하므로, 왕이 백제를 공격하기 위하여 당나라에 사신을 보내 군사를 요청하였다. 가을 8월에, 아찬 「진주」를 병부령에 임명하였다. 9월에, 〈하슬라주〉에서 흰 새를 진상하였다. 공주 〈기군강〉에서 큰 물고기가 육지로 올라와 죽었다. 그 고기의 길이가 1백 자였는데, 이를 먹은 사람이 모두 죽었다. 겨울 10월에, 왕이 조정에 앉아서 당나라에 파병을 요청한 데 대한 회보가 없음을 걱정하고 있었다. 그때 갑자기 어떤 사람이 왕 앞에 나타났다. 그는 선대의 신하 「장춘」과 「파랑」 같아 보였다. 그는 "제가 비록 몸은 백골로 변하였으나 나라에 보답할 마음이 있기에, 어제 당나라에 갔었는데, 그곳에서 당 황제가 대장군 「소정방」 등에게 내년 5월에 군사를 거느리고 와서 백제를 치도록 명령한 것을 알았습니다. 대왕께서 이토록 애타게 기다리고 계시므로 미리 말씀드립니다."라고 말했다. 그는 말을 마치자 사라졌다. 왕이 크게 놀라고 이상히 여겨, 두 집안 자

손들에게 후하게 상을 주고, 곧 해당 관청으로 하여금 〈한산주〉에 〈장의사〉를 지어 그들의 명복을 빌게 하였다.

○七年, 春,正月에 上大等「金剛」卒하다. 拜,伊
칠 년 춘 정 월 상 대 등 금 강 졸 배 이
湌「金庾信」으로 爲,上大等하다. 三月에 唐高宗이
찬 김 유 신 위 상 대 등 삼 월 당 고 종
命,左武衛大將軍「蘇定方」을 爲,神丘道行軍大
명 좌 무 위 대 장 군 소 정 방 위 신 구 도 행 군 대
摠管하고「金仁問」을 爲,副大摠管하여 帥,左驍衛
총 관 김 인 문 위 부 대 총 관 수 좌 효 위
將軍「劉伯英」等, 水陸十三萬으로 伐,百濟하고
장 군 유 백 영 등 수 륙 십 삼 만 벌 백 제
勅,王爲,嵎夷道,行軍摠管하여 使,將兵으로 爲之
칙 왕 위 우 이 도 행 군 총 관 사 장 병 위 지
聲援하다. 夏,五月二十六日에 王이 與「庾信」,
성 원 하 오 월 이 십 육 일 왕 여 유 신
「眞珠」,「天存」等으로 領兵出京하여 六月十八
진 주 천 존 등 영 병 출 경 유 월 십 팔
日에 次〈南川停:지금의 利川〉하다.「定方」이 發自
일 차 남 천 정 정 방 발 자
〈萊州:지금의 산동성〉하여 軸艫千里하고 隨流東下하
내 주 축 로 천 리 수 류 동 하
다. 二十一日에 王이 遣,太子「法敏」하여 領,兵船
이 십 일 일 왕 견 태 자 법 민 영 병 선
一百艘하고 迎「定方」於〈德物島:지금의德積島〉하
일 백 소 영 정 방 어 덕 물 도
니「定方」謂「法敏」曰, "吾欲以,七月十日至,百
정 방 위 법 민 왈 오 욕 이 칠 월 십 일 지 백
濟南하여 與,大王兵으로 會하여 屠破義慈(:백제왕)
제 남 여 대 왕 병 회 도 파 의 자

都城하리라."하니「法敏」曰, "大王이 立待大軍이
도 성 법 민 왈 대 왕 입 대 대 군

라. 如聞,大將軍來하면 必,蓐食而至리라." 하니 方
여 문 대 장 군 래 필 욕 식 이 지 방

喜하여 還遣「法敏」하여 徵,新羅兵馬하다.「法敏」
희 환 견 법 민 징 신 라 병 마 법 민

至하여 言「定方」이 軍勢甚盛이라 하니 王이 喜不
지 언 정 방 군 세 심 성 왕 희 불

自勝하다. 又命太子하여 與,大將軍「庾信」과 將
자 승 우 명 태 자 여 대 장 군 유 신 장

軍「品日」,「欽春」[春或作純] 等이 率,精兵五萬하여
군 품 일 흠 춘 등 솔 정 병 오 만

應之하고 王次〈今突城:尙州 白華山〉하다. *본문에는 '何
응 지 왕 차 금 돌 성

(使)將兵으로' 로 되어 있다.

▶ 어려운 낱말 ◀

[嵎] : 산모퉁이(우). [次] : 다다르다(차). [軸轤(축로)] : 배가 앞뒤로 서로 이어지다. [隨流(수류)] : 앞을 따라서 흐르다. [艘] : 배(소). [立待(입대)] : 서서 기다리다. [如聞(여문)] : 듣는 것 같으며. [蓐食(욕식)] : 잠자리 위에서 식사하는 일. [方喜(방희)] : 소정방이 기뻐하며. [甚盛(심성)] : 심히 왕성함. [喜不自勝(희불자승)] : 스스로 기뻐서 어쩔 줄을 모르다.

▷ 본문풀이 ◁

7년, 봄 정월에 상대등「금강」이 사망하였다. 이에 따라 이찬「김유신」을 상대등에 임명하였다. 3월에, 당 고종이 좌무위 대장군「소정방」을 신구도행군대총관으로 삼고,「김인문」을 부대총관으로 삼아, 좌효위 장군 「유백영」 등 수륙군 13만 명을 거느리고 백제를 치게 하였다. 이와 동시에 칙명을 내려 왕을 우이도행군총관으로 삼아 장병을 거느리고, 그들을 지원하도록 하였다. 여름 5월 26일에 왕이 「유신」, 「진주」, 「천존」 등과 함께 군사를 거느리고 서울을 출발하여, 6월 18일 〈남천정〉에 머물렀다. 「소정방」은 〈내주〉에서 출발하여 천리에 달하는 병선을 이끌고 수로를 따라 동쪽으로 내려왔다. 21일에, 왕이 태자 「법민」으로 하여금 병선 1백 척을 거느리고 〈덕물도〉에 가서 소정방을 맞이하게 하였다. 소정방이 「법민」에게 "나는 7월 10일 백제 남쪽에 도착하여, 대왕의 군사와 만나 의자의 도성을 격파하려 한다." 고 말했다. 「법민」은 "우리 대왕께서는 지금 대군이 오기를 고대하고 계십니다. 만일 대장군의 도착 소식을 들으신다면, 틀림없이 잠자리에서 식사를 하시고라도 달려오실 것입니다." 라고 대답하였다. 정방은 기뻐하며 「법민」을 돌려보내 신라의 병마를 징발하게 하였다. 「법민」이 돌아와 정방의 군세가 매우 성대하다고 말했다. 왕은 기쁨을 금치 못하고, 태자와 대장군 「유신」, 장군 「품일」, 「흠춘」【춘을 순이라고도 한다.】 등으로 하여금 정병 5만을 거느리고 가서 응원하게 하였다. 왕은 〈금돌성〉에 머물렀다.

○七月九日에 「庾信」 等과 進軍於〈黃山(:지금의
칠월구일 유신 등 진군어 황산

連山黃等)〉之原하니 百濟將軍「階伯」이 擁兵而至
지원 백제장군 계백 옹병이지

하여 先據險設三營以待하다. 「庾信」 等이 分軍
선거험설삼영이대 유신 등 분군

爲,三道하여 四戰不利하니 士卒力竭하다. 將軍
위 삼 도 사 전 불 리 사 졸 역 갈 장 군

「欽純」이 謂子「盤屈」曰, "爲臣,莫若忠하고 爲
흠 순 위 자 반 굴 왈 위 신 막 약 충 위

子,莫若孝어늘 見危致命하고 忠孝兩全이라." 하니
자 막 약 효 견 위 치 명 충 효 양 전

「盤屈」曰, "謹聞命矣하나이다." 하고 乃,入陣하여
반 굴 왈 근 문 명 의 내 입 진

力戰死하다. 左將軍「品日」이 喚子「官狀:官昌」
력 전 사 좌 장 군 품 일 환 자 관 장 관 창

하여 立於馬前하고 指,諸將曰, "吾兒,年纔十六이
입 어 마 전 지 제 장 왈 오 아 년 재 십 육

나 志氣頗勇하니 今日之役에 能爲,三軍標的乎이
지 기 파 용 금 일 지 역 능 위 삼 군 표 적 호

냐?" 하니 「官昌」曰, "唯!" 하고 以,甲馬(甲冑와 馬)
관 창 왈 유 이 갑 마

單槍으로 徑赴敵陣하다가 爲賊所擒하여 生致「階
단 창 경 부 적 진 위 적 소 금 생 치 계

伯」하다. 「階伯」 脫冑하고 愛其少且勇하여 不忍
백 계 백 탈 주 애 기 소 차 용 불 인

加害하고 乃嘆曰, "新羅는 不可敵也라. 少年도
가 해 내 탄 왈 신 라 불 가 적 야 소 년

尙,如此한데 況,壯士乎아!" 하고 乃許生還하다.
상 여 차 황 장 사 호 내 허 생 환

「官狀」이 告父曰, "吾入敵中하여 不能,斬將搴旗
관 장 고 부 왈 오 입 적 중 불 능 참 장 건 기

者는 非畏死也니이다."하고 言訖하고 以,手掬井水,
자 비 외 사 야 언 흘 이 수 국 정 수

飮之하고 更向,敵陣疾鬪하다. 〈階伯〉이 擒,斬首하
음 지 갱 향 적 진 질 투 계 백 금 참 수

여 繫,馬鞍以,送之하다. 「品日」이 執其首하니 流
계 마 안 이 송 지 품 일 집 기 수 유

血濕袂라 曰, "吾兒面目如生하다. 能死於,王事하
혈 습 몌 왈 오 아 면 목 여 생 능 사 어 왕 사

니 幸矣라!" 하니 三軍見之하고 慷慨有,死志하고
행 의 삼 군 견 지 강 개 유 사 지

鼓譟進擊하니 百濟衆大敗하여 「階伯」 死之하고
고 조 진 격 백 제 중 대 패 계 백 사 지

虜佐平(관명) 「忠常」, 「常永」 等, 二十餘人하다.
노 좌 평 충 상 상 영 등 이 십 여 인

是日(7월 9일)에 「定方」이 與,副摠管 「金仁問」 等
시 일 정 방 여 부 총 관 김 인 문 등

과 到〈伎伐浦(기벌포:지금 長項)〉하여 遇,百濟兵하여
도 기 벌 포 우 백 제 병

逆擊大敗之하다. 「庾信」 等이 至,唐營하니 「定
역 격 대 패 지 유 신 등 지 당 영 정

方」은 以 「庾信」 等이 後期라 하여 將斬,新羅督軍
방 이 유 신 등 후 기 장 참 신 라 독 군

「金文穎(永으로도 씀)」을 於,軍門하려 하다.
김 문 영 어 군 문

▶ 어려운 낱말 ◀

[原] : 들판(원). [擁兵(옹병)] : 군사를 거느리다. [據嶮(거험)] : 험준한 곳에 웅거함. [三營(삼영)] : 진을 3곳으로 만들다. (營)은 진을 말함. [力竭(역갈)] : 힘이 다하게 되었다. [致命(치명)] : 목숨을 바치다. [纔] : 겨우(재). [頗勇(파용)] : 자못 용맹하다. [標的(표적)] : 모범. [徑赴(경부)] : 달려 들어가다. [搴旗(건기)] : 적진의 기를 빼내오다. [言訖(언흘)] : 말을 마치자마자. [掬] : 움킬(국). [疾鬪(질투)] : 사납게 싸우다. [擒] : 사로잡을(금). [慷慨(강개)] : 슬퍼서. [譟] : 떠들썩할(조).

▷ 본문풀이 ◁

가을 7월 9일에 「유신」 등이 〈황산〉벌로 진군하였다. 백제 장

군 「계백」은 군사를 거느리고 와서 먼저 중요한 지형을 차지하고, 세 곳에 군영을 설치한 채 기다리고 있었다. 「유신」 등은 군사를 세 갈래로 나누어 네 번 싸웠으나 승리하지 못했고, 병사들도 기진맥진하였다. 그러자 장군 「흠순」이 그의 아들 「반굴」에게 “신하가 되어서는 충성이 제일이요, 자식이 되어서는 효도가 제일이니, 이러한 위기를 당하여 목숨을 바친다면 충성과 효도를 모두 다하는 것이다.”라고 말했다. 「반굴」이 대답하기를 “예, 삼가 분부 말씀을 알아들었습니다.”라고 말하면서, 곧 적진으로 달려들어 최선을 다하여 싸우다가 전사하였다. 이렇게 되자 좌장군 「품일」이 아들 「관장」【관창이라고도 한다.】을 불러 말 앞에 세우고 여러 장수들에게 보이며 말했다. “내 아들이 겨우 열여섯이지만 기백이 자못 용감하다. 네가 오늘 전투에서 삼군의 모범이 될 수 있겠는가?” 「관창」은 “예!”라고 말하고는, 갑옷을 입고 말을 탄 채, 창 한 자루를 들고 적진에 달려들었다. 그러나 그는 적군에게 생포되어 「계백」 앞에 서게 되었다. 「계백」이 갑옷을 벗겨보고, 그의 나이가 어린 소년임에도 불구하고 용감한 것을 가상하게 여겨 차마 죽이지 못하고 탄식하면서 말하기를, “신라와는 대적할 수 없겠구나. 소년도 오히려 이런 정도이니, 황차 장정들은 어떻겠는가!” 「계백」은 그를 죽이지 않고 돌려보냈다. 「관장」이 아버지에게 말했다. “제가 적진에 들어가서 장수의 목을 베지 못하고 깃발을 뽑아 오지 못한 것은 죽음이 겁나서가 아닙니다.” 「관장」은 말을 마치자, 손으로 우물물을 움켜 마시고, 다시 적진으로 나아가 힘차게 싸웠다. 「계백」은 그를 붙잡아 머리를 베어 말안장에 매어 보냈다. 「품일」이 그 머리를 쳐들자 피가 흘러 소매를 적셨다. 그는 "내 아들의 얼굴이 살아있는 것 같구나. 나라를 위하여 죽을 수 있었으니 다행이로다!" 라고 말하였다. 삼군의 군사들이 이를 보고 비분강개하여 죽음을 각오하고, 북을 치고 함성을 울리며 진격하였다. 이 전투에서 백제 군사들은 대패하였고, 계백」도 전사하였으며, 좌평 「충상」, 「상영」 등 20여 명이 포로가 되었다. 이 날 「정방」이 부총관 「김인문」 등과 함께 〈기벌포〉에 도착하여 백제 군사와 마주쳤다. 그는 백제병과의 전투에서 크게 승리하였다. 「유신」 등이 당나라 군영에 도착하니, 「정방」은 「유신」 등이 늦게 왔다는 이유로 군문에서 신라 독군(督軍) 「김문영」【'穎'을 '永'으로도 쓴다.】의 목을 베고자 하였다.

○「庾信」이 言於衆曰, "大將軍은 不見〈黃山〉
유신 언어중왈 대장군 불견 황산

之役하고 將以,後期로 爲罪하니 吾不能,無罪而受
지역 장이후기 위죄 오불능무죄이수

辱이라 하고 必先與,唐軍으로 決戰하고 然後에 破,
욕 필선여당군 결전 연후 파

百濟하리라." 하고 乃,杖鉞(大斧)軍門하니 怒髮如植
백제 내장월 군문 노발여식

하고 其,腰間寶劒이 自躍出鞘러라. 「定方」의 右將
기요간보검 자약출초 정방 우장

「董寶亮」이 躡足曰, "新羅兵이 將有變也니다."
동보량 섭족왈 신라병 장유변야

하니 「定方」이 乃釋 「文穎」 之罪하다. 百濟王子
정방 내석 문영 지죄 백제왕자

가 使,佐平「覺伽」로 移書於唐將軍하여 哀乞退
사 좌 평 각 가 이 서 어 당 장 군 애 걸 퇴

兵하다. 十二日에 唐羅軍,進圍「義慈」都城하여
병 십 이 일 당 라 군 진 위 의 자 도 성

進於〈所夫里(夫餘)〉之原하다. 定方은 有,所忌하여
진 어 소 부 리 지 원 정 방 유 소 기

不能前이어늘 庾信이 說之하여 二軍勇敢하여 四道
불 능 전 유 신 세 지 이 군 용 감 사 도

齊振하다. 百濟王子가 又使,上佐平으로 致,饔餼豊
제 진 백 제 왕 자 우 사 상 좌 평 치 옹 희 풍

腆이나 「定方」이 却之하다. 王의 庶子,「躬」이 與,佐
전 정 방 각 지 왕 서 자 궁 여 좌

平六人으로 諧前乞罪나 又揮之하다. 十三日에 『義
평 육 인 해 전 걸 죄 우 휘 지 십 삼 일 의

慈』는 率,左右하고 夜遁走하여 保〈熊津城:公州〉하고
자 솔 좌 우 야 둔 주 보 웅 진 성

『義慈』 子 「隆」이 與〈大佐平:수상급〉, 「千福」等과
의 자 자 융 여 대 좌 평 천 복 등

出降하다. 「法敏」이 跪「隆」於,馬前하고 唾面罵曰,
출 항 법 민 궤 융 어 마 전 타 면 매 왈

"向者에 汝,父枉殺我妹하여 埋之獄中하니라. 使
향 자 여 부 왕 살 아 매 매 지 옥 중 사

我二十年間을 痛心疾首러니 今日汝命이 在吾手
아 이 십 년 간 통 심 질 수 금 일 여 명 재 오 수

中이라!" 하니 「隆」이 伏地無言하다. 十八日, 義
중 융 복 지 무 언 십 팔 일 의

慈가 率,太子及〈熊津方〉領軍等으로 自〈熊津城〉
자 솔 태 자 급 웅 진 방 영 군 등 자 웅 진 성

來降하다. 王이 聞,義慈降하고 二十九日에 自〈今
내 항 왕 문 의 자 항 이 십 구 일 자 금

突城:尙州 白華山〉으로 至〈所夫里城〉에 遣,弟監(職
돌 성 지 소 부 리 성 견 제 감

名)「天福」을 露布於大唐하다.
천복 노포어대당

▶어려운 낱말◀

[杖鉞(장월)] : 부월(도끼)을 잡고. [怒髮如植(노발여식)] : 성난 머리털이 꼿꼿이 서다. [鞘] : 칼집(초). [躡] : 밟을(섭). [躡足(섭족)] : 발을 동동 구르며. [有所忌,不能前(유소기,불능전)] : 꺼리는 바가 있어 전진하지 않다. [齊振(제진)] : 나란히 쳐들어감. [甕餼豊腆(옹희풍전)] : 좋은 음식을 많이 차려오다. [餼] : 보내오다(희). [豊腆(풍전)] : 음식을 많이 차리다. [諧] : 화할(해). [揮之(휘지)] : 그것을 물리치다. [唾面罵(타면매)] : 얼굴에 침을 뱉고 꾸짖다. [枉殺(왕살)] : 억울하게 죽이다. [露布(노포)] : 확실하게 드러내 알리다.

▷본문풀이◁

「유신」은 군사들 앞에서 "대장군은 〈황산〉 전투를 보지도 않고, 늦게 온 것을 죄주려 하는구려. 나는 죄도 없이 치욕을 당할 수는 없으니, 결단코 먼저 당나라 군사와 결전을 한 후에 백제를 쳐부수겠소."라고 말하고, 곧 군문에서 도끼를 집어 들었다. 그의 노기 서린 머리털이 뻣뻣이 서고 허리에 찼던 보검이 칼집에서 저절로 튀어 나왔다. 「정방」의 우장 「동보량」은 발을 구르며 "신라 군사들의 마음이 장차 변할 것이다."라고 말했다. 이리되자, 「정방」이 「문영」의 죄를 문제 삼지 않았다. 백제 왕자가 좌평 「각가」로 하여금 글을 당나라 장군에게 보내 철군할 것을 애걸하였다. 12일에, 당과 신라 군사가 (원문 3자 결자) 「의자」의 도성을 포위하기 위하여 〈소부리〉 벌로 진격하였다. 정방은 마음에 걸리는 것이 있어 진격하지 않았다. 유신이 이를 달래어 신라와 당의 군사가 용감하게 네 방향에서 일제히 진격하였다. 백제 왕자가 다시 상좌평을 시켜 음식과 많은 선물을 보냈으나 「정방」은 이를 받지 않았다. 백제왕의 서자인 「궁」이 좌평 여섯 사람과 함께 「정방」의 앞에 나아가 용서를 빌었다. 그러나 「정방」은 이를 뿌리쳤다. 13일에, 『의자왕』은 좌우의 측근들을 데리고 밤을 틈타 도주하여 〈웅진성〉을 지켰다. 『의자왕』의 아들 「융」은 〈대좌평〉 「천복」 등과 함께 나와서 항복하였다. 「법민」이 「융」을 말 앞에 꿇어앉히고 얼굴에 침을 뱉으며 꾸짖어 말하기를, "예전에 너의 아버지가 원통하게도 내 누이를 죽여 옥중에 파묻었다. 나는 이 일로 인하여 20년 동안 가슴이 아팠었다. 그런데 오늘은 네 목숨이 내 손에 달렸구나!" 「융」은 땅바닥에 엎드려 아무 말도 하지 않았다. 18일에, 의자는 태자와 〈웅진방〉의 영군 등을 데리고 〈웅진성〉에서 나와 항복하였다. 왕은 의자가 항복하였다는 소식을 듣고 29일에 〈금돌성〉으로부터 〈소부리성〉에 도착하여, 제감 「천복」을 보내 당나라에 전공을 보고하였다.

○八月二日에 大置酒,勞將士하니 王이 與「定方」及,諸將을 坐於堂上하고 坐「義慈」及,子,「隆」은 於,堂下하여 或使「義慈」로 行酒하니 百濟,佐平(一品)等,群臣은 莫不,嗚咽流涕하다. 是日에 捕斬「毛尺」하다.「毛尺」은 本,新羅人으로 亡

(팔월이일 대치주로장사 왕 여정방 급제장 좌어당상 좌의자 급자융 어당하 혹사의자 행주 백제좌평 등 군신 막불오열유체 시일 포참모척 모척 본신라인 망)

入百濟하여 與,〈大耶城:합천〉「黔日」과 同謀陷城
입 백 제 여 대 야 성 금 일 동 모 함 성

이라 故로 斬之하다. 又捉「黔日」하여 數曰, "汝
고 참 지 우 착 금 일 수 왈 여

在,〈大耶城:합천〉에 與,〈毛尺〉으로 謀하고 引,〈百
재 대 야 성 여 모 척 모 인 백

濟〉之兵하여 燒亡倉庫하고 令,一城으로 乏食致敗
제 지 병 소 망 창 고 영 일 성 핍 식 치 패

가 罪,一也요. 逼殺「品釋」夫妻가 罪,二也라. 與,
죄 일 야 핍 살 품 석 부 처 죄 이 야 여

百濟로 來攻本國이 罪,三也라." 以,四支解하여 投
백 제 내 공 본 국 죄 삼 야 이 사 지 해 투

其,尸於江水하다. 百濟餘賊이 據〈南岑〉,〈貞峴〉
기 시 어 강 수 백 제 여 적 거 남 잠 정 현

□□□城하고 又,佐平「正武」가 聚衆하여 屯〈豆
성 우 좌 평 정 무 취 중 둔 두

尸原嶽:青陽郡 定山面〉하고 抄掠,唐羅人하다. 二十六
시 원 악 초 략 당 라 인 이 십 육

日, 攻〈任存:大興〉大柵하나 兵多地嶮으로 不能克
일 공 임 존 대 책 병 다 지 험 불 능 극

하고 但,攻破小柵하다. 九月三日, 郎將(정6품무관)
단 공 파 소 책 구 월 삼 일 낭 장

「劉仁願」이 以兵,一萬人으로 留鎭,〈泗沘城:夫餘〉
유 인 원 이 병 일 만 인 유 진 사 비 성

하고 王子「仁泰」와 與,沙湌「日原」과 級湌「吉
왕 자 인 태 여 사 찬 일 원 급 찬 길

那」가 以兵七千으로 副之하다. 「定方」이 以,百濟
나 이 병 칠 천 부 지 정 방 이 백 제

王,及,王族臣寮,九十三人과 百姓,一萬二千人으로
왕 급 왕 족 신 료 구 십 삼 인 백 성 일 만 이 천 인

自,〈泗沘〉乘船하고 廻唐에 「金仁問」과 與,沙湌
자 사 비 승 선 회 당 김 인 문 여 사 찬

「儒敦」과 大奈麻「中知」等이 偕行하다. 二十三
유 돈 대 나 마 중 지 등 해 행 이 십 삼

日, 百濟餘賊이 入〈泗沘〉하여 謀掠生.降人이어늘
일 백 제 여 적 입 사 비 모 략 생 항 인

留守「仁願」이 出.唐羅人하여 擊走之하니 賊이
유 수 인 원 출 당 나 인 격 주 지 적

退上〈泗沘〉.南嶺(夫餘錦城山)하여 竪.四五柵(책:군사
퇴 상 사 비 남 령 수 사 오 책

기지)하고 屯聚伺隙하여 抄掠城邑하니 百濟人.叛으
둔 취 사 극 초 략 성 읍 백 제 인 반

로 而應者.二十餘城이러라. 唐皇帝.遣.左衛中郎
이 응 자 이 십 여 성 당 황 제 견 좌 위 중 랑

將「王文度」하여 爲〈熊津〉都督하다.
장 왕 문 도 위 웅 진 도 독

▶ 어려운 낱말 ◀

[行酒(행주)] : 술을 따르게 하다. [莫不(막불)] : ~하지 않는 이가 없다. [嗚咽流涕(오열유체)] : 눈물을 흘리고 오열하다. [捕斬(포참)] : 잡아서 목을 베다. [數曰(수왈)] : 죄를 세어 말하기를. [乏食(핍식)] : 먹을 것을 없애다. [致敗(치패)] : 없애게 하다. [逼殺(핍살)] : 협박하여 죽이다. [抄掠(초략)] : 노략질하다. [副之(부지)] : 그를 보좌하자. [偕行(해행)] : 함께 가다. [伺] : 엿볼(사). [伺隙(사극)] : 틈을 엿보다.

▷ 본문풀이 ◁

8월 2일에, 주연을 크게 베풀어 장군과 병사들을 위로하였다. 왕은 「정방」 및 여러 장수들과 함께 대청에 앉고, 「의자」와 그 아들 「융」은 마루 아래에 앉게 하였다. 그리고 가끔 「의자」로 하여금 술을 따르게 하였다. 이에 백제의 좌평 등 여러 신하들이 목이 메어 울지 않는 자가 없었다. 이 날 「모척」을 잡아 참수하였다. 「모척」은 본래 신라 사람이었으나 백제로 도망가서 〈대야성〉의 「금일」과 공모하여 신라의 성을 점령한 적이 있었으므로 참수한 것이다. 또한 「금일」을 잡아 죄를 일일이 따져가며 "네가 〈대야성〉에서 「모척」과 함께 공모하여, 〈백제〉 군사를 이끌고 와서 창고를 불을 질러 없앴다. 이로 말미암아 성 안에 식량이 떨어져 마침내 패배를 당하였다. 이것이 첫 번째 죄이다. 네가 「품석」의 부처를 협박하여 죽였으니, 이것이 두 번째 죄이다. 네가 백제와 함께 와서 본국을 공격했으니, 이것이 세 번째 죄이다."라고 말했다. 그의 사지를 찢고 시체를 강물에 던졌다. 백제의 남은 적병이 〈남잠〉, 〈정현〉(원문 3자 결자)성에 웅거하였다. 좌평 「정무」는 무리를 모아 〈두시원〉 산에 진을 치고, 당과 신라 사람들을 약탈하였다. 26일에, 〈임존〉의 대책을 공격했으나, 적병이 많고 지세가 험준하여 승리하지 못했다. 다만 소책을 공격하여 격파하였다. 9월 3일에 낭장 「유인원」이 군사 1만 명을 거느리고 〈사비성〉에 남아 진을 쳤다. 왕자 「인태」와 사찬 「일원」과 급찬 「길나」가 군사 7천 명으로 그를 도왔다. 「정방」이 백제왕 및 왕족, 신하 93명과 백성 1만 2천 명을 배에 태우고 〈사비〉로부터 당나라로 돌아갔다. 「김인문」이 사찬 「유돈」, 대나마 「중지」 등과 함께 동행하였다. 23일에, 백제의 잔적들이 〈사비〉에 들어와 항복한 사람들을 약탈하려 했다. 유수 「유인원」이 당나라와 신라 사람들을 출동시켜 이들을 격퇴하였다. 적들은 퇴각하여 〈사비〉의 남령에 올라가 너댓 군데에 목책을 세우고 주둔하면서 기회를 노려 성읍을 약탈하였다. 백제의 20여 성이 신라를 배반하고 그들에게 호응하였다. 당 황제가 좌위중랑장 「왕문도」로 하여 〈웅진〉 도독으로 삼았다.

○二十八日, 至〈三年山城:保寧 唐山城〉하여 傳詔
이 십 팔 일 지 삼 년 산 성 전 조
에 「文度」는 面.東立하고 大王은 面.西立하다. 錫
문 도 면 동 립 대 왕 면 서 립 사
命後에 「文度」가 欲以宣.物授王타가 忽疾作便死
명 후 문 도 욕 이 선 물 수 왕 홀 질 작 변 사
로 從者가 攝位畢事하다. 十月九日에 王이 率.太
종 자 섭 위 필 사 시 월 구 일 왕 솔 태
子及.諸軍으로 攻〈爾禮城:論山郡 連山面〉하다. 十八
자 급 제 군 공 이 례 성 십 팔
日에 取其城하고 置.官守하니 百濟二十餘城이 震
일 취 기 성 치 관 수 백 제 이 십 여 성 진
懼하여 皆降하다. 三十日에 攻.〈泗沘〉南嶺.軍柵하
구 개 항 삼 십 일 공 사 비 남 령 군 책
여 斬首.一千.五百人하다. 十一月一日, 高句麗가
참 수 일 천 오 백 인 십 일 월 일 일 고 구 려
侵攻〈七重城:積城〉하여 軍主「匹夫」가 死之하다.
침 공 칠 중 성 군 주 필 부 사 지
五日에 王이 行渡〈鷄灘:夫餘江〉하여 攻.〈王興寺岑
오 일 왕 행 도 계 탄 공 왕 흥 사 잠
城:夫餘郡蔚城山城〉하여 七日乃克하니 斬首.七百人
성 칠 일 내 극 참 수 칠 백 인
이러라. 二十二日에 王이 來自百濟하여 論功하니
이 십 이 일 왕 내 자 백 제 논 공
以「罽衿(무관직명)」의 卒「宣服」을 爲.級湌하고,
이 계 금 졸 선 복 위 급 찬
軍師(武人職名)「豆迭」에게 爲.高干(:직명)하며, 戰死
군 사 두 질 위 고 간 전 사

한「儒史知」,「未知活」,「寶弘伊」,「屑儒」等,
　유사지　미지활　보홍이　설유　등

四人은 許職有差하다. 百濟人員도 幷,量才任用하
사인　허직유차　백제인원　병　량재임용

니 佐平「忠常」,「常永」과 達率(:二品)「自簡」은
좌평　충상　상영　달솔　자간

授位,一吉湌하여 充職揔管하고 恩率(:三品)「武
수위 일길찬　충직총관　은솔　무

守」는 授位,大奈麻하여 充職大監하고, 恩率(:三品)
수　수위 대나마　충직대감　은솔

「仁守」는 授位,大奈麻하여 充職弟監하다.
인수　수위 대나마　충직제감

▶어려운 낱말◀

[傳詔(전조)] : 조서를 전함. [攝位(섭위)] : 그 자리를 대신해서. [置官守(치관수)] : 관리를 두어 지키다. [震懼(진구)] : 두려워하다. [罽] : 그물(계). [高干(고간)] : 신라 때 외위(外位), 셋째 등급의 하나. 급벌찬에 해당함. [屑] : 가루(설). [許] : 정도. 쯤(허). [弟監(제감)] : 신라병부의 한 벼슬.

▷본문풀이◁

28일, 「문도」가 〈삼년산성〉에 도착하여 조서를 전하였다. 「문도」는 동쪽을 향하여 서고, 대왕은 서쪽을 향하여 섰다. 당 황제의 명령을 전달한 후, 「문도」가 황제의 선물을 왕에게 주려다가 갑자기 발병하여 사망하였다. 이에 따라 「문도」의 시종들이 대신하여 의식을 마무리하였다. 10월 9일에, 왕이 태자와 군사들을 거느리고 〈이례성〉을 공격하였다. 18일에, 그 성을 점령하고 관리를 두어 수비하게 하자, 백제의 20여 성이 두려워하여 모두 항복하였다. 30일에, 〈사비〉 남령 군책을 공격하여 1천 5백 명의 머리를 베었다. 11월 1일에, 고구려가 〈칠중성〉을 침공하여 군주 「필부」가 전사하였다. 5일에, 왕이 〈계탄〉을 건너 〈왕흥사 잠성〉을 공격하였다. 왕은 7일 만에 승리하였고 이 전투에서 7백 명의 머리를 베었다. 22일에, 왕이 백제에서 돌아와 전공을 논하여, 「계금」의 군졸 「선복」을 급찬, 군사 「두질」을 고간으로 삼았으며, 전사한 「유사지」, 「미지활」, 「보홍이」, 「설유」 등 네 사람에게는 공의 정도에 따라 관직을 주었다. 백제 사람도 재능에 따라 다음과 같이 임용하였다. 좌평 「충상」, 「상영」과 달솔 「자간」에게는 일길찬의 위품과 총관의 직위를 주었으며, 은솔 「무수」에게는 대내마의 위품과 대감의 관직을 주었고, 은솔 「인수」에게는 대나마의 위품과 제감의 관직을 주었다.

○八年, 春.二月에 百濟殘賊이 來攻〈泗沘城〉하
팔년 춘이월 백제잔적 내공 사비성
니 王이 命.伊湌「品日」하여 爲.大幢將軍(:무관직명)
왕 명이찬 품일 위대당장군
하고 迊湌「文王」과 大阿湌「良圖」와 阿湌「忠
잡찬 문왕 대아찬 양도 아찬 충
常」等으로 副之하고「文忠」으로 爲.〈上州:尙州〉將
상 등 부지 문충 위 상주 장
軍하고 阿湌「眞王」으로 副之하고, 阿湌「義服」으
군 아찬 진왕 부지 아찬 의복
로 爲.〈下州:昌寧〉將軍하고, 「武欻」, 「旭川」 等으
위 하주 장군 무훌 욱천 등
로 爲.〈南川:利川〉大監하고, 「文品」을 爲.誓幢將軍
위 남천 대감 문품 위서당장군

하고, 「義光」을 爲,郎幢將軍(무관직명)하여 往救之하다. 三月五日에 至,中路하니 「品日」이 分,麾下軍하여 先行往,〈豆良伊城:錦山郡富利面〉南에 相營地하더니 百濟人이 望陣不整하고 猝出,急擊不意하여 我軍이 驚駭潰北하다. 十二日에 大軍來屯,〈古沙比城:臨陂〉外러니 進攻〈豆良伊城〉하여 一朔,有,六日토록 不克하다. 夏,四月十九日에 班師(회군)하여 大幢(군대조직)과 誓幢(신라 때 군대조직)을 先行하고 〈下州:창녕〉軍이 殿後하여 至〈賓骨壤:古阜東〉하니 遇,百濟軍하여 相鬪敗退하니 死者雖少나 先亡兵,械輜重(치중:군대의 하물)甚多하다. 〈上州:尙州〉郎幢은 遇賊於角山(:古阜의 東南?)하여 而,進擊克之하고 遂入,百濟屯堡하여 斬獲,二千級하다. 王이 聞,軍敗大驚하고 遣,將軍「金純」, 「眞欽」, 「天存」, 「竹旨」하여 濟師(군대를 증원하여)救援하다. 至,〈加尸兮津:고령의 伽倻川〉하여 聞軍退至〈加召川:居昌

東, 加川〉하고 乃還(내환)하다. 王(왕)이 以諸將敗績(이제장패적)에 論罰(논벌)有差(유차)하다.

▶어려운 낱말◀

[匝] : 돌다(잡). [欻] : 문득(훌). [旭] : 빛날(욱). [幢] : 깃발(당). [駭] : 놀랄(해). [大幢(대당)] : 신라의 군영. [誓幢(서당)] : 신라 때 군대 조직의 단위. [殿後(전후)] : 뒤떨어지다. [先亡(선망)] : 먼저 잃다. [兵械輜重(병계치중)] : 병기와 군수품. [屯堡(둔보)] : 진중. 진을 치는 성채.

▷본문풀이◁

8년, 봄 2월에 백제의 잔적이 〈사비성〉을 공격하였다. 왕은 이찬 「품일」을 대당 장군으로 임명하고, 잡찬 「문왕」과 대아찬 「양도」와 아찬 「충상」 등으로 하여금 그를 돕게 하였다. 또한 잡찬 「문충」을 〈상주〉 장군으로 임명하고, 아찬 「진왕」으로 하여금 그를 돕게 하였으며, 아찬 「의복」을 〈하주〉 장군, 「무훌」, 「욱천」 등을 〈남천〉 대감, 「문품」을 서당 장군, 「의광」을 낭당 장군으로 임명하여 〈사비성〉을 구원하게 하였다. 3월 5일에, 중도에 이르자 「품일」이 자기 군사의 일부를 나누어 〈두량윤성〉【'윤'을 '이'라고도 한다.】 남쪽에 먼저 가서 진지를 만들 곳을 살펴보도록 하였다. 백제 사람들은 우리 진영이 정리되지 않은 것을 보고, 갑자기 예상하지 못한 급습을 해왔다. 우리 군사들이 놀라 패주하였다. 12일에, 대군이 〈고사비성〉 밖에 와서 진을 치고 있다가 〈두량윤성〉을 공격하였으나, 한 달 엿새가 되도록 승리하지 못하였다. 여름,

4월 19일에 군사를 철수하면서 대당과 서당을 먼저 보내고, 〈하주〉의 군사를 뒤따라오게 하였다. 그들이 〈빈골양〉에 이르렀을 때, 백제 군사를 만나 싸웠으나 패배하였다. 사망자는 비록 적었으나 병기와 군수품을 상당히 많이 잃었다. 상주 낭당은 각산에서 적을 만나 공격하여 승리하고, 마침내 백제의 진중으로 들어가 2천 명을 참살하였다. 왕은 군사가 패배했다는 소식을 듣고 크게 놀라서 장군 「김순」, 「진흠」, 「천존」, 「죽지」 제사를 보내 구원하게 하였다. 그들이 〈가시혜진〉에 도착했을 때, 적군이 〈가소천〉까지 퇴각하였다는 소식을 듣고 되돌아왔다. 왕이 여러 장수들의 패전 책임을 물어 정도에 따라 벌을 주었다.

○ 五月九日에 〈高句麗〉將軍 「惱音信」이 與,〈靺
오월구일 고구려 장군 뇌음신 여 말

鞨:東濊〉將軍 「生偕」와 合軍하여 來攻〈述川城:지금
갈 장군 생해 합군 내공 술천성

의 驪州〉이나 不克하고 移攻〈北漢山城〉하여 列,拋
불극 이공 북한산성 열 포

車(큰 돌을 튕기는 병기)飛石하니 所當陴屋은 輒壞하
차 비석 소당비옥 첩괴

다. 城主大舍 「冬陁川」이 使人으로 擲鐵蒺藜(=마
성주대사 동타천 사인 척철질려

름쇠)於,城外하니 人馬不能行하고 又破〈安養寺:北
어성외 인마불능행 우파 안양사

漢山城內〉廩廥(늠괴:창고)하여 輸其材로 隨城壞處에
늠괴 수기재 수성괴처

卽構爲,樓櫓하고 結,絙網(환망:그물), 懸,牛馬皮,綿
즉구위 누로 결환망 현우마피면

衣(衾)하고 乃設.弩砲以守하다. 時에 城內.只有男
의 내 설 노 포 이 수 시 성 내 지 유 남

女.二千八百人하니 城主「冬陁川」이 能.激勵少
녀 이 천 팔 백 인 성 주 동 타 천 능 격 려 소

弱하여 以.敵强으로 大之賊하여 凡.二十餘日하다.
약 이 적 강 대 지 적 범 이 십 여 일

然이나 糧盡力疲하여 至誠告天하더니 忽有大星이
연 양 진 역 피 지 성 고 천 홀 유 대 성

落於賊營하고 又.雷雨以震하니 賊이 疑懼解圍而
낙 어 적 영 우 뇌 우 이 진 적 의 구 해 위 이

去하다. 王이 嘉奬「冬陁川」하여 擢位.大奈麻하
거 왕 가 장 동 타 천 탁 위 대 나 마

다. 移〈押督州:慶山〉於〈大耶:陜川〉하고 以.阿飡「宗
이 압 독 주 어 대 야 이 아 찬 종

貞」으로 爲.都督하다. 六月에 〈大官寺〉井水爲血
정 위 도 독 유 월 대 관 사 정 수 위 혈

하고 〈金馬郡:益山〉엔 地流血하여 廣.五步하더니 王
금 마 군 지 류 혈 광 오 보 왕

薨하다. 諡曰「武烈」이라 하여 葬〈永敬寺〉北하고
홍 시 왈 무 열 장 영 경 사 북

上號를『太宗』이라 하다.『高宗(唐)』이 聞訃하고 擧
상 호 태 종 고 종 문 부 거

哀於〈洛城門〉하다.
애 어 낙 성 문

▶어려운 낱말◀

[陴屋(비옥)] : 성 위에 있는 작은 집. [輒壞(첩괴)] : 무너지다. [輒] : 문득(첩). [陁] : 비탈질(타). [鐵蒺藜(철질려)] : 쇠를 던지는 마름쇠, 전쟁 무기의 하나. [廩廥(늠괴)] : 창고. [樓櫓(누로)] : 지붕 없는 누대로 城戌로 사용했음. [絙網(환망)] : 굵은 밧줄로 얽은 그물. [嘉奬(가장)] : 가상히 여겨 칭찬하다. [擢位(탁위)] : 그 자리에 발탁하다.

▷본문풀이◁

5월 9일에, 〈고구려〉 장군 「뇌음신」이 〈말갈〉 장군 「생해」와 군사를 합쳐 〈술천성〉을 공격했으나 승리하지 못했다. 그들은 방향을 바꾸어 〈북한산성〉을 공격하였다. 그들은 포차를 벌려놓고 돌을 날려 보냈다. 그 돌에 맞은 담장과 집은 번번이 무너졌다. 성주인 대사 「동타천」은 성 밖에 마름쇠를 던져 놓아 사람과 말이 다니지 못하게 하고, 또한 〈안양사〉 창고를 헐어 그 재목을 가져다가 성 안의 무너진 곳마다 망루를 만들었다. 그리고 그곳에 굵은 밧줄로 그물을 얽고, 마소의 가죽과 솜옷을 걸어 매고, 그 안쪽에 노포를 설치하여 성을 지켰다. 이 당시 성 안의 남녀가 2천 8백 명 뿐이었는데, 성주 「동타천」이 어린이와 힘 못쓰는 자들까지도 격려하여 20여 일 동안이나 강한 적과 대치하였다. 그러나 식량이 떨어지고 힘이 다했다. 그는 정성을 다하여 하늘에 기도하였다. 그때 돌연 큰 별이 적진에 떨어지고 우레가 울리고 비가 오면서 천지가 진동하였다. 적들은 겁이 나서 포위를 풀고 돌아갔다. 왕은 「동타천」을 가상하게 여기고 대나마로 발탁하였다. 〈압독주〉를 〈대야〉로 옮기고, 아찬 「종정」을 도독으로 임명하였다.
6월에, 〈대관사〉의 우물물이 피로 변하고, 〈금마군〉에서는 땅에 피가 5보 넓이로 흘렀다. 왕이 서거하였다. 시호를 「무열」이라 하고, 〈영경사〉 북쪽에 장사지냈으며, 『태종』이라는 시호를 올렸다. 당 『고종』이 부음을 듣고 〈낙성문〉에서 추도식을 거행하였다.

30 文武王(문무왕) : 661~681

○文武王이 立하다. 諱는 「法敏」이니 太宗王之,
문 무 왕 입 휘 법 민 태 종 왕 지

元子요, 母는 金氏이니 文明王后(文姬)로서 蘇判(:迊
원 자 모 금 씨 문 명 왕 후 소 판

飡) 「舒玄」 之,季女요, 「庾信」 之,妹也니라. 其妹
서 현 지 계 녀 유 신 지 매 야 기 매

夢에 登,西兄山(仙桃山)頂坐하여 旋,流徧國内하다.
몽 등 서 형 산 정 좌 선 류 편 국 내

覺,與季言夢하니 季(문희)戲曰, "予願買兄(보희)此
각 여 계 언 몽 계 희 왈 여 원 매 형 차

夢이라." 하고 因與,錦裙爲直하다. 後,數日에 「庾
몽 인 여 금 군 위 치 후 수 일 유

信」이 與 「春秋公:太宗」으로 蹴鞠이라가 因,踐落
신 여 춘 추 공 축 국 인 천 락

「春秋」 衣紐하다. 「庾信」 曰, "吾家幸近하니 請
춘 추 의 뉴 유 신 왈 오 가 행 근 청

往綴紐하라." 하고 因,與俱往宅하여 置酒하고 從
왕 철 뉴 인 여 구 왕 택 치 주 종

容,喚 「寶姬」하여 持,針線來縫하니 其姊(寶姬)有
용 환 보 희 지 침 선 래 봉 기 자 유

故,不進하고 其季(문희),進前縫綴할세 淡粧輕服에
고 부 진 기 계 진 전 봉 철 담 장 경 복

光艶炤人이라. 「春秋」 見而悅之하고 乃,請婚成
광 염 소 인 춘 추 견 이 열 지 내 청 혼 성

禮하여 則,有娠生男하니 是謂 「法敏」이니라. 妃는
례 즉 유 신 생 남 시 위 법 민 비

慈儀王后이니 波珍飡(4품) 「善品」 之,女也니라.
자 의 왕 후 파 진 찬 선 품 지 녀 야

「法敏」이 姿表英特하고 聰明,多智略으로 〈永徽:당
법 민 자표영특 총명 다지략 영휘

고종 연호〉初에 如唐에 『高宗』이 授以,大府卿하고
초 여당 고종 수이 대부경

『太宗:武列王』 元年에 以,波珍湌으로 爲,兵部令하
태종 원년 이 파진찬 위 병부령

고 尋封爲,太子하다. 『顯慶:당고종의 연호』 五年에
심봉위 태자 현경 오년

『太宗』이 與,唐將「蘇定方」과 平,百濟에 「法敏」
태종 여 당장 소정방 평 백제 법민

이 從之하여 有,大功하더니 至時에 卽位하니라.
종지 유 대공 지시 즉위

▶ **어려운 낱말** ◀

[旋] : 돌다. 오줌, 소변(선). [旋流(선류)] : 오줌이 넘쳐흐르다. [徧] : 두루(편), 돌다.(편). [錦裙(금군)] : 비단 치마. [直] : 값(치). [鞠] : 공(국). [踐落(천락)] : 밟아 떨어지다. [紐] : 끈(뉴). [綴] : 꿰맬(철). [淡粧(담장)] : 산뜻한 화장. [炤] : 밝을(소). [炤人(소인)] : 사람의 눈을 부시게 하다. [姿表(자표)] : 외모. [尋] : 찾을(심), 얼마 후(심).

▷ **본문풀이** ◁

문무왕이 왕위에 올랐다. 그의 이름은 「법민」이며, 태종왕의 맏아들이요, 어머니는 김씨 문명 왕후로서 소판 「서현」의 막내딸이요, 「유신」의 누이였다. 유신의 맏누이가 꿈에 서형산(선도산) 꼭대기에 올라 앉아 오줌을 누었는데, 그 오줌이 흘러 나라 안에 두루 펴졌다. 그녀는 꿈을 깨고 난 후에 동생에게 꿈 이야기를 하니, 동생은 장난삼아 "내가 언니의 꿈을 사고 싶다."라고 말하고,

꿈 값으로 비단 치마를 주었다. 며칠 뒤에 「유신」이 「춘추공」과 공을 차다가 춘추의 옷고름을 밟아 떨어뜨렸다. 「유신」이 "우리 집이 마침 가까운 곳에 있으니, 가서 옷고름을 답시다."라고 말하고, 「춘추」와 함께 집으로 와서는 술상을 베풀고 조용히 「보희」를 불러 바늘과 실을 가지고 와서 옷을 꿰매도록 하니 맏누이 「보희」는 일이 있어 나오지 못하고, 동생이 앞에 나와 옷고름을 달았는데, 그녀의 수수한 화장과 경쾌한 의복, 그리고 어여쁜 얼굴은 눈이 부시는 듯하였다. 「춘추」가 보고 기뻐하여 곧 혼인을 청하여 혼인식을 올려서 그녀는 바로 임신하여 남자아이를 낳았으니, 이 아이가 「법민」이었다. 왕비는 자의왕후이니, 파진찬 「선품」의 딸이다. 「법민」은 외모가 영특하고, 총명하고 지략이 많아 〈영휘〉 초에 당나라에 갔을 때, 『고종』이 대부경 벼슬을 주었고, 『태종』 원년에 파진찬으로서 병부령이 되었다가 얼마 안 되어 태자로 책봉되었다. 『현경』 5년에, 『태종』이 당나라 장수 「소정방」과 백제를 평정할 때, 「법민」이 종군하여 큰 공을 세웠더니 이때에 이르러 즉위하였다.

○元年六月에 入唐宿衛로 「仁問:문무왕 次弟」,
원년유월 입당숙위 인문
「儒敦」 等이 至하여 告王하되, "皇帝已遣「蘇定
유돈 등 지 고왕 황제이견 소정
方」으로 領,水陸三十五道兵하여 伐,〈高句麗〉하니
방 영 수륙삼십오도병 벌 고구려
遂命王하되 擧兵相應하라. 雖,在服(喪中)이나 重違,
수명왕 거병상응 수 재복 중위

皇帝勅命이라." 하다. 秋,七月十七日에 以「金庾
황제칙명 추칠월십칠일 이 김유

信」으로 爲,大將軍하고「仁問」,「眞珠」,「欽突」로
신 위대장군 인문 진주 흠돌

爲,大幢將軍하고「天存」,「竹旨」,「天品」으로 爲,
위대당장군 천존 죽지 천품 위

貴幢摠管하고「品日」,「忠常」,「義服」으로 爲,上
귀당총관 품일 충상 의복 위상

州摠管하고「眞欽」,「衆臣」,「自簡」으로 爲,下州
주총관 진흠 중신 자간 위하주

摠管하고「軍官」,「藪世」,「高純」으로 爲,〈南川
총관 군관 수세 고순 위남천

州:利川〉摠管하고「述實」,「達官」,「文穎」으로 爲,
주 총관 술실 달관 문영 위

〈首若州:春川〉摠管하고「文訓」,「眞純」으로 爲,
수약주 총관 문훈 진순 위

〈河西州:江陵〉摠管하고「眞福」으로 爲,誓幢摠管하
하서주 총관 진복 위서당총관

고「義光」으로 爲,郎幢摠管하고「慰知」로 爲罽衿
의광 위낭당총관 위지 위계금

(계금)大監하여 八月에 大王이 領,諸將하고 至,〈始
대감 팔월 대왕 영제장 지시

飴谷:위치 미상〉하여 停留하다. 時에 有使來告曰,
이곡 정류 시 유사래고왈

"百濟殘賊이 據,〈甕山城:大德郡 懷德面 鷄足山城〉遮
백제잔적 거옹산성 차

路하니 不可前하라."하다. 大王이 先遣使,諭之하나
로 불가전 대왕 선견사유지

不服하니라. 九月十九日에 大王이 進次〈熊峴停:
불복 구월십구일 대왕 진차웅현정

大德郡 懷德面〉하여 集諸摠管大監하고 親臨誓之하
집제총관대감 친림서지

다. 二十五日에 進軍,圍〈甕山城:대덕.회덕.계족산성〉
이 십 오 일 진 군 위 옹 산 성

하여 至,二十七日에 先燒大柵하고 斬殺,數千人하
지 이 십 칠 일 선 소 대 책 참 살 수 천 인

니 遂,降之하다. 論功하여 賜,角干伊湌으로 爲,摠
수 항 지 논 공 사 각 간 이 찬 위 총

管者에게는 劒하고, 匝湌(3품)이나 波珍湌(4품), 大
관 자 검 잡 찬 파 진 찬 대

阿湌(5품)으로 爲,摠管者에게는 戟하고 已下는 各,
아 찬 위 총 관 자 극 이 하 각

一品位하다. 築,〈熊峴城〉하다. 上州摠管「品日」
일 품 위 축 웅 현 성 상 주 총 관 품 일

은 與,〈一牟山郡:淸原郡〉太守「大幢」과 〈沙尸山
여 일 모 산 군 태 수 대 당 사 시 산

郡:위치 미상〉太守「哲川」等과 率兵攻,〈雨述城:大
군 태 수 철 천 등 솔 병 공 우 술 성

德郡 懷德面〉하여 斬首,一千級하다. 百濟達率(二品)
참 수 일 천 급 백 제 달 솔

「助服」과 恩率(三品)「波伽」는 與衆謀降하다. 賜
조 복 은 솔 파 가 여 중 모 항 사

位「助服」은 級湌(九品)으로 仍授〈古陀耶郡:安東〉
위 조 복 급 찬 잉 수 고 타 야 군

太守하고「波伽」는 級湌하고 兼賜,田宅衣物하다.
태 수 파 가 급 찬 겸 사 전 택 의 물

冬,十月二十九日에 大王聞,唐皇帝,使者至하고
동 시 월 이 십 구 일 대 왕 문 당 황 제 사 자 지

遂,還京하다. 唐使弔慰하고 兼勅祭,前王(무열왕)하
수 환 경 당 사 조 위 겸 칙 제 전 왕

고 贈,雜彩五百段하다.「庾信」等은 休兵하고 待,
증 잡 채 오 백 단 유 신 등 휴 병 대

後命하니 含資道摠管「劉德敏」이 至하여 傳,勅旨
후 명 함 자 도 총 관 유 덕 민 지 전 칙 지

하며 輸平壤(高句麗 國都)軍粮하라 하다.
수 평양 군량

▶ 어려운 낱말 ◀

[宿衛(숙위)] : 밤에 숙직하여 지킴. 외국 현지에서 직접 활동함. [藪] : 늪(수). [穎] : 벼이삭(영), 배어나다(영). [罽] : 물고기 그물(계). [匝] : 두루(잡). [謀] : 함께(모). [降(항)] : 함께 항복함. [輸] : 실어내다(수).

▷ 본문풀이 ◁

원년 6월에, 〈당〉나라에 들어가 숙위하던 「인문」과 「유돈」 등이 돌아와서 그들은 왕에게 "황제가 이미 「소정방」으로 하여금 35도의 수륙군을 거느리고 〈고구려〉를 치게 하면서, 마침내 왕께도 군사를 파견하여 응원하라고 하였습니다. 비록 상중이라도 황제의 칙명을 어기는 것은 어려운 일입니다."라고 말했다. 가을 7월 17일, 「김유신」을 대장군, 「인문」·「진주」·「흠돌」을 대당 장군, 「천존」·「죽지」·「천품」을 귀당 총관, 「품일」·「충상」·「의복」을 상주 총관, 「진흠」·「중신」·「자간」을 하주 총관, 「군관」·「수세」·「고순」을 〈남천주〉 총관, 「술실」·「달관」·「문영」을 〈수약주〉 총관, 「문훈」·「진순」을 〈하서주〉 총관, 「진복」을 서당 총관, 「의광」을 낭당 총관, 「위지」를 계금 대감으로 임명하였다. 8월, 대왕이 모든 장수를 거느리고 〈시이곡〉에 도착하여 머물렀다. (원문 1자 결자) 어떤 사람이 와서 "백제의 잔적이 〈옹산성〉에 웅거하여 길을 막고 있으니, 앞으로 전진하면 안 된다."고 말하였다. 이에 따라 대왕이 먼저 사람을 보내 그들을 타일렀으나 그들은 항복하지 않았다. 9월 19일, 대왕이 〈웅현정〉에 진주하여, 모든 총관과 대감들을 모아 놓고 직접 훈계하였다. 25일, 군사를 진군시켜 〈옹산성〉을 포위했다. 27일, 먼저 큰 목책을 불사르고, 수천 명을 목 베어 죽이고, 마침내 그들을 항복시켰다. 왕이 공로를 평가하여 각간이나 이찬으로서 총관이 된 자에게는 칼을 주고, 잡찬이나 파진찬 또는 대아찬으로서 총관이 된 자에게는 창을 주고, 그 이하에게는 각각 위 1품씩을 올려 주었다. 〈웅현성〉을 쌓았다. 상주 총관 「품일」이 〈일모산군〉 태수 「대당」과 〈사시산군〉 태수 「철천」 등과 함께 군사를 거느리고 〈우술성〉을 공격하였다. 그들은 1천 명의 머리를 베었다. 백제의 달솔 「조복」과 은솔 「파가」가 백성들과 함께 항복하였다. 「조복」에게는 급찬의 위를 주어 〈고타야군〉 태수를 삼고, 「파가」에게는 급찬을 주고, 그들 둘 모두에게 밭과 집과 옷을 주었다. 겨울 10월 29일, 대왕이 〈당〉 황제의 사신이 왔다는 소식을 듣고 바로 서울로 돌아왔다. 〈당〉 나라 사신이 조의와 위로의 뜻을 표하고, 동시에 황제의 조칙에 따라 이전 임금에게 제사를 지냈으며, 채색 비단 5백 필을 부조하였다. 「유신」 등은 군사를 쉬게 하면서 다음 명령을 기다리고 있었는데, 함자도 총관 「유덕민」이 와서 평양으로 군량을 수송하라는 〈당〉 황제의 칙지를 전하였다.

○二年, 春,正月에 唐의 使臣이 在館하여 至是에
이년 춘정월 당 사신 재관 지시

冊命王爲하여 ‘開府儀同三司,上柱國樂浪郡公,
책명왕위 개부의동삼사 상주국낙랑군공

新羅王' 하다. 拜,伊湌「文訓」하여 爲,中侍(:대신)하
신 라 왕 배 이 찬 문 훈 위 중 시

다. 王이 命,「庾信」與「仁問」「良圖」等, 將軍
왕 명 유 신 여 인 문 양 도 등 장 군

과 以車,二千餘兩으로 載米四千石과 租,二萬二
이 거 이 천 여 량 재 미 사 천 석 조 이 만 이

千餘石으로 赴〈平壤〉하게 하다. 十八日에 宿〈風
천 여 석 부 평 양 십 팔 일 숙 풍

樹村:지명?〉 하니 氷滑道險하여 車不得行으로 竝
수 촌 빙 활 도 험 거 부 득 행 병

載以,牛馬하다. 二十三日에 渡,〈七重河:지금의 積城
재 이 우 마 이 십 삼 일 도 칠 중 하

臨津江〉하여 至〈蒜壤〉하니 貴幢弟監(武官名)「星川」
지 산 양 귀 당 제 감 성 천

과 軍師(武官名)「述川」等은 遇,賊兵(고구려 병사)於
군 사 술 천 등 우 적 병 어

〈梨峴〉하여 擊殺之하다. 二月一日에「庾信」等이
이 현 격 살 지 이 월 일 일 유 신 등

至,〈獐塞(:黃海道 遂安)〉하니 距〈平壤〉三萬六千步러
지 장 새 거 평 양 삼 만 육 천 보

라. 先遣,步騎監(무관명)「裂起」等,十五人을 赴,唐
선 견 보 기 감 열 기 등 십 오 인 부 당

營하니 是日에 風雪寒沍하여 人馬多,凍死하다. 六
영 시 일 풍 설 한 호 인 마 다 동 사 육

日에 至〈楊隩〉하여「庾信」이 遣,阿湌「良圖」와 大
일 지 양 오 유 신 견 아 찬 양 도 대

監「仁仙」等하여 致,軍粮하고 贈,「定方」에 以銀,
감 인 선 등 치 군 량 증 정 방 이 은

五千七百分, 細布,三十匹, 頭髮,三十兩, 牛黃,十
오 천 칠 백 푼 세 포 삼 십 필 두 발 삼 십 량 우 황 십

九兩하다.「定方」이 得,軍粮하니 便,罷還하다.「庾
구 량 정 방 득 군 량 변 파 환 유

信」 等이 聞,唐兵歸하고 亦,還渡〈瓜川:임진강〉에
신 등 문 당 병 귀 역 환 도 과 천

高句麗兵,追之하니 迴軍對戰하여 斬首,一萬餘級
고 구 려 병 추 지 회 군 대 전 참 수 일 만 여 급

하고 虜,小兄(관명)〈阿達兮〉等하여 得,兵械萬數하
노 소 형 아 달 혜 등 득 병 계 만 수

다. 論功中分하여 〈本彼宮:본피부 본궁〉財貨·田
논 공 중 분 본 피 궁 재 화 전

莊·奴僕을 以賜「庾信」「仁問」하다. 〈靈廟寺〉
장 노 복 이 사 유 신 인 문 영 묘 사

災하다. 〈耽羅國:濟州島〉主, 佐平(百濟官等 第一品)
재 탐 라 국 주 좌 평

「徒冬音律」[一作,津]이 來降하다. 〈耽羅〉는 自「武
도 동 음 률 내 항 탐 라 자 무

德:百濟威德王」以來로 臣屬〈百濟〉라 故로 以,佐平으
덕 이 래 신 속 백 제 고 이 좌 평

로 爲,官號하다가 至是에 降爲屬國하다. 三月에 大
위 관 호 지 시 항 위 속 국 삼 월 대

赦하다. 王은 以旣平,百濟로 命,所司(:관리)하여 設,
사 왕 이 기 평 백 제 명 소 사 설

大酺하다. 秋,七月에 遣,伊湌「金仁問」하여 入唐貢,
대 포 추 칠 월 견 이 찬 김 인 문 입 당 공

方物하다. 八月에 百濟殘賊이 屯聚〈內斯只城:지금
방 물 팔 월 백 제 잔 적 둔 취 내 사 지 성

의 儒城〉하여 作惡하니 遣「欽純」等의 十九將軍하여
작 악 견 흠 순 등 십 구 장 군

討破之하다. 大幢摠管「眞珠」와 〈南川州〉摠管,
토 파 지 대 당 총 관 진 주 남 천 주 총 관

「眞欽」이 詐,稱病하며 閑放,不恤國事하므로 遂,誅
진 흠 사 칭 병 한 방 불 휼 국 사 수 주

之하고 并夷其族하다. 沙湌「如冬」이 打母어늘 天
지 병 이 기 족 사 찬 여 동 타 모 천

이 雷雨震死(뇌우진사)하고 身上(신상)에 題(제),須罜堂(수주당)[罜字未詳]三字(삼자)하다. 〈南川州(남천주):지금의 利川〉에서 獻白鵲(헌백작)하다.

▶ 어려운 낱말 ◀

[氷滑道險(빙활도험)] : 얼음은 미끄럽고 길이 험함. [冱] : 추울(호). [便(변)] : 곧. [便罷還(변파환)] : 곧 役을 파하고 돌아가다. [大幢摠管(대당총관)] : 신라의 군영. [不恤(불휼)] : 마음 쓰지 않음. [不恤國事(불휼국사)] : 국사를 돌보지 않음. [夷其族(이기족)] : 그 일족을 처형하다. [罜] : 작은 물고기 그물(주). [白鵲(백작)] : 하얀색 까치.

▷ 본문풀이 ◁

2년, 봄 정월에 〈당〉나라 사신이 객사에 머물고 있다가 이때에 이르러 왕을 '개부의동삼사, 상주국낙랑군공, 신라왕' 으로 책봉하였다. 이찬 「문훈」을 중시로 임명하였다. 왕이 「유신」·「인문」·「양도」 등, 아홉 장군에게 수레 2천여 채에 쌀 4천 석과 벼 2만 2천여 석을 싣고 〈평양〉으로 가도록 명령하였다. 18일, 〈풍수촌〉에 머무르게 되었는데, 길이 얼어 미끄럽고 길이 험하여 수레가 갈 수 없으므로 군량을 모두 소와 말에 실었다. 23일, 〈칠중하〉를 건너 〈산양〉에 이르렀다. 귀당 제감 「성천」과 군사 「술천」 등이 〈이현〉에서 적병을 만나 이들을 죽였다. 2월 1일, 「유신」 등이 〈장새〉에 도착했는데, 이곳에서 〈평양〉까지는 3만 6천보 거리였다. 먼저 보기감 「열기」 등 15인을 당나라 군영에 보냈다. 이 날은 바람과 눈으로 날씨가 몹시 추워서 사람과 말이 다수 얼어 죽었다.

6일, 〈양오〉에 도착하여 「유신」이 아찬 「양도」와 대감 「인선」 등을 보내 군량을 전달하고, 「소정방」에게는 은 5천 7백 푼, 가는 베 30필, 머리털 30량, 우황 19량을 선물하였다. 「정방」은 군량을 얻고는 곧 전투를 그만두고 돌아갔다. 「유신」 등은 당의 군사가 돌아갔다는 말을 듣고 역시 군사를 되돌려 〈과천〉을 건넜다. 이때 고구려 군사가 추격해오자 군사를 되돌려 대적하여 만여 명의 머리를 베고, 소형 〈아달혜〉 등을 사로잡고, 병기를 무수히 노획하였다. 전공을 평가하면서 본피궁의 재물과 전장과 노복을 절반으로 나누어 「유신」과 「인문」에게 주었다. 〈영묘사〉에 불이 났다. 〈탐라국〉주 좌평 「도동음률」【'률'을 '진'이라고도 한다.】이 항복해왔다. 〈탐라국〉은 「무덕」 이래로 〈백제〉의 속국이었기 때문에 좌평으로 관직명을 삼았었는데, 이때 신라에 항복하여 속국이 되었다. 3월, 대사령을 내렸다. 이미 백제를 평정하였으므로 왕은 해당 관청으로 하여금 큰 연회를 베풀게 하였다. 가을 7월, 이찬 「김인문」을 당나라에 보내 토산물을 바쳤다. 8월, 백제의 잔적이 〈내사지성〉에 모여 반란을 도모하자 「흠순」 등 19명의 장군을 보내 이들을 토벌하였다. 대당 총관 「진주」와 〈남천주〉 총관 「진흠」이 거짓으로 병을 핑계대고 방탕하여 국사를 돌보지 않았다. 그리하여 마침내 그들의 목을 베고 동시에 그 일족을 모두 처형하였다. 사찬 「여동」이 그의 어머니를 때리자, 하늘에서 천둥이 울리고 비가 내리다가 벼락이 그에게 떨어져 사망하였다. 그의 몸에 "수주당"이라는 세 글자가 쓰여 있었다. 〈남천주〉에서 흰 까치를 바쳤다.

○三年, 春,正月에 作,長倉於〈南山新城:慶州南
삼 년 춘 정 월 작 장 창 어 남 산 신 성

山〉하고 築,〈富山城:慶州西面〉하다. 二月에 「欽純」,
축 부 산 성 이 월 흠 순

「天存」이 領兵하여 攻取百濟〈居列城:지금의 居昌〉
천 존 영 병 공 취 백 제 거 열 성

하여 斬首,七百餘級하다. 又攻〈居勿城:南原과 長水
참 수 칠 백 여 급 우 공 거 물 성

사이?〉〈沙平城:위치 미상〉하여 降之하고 又攻〈德安
사 평 성 항 지 우 공 덕 안

城:지금의 恩津〉하여 斬首,一千七十級하다. 夏,四月
성 참 수 일 천 칠 십 급 하 사 월

에 大唐이 以,我國으로 爲,'鷄林大都督府'하고 以
대 당 이 아 국 위 계 림 대 도 독 부 이

王으로 爲,'鷄林州大都督'하다. 五月에 震,〈靈廟
왕 위 계 림 주 대 도 독 오 월 진 영 묘

寺〉門하다. 百濟,故將「福信」及 浮圖:浮屠(승려),
사 문 백 제 고 장 복 신 급 부 도

「道琛」이 迎,故王子「扶餘豊(백제 왕자)」을 立之하
도 침 영 고 왕 자 부 여 풍 입 지

여 圍,留鎭郎將「劉仁願」을 於,〈熊津城:공주〉하니,
위 유 진 낭 장 유 인 원 어 웅 진 성

唐,皇帝詔「仁軌」를 '檢校〈帶方州〉刺使'로 하여
당 황 제 조 인 궤 검 교 대 방 주 자 사

統,前都督〈王文度〉之衆과 與,我兵(:신라병)과 向,
통 전 도 독 왕 문 도 지 중 여 아 병 향

百濟,營하여 轉鬪陷陳하니 所向無前하다.「信」等
백 제 영 전 투 함 진 소 향 무 전 신 등

이 釋「仁願」圍하고 退保〈任存城:大興〉하더니 旣
석 인 원 위 퇴 보 임 존 성 기

而에「福信」은 殺「道琛」하고, 幷,其衆하여 招還
이 복 신 살 도 침 병 기 중 초 환

叛亡하니 勢,甚張이라. 「仁軌」는 與「仁願」으로
반 망 세 심 장 인 궤 여 인 원

合하여 解甲,休士하여 乃請,益兵하다. 詔遣,'右威
합 해 갑 휴 사 내 청 익 병 조 견 우 위

衛將軍' 「孫仁師」하여 率兵,四十萬하고 至,〈德物
위 장 군 손 인 사 솔 병 사 십 만 지 덕 물

島:南陽灣 德積島〉하여 就,〈熊津府城〉하다. 王이 領
도 취 웅 진 부 성 왕 영

「金庾信」 等,二十八[一云,三十]將軍하여 與之合攻
김 유 신 등 이 십 팔 장 군 여 지 합 공

〈豆陵尹城:舒川郡麒山面〉〈周留城:舒川郡 韓山面〉等,
두 릉 윤 성 주 류 성 등

諸城하여 皆,下之하다. 「扶餘豊:百濟王」은 脫身走하
제 성 개 하 지 부 여 풍 탈 신 주

고 王子「忠勝」,「忠志」 等은 率其衆降이나 獨,
왕 자 충 승 충 지 등 솔 기 중 항 독

「遲受信」은 據,〈任存城:大興〉하여 不下하다. 自,冬
지 수 신 거 임 존 성 불 하 자 동

十月二十一日부터 攻之하여 不克하고 至,十一月
시 월 이 십 일 일 공 지 불 극 지 십 일 월

四日에 班師하여 至〈舌利停:舒川古邑 靈鷲山城〉하여
사 일 반 사 지 설 리 정

論功行賞,有差하다. 大赦하고 製,衣裳하여 給,留
논 공 행 상 유 차 대 사 제 의 상 급 유

鎭唐軍하다.
진 당 군

▶어려운 낱말◀

[長倉(장창)] : 남산에 군량미를 저장하는 창고.(長50步, 廣15步) [琛] : 보배(침), 옥돌(침). [扶餘豊(부여풍)] : 일본에 볼모로 갔던 백제의 왕자. [轉鬪陷陳(전투함진)] : 진지를 점령하다. [所向無前(소향무전)] : 가는 곳마다 앞을 막

는 자가 없었다. [招還叛亡(초환반망)] : 배반하여 도망간 자를 불러서. [解甲休士(해갑휴사)] : 무장을 풀고 군사를 휴식시키다. [班師(반사)] : 군사를 되돌려. 회군하다. [留鎭唐軍(유진당군)] : 진에 머물러 있는 당나라 군사.

▷ **본문풀이** ◁

3년, 봄 정월에 〈남산신성〉에 '장창' 이란 창고를 짓고 〈부산성〉을 쌓았다. 2월에, 「흠순」과 「천존」이 군사를 거느리고 백제의 〈거열성〉을 공격하여 빼앗고, 7백여 명의 머리를 베었다. 또한 〈거물성〉과 〈사평성〉을 쳐서 항복케 하였으며, 〈덕안성〉을 쳐서 1천70명의 머리를 베었다. 여름 4월, 〈당〉나라가 우리나라를 '계림대도독부' 로 삼고, 왕을 '계림주대도독' 으로 삼았다. 5월에, 〈영묘사〉 문에 벼락이 쳤다. 백제의 옛 장군 「복신」과 중 〈도침〉이 예전 임금의 아들 「부여풍」을 왕으로 세우고, 유진 낭장 「유인원」을 〈웅진성〉에서 포위하였다. 당 황제는 「인궤」에게 '검교〈대방주〉자사' 를 시켜 전 도독 〈왕문도〉의 무리를 통솔하고 우리 군사와 함께 백제 진영으로 향하게 하였다. 이들은 도처에서 싸울 때마다 진지를 점령하였으니 가는 곳마다 앞을 막는 자가 없었다. 「복신」 등은 「인원」에 대한 포위를 풀고 퇴각하여 〈임존성〉을 수비하였다. 그로부터 얼마 후, 「복신」이 「도침」을 죽인 후에 그의 무리를 병합하고, 또한 그를 배반하고 도망했던 자들을 불러 모아서 큰 세력을 이루었다. 「유인궤」는 「유인원」과 군사를 합친 후, 무장을 풀고 군사를 쉬게 하면서 군대의 증원을 요청하였다. 당 황제는 조서를 내려 '우위위장군' 「손인사」로 하여금 군사 40만을 거느리고 출병하게 하였다. 그는 〈덕물도〉에 도착하였고, 그곳에서 〈웅진부성〉으로 진군하였다. 왕은 「김유신」 등 28명【30명이라고도 한다.】의 장군을 거느리고 이들과 합쳐서 〈두릉윤성〉【'릉'을 '량'이라고도 한다.】〈주류성〉 등의 여러 성을 공격하여 모두 항복시켰다. 「부여풍」은 도주하고, 왕자 「충승」과 「충지」 등은 그의 백성들과 함께 항복하였다. 그러나 「지수신」만은 혼자 〈임존성〉에 웅거하여 항복하지 않았다. 겨울, 10월 21일부터 공격을 시작하였으나 이기지 못하였다. 11월 4일에는 회군하여 〈설리정〉【'설'을 '후'라고도 한다.】으로 왔다. 공훈의 정도에 따라 논공행상을 하였다. 죄수들에게 대사령을 내리고, 진에 머물고 있는 당나라 군사들에게 의복을 만들어 주었다.

○四年, 春,正月에 「金庾信」 請老하나 不允하고
사 년 춘 정 월 김 유 신 청 로 불 윤
賜,几杖하다. 以,阿飡 「軍官」으로 爲,〈漢山州:廣州
사 궤 장 이 아 찬 군 관 위 한 산 주
古邑〉都督하다. 下敎하여 婦人亦服을 中朝衣裳하
도 독 하 교 부 인 역 복 중 조 의 상
다. 交通하여 二月에 命,有司,徙民(守墓民)於,諸王
교 통 이 월 명 유 사 사 민 어 제 왕
陵園하되 各,二十户하다. 角干 「金仁問」과 伊飡
능 원 각 이 십 호 각 간 김 인 문 이 찬
「天存」이 與唐,勅使 「劉仁願」과 百濟〈扶餘隆:옛
천 존 여 당 칙 사 유 인 원 백 제 부 여 융
왕자〉으로 同盟于〈熊津:公州〉하다. 三月에 百濟,殘
동 맹 우 웅 진 삼 월 백 제 잔
衆이 據〈泗沘山城:扶蘇山城〉하여 叛하니, 熊津都督
중 거 사 비 산 성 반 웅 진 도 독

이 發兵하여 攻破之하다. 地震하다. 遣「星川」과 「丘日」等, 二十八人을 於〈府城:熊津府城〉하여 學,唐樂하다. 秋,七月에 王이 命,將軍「仁問」,「品日」,「軍官」,「文潁」等하여 率,〈一善:善山〉〈漢山:지금의 廣州〉二州,兵으로 與,〈府城〉兵馬로 攻,高句麗〈突沙城〉하여 滅之하다. 八月十四日에 地震하여 壞,民屋하니 南方이 尤甚하다. 禁,人擅하되 以,財貨田地를 施,佛寺하다.

▶ 어려운 낱말 ◀

[賜几杖(사궤장)] : 退老를 허락하지 않는다는 뜻으로, 임금이 주는 물건. 궤와 지팡이. [中朝衣裳(중조의상)] : 중국 복식의 옷. [交通(교통)] : 널리 알려서. [擅] : 멋대로(천).

▷ 본문풀이 ◁

4년, 봄 정월에 「김유신」이 은퇴를 요청하였으나, 왕이 이를 허락하지 않고 안석과 지팡이를 하사하였다. 아찬 「군관」을 〈한산주〉 도독으로 임명하였다. 왕이 교서를 내려 부인들도 중국의 의복을 입게 하였다. 2월, 유사에게 명하여 역대의 왕릉에 능을 지킬 백성 20호씩을 이사시켰다. 각간 「김인문」과 이찬 「천존」이

〈당〉나라 칙사「유인원」, 백제의「부여융」과 〈웅진〉에서 맹약을 맺었다. 3월, 백제의 잔당이 〈사비산성〉에 웅거하여 반란을 일으키자 웅주 도독이 군사를 보내 이를 격파하였다. 지진이 있었다. 「성천」과「구일」 등 28명을 〈웅진부성〉에 보내 당의 음악을 배우게 하였다. 가을 7월에, 왕이 장군「인문」·「품일」·「군관」·「문영」 등에게 명령하여 〈일선주〉와 〈한산주〉의 군사를 거느리고 웅진 〈부성〉의 군사와 함께 고구려의 〈돌사성〉을 공격케 하여 그들을 격멸하였다. 8월 14일, 지진이 발생하여 민가가 무너졌다. 남쪽 지방이 더욱 심하였다. 백성들이 재물과 토지를 함부로 절에 시주하는 것을 금하였다.

○五年, 春,二月에 中侍「文訓」이 致仕(:사직)하
오 년 춘 이 월 중 시 문 훈 치 사
니 以,伊湌「眞福」으로 爲,中侍하다. 伊湌『文王:
이 이 찬 진 복 위 중 시 이 찬 문 왕
文武王의 제3弟』이 卒하니 以,王子로 禮葬之하다. 唐,
졸 이 왕 자 예 장 지 당
皇帝,遣使來弔하고 兼進贈,紫衣一襲하고 腰帶,一
황 제 견 사 래 조 겸 진 증 자 의 일 습 요 대 일
條와 彩,綾羅一百匹과 綃,二百匹하니 王이 贈,唐
조 채 능 라 일 백 필 초 이 백 필 왕 증 당
使者에게 金帛尤厚하다. 秋,八月에 王이 與,勅使
사 자 금 백 우 후 추 팔 월 왕 여 칙 사
「劉仁願」과 熊津都督「扶餘隆」이 盟于,熊津〈就
유 인 원 웅 진 도 독 부 여 융 맹 우 웅 진 취
利山:지금 公州 금강 북쪽〉하다. 初에 百濟,自〈扶餘璋:
리 산 초 백 제 자 부 여 장

武王〉과 與,高句麗로 連和하여 屢侵伐,封埸(疆埸)하
여고구려 연화 누침벌봉장

니 我,遣使入朝(唐)求救하여 相望于路하며 及「蘇
아견사입조 구구 상망우로 급 소

定方」이 旣平百濟하고 軍廻에 餘衆又叛하니 王이
정방 기평백제 군회 여중우반 왕

與 '鎭守使'「劉仁願」과「劉仁軌」等으로 經略,
여 진수사 유인원 유인궤 등 경략

數年하여 漸平之하니『高宗』詔하되「扶餘隆」이
수년 점평지 고종 조 부여융

歸하여 撫,餘衆及,令與我,和好하다. 至是에 刑,白
귀 무여중급영여아화호 지시 형백

馬而盟하되 先祀,神祇及,川谷之神하고 而後,歃血
마이맹 선사신기급천곡지신 이후삽혈

하며 其,盟文曰, "往者에 百濟先王(武王)이 迷於,
기맹문왈 왕자 백제선왕 미어

逆順하여 不敦隣好하고 不睦親姻하며 結託,高句
역순 부돈인호 불목친인 결탁고구

麗하며 交通倭國하여 兵爲殘暴하고 侵削,新羅하
려 교통왜국 병위잔폭 침삭신라

여 剽邑屠城하여 略無寧歲하다. 天子憫,一物之失
표읍도성 약무녕세 천자민일물지실

所하여 憐,百姓之無辜하며 頻命行人하여 遣其和
소 연백성지무고 빈명행인 견기화

好하나 負嶮恃遠하고 侮慢天經(중국)으로 皇赫斯
호 부험시원 모만천경 황혁사

怒하여 龔行弔伐(문죄하여 정벌함)이니 旌旗(軍旗)所
노 공행조벌 정기 소

指에 一戎大定하니 固可,瀦宮을 汚宅하여 作誡來
지 일융대정 고가저궁 오택 작계래

裔(후예)하고 塞源拔本하여 垂訓後昆이나 然,懷柔
예 색원발본 수훈후곤 연회유

伐叛은 前王之令典이요, 興亡繼絶은 往哲之通
벌 반 전 왕 지 영 전 흥 망 계 절 왕 철 지 통

規니라. 事必師古하여 傳諸囊冊(:史記)이라. 故로
규 사 필 사 고 전 제 낭 책 고

立前百濟大司稼正卿(관명) 「扶餘隆」을 爲〈熊
입 전 백 제 대 사 가 정 경 부 여 융 위 웅

津〉都督하여 守其祭祀하고 保其桑梓(故土)하니,
진 도 독 수 기 제 사 보 기 상 재

依倚新羅하여 長爲與國(友邦)하여 各除宿憾하고
의 의 신 라 장 위 여 국 각 제 숙 감

結好和親하여 各承詔命하고 永爲藩服하라. 仍遣
결 호 화 친 각 승 조 명 영 위 번 복 잉 견

使人으로 右威衛將軍魯城縣公「劉仁願」을 親臨
사 인 우 위 위 장 군 노 성 현 공 유 인 원 친 임

勸誘하여 寔宣成旨하니 約之以婚姻하여 申之以
권 유 식 선 성 지 약 지 이 혼 인 신 지 이

盟誓하고 刑牲歃血하고 共敦終始하여 分災恤患
맹 서 형 생 삽 혈 공 돈 종 시 분 재 휼 환

하여 恩若弟兄하고 祗奉綸言하여 不失墜하여 旣
은 약 제 형 지 봉 윤 언 불 실 추 기

盟之後는 共保歲寒(절의불변)하리라. 若有背盟으로
맹 지 후 공 보 세 한 약 유 배 맹

二三其德하여 興兵動衆하고 侵犯邊陲하면 明神
이 삼 기 덕 흥 병 동 중 침 범 변 수 명 신

監之하고 百殃是降하여 子孫不育고 社稷無守하
감 지 백 앙 시 강 자 손 불 육 사 직 무 수

고 禋祀(:제사)磨滅하여 罔有遺餘하리라. 故로 作金
인 사 마 멸 망 유 유 여 고 작 금

書鐵券(변함없는 문서)하여 藏之宗廟하니 子孫萬代로
서 철 권 장 지 종 묘 자 손 만 대

록 無敢違祀(犯)하라. 神之聽之하여 是饗是福하소
무 감 위 사 범 신 지 청 지 시 향 시 복

서." 했으니 「劉仁軌」 之辭也니라. 歃訖하고 埋牲幣
유 인 궤 지 사 야 삽 흘 매 생 폐

(:희생물)於壇之任地(북쪽)하고 藏其書於我之宗廟하
어 단 지 임 지 장 기 서 어 아 지 종 묘

다. 於是에 「仁軌」는 領我使者及〈百濟〉·〈耽
어 시 인 궤 영 아 사 자 급 백 제 탐

羅〉·〈倭〉人四國使하고 浮海西還하여 以會祠
라 왜 인 사 국 사 부 해 서 환 이 회 사

〈泰山〉하다. 立王子 「政明」하여 爲太子하고 大赦
태 산 입 왕 자 정 명 위 태 자 대 사

하다. 冬에 以〈一善〉〈居列:居昌〉二州民으로 輸軍
동 이 일 선 거 열 이 주 민 수 군

資於〈河西州〉하다. 絹布舊以十尋(1尋은 8尺, 1步는
자 어 하 서 주 견 포 구 이 십 심

6尺)으로 爲一匹이러니, 以長七步廣二尺을 爲一
위 일 필 이 장 칠 보 광 이 척 위 일

匹이라 하다.
필

▶ 어려운 낱말 ◀

[彩綾羅(채능라)] : 채색 능라 비단. [綃] : 명주실(초). [略(략)] : 거의. [刑] : 죽일(형), 잡다(형). [神祇(신기)] : 땅의 신. [歃血(삽혈)] : 피를 마시다. [逆順(역순)] : 역리와 순리. [侵削(침삭)] : 남의 영토를 조금씩 개먹어 들어감. [剽邑屠城(표읍도성)] : 읍성을 노략질하다. [龔] : 공손할(공). [龔行(공행)] : 이바지하여 행함. [弔伐(조벌)] : 문죄하여 정벌함. [瀦宮(저궁)] : 궁택, 궁궐을 말함. [汚宅(오택)] : 연못, 沼澤. [懷柔伐叛(회유벌반)] : 유순한 자를 품어주고 배반자를 치다. [刑牲(형생)] : 희생을 잡아. [陲] : 위태로울(수). [十尋(십심)] : 10심은 80척, 7步는 42척.

▷본문풀이◁

5년, 봄 2월에 중시「문훈」이 은퇴하자 이찬「진복」을 중시로 임명하였다. 이찬『문왕』이 사망하자 왕자의 예식으로 장사지냈다. 당 황제가 사신을 보내 조문하고, 동시에 자주 옷 한 벌과 허리띠 한 벌, 채색 능직 비단 1백 필, 생초 2백 필을 보내왔다. 왕이 당나라 사자에게 황금과 비단을 더욱 후하게 주었다. 가을 8월, 왕이 칙사「유인원」·웅진 도독「부여융」과 함께 웅진〈취리산〉에서 화친을 맹서하였다. 이보다 앞서, 백제의〈부여장〉이 고구려와 화친을 맺으면서부터 자주 우리의 국토를 침범하였다. 이에 따라 우리는 연이어 당나라에 사신을 보내 구원을 요청하고 구원병이 오기를 애타게 기다렸었다. 또한「소정방」이 이미 백제를 평정하고 당으로 돌아가자, 백제의 잔당들은 반란을 일으켰다. 왕이 진수사「유인원」·「유인궤」등과 함께 수년간 이들을 정벌하여 점점 평정해가고 있었다. 이러한 상황이 되자, 당『고종』은「부여융」에게 조서를 내려 그로 하여금 신라로 오게 하여 잔당들을 무마하고 그들로 하여금 우리와 화친하도록 했었다. 이때 흰 말을 잡아 맹세하였는데, 먼저 하늘과 땅의 신, 그리고 강과 계곡의 신에게 제사를 지내고, 그 다음 순서로 입에 피를 발랐다. 그 서약문은 다음과 같았다. "지난 날 백제의 전 임금이 역리와 순리를 분간하지 못하고, 이웃 나라와 좋게 지낼 줄 모르고, 인척 간에 화목하지 못하면서 고구려와 결탁하고 왜국과 내통하여, 그들과 함께 포악한 행동으로 신라를 침략하여 성읍을 약탈하니 편안한 해가 거의 없었다. 천자는 물건 하나라도 제자리를 잃는 것을 가슴 아프게 여기고, 죄 없는 백성들을 불쌍히 여겨, 여러 차례 사신을 보내 화친하도록 하였다. 그러나 지리가 험하며 거리가 먼 것을 믿고, 하늘의 법칙을 업신여기므로, 황제가 대노하여 백성들을 위로하는 토벌을 결행하였으니, 군사들의 깃발이 향하는 곳은 한 번의 전투로 완전히 평정되었다. 사정이 이러한즉 마땅히 궁실과 집터를 연못으로 만들어 이후의 세대에 경계심을 주고, 이러한 일이 다시 일어나지 않도록 뿌리를 뽑아 자손들에게 교훈으로 보여주어야 할 것이다. 그러나 유순한 자를 받아들이고, 배반하는 자를 치는 것은 선왕의 아름다운 법도이며, 망한 것을 다시 일으켜주고, 끊어진 대를 잇게 하는 것은 지난 날 성인들의 공통된 규범이었다. '모든 일은 옛날의 교훈에서 배워야 한다.' 라는 말이 역사서에 전해져 온다. 이에 따라 전 백제의 대사가정경 〈부여융〉을 〈웅진〉 도독으로 삼아 자기 조상의 제사를 모시게 하고, 그의 옛 고장을 보전케 할 것이니, 신라에 의지하여 길이 우방이 되어야 할 것이며, 각각의 묵은 감정을 버리고 우호를 맺어 서로 화친하여, 모두가 당의 조칙을 받들고, 영원히 당의 번방으로 복종해야 할 것이다. 이에 사신 우위위장군노성현공「유인원」을 보내 직접 권유하고 황제의 뜻을 상세하게 선포한다. 두 나라는 혼인으로써 약조를 맺어 맹세를 다졌으며, 짐승을 잡아 피를 머금었으니, 언제나 함께 화목하며 재난을 함께 극복하고 환난을 구제하며, 형제와 같이 사랑하여야 할 것이다. 황제의 말씀을 삼가 받들어 어기는 일이 없도록 할 것이며, 맹세를 마친 뒤에는 모두 함께 약속을 지켜야 할 것이다. 만일 맹세를 저버리고 행동이 변하여 군사를 일으키거나 무리를 움직이거나 변경을 침범하는 일이 발생한다면 신명이 굽어볼 것이요, 수 없는 재앙이 내릴 것이며, 자손을 기르지 못할 것이요, 나라를 보전하지 못할 것이며, 제사가 끊어질 것이요, 아무것도 남는 것이 없을 것이다. 그러므로 여기에 금서철권을 만들어 종묘에 간직해 두고, 자손만대를 통하여 감히 어기거나 범하지 못하게 할 것이다. 신령이여 이를 들으시고, 흠향하시고 복을 베푸소서." 했다. 이 맹약문은 「유인궤」의 글이다. 입에 피를 바르는 절차를 마치고, 제물은 제단의 북쪽 땅에 묻었으며, 문서는 우리 종묘에 보관하였다. 이때 「유인궤」는 우리 사신과 〈백제〉·〈탐라〉·〈왜〉 등의 네 나라 사신을 거느리고 뱃길로 서쪽으로 돌아가 태산에 모여 제사를 지냈다. 왕자 「정명」을 태자로 삼고 죄수를 크게 사면하였다. 겨울에, 〈일선〉·〈거열〉 2주의 백성들을 동원하여 군수품을 〈하서주〉로 운반하였다. 예전에는 명주와 베 열 발을 한 필이라고 했는데, 이를 고쳐서 길이 일곱 보 넓이 두 자를 한 필로 정하였다.

○六年, 春,二月에 京都地震하다. 夏,四月에 〈靈
육년 춘이월 경도지진 하사월 영
廟寺〉災하다. 大赦하다. 「天存」 之子 「漢林」과
묘사 재 대사 천존 지자 한림
「庾信」 之子 「三光」이 皆以,奈麻로 入唐,宿衛하
유신 지자 삼광 개이나마 입당숙위
다. 王이 以,旣平百濟하고 欲滅,高句麗하여 請兵
왕 이기평백제 욕멸고구려 청병

於,唐하다. 冬,十二月에 唐以「李勣」으로 爲,'遼
어 당 동 십 이 월 당 이 이 적 위 요

東道行軍大摠管'하고 以,'司列少常伯'(職名)「安
동 도 행 군 대 총 관 이 사 열 소 상 백 안

陸」과「郝處俊」으로 副之하여 以擊,高句麗하다.
륙 학 처 준 부 지 이 격 고 구 려

高句麗,貴臣「淵淨土」가 以城十二와 户,七百六
고 구 려 귀 신 연 정 토 이 성 십 이 호 칠 백 육

十三과 口,三千五百四十三으로 來投하다.「淨土」
십 삼 구 삼 천 오 백 사 십 삼 내 투 정 토

와 及,從官二十四人에게 給,衣物,糧料,家舍하여
급 종 관 이 십 사 인 급 의 물 양 료 가 사

安置,王都及,州府하고 其,八城完함으로 遣,士卒,鎭
안 치 왕 도 급 주 부 기 팔 성 완 견 사 졸 진

守하다.
수

▶어려운 낱말◀

[宿衛(숙위)] : 당나라에 들어가서 현장에서 활동하다. [司列少常(사열소상)] : 당나라의 職名. [郝] : 고을 이름(학). [淵淨土(연정토)] : 고구려의 막리지연개소문의 동생. [完(완)] : 完聚.

▷본문풀이◁

6년, 봄 2월에 서울에 지진이 있었다. 여름 4월에, 〈영묘사〉에 불이 났다. 죄수들을 크게 사면하였다. 「천존」의 아들 「한림」과 「유신」의 아들 「삼광」이 모두 나마로서 당나라에 들어가 숙위가 되었다. 왕이 이미 백제를 평정하였으므로 고구려를 멸하고자 당나라에 군사를 요청하였다. 겨울 12월, 당나라가 「이적」을 '요동

도행군대총관' 으로 삼고, '사열소상백' 「안륙」과 「학처준」으로 부관으로 삼아 고구려를 공격했다. 고구려의 신하 「연정토」가 12성, 7백63호와 3천5백43명을 데리고 와서 투항하였다. 「정토」와 종관 24명에게 의복 · 식량 · 주택을 주어 서울과 기타 고을에 안주시켰다. 그중 8개 성이 완성되자, 사졸을 보내서 수비하여 지키게 하였다.

○七年, 秋,七月에 大酺三日하다. 唐,皇帝(:高宗)勅으로 以「智鏡」과「愷元」을 爲,將軍하여 赴〈遼東〉之役(戰役)하니, 王이 卽以「智鏡」으로 爲,波珍湌하고 〈愷元〉을 爲,大阿湌하다 又,皇帝勅以「日原」으로 大阿湌하고 爲,雲麾將軍하니 王은 命於,宮庭受命하다. 遣,大奈麻「汁恒世」하여 入唐朝貢하다.『高宗』이 命「劉仁願」「金仁泰」하여 從〈卑列道:지금의 안변 방면〉하고, 又徵,我兵하여 從〈多谷:지금의 平山〉,〈海谷〉二道하여 以會,平壤하다. 秋,八月에 王이 領,大角干「金庾信」等, 三十將軍하고 出京하여 九月에 至〈漢城停〉하여 以待「英公」

하다. 冬,十月二日에 「英公」이 到〈平壤城〉北, 二,
동 시 월 이 일 영 공 도 평 양 성 북 이

百里하여 差遣「爾同兮」村主大奈麻「江深:新羅
백 리 차 견 이 동 혜 촌 주 대 나 마 강 심

人」하여 率,〈契丹〉騎兵,八十餘人하고 歷,〈阿珍含
솔 거 란 기 병 팔 십 여 인 역 아 진 함

城〉하여 至,〈漢城〉移書하여 以,督兵期하니 大王
성 지 한 성 이 서 이 독 병 기 대 왕

從之하다. 十一月十一日에 至〈獐塞:황해도 수안)〉하
종 지 십 일 월 십 일 일 지 장 새

여 聞〈英公〉歸하고 王兵亦還하다. 仍授「江深」을
문 영 공 귀 왕 병 역 환 잉 수 강 심

位,級飡하고 賜粟五百石하다. 十二月에 中侍「文
위 급 찬 사 속 오 백 석 십 이 월 중 시 문

訓」이 卒하다. 唐의 留鎭將軍「劉仁願」이 傳宣,天
훈 졸 당 유 진 장 군 유 인 원 전 선 천

子勅命하여 助征,高句麗하고 仍,賜王, '大將軍,旌
자 칙 명 조 정 고 구 려 잉 사 왕 대 장 군 정

節' 하다.
절

▶어려운 낱말◀

[大酺三日(대포삼일)] : 3일 동안 연회를 베풀다. [智鏡(지경)] : 문무왕 제5자. [愷元(개원)] : 문무왕 제6자. [金仁泰(김인태)] : 문무왕 庶弟. [卑列道(비열도)] : 安邊의 古號. [英公(영공)] : 이적의 봉호인 영국공의 약칭. [阿珍含城(아진함성)] : 지금의 강원도 安峽. [移書(이서)] : 편지를 전달함. [獐塞(장새)] : 황해 遂安. [旌節(정절)] : 대장군 깃발.

▷본문풀이◁

7년, 가을 7월에 사흘 동안 큰 연회를 베풀었다. 당 황제가 칙령으로 「지경」과 「개원」을 장군으로 삼아 요동 전투에 참전하게 하자, 왕은 즉시 「지경」을 파진찬, 「개원」을 대아찬으로 임명하였다. 또한 황제가 대아찬 「일원」을 운휘장군으로 임명하는 칙령을 보내니, 왕은 「일원」에게 대궐 뜰에서 그 명령을 받도록 하였다. 대나마 「즙항세」를 당나라에 보내 조공하였다. 『고종』은 「유인원」· 「김인태」를 〈비열도〉로 가게 하고, 또한 우리 군사를 징발하여 〈다곡〉·〈해곡〉의 두 길을 경유하여 평양에 모이도록 명령하였다. 가을 8월에, 왕이 대각간 「김유신」 등 30명의 장군을 거느리고 서울을 출발하였다. 9월에, 〈한성정〉에 도착하여 「영공」을 기다렸다. 겨울 10월 2일, 「영공」이 〈평양성〉 북쪽 2백 리 되는 곳에 도착하였다. 영공은 그곳에서 「이동혜」 촌주 대나마 「강심」으로 하여금 거란 기병 80여 명을 거느리고 〈아진함성〉을 경유하여 〈한성〉에 이르러 편지를 전달하게 하였다. 그 편지는 군사의 동원 기일을 독촉하는 것이었다. 대왕이 이에 응하였다. 11월 11일, 왕이 〈장새〉에 도착하여 「영공」이 돌아갔다는 소식을 들었다. 이에 따라 왕의 군대도 역시 돌아왔다. 「강심」에게 급찬의 작위와 곡식 5백 석을 주었다. 12월, 중시 「문훈」이 사망하였다. 당나라 유진장군 「유인원」이 고구려 정벌을 도우라는 천자의 칙명을 전달하고, 왕에게 "대장군정절"을 주었다.

○八年, 春에 〈阿麻〉가 來服하다. 遣「元器」與,
팔년 춘 아마 내복 견 원기 여

「淨土」入唐이러니「淨土」留.不歸하고「元器」는
정토 입당 정토 유불귀 원기

還하다. 有勅하여 此後에는 禁獻,女人하다. 三月에
환 유 칙 차 후 금 헌 녀 인 삼 월

拜,波珍湌「智鏡」하여 爲,中侍하다. 置,〈比列忽
배 파 진 찬 지 경 위 중 시 치 비 열 홀

州:安邊〉하고 仍命,波珍湌「龍文」을 爲,摠管하다.
주 잉 명 파 진 찬 용 문 위 총 관

夏,四月에 慧星守,天船(:별이름)하다. 六月十二日에
하 사 월 혜 성 수 천 선 유 월 십 이 일

〈遼東〉道,安撫副大使를 〈遼東〉行軍副大摠管兼
요 동 도 안 무 부 대 사 요 동 행 군 부 대 총 관 겸

〈熊津〉道,安撫大使,行軍摠管,右相檢校太子,左
웅 진 도 안 무 대 사 행 군 총 관 우 상 검 교 태 자 좌

中護,上柱國〈樂城縣〉開國男「劉仁軌」가 奉,皇
중 호 상 주 국 낙 성 현 개 국 남 유 인 궤 봉 황

帝勅旨하여 與,宿衛인 沙湌「金三光」과 到〈黨項
제 칙 지 여 숙 위 사 찬 김 삼 광 도 당 항

津〉하니 王이 使,角干「金仁問」으로 廷,迎之以,大
진 왕 사 각 간 김 인 문 정 영 지 이 대

禮하다. 於是에 右相(:劉仁軌)約束,訖에 向「泉岡:위
례 어 시 우 상 약 속 흘 향 천 강

치 미상」하다. 二十一日에 以,大角干〈金庾信〉으로
이 십 일 일 이 대 각 간 김 유 신

大幢爲,大摠管하고, 角干「金仁問」「欽純:庾信弟」
대 당 위 대 총 관 각 간 김 인 문 흠 순

「天存」「文忠」과 迊湌「眞福」과 波珍湌「智鏡」
천 존 문 충 잡 찬 진 복 파 진 찬 지 경

大阿湌「良圖」「愷元」「欽突」로 爲,大幢摠管하
대 아 찬 양 도 개 원 흠 돌 위 대 당 총 관

고, 伊湌「陳純」[一作〈春〉]「竹旨」로 爲,京停摠管하
이 찬 진 순 죽 지 위 경 정 총 관

고 伊湌「品日」迊湌「文訓」大阿湌「天品」으로
이 찬 품 일 잡 찬 문 훈 대 아 찬 천 품

爲,貴幢摠管하고 伊飡「仁泰:王庶弟」로 爲,〈卑列
위 귀 당 총 관 이 찬 인 태 위 비 열

道〉摠管하고 迊飡「軍官」大阿飡「都儒」阿飡
도 총 관 잡 찬 군 관 대 아 찬 도 유 아 찬

「龍長」으로 爲,〈漢城州〉行軍摠管하고 迊飡「崇
용 장 위 한 성 주 행 군 총 관 잡 찬 숭

信」大阿飡「文頴」阿飡「福世」로 爲,〈卑列城州〉
신 대 아 찬 문 영 아 찬 복 세 위 비 열 성 주

行軍摠管하고 波珍飡「宣光」阿飡「長順」「純長」
행 군 총 관 파 진 찬 선 광 아 찬 장 순 순 장

으로 爲,〈河西州〉行軍摠管하고 波珍飡「宜福」阿
위 하 서 주 행 군 총 관 파 진 찬 의 복 아

飡「天光」으로 爲,誓幢摠管하고, 阿飡「日原」「興
찬 천 광 위 서 당 총 관 아 찬 일 원 흥

元」으로 爲,罽衿幢摠管하다. 二十二日에 〈府城:熊
원 위 계 금 당 총 관 이 십 이 일 부 성

津〉의 「劉仁願」이 遣, 「貴于(干)?」「未肹」하여 告,
유 인 원 견 귀 우 미 힐 고

〈高句麗〉〈大谷城:지금의 平山〉,〈漢城:지금의 載寧〉等,
고 구 려 대 곡 성 한 성 등

二郡十二城,歸服하니 王이 遣,一吉飡「眞功」하여
이 군 십 이 성 귀 복 왕 견 일 길 찬 진 공

稱賀하다. 「仁問」「天存」「都儒」等은 領,〈一善
칭 하 인 문 천 존 도 유 등 영 일 선

州:善山〉等,七郡及〈漢城州:廣州〉兵馬를 赴,唐軍營
주 등 칠 군 급 한 성 주 병 마 부 당 군 영

하고 二十七日에 王이 發京,赴,唐兵하다. 二十九日
이 십 칠 일 왕 발 경 부 당 병 이 십 구 일

에 諸,道摠管發行하고 王은 以「庾信」이 病風(신경
제 도 총 관 발 행 왕 이 유 신 병 풍

통)으로 留京하다. 「仁問」等이 遇「英公:이적」과 進
유 경 인 문 등 우 영 공 진

軍於〈嬰留山:대성산?〉下[〈嬰留山〉在今〈西京:평양〉北二十
군 어 영 류 산 하

里]하다. 秋,七月十六日에 王이 行次〈漢城州〉하여
추 칠 월 십 육 일 왕 행 차 한 성 주

敎,諸摠管하되 往會大軍하라 하다. 「文潁」等은 遇,
교 제 총 관 왕 회 대 군 문 영 등 우

高句麗兵於〈蛇川:위치 미상〉之原하여 對戰하여 大
고 구 려 병 어 사 천 지 원 대 전 대

敗之하다. 九月二十一日에 與,大軍으로 合圍〈平
패 지 구 월 이 십 일 일 여 대 군 합 위 평

壤〉하니 〈高句麗〉王이 先遣〈泉男産〉等하여 詣
양 고 구 려 왕 선 견 천 남 산 등 예

「英公」 請降하다. 於是에 「英公」은 以王「寶臧」과
영 공 청 항 어 시 영 공 이 왕 보 장

王子 「福男」,「德男」과 大臣等,二十餘萬口,廻唐
왕 자 복 남 덕 남 대 신 등 이 십 여 만 구 회 당

하다. 角干 「金仁問」과 大阿湌 「助州」도 隨 「英
각 간 김 인 문 대 아 찬 조 주 수 영

公」하여 歸하니 「仁太」「義福」「藪世」「天光」「興
공 귀 인 태 의 복 수 세 천 광 흥

元」도 隨行하다. 初에 大軍이 平〈高句麗〉할세 王發
원 수 행 초 대 군 평 고 구 려 왕 발

〈漢城:廣州〉하여 指,〈平壤〉에 次,〈肹次壤:힐차양=미
한 성 지 평 양 차 힐 차 양

상〉하니 聞唐,諸將已歸하고 還至〈漢城〉하다. 冬,十
문 당 제 장 이 귀 환 지 한 성 동 시

月二十二日에 賜 「庾信」 位를 太大角干하고 「仁
월 이 십 이 일 사 유 신 위 태 대 각 간 인

問」을 大角干하고 已外,「伊湌」將軍等은 竝爲角干
문 대 각 간 이 외 이 찬 장 군 등 병 위 각 간

하고 蘇判已下는 竝增位,一級하다. 大幢少監 「本
소 판 이 하 병 증 위 일 급 대 당 소 감 본

得」은 〈蛇川〉戰功第一로, 〈漢山州〉小監「朴京漢」
득 사천 전공제일 한산주 소감 박경한

은 〈平壤城〉內殺.軍主「述脫」을 功第一로, 黑嶽
평양성 내살군주 술탈 공제일 흑악

令「宣極」은 〈平壤城〉大門戰功.第一로, 竝授位.
령 선극 평양성 대문전공 제일 병수위

一吉湌하여 賜租.一千石하고, 誓幢幢主「金遁山」
일길찬 사조일천석 서당당주 김둔산

은 〈平壤〉軍營戰功.第一로 授位.沙湌과 賜租.七
평양 군영전공 제일 수위사찬 사조칠

百石하고, 軍師〈南漢山〉의 「北渠」는 〈平壤城〉北
백석 군사 남한산 북거 평양성 북

門戰功.第一로 授位述干하고 賜粟.一千石하고 軍
문전공제일 수위술간 사속일천석 군

師〈斧壤〉의 「仇杞」는 〈平壤〉南橋.戰功.第一로 授
사 부양 구기 평양 남교전공제일 수

位.述干하고 賜粟.七百石하고 假軍師〈比列忽〉의
위술간 사속칠백석 가군사비열홀

「世活」은 〈平壤〉少城戰功.第一로 授位.高干과
세활 평양 소성전공제일 수위고간

賜粟.五百石하고 〈漢山州〉少監「金相京」은 〈蛇
사속오백석 한산주 소감 김상경 사

川〉戰死의 功.第一로 贈位.一吉湌하여 賜租.一千
천 전사 공제일 증위일길찬 사조일천

石하고, 〈牙述:牙山〉의 沙湌「求律」은 〈蛇川〉之戰
석 아술 사찬 구율 사천지전

에 就.橋下涉水出하여 與.賊鬪大勝이나 以無軍令
취교하섭수출 여적투대승 이무군령

으로 自入危道하여 功雖第一이나 而.不錄하니 憤
자입위도 공수제일 이불록 분

恨.欲經死에 旁人救之하여 不得死하다. 二十五日
한욕경사 방인구지 부득사 이십오일

에 王이 還國하여 次〈褥突驛〉하니 〈國原:지금의 忠
왕 환국 차 욕돌역 국원

州〉의 仕臣「龍長」大阿湌이 私設筵하여 饗,王及
사신 용장 대아찬 사설연 향 왕급

諸侍從하다. 及,樂作에 奈麻「緊周」子「能晏」이
제시종 급악작 나마 긴주 자 능안

年,十五歲로 呈〈加耶〉之舞하니 王이 見,容儀端麗
년 십오세 정 가야 지무 왕 견 용의단려

하여 召前,撫背하며 以,金盞勸酒하고 賜,幣帛頗厚
소전무배 이금잔권주 사폐백파후

하다. 十一月五日에 王이 以,所虜〈高句麗〉人,七千
십일월오일 왕 이소로 고구려 인 칠천

으로 入京하다. 六日에는 率,文武臣寮하고 朝謁,先
입경 육일 솔문무신료 조알선

祖廟하니 告曰, "祇承先志하여 與,大唐,同擧義兵
조묘 고왈 지승선지 여대당동거의병

하여 問罪於百濟,高句麗의 元凶을 伏罪하고 國步
문죄어백제 고구려 원흉 복죄 국보

泰靜하여 敢玆控告하오니 神之聽之하소서." 하다.
태정 감자공고 신지청지

十八日에 賚,死事者에 少監已上十(2자결)匹하고
십팔일 뇌사사자 소감이상십 필

從者,二十匹하다. 十二月에 〈靈廟寺〉災하다.
종자이십필 십이월 영묘사 재

▶어려운 낱말◀

[阿麻(아마)] : 지금의 麗水南. [金三光(김삼광)] : 유신의 장자. [黨項津(당항진)] : 화성군 남양면. [泉男産(천남산)] : 고구려 막리지 개소문의 3자. [詣] : 나아가다(예), 이를(예). [述干(술간)] : 지방의 位階로, 京位의 沙湌(8등급)에 해당한 자. [高十(고산)] : 지방의 位階로 京位 級湌(9등)에 해당됨. [朝謁(조알)] : 조정과 사당에 아뢰다. [祇承(지승)] : 삼가 (선조의 뜻을) 이어. [祇] : 공

경(지). [伏罪(복죄)] : 죄와 원수를 갚다. [國步泰靜(국보태정)] : 나라의 운명이 태평하다. [控告(공고)] : 아뢰어 고하다. [控] : 아뢰다(공). [死事者(사사자)] : 국사로 죽은 자. [賚] : 줄(래,뢰).

▷본문풀이◁

8년, 봄에 〈아마〉가 와서 항복하였다. 「원기」와 「정토」를 당나라에 보냈더니, 「정토」는 당나라에서 돌아오지 않았고 「원기」는 돌아왔다. 이후로는 여자를 바치는 것을 금한다는 황제의 칙명이 있었다. 3월, 파진찬 「지경」을 중시로 임명하였다. 〈비열홀주〉를 설치하고 파진찬 「용문」을 총관으로 임명하였다. 여름 4월, 혜성이 천선 성좌에 나타났다. 6월 12일, 〈요동〉 안무부대사 요동행군부대총관 겸 〈웅진〉도 안무대사 행군총관 우상 검교태자 좌중호 상주국 〈낙성현〉 개국남 「유인궤」가 황제의 칙지를 받들고 숙위 사찬 「김삼광」과 함께 〈당항진〉에 도착하였다. 왕이 각간 「김인문」으로 하여금 성대한 예우로 그를 맞게 하였다. 이날, 우상 유 인궤」는 약속을 끝내고 천강으로 떠났다. 21일, 대각간 「김유신」을 대당 대총관, 각간 「김인문」·「흠순」·「천존」·「문충」과 잡찬 「진복」·파진찬 「지경」 대아찬 「양도」·「개원」·「흠돌」을 대당 총관, 이찬 「진순」【'순'을 '춘'이라고도 한다.】·「죽지」를 경정 총관, 이찬 「품일」·잡찬 「문훈」·대아찬 「천품」을 귀당 총관, 이찬 「인태」를 〈비열도〉 총관, 잡찬 「군관」·대아찬 「도유」·아찬 「용장」을 〈한성주〉 행군 총관, 잡찬 「숭신」·대아찬 「문영」·아찬 「복세」를 비열성주 행군 총관, 파진찬 「선광」·아찬 「장순」, 「순장」으로 〈하서주〉 행군 총관, 파진찬 「의복」과 아찬 「천광」을 서당

총관을 삼고, 아찬 「일원」과 「홍원」으로 계금당 총관을 임명하였다. 22일, 〈부성〉의 「유인원」이 「귀간」 〈미힐〉을 보내 〈고구려〉의 〈대곡성〉·〈한성〉 등 2군 12성이 항복하여 귀순한 것을 보고하였다. 왕이 일길찬 「진공」을 보내 이를 치하하였다. 「인문」·「천존」·「도유」 등이 일선주 등 7군과 〈한성주〉 군사를 거느리고 당나라 군영으로 갔다. 27일, 왕이 서울을 떠나 당나라 군영으로 갔다. 29일, 각도의 총관들이 출발하였다. 그러나 「유신」은 풍병을 앓았으므로 왕이 서울에 머물러 있게 하였다. 「인문」 등이 「영공」을 만나 〈영류산〉【영류산은 지금 서경 북쪽 20리에 있다.】 아래로 진군하였다. 가을 7월 16일, 왕이 〈한성주〉에 행차하여 모든 총관들에게 가서 당나라 군대와 연합하도록 지시하였다. 「문영」 등이 사천벌에서 고구려 군사와 마주쳐 싸워서 크게 승리하였다. 9월 21일, 당나라 군대와 연합하여 〈평양〉을 포위하였다. 〈고구려〉 왕은 우선 〈천남산〉 등을 보내 「영공」을 방문하고 항복하기로 하였다. 이때 「영공」이 왕 「보장」과 왕의 아들 「복남」, 「덕남」과 대신 등 20여만 명을 당나라로 보냈다. 각간 「김인문〉과 대아찬 「조주」가 「영공」을 따라 돌아가고, 「인태」·「의복」·「수세」·「천광」·「홍원」도 그들을 수행하였다. 이보다 앞서, 당나라 군대가 〈고구려〉를 평정하려 했을 때, 왕은 〈한성〉을 떠나 평양으로 향하다가 〈힐차양〉에 머물고 있었다. 그때 당나라의 여러 장수들이 이미 귀국하였다는 말을 듣고 〈한성〉으로 되돌아 왔다. 겨울 10월 22일, 「유신」에게 태대각간, 「인문」에게 대각간의 직위를 주고, 이 밖에 「이찬」·장군 등은 모두 각간의 직위를 주었으며, 소

판 이하에게는 모두 위품 한 급씩을 올려 주었다. 대당소감 「본득」은 〈사천〉 전투에서 전공이 제일 높았으며, 한산주 소감 「박경한」은 〈평양성〉 안에서 군주 「술탈」을 죽인 전공이 제일 높았으며, 흑악령 「선극」은 〈평양성〉 대문 싸움에서 전공이 제일 높았으므로, 모두 일길찬의 직위를 주고 벼 1천 석을 주었다. 서당당주 「김둔산」은 〈평양〉 군영 전투에서 전공이 제일 높았으므로, 사찬의 직위와 벼 7백 석을 주었다. 군사 〈남한산〉 사람 「북거」는 〈평양성〉 북문 전투에서 전공이 제일 높았으므로 술간의 직위와 곡식 1천 석을 주었다. 군사 〈부양〉 사람 「구기」는 〈평양〉 남교 전투에서 전공이 제일 높았으므로 술간의 직위와 곡식 7백 석을 주었다. 가군사 〈비열홀〉 사람 「세활」은 〈평양〉 소성 전투에서 전공이 제일 높았으므로 고간의 직위와 곡식 5백 석을 주었다. 〈한산주〉 소감 「김상경」은 〈사천〉 전투에서 전사하였는데, 전공이 제일 높았으므로 일길찬의 직위와 벼 1천 석을 주었다. 〈아술〉 사찬 「구율」은 〈사천〉 전투에서 다리 아래로 내려가 물을 건너서 적과 싸워 크게 이겼으나, 군령없이 임의로 위험한 길로 들어갔으므로, 전공은 비록 제일 높았으나 공신록에 등록되지 않았다. 그는 이를 분하게 여겨 목매어 죽으려 하였다. 그러나 옆에 있던 사람이 그를 구하여 죽지 못하였다. 25일, 왕이 귀국하는 길에 〈욕돌역〉에서 묵었다. 그때, 〈국원〉의 지방관인 대아찬 「용장」이 개인적으로 연회를 열어 왕과 여러 시종들을 접대하였다. 음악이 시작되자 나마 「긴주」의 아들 「능안」이 나이 15세로서 〈가야〉의 춤을 추었다. 왕이 그의 얼굴과 거동이 단정하고도 고운 것을 보고 앞으로 불러 등을 어루만지면서 금잔으로 술을 권하고 폐백을 후하게 주었다. 11월 5일, 왕이 〈고구려〉 포로 7천 명을 이끌고 서울로 들어왔다. 6일, 왕이 문무 신하들을 거느리고 조상의 사당에 참배하고 다음과 같이 고하였다. "삼가 선왕의 뜻을 이어서 대당과 함께 정의의 군사를 동원하여 백제와 고구려의 죄를 묻고 그 괴수를 처단하였습니다. 이리하여 국운이 태평하여졌기에 감히 고하오니 신이여 들으소서." 18일, 전쟁 중의 전사자에게 폐백을 내렸다. 소감 이상은 십(원문 2자 결자)필, 종자에게는 20필씩을 주었다. 12월, 〈영묘사〉에 불이 났다.

○九年, 春,正月에 以「信惠法師」로 爲,政官大
구 년 춘 정 월 이 신 혜 법 사 위 정 관 대
書省(:僧職)하다. 唐僧「法安」이 來하여 傳,天子命
서 성 당 승 법 안 래 전 천 자 명
으로 求,磁石하다. 二月二十一日에 大王이 會,群
구 자 석 이 월 이 십 일 일 대 왕 회 군
臣하고 下敎하되 "往者에 新羅가 隔於兩國(고구려.
신 하 교 왕 자 신 라 격 어 양 국
백제)하여 北伐西侵에 暫無寧歲하니 戰士曝骨은
북 벌 서 침 잠 무 녕 세 전 사 폭 골
積,原野하고 身首分於,庭界하나 先王(武烈王)이 愍,
적 원 야 신 수 분 어 정 계 선 왕 민
百姓之,殘害하고 忘,千乘之,貴重하여 越海入朝하
백 성 지 잔 해 망 천 승 지 귀 중 월 해 입 조
여 請兵絳闕은 本欲 平定兩國하고 永無戰鬪하여
청 병 강 궐 본 욕 평 정 양 국 영 무 전 투
雪,累代之,深讐가 全,百姓之,殘命이러라. 百濟雖
설 누 대 지 심 수 전 백 성 지 잔 명 백 제 수

平이나 高句麗,未滅에 寡人이 承,克定之遺業하여
평 고구려미멸 과인 승극정지유업

終,已成之先志니라. 今,兩敵旣平에 四隅靜泰하니
종이성지선지 금양적기평 사우정태

臨陣,立功者를 竝已,酬賞하고 戰死,幽魂者는 追
임진입공자 병이수상 전사유혼자 추

以冥資(死者의 이바지)하다. 但,囹圄之中에 不被,泣
이명자 단령어지중 불피읍

辜之恩하고 枷鏁之苦를 未蒙,更新之澤이라. 言念
고지은 가쇄지고 미몽갱신지택 언념

此事하니 寢食未安이라 可赦國內하여 自,〈總章:唐
차사 침식미안 가사국내 자총장

高宗의 연호〉二年二月二十一日,昧爽(未明)已前에
이년이월이십일일 매상 이전

犯,五逆罪死已下와 今見,囚禁者의 罪無小大히
범오역죄사이하 금견수금자 죄무소대

悉,皆放出하고 其,前赦已後에 犯罪,奪爵者는 竝
실개방출 기전사이후 범죄탈작자 병

令依舊하고 盜賊人은 但,放其身하니 更無,財物可
령의구 도적인 단방기신 갱무재물가

還者는 不在徵限하며 其,百姓貧寒하여 取他,穀米
환자 부재징한 기백성빈한 취타곡미

者로 在,不熟之地者는 子母俱,不須還하고 若在
자 재불숙지지자 자모구불수환 약재

熟處者는 至,今年收熟은 只還其本하고 其子,不
숙처자 지금년수숙 지환기본 기자불

須還하라. 今月三十日爲限하여 所司,奉行하라!"
수환 금월삼십일위한 소사봉행

하다. 夏,五月에 〈泉井:지금의 德源〉, 〈比列忽:지금의
하오월 천정 비열홀

安邊〉〈各連:지금의 淮陽〉 等, 三郡民饑하여 發倉賑
각연 등 삼군민기 발창진

恤하다. 遣,「祇珍山:人名」級湌,等으로 入唐하여
휼 견 기 진 산 급 찬 등 입 당

獻,磁石二箱하다. 又遣「欽純」角干과「良圖」波
헌 자 석 이 상 우 견 흠 순 각 간 양 도 파

珍湌을 入唐謝罪하다. 冬에 唐,使到,傳詔하고 與,
진 찬 입 당 사 죄 동 당 사 도 전 조 여

弩師(쇠노의 명수)「仇珍川」沙湌으로 廻하여 命,造
노 사 구 진 천 사 찬 회 명 조

木弩하여 放箭,三十步하다. 帝問曰, "聞在爾國에
목 노 방 전 삼 십 보 제 문 왈 문 재 이 국

造,弩射하면 一千步러니 今纔,三十步는 何也오?"
조 노 사 일 천 보 금 재 삼 십 보 하 야

하니 對曰, "材,不良也이니 若,取材本國이면 則,可
대 왈 재 불 량 야 약 취 재 본 국 즉 가

以作之니이다." 하니 天子(唐主)降使求之하니 卽遣
이 작 지 천 자 강 사 구 지 즉 견

「福漢」大奈麻하여 獻木하다. 乃命改造하여 射至,
복 한 대 나 마 헌 목 내 명 개 조 사 지

六十步러라. 問其故하니 答曰, "臣亦,不能知,其
육 십 보 문 기 고 답 왈 신 역 불 능 지 기

所以然이나 殆木,過海에 爲,濕氣所侵者歟니이
소 이 연 태 목 과 해 위 습 기 소 침 자 여

다." 하다. 天子,疑其故不爲로 劫之以,重罪이나 而,
천 자 의 기 고 불 위 겁 지 이 중 죄 이

終不盡,呈其能이러라. 王이 頒,馬阹(마거:말외양간)
종 부 진 정 기 능 왕 반 마 거

一百七十四所하되 屬所內,二十二하고 官十하고
일 백 칠 십 사 소 속 소 내 이 십 이 관 십

賜「庾信」太大角干은 六하고「仁問」太角干은
사 유 신 태 대 각 간 육 인 문 태 각 간

五하고 角干七人에겐 各三하고 供湌(?)五人엔 各
오 각 간 칠 인 각 삼 공 찬 오 인 각

二하고 蘇判四人엔 各二하고 波珍飡, 六人과 大阿
이　　소판사인　각이　　파진찬육인　대아

飡, 十二人엔 各一하고 以下七十四所는 隨宜賜之
찬십이인　각일　　이하칠십사소　수의사지

하다.

▶어려운 낱말◀

[曝骨(폭골)] : 햇볕에 노출된 백골. [庭界(정계)] : 먼 곳. [絳闕(강궐)] : 붉은 칠을 한 대궐. [冥資(명자)] : 死者의 이바지. [泣辜之恩(읍고지은)] : 죄인을 불쌍히 여긴다는 뜻. [枷鏁(가쇄)] : 죄인의 목에 채우는 자물쇠. [五逆罪(오역죄)] : 君, 父, 母, 祖父, 祖母를 죽인 자. [不熟之地者(불숙지지자)] : 농작물이 불실한 곳에 있는 것. [子母(자모)] : 원곡과 이자. [木弩(목노)] : 화살, 돌을 여러 개를 연이어 쏘는 활. [弩] : 쇠노(노). [屬所內(속소내)] : 소속 기관에.

▷본문풀이◁

9년, 봄 정월에 「신혜법사」를 정관 대서성에 임명하였다. 당나라 중 「법안」이 와서 자석을 구해보라는 천자의 명령을 전달하였다. 2월 21일에, 대왕이 여러 신하들을 모아 놓고 다음과 같은 교서를 내렸는데, "예전에는 신라가 〈백제〉와 〈고구려〉의 두 나라 사이에 위치하여, 북쪽에서 쳐들어오고 서쪽에서 쳐들어와 잠시도 편안한 때가 없었다. 그리하여 병사의 백골은 벌판에 쌓였으며, 몸과 머리는 멀리 떨어져 있었다. 선왕께서는 백성들의 참상을 불쌍히 여겨 천승지국의 왕이라는 신분도 잊으시고, 바다 건너 〈당〉나라의 조정에 가서 군사를 요청하였다. 그 본래의 뜻은 백제와 고구려를 평정하여 영원히 전쟁을 없애고, 누대에 쌓인 깊은 원한을 갚자는 것이었으며, 백성들의 남은 목숨을 보전하자는 것이었다. 그리하여 백제는 비록 평정되었으나 고구려는 미처 멸하지 못하였으므로, 선왕께서 평정하신 유업을 과인이 계승하여 마침내 선왕의 뜻을 이루게 되었다. 이제 두 적국이 평정되어 사방이 안정되고 태평하여졌으며, 전쟁에서 공을 세운 자에게는 모두 상을 주었고, 전사한 영혼에게는 명자를 추증하였다. 그러나 감옥의 죄수들은 그들을 가엾게 여기는 은혜를 입지 못하고, 칼을 쓴 채 새 세상의 혜택을 받지 못하였다. 이와 같은 일을 생각하면 자고 먹는 사이에도 편안하지 않으니, 국내의 죄수들을 사면함이 옳을 것이다. 〈총장〉 2년 2월 21일, 새벽 이전에 5역죄나 사형에 해당하는 죄 이하를 범한 자들로서 현재 옥에 갇혀 있는 자는, 죄의 대소를 막론하고 모두 석방할 것이며, 이전의 대사령으로 석방된 이후에 죄를 범하여 벼슬을 빼앗긴 자는 모두 복직시키고, 도적질한 자는 석방하되 배상할 재물이 없는 자는 한도액까지 배상하지는 않도록 할 것이며, 가난하여 남의 곡식을 빌려 먹은 자로서 작황이 좋지 않은 곳에 사는 자는 원곡과 이자를 반드시 갚지는 않아도 되게 할 것이며, 만약 작황이 좋은 곳에 산다면 금년 추수 후에 원곡만 갚고 이자는 갚지 않아도 되도록 해야 할 것이다. 이러한 사항을 이 달 30일 안으로 해당 관청이 집행하라." 했다. 여름 5월에, 〈천정〉·〈비열홀〉·〈각연〉 등 3군에 기근이 들자 창고를 풀어 구제하였다. 급찬 「기진산」 등을 당나라에 보내 자석 두 상자를 바치고, 또한 각간 「흠순」과 파진찬 「양도」를 당나라에 보내 사죄하였다. 겨울에, 당나라 사신이 와서 조서를 전

하고, 쇠뇌를 만드는 기술자인 사찬 「구진천」을 데리고 갔다. 당 황제가 나무 쇠뇌를 만들게 하였다. 만든 후에 화살을 쏘아보니 30보 밖에 나가지 않았다. 황제가 "너희 나라에서 만든 쇠뇌는 1천 보를 나간다고 들었는데, 지금 만든 것은 겨우 30보 밖에 나가지 않으니, 그 이유가 무엇인가?" 라고 물었다. 그는 "목재가 좋지 않기 때문입니다. 만약 신라의 목재로 만든다면 그렇게 만들 수 있을 것입니다." 하고 대답하였다. 천자는 사신을 보내 목재를 요구하였고, 곧바로 대나마 〈복한〉을 보내 목재를 바쳤다. 황제는 즉시 쇠뇌를 개조하게 하였다. 그러나 개조한 후에 쏘아보니 60보 밖에 나가지 않았다. 황제가 그 이유를 물었다. 구진천은 "저도 그 이유를 알 수 없습니다. 아마도 목재가 바다를 건너올 때 습기가 배어들었기 때문인 듯합니다."라고 대답하였다. 천자는 그가 고의로 그렇게 만든 것이 아닌가 하고 의심하여 중죄를 준다고 위협하였다. 그러나 그는 끝까지 자신의 재능을 모두 발휘하지 않았다. 말을 기르는 우리 174개소를 지어 주었는데, 말 우리를 관리하는 관청에 22개소, 궁중에 10개소, 태대각간 「유신」에게 6개소, 태각간 「인문」에게 5개소, 각간 7인에게 각 3개소, 이찬 5인에게 각 2개소, 소판 4인에게 각 2개소, 파진찬 6인과 대아찬 12인에게 각 1개소를 지어주고, 나머지 74개소는 뜻에 따라 나누어 주었다.

○ 十年(십년), 春(춘).正月(정월)에 『高宗(고종)(唐)』이 許(허)「欽純(흠순)」還國(환국)

하고 留囚「良圖」하더니 終死于,圓屋하다. 以王이
유수 양도 종사우원옥 이왕

擅取,百濟土地,遺民하니 皇帝,責怒하여 再留使者
천취백제토지유민 황제책노 재류사자

하다. 三月에 沙飡「薛烏儒」가 與,高句麗,太大兄
삼월 사찬 설오유 여고구려태대형

(:職名)「太延武(高延武)」와 各率,精兵一萬하고
태연무 고연무 각솔정병일만

度,〈鴨綠江〉하여 至〈屋骨〉[결자]하니, 靺鞨兵이 先
도 압록강 지 옥골 말갈병 선

至〈皆敦壤〉하여 待之하다. 夏,四月四日에 對戰하
지 개돈양 대지 하사월사일 대전

여 我兵大克之하고 斬獲,不可勝計하다. 唐兵이 繼
아병대극지 참획불가승계 당병 계

至하여 我兵退保白城하다. 六月에 高句麗〈水臨
지 아병퇴보백성 유월 고구려 수림

城〉人「牟岑」大兄(職名)이 收合殘民하여 自〈窮牟
성 인 모잠 대형 수합잔민 자 궁모

城〉에서 至〈浿江〉南까지 殺,唐官人及僧「法安」
성 지 패강 남 살당관인급승 법안

等하고 向,新羅行으로 至,西海〈史冶島〉하여 見,高
등 향신라행 지서해 사야도 견고

句麗大臣「淵淨土」之子「安勝」하고 迎致〈漢
구려대신 연정토 지자 안승 영치 한

城〉中하여 奉以爲君하고 遣,小兄(관명)「多式」等
성중 봉이위군 견소형 다식 등

(신라에 보내어)하여 哀告曰, "興滅國하고 繼絶世는
애고왈 흥멸국 계절세

天下之公義也요, 惟,大國(:신라)是望뿐이라. 我國,
천하지공의야 유대국 시망 아국

先王臣은 以,失道見滅하고 今,臣等이 得國貴族
선왕신 이실도견멸 금신등 득국귀족

「安勝」하여 奉以爲君하니 願作藩屛으로 永世盡
안승 봉이위군 원작번병 영세진
忠하리다." 하다. 王은 處之國西〈金馬渚:益山〉하다.
충 왕 처지국서 금마저
〈漢祇部〉女人이 一産에 三男一女하니 賜粟,二百
한기부 여인 일산 삼남일녀 사속이백
石하다. 秋,七月에 王疑,百濟殘衆反覆하여 遣,大
석 추칠월 왕의백제잔중반복 견대
阿湌「儒敦」하여 於〈熊津〉都督府,請和하니 不從
아찬 유돈 어 웅진 도독부 청화 부종
하고 乃遣「司馬稱軍:백제인」하여 窺覘하다. 王知
내견 사마칭군 규첨 왕지
謀我하고 止「稱軍」不送하고 擧兵討,百濟하다.
모아 지 칭군 불송 거병토백제
「品日」, 「文忠」, 「衆臣」, 「義官」, 「天官」 等은
품일 문충 중신 의관 천관 등
攻取城,六十三하고 徙其人於,內地하다. 「天存」
공취성육십삼 사기인어내지 천존
「竹旨」 等, 取,城七하여 斬首二千하고 「軍官」
죽지 등 취성칠 참수이천 군관
「文潁」은 取城十二하고 擊,狄兵(蕃兵)하여 斬首,七
문영 취성십이 격적병 참수칠
千級하고 獲,戰馬兵械,甚多하다. 王還에 以「衆
천급 획전마병계심다 왕환 이중
臣」「義官」「達官」「興元」等이 寺營退却으로
신 의관 달관 흥원 등 사영퇴각
罪當死하나 赦之免職하다. 「倉吉于」[결자]에게 各
죄당사 사지면직 창길우 각
授位,級湌하고 賜租有差하다. 遣,沙湌「須彌山」
수위급찬 사조유차 견사찬 수미산
하여 封「安勝」하고 爲,高句麗王하다. 其,冊命曰,
봉 안승 위고구려왕 기책명왈

“維『咸享:당고종 연호』元年,歲次庚午,秋,八月一
유 함향 원년세차경오추팔월일

日,辛丑에 新羅王은 致命,高句麗嗣子「安勝」하
일신축 신라왕 치명고구려사자 안승

여 公의 太祖「中牟王:朱蒙」이 積德比山(:북방)하고
공 태조 중모왕 적덕비산

立功南海하여 威風振於,青丘하고 仁教被於〈玄
입공남해 위풍진어청구 인교피어 현

菟〉하며 子孫相繼하여 本支(本孫支孫)不絶하여 開
도 자손상계 본지 부절 개

地千里하고 年將八百이러니 至於「建,産:男建과 男
지천리 년장팔백 지어 건산

産」兄弟하여 禍起蕭墻(내부환란)하고 釁成骨肉하여
형제 화기소장 흔성골육

家國破亡하고 宗社湮滅하고 生人波蕩하니 無所
가국파망 종사인멸 생인파탕 무소

託心이라 公避危難於,山夜라가 投,單身於隣國하
탁심 공피위난어산야 투단신어린국

니 遊離辛苦는 迹同「晉文:춘추시대 五霸」하고 更興
유리신고 적동 진문 갱흥

望國은 事等〈衛侯〉니라. 夫百姓은 不可以,無主하
망국 사등 위후 부백성 불가이무주

고 皇天,必有以眷命하리라. 先王(:寶藏王)正嗣는 唯
황천필유이권명 선왕 정사 유

公而已요 主於祭祀도 非公而誰이랴? 謹遣使,一吉
공이이 주어제사 비공이수 근견사일길

湌「金須彌山」等으로 就披策命하여 公爲,高句
찬 김수미산 등 취피책명 공위고구

麗王하니 公은 宜,撫集遺民하고 紹興舊緒하여 永
려왕 공 의무집유민 소흥구서 영

爲隣國하여 事同昆弟로 敬哉敬哉어다. 兼送粳米
위린국 사동곤제 경재경재 겸송갱미

(멥쌀)二千石과 甲具馬一匹과 綾,五匹과 絹,細布各,十匹과 綿十五稱하니 王其領之하라!"하다. 十二月에 土星入月하고 京都地震하다. 中侍「智鏡」이 退하다. 倭國更號〈日本〉이라 하니 自言하되 近日所出以,爲名하다. 〈漢城州〉摠管「藪世」가 取,百濟[결자]國하여 適彼타가 事覺하니 遣,大阿飡「眞珠」하여 誅之하다.

▶ **어려운 낱말** ◀

[擅] : 멋대로 할(천). [史冶島(사야도)] : 덕적도 부근의 蘇爺島. [迎致(영치)] : 만나다. [小兄(소형)] : 고구려 관명. [藩屏(번병)] : 울타리란 말로, 藩屬. 屬國이란 뜻. [祇] : 땅 귀신(기). [稱(칭)] : 한 벌, 일습. [窺覘(규첨)] : 엿보다. [狄兵(적병)] : 唐軍에 속한 蕃兵. [寺營(사영)] : 관청의 군영. [致命(치명)] : 책명을 보냄. [中牟王(중모왕)] : 고구려 시조 朱蒙. [蕭墻(소장)] : 집안 내부. [迹同(적동)] : 마치 ~와 같다. [晉文(진문)] : 춘추시대 五覇의 하나. [衛侯(위후)] : 衛의 宣公을 말함. 國亂이후에 國人에 迎立되어 桓公의 뒤를 이음. [眷命(권명)] : 사랑하고 늘 염려함. [紹興(소흥)] : 계승하여 흥왕하게 함.

▷ **본문풀이** ◁

10년, 봄 정월에 당『고종』이「흠순」의 귀국을 허락하고,「양도」는 억류하여 가두었더니 그는 결국 원옥에서 죽었다. 이는 왕이 마음대로 백제의 토지와 유민들을 차지하였다는 이유로 황제가 노하였고, 이에 따라 사신을 억류하여 일어난 것이었다. 3월에, 사찬 「설오유」가 고구려의 태대형 「고연무」와 함께 각각 정병 1만을 거느리고 〈압록강〉을 건너 〈옥골〉에 이르렀다. (원문 3자 결자) 말갈 군사가 먼저 〈개돈양〉에 와서 기다리고 있었다. 여름 4월 4일, 말갈 군사와 싸워 우리 군사가 크게 승리하고 이 전투에서 참획한 것이 이루 셀 수 없었다. 당나라 군사가 계속하여 도착하자 우리 군사는 물러나 백성을 지켰다. 6월, 고구려 〈수림성〉 사람 대형 「모잠」이 고구려의 유민을 모았다. 그는 〈궁모성〉으로부터 〈패강〉 남쪽에 도착하여 당나라 관리와 중 「법안」 등을 죽이고, 신라로 오는 도중 서해의 〈사야도〉에 이르러 고구려 대신 「연정토」의 아들 「안승」을 만났다. 그들은 안승을 〈한성〉으로 맞아들여 임금으로 삼았다. 그리고 소형 「다식」 등을 우리에게 보내 애걸하기를, "망한 나라를 일으키고, 끊어진 왕대를 잇는 것은 천하의 공의이니, 오직 대국이 이를 허락해주기를 바랄 뿐입니다. 우리나라 선왕이 도를 잃어 멸망하였으나, 이제 저희들이 고구려의 귀족 「안승」을 찾아 임금으로 모시고, 신라의 속국이 되어 영원히 충성을 다할 것입니다."라고 하소하였다. 왕은 그들을 서쪽 지방 〈금마저〉에 살게 하였다.

〈한기부〉 여자가 한 번에 아들 셋과 딸 하나를 낳았다. 그녀에게 곡식 2백 석을 주었다. 가을 7월에, 왕은 백제의 유민들이 배반할 것을 걱정하여, 대아찬 「유돈」을 웅진 도독부에 보내 화친을 요청하였다. 그러나 도독부는 이에 응하지 않고, 곧 「사마칭」의 군사를 보내 우리를 정탐하도록 하였다. 왕이 우리를 해치려는 그들의 음모를 알고는 「사마칭」의 군사를 억류한 채 군사를 동원하여 백제를 공격했다. 「품일」·「문충」·「중신」·「의관」·「천관」 등이 63개의 성을 공격하여 빼앗고, 그곳 사람들을 내지로 옮겨 살게 하였다. 「천존」·「죽지」 등은 일곱 성을 빼앗고 적의 머리 2천 개를 베었으며, 군관·「문영」은 열두 성을 빼앗고 적병을 공격하여 머리 7천 개를 베었고, 말과 병기를 매우 많이 노획하였다. 왕이 돌아와 「중신」·「의관」·「달관」·「흥원」 등이 사영에 퇴각한 일이 있으므로 마땅히 사형에 처해야 할 것이나 죄를 사면하여 면직만 시켰다. 「창길우」 (4자 결자)… 일에게 각각 급찬의 작위를 주고, 공훈의 정도에 따라 곡식을 주었다. 사찬 「수미산」을 보내 「안승」을 고구려 왕에 책봉하였는데, 그 책명문은 다음과 같았다. "『함향』 원년 세차 경오 가을 8월 1일, 신축에 신라왕은 고구려의 후계자 「안승」에게 책명을 보낸다. 공의 태조 「중모왕」이 북쪽 땅에 덕을 쌓고, 남해에 공을 세워, 위풍이 청구에 떨쳤고, 어진 교화가 〈현도〉를 덮었다. 자손이 뒤를 잇고, 본계와 지계가 끊이지 않았으며, 개척한 땅이 천리가 되고 역사가 8백 년 가까이 계속되었다. 그러나 「남건」·「남산」 형제에 이르러 집안에서 화란이 일어나 골육이 갈라지고, 집안과 나라가 망하고, 종묘와 사직이 사라졌으니, 백성들이 동요하여 마음을 붙일 곳이 없었다. 공은 산야에서 위난을 피하다가 홀로 이웃 나라에 귀순하였으니, 그 유랑의 고통은 「진문공」의 행적과 같고, 멸망한 나라를 다시 일으켰으니, 이는 「위선공」의 행적과 같다고 할 것이다. 무릇 백성이란 임금이 없어서는 안 되며, 하늘은 반드시 운명을 돌보아 주시나니, 선왕의 정통 후계자도 오직 공일뿐이요, 제사를 주관할 사람도 또한 공이 아니면 누구이겠는가? 이제 삼가 일길찬 「김수미산」 등을 사신으로 보내어 책명을 전하고, 공을 고구려 왕으로 명하노니, 공은 마땅히 유민들을 위로하여 안정시키고 옛 전통을 일으킬 것이며, 길이 선린이 되어 형제와 같이 우리를 공경하고 섬겨야 할 것이다. 이에 멥쌀 2천 석, 갑구마 한 필, 능직 비단 다섯 필, 견직과 베 각 열 필, 면화 열다섯 칭을 보내니, 왕은 이를 받으라!" 했다. 12월, 토성이 달에 들어가고, 서울에 지진이 있었다. 중시 「지경」이 퇴직하였다. 왜국이 나라 이름을 〈일본〉으로 고치니, '해 돋는 곳과 가까이 있다.' 는 뜻으로, 이름을 지었다고 스스로 말하였다. 〈한성주〉 총관 「수세」가 백제의 (원문 6자 결자)…나라를…약취하여 그곳으로 가려다가 일이 발각되었다. 왕이 대아찬 「진주」를 보내 그의 목을 베었다.

○十一年, 春.正月에 拜.伊湌「禮元」하여 爲.中侍(大臣)하다. 發兵하여 侵.百濟戰〈熊津:公州〉南하여 幢主(武官名)「夫果」가 死之하다. 靺鞨兵이 來圍〈舌口城〉하여 不克하고 將退에 出兵擊之하여 斬殺.三百餘人하다. 聞.唐兵이 欲.來救百濟하여 遣.大阿湌「眞功」과 阿湌, □□□□[인명결]가 兵守

(십일년 춘정월 배이찬 예원 위중시 발병 침백제전 웅진 남 당주 부과 사지 말갈병 내위 설구성 불극 장퇴 출병격지 참살삼백여인 문당병 욕내구백제 견대아찬 진공 아산 병수)

〈甕浦〉하다. 白魚躍入[이하 결자로 해석불가] 一寸하
옹포 백어약입 일촌
다. 夏,四月에 震〈興輪寺〉南門하다. 六月에 遣,將
하사월 진흥륜사남문 유월 견장
軍「竹旨」等으로 領兵하여 踐,百濟〈加林城〉禾
군 죽지 등 영병 천백제가림성화
穀(:田穀)하다가 遂與唐兵으로 戰於〈石城:林川東石城
곡 수여당병 전어석성
里〉하여 斬首,五千三百級하고 獲,百濟將軍二人과
참수오천삼백급 획백제장군이인
唐,果毅(:郎將中一職)六人하다.
당과의 육인

▷ **본문풀이** ◁

11년, 봄 정월에 이찬「예원」을 중시로 임명하였다. 군사를 발하여 백제를 공격하여 〈웅진〉 남쪽의 전투에서 당주「부과」가 전사하였다. 말갈 군사가 와서 〈설구성〉을 포위했으나 승리하지 못하고 퇴각하려 하자, 우리 군사가 공격하여 3백여 명을 목 베어 죽였다. 당나라 군사가 백제를 구원하러 온다는 말을 듣고, 대아찬「진공」과 아찬(원문 4자 결자)을 보내 〈옹포〉를 수비하게 하였다. 흰 고기가…에 뛰어 들었는데(원문 열 자 결자)…한 치였다. 여름 4월에, 〈흥륜사〉 남문에 벼락이 쳤다. 6월에, 장군「죽지」 등을 보내어 군사들로 하여금 백제 〈가림성〉의 벼를 짓밟게 하다가 그때 마침 당나라 군사와 〈석성〉에서 전투가 벌어져 5천3백 명의 머리를 베었으며, 백제 장군 두 사람과 당나라 과의(果毅) 등 여섯 사람을 포로로 잡았다.

○置,〈所夫里州:夫餘〉하고 以,阿湌「眞王」을 爲,
치 소 부 리 주 이 아 찬 진 왕 위

都督하다. 九月에 唐,將軍「高侃」等이 率,蕃(靺鞨
도 독 구 월 당 장 군 고 간 등 솔 번

兵)兵,四萬하고 到〈平壤〉하여 深溝高壘하고 侵,
병 사 만 도 평 양 심 구 고 루 침

〈帶方:지금의 황해도〉하다. 冬,十月六日에 擊,唐漕
대 방 동 시 월 육 일 격 당 조

船,七十餘艘하여 捉,郎將「鉗耳大侯:麗人인 듯」하
선 칠 십 여 소 착 낭 장 겸 이 대 후

고 士卒,百餘人하다. 其,淪沒死者는 不可勝數라.
사 졸 백 여 인 기 윤 몰 사 자 불 가 승 수

級湌「當千」이 功,第一하여 授位,沙湌하다.
급 찬 당 천 공 제 일 수 위 사 찬

▶ **어려운 낱말** ◀

[漕船(조선)] : 운반선. [鉗] : 목칼(겸). [淪沒死(윤몰사)] : 물에 빠져 죽은 사람.

▷ **본문풀이** ◁

〈소부리주〉를 설치하고 아찬 「진왕」을 도독으로 임명하였다. 9월에, 당나라 장군 「고간」 등이 번병 4만을 거느리고 〈평양〉에 도착하여, 도랑을 깊이 파고 보루를 높이 쌓고 〈대방〉을 침범하였다. 겨울 10월 6일에, 당나라 수송선 70여 척을 공격하여, 낭장 「겸이대후」와 군사 백여 명을 사로잡았다. 물에 빠져 죽은 자는 이루 셀 수 없었다. 이 싸움에서 급찬 〈당천〉의 공로가 제일이었으므로 사찬의 직위를 제수하였다.

○十二年, 春,正月에 王이 遣將攻,百濟〈古省城:泗沘城〉하여 克之하다. 二月에 攻,百濟〈加林城:林川〉하여 不克하다. 秋,七月에 唐將「高保(高侃)」가 率兵,一萬하고「李謹行」이 率兵,三萬하여 一時에 至,平壤하여 作,八營하여 留屯하다. 八月에 攻〈韓始城〉,〈馬邑城〉하여 克之하다. 進兵距〈白水城:지금의 載寧?〉하여 五百許步,作營하고 我兵이 與,高句麗兵으로 逆戰하여 斬首,數千級하니「高保(高侃)」等이 退하다. 追至〈石門:瑞興서북?〉戰之하다가 我兵敗績하여 大阿飡「曉川」과 沙飡「義文」과「山世」와 阿飡「能申」,「豆善」과 一吉飡「安那含」,「良臣」等이 死之하다. 築,〈漢山州:廣州〉,〈晝長城:南漢山城〉하니 周,四千三百六十步러라. 九月에 彗星이 七出,北方하다. 王이 以,向者에 百濟가 往訴於,唐하고 請兵侵我하니 事勢急迫이라 不獲申奏하고 出兵討之하다. 由是로 獲罪大朝하다. 遂遣,級飡「原川」과

奈麻「邊山」及,所留,兵船郎將「鉗耳大侯」와 萊
나 마 변 산 급 소 류 병 선 낭 장 겸 이 대 후 내

州司馬「王藝」와「本烈州」長史「王益:당나라 사
주 사 마 왕 예 본 열 주 장 사 왕 익

람」과 熊州都督府 司馬「禰軍」, 曾山의 司馬「法
웅 주 도 독 부 사 마 예 군 증 산 사 마 법

聰:이상 두 사람은 백제인」이 軍士,一百七十人을 上表,
총 군 사 일 백 칠 십 인 상 표

乞罪曰, "臣某는 死罪,謹言하노니 昔에 臣이 危急
걸 죄 왈 신 모 사 죄 근 언 석 신 위 급

하여 事若,倒懸에 遠蒙,拯救(증구:건지다)하여 得免,
사 약 도 현 원 몽 증 구 득 면

屠滅하니 粉身,糜骨로도 未足上報,鴻恩하고 碎首
도 멸 분 신 미 골 미 족 상 보 홍 은 쇄 수

灰塵이라도 何能,仰酬慈造리요? 然이나 深讐百濟
회 진 하 능 앙 수 자 조 연 심 수 백 제

가 逼近臣蕃에 告引天兵(:당병)으로 滅臣雪恥하니
핍 근 신 번 고 인 천 병 멸 신 설 치

이다. 臣在破滅에 自欲求存하려고 枉被,凶逆之名
신 재 파 멸 자 욕 구 존 왕 피 흉 역 지 명

하고 遂入,難赦之罪하나이다. 臣恐,事意未申하고
수 입 난 사 지 죄 신 공 사 의 미 신

先從刑戮이면 生爲,逆命之臣하고 死爲,背恩之鬼
선 종 형 륙 생 위 역 명 지 신 사 위 배 은 지 귀

하여 謹錄事狀하여 冒死奏聞하오니 伏願,少垂神
근 록 사 상 모 사 주 문 복 원 소 수 신

聽하여 炤審,元由하나이다. 臣,前代已來로 朝貢不
청 소 심 원 유 신 전 대 이 래 조 공 부

絶하고 近爲百濟로 再虧職貢이니 遂使聖朝로 出
절 근 위 백 제 재 휴 직 공 수 사 성 조 출

言命將하여 討,臣之罪하니 死有餘刑(:여죄)하나이
언 명 장 토 신 지 죄 사 유 여 형

다. 南山(:種南山)之竹으로도 不足, 書臣之罪하시며
남 산 지 죽 부 족 서 신 지 죄
〈褒斜:포야=종남산의 谷〉之林으로도 未足作臣之械(:
포 야 지 림 미 족 작 신 지 계
손발을 붙들어 매는 刑器)하나이다. 瀦池宗社하고 屠裂
저 지 종 사 도 렬
臣身하여 事聽勅裁하고 甘心受戮하나이다. 臣의
신 신 사 청 칙 재 감 심 수 륙 신
儭轝(:친여=棺과 상여)在側하고 泥首(머리를 진흙땅에 대
츤 여 재 측 이 수
고 사죄함)未乾하여 泣血待朝하고 伏聽刑命하나이
미 건 읍 혈 대 조 복 청 형 명
다. 伏惟, 皇帝陛下는 明同日月하여 容光(포용의 德
복 유 황 제 폐 하 명 동 일 월 용 광
光)이 並蒙, 曲炤하고 德合乾坤하여 動植, 咸被亭毒
병 몽 곡 소 덕 합 건 곤 동 식 함 피 정 독
(:化育)하며 好生之德은 遠被昆蟲하고 惡殺(살생을 싫
호 생 지 덕 원 피 곤 충 오 살
어하는)之仁은 袁流翔泳(상영=飛禽水魚)하니 儻降, 服
지 인 원 류 상 영 당 강 복
捨之宥하시어 賜全腰領(腰와 領은 목숨보전의 뜻)之恩
사 지 유 사 전 요 령 지 은
이시면 雖死之年이 猶生之日하나이다. 非所希冀나
수 사 지 년 유 생 지 일 비 소 희 기
敢陳所懷하면 不勝, 伏劒之志하며, 謹遣「原川」
감 진 소 회 불 승 복 검 지 지 근 견 원 천
等하여 拜表謝罪하고 伏聽勅旨하나이다. 某, 頓首
등 배 표 사 죄 복 청 칙 지 모 돈 수
頓首하고 死罪死罪하나이다." 하고, 兼進貢, 銀三萬
돈 수 사 죄 사 죄 겸 진 공 은 삼 만
三千五百分과 銅, 三萬三千分, 針, 四百枚, 牛黃,
삼 천 오 백 푼 동 삼 만 삼 천 푼 침 사 백 매 우 황

百二十分, 金.百二十分, 四十升(날(經)의 80루를 1升)
백 이 십 푼 금 백 이 십 푼 사 십 승

布.六匹, 三十升布.六十匹하다. 是歲에 穀貴人飢
포 육 필 삼 십 승 포 육 십 필 시 세 곡 귀 인 기

하다.

▶어려운 낱말◀

[距] : 떨어질(거). 상거하다. [向者(향자)] : 그 전번에. [倒懸(도현)] : 거꾸로 매달림. [拯救(증구)] : 구원. 건지다. [慈造(자조)] : 어진 은혜. [蕃(번)] : 변경. [南山之竹(남산지죽),不足書臣之罪(부족서신지죄)] : 남산의 대나무로도 저의 죄를 다스리는데 부족하고. [褒斜之林(포야지림),未足作臣之械(미족작신지계)] : 포야谷의 나무로도 저의 죄를 다스리는 형틀을 만드는데 오히려 부족함. [瀦池(저지)] : 연못. [亭毒(정독)] : 정은 형체, 독은 성격의 형성이니, 곧 길러서 자라게 함. [儻降服捨之宥(당강복사지유)] : 만일 용서를 내려 주신다면. [儻] : 만일(당). [宥] : 용서할(유). [腰領(요령)] : 衣腰와 衣領이니, 목숨을 보전한다는 뜻. [希冀(희기)] : 바라다. [伏劍之志(복검지지)] : 황공한 마음.

▷본문풀이◁

12년, 봄 정월에 왕이 장수를 보내 백제 〈고성성〉을 공격하여 승리하였다. 2월에, 백제 〈가림성〉을 공격하였으나 승리하지 못했다. 가을 7월에, 당나라 장수 「고간」이 군사 1만, 「이근행」이 군사 3만을 거느리고 동시에 평양에 와서 여덟 개의 군영을 짓고 주둔하였다. 8월에, 〈한시성〉과 〈마읍성〉을 공격하여 승리하였다. 그들은 군대를 진군시켜 〈백수성〉으로부터 5백여 보 떨어진 곳에 군영을 설치하였다. 우리 군사와 고구려 군사가 그들과 격

전을 벌여 수천 명의 머리를 베었다. 「고간」 등이 퇴각하자, 이를 추격하여 〈석문〉에서 전투를 벌였는데, 우리 군사가 패배하고, 대아찬 「효천」 · 사찬 「의문」 · 사찬 「산세」 · 아찬 「능신」 · 아찬 「두선」 · 일길찬 「안나함」 · 일길찬 「양신」 등이 이 전투에서 전사하였다. 〈한산주〉에 〈주장성〉을 쌓으니, 둘레가 4천3백60보였다. 9월에, 혜성이 일곱 번 북방에 나타났다. 얼마 전 백제가 당나라에 가서 호소하고 군사를 빌려 우리를 침략하자, 왕은 사세가 급박하여 황제에게 알리지 않고 출병하여 이를 토벌하였다. 이 때문에 당 조정에 죄를 지었으므로, 마침내 급찬 「원천」 · 나마 「변산」과 억류했던 병선낭장 「겸이대후」 · 내주사마 「왕예」와 「본열주」 장사 「왕익」 · 웅주 도독부 사마 「예군」 · 증산 사마 「법총」과 군사 1백 70명을 당나라에 보내면서 청죄하는 다음과 같은 글을 올렸다. "저는 죽을죄를 짓고 삼가 말씀드립니다. 예전에 제가 위급하여 어려운 지경에 처하였을 때, 먼 곳에서 와서 구원해주어 제가 멸망을 면했습니다. 그러하니 몸을 부수고 뼈를 갈아도 그 크나큰 은혜에 보답하기가 부족할 것이며, 머리를 부수어 재와 먼지가 되더라도 어찌 그 자비의 덕을 갚을 수 있겠습니까? 그러나 철천지원수 백제는 우리의 변경을 핍박하고, 황제에게 청병하여 우리를 멸망시키고 원수를 갚으려 하였습니다. 저는 파멸이 두려워 우리의 생존을 추구하려다가 억울하게도 흉악한 역적의 취급을 받게 되었고, 마침내 용서받기 어려운 죄를 지은 셈이 되었습니다. 제가 일을 저지른 의도를 말하지 않은 채 먼저 형벌을 당한다면, 살아서는 명령을 거역한 신하가 될 것이요,

죽어서는 은혜를 배반한 귀신이 될까 염려되어, 삼가 사실을 기록하여 죽음을 무릅쓰고 아뢰는 것이니, 조금이라도 마음을 기울여 들어주시고 근본적인 사유를 밝게 살펴주기를 원합니다. 저는 선대 이래로 조공을 하지 않은 적이 없으나, 근자에 백제 때문에 두 번 조공을 하지 않아 마침내 황제의 조정에 의론을 일으키고, 장수에게 명하여 저의 죄를 성토하게 하였으니, 죽은 후에도 받아야 할 벌이 남아 있을 것입니다. 남산의 대나무도 저의 죄를 적기에 부족할 것이요, 〈포야산〉의 나무도 저의 착고를 만드는데 부족할 것이니, 종묘와 사직을 연못으로 만들고, 저를 죽여 몸을 찢어버리더라도, 이 사정을 듣고 나서 친히 판단하여 주신다면 기꺼이 형벌을 받겠습니다. 저는 부왕의 관과 상여를 옆에 두고, 머리의 진흙이 마르지 않은 채로, 피눈물을 흘리면서 조정의 처분을 기다리며 삼가 형벌에 관한 명령을 듣겠습니다. 삼가 생각하건대, 황제 폐하의 밝음이 해와 달 같아서 그 광명이 세상 어느 곳이나 골고루 비치며, 덕은 천지와 같아서 동식물이 모두 그 덕으로 자라나며, 살리기를 좋아하는 덕은 멀리 곤충에게도 미치고, 살생을 싫어하는 어진 마음은 날짐승과 물고기에게도 미치고 있습니다. 만일 용서를 내려 머리와 허리를 베지 않는 은혜를 베푸신다면, 제가 죽어야 하는 날이 오히려 태어나는 날로 변할 것입니다. 바라기는 어려우나 감히 생각한 바를 아뢰옵자니 황공한 심정을 누를 길이 없습니다. 삼가 「원천」 등을 보내 글을 올려 사죄하며, 엎드려 칙명을 듣고자 합니다. 황송하고 황송하여 저는 머리를 조아리고 조아립니다."라고 했다. 이와 동시에 은 3만 3

천 5백 푼, 구리 3만 3천 푼, 바늘 4백 개, 우황 1백 20푼, 금 1백 2십 푼, 40승포 6필, 30승포 60필을 진상하였다. 이 해에 곡식이 귀하여 사람들이 굶주렸다.

○十三年, 春,正月에 大星隕,〈皇龍寺〉와 〈在城:月城〉中間하다. 拜「强首」하여 爲,沙飡(제8品官)하고 歲,賜租,二百石하다. 二月에 增築,〈西兄山城:지금의 西岳山城〉하다. 夏,六月에 虎入,大宮庭(金城大闕)하여 殺之하다. 秋,七月一日에 「庾信」이 卒하다. 阿飡「大吐」가 謀叛,付唐이라가 事泄伏誅하고 妻孥充賤(노예)하다. 八月에 以,波珍飡「天光」으로 爲,中侍하다. 增築,〈沙熱山城:淸風〉하다. 九月에 築,〈國原城:古薍長城,忠州〉,〈北兄山城〉,〈召文城〉,〈耳山城〉,〈首若州〉,〈走壤城〉[一名〈迭巖城〉],〈達含郡〉,〈主岑城〉,〈居烈州〉,〈萬興寺山城〉,〈歃良州:梁山〉,〈骨爭峴城〉하다. 王이 遣,大阿飡(제5품관)「徹川」等하여 領,兵船,一百艘하여 鎭,西海(황해)하다.

唐兵이 與〈靺鞨〉,〈契丹〉兵으로 來侵北邊하니 凡,
당 병 여 말 갈 거 란 병 내 침 북 변 범

九戰하여 我兵克之하고 斬首,二千餘級하다. 唐兵
구 전 아 병 극 지 참 수 이 천 여 급 당 병

은 溺,〈瓠瀘:호로=파주 임진강〉〈王逢:幸州漢江〉二河하
익 호 로 왕 봉 이 하

여 死者,不可勝計러라. 冬에 唐兵이 攻,〈高句麗〉
사 자 불 가 승 계 동 당 병 공 고 구 려

〈牛岑城:黃海道 金川郡 牛峯里〉하여 降之하다. 〈契丹〉
우 잠 성 항 지 거 란

〈靺鞨〉兵이 攻,〈大楊城:위치 미상〉,〈童子城:通津〉하
말 갈 병 공 대 양 성 동 자 성

여 滅之하다. 始置,外司正(지방관직의 하나)하되 州,二
멸 지 시 치 외 사 정 주 이

人과 郡,一人하다. 初에 『太宗王(武烈王)』이 滅,百濟
인 군 일 인 초 태 종 왕 멸 백 제

하고 罷,戍兵하나 至是復置하니라.
파 수 병 지 시 부 치

▶어려운 낱말◀

[庾] : 곳집(유). [孥] : 처자식(노). [艘] : 배(소). [溺] : 빠질(익).

▷본문풀이◁

13년, 봄 정월에 큰 별이 〈황룡사〉에 떨어지고, 〈재성〉에 지진이 발생하였다. 「강수」를 사찬으로 임명하고, 해마다 벼 2백 석을 주기로 하였다. 2월에, 〈서형산성〉을 증축하였다. 여름 6월에, 호랑이가 대궁 뜰에 들어오자 잡아 죽였다. 가을 7월 1일에, 「유신」이 사망하였다. 아찬 「대토」가 모반하여 당나라에 붙으려

다가 사건이 누설되어 사형을 받았으며, 처자는 노예에 편입되었다. 8월, 파진찬 「천광」을 중시로 임명하였다. 〈사열산성〉을 증축하였다. 9월에, 〈국원성〉【예전의 난완성】·〈북형산성〉·〈소문성〉·〈이산성〉·〈수약주〉의 〈주양성〉【혹은 질암성】·〈달함군〉의 〈주잠성〉·〈거열주〉의 〈만흥사산성〉·〈삽량주〉의 〈골쟁현성〉을 쌓았다. 왕이 대아찬 「철천」 등을 보내 병선 1백 척을 거느리고 서해를 수비하게 하였다. 당나라 군사가 〈말갈〉·〈거란〉 군사와 함께 와서 북쪽 변경을 침범하였는데, 아홉 번 전투에서 우리 군사가 승리하였고, 2천 명의 머리를 베었다. 〈호로〉·〈왕봉〉 두 강에 빠져 죽은 당나라 군사가 이루 셀 수 없었다. 겨울에, 당나라 군사가 고구려 〈우잠성〉을 쳐서 항복을 받았다. 〈거란〉과 〈말갈〉 군사가 〈대양성〉과 〈동자성〉을 쳐서 멸망시켰다. 처음으로 주에 2인, 군에 1인의 외사정을 두었다. 처음에 『태종왕』이 백제를 멸하고, 수자리 군사를 없앴던 것을 이때 다시 두게 되었다.

○十四年, 春正月에 入唐宿衛.大奈麻「德福
십사년 춘정월 입당숙위대나마 덕복

傳」이 學.曆術還하여 改用.新曆法하다. 王이 納.高
전 학력술환 개용신역법 왕 납고

句麗叛衆하다. 又據.百濟故地하여 使人守之하다.
구려반중 우거백제고지 사인수지

唐高宗.大怒하여 詔削.王官爵하고 王弟.右驍衛.
당고종대노 조삭왕관작 왕제우효위

員外大將軍〈臨海郡〉公「仁問」이 在.京師(:장안)
원외대장군 임해군 공 인문 재경사

러니 立以爲,新羅王하여 使,歸國하고 以,左庶子,
입 이 위 신 라 왕 사 귀 국 이 좌 서 자

同中書,門下三品「劉仁軌」로 爲〈鷄林〉道,大摠
동 중 서 문 하 삼 품 유 인 궤 위 계 림 도 대 총

管하고 衛尉卿「李弼」과 右領軍,大將軍「李謹
관 위 위 경 이 필 우 령 군 대 장 군 이 근

行」으로 副之하여 發兵來討(신라를)하다. 二月에 宮
행 부 지 발 병 래 토 이 월 궁

內,穿池(안압지:月池)造山하고 種,花草하고 養,珍禽
내 천 지 조 산 종 화 초 양 진 금

奇獸하다. 秋,七月에 大風하여 毁,〈皇龍寺〉佛殿하
기 수 추 칠 월 대 풍 훼 황 룡 사 불 전

다. 八月에 大閱於,〈西兄山(서악)〉下하다. 九月에
팔 월 대 열 어 서 형 산 하 구 월

命「義安法師」하여 爲,大書省(僧官)하고 封,「安
명 의 안 법 사 위 대 서 성 봉 안

勝」하여 爲『報德王』하다. [十年에 封「安勝」하여 高句麗
승 위 보 덕 왕

王이러니 今에 再封은 不知「報德」之言이 若,歸名等耶아 或,地名

耶아?] 王幸,〈靈廟寺〉前路하여 閱兵하고 觀,阿湌
왕 행 영 묘 사 전 로 열 병 관 아 찬

「薛秀眞」의 六陣兵法(六花陣法)하다.
설 수 진 육 진 병 법

▶ 어려운 낱말 ◀

[叛衆(반중)] : 당에 叛한 무리들. [詔削(조삭)] : 조서를 내려 관작을 삭탈함.

▷ 본문풀이 ◁

14년, 봄 정월에 당나라에 갔던 숙위 대나마 「덕복전」이 역술

을 배우고 돌아와, 그때까지 사용하던 역법을 새 역법으로 고쳐 사용하였다. 당나라에 반기를 든 고구려 백성들을 왕이 받아들이고, 또한 백제의 옛 땅을 점거하여 관리로 하여금 수비하게 하였다. 당나라 고종이 크게 노하여 조서를 내려 왕의 관작을 없애고, 당나라에 있던 왕의 아우를 우효위 원외 대장군 〈임해군〉공 「인문」을 신라 왕으로 삼아 귀국하게 하고, 좌서자 동중서 문하 3품 「유인궤」를 〈계림〉 방면 대총관으로 삼고, 위위경, 「이필」과 우령군 대장군 「이근행」을 부관으로 삼아 군사를 동원하여 신라를 공격해왔다. 2월, 대궐에 못을 파고 산을 만들어 화초를 심었으며, 진기한 새와 짐승들을 길렀다. (지금의 안압지). 가을 7월에, 큰 바람이 불어서 〈황룡사〉 불전이 훼손되었다. 8월에, 〈서형산〉 아래에서 군대를 크게 사열하였다. 9월에, 「의안법사」를 대서성으로 삼고, 「안승」을 『보덕왕』으로 봉하였다. 【10년에 「안승」을 고구려 왕으로 봉하였는데, 지금 두 번째 봉하였으니 『보덕왕』이라는 이름이 귀명 등과 같은 것인가, 아니면 지명인 것인가?】 왕이 〈영묘사〉 앞길에 나가 군대를 사열하고, 아찬 「설수진」의 육진 병법을 관람하였다.

○十五年, 春.正月에 以.銅鑄로 百司(여러 관청)
십 오 년 춘 정 월 이 동 주 백 사
及.州郡印하여 頒之하다. 二月에 「劉仁軌」가 破.
급 주 군 인 반 지 이 월 유 인 궤 파
我兵於〈七重城:積城〉하다. 「仁軌」가 引兵還하니
아 병 어 칠 중 성 인 궤 인 병 환
詔以「李謹行」으로 爲.〈安東鎭撫大使〉하여 以.經
조 이 이 근 행 위 안 동 진 무 대 사 이 경

略之하다. 王이 乃,遣使하여 入貢且,謝罪하니 帝,
략 지 왕 내 견 사 입 공 차 사 죄 제

赦之하고 復王官爵하다. 「金仁問」이 中路而還하
사 지 부 왕 관 작 김 인 문 중 로 이 환

여 改封〈臨海郡〉公하다. 然이나 多取,百濟地하고
개 봉 임 해 군 공 연 다 취 백 제 지

遂抵,高句麗南境하여 爲,州郡하다. 聞,唐兵이 與
수 저 고 구 려 남 경 위 주 군 문 당 병 여

〈契丹〉〈靺鞨〉兵으로 來侵하고 出,九軍하여 待之
거 란 말 갈 병 내 침 출 구 군 대 지

하다. 秋,九月에 「薛仁貴」가 以,宿衛,學生(宿衛 겸 留
추 구 월 설 인 귀 이 숙 위 학 생

學生) 「風訓」之父 「金眞珠」가 伏誅於,本國하니 引
풍 훈 지 부 김 진 주 복 주 어 본 국 인

「風訓」을 爲,鄕導하여 來攻〈泉城〉하니 我將軍
풍 훈 위 향 도 내 공 천 성 아 장 군

「文訓」 等이 逆戰勝之하여 斬首,一千四百級하고
문 훈 등 역 전 승 지 참 수 일 천 사 백 급

取,兵船四十艘하다. 「仁貴」가 解圍退走하여 得,
취 병 선 사 십 소 인 귀 해 위 퇴 주 득

戰馬,一千匹하다. 二十九日에 「李謹行」이 率兵,
전 마 일 천 필 이 십 구 일 이 근 행 솔 병

二十萬하고 屯〈買肖城:지금의 楊州〉하여 我軍,擊走
이 십 만 둔 매 초 성 아 군 격 주

之하고 得,戰馬,三萬三百八十匹하고 其餘兵仗도
지 득 전 마 삼 만 삼 백 팔 십 필 기 여 병 장

稱是니라. 遣使,入唐貢,方物하다. 緣,〈安北河:德源
칭 시 견 사 입 당 공 방 물 연 안 북 하

北面川〉하여 設,關城하고 又築〈鐵關城:德源 鐵關〉하
설 관 성 우 축 철 관 성

고 靺鞨이 入〈阿達城:지금의 安峽〉하여 劫掠하니 城
말 갈 입 아 달 성 겁 략 성

主「素那」가 逆戰死之하다. 唐兵이 與,契丹으로
주 소나 역전사지 당병 여거란

靺鞨兵來하여 圍,〈七重城〉이나 不克하다. 小守(外
말갈병래 위 칠중성 불극 소수

司正 밑에 있는 地方官員)「儒冬」이 死之하다. 〈靺鞨〉
유동 사지 말갈

又圍〈赤木城:淮陽 蘭谷面〉滅之하니 縣令「脫起」가
우위 적목성 멸지 현령 탈기

率,百姓拒之타가 力竭俱死하다. 唐兵이 又圍〈石
솔 백성거지 역갈구사 당병 우위 석

峴城:위치 미상〉하여 拔之하니 縣令「仙伯」과「悉
현성 발지 현령 선백 실

毛」等이 力戰死之하다. 又,我兵與,唐兵으로 大
모 등 역전사지 우 아병여당병 대

小,十八戰하여 皆勝之하니 斬首,六千四十七級하
소 십팔전 개승지 참수 육천사십칠급

고 得,戰馬二百匹하다.
득 전마이백필

▶어려운 낱말◀

[銅鑄(동주)] : 구리로 주조함. [州郡印(주군인)] : 고을 관청의 관인. [經略(경략)] : 나를 경영하고 다스림. [伏誅(복주)] : 죄를 지어 죽음. [兵仗(병장)] : 무기. [稱是(칭시)] : 이와 같았다.

▷본문풀이◁

5년, 봄 정월에 모든 관청과 주와 군의 인장을 구리로 주조하여 나누어 주었다. 2월, 「유인궤」가 우리나라 군사를 〈칠중성〉에서 격파하였다. 「인궤」가 군사를 이끌고 귀국하니, 황제가 조서를 내려 「이근행」을 〈안동진무대사〉로 삼아 그곳의 일을 처리하게 하였다. 왕이 당나라에 사신을 보내 조공하고, 또한 사죄하니 황제가 이를 용서하고 왕의 관작을 회복시켜 주었다. 귀국하던 「김인문」이 당나라로 돌아가자, 그를 〈임해군〉공으로 바꾸어 봉하였다. 그러나 신라는 백제의 땅을 많이 빼앗아 마침내 국경이 고구려 남쪽 지방에 이르렀고, 그곳을 주와 군으로 만들었다. 당나라 군사가 〈거란〉과 〈말갈〉 군사와 함께 침범한다는 소문을 듣고, 구군(九軍)을 출동시켜 이에 대비하였다. 가을 9월에, 「설인귀」가 숙위 학생 「풍훈」의 아버지 「김진주」가 본국에서 사형을 당했다고 하여, 그것을 빌미로 하여 「풍훈」을 향도로 삼아 〈천성〉을 공격하였다. 우리 장군 「문훈」 등이 그들과 싸워 이기고, 1천 4백 명의 머리를 베었으며, 병선 40척을 빼앗았다. 「설인귀」가 포위를 풀고 퇴각하매, 우리는 전마 1천 필을 얻었다. 29일, 「이근행」이 군사 20만을 거느리고 〈매초성〉에 주둔하자, 우리 군사가 그들을 격퇴시켰으며, 이때에 3만 3백 80필의 전마와 그 이외에 이에 상당하는 병기도 얻었다. 사신을 당나라에 보내 토산물을 바쳤다. 〈안북하〉를 따라 관문과 성을 건설하고, 또한 〈철관성〉을 쌓았다. 말갈이 〈아달성〉에 들어와 약탈을 시작하자, 성주 「소나」가 그들과 싸우다가 전사하였다. 당나라 군사가 거란 및 말갈 군사와 함께 〈칠중성〉을 포위하였으나 이기지 못하였고, 소수 「유동」이 전사하였다. 말갈이 또 〈적목성〉을 포위 공격하자, 현령 「탈기」가 백성들을 이끌고 대항하다가 힘이 다하여 백성들과 함께 전사하였다. 당나라 군사가 또한 〈석현성〉을 포위하고 이를 점령하려 하자, 현령 「선백」과 「실모」 등이 전력을 기울여 싸우다가 전사하였다. 또한 우리 군사가 당나라 군사와 크고 작은 열여덟 번의 전투에서 모두 승리하여 6천 47명의 머리를 베고 2백 필의 전마를 얻었다.

○十六年, 春,二月에 高僧「義湘」이 奉旨하여
십육년 춘이월 고승 의상 봉지
創〈浮石寺:영주 부석면〉하다. 秋,七月에 彗星이 出,
창 부석사 추칠월 혜성 출
北河하여 積水之間하니 長이 六七許步하다. 唐兵
북하 적수지간 장 육칠허보 당병
이 來攻〈道臨城:통천면 임남면〉하여 拔之하고 縣令
내공 도림성 발지 현령
「居尸知」死之하다. 作〈壤宮:위치 미상〉하다. 冬,十
거시지 사지 작 양궁 동십
一月에 沙湌(제8품관)「施得」이 領,船兵하여 與「薛
일월 사찬 시득 영선병 여 설
仁貴」로 戰於〈所夫里州:夫餘〉〈伎伐浦:지금의 長項〉
인귀 전어 소부리주 기벌포
하여 敗績하더니 又進,大小二十二戰하여 克之하고
패적 우진대소이십이전 극지
斬首,四千餘級하다. 宰相「陳純」이 乞,致仕하나
참수사천여급 재상 진순 걸치사
不允하고 賜,几杖하다.
불윤 사궤장

▶어려운 낱말◀

[奉旨(봉지)] : 왕의 뜻을 받들어.

▷본문풀이◁

16년, 봄 2월에 고승「의상」이 왕의 뜻을 받들어 〈부석사〉를 창건하였다. 가을 7월에, 혜성이 북하와 적수 두 별 사이에 나타났는데, 길이가 6, 7보 가량 되었다. 당나라 군사가 〈도림성〉을 공격하여 점령하고, 현령 〈거시지〉가 전사하였다. 〈양궁〉을 지었다. 겨울 11월, 사찬「시득」이 수군을 이끌고「설인귀」와 〈소부리주〉, 〈기벌포〉에서 싸우다가 패하였으나, 다시 크고 작은 20번의 전투에 나아가 승리하고 4천여 명의 머리를 베었다. 재상「진순」이 은퇴를 요청하였으나 왕은 이를 허락하지 않고 안석과 지팡이를 하사하였다.

○十七年, 春.三月에 觀射於〈講武殿〉南門하다.
십 칠 년 춘 삼 월 관 사 어 강 무 전 남 문

始置.左司祿館하다. 〈所夫里州〉에서 獻.白鷹하다.
시 치 좌 사 록 관 소 부 리 주 헌 백 응

▶어려운 낱말◀

[左司祿館(좌사록관)] : 신라 때 관청 이름으로, 監 1명, 主書 2명, 史 4명 둠.

▷본문풀이◁

17년, 봄 3월에 〈강무전〉 남문에서 왕이 활쏘기를 구경하였다. 처음으로 좌사록관을 설치하였다. 〈소부리주〉에서 흰 매를 바쳤다.

○十八年, 春,正月에 置,船府令,一員하여 掌,船
십 팔 년 춘 정 월 치 선 부 령 일 원 장 선
楫事하고 加,左右理方府(:사법부)卿,各一員하다.
즙 사 가 좌 우 이 방 부 경 각 일 원
置,〈北原〉에 小京하고 以,大阿飡「吳起」로 守之
치 북 원 소 경 이 대 아 찬 오 기 수 지
하다. 三月에 拜,大阿飡「春長」하여 爲,中侍하다.
삼 월 배 대 아 찬 춘 장 위 중 시
夏,四月에 阿飡(:제6품)「天訓」을 爲,〈武珍州:지금의
하 사 월 아 찬 천 훈 위 무 진 주
光州〉都督하다. 五月에 〈北原〉에서 獻,異鳥하니 羽
도 독 오 월 북 원 헌 이 조 우
翩에 有文하고 脛,有毛하다.
편 유 문 경 유 모

▶ **어려운 낱말** ◀

[船府令(선부령)] : 船舶의 사무를 兵部와 大官과 弟監이 맡던 것을 이때에 와서 선부를 별도로 하고 令(장관) 1명을 두었다. [北原(북원)] : 지금의 原州. 新羅 5小京의 하나. [羽翩(우편)] : 깃털. [脛] : 정강이(경).

▷ **본문풀이** ◁

18년, 봄 정월에 선부령에 한 명을 두어 선박에 관한 사무를 담당하게 하고, 좌우 이방부경 각 1명을 증원하였다. 〈북원〉을 소경으로 하고, 대아찬 「오기」로 하여금 그곳을 수비하게 하였다. 3월, 대아찬 「춘장」을 중시로 임명하였다. 여름 4월, 아찬 「천훈」을 〈무진주〉 도독으로 임명하였다. 5월에, 〈북원〉에서 이상한 모양의 새를 바쳤는데, 깃털에 무늬가 있고 정강이에 털이 나 있었다.

○十九年, 春,正月에 中侍「春長」이 病免하고
십 구 년 춘 정 월 중 시 춘 장 병 면

舒弗邯「天存」으로 爲,中侍하다. 二月에 發使,略,
서 불 한 천 존 위 중 시 이 월 발 사 략

〈耽羅國:제주도〉하다. 重修宮闕하니 頗極壯麗하다.
탐 라 국 중 수 궁 궐 파 극 장 려

夏,四月에 熒惑이 守,羽林하고 六月에 太白(金星)이
하 사 월 형 혹 수 우 림 유 월 태 백

入月하고 流星이 犯,參大星하다. 秋八月에 太白,
입 월 유 성 범 삼 대 성 추 팔 월 태 백

入月하더니 角干「天存」이 卒하다. 創造,東宮하고
입 월 각 간 천 존 졸 창 조 동 궁

始定,內外,諸門,額號하다. 〈四天王寺〉成하고 增
시 정 내 외 제 문 액 호 사 천 왕 사 성 증

築〈南山城〉하다.
축 남 산 성

▶어려운 낱말◀

[略] : 다스릴(략). [熒惑(형혹)] : 재화나 병화의 징조를 보여주는 별. 妖星.
[羽林(우림)] : 별의 이름.

▷본문풀이◁

19년, 봄 정월에 중시「춘장」이 병으로 사직하자, 서불한「천존」을 중시로 임명하였다. 2월, 사신을 보내 〈탐라국〉을 경략하였다. 궁궐을 다시 수리하였는데 매우 웅장하고 아름다웠다. 여름 4월, 화성이 우림을 지키고, 6월에 금성이 달에 들어가고, 유성이 삼대성을 범하였다. 가을 8월에, 금성이 달에 들어가더니, 각간「천존」이 사망하였다. 동궁을 처음으로 짓고 안팎의 모든

문에 현판의 이름을 지었다. 〈사천왕사〉가 낙성되었고, 〈남산성〉을 증축하였다.

○二十年, 春,二月에 拜,二湌(제2품관)「金軍官」
이 십 년 춘 이 월 배 이 찬 김 군 관
으로 爲,上大等(首相)하다. 三月에 以,金銀器及,雜
위 상 대 등 삼 월 이 금 은 기 급 잡
綵百段을 賜『報德王』「安勝:고구려 왕」하고 遂以,
채 백 단 사 보 덕 왕 안 승 수 이
王妹(兄之女)로 妻之하다[一云迊湌「金義官」之女也.] 下,
왕 매 처 지 하
敎書曰, "人倫之本은 夫婦攸先이며 王化之基는
교 서 왈 인 륜 지 본 부 부 유 선 왕 화 지 기
繼嗣爲主니라. 王은 鵲巢位曠하여 雞鳴在心이니
계 사 위 주 왕 작 소 위 광 계 명 재 심
不可久,空內輔之儀요, 永闕,起家之業하니라. 今,
불 가 구 공 내 보 지 의 영 궐 기 가 지 업 금
良辰吉日에 率順舊章하여 以,寡人妹女로 爲,伉
양 신 길 일 솔 순 구 장 이 과 인 매 녀 위 항
儷하니 王은 宜,共敦心義하여 式奉宗祧하고 克茂
려 왕 의 공 돈 심 의 식 봉 종 조 극 무
子孫하여 永豊盤石하면 豈不盛歟하며 豈不美歟
자 손 영 풍 반 석 기 불 성 여 기 불 미 여
아!"하다. 夏,五月에 高句麗,王(안승)이 使,大將軍
하 오 월 고 구 려 왕 사 대 장 군
「延武」等으로 上表曰, "臣「安勝」은 言하되 大
연 무 등 상 표 왈 신 안 승 언 대
阿湌「金官長」至하여 奉宣敎旨하고 竝賜敎書하
아 찬 김 관 장 지 봉 선 교 지 병 사 교 서
여 以,外生公(甥姪)으로 爲,下邑內主(부인)하며 仍以,
이 외 생 공 위 하 읍 내 주 잉 이

四月十五日,至此하니 喜懼交懷하여 罔知攸懷하
사월십오일 지차 희구교회 망지유회

나이다. 竊以,帝女,降嬀(:堯의 女를 舜에 下嫁)하고 王姬
절이 제녀 강규 왕희

(:周室의 王女가 齊에 시집감)適齊는 本揚聖德하여 匪關
적제 본양성덕 비관

凡才나 臣本庸流하고 行能無算하여 幸逢昌運하
범재 신본용류 행능무산 행봉창운

고 沐浴聖化하여 每荷殊澤하니 欲報無堦하나이다.
목욕성화 매하수택 욕보무계

重蒙天寵(왕의 은총)하여 降此姻親하사 遂卽,穠華
중몽천총 강차인친 수즉 농화

表慶하고 肅雝(숙옹:화목)成德하여 吉月令辰에 言
표경 숙옹 성덕 길월영신 언

歸弊館하니 億載難遇를 一朝獲申하여 事非望始
귀폐관 억재난우 일조획신 사비망시

라 喜出意表이옵니다. 豈惟,一二父兄만 實受,其賜
희출의표 기유 일이부형 실수 기사

리요? 其自,先祖已下에도 寔寵喜之하나이다. 臣,未
기자 선조이하 식총희지 신미

蒙教旨에 不敢直朝하고 無任,悅豫之至하여 謹遣
몽교지 불감직조 무임 열예지지 근견

臣,大將軍,太大兄(고구려의 관명)「延武」하여 奉表以
신 대장군 태대형 연무 봉표이

聞하나이다." 하였다. 〈加耶郡:지금의 김해〉에 置〈金
문 가야군 치 금

官〉小京하다.
관 소경

▶ 어려운 낱말 ◀

[報德王(보덕왕)] : 고구려 왕. [王化(왕화)] : 임금의 교화. [鵲巢(작소)] : 여배

우자의 뜻이니, 시경 '維鵲有巢' 에서 인용함. [雞鳴(계명)] : 현처의 내조를 뜻함. 시경에 '鷄旣鳴矣' 에서 따온 말.

▷본문풀이◁

20년, 봄 2월에 이찬 「김군관」을 상대등으로 임명하였다. 3월에, 『보덕왕』 「안승」에게 금은으로 만든 그릇과 잡색 비단 백단을 내리고, 왕의 누이를 아내로 삼게 하고【잡찬 김의관의 딸이라는 주장도 있다.】, 교서를 내리기를, "인륜의 근본은 부부가 제일이며, 교화의 기초는 자손을 잇는 것이 중요하다. 왕은 아내가 없으므로 아내를 맞이할 생각이 많을 것이다. 내조할 자리를 오래도록 비워두어, 가문을 일으킬 도리를 영원히 없애는 것은 옳지 않다. 이제 좋은 때 좋은 날을 맞이하여 옛날의 예절에 따라 나의 생질로 배필을 삼게 할 것이니, 왕이 그녀와 더불어 정의를 두터이 하고, 조상의 제사를 받들고, 자손을 크게 융성토록 하여, 길이 반석같이 번성하게 한다면 어찌 성대하고도 아름다운 일이 아니랴!" 라고 말하였다. 여름 5월에, 고구려 왕이 대장군 「연무」 등을 시켜 왕에게 글을 올리기를, "신 「안승」은 아뢰나이다. 대아찬 「김관장」이 와서 교지를 받들어 전하고 동시에 교서를 내렸으며, 동시에 왕의 생질을 우리 작은 마을의 안주인으로 삼기 위해 4월 15일 이곳에 도착하였으니, 기쁘고 두려운 생각이 교차하여 어찌할 바를 모르겠나이다. 생각하건대, 요임금은 자기의 딸을 순에게 시집보내고, 주나라 왕은 딸을 제나라에 시집보냈으니, 이러한 행위는 딸을 범부에게 줌으로써 그들의 거룩한 덕을 높이 드러내는 역할을 하였습니다. 그러나 신은 바탕이 용렬하고 행실과 재능에 뛰어난 점이 없으면서도, 요행히 좋은 운명을 만나 왕의 거룩한 교화에 젖게 되고 매번 남다른 은혜를 입게 되었으니, 이러한 은혜는 갚고자 하여도 갚을 길이 없었습니다. 그런데 다시 왕의 인척을 내려 보내시는 총애를 입게 되었으니, 마침내 꽃이 만발하여 경사임을 나타내고, 사람들은 화목하여 덕을 이루었습니다. 이제 좋은 날 좋은 때를 선택하여 누추한 저의 집안으로 출가를 하게 되니, 억년을 살아도 만나기 어려운 일을 하루아침에 얻게 되었습니다. 이는 원래 바라지도 못한 것이요, 이 기쁨은 상상도 하지 못한 것이었습니다. 어찌 오직 저의 한두 명의 부형만이 이 은혜를 받았다고 하겠습니까? 선조 이하 모두를 총애하고 기쁘게 하신 것입니다. 신은 아직 왕의 지시를 받지 못하여 감히 바로 가서 뵙지 못하지만, 지극한 기쁨을 이기지 못하여 삼가 대장군 태대형 「연무」를 보내 글을 바쳐 아룁니다."라고 하였다. 〈가야군〉에 〈금관〉 소경을 설치하였다.

○二十一年, 春,正月,朔에 終日黑暗이 如夜하
이십일년 춘정월삭 종일흑암 여야
다. 沙湌(제8품관)「武仙」이 率,精兵三千하여 以戍
사찬 무선 솔정병삼천 이수
〈比列忽:지금의 安邊〉하다. 置,右司祿館하다. 夏,五
비열홀 치우사록관 하오
月에 地震하다. 流星이 犯,參大星하다. 六月에 天
월 지진 유성 범삼대성 유월 천
狗落,坤方(서남방)하다. 王이 欲新,京城(경주)하여 問,
구낙곤방 왕 욕신경성 문

浮屠「義相」하니 對曰, "雖在.草野茅屋이나 行.
부 도 의 상 대 왈 수 재 초 야 모 옥 행

正道則.福業長이요, 苟爲不然이면 雖.勞人作城이
정 도 즉 복 업 장 구 위 불 연 수 로 인 작 성

라도 亦無所益하옵니다." 하니 王이 乃.止役하다.
역 무 소 익 왕 내 지 역

秋.七月一日에 王薨하니 諡曰「文武」라 하고 群臣
추 칠 월 일 일 왕 훙 시 왈 문 무 군 신

이 以.遺言으로 葬.東海口.大石上하니 俗傳에 王
이 유 언 장 동 해 구 대 석 상 속 전 왕

化爲龍이라 하여 仍指其石하여 爲〈大王石〉이라 하
화 위 룡 잉 지 기 석 위 대 왕 석

다. 遺詔曰, "寡人이 運屬紛紜하여 時當爭戰하다.
유 조 왈 과 인 운 속 분 운 시 당 쟁 전

西征北討와 克定疆封하고 伐叛招携하여 聿寧遐
서 정 북 토 극 정 강 봉 벌 반 초 휴 율 녕 하

邇하다. 上慰.宗祧之遺顧하고 下報.父子之宿寃하
이 상 위 종 조 지 유 고 하 보 부 자 지 숙 원

며 追賞.徧於存亡하고 疏爵均於內外하다. 鑄.兵
추 상 편 어 존 망 소 작 균 어 내 외 주 병

戈.爲.農器하고 驅.黎元(:백성)於.仁壽하고 薄賦省
과 위 농 기 구 여 원 어 인 수 박 부 성

傜(:부역)하여 家給人足하며 民間安堵하고 域內無
요 가 급 인 족 민 간 안 도 역 내 무

虞하다. 倉廩積於.丘山하고 囹圄成於.茂草하니 可
우 창 름 적 어 구 산 영 어 성 어 무 초 가

謂無愧於.幽顯하고 無負於.士人하다. 自.犯冒風
위 무 괴 어 유 현 무 부 어 사 인 자 범 모 풍

霜하여 遂成痼疾하고 憂勞政教하여 更結沈痾(:고
상 수 성 고 질 우 로 정 교 갱 결 침 아

질병)하다. 運往名存은 古今一揆하여 奄歸大夜(:冥
운 왕 명 존 고 금 일 규 엄 귀 대 야

界)한들 何有恨焉이리오! 太子,早蘊離輝(:賢德)하고
하 유 한 언 태 자 조 온 이 휘

久居震位(:동궁의 자리)하니 上從群宰하고 下至庶寮
구 거 진 위 상 종 군 재 하 지 서 료

히 送往之義,勿違하며 事居之禮,莫闕하라. 宗廟
송 왕 지 의 물 위 사 거 지 례 막 궐 종 묘

之主는 不可暫空이니 太子卽於,柩前에 嗣立王位
지 주 불 가 잠 공 태 자 즉 어 구 전 사 립 왕 위

하라. 且,山谷遷貿하고 人代推移하여 吳王(:孫權)
차 산 곡 천 무 인 대 추 이 오 왕

〈北山:중국의 上元縣〉之墳도 詎見,金鳧之彩하며 〈魏
북 산 지 분 거 견 금 부 지 채 위

(曹操)〉主〈西陵:지금 중국 臨漳縣西南〉之望도 唯聞〈銅
주 서 릉 지 망 유 문 동

雀〉之名하다. 昔日에 萬機之英도 終成,一封之土
작 지 명 석 일 만 기 지 영 종 성 일 봉 지 토

하여 樵牧,歌其上하고 狐兎,穴其旁하다. 徒費資財
초 목 가 기 상 호 토 혈 기 방 도 비 자 재

는 貽譏簡牘이며 空勞人力은 莫濟幽魂하다. 靜而
이 기 간 독 공 로 인 력 막 제 유 혼 정 이

思之하면 傷痛無已이니 如此之類가 非所樂焉이
사 지 상 통 무 이 여 차 지 류 비 소 낙 언

로다. 屬纊(:임종)之後,十日에는 便於,庫門外庭에
속 광 지 후 십 일 변 어 고 문 외 정

依西國(:인도)之式하여 以火燒葬하라. 服,輕重은
의 서 국 지 식 이 화 소 장 복 경 중

自有常科어니와 喪,制度는 務從儉約하라. 其,邊城
자 유 상 과 상 제 도 무 종 검 약 기 변 성

鎭遏과 及,州縣課稅는 於事,非要者이니 幷宜量
진 알 급 주 현 과 세 어 사 비 요 자 병 의 양

廢하고 律令格式도 有,不便者는 卽便改張하고 布
폐 율 령 격 식 유 불 편 자 즉 편 개 장 포

告遠近하여 令知此意이니 主者施行하라!" 하다.
고 원 근 영 지 차 의 주 자 시 행

▶어려운 낱말◀

[右司祿館(우사록관)] : 신라 때 관아. 문무왕 21년에 둠. [天狗(천구)] : 별의 이름. [坤方(곤방)] : 서남방. [紛紜(분운)] : 어지러운. [克定疆封(극정강봉)] : 억지로 국토를 넓히고. [伐叛招携(벌반초휴)] : 배반하는 자를 치고 협조자를 불러들여. [聿] : 오직(율). [聿寧遐邇(율녕하이)] : 오직 원근을 편안케 하고. [宗祧(종조)] : 종사의 사당. [存亡(존망)] : 존자와 사자. [蹠爵(소작)] : 벼슬. [薄賦省傜(박부성요)] : 세금을 가볍게 하고 부역을 덜다. [犯冒(범모)] : 침범하다. [痾] : 고질병(아). [揆] : 헤아릴(규). [奄] : 홀연히(엄). [蘊] : 쌓을(온). [遷貿(천무)] : 변천. [北山(북산)] : 원명은 鐘山이니, 지금의 江蘇省 江寧府 上元縣 東北에 있음. [詎] : 어찌(거). [金鳧(금부)] : 향로. [西陵(서릉)] : 중국 하남성 임장현 서남에 있음. [屬纊(속광)] : 임종. [鎭遏(진알)] : 변방.

▷본문풀이◁

21년, 봄 정월 초하루에 날씨가 종일 밤처럼 캄캄하게 어두웠다. 사찬 「무선」이 정병 3천을 거느리고 〈비열홀〉을 지켰다. 우사록관을 두었다. 여름 5월에, 지진이 있었다. 유성이 삼대성을 범하였다. 6월에, 천구성이 서남방에 떨어졌다. 왕이 서울을 새로 꾸미고자 하여 중 「의상」에게 물으니, 의상이 대답하기를, "비록 풀밭과 초막에 살지라도 바른 도를 실천한다면 복스러운 세업이 오래갈 것이요, 만약 그렇지 못하다면 비록 사람을 고생시켜 성을 만든다 할지라도 유익함이 없을 것입니다."라고 말하니, 왕이 이 일을 중지하였다. 가을 7월 1일에, 왕이 별세하였다. 시호를 「문무」라 하고 여러 신하들이 유언에 따라 동해 어구 큰 바위에 장사지냈다. 속설에 전하기를, 왕이 용으로 변하였다고 하였다. 이에 따라 그 바위를 〈대왕석(대왕암)〉이라고 불렀다. 왕은 다음과 같이 유언하기를, "과인은 어지러운 때에 태어난 운명이어서 자주 전쟁을 만났다. 서쪽을 치고 북쪽을 정벌하여 강토를 평정하였으며, 반란자를 토벌하고 화해를 원하는 자와 손을 잡아 마침내 원근을 안정시켰다. 위로는 선조의 유훈을 받들고, 아래로는 부자의 원수를 갚았으며, 전쟁 중에 죽은 자와 산 자에게 공평하게 상을 주었고, 안팎으로 고르게 관작을 주었다. 병기를 녹여 농기구를 만들어서, 백성들로 하여금 천수를 다하도록 하였으며, 납세와 부역을 줄여 집집마다 넉넉하고 사람마다 풍족하게 하여, 백성들은 자기의 집을 편하게 여기고, 나라에는 근심이 사라지게 하였다. 창고에는 산처럼 곡식이 쌓이고 감옥에는 풀밭이 우거졌으니, 가히 선조들에게 부끄러울 것이 없었고, 백성들에게도 짐진 것이 없었다고 할만하였다. 내가 풍상을 겪어 드디어 병이 생겼고, 정사에 힘이 들어 더욱 병이 중하게 되었다. 운명이 다하면 이름만 남는 것은 고금에 동일하니, 홀연 죽음의 어두운 길로 되돌아가는 데에 무슨 여한이 있으랴! 태자는 일찍부터 현덕을 쌓았고, 오랫동안 동궁의 자리에 있었으니, 위로는 여러 재상으로부터 아래로는 낮은 관리에 이르기까지, 죽은 자를 보내는 의리를 어기지 말고, 산 자를 섬기는 예를 잊지 말라. 종묘의 주인은 잠시라도 비어서는 안될 것이니, 태자는 나의 관 앞에서 왕위를 계승하라. 세월이 가면 산과 계곡도 변하고, 세대 또한 흐름에 따라 변하는 것이니, 오왕의 〈북산〉 무덤에서 어찌 향로의 광채를 볼 수 있겠는가? 위왕의 〈서릉〉에는 〈동작〉이란 이름만 들릴 뿐이로다. 옛날 만사를 처리하던 영웅도 마지막에는 한 무더기 흙이 되어 나뭇꾼과 목동들이 그 위에서 노래하고, 여우와 토끼는 그 옆에 굴을 팔 것이다. 그러므로 헛되이 재물을 낭비하는 것은 역사서의 비방거리가 될 것이요, 헛되이 사람을 수고롭게 하더라도 나의 혼백을 구제할 수는 없을 것이다. 이러한 일을 조용히 생각하면 마음 아프기 그지없으니, 이는 내가 즐기는 바가 아니다. 숨을 거둔 열흘 후, 바깥 뜰 창고 앞에서 나의 시체를 불교의 법식으로 화장하라. 상복의 경중은 본래의 규정이 있으니 그대로 하되, 장례의 절차는 철저히 검소하게 해야 할 것이다. 변경의 성과 요새 및 주와 군의 과세 중에 절대적으로 필요하지 않은 것은 잘 살펴서 모두 폐지할 것이요, 법령과 격식에 불편한 것이 있으면 즉시 바꾸고, 원근에 포고하여 백성들이 그 뜻을 알게 하라. 다음 왕이 이를 시행하라!" 고 하였다.

31 神文王(신문왕) : 681~691

○神文王이 立하다. 諱「政明」[明之,字는 日怊.]이니
신 문 왕 입 휘 정 명

「文武大王」長子也라. 母는「慈儀[一作義]王后」이
문 무 대 왕 장 자 야 모 자 의 왕 후

며 妃는 金氏이니 蘇判「欽突」之女니라. 王이 爲,
비 김 씨 소 판 흠 돌 지 녀 왕 위

太子時에 納之하여 久而無子하고 後에 坐父作亂
태 자 시 납 지 구 이 무 자 후 좌 부 작 란

으로 出宮하다.『文武王』五年에 立爲,太子하여
출 궁 문 무 왕 오 년 입 위 태 자

至是,繼位하다. 唐高宗이 遣使冊立하여 爲,新羅
지 시 계 위 당 고 종 견 사 책 립 위 신 라

王하고 仍襲,先王官爵하다.
왕 잉 습 선 왕 관 작

▶ 어려운 낱말 ◀

[欽] : 공경할(흠). [突] : 갑자기(돌). [冊立(책립)] : 황제가 조칙으로 책봉함.

▷ 본문풀이 ◁

신문왕이 왕위에 올랐다. 이름은「정명」【명지의 자는 일조이다.】이니『문무대왕』의 맏아들이다. 어머니는〈자의〉【의(儀)를 의(義)로 쓰기도 한다.】왕후이며, 왕비는 김씨이니, 소판「흠돌」의 딸이니라. 왕이 태자였을 때 그녀를 맞았으나 오래도록 아들을 낳지 못하였고, 후에는 그녀 아버지의 반란에 연좌되어 궁 밖으로 쫓겨

낫다. 『문무왕』 5년에 태자가 되었으며, 이때에 와서 왕위를 계승하였다. 당 고종이 사신을 보내 신라왕으로 책봉하고, 선왕의 관작을 이어받도록 했다.

○元年, 八月에 拜,舒弗邯(제1품인 角干의 별칭)「眞
원 년 팔 월 배 서 불 한 진
福」하여 爲,上大等하다. 八日에 蘇判〈金欽突:后父〉
복 위 상 대 등 팔 일 소 판 김 흠 돌
과 波珍飡(:제4品官)「興元」과 大阿飡(:제5品官)「眞
파 진 찬 흥 원 대 아 찬 진
功」等이 謀叛하다가 伏誅되다. 十三日에『報德
공 등 모 반 복 주 십 삼 일 보 덕
王:安勝』이 遣使小兄「首德皆:고구려 官職名」하여 賀
왕 견 사 소 형 수 덕 개 하
平,逆賊(:欽突 等)하다. 十六日에 下敎曰, "賞,有功
평 역 적 십 육 일 하 교 왈 상 유 공
者는 往聖之,良規요 誅,有罪者는 先王之,令典이
자 왕 성 지 양 규 주 유 죄 자 선 왕 지 영 전
라. 寡人이 以,眇躬凉德으로 嗣守,崇基하여 廢食,
과 인 이 묘 궁 양 덕 사 수 숭 기 폐 식
忘餐하며 晨興,晏寢하여 庶與,股肱으로 共寧,邦家
망 찬 신 흥 안 침 서 여 고 굉 공 녕 방 가
에 豈圖,縗絰之內에 亂起京城에랴! 賊首「欽
기 도 최 질 지 내 난 기 경 성 적 수 흠
突」,「興元」,「眞功」等은 位非才進이요 職實恩
돌 흥 원 진 공 등 위 비 재 진 직 실 은
升이라 不能克愼(삼가)始終하여 保全,富貴하고 而
승 불 능 극 신 시 종 보 전 부 귀 이
乃,不仁不義로 作福作威하고 侮慢官寮하고 欺凌
내 불 인 불 의 작 복 작 위 모 만 관 료 기 릉

上下하더니 比日,逞其,無厭之志하고 肆其暴虐之
상하 비일 영기 무염지지 사기포학지

心하여 招納凶邪하여 交結近竪하여 禍通內外하고
심 초납흉사 교결근수 화통내외

同惡相資하여 剋日定期하고 欲行亂逆하다. 寡人
동악상자 극일정기 욕행난역 과인

이 上賴,天地之祐하고 下蒙,宗廟之靈하여 「欽突」
상뢰천지지우 하몽종묘지령 흠돌

等이 惡積罪盈이 所謀發露하니 此乃,人神之所,
등 악적죄영 소모발로 차내인신지소

共棄요 覆載(天地)之所,不容이라, 犯義傷風이 莫
공기 복재 지소불용 범의상풍 막

斯爲甚이리오. 是以,追集兵衆하여 欲除梟獍하니
사위심 시이추집병중 욕제효경

或,逃竄山谷하고 或,歸降闕庭하다. 然이 尋枝究
혹도찬산곡 혹귀강궐정 연 심지구

葉하여 竝已誅夷하고 三四日間에 囚首蕩盡이나
엽 병이주이 삼사일간 수수탕진

事不獲已로 驚動士人하니 憂愧之懷를 豈忘旦夕
사불획이 경동사인 우괴지회 기망단석

이랴! 今旣,妖徒廓淸하여 遐邇無虞하니 所集兵
금기요도곽청 하이무우 소집병

馬는 宜速放歸하고 布告四方하여 令知此意하
마 의속방귀 포고사방 영지차의

라!"하다. 二十八日에 誅,伊湌「軍官」하니 敎書
이십팔일 주이찬 군관 교서

曰, "事上之規는 盡忠爲本하고 居官之義는 不二
왈 사상지규 진충위본 거관지의 불이

(不變)爲宗하니라. 兵部令(국방장관)伊湌「軍官」은
위종 병부령 이찬 군관

因緣班序로 遂升上位한데 不能拾遺補闕(闕失을 充
인연반서 수승상위 불능습유보궐

補)로 效素,節於朝廷하며 授命忘軀하여 表,丹誠於
효소절어조정 수명망구 표단성어
社稷하고 乃與賊臣「欽突」等으로 交涉하여 知其
사직 내여적신 흠돌 등 교섭 지기
逆事하고 曾,不告言하니 旣無,憂國之心하고 更絶,
역사 증불고언 기무우국지심 경절
徇公之志니 何以,重居宰輔로 濫濁憲章하랴? 宜
순공지지 하이중거재보 남탁헌장 의
與衆棄(여러棄市罪人)로 以懲後進하리니 「軍官」及,
여중기 이징후진 군관 급
嫡子一人은 可令自盡하게 하여 布告遠近하고 使
적자일인 가령자진 포고원근 사
共知之하라!" 하다. 冬,十月에 罷,侍衛監하고 置,
공지지 동시월 파시위감 치
將軍六人하다.
장군육인

▶ 어려운 낱말 ◀

[往聖(왕성)] : 선왕. [令典(영전)] : 아름다운 법전. [眇躬凉德(묘궁양덕)] : 조그만 몸과 얇은 덕. [股肱(고굉)] : 다리와 팔과 같은 중요한 신하. [縗絰(최질)] : 縗와 絰은 상복을 의미하므로, '服喪中'을 말함. [比日(비일)] : 날마다. [逞] : 굳셀(정,령). [竪] : 더벅머리(수). 豎와 같은 글자임. [近竪(근수)] : 궐내의 小臣들. [惡積罪盈(악적죄영)] : 악이 쌓이고 죄가 가득함. [梟獍(효경)] : 梟(올빼미=효)는 母를 먹고, 獍(맹수 이름=경)은 父를 먹으므로, 不孝한 사람을 梟獍이라 함. 여기서는 불충한 欽突의 徒黨을 가리킴. [授命忘軀(수명망구)] : 목숨을 버리고 몸을 잊는 것. [侍衛監(시위감)] : 왕을 侍衛하는 官府.

▷ 본문풀이 ◁

원년, 8월에 서불한 「진복」을 상대등으로 임명하였다. 8일에,

소판「김흠돌」· 파진찬「흥원」· 대아찬「진공」등이 반역을 도모하다가 처형되었다. 13일에『보덕왕』이 사신 소형「수덕개」를 보내 역적을 평정한 것을 치하하였다. 16일에, 다음과 같은 교서를 내리기를, "공이 있는 자에게 상을 주는 것은 예전 성인들의 좋은 법도이며, 죄가 있는 자에게 벌을 주는 것 또한 선왕의 훌륭한 법도이다. 과인이 못나고 박덕한 몸으로 숭고한 왕업을 이었기에 식사를 잊고 새벽에 일어나고, 밤늦게 잠을 자면서 충복 대신들과 함께 나라를 편안케 하였으니, 상중에 서울에서 반란이 일어날 것을 어찌 생각이나 하였으랴! 반란의 괴수「흠돌」·「흥원」·「진공」등은 그들의 재능이 훌륭하여 작위에 오른 것이 아니며, 관직도 실은 은전에 의하여 오른 것이었다. 그들은 항상 행동을 조심하고 근신하여 부귀를 보전해야 했으나 이를 실행하지 못하고, 결국은 어질지 못하고 의롭지 못한 행동으로 행복이나 위세를 마음대로 만들어 관료들을 업신여기고 상하를 기만하였으며, 한없이 탐욕스런 생각을 함부로 내보이고 포학한 마음을 휘둘렀으며, 흉악하고 사악한 자들을 끌어들이고 궁중의 내시들과 결탁하였다. 그 화란이 안팎으로 통하여 악의 무리들이 모여 거사일을 정하여 반란을 일으키려 하였다. 과인이 위로 천지의 도움을 받고 아래로 조상의 도움을 받아 쌓이고 쌓인「흠돌」등의 음모가 탄로되었으니, 이는 곧 사람과 귀신이 모두 취하지 않는 행위요, 천하에 용납될 수 없는 행위이니, 정의를 범하고 기풍에 상처냄이 이보다 더 심한것이 없을 것이다. 이리하여 군사를 모아 흉악한 무리들을 무찌르니 더러는 산골로 도망하고, 혹은 대궐 뜰에 와서 항복하였다. 잔당들은 모두 체포하여 이미 처형하였고, 향후 3, 4일 사이에 괴수들도 모두 소탕할 것이다. 이는 부득이한 조치였으나 이러한 사정으로 말미암아 여러 백성들을 놀라게 하였으니, 백성을 걱정하고 그들에게 부끄러운 마음이야 어찌 하루라도 잊었겠는가! 이제 요망한 무리들이 숙청되어 원근에 걱정이 없어졌으므로, 소집하였던 병마를 조속히 돌려보낼 것이니, 이를 사방에 포고하여 백성들이 알도록 하라!" 했다.

28일, 이찬 「군관」을 목 베고 다음과 같이 교서를 내리기를, "임금을 섬기는 법도는 충성을 다하는 것이 근본이요, 관직에 있는 의리는 두 임금을 섬기지 않는 것이 중요하다. 병부령 이찬 「군관」은 순서에 따라 마침내 높은 지위에 올랐으나 임금을 정성껏 보좌하지 못하고, 결백한 절조를 조정에 바치지 못하며, 임금의 명령을 받으면 제 몸을 잊어버릴 줄 모르고, 나라를 위하여 정성을 표할 줄 몰랐다. 그리하여 마침내 역신 「흠돌」 등과 어울리면서 그들이 반역할 것을 알고도 미리 고발하지 않았으니, 이는 이미 나라를 걱정하는 생각이 없고, 더욱 공공의 질서를 따를 뜻이 없는 것이니, 어찌 다시 재상의 직무를 맡겨 국가의 헌장을 흐리게 할 것인가? 마땅히 일반 범죄자와 동일하게 취급하여 후진들에게 경계를 삼게 하리라. 「군관」과 그의 맏아들 한 명을 자살하여 죽게 하고, 원근에 포고하여 모두가 알도록 하라." 고 했다. 겨울 10월, 시위감을 없애고 장군 6인을 두었다.

○二年, 春, 正月에 親祀神宮하고 大赦하다. 夏,
이년 춘 정월 친사신궁 대사 하

四月에 置,位和府令,二人하여 掌,選擧(官吏銓衡)之
사 월 치 위 화 부 령 이 인 장 선 거 지

事하다. 五月에 太白(金星)이 犯月하다. 六月에 立,
사 오 월 태 백 범 월 유 월 입

國學(太學)하고 置卿(太學長)一人하고 又置,工匠府
국 학 치 경 일 인 우 치 공 장 부

監,一人과 彩典監(圖畵署와 같음)一人하다.
감 일 인 채 전 감 일 인

▶어려운 낱말◀

[位和府(위화부)] : 신라 때 관직 이름. 경덕왕 때 사위부로 고쳤다가 혜공왕 때 다시 전 이름으로 회복.

▷본문풀이◁

2년, 봄 정월에 왕이 직접 신궁에 제사지내고 죄수를 크게 사면하였다. 여름 4월에, 위화부령 2인을 두어 관리의 선발과 추천을 맡게 하였다. 5월에, 금성이 달을 범하였다. 6월에 국학을 세우고, 경 1인을 두었으며, 또한 공장 부감 1인과 채전감 1인을 두었다.

○三年, 春,二月에 以「順知」로 爲,中侍하다. 納,
삼 년 춘 이 월 이 순 지 위 중 시 납

一吉飡(제7品官) 「金欽運」의 少女를 爲,夫人하다.
일 길 찬 김 흠 운 소 녀 위 부 인

先差,伊飡(제2品官) 「文穎」과 波珍飡(제4品官) 「三
선 차 이 찬 문 영 파 진 찬 삼

光:金庾信의 子」하여 定期하고, 以,大阿飡 「智常」으
광 정 기 이 대 아 찬 지 상

로 納采하니 幣帛,十五轝, 米,酒,油,蜜,醬,豉,脯,醯,
납 채 폐 백 십 오 여 미 주 유 밀 장 시 포 혜

一百三十五轝, 租,一百五十車하다. 夏,四月에 平
일 백 삼 십 오 여 조 일 백 오 십 거 하 사 월 평

地,雪深一尺하다. 五月七日에 遣,伊飡「文穎」,
지 설 심 일 척 오 월 칠 일 견 이 찬 문 영

「愷元:무열왕의 제6자」을 抵其宅하여 冊爲,夫人하다.
개 원 저 기 택 책 위 부 인

其日,卯時(오전5시~7시)에 遣,波珍飡「大常」,「孫
기 일 묘 시 견 파 진 찬 대 상 손

文」과 阿飡「坐耶」,「吉叔」等하여 各與妻娘과
문 아 찬 좌 야 길 숙 등 각 여 처 낭

「及梁」「沙梁」二部嫗, 各,三十人迎來하다. 夫人
급 량 사 량 이 부 구 각 삼 십 인 영 래 부 인

乘車하고 左右侍從과 官人及,娘이 甚盛하다. 至,
승 거 좌 우 시 종 관 인 급 낭 심 성 지

王宮北門하여 下車入內(大內=闕內)하다. 冬,十月에
왕 궁 북 문 하 거 입 내 동 시 월

徵『報德王』「安勝」하여 爲,蘇判(迊飡)하고 賜姓,金
징 보 덕 왕 안 승 위 소 판 사 성 김

氏라 하고 留,京都하며 賜,甲第良田하다. 彗星이
씨 유 경 도 사 갑 제 량 전 혜 성

出,五車(:星名)하다.
출 오 거

▶ 어려운 낱말 ◀

[差] : 보내다(차). [豉] : 된장(시). [醯] : 식혜(혜). [轝] : 가마, 수레(여). [愷] : 즐겁다(개). [抵] : 보내다. 막다. 이르다(저). [嫗] : 할미, 여자(구). [甲第(갑제)] : 좋은 집.

▷ 본문풀이 ◁

3년, 봄 2월에 「순지」를 중시로 임명하였다. 일길찬 「김흠운」

의 딸을 부인으로 삼기로 하고, 먼저 이찬 「문영」과 파진찬 「삼광」을 보내 기일을 정하고, 대아찬 「지상」을 보내 납채를 하였는데, 폐백이 열다섯 수레로 쌀 · 술 · 기름 · 꿀 · 간장 · 된장 · 포 · 식혜가 1백 35수레, 벼가 1백 50수레였다. 여름 4월, 평지에 눈이 한 자 쌓였다. 5월 7일에, 이찬 「문영」과 「개원」을 김흠운의 집에 보내 그녀를 부인으로 책봉하고, 그날 묘시에 파진찬 「대상」 · 「손문」과 아찬 「좌야」 · 「길숙」 등으로 하여금 각각 그들의 아내와 딸과 이 밖에 「급량」과 「사량」 두 부의 여자, 각 30명씩을 데리고 가서 부인을 맞아 오게 하였다. 부인이 수레에 탔는데 좌우에 시종하는 관원들과 하녀로 따르는 부녀들의 모습이 심히 성대하였다. 왕궁 북문에 이르러 부인이 수레에서 내려 대궐로 들어왔다. 겨울 10월에, 『보덕왕』 「안승」을 불러 소판으로 삼고, 김씨 성을 내려 서울에 머물게 하였으며, 좋은 집과 좋은 밭을 주었다. 혜성이 오거 성좌에 나타났다.

○四年, 冬,十月에 自昏,及曙로 流星縱橫하다.
사년 동시월 자혼급서 유성종횡

十一月에 「安勝」 族子, 將軍 「大文」이 在,〈金馬渚:지금의 益山〉하여 謀叛하다가 事發,伏誅하다. 餘人은 見,「大文」 誅死하고 殺害,官吏하여 據邑,叛하니 王이 命,將士討之하여 逆鬪하다가 幢主(무관명) 「逼實」이 死之하다. 陷,其城하고 徙其人於,國南
십일월 안승 족자 장군 대문 재 금마저 모반 사발복주 여인 견 대문 주사 살해관리 거읍반 왕 명장사토지 역투 당주 핍실 사지 함기성 사기인어국남

州郡하니 以其.地로 爲.〈金馬郡〉하다.[「大文」或云「悉
주군 이기지 위 금마군

伏」]

▷ **본문풀이** ◁

4년, 겨울 10월에 저녁부터 새벽까지 유성이 종횡으로 날았다. 11월에, 「안승」의 조카뻘 되는 장군 「대문」이 〈금마저〉에서 반역을 도모하다가 발각되어 처형되었다. 잔적들이 「대문」의 처형을 보고는 관리들을 죽이고 읍을 차지한 채 반역하므로, 왕이 장병들에게 명령하여 이를 토벌하였는데, 이 전투 중에 당주 「핍실」이 전사하였다. 그 성을 점령하고, 그 지방 사람들을 남쪽의 주와 군에 옮겨 살게 하였으며, 그곳을 〈금마군〉으로 만들었다.【대문을 혹은 실복이라고도 한다.】

○五年.春에 復置.〈完山州:全州〉하고 以,「龍元」
오년춘 부치 완산주 이 용원

으로 爲.摠管하다. 挺.〈居列州:지금의 晉州〉하여 以置
위총관 정 거열주 이치

〈菁州〉하니 始備九州하고 以.大阿湌「福世」로
청주 시비구주 이대아찬 복세

爲.摠管하다. 三月에 置.〈西原小京:지금의 淸州〉하고
위총관 삼월 치 서원소경

以.阿湌「元泰」로 爲.仕臣(小京의 長官)하다. 置.〈南
이아찬 원태 위사신 치남

原小京:지금의 南原〉하고 徙.諸州郡.民户를 分居之
원소경 사제주군민호 분거지

하다. 〈奉聖寺〉成하다. 夏,四月에 〈望德寺:慶州 狼
봉 성 사 성 하 사 월 망 덕 사

山〉成하다.
성

▶ 어려운 낱말 ◀

[挺] : 나누다, 뽑다(정). [菁] : 무(청). [九州] : 1) 一善州(善山), 2) 良州(梁山), 3) 山州(廣州), 4) 若州(春川), 5) 何瑟羅州, 6) 所夫里州(夫餘), 7) 完山州(全州), 8) 菁州(晉州), 9) 發羅州(羅州).

▷ 본문풀이 ◁

5년, 봄에 다시 〈완산주〉를 설치하고 「용원」을 총관으로 삼았다. 〈거열주〉를 나누어 〈청주〉를 두니, 처음으로 9주가 되었다. 대아찬 「복세」를 총관으로 삼았다. 3월에, 〈서원소경〉을 설치하고, 아찬 「원태」를 사신으로 삼았다. 〈남원소경〉을 두고, 여러 주와 군의 백성들을 옮겨 살게 하였다. 〈봉성사〉가 낙성되었다. 여름 4월에, 〈망덕사〉가 완성되었다.

○ 六年, 春,正月에 以,伊飡 「大莊」[一作〈將〉]으로
육 년 춘 정 월 이 이 찬 대 장

爲,中侍하다. 置,例作府,卿,二人하다. 二月에 置,〈石
위 중 시 치 예 작 부 경 이 인 이 월 치 석

山:石城〉,〈馬山:한산〉,〈孤山:禮山〉,〈沙平:洪城北〉,四縣하
산 마 산 고 산 사 평 사 현

다. 以,〈泗沘州:所夫里州〉를 爲郡으로 〈熊川郡:公州〉을
이 사 비 주 위 군 웅 천 군

爲州하다. 〈發羅州:羅州〉를 爲郡으로 〈武珍郡:광주〉
위 주 발 라 주 위 군 무 진 군

를 爲州하다. 遣使入唐하여 奏請『禮記』竝,文章
위주 견사입당 주청 예기 병문장

하다.「則天:高宗妃」이 令,所司로 寫,『吉凶要禮:吉
측천 영소사 사 길흉요례

禮,凶禮에 관한 書』하고 幷於,『文館詞林』에서 採其
병어 문관사림 채기

詞涉 '規誡' 者하여 勅成,五十卷하여 賜之하다.
사섭 규계 자 칙성오십권 사지

▶ 어려운 낱말 ◀

[例作府(예작부)] : 나중에 修例府로 바뀜. [採其詞涉(채기사섭)] : 여러 글 중에서 뽑아내다. [規誡(규계)] : 규칙이나 경계해야 할 것을 적은 글. [勅成(칙성)] : 칙령으로 만들어 내다.

▷ 본문풀이 ◁

6년, 봄 정월에 이찬「대장」【장(莊)을 장(將)으로도 쓴다.】을 중시로 삼았다. 예작부에 경 두 사람을 두었다. 2월에,〈석산〉·〈마산〉·〈고산〉·〈사평〉의 네 현을 설치하였다.〈사비주〉를 군으로,〈웅천군〉을 주로 만들었다.〈발라주〉를 군으로,〈무진군〉을 주로 만들었다. 당에 사신을 보내 [예기]와 여러 문장을 요청하니,「측천」이 해당 관청에 명령하여 [길흉요례]을 필사하여 주고, 또한 [문관사림] 중에서 준칙에 관한 글을 선택하여 50권을 만들어 주었다.

○七年, 春,二月에 元子,生하다. 是日은 陰沈昧
칠년 춘이월 원자생 시일 음침매

暗하고 大,雷電하다. 三月에 罷,〈一善州:善山〉하고
암 대뇌전 삼월 파 일선주

復置〈沙伐州:尙州〉하여 以.波珍飡「官長」으로 爲.
부 치 사 벌 주 이 파 진 찬 관 장 위

摠管하다. 夏.四月에 改.音聲署長(음악에 관한 관서장)
총 관 하 사 월 개 음 성 서 장

하여 爲卿하다. 遣.大臣於.祖廟(종묘)하여 致祭曰,
위 경 견 대 신 어 조 묘 치 제 왈

"王某(神文王)稽首.再拜하고 謹言『太祖大王:김씨시
왕 모 계 수 재 배 근 언 태 조 대 왕

조 味鄒王』,『眞智大王』,『文興大王:무열왕 부친 龍春』,
진 지 대 왕 문 흥 대 왕

『太宗大王:武列王』,『文武大王』之靈하나이다. 某以
태 종 대 왕 문 무 대 왕 지 영 모 이

虛薄으로 嗣守崇基하여 寤寐憂勤하여 未遑寧處
허 박 사 수 숭 기 오 매 우 근 미 황 녕 처

하고 奉賴宗廟護持와 乾坤降祿하여 四邊安靜하
봉 뢰 종 묘 호 지 건 곤 강 록 사 변 안 정

고 百姓雍和하며 異域來賓이 航琛奉職하며 刑淸
백 성 옹 화 이 역 래 빈 항 침 봉 직 형 청

訟息하여 以至于今하나이다. 比者에 道喪君臨하여
송 식 이 지 우 금 비 자 도 상 군 임

義乖天鑒(감=鑑)하여 怪成星象하고 火宿(태양)이 沈
의 괴 천 감 괴 성 성 상 화 숙 침

輝하니 戰戰慄慄(두려움)이 若墜淵谷하나이다. 謹
휘 전 전 율 률 약 추 연 곡 근

遣使.某官某하여 奉陳.不腆之物하여 以虔.如在之
견 사 모 관 모 봉 진 부 전 지 물 이 건 여 재 지

靈하나이다. 伏望, 炤察微誠하시고 矜恤眇末하시어
영 복 망 소 찰 미 성 긍 휼 묘 말

以順四時之候하시고 無愆.五事之徵하시며 禾稼豊
이 순 사 시 지 후 무 건 오 사 지 징 화 가 풍

而.疫癘消하시며 衣食足而.禮義備하고 表裏淸謐
이 역 려 소 의 식 족 이 예 의 비 표 리 청 밀

하여 盜賊消亡하고 垂裕後昆하시어 永膺多福하소
도 적 소 망 수 유 후 곤 영 응 다 복

서. 謹言하나이다." 五月에 教賜하여 文虎(武)官僚,
근 언 오 월 교 사 문 호 무 관 료

田,有差하다. 秋에 築,〈沙伐:尙州〉,〈歃良:梁山〉二州
전 유 차 추 축 사 벌 삽 량 이 주

城하다.
성

▶ 어려운 낱말 ◀

[音聲署長(음성서장)] : 음악을 맡아보는 관청의 장. [稽首(계수)] : 머리를 조아리다. [虛薄(허박)] : 허약한. [未遑寧處(미황녕처)] : 너무 바빠서 편안하게 지낼 틈이 없음. [雍和(옹화)] : 화목하게 하다. [航琛(항침)] : 보배를 실어와. [比者(비자)] : 근래에 와서. [天鑒(천감)] : 天帝의 照覽. 하늘이 지상의 선악을 감시함. [腆] : 두터울(전). [炤察(소찰)] : 밝게 살피시어. [微誠(미성)] : 작은 정성. [眇末(묘말)] : 작은 몸. 眇身. [愆(건)] : 허물. 잘못하다. [五事(오사)] : 貌(조용함). 言. 視. 聽 思를 말함. [疫癘(역려)] : 질병, 역병. [謐] : 고요할, 평온함(밀). [垂裕後昆(수유후곤)] : 후손에게 寬裕를 내리시어. [後昆(후곤)] : 후손. [永膺(영응)] : 길게 보살핌.

▷ 본문풀이 ◁

7년, 봄 2월에 원자가 출생하였다. 이 날 날씨가 음침하여 어둡고 우레와 번개가 심하였다. 3월에, 〈일선주〉를 폐지하고, 다시 〈사벌주〉를 두었다. 파진찬 「관장」을 총관으로 삼았다. 여름 4월, 음성서의 장을 경으로 바꾸었다. 대신을 시켜 종묘에 제사를 지냈다. 제문에 이르기를, "왕 아무개는 머리를 조아리고 재배하며, 삼가 『태조대왕』·『진지대왕』·『문흥대왕』·『태종대왕』·『문무대

왕』 영전에 아뢰나이다. 저는 천박한 자질로 숭고한 유업을 이어받아 자나깨나 걱정하고 노력하여 편안하게 지낼 틈이 없었으나, 종묘의 돌보심과 천지가 내리는 복에 힘입어 사방이 안정되고, 백성들이 화락하며, 이역의 내빈이 보물을 실어다 바치며, 형정이 공평하고 송사가 없이 오늘에 이르렀습니다. 근자에 와서 도의가 사라진 상태에서 왕위에 있다 보니, 정의가 하늘의 뜻과 달라 천문에 괴변이 나타나고, 해와 별은 빛을 잃어감에 무섭고 두려움이 마치 깊은 못이나 계곡에 떨어지는 것 같습니다. 모관 모를 시켜 변변치 못한 제물을 받들어 살아 계신 신령 앞에 드리오니, 바라옵건대 미미한 정성을 밝게 살피시어 이 하찮은 몸을 불쌍히 여기시고, 사철 기후를 순조롭게 해주시며, 5사의 성과를 틀리지 말게 하시며, 농사가 잘되고 질병이 없어지며, 먹고 입을 것이 풍족하고, 예의가 갖추어지며, 중외가 평안하고, 도적이 사라지며, 후손들에게 넉넉함을 남겨주고, 길이 많은 복을 누리게 하여 주시옵소서. 삼가 아뢰니다."라고 하였다. 5월, 교서를 내려 문무 관료들에게 직급에 따라 밭을 주었다. 가을에, 〈사벌〉과 〈삽량〉 두 주에 성을 쌓았다.

○八年, 春.正月에 中侍「大莊」이 卒하고 伊飡
팔 년 춘 정 월 중 시 대 장 졸 이 찬
「元師」가 爲.中侍하다. 二月에 加.船府에 卿.一人
원 사 위 중 시 이 월 가 선 부 경 일 인
하다.

▷ 본문풀이 ◁

8년, 봄 정월에 중시「대장」이 죽고, 이찬「원사」가 중시가 되었다. 2월에, 선부에 경, 한 사람을 증원하였다.

○九年, 春,正月에 下教하여 罷,内外官,祿邑하고 逐,年賜租有差로 以爲恒式하다. 秋,閏九月,二十六日에 幸,〈獐山城:月城郡〉하다. 築,〈西原京城:淸州城〉하다. 王이 欲,移都〈達句伐:대구〉이나 未果하다.

▶ 어려운 낱말 ◀

[祿邑(녹읍)] : 녹봉으로 관리에게 주는 토지. [逐年(축년)] : 해마다. 매년. [租] : 세금(조). [恒式(항식)] : 항상 사용하는 상례.

▷ 본문풀이 ◁

9년, 봄 정월에 왕이 하교하여 서울과 지방 관리의 녹읍을 폐지하고, 매년 직급에 따라 벼를 주는 것으로 상례를 삼도록 하였다. 가을 윤 9월 26일에, 왕이 〈장산성〉에 갔다. 〈서원경성〉을 쌓았다. 왕이 〈달구벌〉로 서울을 옮기려 하였으나 성과를 거두지 못했다.

○十年, 春,二月에 中侍「元師」病免하니 阿飡

「仙元」으로 爲.中侍하다. 冬.十月에 置.〈轉也山郡:
선원 위중시 동시월 치 전야산군
지금의 南海郡〉하다.

▷ **본문풀이** ◁

10년, 봄 2월에 중시 「원사」가 병으로 사직하자, 아찬 「선원」으로 중시를 삼았다. 겨울 10월에, 〈전야산군〉을 두었다.

○十一年, 春.三月一日에 封.王子「理洪」하여
십일년 춘삼월일일 봉왕자 이홍
爲.太子하다. 十三日에 大赦하다. 〈沙火州:沙伐州,
위태자 십삼일 대사 사화주
尙州〉에서 獻.白雀하다. 築.〈南原城:小京〉하다.
헌백작 축남원성

▷ **본문풀이** ◁

11년, 봄 3월 1일에 왕자 「이홍」을 태자로 봉하였다. 13일에, 죄수들을 크게 사면하였다. 〈사화주〉에서 흰 참새를 바쳤다. 〈남원성〉을 쌓았다.

○十二年, 春에 竹枯하다. 唐.中宗(高宗의 子)遣使.
십이년 춘 죽고 당중종 견사
口勅曰, "我「太宗文皇帝」는 神功聖德이 超出千
구칙왈 아태종문황제 신공성덕 초출천
古하여 故로 上僊之日에 廟號'太宗'이라 하다. 汝
고 고 상선지일 묘호태종 여

國先王「金春秋」가 與之同號는 尤爲僭越하니 須
국선왕 김춘추 여지동호 우위참월 수
急改稱하라." 하다. 王이 與,群臣同議하니 對曰,
급개칭 왕 여군신동의 대왈
"小國先王「春秋」諡號는 偶與,聖祖廟號,相犯하
소국선왕 춘추 시호 우여성조묘호 상범
여 勅令改之하라 하니 臣敢,不惟命,是從이리요. 然
칙령개지 신감불유명시종 연
이나 念,先王「春秋」도 頗有賢德하고 況,生前得,
염선왕 춘추 파유현덕 황생전득
良臣「金庾信」하여 同心,爲政하여 一統三韓하니
양신 김유신 동심위정 일통삼한
其爲功業이 不爲不多하다. 捐館之際에 一國臣民
기위공업 불위부다 연관지제 일국신민
이 不勝哀慕하여 追尊之號가 不覺與,聖祖相犯하
불승애모 추존지호 불각여성조상범
니다. 今聞,敎勅하니 不勝恐懼하여 伏望, 使臣,復
금문교칙 불승공구 복망 사신복
命闕庭하여 以此上聞하리다." 하다. 後에 更無別勅
명궐정 이차상문 후 갱무별칙
하다. 秋,七月에 王薨하니, 諡曰「神文」이라 하고
추칠월 왕홍 시왈 신문
葬,〈狼山〉東하다.
장 낭산 동

▶어려운 낱말◀

[枯] : 마를(고). [口勅(구칙)] : 말로 내리는 칙서. [上僊(상선)] : 돌아가시는 날. 僊은 돌아가심. [僭越(참월)] : 불쑥 끼어들다. [捐館(연관)] : 살고 있던 집을 버린다는 뜻으로, 귀인의 죽음을 말함. [闕庭(궐정)] : 조정, 즉 여기서는 황제가 있는 대궐을 가리킴. [上聞(상문)] : 황제께 알려드리다.

▷ **본문풀이** ◁

12년, 봄에 대나무가 말랐다. 당나라 중종이 사신을 보내 구두로 다음과 같은 칙명을 전하기를, "우리 「태종 문황제」는 신성한 공덕이 천고에 뛰어났으니, 붕어하던 날 묘호를 『태종』이라 하였다. 그런데 너희 나라 선왕 「김춘추」에게도 동일한 묘호를 쓴 것은 매우 참람된 일이니, 조속히 칭호를 고쳐야 한다."고 말하기를, 왕이 여러 신하들과 함께 의논한 후에 대답하기를, "우리나라 선왕 「춘추」의 시호가 우연히 성조의 묘호와 서로 같게 되었는데, 칙령으로 이를 고치라 하니, 감히 명령을 따르지 않을 수 없습니다. 그러나 생각하기에, 선왕 「춘추」도 자못 어진 덕이 있었으며 더구나 생전에 어진 신하 「김유신」을 얻어 한마음으로 정사를 하여 삼한을 통일하였으니, 그의 공업이 크지 않다고 할 수 없습니다. 그가 별세하던 때에 온 나라의 신민들이 그를 추모하는 심정이 극진하여 추존한 묘호가 성조의 묘호에 저촉됨을 깨닫지 못하였습니다. 이제 교칙을 들으니 송구스러움을 다할 수 없습니다. 사신이 황제에게 복명하되, 이대로 보고해 주기를 삼가 바랍니다." 했다. 그 후에 다시는 이에 관한 다른 칙명이 없었다. 가을 7월에, 왕이 서거하니, 시호를 「신문」이라 하고 〈낭산〉 동쪽에 장사지냈다.

32 孝昭王(효소왕) : 692~702

○孝昭王(孝照王)이 立하다. 諱는 「理洪」[一作恭]
효 소 왕 효 조 왕 입 휘 이 홍

이며 神文王의 太子니라. 母의 姓은 金氏로 神穆
신 문 왕 태 자 모 성 김 씨 신 목

王后요, 一吉湌 「金欽運」[一云雲]의 女也니라. 唐의
왕 후 일 길 찬 김 흠 운 여 야 당

「則天」이 遣使弔祭하고 仍,冊王爲,『新羅王,輔國
측 천 견 사 조 제 잉 책 왕 위 신 라 왕 보 국

大將軍,行左豹韜尉,大將軍,雞林州都督』이라 하
대 장 군 행 좌 표 도 위 대 장 군 계 림 주 도 독

다. 改,左右理方府(법률을 맡은 곳)를 爲,左右議方府
개 좌 우 이 방 부 위 좌 우 의 방 부

라 하니 理는 犯諱,故也니라.
이 범 휘 고 야

▶ 어려운 낱말 ◀

[弔祭(조제)] : 조문. [豹] : 표범(표). [豹韜尉(표도위)] : 당나라 때 禁衛職의 하나. [韜] : 비결(도). [犯] : 저촉되다(범). [犯諱(범휘)] : 理자가 임금의 이름자와 같기 때문에.

▷ 본문풀이 ◁

효소왕이 왕위에 올랐다. 이름은 「이홍」【'홍'을 '공(恭)'이라고도 한다.】이며, 신문왕의 태자이다. 어머니는 김씨 신목왕후이며, 일길찬 「김흠운」【'金欽運'을 '金欽雲'이라고 하기도 한다.】의 딸이다. 당

의 「측천무후」가 사신을 보내 조문 하고 제사하였으며 『신라왕, 보국대장군, 행좌표도위, 대장군, 계림주도독』으로 책봉하였다. 좌우이방부를 좌우의방부로 고쳤는데, 이는 '리' 자가 왕의 이름자와 같았기 때문이다.

○元年, 八月에 以,大阿飡「元宣」으로 爲,中侍
원 년 팔 월 이 대 아 찬 원 선 위 중 시

하다. 高僧「道證」이 自唐,廻하여 上,天文圖하다.
고 승 도 증 자 당 회 상 천 문 도

▶어려운 낱말◀

[廻] : 돌아오다(회).

▷본문풀이◁

원년, 8월에 대아찬 「원선」을 중시로 임명하였다. 고승 「도증」이 당에서 돌아와 천문도를 바쳤다.

○三年, 春,正月에 親祀神宮하고 大赦하다. 以
삼 년 춘 정 월 친 사 신 궁 대 사 이

「文穎」으로 爲,上大等하다. 「金仁問」이 在唐,卒하
문 영 위 상 대 등 김 인 문 재 당 졸

니 年,六十六이러라. 冬에 築,〈松岳:開城〉,〈牛岑:金
년 육 십 육 동 축 송 악 우 잠

川〉二城하다.
이 성

▶ **어려운 낱말** ◀

[穎] : 이싹(영). [岑] : 봉우리(잠), 높을(잠).

▷ **본문풀이** ◁

3년, 봄 정월에 왕이 직접 신궁에 제사지내고, 죄수를 크게 사면하였다. 「문영」을 상대등으로 삼았다. 「김인문」이 당나라에서 죽으니, 나이 66세였다. 겨울에, 〈송악〉과 〈우잠〉 두 성을 쌓았다.

○ 四年에 以立,子月(:11월)로 爲正하다. 拜「愷
사 년 이 립 자 월 위 정 배 개

元」으로 爲,上大等하다. 冬,十月에 京都地震하다.
원 위 상 대 등 동 시 월 경 도 지 진

中侍「元宣」이 退老하다. 置,西南二市하다.
중 시 원 선 퇴 로 치 서 남 이 시

▷ **본문풀이** ◁

4년, 자월로써 '정월' 로 삼았다. 「개원」을 상대등으로 임명하였다. 겨울 10월에, 서울에 지진이 있었다. 중시 「원선」이 나이 많아 퇴직하였다. 서시와 남시를 설치하였다.

☞ **참고** 子(11월), 丑(12월), 寅(1월), 卯(2월), 辰(3월), 巳(4월), 午(5월), 未(6월), 申(7월), 酉(8월), 戌(9월), 亥(10월).

○ 五年, 春,正月에 伊湌「幢元」으로 爲,中侍하
오 년 춘 정 월 이 찬 당 원 위 중 시

다. 夏,四月에 國西旱하다.
하 사 월 국 서 한

▷ **본문풀이** ◁

5년, 봄 정월에 이찬 「당원」을 중시로 임명하였다. 여름 4월에, 서쪽 지방이 가물었다.

○ 六年, 秋,七月에 〈完山州:全州〉에서 進,嘉禾(:瑞禾)하니 異畝同穎하다. 九月에 宴,群臣於〈臨海殿:雁鴨池〉하다.
육 년 추 칠 월 완 산 주 진 가 화 이 묘 동 영 구 월 연 군 신 어 임 해 전 안 압 지

▶ **어려운 낱말** ◀

[異畝同穎(이묘동영)] : 다른 이랑의 이삭이 하나로 합쳐짐. 즉 禾穀이니, 祥瑞롭게 여겼다. [畝] : 이랑(묘). [穎] : 이삭(영).

▷ **본문풀이** ◁

6년, 가을 7월에 〈완산주〉에서 상서로운 벼 이삭을 바쳤는데, 이는 각각 다른 밭고랑에서 난 벼 이삭이 하나로 합쳐진 것이었다. 9월에, 〈임해전:안압지)〉에서 모든 신하들에게 잔치를 베풀었다.

○ 七年, 春,正月에 以,伊飡 「體元」으로 爲,〈牛頭州:首若州-春川〉摠管하다. 二月에 京都地動하고 大風
칠 년 춘 정 월 이 이 찬 체 원 위 우 두 주 총 관 이 월 경 도 지 동 대 풍

折木하다. 中侍「幢元」이 退老하니 大阿飡「順元」
절목 중시 당원 퇴로 대아찬 순원

으로 爲,中侍하다. 三月에 日本國,使至어늘 王이 引
위중시 삼월 일본국사지 왕 인

見,於〈崇禮殿〉하다. 秋,七月에 京都大水하다.
견어 숭례전 추칠월 경도대수

▷본문풀이◁

7년, 봄 정월에 이찬 「체원」을 〈우두주〉 총관으로 삼았다. 2월에, 서울에 지진이 있었고, 큰 바람이 불어 나무가 꺾였다. 중시 「당원」이 나이 많아서 사직하자, 대아찬 「순원」을 중시로 임명하였다. 3월에, 일본국 사신이 이르렀으므로 왕이 〈숭례전〉에서 그를 맞았다. 가을 7월에, 서울에 큰물이 지다.

○八年, 春,二月에 白氣竟天하고 星孛于東하다.
팔년 춘이월 백기경천 성패우동

遣使朝唐하여 貢,方物하다. 秋,七月에 東海水가
견사조당 공방물 추칠월 동해수

血色이러니 五日에 復舊하다. 九月에 東海水戰하
혈색 오일 복구 구월 동해수전

여 聲聞王都하다. 兵庫中의 鼓角이 自鳴하다. 〈新
성문왕도 병고중 고각 자명 신

村〉人 「美肹」이 得,黃金一枚하니 重,百分이라 獻
촌인 미흘 득황금일매 중백푼 헌

之하니 授位,南邊第一하고 賜租,一百石하다.
지 수위남변제일 사조일백석

▶어려운 낱말◀

[竟天(경천)] : 하늘에 뻗치다. [竟] : 마침내(경), 끝(경). [星孛(성패)] : 별이름. 혜성. [水戰(수전)] : 海底地震, 또는 海底噴火로 생기는 소리인 듯. [鼓角(고각)] : 북과 나팔. [肹(흘,힐)] : 소리(흘).

▷본문풀이◁

8년, 봄 2월에 흰 기운이 하늘에 뻗쳤고, 동쪽에 혜성이 나타났다. 사신을 당나라에 보내 방물을 바쳤다. 가을 7월에, 동해의 물이 핏빛으로 변했다가 5일 만에 회복되었다. 9월에, 동해의 물이 서로 부딪쳐서 그 소리가 서울까지 들렸다. 병기고에서 북과 나팔이 저절로 울렸다. 〈신촌〉 사람 「미흘」이 무게 백 푼이나 되는 황금 한 개를 주워서 바쳤으므로, 그에게 남변 제일의 위품과 벼 1백 석을 주었다.

○九年에 復以立,寅月(1월)로 爲正하다. 夏,五月에 伊飡「慶永」[永,一作,玄]이 謀叛하다가 伏誅하고 中侍「順元」이 緣坐,罷免하다. 六月에 歲星(:木星)入月하다.

(구년 부이립인월 위정 하오월 이찬 경영 모반 복주 중시 순원 연좌파면 유월 세성 입월)

▷본문풀이◁

9년, 다시 '인' 월로 정월을 삼았다. 여름 5월에, 이찬 「경영」【'영'을 '현(玄)'이라고도 한다.】이 모반하다가 처형되고, 중시 「순원」

이 연좌되어 파면되었다. 6월, 세성(목성)이 달에 들어갔다. *寅월(1월), 卯월(2월), 辰월(3월)…丑월(12월)

○十年, 春,二月에 彗星入月하다. 夏,五月에 〈靈巖郡〉太守,一吉湌「諸逸」이 背公,營私하므로 刑,一百杖하고 入島하다.

십 년 춘 이 월 혜 성 입 월 하 오 월 영 암 군 태 수 일 길 찬 제 일 배 공 영 사 형 일 백 장 입 도

▷**본문풀이**◁

10년, 봄 2월에 혜성이 달에 들어갔다. 여름, 5월에 〈영암군〉 태수 일길찬 〈제일〉이 공익을 위배하고 사사로이 이익을 탐하므로, 곤장 1백을 때려 섬으로 귀양 보냈다.

○十一年, 秋,七月에 王薨하다. 謚曰「孝昭(孝照)」라 하고 葬于〈望德寺〉東하다. [『舊唐書』云: "長安二年에 理洪(:孝昭王의 諱)卒하다." 諸古記云, "壬寅七月二十七日卒하다." 而『通鑑』云, "大足,三年卒이라." 하니 則『通鑑』이 誤니라.]

십 일 년 추 칠 월 왕 홍 시 왈 효 소 효 조 장 우 망 덕 사 동

▷**본문풀이**◁

11년, 가을 7월에 왕이 서거하였다. 시호를 「효소」라 하고 〈망

덕사〉 동쪽에 장사지냈다.【[구당서]에는 "장안 2년에 이홍이 죽었다."라고 기록되어 있으며, 여러 고기에도 "임인 7월 27일에 죽었다."고 기록되어 있는데, 「통감」에는 "대족 3년에 죽었다."고 기록되어 있으니, [통감]이 잘못된 것이다.】

33 聖德王(성덕왕) : 702~737

○聖德王이 立하다. 諱는「興光」이며 本名은「隆
성 덕 왕 입 휘 홍 광 본 명 융

基」이니 與「玄宗」과 諱同하니『先天:唐 睿宗의 年
기 여 현 종 휘 동 선 천

號』中에 改焉하다. [『唐書』言,金志誠] 神文王 第二子
중 개 언 신 문 왕 제 이 자

요 孝昭의 同母弟也라. 孝昭王이 薨하니 無子라
효 소 동 모 제 야 효 소 왕 홍 무 자

國人이 立之하다. 唐「則天:武后」이 聞,孝昭薨하고
국 인 입 지 당 측 천 문 효 소 홍

爲之,擧哀하여 輟朝,二日하고 遣使吊慰하며 冊王
위 지 거 애 철 조 이 일 견 사 적 위 책 왕

爲,新羅王하고 仍,襲兄(前兄이 당으로부터 받은 호) '將
위 신 라 왕 잉 습 형 장

軍都督' 之號하다.
군 도 독 지 호

▶어려운 낱말◀

[隆] : 높을(융). [輟] : 그칠(철). [册] : 책봉하다(책). 책(책).

▷본문풀이◁

성덕왕이 왕위에 올랐다. 이름은 「흥광」이다. 본명은 「융기」였으나 당 「현종」의 이름과 같았기 때문에 『선천』 연간에 고쳤다.【[당서]에는 김지성이라 하였다.】 그는 신문왕의 둘째 아들이며, 효소왕의 동복동생이다. 효소왕이 별세하였으나 아들이 없으므로 백성들이 그를 왕으로 세웠다. 당나라 「측천무후」가 효소왕이 별세하였다는 말을 듣고 애도하여 2일간 조회를 하지 않았으며, 사신을 보내 조문을 하고 왕을 신라왕으로 책봉하고, '장군도독' 이라는 형의 칭호를 이어받게 하였다.

○元年, 九月에 大赦하다. 增,文武官爵,一級하고
원년 구월 대사 증문무관작일급
復,諸州郡,一年租稅하다. 以,阿飡「元訓」으로 爲,
부제주군일년조세 이아찬 원훈 위
中侍하다. 冬,十月에 〈歃良州:梁山〉에서 橡實이 變
중시 동시월 삽량주 상실 변
爲栗하다.
위률

▶어려운 낱말◀

[復(부)] : 면제하다. [歃] : 마시다, 꽂다(삽). [橡] : 상수리(상). [橡實(상실)] : 상수리. [栗] : 밤(률).

▷ **본문풀이** ◁

원년, 9월에 죄수를 크게 사면하였다. 문무관에게 관작 한 급씩을 올려주고, 모든 주와 군의 1년간 조세를 면제하였다. 아찬 「원훈」을 중시로 임명하였다. 겨울 10월에, 〈삽량주〉에서 상수리가 변하여 밤이 되었다.

○二年, 春,正月에 親祀神宮하다. 遣使入唐하여
이 년 춘 정 월 친 사 신 궁 견 사 입 당

貢,方物하다. 秋,七月에 〈靈廟寺〉災하다. 京都大
공 방 물 추 칠 월 영 묘 사 재 경 도 대

水하여 溺死者,衆하다. 中侍「元訓」이 退하니 阿
수 익 사 자 중 중 시 원 훈 퇴 아

飡「元文」이 爲,中侍하다. 日本國使,至하니 摠,二
찬 원 문 위 중 시 일 본 국 사 지 총 이

百四人이라. 遣,阿飡「金思讓」하여 朝唐하다.
백 사 인 견 아 찬 김 사 양 조 당

▷ **본문풀이** ◁

2년, 봄 정월에 왕이 직접 신궁에 제사를 지냈다. 당나라에 사신을 보내 방물을 바쳤다. 가을 7월에, 〈영묘사〉에 불이 났다. 서울에 홍수가 나서 익사자가 많았다. 중시 「원훈」이 사직하자, 아찬 「원문」을 중시로 임명하였다. 일본국 사신이 왔는데, 총 인원이 204인이었다. 아찬 「김사양」을 당나라에 입조시켰다.

○三年, 春,正月에 〈熊川州:公州〉에서 進,金芝(:영
삼 년 춘 정 월 웅 천 주 진 금 지

지버섯)하다. 三月에 入唐「金思讓」이 廻하여 獻
삼 월 입 당 김 사 양 회 헌

『最勝王經:불경』하다. 夏,五月에 納,乘府令(車馬를
최 승 왕 경 하 오 월 납 승 부 령

맡은 官府) 蘇判「金元泰」之女하여 爲妃하다.
소 판 김 원 태 지 녀 위 비

▷본문풀이◁

3년, 봄 정월에 〈웅천주〉에서 금지를 진상하였다. 3월에, 당나라에 갔던 사신 「김사양」이 돌아와서 [최승왕경]을 바쳤다. 여름 5월, 승부령인 소판 「김원태」의 딸을 드려서 왕비로 삼았다.

○四年, 春,正月에 中侍「元文」이 卒하니 以,阿
사 년 춘 정 월 중 시 원 문 졸 이 아

飡「信貞」으로 爲,中侍하다. 三月에 遣使入唐,朝
찬 신 정 위 중 시 삼 월 견 사 입 당 조

貢하다. 夏,五月에 旱하다. 秋,八月에 賜,老人酒食
공 하 오 월 한 추 팔 월 사 노 인 주 식

하다. 九月에 下教하여 禁,殺生하다. 遣使如唐하여
구 월 하 교 금 살 생 견 사 여 당

獻,方物하다. 冬,十月에 國東州郡이 饑하여 人多
헌 방 물 동 시 월 국 동 주 군 기 인 다

流亡하니 發使賑恤하다.
류 망 발 사 진 휼

▷본문풀이◁

4년, 봄 정월에 중시 「원문」이 죽으니, 아찬 「신정」을 중시로 삼았다. 3월에, 사신을 당나라에 보내 조공하였다. 여름 5월에,

가뭄이 들었다. 가을 8월에, 노인들에게 술과 밥을 하사하였다. 9월에, 살생을 금하는 교서를 내렸다. 사신을 당나라에 보내 방물을 바쳤다. 겨울 10월에, 동쪽 지방의 주와 군에 흉년이 들어 사람들이 많이 유랑하자, 왕이 사신을 보내 구휼하였다.

○五年, 春,正月에 伊湌「仁品」으로 爲,上大等
오년 춘정월 이찬 인품 위상대등
하다. 國內饑하니 發,倉廩賑之하다. 三月에 衆星
국내기 발창름진지 삼월 중성
西流하다. 夏,四月에 遣使入唐하여 貢,方物하다.
서류 하사월 견사입당 공방물
秋,八月에 中侍「信貞」이 病免하고 以,大阿湌
추팔월 중시 신정 병면 이대아찬
「文良」으로 爲,中侍하다. 遣使,入唐하여 貢,方物하
문량 위중시 견사입당 공방물
다. 穀不登하다. 冬,十月에 遣使入唐하여 貢,方物
곡부등 동시월 견사입당 공방물
하다. 十二月에 大赦하다.
십이월 대사

▶어려운 낱말◀

[倉廩(창름)] : 창고. [方物(방물)] : 지방의 토산물로 당에 바칠 조공물. [不登(부등)] : 곡식이 익지 않음. [大赦(대사)] : 대사면.

▷본문풀이◁

5년, 봄 정월에 이찬 「인품」이 상대등을 삼았다. 나라에 기근이 들었으므로 창고를 풀어 구제하였다. 3월에, 뭇별이 서쪽으로 흘러갔다. 여름 4월에, 당나라에 사신을 보내 방물을 바쳤다. 가을 8월에, 중시 「신정」이 병으로 사직하자, 대아찬 「문량」을 중시로 임명하였다. 당나라에 사신을 보내 방물을 바쳤다. 곡식이 잘 익지 않았다. 겨울 10월에, 당나라에 사신을 보내 방물을 바쳤다. 12월에, 죄수들을 크게 사면하였다.

○六年, 春,正月에 民多饑死하니 給粟人,一日
육년 춘정월 민다기사 급속인일일
三升하여 至,七月하다. 二月에 大赦하다. 賜,百姓,
삼승 지칠월 이월 대사 사백성
五穀種子하되 有差하다. 冬,十二月에 遣使入唐하
오곡종자 유차 동십이월 견사입당
여 貢,方物하다.
공방물

▶**어려운 낱말**◀

[饑死(기사)] : 굶어 죽음. [給粟(급속)] : 곡식을 배급하다. [一日三升(일일삼승)] : 一日一口三升式. [有差(유차)] : 차등 지급. [구분] 粟 : 곡식(속). 栗 : 밤(률).

▷**본문풀이**◁

6년, 봄 정월에 백성 가운데 굶는 자가 늘어나니 한 사람에게 하루 곡식 3되씩을 7월까지 나누어 주었다. 2월에, 죄수를 크게 사면하였다. 백성들에게 5곡의 종자를 정도에 따라 나누어 주었다. 겨울 12월에, 사신을 당나라에 보내 방물을 바쳤다.

○七年, 春,正月에 〈沙伐州〉에서 進,瑞芝하다. 二
칠 년 춘 정 월 사 벌 주 진 서 지 이
月에 地震하다. 夏,四月에 鎭星(토성)犯月하다. 大
월 지 진 하 사 월 진 성 범 월 대
赦하다.
사

▶ **어려운 낱말** ◀

[瑞芝(서지)] : 상서로운 영지버섯. [鎭星(진성)] : 토성.

▷ **본문풀이** ◁

7년, 봄 정월에 〈사벌주〉에서 서지를 진상하였다. 2월에, 지진이 있었다. 여름 4월에는, 토성이 달을 범하였다. 죄수들을 크게 사면하였다.

○八年, 春,三月에 〈菁州:晉州〉에서 獻,白鷹하다.
팔 년 춘 삼 월 청 주 헌 백 응
夏,五月에 旱하다. 六月에 遣使入唐하여 貢,方物하
하 오 월 한 유 월 견 사 입 당 공 방 물
다. 秋,八月에 赦,罪人하다.
추 팔 월 사 죄 인

▶ **어려운 낱말** ◀

[白鷹(백응)] : 흰 매.

▷ **본문풀이** ◁

8년, 봄 3월에 〈청주〉에서 흰 매를 바쳤다. 여름 5월에, 가뭄이 들었다. 6월에, 사신을 당나라에 보내 방물을 바쳤다. 가을 8월에, 죄수들을 석방하였다.

○九年, 春,正月에 天狗,隕〈三郎寺(경주)〉北하다.
구 년 춘 정 월 천 구 운 삼 랑 사 북

遣使入唐하여 貢,方物하다. 地震하고 赦,罪人하다.
견 사 입 당 공 방 물 지 진 사 죄 인

▶어려운 낱말◀

[天狗(천구)] : 별의 이름. [隕] : 떨어질(운).

▷본문풀이◁

9년, 봄 정월에 〈삼랑사〉 북쪽에 천구성이 떨어졌다. 사신을 당나라에 보내 방물을 바쳤다. 지진이 있었고 죄수들을 석방하였다.

○十年, 春,三月에 大雪하다. 夏,五月에 禁,屠殺
십 년 춘 삼 월 대 설 하 오 월 금 도 살

하다. 冬,十月에 巡狩國南州郡하다. 中侍「文良」
동 시 월 순 수 국 남 주 군 중 시 문 량

이 卒하다. 十一月에 王製,百官箴하여 示,群臣하
졸 십 일 월 왕 제 백 관 잠 시 군 신

다. 十二月에 遣使入唐하여 貢,方物하다.
십 이 월 견 사 입 당 공 방 물

▶어려운 낱말◀

[屠殺(도살)] : 가축을 잡다. [巡狩(순수)] : 임금이 순행함. [製] : 글을 짓다

(제). [箴(잠)] : 경계하는 글. [百官箴(백관잠)] : 백관을 경계하는 글.

▷ **본문풀이** ◁

10년, 봄 3월에 큰 눈이 내렸다. 여름 5월에, 가축의 도살을 금하였다. 겨울 10월에, 왕이 남쪽 지방의 주와 군을 순행하였다. 중시 〈문량〉이 사망하였다. 11월에, 왕이 백관잠을 지어서 여러 신하들에게 보였다. 12월에, 사신을 당나라에 보내 방물을 바쳤다.

○ 十一年, 春.二月에 遣使入唐.朝貢하다. 三月
십일년 춘이월 견사입당조공 삼월
에 以.伊湌「魏文」으로 爲.中侍하다. 大唐이 遣使
이이찬 위문 위중시 대당 견사
「盧元敏」하여 勅改.王名하다. 夏.四月에 駕幸溫
노원민 칙개왕명 하사월 가행온
水(溫泉)하다. 秋.八月에 封「金庾信」妻하여 爲.夫
수 추팔월 봉 김유신 처 위부
人(爵名)하고 歲賜穀.一千石하다.
인 세사곡일천석

▷ **본문풀이** ◁

11년, 봄 2월에 사신을 당나라에 보내 조공하였다. 3월에, 이찬 「위문」으로 중시를 삼았다. 당나라에서 사신 「노원민」을 보내와 칙명으로 왕의 이름을 고치라고 하였다. 여름 4월에, 왕이 온수에 행차하였다. 가을 8월에, 「김유신」의 아내를 '부인'으로 봉하고, 해마다 곡식 천 석을 주기로 하였다.

○十二年, 春,二月에 置,典祀署하다. 遣使入唐
십 이 년 춘 이 월 치 전 사 서 견 사 입 당

하여 朝貢하니 「玄宗」은 御,樓門에서 以,見之하다.
조 공 현 종 어 누 문 이 견 지

冬,十月에 入唐使 「金貞宗」이 廻에 降,詔書하여
동 시 월 입 당 사 김 정 종 회 강 조 서

封王爲 '驃騎將軍,特進行左威衛大將軍,使持節
봉 왕 위 표 기 장 군 특 진 행 좌 위 위 대 장 군 사 지 절

大都督,雞林州諸軍事,雞林州刺史,上柱國樂浪
대 도 독 계 림 주 제 군 사 계 림 주 자 사 상 주 국 낙 랑

郡公,新羅王' 하다. 冬,十月에 中侍 「魏文」이 請
군 공 신 라 왕 동 시 월 중 시 위 문 청

老하니 從之하다. 十二月에 大赦하다. 築,開城하다.
로 종 지 십 이 월 대 사 축 개 성

▶ 어려운 낱말 ◀

[驃] : 표마=말 이름(표). [騎] : 말 탈(기). [刺史(자사)] : 중국의 지방관리. [上柱國(상주국)] : 벼슬 이름. 첫째 등급의 벼슬(고려).

▷ 본문풀이 ◁

12년, 봄 2월에 전사서를 설치하였다. 사신을 당나라에 보내 조공하니 「현종」이 누문에 나와 사신을 접견하였다. 겨울 10월에, 당나라에 갔던 사신 「김정종」이 귀국할 때에 황제가 조서를 내려 왕을 '표기장군, 특진행좌위위대장군, 사지절대도독, 계림주제군사, 계림주자사, 상주국낙랑군공, 신라왕' 으로 봉하였다. 겨울 10월에, 중시 「위문」이 연로하여 은퇴를 요청하므로 이를 허락하였다. 12월, 죄수들을 크게 사면하였다. 개성을 쌓았다.

○十三年, 春,正月에 伊飡「孝貞」을 爲,中侍하
십 삼 년 춘 정 월 이 찬 효 정 위 중 시

다. 二月에 改,詳文司(詳文師,翰林)하여 爲,通文博士
이 월 개 상 문 사 위 통 문 박 사

하고 以,掌書表事하다(상서,上表의 글). 遣,王子「金
이 장 서 표 사 견 왕 자 김

守忠」하여 入唐宿衛하니『玄宗』이 賜宅,及帛以,
수 충 입 당 숙 위 현 종 사 택 급 백 이

寵之하고 賜宴于,朝堂하다. 閏,二月에 遣,級飡(제9
총 지 사 연 우 조 당 윤 이 월 견 급 찬

품)「朴裕」하여 入唐,賀正하다. 唐賜'朝散大夫,員
박 유 입 당 하 정 당 사 조 산 대 부 원

外奉御'하여 還之하다. 夏旱하고 人多疾疫하다.
외 봉 어 환 지 하 한 인 다 질 역

秋에〈歃良州〉山에 橡實化,爲栗하다. 冬,十月에
추 삽 량 주 산 상 실 화 위 률 동 시 월

唐『玄宗』이 宴,我使者于,內殿하고 勅,宰臣及,四
당 현 종 연 아 사 자 우 내 전 칙 재 신 급 사

品已上,淸官(文翰職의 官吏)預言하다.
품 이 상 청 관 예 언

▶어려운 낱말◀

[宿衛(숙위)] : 현지에서 숙직하며 지킴. [還之(환지)] : 돌려보냄. [橡實(상실)] : 상수리나무 열매. [預] : 미리(예), 참여할(예). [預焉(예언)] : 참여하다.

[구분] 帛 : 비단(백), 綿 : 솜(면), 錦 : 비단(금).

▷본문풀이◁

13년, 봄 정월에 이찬「효정」을 중시로 삼았다. 2월에, 상문사를 통문박사로 고치고, 표문을 작성하는 일을 맡게 하였다. 왕자

「김수충」을 당에 보내 숙위케 하니, 『현종』이 그를 총애하여 집과 비단을 주고, 조당에서 잔치를 베풀어 주었다. 윤 2월에, 급찬 「박유」를 당에 보내 신년 하례를 하였는데, 그에게 '조산대부, 원외봉어'의 직을 주어 돌려보냈다. 여름에 가뭄이 들었고, 질병에 걸린 사람이 많았다. 가을에, 〈삽량주〉 산의 상수리가 변하여 밤이 되었다. 겨울 10월에, 당 『현종』이 내전에서 우리 사신에게 잔치를 베풀고, 재상과 신하 및 4품 이상의 청관들에게 이에 참가하도록 명령하였다.

○十四年, 春,三月에 遣「金楓厚」하여 入唐朝貢
십 사 년 춘 삼 월 견 김 풍 후 입 당 조 공
하다. 夏,四月에 〈菁州:晉州〉에서 進,白雀하다. 五月
하 사 월 청 주 진 백 작 오 월
에 赦하다. 六月에 大旱하다, 王이 召〈河西州:江陵〉
사 유 월 대 한 왕 소 하 서 주
龍鳴嶽의 居士「理曉」하여 祈雨於〈林泉寺〉池上
용 명 악 거 사 이 효 기 우 어 임 천 사 지 상
이러니 則雨,浹旬하다. 秋,九月에 太白(金星)이 掩,
즉 우 협 순 추 구 월 태 백 엄
庶子星하다. 冬,十月에 流星이 犯,紫微하다. 十二
서 자 성 동 시 월 유 성 범 자 미 십 이
月에 流星이 自,天倉(:胃宿)으로 入,大微하다. 赦,罪
월 유 성 자 천 창 입 태 미 사 죄
人하다. 封,王子「重慶」하여 爲,太子하다.
인 봉 왕 자 중 경 위 태 자

▶어려운 낱말◀

[浹] : 젖을(협). [浹旬(협순)] : 10일 동안 푹 젖게 하다. [紫微(자미)] : 北斗의

北에 있는 별로 天帝가 있는 곳. [大微(태미=太微)] : 자미환성(紫微垣星).

▷ **본문풀이** ◁

14년, 봄 3월에 「김풍후」를 당나라에 보내 조공하였다. 여름 4월에, 〈청주〉에서 흰 참새를 진상하였다. 5월에, 죄수들을 석방하였다. 6월에, 큰 가뭄이 들자, 왕이 〈하서주〉 용명악에 사는 거사 「이효」를 불러 〈임천사〉 연못에서 기우제를 지내게 하였는데, 곧 비가 열흘 동안이나 계속 내렸다. 가을 9월에, 금성이 서자성을 가렸다. 겨울 10월에, 유성이 자미성을 범하였다. 12월에, 유성이 천창으로부터 태미 성좌로 들어갔다. 죄수들을 석방하였다. 왕자 「중경」을 태자로 봉하였다.

○ 十五年(십오년), 春(춘), 正月(정월)에 流星犯月(유성범월)로 月(월), 無光(무광)하다. 三月(삼월)에 遣使入唐(견사입당)하여 獻(헌), 方物(방물)하다. 出(출) 「成貞王后(성정왕후)」[一云, 嚴貞]하고 賜彩五百匹(사채오백필)과 田(전), 二百結(이백결)과 租(조), 一萬石(일만석)과 宅(택), 一區(일구)하니 宅買(택매) 「康申公(강신공)」 舊居(구거)하여 賜之(사지)하다. 大風拔木(대풍발목), 飛瓦(비와)하여 崇禮殿(숭례전)이 毁(훼)하다. 入唐(입당), 賀正使(하정사) 「金楓厚(김풍후)」가 欲(욕), 歸國(귀국)하니 授(수), '員外郎(원외랑)'하여 還之(환지)하다. 夏(하), 六月(유월)에 旱(한)하니 又召(우소), 居士(거사) 「理曉(이효)」로 祈禱(기도)하니 則雨(즉우)하다. 赦罪人(사죄인)하다.

▶어려운 낱말◀

[出] : 궁외 출척.

▷본문풀이◁

15년, 봄 정월에 유성이 달을 범하자, 달이 빛을 잃었다. 3월에, 사신을 당에 보내 방물을 바쳤다. 왕이 「성정왕후」【엄정이라고도 한다.】를 궁에서 내보내는데, 비단 5백 필, 밭 2백 결, 벼 1만 석, 저택 한 구역을 주었다. 그 집은 「강신공」의 옛 집이었는데, 이를 사준 것이다. 큰 바람이 불어 나무가 뽑히고 기와가 날았으며, 숭례전이 무너졌다. 당나라에 갔던 하정사 「김풍후」가 귀국하려 하니, 당 황제가 그에게 '원외랑' 벼슬을 주어 돌려보냈다. 여름 6월에, 가뭄이 들어 다시 거사 「이효」를 불러 기도하게 하니, 곧 비가 내렸다. 죄수들을 석방하였다.

○十六年(십육년), 春(춘),二月(이월)에 置(치),醫博士(의박사)와 算博士(산박사)를 各(각),一員(일원)하다. 三月(삼월)에 創(창),新宮(신궁)하다. 夏(하),四月(사월)에 地震(지진)하고 六月(유월)에 太子(태자)「重慶(중경)」이 卒(졸)하니 諡曰(시왈),『孝殤(효상)』이라 하다. 秋(추),九月(구월)에 入唐大監(입당대감)「守忠(수충):王子」이 廻(회)하여 獻(헌)『文宣王(문선왕):孔子』,十哲(십철), 七十二(칠십이),弟子圖(제자도)어늘 卽置(즉치)於(어),大學(대학)(태학=국학)하다.

▶ 어려운 낱말 ◀

[殤] : 일찍 죽을(상).

▷ 본문풀이 ◁

16년, 봄 2월에 의박사와 산 박사 각 한 명씩을 두었다. 3월에, 새로 대궐을 지었다. 여름 4월에 지진이 있었고, 6월에, 태자 「중경」이 죽으니, 시호를 『효상』이라 하였다. 가을 9월에, 당에 갔던 대감 「수충」이 돌아와 『문선왕』 10철, 72제자의 화상을 바치니, 이를 곧 태학에 안치하였다.

○十七年, 春,正月에 中侍「孝貞」이 退하니 波
십 칠 년 춘 정 월 중 시 효 정 퇴 파
珍湌(:4品官) 「思恭」을 爲,中侍하다. 二月에 王이
진 찬 사 공 위 중 시 이 월 왕
巡撫,國西州郡하여 親問高年及,鰥寡孤獨하고 賜
순 무 국 서 주 군 친 문 고 년 급 환 과 고 독 사
物有差하다. 三月에 地震하다. 夏,六月에 震〈皇龍
물 유 차 삼 월 지 진 하 유 월 진 황 룡
寺:九層塔?〉塔하다. 始造,漏刻(물시계)하다. 遣使入唐
사 탑 시 조 누 각 견 사 입 당
하여 朝貢하니 授,守中郎將,還之하다. 冬,十月에
조 공 수 수 중 낭 장 환 지 동 시 월
流星이 自昴(묘:28수의 하나)入于,奎(28수의 하나)하니
유 성 자 묘 입 우 규
衆小星이 隨之하고 天狗隕,艮方(北東)하다. 築〈漢
중 소 성 수 지 천 구 운 간 방 축 한
山州〉都督,管內諸城하다.
산 주 도 독 관 내 제 성

▶ 어려운 낱말 ◀

[鰥寡孤獨(환과고독)] : 과부와 홀아비, 고아, 무자식, 즉 四顧無親. [漏] : 셀(누). [昴(묘)와 奎(규)] : 모두 28수의 하나로 奎는 文을 나타내는 별이라 한다. [天狗(천구)] : 별의 이름. [艮方(간방)] : 24방의 하나. [正東]과 [正北]의 한 가운데를 중심으로 15도 안의 방위.

▷ 본문풀이 ◁

17년, 봄 정월에 중시 「효정」이 은퇴하고, 파진찬 「사공」이 중시가 되었다. 2월에, 왕이 서쪽 지방의 주와 군을 순행 위무하여, 나이 많은 사람 · 홀아비 · 과부 · 고아 · 자식 없는 노인들을 직접 위문하고, 정도에 따라 물품을 하사하였다. 3월에, 지진이 있었다. 여름 6월에, 〈황룡사〉 탑에 벼락이 쳤다. 처음으로 누각을 만들었다. 사신을 당나라에 보내 조공하니, 수중낭장 벼슬을 주어 돌려보냈다. 겨울 10월에, 유성이 묘성으로부터 규성으로 들어가자, 여러 작은 별들이 이를 따라 들어갔고, 천구가 동북방에 떨어졌다. 〈한산주〉 도독 관내 여러 곳에 성을 쌓았다.

○ 十八年(십팔년), 春(춘),正月(정월)에 遣使入唐(견사입당),賀正(하정)하다. 秋(추),九月(구월)에 震(진),金馬郡(금마군)(:益山)〈彌勒寺(미륵사)〉하다.

▷ 본문풀이 ◁

18년, 봄 정월에 사신을 당나라에 보내 신년 하례를 하였다. 가을 9월에, 금마군 〈미륵사〉에 벼락이 떨어졌다.

○十九年, 春,正月에 地震하다. 上大等「仁品」
십 구 년 춘 정 월 지 진 상 대 등 인 품
이 卒하고 大阿湌「裵賦」로 爲,上大等하다. 三月에
졸 대 아 찬 배 부 위 상 대 등 삼 월
納,伊湌「順元」之女하여 爲,王妃하다. 夏四月에
납 이 찬 순 원 지 녀 위 왕 비 하 사 월
大雨하여 山崩,十三所하다. 雨雹으로 傷,禾苗하다.
대 우 산 붕 십 삼 소 우 박 상 화 묘
五月에 命,有司하여 埋,骸骨하다. 〈完山州:全州〉에
오 월 명 유 사 매 해 골 완 산 주
進,白鵲하다. 六月에 冊,王妃하여 爲,王后하다. 秋,
진 백 작 유 월 책 왕 비 위 왕 후 추
七月〈熊川州:公州〉에 獻,白鵲하다. 蝗蟲이 害穀하
칠 월 웅 천 주 헌 백 작 황 충 해 곡
다. 中侍「思恭」이 退하고 波珍湌「文林」이 爲,中
중 시 사 공 퇴 파 진 찬 문 림 위 중
侍하다.
시

▷ **본문풀이** ◁

19년, 봄 정월에 지진이 있었다. 상대등 「인품」이 죽으니, 대아찬 「배부」가 상대등이 되었다. 3월에, 이찬 「순원」의 딸을 왕비로 삼았다. 여름 4월에, 큰 비가 내려 산이 열세 곳이나 무너졌다. 우박이 내려 벼의 모종을 해쳤다. 5월에, 유사에게 명하여 해골을 묻게 하였다. 〈완산주〉에서 흰 까치를 진상하였다. 6월에, 왕비를 왕후로 책봉하였다. 가을 7월에, 〈웅천주〉에서 흰 까치를 진상하였다. 메뚜기 떼가 곡식을 해쳤다. 중시 「사공」이 은퇴하고, 파진찬 「문림」이 중시가 되었다.

○二十年, 秋,七月에 徵〈何瑟羅道:咸鏡南道 永興〉
이십년 추 칠월 징 하슬라도

丁夫,二千하여 築,長城於北境하다. 冬에 無雪하다.
정부 이천 축 장성어북경 동 무설

▷본문풀이◁

20년, 가을 7월에 〈하슬라도〉 장정 2천 명을 징발하여 북쪽 국경에 장성을 쌓았다. 겨울에, 눈이 내리지 않았다.

○二十一年, 春,正月에 中侍「文林」이 卒하고
이십일년 춘 정월 중시 문림 졸

伊湌「宣宗」으로 爲,中侍하다. 二月에 京都,地震
이찬 선종 위 중시 이월 경도 지진

하다. 秋,八月에 始給,百姓,丁田하다. 冬,十月에 遣,
추 팔월 시급 백성 정전 동 시월 견

大奈麻「金仁壹」하여 入唐,賀正하고 幷獻,方物하
대나마 김인일 입당 하정 병헌 방물

다. 築,〈毛伐郡城:慶州 外東面〉하여 以遮,日本,賊路
축 모벌군성 이차 일본 적로

하다.

▷본문풀이◁

21년, 봄 정월에 중시 「문림」이 죽자, 이찬 「선종」이 중시가 되었다. 2월에, 경도에 지진이 있었다. 가을 8월에, 처음으로 백성들에게 정전을 주었다. 겨울 10월에, 대나마 「김인일」을 당에 보내 신년을 하례하고, 아울러 방물을 바쳤다. 〈모벌군성〉(경주 외

동)을 쌓아 일본의 침입 길을 막았다.

○二十二年, 春,三月에 王이 遣使,入唐하여 獻,
이십이년 춘삼월 왕 견사입당 헌
美女二人하다. 一名은 「抱貞」이니 父는 「天承」
미녀이인 일명 포정 부 천승
奈麻(제11품관)요, 一名은 「貞菀」이니 父는 「忠訓」
나마 일명 정완 부 충훈
大舍(제12품관)이다. 給以에 衣着·器具·奴婢·
대사 급이 의착 기구 노비
車馬, 備禮資,遣之하다. 『玄宗』曰, "女는 皆王의
거마 비례자견지 현종 왈 여 개왕
姑姉妹(內從姉妹)로 違,本屬(친족)하고 別,本國이니
고자매 위본속 별본국
朕은 不留로다." 하고 厚賜還之하다. 「貞菀」碑云,
짐 불류 후사환지 정완 비운
"孝成:次王六年, 〈天寶:玄宗年号〉元年에 歸唐하다."
효성 육년 천보 원년 귀당
하니 未知孰是라. 夏,四月에 遣使入唐하여 獻,果
미지숙시 하사월 견사입당 헌과
下馬一匹,牛黃,人蔘,美髢(미체:女子首飾用머리),朝霞
하마일필우황인삼미체 조하
紬,魚牙紬,鏤鷹鈴,海豹皮(물소껍질),金銀等하고 上
주어아주누응령해표피 금은등 상
表曰, "臣이 鄕居,海曲으로 地處遐陬하여 元無泉
표왈 신 향거해곡 지처하추 원무천
客(해외상인)之珍하고 本乏,賓人(남만인)之貨하여 敢
객 지진 본핍빈인 지화 감
將,方産之物로 塵瀆,天官(임금의 이목)하고 駑蹇(:노
장방산지물 진독천관 노건

건=노둔하고 절룩거리는) 之才로 滓穢龍廐하나이다. 竊
지재 재예용구 절
方燕豕를 敢類楚雞하여 深覺靦顔하여 彌增戰汗
방연시 감류초계 심각전안 미증전한
하나이다." 하다. 地震하다.
지진

▶어려운 낱말◀

[髢] : 꾸밀(체). [鏤] : 새길(루). [鷹] : 매(응). [遐] : 멀(하). [陬] : 모퉁이(추). [駑]: : 둔할(노). [蹇] : 절(건). [滓穢龍廐(재예용구)] : 용구(임금의 마구간)를 추하게 하려 함. [竊方(절방)] : 몰래. [燕豕(연시)] : 요동의 돼지라는 뜻으로, 별것이 아니라는 말, 고루함을 나타내는 말. [楚雞(초계)] : 꼬리가 긴 닭으로 역시 자기 물건이 별것 아니라는 겸양어. [靦] : 부끄러울(전). [深覺靦顔(심각전안)] : 깊이 부끄러움을 깨닫다. [彌增戰汗(미증전한)] : 두루 부끄럽고 두려워 진땀을 흘리다. [戰汗(전한)] : 부끄럽고 땀이 난다는 겸양어.

▷본문풀이◁

22년, 봄 3월에 왕이 사신을 당에 보내 미인 두 명을 바쳤다. 한 명은 「포정」이라는 여자로서 아버지는 나마 「천승」이었으며, 한 명은 「정완」이라는 여자로서 아버지는 대사 「충훈」이었다. 두 여자가 떠날 때 왕이 의복과 기구와 노비와 수레와 말을 주어 예장을 갖추어 보냈다. 『현종』은 "너희들이 모두 왕의 내종 자매들로서, 친척과 이별하고 고국을 떠나왔으니, 나는 차마 머물러 있게 할 수가 없다."라고 말하고, 후하게 선물을 주어 돌려보냈다. 「정완」의 비석에는 "효성 6년, 즉 〈천보〉 원년에 당나라에 가다."라고 되어 있으니, 어느 것이 옳은지 알 수 없다. 여름 4월에, 사신을 당에 보내 과하마 한 필 · 우황 · 인삼 · 미체 · 조하주 · 어아주 · 조각한 매 방울 · 해표 가죽 · 금은 등을 바쳤다. 황제에게 올리는 표문에 이르기를, "우리나라는 바다의 한 구석 벽지에 처하여 있어, 원래 외지에서 들어오는 진귀한 재물이 없으므로, 감히 지방의 토산물로 황제의 이목을 더럽히고, 노둔한 말재주로 황제의 마굿간을 더럽힙니다. 생각해보면, 요동의 흰 돼지를 바치는 어리석음과 같사오니, 감히 초나라 닭을 바친 충성에 비할 수 있겠습니까. 속 깊이 부끄러움을 느껴 더욱 떨리고 진땀이 흐릅니다."라고 하였다. 지진이 있었다.

○二十三年, 春에 立,王子「承慶」하여 爲,太子
이 십 삼 년 춘 입 왕 자 승 경 위 태 자
하고 大赦하다. 〈熊川州:공주〉에서 進,瑞芝하다. 二
대 사 웅 천 주 진 서 지 이
月에 遣「金武勳」하여 入唐賀正하다. 「武勳」이
월 견 김 무 훈 입 당 하 정 무 훈
還하니 『玄宗』이 降書曰, "卿이 每承正朔에 朝貢
환 현 종 강 서 왈 경 매 승 정 삭 조 공
闕庭하고 言念所懷하니 深可嘉尙이로다. 又得,所
궐 정 언 념 소 회 심 가 가 상 우 득 소
進雜物,等하니 踰越滄波하고 跋涉草莽하여도 物
진 잡 물 등 유 월 창 파 발 섭 초 망 물
旣精麗하여 深表卿心하도다. 今,賜卿錦袍 · 金帶
기 정 려 심 표 경 심 금 사 경 금 포 금 대
及綵素共,二千匹하여 以答誠獻하니 至宜領也하
급 채 소 공 이 천 필 이 답 성 헌 지 의 령 야
라." 하다. 冬,十二月에 遣使入唐하여 獻,方物하다.
동 십 이 월 견 사 입 당 헌 방 물

「炤德王妃:聖德王 后妃」 卒하다.
소 덕 왕 비 졸

▷본문풀이◁

23년, 봄에 왕자 「승경」을 태자로 삼았고, 죄수들을 크게 사면하였다. 〈웅천주〉에서 서지를 진상하였다. 2월에, 「김무훈」을 당에 보내 신년을 하례하였다. 「무훈」이 귀국할 때 『현종』이 글을 보내 말하기를, "경이 정삭을 받들 때마다 우리 조정에 조공을 보내고, 가슴에 품은 뜻을 말하니, 진실로 가상한 일이다. 또한 진상한 여러 가지 물건을 받고 보니, 모두가 푸른 바다와 거친 들판을 건너왔건만, 하나같이 정성스럽고 아름다운 것들이어서, 그대의 뜻을 충분히 나타내고 있었다. 이제 그대에게 비단 웃옷과 금띠와 채색 비단, 흰 비단을 합하여 2천 필을 주어 정성스러운 예물에 답례하노니, 물건이 도착하면 잘 받으라."라고 하였다. 겨울 12월에, 사신을 당나라에 보내 토산물을 바쳤다. 「소덕왕비」가 죽었다.

○二十四年, 春,正月에 白虹(불길의 징조)見하다.
이 십 사 년 춘 정 월 백 홍 현
三月에 雪하다. 夏,四月에 雹하다. 中侍「宣宗」이
삼 월 설 하 사 월 박 중 시 선 종
退하고 伊湌「允忠」으로 爲,中侍하다. 冬,十月에
퇴 이 찬 윤 충 위 중 시 동 시 월
地動(지진)하다.
지 동

▷ **본문풀이** ◁

24년, 봄 정월에 흰 무지개가 나타났다. 3월에, 눈이 내렸다. 여름 4월에, 우박이 내렸다. 중시 「선종」이 은퇴하자, 이찬 「윤충」이 중시가 되었다. 겨울 10월에, 지진이 있었다.

○二十五年, 夏.四月에 遣「金忠臣」하여 入唐賀正하다. 五月에 遣.王弟「金釿質」하여 入唐朝貢하니 授.郎將.還之하다.

(이십오년 하사월 견 김충신 입당 하정 오월 견왕제 김근질 입당조 공 수낭장환지)

▶ **어려운 낱말** ◀

[釿] : 큰 자귀(근). [郎將(낭장)] : 벼슬 이름.

▷ **본문풀이** ◁

25년, 여름 4월에 「김충신」을 당나라에 보내 신년을 하례하였다. 5월에, 왕의 아우 「김근질」을 당나라에 보내 조공하였다. 그에게 낭장 벼슬을 주어 돌려보냈다.

○二十六年, 春.正月에 赦.罪人하다. 遣使入唐하여 賀正하다. 夏.四月에 以.一吉湌「魏元」으로 爲.大阿湌하고 級湌「大讓」으로 爲.沙湌하다. 冬.

(이십육년 춘정월 사죄인 견사입당 하정 하사월 이일길찬 위원 위대아찬 급찬 대양 위사찬 동)

十二月에 修「永昌宮」하다. 上大等「裴賦」請老
십 이 월 수 영 창 궁 상 대 등 배 부 청 로
어늘 不許하고 賜,几杖하다.
불 허 사 궤 장

▶ 어려운 낱말 ◀

[几杖(궤장)] : 안석과 지팡이.

▷ 본문풀이 ◁

26년, 봄 정월에 죄수들을 석방하였다. 사신을 당나라에 보내 신년을 하례하였다. 여름 4월에, 일길찬 「위원」을 대아찬, 급찬 「대양」을 사찬에 임명하였다. 겨울 12월에, 「영창궁」을 수리하였다. 상대등 「배부」가 연로하여 은퇴를 요청하였으나, 이를 허락하지 않고 안석과 지팡이를 하사하였다.

○二十七年, 秋,七月에 遣,王弟「金嗣宗」하여
이 십 칠 년 추 칠 월 견 왕 제 김 사 종
入唐獻,方物하고 兼,表請子弟入,國學하니 詔,許
입 당 헌 방 물 겸 표 청 자 제 입 국 학 조 허
之하다. 授「嗣宗」을 果毅(唐,府兵官)하고 仍留,宿衛
지 수 사 종 과 의 잉 류 숙 위
하다. 上大等「裴賦」請老하니 從之하고 以,伊湌
상 대 등 배 부 청 로 종 지 이 이 찬
「思恭」으로 爲,上大等하다.
사 공 위 상 대 등

▷본문풀이◁

27년, 가을 7월에 왕의 아우 「김사종」을 당에 보내 토산물을 바치고, 겸하여 글로써 자제들의 국학에 입학을 요청하니, 이를 허가하도록 황제가 명하였다. 황제가 「사종」에게 과의 벼슬을 주고, 숙위로 머무르게 하였다. 상대등 「배부」가 연로하여 은퇴를 요청하니, 이를 허락하였다. 이찬 「사공」을 상대등에 임명하였다.

○二十八年, 春,正月에 遣使,入唐賀正하다. 秋,
이십팔년 춘정월 견사입당하정 추
九月에 遣使,入唐朝貢하다.
구월 견사입당조공

▷본문풀이◁

28년, 봄 정월에 사신을 당나라에 보내 신년 하례를 하였다. 가을 9월에, 사신을 당나라에 보내 조공하였다.

○二十九年, 春,二月에 遣,王族「志滿」으로 朝
이십구년 춘이월 견왕족 지만 조
唐하여 獻,小馬五匹 · 狗一頭 · 金,二千兩 · 頭髮,
당 헌소마오필 구일두 금이천량 두발
八十兩 · 海豹皮,十張하다. 『玄宗』이 授「志滿」
팔십량 해표피십장 현종 수 지만
을 大僕卿하고 賜絹,一百匹 · 紫袍 · 錦,細帶하고
태복경 사견일백필 자포 금세대
仍留,宿衛하다. 冬,十月에 遣使朝唐,貢獻方物하니
잉류숙위 동시월 견사조당공헌방물
『玄宗』이 賜物有差하다.
현종 사물유차

▷본문풀이◁

29년, 봄 2월에 왕족「지만」을 당에 보내 작은 말 다섯 필 · 개 한 마리 · 금 2천 냥 · 머리 털 80냥 · 해표 가죽 열 장을 바쳤다. 『현종』이「지만」에게 태복경 벼슬을 주고, 명주 백 필 · 자줏빛 웃옷 · 비단으로 만든 가는 띠를 주었고, 그를 숙위에 머무르게 하였다. 겨울 10월에, 사신을 당나라에 보내 방물을 바치니, 『현종』이 직급에 따라 그들에게 물건을 주었다.

○三十年, 春.二月에 遣「金志良」하여 入唐賀
삼 십 년 춘 이 월 견 김 지 량 입 당 하
正하다.『玄宗』이 授'大僕少卿員外置'하고 賜.帛
정 현 종 수 태 복 소 경 원 외 치 사 백
六十匹로 放還하며 降.詔書曰, "所進牛黃及.金
육 십 필 방 환 강 조 서 왈 소 진 우 황 급 금
銀等物은 省表(신라왕의 글)具之하다. 卿은 二明(日
은 등 물 성 표 구 지 경 이 명
月,夫婦)慶祚하고 三韓善隣이니 時稱'仁義之鄕'이
경 조 삼 한 선 린 시 칭 인 의 지 향
요 世著.勳賢之業하다. 文章禮樂은 闡.君子之風
세 저 훈 현 지 업 문 장 예 악 천 군 자 지 풍
하고 納款輸忠은 效.勤王之節이로다. 固.藩維(地方)
납 관 수 충 효 근 왕 지 절 고 번 유
之鎭衛(重要之地)요, 諒.忠義之儀表이니 豈.殊方憬
지 진 위 양 충 의 지 의 표 기 수 방 경
俗을 可.同年而語耶아? 加以慕義克勤하고 述職
속 가 동 년 이 어 야 가 이 모 의 극 근 술 직
愈謹하며 梯山航海하여 無倦於.阻脩(:조수=久阻의 條
유 근 제 산 항 해 무 권 어 조 수

信)하고 獻幣貢琛을 有常於,歲序하다. 守我王度하
헌 폐 공 침 유 상 어 세 서 수 아 왕 도

여 垂諸國章하니 乃眷懇誠하여 深可嘉尙하다. 朕
수 제 국 장 내 권 간 성 심 가 가 상 짐

이 每,晨興佇念하고 宵衣待賢하다. 想見其人(:王)
매 신 흥 저 념 소 의 대 현 상 견 기 인

하면 以光啓沃하며 俟卿覯止하여 允副所懷러니
이 광 계 옥 사 경 구 지 윤 부 소 회

今使至하여 知嬰疾苦로 不遂抵命하다. 言念遐闊
금 사 지 지 영 질 고 불 수 저 명 언 념 하 활

하니 用增憂勞로다. 時候暄和하여 想痊復也로다.
용 증 우 로 시 후 훤 화 상 전 복 야

今賜卿,綾綵五百匹과 帛,二千五百匹하니 宜卽領
금 사 경 릉 채 오 백 필 백 이 천 오 백 필 의 즉 영

取하라." 하다. 夏,四月에 赦하고 賜,老人酒食하다.
취 하 사 월 사 사 노 인 주 식

日本國,兵船三百艘가 越海,襲我東邊하므로 王이
일 본 국 병 선 삼 백 소 월 해 습 아 동 변 왕

命將出兵하여 大破之하다. 秋,九月에 命,百官으로
명 장 출 병 대 파 지 추 구 월 명 백 관

會〈的門〉하여 射,車弩하다.
회 적 문 사 거 노

▶어려운 낱말◀

[具(구)] : 자세히 알다. [勳賢之業(훈현지업)] : 공훈과 현덕이 있는 업. [闡] : 열(천). [款] : 사랑(관). [納款輸忠(납관수충)] : 修好 관계를 위한 忠을 이룸. [諒] : 믿을(량). [憬] : 깨달을(경). [殊方憬俗(수방경속)] : 야만의 지역과 문화 지역. [加] : 더구나(가). [梯山航海(제산항해)] : 산과 바다를 두루 건너서. [琛] : 보배(침). [章] : 기록(장). 여기서는 사기에 기록을 말함. [宵衣(소의)] : 임금이 미명에도 일어나 옷을 입고 정사를 살핀다는 뜻. [啓沃(계옥)] : 사심

없이 충성된 마음으로 생각하는 바를 임금께 사뢰다. [言念遐闊(언념하활)] : 멀리 떨어져 있기에. [暄和(훤화)] : 따뜻하고 화창함. [想痊復也(상전복야)] : 생각하면 병도 나을 것 같다.

▷ **본문풀이** ◁

30년, 봄 2월에 「김지량」을 당에 보내 신년을 하례하였다. 『현종』은 그에게 '태복소경원외치'의 벼슬을 주고, 비단 60필을 주어 돌려보내면서 다음과 같은 조서를 내렸다. 그 조서에 이르기를, "우황과 금은 등을 보내준 것을 그대의 표문을 보고 잘 알았다. 그대의 시조 두 성인이 나라를 창건한 이후, 삼한이 좋은 이웃으로 화목하게 지내니, 세상에서는 그대의 나라를 어질고 의로운 나라라고 불렀고, 대대로 훌륭한 업적을 이루어내었다. 문장과 예악은 군자의 기풍을 보여주었고, 당나라에 대한 약속과 충성을 지켜 왕으로서의 절조에 힘써 실행하였으니, 진실로 번방의 요새이며, 충의의 모범이다. 그러하니 어찌 야만의 무리가 사는 이역의 흉악한 풍속 문화와 동일하게 취급할 수 있겠는가? 더구나 그대는 당나라에 대한 공경과 정의를 두터이 하며, 우리 조정의 조회에 정성스럽게 참여하고, 길이 멀거나 험한 것을 마다하지 않고, 산 넘고 바다를 건너와 새해가 될 때마다 항상 폐백과 보물을 바쳤다. 그리하여 우리의 왕법을 지키고 국가의 기록에 오르게 되었으니, 그 간곡한 정성을 돌아보면 실로 가상한 일이로다. 나는 새벽마다 일어나 그대를 생각하고, 밤에도 옷을 입고 현명한 사람인 그대를 기다렸다. 그대를 만나면 나의 심정이 밝아질 것 같았기에, 그대를 기다려 나의 소회를 나누고자 하였다. 그러나 이제 사신이 와서 사정을 설명하여, 그대가 병 때문에 오지 못하게 되었음을 알게 되었다. 멀리 떨어져 있기만 하니 걱정이 더할 뿐이다. 날씨가 온화하여지면 병이 회복되리라고 생각한다. 이제 그대에게 능직 비단 5백 필과 비단 2천 5백 필을 주노니 받기를 바란다." 고 하였다. 여름 4월에, 죄수들을 석방하였다. 노인들에게 술과 음식을 하사하였다. 일본국 병선 3백 척이 바다를 건너와 동쪽 변경을 습격하므로, 왕이 장병을 출동시켜 대파하였다. 가을 9월에, 왕이 백관들로 하여금 〈적문〉에 모이게 하여, 그들과 함께 거노의 사격술을 관람하였다.

○三十一年, 冬,十二月에 以,角干「思恭」과 伊飡「貞宗」과「允忠」과「思仁」을 各爲,將軍하다.
삼십일년 동십이월 이각간 사공 이찬 정종 윤충 사인 각위장군

▷본문풀이◁

31년, 겨울 12월에 각간「사공」과 이찬「정종」·「윤충」·「사인」을 각각 장군으로 삼았다.

○三十二年, 秋,七月에 唐『玄宗』이 以〈渤海〉〈靺鞨〉이 越海入寇〈登州:산동성 봉래현〉하니 遣,大僕員外卿「金思蘭:신라 왕족」을 歸國하다. 仍加授
삼십이년 추칠월 당 현종 이발해 말갈 월해입구 등주 견대 복원외경 김사란 귀국 잉가수

王爲 '開府儀同三司.寧海軍使'하여 發兵,擊〈靺
왕 위 개 부 의 동 삼 사 영 해 군 사 발 병 격 말

鞨(渤海)〉 南鄙(지금의 咸南地方)하다. 會에 大雪丈餘
갈 남 비 회 대 설 장 여

하고 山路阻隘하여 士卒,死者過半으로 無功而還
산 로 조 애 사 졸 사 자 과 반 무 공 이 환

하다.「金思蘭」은 本,王族으로 先因入朝에 恭而有
김 사 란 본 왕 족 선 인 입 조 공 이 유

禮하고 因留宿衛하더니 及是에 委以出疆之任하
례 인 류 숙 위 급 시 위 이 출 강 지 임

다. 冬,十二月에 遣,王姪「志廉」을 朝唐謝恩하다.
동 십 이 월 견 왕 질 지 렴 조 당 사 은

初에 帝賜王,白鸚鵡雄雌,各一雙及紫羅繡袍(비
초 제 사 왕 백 앵 무 웅 자 각 일 쌍 급 자 라 수 포

단)·金銀細器物·瑞紋錦·五色羅綵,共三百餘
금 은 세 기 물 서 문 금 오 색 나 채 공 삼 백 여

段하니 王이 上表(글)謝曰, "伏惟, 陛下,執象開元
단 왕 상 표 사 왈 복 유 폐 하 집 상 개 원

하시고 聖文神武하시어 應,千齡之昌運하시고 致,萬
성 문 신 무 응 천 령 지 창 운 치 만

物之嘉祥하시니 風雲所通에 咸承至德하시고 日
물 지 가 상 풍 운 소 통 함 승 지 덕 일

月所炤에 共被深仁하오이다. 臣地隔〈蓬壺(봉호):한
월 소 소 공 피 심 인 신 지 격 봉 호

반도〉로 天慈洽遠하여 鄕睽華夏하니 睿渥覃幽오이
천 자 흡 원 향 규 화 하 예 악 담 유

다. 伏視瓊文(경문:조서)하고 跪披玉匣하니 含,九宵
복 시 경 문 궤 피 옥 갑 함 구 소

之雨露하고 帶,五彩之鵷鸞(원난:玉匣에 그린 珍禽)이
지 우 로 대 오 채 지 원 난

라. 辯惠靈禽하오니 素蒼兩妙(:妙鳥는 鸚鵡새임)는 或
변 혜 영 금 소 창 양 묘 혹

稱〈長安〉之樂하고 或傳.聖主之恩하다. 羅錦彩章
칭 장안 지 락 혹 전 성 주 지 은 나 금 채 장

과 禁銀寶鈿은 見之者爛目하고 聞之者驚心이오
금 은 보 전 견 지 자 난 목 문 지 자 경 심

이다. 原其獻款之功하면 實由先祖어니와 錫此.非
원 기 헌 관 지 공 실 유 선 조 석 차 비

常之寵은 延及末孫하리니 微效似塵이나 重恩如
상 지 총 연 급 말 손 미 효 사 진 중 은 여

嶽이오이다. 循揣分하니 何以上酬하리요." 하였다.
악 순 췌 분 하 이 상 수

詔饗「志廉」内殿하고 賜以束帛하다.
조 향 지 렴 내 전 사 이 속 백

▶ 어려운 낱말 ◀

[會(회)] : 때마침. [阻隘(조애)] : 막히다. [蓬壺(봉호)] : 봉래와 방호의 뜻으로, 신선의 소거이니 바로 우리 한반도를 뜻함. [循揣分(순췌분)] : 나의 이 분수를 헤아려보면.

▷ 본문풀이 ◁

32년, 가을 7월에 〈발해〉에 소속된 〈말갈〉이 바다를 건너 등주를 침범하므로, 당 『현종』이 태복원외경 「김사란」을 귀국시키면서, 동시에 왕에게 '개부의동삼사, 영해군사' 의 작위를 더하여 주고, 김사란에게 군사를 주어 〈말갈〉의 남부 지방을 공격하도록 하였다. 그때 마침 큰 눈이 한길 넘게 내려 산길이 막혔고, 사망자가 절반이 넘었으며, 아무런 전공도 세우지 못하고 귀환하였다. 「김사란」은 원래 왕족이었는데, 앞서 당나라 조회에 참여하였을 때 공손하고 예의가 바르므로 숙위로 머물도록 하였는데,

이 시기에 당나라의 대외 임무를 맡긴 것이다. 겨울 12월, 왕의 조카 「지렴」을 당에 보내 황제의 은혜에 사례하였다. 이보다 앞서 황제가 왕에게 흰 앵무새 암수 각 한 마리와 자주 비단에 수놓은 웃옷과 금은으로 세공한 기물과 무늬 놓은 비단 및 오색 비단 3백여 단을 주었다. 왕이 다음과 같은 글을 황제에게 올려 감사를 표시하기를, "생각건대, 폐하가 천하의 운행 법도에 따라 나라를 창건하니, 문무가 성스러워 천년 동안 창성할 것이며, 만물을 상서롭게 할 것입니다. 바람과 구름이 가는 곳은 어디나 폐하의 지극한 덕을 받게 되었으며, 해와 달이 비치는 곳은 어디나 폐하의 깊은 은혜를 입게 되었습니다. 제가 사는 곳은 〈봉래와 방호〉의 옆에 있어 중국과는 멀지만, 황제의 자비는 이러한 먼 데까지 미쳤으며, 궁벽진 향리에서 중국을 바라보니, 밝은 은혜가 어두운 데까지 뻗었습니다. 공손히 조서를 읽고서, 무릎 꿇어 선물 상자를 열어 보니, 하늘의 비와 이슬을 머금은 듯하고, 오색 빛깔의 신기한 새들이 그려져 있었습니다. 은혜를 말할 줄 아는 영물스러운 새인 앵무는, 흰 것과 푸른 것 두 마리가 신묘하게 어우러져 때로는 〈장안〉의 노래를 부르기도 하고, 때로는 황제의 은혜를 전해주는 듯하였습니다. 비단의 채색 무늬와 보물의 금은 장식은 보는 자의 눈을 부시게 하고, 듣는 자의 마음을 놀라게 하였습니다. 원래 당나라에 정성을 바친 공은, 사실은 선조들이 이룬 것인데, 저에게 이 처럼 큰 은총을 내리고, 자손에게까지 미치게 하니, 미미한 충성은 티끌처럼 작은데, 은혜는 태산 같이 큰 격입니다. 저의 분수를 생각해보면 무엇으로 보답할지 모르겠습니다."라고

하였다. 황제는 「지렴」을 위하여 대궐 내전에서 잔치를 열게 하고, 그에게 비단 1속을 주었다.

○三十三年, 春,正月에 教,百官하되 親入,北文
삼 십 삼 년 춘 정 월 교 백 관 친 입 북 문
奏對하라 하다. 入唐宿衛,左領軍衛,員外將軍,
주 대 입 당 숙 위 좌 령 군 위 원 외 장 군
「金忠信:성덕왕의 從弟」이 上表(唐主)曰, "臣이 所奉
김 충 신 상 표 왈 신 소 봉
進止(지휘)는 令臣執節(신임의 符)을 本國發,兵馬로
진 지 영 신 집 절 본 국 발 병 마
討除〈靺鞨:渤海〉이며 有事續奏者를 臣이 自奉聖
토 제 말 갈 유 사 속 주 자 신 자 봉 성
旨(황제의 뜻)하여 誓將致命하리이다. 當此之時하여
지 서 장 치 명 당 차 지 시
爲,替人「金孝方」이 身亡으로 便,留臣,宿衛하나
위 체 인 김 효 방 신 망 변 유 신 숙 위
이다. 臣의 本國王이 以臣으로 久侍天庭(황제의 朝
신 본 국 왕 이 신 구 시 천 정
廷)하여 遣使從姪「志廉」代臣하여 今已,到訖하니
견 사 종 질 지 렴 대 신 금 이 도 흘
臣은 卽,合還하오이다. 每思前所,奉進止에 無忘夙
신 즉 합 환 매 사 전 소 봉 진 지 무 망 숙
夜는 陛下先有制하여 加,本國王「興光:聖德王의
야 폐 하 선 유 제 가 본 국 왕 흥 광
諱」에게 '寧海軍大使'를 錫之旌節(出征의 旗節)하여
영 해 군 대 사 석 지 정 절
以討凶殘하니 皇威載臨하면 雖遠猶近이요, 君則
이 토 흉 잔 황 위 재 임 수 원 유 근 군 즉
有命이면 臣敢不祇하리요. 蠢爾夷俘(:발해)의 計己
유 명 신 감 부 지 준 이 이 부 세 기

悔禍하나 然이나 除惡務本하고 布憲惟新하오이다.
회 화 연 제 악 무 본 포 헌 유 신

故로 出師,義貴乎三捷하고 縱敵이면 患貽於數代
고 출 사 의 귀 호 삼 첩 종 적 환 이 어 수 대

하리다. 伏望陛下는 因臣還國으로 以,副使假(:貸)
복 망 폐 하 인 신 환 국 이 부 사 가

臣하여 盡將,天旨再宣殊裔(異族-신라)하소서. 豈惟,
신 진 장 천 지 재 선 수 예 기 유

斯怒益振하고 固亦武夫作氣하여 必傾其,巢穴(근
사 노 익 진 고 역 무 부 작 기 필 경 기 소 혈

거지)하고 靜此荒隅(東海)하리오? 遂,夷臣之小誠이
정 차 황 우 수 이 신 지 소 성

爲,國家之大利하리다. 臣等이 復,乘桴滄海하고 獻
위 국 가 지 대 리 신 등 부 승 부 창 해 헌

捷丹闈(帝闕)하여 效,毛髮之功하여 答,雨露之施(帝
첩 란 위 효 모 발 지 공 답 우 로 지 시

의 鴻恩)가 臣所望也니이다. 伏惟,陛下圖之하옵소
신 소 망 야 복 유 폐 하 도 지

서." 하니 帝許焉하다. 夏,四月에 遣,大臣「金端竭
제 허 언 하 사 월 견 대 신 김 단 갈

丹」하여 入唐賀正하다. 帝宴,見於內殿하고 授,衛
단 입 당 하 정 제 연 견 어 내 전 수 위

尉少卿하고 賜緋爛袍,平漫銀帶,及絹六十匹하다.
위 소 경 사 비 란 포 평 만 은 대 급 견 육 십 필

先時에 遣,王姪「志廉」謝恩하니 獻,小馬兩匹,
선 시 견 왕 질 지 렴 사 은 헌 소 마 양 필

狗,三頭와 金,五百兩, 銀,二十兩과 布,六十匹과
구 삼 두 금 오 백 량 은 이 십 량 포 육 십 필

牛黃,二十兩, 人蔘,二百斤, 頭髮,一百兩과 海豹
우 황 이 십 량 인 삼 이 백 근 두 발 일 백 량 해 표

皮一十六張하다. 及是授「志廉」에 '鴻臚少卿員
피 일 십 육 장 급 시 수 지 렴 홍 려 소 경 원

外置'(벼슬 이름)하다.
외 치

▶ 어려운 낱말 ◀

[金忠信(김충신)] : 聖德王 25년 (唐 開元 14년) 賀正使로 입당했다가 宿衛로 머물러 당에 벼슬을 했다. [誓將(서장)] : 장차 맹세하오니. [爲替人(위체인)] : 교체인. [今已到訖(금이도흘)] : 이미 이르렀기에. [訖] : 이르다(흘). [合還(합환)] : 돌아감이 합당함. [蠢爾夷俘(준이이부)] : 준동하는 夷賊, 즉 발해를 말함. [三捷(삼첩)] : 세 번 싸워 이기다. [貽] : 끼칠(이). [桴] : 거둘(부). [臚] : 살갗(려).

▷ 본문풀이 ◁

33년, 봄 정월에, 백관들이 직접 북문으로 들어와 글을 올리거나 왕과 마주 대하도록 하라는 교서를 내렸다. 당나라에 가서 숙위를 하는 '좌령군위, 원외장군' 「김충신」이 황제에게 다음과 같이 글을 올리기를, "제가 받은 명령은, 제가 폐하의 신임표를 가지고 본국에 가서 군사를 동원하여 〈말갈〉을 물리치는 것이었으며, 다른 상황이 발생하면 계속 보고하는 것이었습니다. 저는 황제의 명령을 받고나서 목숨을 바칠 것을 맹세하였습니다. 그러나 이때 저를 대신하여 숙위할 사람인 「김효방」이 죽었기 때문에 제가 숙위로 유임하게 되었습니다. 저의 본국 왕은 제가 황제를 오래 모셨다 하여, 저의 종질 「지렴」을 사신으로 보내와 저를 대신하도록 하였습니다. 지금 그가 이미 도착해 있으니, 저는 귀국함이 합당하지 않을까 합니다. 전에 받은 황제의 명령은 언제나 염두에 둘 것이며, 밤이나 낮이나 잊지 않을 것입니다. 폐하께서 예전에 본국의 왕 「홍광」에게 '영해군대사'의 직위를 가하고, 군사 출동의 정절을 주어 흉적을 토벌케 하였으니, 황제의 위엄이 임하면 먼 곳이라도 가까운 곳 같았고, 황제의 명령이 내리면 신하는 감히 거절하지 못했습니다. 어리석은 오랑캐들은 자신의 행동이 화를 불러 일으켰음을 이미 후회하고 있을 것입니다. 그러나 악을 제거하기 위해서는 근본에 힘써야 할 것이며, 법령을 선포함에 있어서는 새로움을 도모해야 할 것입니다. 그러므로 군사의 출동에 있어서는 세 번의 승리보다도 정의가 더욱 귀중하며, 적을 방종케 하면 후환이 누대에 미칠 것입니다. 바라옵건대, 폐하께서는 저의 귀국을 기회로 부사의 직을 저에게 맡겨 주셔서 황제의 뜻을 신라에 거듭 선포토록 하소서. 그리하면 이것이 어찌 황제의 위엄만 떨칠 뿐이겠습니까? 실로 군사들도 또한 기운을 내어 반드시 오랑케의 근거지를 뒤엎어서, 이 거친 변방을 안정시킬 것이고, 마침내 저의 작은 정성이 국가의 큰 이익으로 변할 것입니다. 신 등이 다시 창해에 배를 띄우고 승리의 보고를 대궐에 바치며, 작은 공이라도 세워 크나큰 황제의 은덕에 보답하고자 하는 것이 저의 소망입니다. 폐하께서 이 뜻을 들어주소서." 하니, 황제는 이를 허락하였다. 여름 4월에, 대신 「김단갈단」을 당나라에 보내 신년 하례를 하였다. 황제는 내전에서 연회를 베풀어 그를 접견하고, '위위소경'이란 벼슬을 주었으며, 비란포·평만은대·명주 60필을 주었다. 이보다 앞서 왕의 조카 「지렴」을 보내 황제에게 사례하고, 작은 말 2필·개 3마리·금 500냥·은 20냥·베 60필·우황 20냥·인삼 200근·머리털 100냥·해

표 가죽 16장을 바쳤었다. 이때 황제는 「지렴」에게도 '홍려소경 원외치' 벼슬을 주었다.

○三十四年, 春,正月에 熒惑,犯月하다. 遣「金
삼십사년 춘정월 형혹범월 견김
義忠」이 入唐賀正하다. 二月에 副使「金榮」이 在
의충 입당하정 이월 부사 김영 재
唐身死하니 贈,'光祿少卿'하다. 「義忠」廻에 賜
당신사 증 광록소경 의충 회 사
〈浿江:지금의 대동강〉以南地하다.
패강 이남지

▷본문풀이◁

34년, 봄 정월에 화성이 달을 범하였다. 「김의충」을 당에 보내 신년 하례를 하였다. 2월에, 부사 「김영」이 당에서 사망하자 '광록소경' 벼슬을 추증하였다. 「의충」이 귀국할 때 황제는 신라에 〈패강(대동강)〉 이남의 땅을 주라는 조칙을 내렸다.

○三十五年, 夏,六月에 遣使,入唐賀正하고 仍,
삼십오년 하유월 견사입당하정 잉
附表陳謝曰, "伏奉恩勅하옵고, 賜〈浿江〉以南地
부표진사왈 복봉은칙 사 패강 이남지
境하오이다. 臣이 生居海裔하여 沐化聖朝(唐)하니
경 신 생거해예 목화성조
雖,丹素爲心이나 而,功無可效요 以,忠貞爲事하나
수단소위심 이공무가효 이충정위사
而,勞不足賞하니다. 陛下降,雨露之恩하시고 發,日
이로부족상 폐하강우로지은 발일

月之詔하시어 錫臣,土景(壤)하고 廣臣,邑居하여
월 지 조 사 신 토 경 양 광 신 읍 거

遂使,墾闢有期하고 農桑得所하니다. 臣은 奉,絲綸
수 사 간 벽 유 기 농 상 득 소 신 봉 사 륜

(詔勅)之旨하여 荷,榮寵之深하니 粉骨糜身이라도
지 지 하 영 총 지 심 분 골 미 신

無由上答하리다." 하다. 冬,十一月에 遣,從弟大阿
무 유 상 답 동 십 일 월 견 종 제 대 아

飡「金相」朝唐이러니 死,于路하다. 帝深悼之하여
찬 김 상 조 당 사 우 로 제 심 도 지

贈,'衛尉卿' 하다. 遣,伊飡「允忠」,「思仁」,「英
증 위 위 경 견 이 찬 윤 충 사 인 영

述」하여 檢察〈平壤〉,〈牛頭:춘천〉二州地勢하다. 狗
술 검 찰 평 양 우 두 이 주 지 세 구

登〈在城:月城〉鼓樓하여 吠,三日하다.
등 재 성 고 루 폐 삼 일

▶ 어려운 낱말 ◀

[生居海裔(생거해예)] : 바닷가에 태어나. [沐化(목화)] : 은혜를 입다. [丹素爲心(단소위심)] : 단심을 바칠 생각을 가지다. [廣臣邑居(광신읍거)] : 臣의 영토를 넓혀주시어. [墾闢有期(간벽유기)] : 땅을 개간할 기회를 가지게 됨. [臣奉絲綸(신봉사륜)]=[詔勅之旨(조칙지지)] : 신이 조칙의 뜻을 받들어. [荷榮寵之深(하영총지심)] : 깊은 은총을 입다. [無由上答(무유상답)] : 보답할 길이 없습니다.

▷ 본문풀이 ◁

35년, 여름 6월에 사신을 당나라에 보내 신년 하례를 하고, 다음과 같은 표문을 올려 사례하기를, "〈패강〉 이남의 땅을 준다는 칙서를 삼가 받았습니다. 제가 바다의 한 구석에 태어나 살면서

거룩한 당 황제의 교화를 입었으니, 비록 충성을 바칠 생각은 가지고 있었으나 공적은 없었으며, 충정을 일삼았으나 상을 받을 만한 노력은 없었습니다. 그런데 폐하가 크나큰 은혜를 베풀고, 해와 달 같이 밝은 조서를 내려 저에게 토지를 주어서 나라를 넓혔으니, 마침내 땅을 개간할 희망이 생기고 농사를 지을 터전을 얻게 되었습니다. 저는 조서의 뜻을 받들어 큰 은총을 입었으니, 분골쇄신할지라도 황제에게 보답할 길이 없습니다." 했다. 겨울 11월에, 왕의 종제 대아찬「김상」을 당나라에 사신으로 보냈으나 도중에 사망하였다. 황제가 매우 슬퍼하여 그에게 '위위경' 이란 벼슬을 추증하였다. 이찬 ·「윤충」·「사인」·「영술」을 보내 〈평양〉주와 〈우두〉주의 2고을의 지세를 조사하였다. 개가 〈재성〉 고루에 올라가 사흘 동안 짖었다.

○三十六年, 春,二月에 遣,沙湌「金抱質」하여
삼 십 육 년 춘 이 월 견 사 찬 김 포 질

入唐賀正하고 *且獻方物하다. 王薨하다. 謚曰『聖
입 당 하 정 차 헌 방 물 왕 훙 시 왈 성

德』이라 하고 葬〈移車寺:현,불국사역 西北〉南하다.
덕 장 이 거 사 남

☞ **참고** *원문에는 '旦(且)' 로 되어있다.

▷ **본문풀이** ◁

36년, 봄 2월에 사찬「김포질」을 당나라에 보내 신년 하례를 하고, 또 토산물을 바쳤다. 왕이 서거하였다. 시호를『성덕』이라 하고 〈이거사〉 남쪽에 장사지냈다.

34 孝成王(효성왕) : 737~742

○孝成王이 立하다. 諱는 「承慶」이요 聖德王의
효 성 왕 입 휘 승 경 성 덕 왕
第,二子이며 母는 炤德王后니라. 大赦하다. 三月에
제 이 자 모 소 덕 왕 후 대 사 삼 월
改,司正丞及,左右議方府丞하여 並,爲佐하다. 以
개 사 정 승 급 좌 우 의 방 부 승 병 위 좌 이
伊湌「貞宗」으로 爲,上大等하고 阿湌「義忠」으로
이 찬 정 종 위 상 대 등 아 찬 의 충
爲,中侍하다. 夏,五月에 地震하다. 秋,九月에 流星,
위 중 시 하 오 월 지 진 추 구 월 유 성
入,大微(태미)하다. 冬,十月에 入唐,沙湌「抱質」이
입 태 미 동 시 월 입 당 사 찬 포 질
廻하다. 十二月에 遣使入唐하여 獻,方物하다.
회 십 이 월 견 사 입 당 헌 방 물

▷ **본문풀이** ◁

효성왕이 왕위에 올랐다. 이름은 「승경」이며, 성덕왕의 둘째 아들이다. 그의 어머니는 소덕왕후이다. 죄수들을 크게 사면하였다. 3월, 사정부의 승과 좌우 의방부의 '승'을 모두 '좌'로 고쳤다. 이찬 「정종」을 상대등, 아찬 「의충」을 중시에 임명하였다. 여름 5월, 지진이 있었다. 가을 9월, 유성이 태미 성좌에 들어갔다. 겨울 10월, 당나라에 갔던 사찬 「포질」이 돌아왔다. 12월, 사신을 당나라에 보내 토산물을 바쳤다.

○二年, 春,二月에 唐『玄宗』이 聞,聖德王薨하
이 년 춘 이 월 당 현 종 문 성 덕 왕 훙
고 悼惜久之하더니 遣,左贊善大夫「邢璹」를 以,
도 석 구 지 견 좌 찬 선 대 부 형 도 이
'鴻臚少卿'(외무차관)으로 往,弔祭하고 贈,太子太
홍 려 소 경 왕 조 제 증 태 자 태
保하다. 且冊嗣王(孝成王)하여 爲,'開府儀同三司,
보 차 책 사 왕 위 개 부 의 동 삼 사
新羅王'이라 하다. 「璹」가 將發에 帝製詩序하고 太
신 라 왕 도 장 발 제 제 시 서 태
子,已下百寮에 咸,賦詩以送하다. 帝謂「璹」曰,
자 이 하 백 료 함 부 시 이 송 제 위 도 왈
"新羅,號爲君子之國하고 頗知書記하여 有類中
신 라 호 위 군 자 지 국 파 지 서 기 유 류 중
國하다. 以卿惇儒라, 故로 持節往하니 宜演經義하
국 이 경 돈 유 고 지 절 왕 의 연 경 의
여 使知,大國儒敎之盛하라."하다. 又以,國人善碁
사 지 대 국 유 교 지 성 우 이 국 인 선 기
하여 詔,率府兵曹參軍「楊季膺」爲副하니 國高
조 솔 부 병 조 참 군 양 계 응 위 부 국 고
奕이 皆出其下하다. 於是에 王이 厚贈「璹」等에
혁 개 출 기 하 어 시 왕 후 증 도 등
金寶藥物하다. 唐이 遣使하여 詔冊王妃「朴氏」하
금 보 약 물 당 견 사 조 책 왕 비 박 씨

다. 三月에 遣「金元玄」하여 入唐賀正하다. 夏,四
삼 월 견 김 원 현 입 당 하 정 하 사
月에 唐,使臣「邢璹」가 以,老子『道德經』等의 文
월 당 사 신 형 도 이 노 자 도 덕 경 등 문
書를 獻于王하다. 白虹貫日하고 〈所夫里郡:지금의
서 헌 우 왕 백 홍 관 일 소 부 리 군
부여〉河水變血하다.
하 수 변 혈

▶ **어려운 낱말** ◀

[頗知書記(파지서기)] : 책과 글에 대한 조예가 자못 높다. [惇儒(돈유)] : 학문에 힘쓰는 선비. [演(연)] : 연술. [善碁(선기)] : 바둑을 잘 두다. [奕] : 바둑(혁). [國高奕(국고혁)] : 나라의 高手들.

▷ **본문풀이** ◁

2년, 봄 2월에 당 『현종』은 성덕왕이 별세하였다는 소식을 듣고 오랫동안 슬퍼하다가, 좌찬선대부 「형도」를 '홍려소경' 으로 파견하여 조문케 하고, 태자태보의 관작을 추증하였으며, 또한 새 왕을 '개부의동삼사, 신라왕' 으로 책봉하였다. 「형도」가 당나라를 출발하려 할 때, 황제가 시의 서문을 짓고, 태자 이하 백관들이 모두 시를 지어 보냈다. 황제가 「형도」에게 말하기를, "신라는 '군자의 나라' 라고 불리나니, 책과 글에 조예가 상당히 깊어서 우리 중국과 비슷하다. 그대는 돈유한 선비이므로, 나의 신임표를 가지고 가게 하는 것이니, 마땅히 경서의 뜻을 강의하여 대국에 유교가 성한 것을 알게 하라" 고 하였다. 황제는 또한 우리 백성들이 바둑을 잘 둔다고 하여, 솔부병조참군 「양계응」에게 조칙을 내려 부관으로 동행케 하였는데, 우리나라의 바둑 고수들이 모두 그를 따를 수 없었다. 이때 왕이 「형도」 등에게 금 · 보물 · 약물 등을 후하게 주었다. 당나라가 사신을 보내 조서를 내려 「박씨」를 왕비로 책봉하였다. 3월에, 「김원현」을 당나라에 보내 신년 하례를 하였다. 여름 4월에, 당나라 사신 「형도」가 노자 [도덕경] 등의 책을 왕에게 바쳤다. 흰 무지개가 해를 관통하고, 〈소부리군〉의 강물이 핏빛으로 변하였다.

○三年, 春,正月에 拜,祖考廟하다. 中侍「義忠」
삼 년 춘 정 월 배 조 고 묘 중 시 의 충

이 卒하니 以,伊湌「信忠」으로 爲,中侍하다. 〈善天
졸 이 이 찬 신 충 위 중 시 선 천

宮〉이 成하다. 賜,「邢璹」에 黃金,三十兩,布,五十
궁 성 사 형 도 황 금 삼 십 량 포 오 십

匹,人蔘,一百斤하다. 二月에 拜,王弟「憲英」으로
필 인 삼 일 백 근 이 월 배 왕 제 헌 영

爲,波珍湌하다. 三月에 納,伊湌「順元」女「惠
위 파 진 찬 삼 월 납 이 찬 순 원 녀 혜

明」하여 爲妃하다. 夏,五月에 封,波珍湌「憲英」하
명 위 비 하 오 월 봉 파 진 찬 헌 영

여 爲,太子하다. 秋,九月에 〈完山州〉에서 獻,白鵲
위 태 자 추 구 월 완 산 주 헌 백 작

하다. 狐鳴〈月城〉宮中하니 狗,咬殺之하다.
호 명 월 성 궁 중 구 교 살 지

▷**본문풀이**◁

3년, 봄 정월에 왕이 조부의 사당에 참배하였다. 중시 「의충」이 사망하자, 이찬 「신충」을 중시로 임명하였다. 〈선천궁〉이 낙성되었다. 「형도」에게 황금 30냥과 베 50필, 인삼 100근을 주었다. 2월, 왕의 아우 「헌영」을 파진찬에 임명하였다. 3월에, 이찬 「순원」의 딸 「혜명」을 왕비로 맞았다. 여름 5월에, 파진찬 「헌영」을 태자로 봉하였다. 가을 9월, 〈완산주〉에서 흰 까치를 바쳤다. 여우가 〈월성〉궁에서 울음을 우니, 그것을 개가 물어 죽였다.

○四年, 春.三月에 唐이 遣使하여 冊.夫人金氏하
사 년 춘 삼 월 당 견 사 책 부 인 김 씨
여 爲.王妃하다. 夏.五月에 鎭星이 犯.軒轅大星하
위 왕 비 하 오 월 진 성 범 헌 원 대 성
다. 秋.七月에 有.一緋衣.女人이 自〈隷橋〉下出하
추 칠 월 유 일 비 의 여 인 자 예 교 하 출
여 謗.朝政하면서 過「孝信公」門하더니 忽不見하
방 조 정 과 효 신 공 문 홀 불 견
다. 八月에 波珍飡「永宗」謀叛하다가 伏誅하다.
팔 월 파 진 찬 영 종 모 반 복 주
先是에「永宗」女가 入.後宮이러니 王이 絶愛之하
선 시 영 종 여 입 후 궁 왕 절 애 지
여 恩渥日甚하니 王妃嫉妬하여 與.族人으로 謀殺
은 악 일 심 왕 비 질 투 여 족 인 모 살
之하니「永宗」이 怨.王妃宗黨하여 因此叛하다.
지 영 종 원 왕 비 종 당 인 차 반

▶어려운 낱말◀

[軒] : 헌함(헌). [轅] : 끌채(원). [軒轅大星(헌원대성)] : 七星, 北에 있는 星座.
[緋] : 붉은 빛(비). [渥] : 두터울(악).

▷본문풀이◁

4년, 봄 3월에 당나라에서 사신을 보내 부인 김씨를 왕비로 책봉하였다. 여름 5월에, 토성이 헌원 성좌의 큰 별을 범하였다. 가을 7월에, 붉은 옷을 입은 여자 한 명이 〈예교〉 밑에서 나와 조정의 정사를 비방하다가, 「효신공」의 대문을 지나간 후로 갑자기 보이지 않았다. 8월에, 파진찬 「영종」이 반역을 도모하다가 처형되었다. 이에 앞서 「영종」의 딸이 왕의 후궁으로 들어오자, 왕이 그를 몹시 사랑하여 은총이 날로 심하였다. 왕비는 이를 질투하여 자기 친척과 함께 그녀를 죽이려 하였으니, 이리하여 「영종」이 왕비와 그의 친척 무리들에게 원한을 갖게 되어 반역을 도모한 것이다.

○五年, 夏.四月에 命.大臣「貞宗」,「思仁」하여
오 년 하 사 월 명 대 신 정 종 사 인
閱.弩兵(木弩手)하다.
열 노 병

▷본문풀이◁

5년, 여름 4월에 대신 「정종」·「사인」으로 하여금 쇠뇌를 쏘는 군사들을 검열하게 하였다.

○六年, 春.二月에 東北.地震하니 有聲.如雷하
육 년 춘 이 월 동 북 지 진 유 성 여 뢰
다. 夏.五月에 流星이 犯.參大星하더니 王薨하다.
하 오 월 유 성 범 삼 대 성 왕 홍

諡曰「孝成」이라 하다. 以遺命으로 燒柩於〈法流
시왈 효성 이유명 소구어 법류

寺〉南하여 散骨東海하다.
사 남 산골동해

▷본문풀이◁

6년, 봄 2월에 동북쪽에서 지진이 있었는데, 소리가 우레와 같았다. 여름 5월에, 유성이 삼대성을 범하더니 왕이 별세하고 시호를 「효성」이라 하였다. 유언에 따라 관을 〈법류사〉 남쪽에서 불에 태우고, 유골을 동해에 뿌렸다.

35 景德王(경덕왕) : 742~765

○景德王이 立하다. 諱는「憲英」이니 孝成王의
경덕왕 입 휘 헌영 효성왕

同母弟니라.「孝成」이 無子하여 立「憲英」하여
동모제 효성 무자 입 헌영

爲太子하니 故로 得嗣位하다. 妃는 伊飡「順貞」
위태자 고 득사위 비 이찬 순정

之女也니라.
지녀야

▷ **본문풀이** ◁

경덕왕이 왕위에 올랐다. 이름은 「헌영」이니, 효성왕의 동복아우다. 「효성」이 아들이 없으므로 「헌영」을 태자로 삼아 왕위를 잇게 했다. 왕비는 이찬 「순정」의 딸이다.

○元年, 冬,十月에 日本國,使至하나 不納하다.
원년 동 시월 일본국사지 불납

▷ **본문풀이** ◁

원년, 겨울 10월에 일본국 사신이 왔으나 받아들이지 않았다.

○二年, 春,三月에 「主力公」 宅에서 牛가 一産
이년 춘 삼월 주력공 댁 우 일산
으로 三犢하다. 唐,玄宗이 遣,贊善大夫 「魏曜」하여
삼독 당 현종 견 찬선대부 위요
來,吊祭하다. 仍,冊王爲,新羅王하여 襲,先王官爵
내 조제 잉 책왕위 신라왕 습 선왕관작
하니 制曰, "故 '開府儀同三司,使持節大都督,鷄
제왈 고 개부의동삼사 사지절대도독 계
林州諸軍事,兼持節寧海軍使,新羅王' 「金承慶」
림주제군사 겸지절영해군사 신라왕 김승경
의 弟 「憲英」은 奕業懷仁하고 率心常禮하니 大賢
제 헌영 혁업회인 솔심상례 대현
風教는 條理尤明하고 中夏,軌儀衣冠도 素襲하다.
풍교 조리우명 중하 궤의의관 소습
馳,海琛而遣使하며 準,雲呂而,通朝하며 代爲,純
치 해침이견사 준 운려이 통조 대위 순
臣하여 累效忠節하다. 頃者(日前)에 兄이 承,土宇(국
신 누효충절 경자 형 승 토우

가)나 沒而絶嗣하여 弟膺繼及하니 抑惟常經이로
몰 이 절 사 제 응 계 급 억 유 상 경

다. 是用賓懷하여 優以冊命하니 宜用舊業하여 俾
시 용 빈 회 우 이 책 명 의 용 구 업 비

承,藩長之名하라. 仍加殊禮하여 載錫〈漢〉官之號
승 번 장 지 명 잉 가 수 례 재 사 한 관 지 호

하니 可襲兄,'新羅王,開府儀同三司,使持節大都
가 습 형 신 라 왕 개 부 의 동 삼 사 사 지 절 대 도

督,鷄林州諸軍事,兼充持節,寧海軍使'하라." 하고
독 계 림 주 제 군 사 겸 충 지 절 영 해 군 사

幷賜御註『孝經』一部하다. 夏,四月에 納,舒弗邯
병 사 어 주 효 경 일 부 하 사 월 납 서 불 한

「金義忠」女하여 爲,王妃하다. 秋,八月에 地震하
김 의 충 녀 위 왕 비 추 팔 월 지 진

다. 冬,十二月에 遣,王弟,入唐賀正하다. 授,左淸道
동 십 이 월 견 왕 제 입 당 하 정 수 좌 청 도

率府,員外傽史하고 賜,綠袍銀帶하여 放還하다.
솔 부 원 외 장 사 사 록 포 은 대 방 환

▶ 어려운 낱말 ◀

[奕業(혁업)] : 큰 업적. [雲呂(운려)] : 雲侶. 학이 홀로 구름을 벗 삼는다는 말에서 인용함. [抑惟(억유)] : 이것도. 곧, 이에. [常經(상경)] : 상례. [賓懷(빈회)] : 빈례. [俾] : 보탤(비). [俾承藩長之名(비승번장지명)] : 번국의 수장으로서 그 이름을 이어나가다. [仍加殊禮(잉가수례)] : 인하여 특별히 예의를 갖추어서.

▷ 본문풀이 ◁

2년, 봄 3월에 「주력공」의 집에서 소가 한 번에 송아지 세 마리를 낳았다. 당 현종이 찬선대부 「위요」를 보내와 제사에 참여하게 하고, 이어 왕을 신라왕으로 책봉하여 선왕의 관작을 잇게 하였는

데, 그 조서에 이르기를, "고 '개부의동삼사, 사지절대도독, 계림주제군사 겸 지절영해군사, 신라왕' 「김승경」의 아우 「헌영」은 대대로 왕업을 계승하여 어진 생각을 품고, 상도에 맞는 예의에 마음을 두었으니, 기자(箕子)의 풍속과 교화는 조리가 더욱 밝아지고, 중국 제도의 의관도 스스로 답습하게 되었다. 바다를 통하여 사신을 보내오고, 구름을 벗 삼는 먼 길을 따라 당나라의 조정에 왕래하여, 대대로 사심 없는 신하로서 여러 번 충절을 나타내었다. 이전에 왕의 형이 국가를 계승하였으나, 그가 아들이 없어 아우가 그 뒤를 잇게 되니, 이것도 상례일 것이므로, 이에 빈례로 우대하여 책명 하노니, 마땅히 구업을 지켜 번국의 수장으로서의 명예를 계승해야 할 것이다. 따라서 특별한 예우를 가하여 중국 관작의 칭호를 주노니 형의 관작인 '신라왕, 개부의동삼사, 사지절대도독, 계림주제군사 겸 충지절, 영해군사' 를 이어 받으라." 했다. 조서와 함께 황제의 명령으로 주해를 가한 [효경] 한 권을 주었다. 여름 4월에, 서불한 「김의충」의 딸을 왕비로 맞았다. 가을 8월에, 지진이 있었다. 겨울 12월에, 왕의 아우를 당나라에 보내 신년 하례를 하니, 황제가 그에게 좌청도솔부, 원외장사 벼슬을 주고, 초록빛 웃옷과 은대를 주어 돌려보냈다.

○三年, 春,正月에 以,伊湌「惟正」으로 爲,中侍하다. 閏,二月에 遣使入唐,賀正하고 幷獻,方物하다. 夏,四月에 親祀神宮하다. 遣使,入唐獻馬하다.
삼년 춘정월 이이찬 유정 위중시 윤이월 견사입당하정 병헌방물 하사월 친사신궁 견사입당헌마

冬에 妖星이 出,中天하니 大如,五斗器하다. 浹旬
동 요성 출중천 대여오두기 협순

乃滅하다.
내멸

▷본문풀이◁

3년, 봄 정월에 이찬「유정」을 중시로 임명하였다. 윤 2월, 당나라에 사신을 보내 신년 하례를 하고, 아울러 토산물을 바쳤다. 여름 4월, 왕이 친히 신궁에 제사를 지냈다. 사신을 당나라에 보내 말을 바쳤다. 겨울에, 이상한 별이 중천에 나타났는데, 크기가 닷 말들이 그릇만 하였다. 이 별은 열흘 만에 사라졌다.

○四年, 春,正月에 拜,伊湌「金思仁」하여 爲,上
사년 춘정월 배이찬 김사인 위상

大等하다. 夏,四月에 京都,雹하니 大如,鷄子하다.
대등 하사월 경도박 대여계자

五月에 旱하다. 中侍「惟正」이 退하고 伊湌「大
오월 한 중시 유정 퇴 이찬 대

正」으로 爲,中侍하다. 秋,七月에 葺,東宮(:太子宮)하
정 위중시 추칠월 즙동궁

다. 又置,司正府,少年監典,穢宮典하다.
우치사정부소년감전예궁전

▶어려운 낱말◀

[葺] : 수리하다(즙). [穢] : 더러울(예).

▷본문풀이◁

4년, 봄 정월에 이찬 「김사인」을 상대등으로 임명하였다. 여름 4월에, 서울에 우박이 내렸는데, 그 크기가 달걀만했다. 5월에, 가뭄이 들었다. 중시 「유정」이 퇴직하고 이찬 「대정」이 중시가 되었다. 가을 7월에, 동궁을 수리했다. 또한 사정부와 소년감전과 예궁전을 설치하였다.

○五年(오년), 春(춘),二月(이월)에 遣使(견사),入唐賀正(입당하정)하고 幷獻方物(병헌방물)하다. 夏(하),四月(사월)에 大赦(대사)하여 賜(사),大酺(대포)하고 度僧(도승),一百五十人(일백오십인)하다.

▶어려운 낱말◀

[大酺(대포)] : 큰잔치. [度(도)] : 度牒=나라에서 중에게 내리는 신분증명서.

▷본문풀이◁

5년, 봄 2월에 사신을 당에 보내 신년 하례를 하고 방물을 바쳤다. 여름 4월에, 죄수들을 사면하여 큰 연회를 베풀고, 중 150명에게 도첩을 주었다.

○六年(육년), 春(춘),正月(정월)에 改(개),中侍(중시)하여 爲(위),侍中(시중)하다. 置(치),國學(국학)(大學)諸業博士(제업박사)(:교수)와 助教(주교)(助教授)하다. 遣使(견사),

入唐賀正하고 幷獻方物하다. 三月에 震〈眞平王
입당하정 병헌방물 삼월 진 진평왕
陵〉하다. 秋에 旱하다. 冬에는 無雪하고 民饑且疫
릉 추 한 동 무설 민기차역
하여 出使十道(사방)安撫하다.
출사십도 안무

▶ **어려운 낱말** ◀

[安撫(안무)] : 위로하고 안정시킴.

▷ **본문풀이** ◁

6년, 봄 정월에 '중시'를 '시중'으로 고쳤다. 국학에 제업박사와 조교를 두었다. 사신을 당나라에 보내 신년 하례를 하고, 아울러 토산물을 바쳤다. 3월에, 〈진평왕릉〉에 벼락이 쳤다. 가을에, 가뭄이 들었다. 겨울에는, 눈이 내리지 않았고 백성들이 굶주리고 또한 전염병이 돌았으므로, 사방에 특사를 보내 백성들을 안정시키고 위로하였다.

○七年, 春,正月에 天狗(별,이름)落地하다. 秋,八
칠년 춘정월 천구 낙지 추팔
月에 太后(효성왕비 김씨)移居〈永明新宮〉하다. 始
월 태후 이거 영명신궁 시
置,貞察一員하여 糾正百官하다. 遣,阿飡「貞節」
치정찰일원 규정백관 견아찬 정절
等하여 檢察北邊하다. 始置〈大谷城:지금의 平山郡〉
등 검찰북변 시치 대곡성
等,十四郡縣하다.
등십사군현

▶ 어려운 낱말 ◀

[糾正(규정)] : 그릇된 일을 밝혀 바로잡음. [檢察(검찰)] : 잘잘못을 살피다.

▷ 본문풀이 ◁

7년, 봄 정월에 천구성이 땅에 떨어졌다. 가을 8월에, 태후가 새로 지은 〈영명궁〉으로 옮겨 거처하였다. 처음으로 정찰 한 명을 두어 백관을 규정하여 바로잡게 하였다. 아찬 「정절」 등을 파견하여 북쪽 변경을 시찰하게 하였다. 처음으로 〈대곡성〉등 14개의 군현을 두었다.

○八年, 春,三月에 暴風拔木하다. 三月에 置,天
팔 년 춘 삼 월 폭 풍 발 목 삼 월 치 천

文博,士一員과 漏刻博士, 六員하다.
문 박 사 일 원 누 각 박 사 육 원

▶ 어려운 낱말 ◀

[漏刻博士(누각박사)] : 물시계를 만들어 시간을 재는 관리.

▷ 본문풀이 ◁

8년, 봄 3월에 폭풍이 불어 나무가 뽑혔다. 3월에, 천문박사 한 명과 누각박사 여섯 명을 두었다.

○九年, 春,正月에 侍中「大正」이 免하니 伊飡
구 년 춘 정 월 시 중 대 정 면 이 찬

「朝良」으로 爲,侍中하다. 二月에 置,御龍省(:왕 수레
조 양 위 시 중 이 월 치 어 룡 성

를 맡는 官府인듯)하고 奉御二員하다.
봉 어 이 원

▷**본문풀이**◁

9년, 봄 정월에 시중 「대정」이 사직하자, 이찬 「조양」이 시중이 되었다. 2월에, 어룡성에 봉어 두 명을 두었다.

○十一年, 春,三月에 以,級湌「原神」,「龍方」으로 爲,大阿湌하다. 秋,八月에 置,'東宮衙官'하다. 冬,十月에 加置,倉部에 史,三人하다.
십 일 년 춘 삼 월 이 급 찬 원 신 용 방 위 대 아 찬 추 팔 월 치 동 궁 아 관 동 시 월 가 치 창 부 사 삼 인

▷**본문풀이**◁

11년, 봄 3월에 급찬 「원신」과 「용방」을 대아찬으로 삼았다. 가을 8월에, '동궁아관' 을 두었다. 겨울 10월에, 창부에 사(史) 3 명을 더 두었다.

○十二年, 秋,八月에 日本國,使至하니 慢而無禮하여 王이 不見之하니 乃廻하다. 〈武珍州:지금의 光州〉에서 獻,白雉하다.
십 이 년 추 팔 월 일 본 국 사 지 만 이 무 례 왕 불 견 지 내 회 무 진 주 헌 백 치

▷본문풀이◁

12년, 가을 8월에 일본국 사신이 왔는데, 그가 오만무례하므로 왕이 그를 만나주지 않으니, 그는 곧 돌아갔다. 〈무진주〉에서 흰 꿩을 헌납했다.

○十三年, 夏,四月에 京都,雹하니 大如鷄卵하다.
십삼년 하사월 경도박 대여계란

五月에 立『聖德王』碑하다. 〈牛頭州:春川〉에서
오월 입 성덕왕 비 우두주

獻,瑞芝하다. 秋,七月에 王이 命官修葺〈永興〉·
헌서지 추칠월 왕 명관수즙 영흥

〈元延〉二寺하다. 八月에 旱하고 蝗하다. 侍中「朝
원연 이사 팔월 한 황 시중 조

良」이 退하다.
양 퇴

▷본문풀이◁

13년, 여름 4월에 서울에 우박이 내렸으니 크기가 달걀만 했다. 5월에, 『성덕왕』의 비석을 세웠다. 〈우두주〉에서 상서로운 지초를 바쳤다. 가을 7월에, 왕이 관원을 시켜 〈영흥〉사와 〈원연〉사의 2절을 수리하였다. 8월에, 가뭄이 들고, 메뚜기 떼가 나타났다. 시중 「조양」이 퇴직하였다.

○十四年, 春에 穀貴民饑하다. 〈雄川州:公州〉「向
십사년 춘 곡귀민기 웅천주 향

德」이 貧,無以爲養이어늘 割股,肉하여 飼,其父하
덕 빈무이위양 할고육 사기부

다. 王聞하고 賜賚頗厚하고 仍使,旌表門閭하다.
왕 문 사 뢰 파 후 잉 사 정 표 문 려

〈望德寺:狼山 동남〉塔이 動하다. [唐「令狐澄」의『新羅國
망 덕 사 탑 동

記』曰, “其國이 爲唐,立此寺라 故로 以爲名하다. 兩塔相對,高十

三層이러니 忽,震動開合하여 如欲傾倒者數日하다. 其年이 祿山

亂하니 疑其應也라 하다.] 夏,四月에 遣使,入唐賀正하
하 사 월 견 사 입 당 하 정

다. 秋,七月에 赦,罪人하고 存問老疾,鰥寡孤獨하
추 칠 월 사 죄 인 존 문 노 질 환 과 고 독

여 賜穀有差하다. 以,伊湌「金耆」로 爲,侍中하다.
사 곡 유 차 이 이 찬 김 기 위 시 중

▶ **어려운 낱말** ◀

[賚] : 줄(뢰,래). [旌表門閭(정표문려)] : 효자 열녀의 집 앞에 세우던 旌閭門. [存問老疾(존문노질)] : 늙고 병든 이를 위문하다. [鰥寡孤獨(환과고독)] : 의지할 곳 없는 사람들.

▷ **본문풀이** ◁

14년, 봄에 곡식이 귀하여 백성들이 굶주렸다. 〈웅천주〉의「향덕」이라는 사람이 가난하여 그 아버지를 봉양할 수가 없었으므로, 자기의 다리 살을 베어 아버지에게 먹였다. 왕이 이 소문을 듣고 그에게 선물을 후히 주고, 동시에 정문을 세워 표창하였다. 〈망덕사〉 탑이 흔들렸다. 【당나라 영호징의 [신라국기]에 “신라가 당나라를 위하여 이 절을 세운 까닭에 이름을 이렇게 지었다. 두 탑은 마주 보고 있으며, 높이는 13층이다. 두 탑이 갑자기 흔들리면서 떨어졌다 붙었다 하며, 곧 넘어질 듯하였다. 이러한 일이 며칠 동안 계속되었다. 이 해에 안록산의 난이 일어났는데 아마도 그 감응이 아닌가 한다."라고 기록되어 있다.】 여름 4월에, 사신을 당나라에 보내 신년 하례를 하였다. 가을 7월에, 죄수들을 석방하고, 늙고 병든 이와 홀아비와 과부와 고아와 자식 없는 노인들을 위문하고, 정도에 따라 곡식을 나누어 주었다. 이찬 「김기」를 시중으로 임명하였다.

○十五年, 春,二月에 上大等「金思仁」이 以,比
십오년 춘이월 상대등 김사인 이비
年,災異屢見으로 上疏極論,時政得失하니 王以
년재이누견 상소극론시정득실 왕이
嘉納之하다. 王聞「玄宗」이 在蜀(지금의 四川省)하고
가납지 왕문 현종 재촉
遣使入唐하여 泝江至,成都하여 朝貢하다.「玄宗」
견사입당 소강지성도 조공 현종
이 御製御書,五言十韻詩하여 賜王曰, "嘉,新羅
어제어서오언십운시 사왕왈 가신라
王이 歲修朝貢하고 克踐禮樂名義하여 賜詩一首
왕 세수조공 극천례악명의 사시일수
하노라." 하다. "四維分景緯, 萬象含中樞. 玉帛遍
사유분경위 만상함중추 옥백편
天下, 梯航歸上都. 緬懷阻青陸, 歲月勤黃圖.
천하 제항귀상도 면회조청륙 세월근황도
漫漫窮地際, 蒼蒼連海隅. 興言名義國, 豈謂山
만만궁지제 창창련해우 흥언명의국 기위산
河殊. 使去傳風敎, 人來習典謨. 衣冠知奉禮,
하수 사거전풍교 인래습전모 의관지봉례
忠信識尊儒. 誠矣天其鑑, 賢哉德不孤. 擁旗同
충신식존유 성의천기감 현재덕불고 옹기동

作牧, 厚貺比生蒭. 益重青青志, 風霜恒不渝."라
작목 후황비생추 익중청청지 풍상항불투

고 했다. 帝幸〈蜀〉時에 新羅는 能,不遠千里하고
제행 촉 시 신라 능불원천리

朝聘,行在所하니 故,嘉其至誠하여 賜之以詩하니
조빙행재소 고가기지성 사지이시

라. 其云, "益重青青志, 風霜恒不渝" 者는 豈,古
기운 익중청청지 풍상항불투 자 기고

詩에 "疾風에 知,勁草하고 叛蕩에 識,貞臣" 之意
시 질풍 지경초 반탕 식정신 지의

乎아? 〈宣和:宋의 徽宗의 年號〉中에 入朝使臣「金富
호 선화 중 입조사신 김부

儀:金富軾의 아우」가 將刻本으로 入〈汴京〉하여 示,館
의 장각본 입변경 시관

伴學士「李邴」하니「李邴」이 上,皇帝(徽宗)하니
반학사 이병 이병 상황제

因,宣示兩府(宰臣.樞臣)及,諸學士訖하고 傳宣曰,
인선시량부 급제학사흘 전선왈

"進奉侍郎,所上詩는 眞明皇(唐玄宗)書라." 하고 嘉
진봉시랑소상시 진명황 서 가

嘆不已하다. 夏,四月에 大雹하다.「大永郎:화랑인
탄불이 하사월 대박 대영랑

듯」이 獻,白狐하니 授位,南邊第一하다.
헌백호 수위남변제일

▶어려운 낱말◀

[比年(비년)] : 해마다. [災異屢見(재이누견)] : 천제지변에 대한 여러 가지 의견. [極論(극론)] : 지극한 논리. [泝江(소강)] : 강을 거슬러 올라감. 여기서는 양자강을 거슬러 올라감.

▷ **본문풀이** ◁

15년, 봄 2월에 상대등 「김사인」이, 해마다 천재지변이 자주 일어난 사실을 들어 왕에게 상소를 올렸다. 그 상소는 시국 정치의 옳고 그름을 극렬하게 비평한 것이었다. 왕이 이를 가상히 여겨 받아들였다. 왕이, 당 「현종」이 촉 지방에 있다는 말을 듣고, 그에게 사신을 보냈다. 사신은 양자강을 거슬러 올라가 성도에 이르러 조공하였다. 「현종」은 5언 10운 시를 직접 짓고 써서 왕에게 보내며 말하기를, "신라왕이 해마다 조공을 잘하고, 예악 및 대의명분을 훌륭하게 실행에 옮기므로, 시 한편을 지어 주노라." 했다.

"사방은 경景과 위緯로 나뉘었고
만상은 모두 중추中樞를 머금었구나.
옥과 비단은 두루 천하에 있더라도
산 넘고 물 건너 상도上都로 돌아오네.
생각하면 먼 곳 동방은 막혔건만
세월은 중국을 위해 부지런하네.
아득히 먼 곳 땅의 한쪽 끝에
푸르른 바다 한 구석으로 이어졌구나.
명분과 의로움으로 일어나는 나라로다.
산과 물이 다르다고 어찌 이르리오!
사신은 돌아가 풍교를 전하고
사람들은 찾아와 우리의 옛 법을 익히네.
의관은 예절에 예의를 맞추어 받들고
충과 신은 예절을 맞게 아는구나.

그 실함을 하늘은 살펴볼 것이며
그 현명함이여! 덕은 결코 외롭지 않으리라.
깃발 세우고 우리와 함께 하리니
보내준 후한 선물 정성이 넘쳐나네.
푸르고 푸른 지조 더욱 소중히 하고
바람서리는 항상 변하지 말지어다."라고 했다.

현종이 〈촉〉 지방에 갔을 때, 신라가 천리 길을 멀다 하지 않고 황제의 행재소까지 찾아갔으므로, 그 지성을 가상히 여겨 시를 지어준 것이다. 싯구 중의 "푸르고 푸른 지조 더욱 소중하고, 바람서리 맞아도 영원히 변하지 말지어다."라고 한 것은, 옛날의 싯구인 "강한 바람이 불어야만 강한 풀을 알게 되고, 정치가 문란한 뒤에야 지조 있는 신하를 알 수 있다."라는 의미가 아니겠는가? 〈선화〉 연간에 송나라에 사신으로 갔던 「김부의(김부식의 아우)」가 이 시의 각본을 가지고 〈변경〉에 들러 관반학사 「이병」에게 보이니, 「이병」은 이를 황제에게 바쳤으니, 황제는 양부와 여러 학사들에게 돌려 보이고, 황제의 의견을 말하기를, "진봉 시랑이 바친 시는 틀림없는 현종의 글씨이다." 하고서 감탄하여 말지 않았다. 여름 4월에, 큰 우박이 내렸다. 「대영랑」이 흰 여우를 바쳤으므로, 남변의 제일 높은 벼슬을 주었다.

○十六年, 春.正月에 上大等「思仁」이 病免하고 伊飡「信忠」이 爲.上大等하다. 三月에 除.內外群官
(십육년 춘 정월 상대등 사인 병면 이찬 신충 위상대등 삼월 제내외군관)

月俸하고 復賜祿邑(:토지)하다. 秋,七月에 重修〈永昌宮〉하다. 八月에 加調府(호구와 조세 담당)史,二人하다. 冬,十二月에 改〈沙伐州〉를 爲〈尙州〉라 하고 領州一,郡十, 縣,三十하고 〈歃良州:梁山〉를 爲〈良州〉라 하여 領州一, 小京一, 郡十二, 縣,三十四하고, 〈菁州:晉州〉를 爲〈康州〉라 하고 領州一, 郡十一, 縣,二十七하고, 〈漢山州:廣州〉를 爲〈漢州〉라 하여 領州一, 小京一, 郡,二十七, 縣,四十六하고, 〈首若州:지금의 춘천〉를 爲〈朔州〉로 하여 領州一, 小京一, 郡十一, 縣,二十七하고, 〈熊川州:公州〉를 爲〈熊州〉라 하고 領州一, 小京一, 郡,十三, 縣,二十九하고, 〈河西州:江陵〉를 爲〈溟州〉로 하여 領州一, 郡,九, 縣,二十五하고, 〈完山州〉를 爲〈全州〉라 하여 領州一, 小京一, 郡,十, 縣,三十一로 하고 〈武珍州:광주〉를 爲〈武州〉라 하여 領州一, 小京一, 郡,十四, 縣,四十四하다. [〈良州〉一作,梁州] [이때 신라는 모두 9

州, 5小京, 293縣으로 되어 있었다.]

▷ 본문풀이 ◁

16년, 봄 정월에 상대등 「김사인」이 병으로 사직하자, 이찬 「신충」이 상대등이 되었다. 3월에, 서울과 지방 관리들의 월급제를 폐지하고, 다시 녹읍을 주었다. 가을 7월에, 〈영창궁〉을 중수하였다. 8월에, 조부에 사 2명을 더 두었다. 겨울 12월에, 〈사벌주〉를 〈상주〉로 고치고, 1주 10군 30현을 소속시켰다. 〈삽량주〉를 〈양주〉로 고치고, 1주 1소경 12군 34현을 소속시켰다. 〈청주〉를 〈강주〉로 고치고, 1주 11군 27현을 소속시켰다. 〈한산주〉를 〈한주〉로 고치고, 1주 1소경 27군 46현을 소속시켰다. 〈수약주〉를 〈삭주〉로 고치고, 1주 1소경 11군 27현을 소속시켰다. 〈웅천주〉를 〈웅주〉로 고치고, 1주 1소경 13군 29현을 소속시켰다. 〈하서주〉를 〈명주〉로 고치고, 1주 9군 25현을 소속시켰다. 〈완산주〉를 〈전주〉로 고치고, 1주 1소경 10군 31현을 소속시켰다. 〈무진주〉를 〈무주〉로 고치고, 1주 14군 44현을 소속시켰다.【'良州'는 '梁州'로 쓰기도 한다.】

○十七年(십칠년), 春(춘).正月(정월)에 侍中(시중) 「金耆(김기)」 卒(졸)하고 伊湌(이찬) 「廉相(염상)」을 爲(위).侍中(시중)하다. 二月(이월)에 下敎(하교)하여 內外官(내외관).請暇(청가).滿六十日者(만육십일자)는 聽(청).解官(해관)하다. 夏(하).四月(사월)에 選(선).醫(의)

官精究者하여 充,內供奉(:闕內職의 하나)하고 置,律令
관정구자 충내공봉 치율령

博士二員하다. 秋,七月二十三日에 王子生하다.
박사이원 추칠월이십삼일 왕자생

大雷電하여 震,佛寺十六所하다. 八月에 遣使入
대뇌전 진불사십육소 팔월 견사입

唐,朝貢하다.
당조공

▶어려운 낱말◀

[聽(청)] : 다스리다. 결정하다. [雷電(뇌전)] : 우레와 번개. 耆 : 60, 老 : 70.

▷본문풀이◁

17년, 봄 정월에 시중 「김기」가 죽자, 이찬 「염상」이 시중이 되었다. 2월에, 왕이 교서를 내려서 내외의 관원을 막론하고, 휴가를 만 60일 이상 얻은 자는 해직으로 인정하였다. 여름 4월에, 의술을 깊이 연구한 자를 선발하여 내공봉을 맡도록 하였다. 율령박사 두 명을 두었다. 가을 7월 23일에, 왕자가 출생하였다. 우레와 번개가 심하였고, 16곳의 절에 벼락이 떨어졌다. 8월에, 사신을 당나라에 보내 조공하였다.

○十八年, 春,正月에 改,兵部(兵曹와 같음)·倉部
십팔년 춘정월 개병부 창부

(창고를 맡음)卿·監을 爲侍郞하고 大舍를 爲,郞中하
경감 위시랑 대사 위낭중

며 改,執事와 舍知를 爲,執事員外郞하고 執事史를
개집사 사지 위집사원외랑 집사사

爲,執事郞하다. 改,調府·禮部·乘府·船府·
위 집 사 랑 개 조 부 예 부 승 부 선 부

領客府·左右議方府·司正府·位和府·例作
영 객 부 좌 우 의 방 부 사 정 부 위 화 부 예 작

典·大學監·大道署·永昌宮等, 大舍를 爲,主
전 태 학 감 대 도 서 영 창 궁 등 대 사 위 주

簿하다. 賞賜署·典祀署·音聲署·工匠府·彩
부 상 사 서 전 사 서 음 성 서 공 장 부 채

典等, 大舍를 爲,主書하다. 二月에 改,禮部舍知를
전 등 대 사 위 주 서 이 월 개 예 부 사 지

爲,司禮하고 調府舍知를 爲,司庫하고 領客府,舍
위 사 례 조 부 사 지 위 사 고 영 객 부 사

知를 爲,司儀하고 乘府舍知를 爲,司牧하고 船府舍
지 위 사 의 승 부 사 지 위 사 목 선 부 사

知를 爲,司舟하고 例作府,舍知를 爲,司例하고 兵
지 위 사 주 예 작 부 사 지 위 사 례 병

部,弩舍知를 爲,司兵하고 倉部,租舍知를 爲,司倉
부 노 사 지 위 사 병 창 부 조 사 지 위 사 창

하다. 三月에 彗星이 見하여 至秋에 乃滅하다.
삼 월 혜 성 현 지 추 내 멸

▷ **본문풀이** ◁

18년, 봄 정월에 병부와 창부의 경과 감을 시랑으로, 대사를 낭중으로, 집사부의 사지를 집사원외랑으로, 집사사를 집사랑으로 개칭하였다. 조부·예부·승부·선부·영객부·좌우의방부·사정부·위화부·예작전·태학감·대도서·영창궁 등의 대사를 주부로 개칭하였으며, 상사서·전사서·음성서·공장부·채전 등의 대사를 주서로 개칭하였다. 2월, 예부의 사지를 사례로, 조부의 사지를 사고로, 영객부의 사지를 사의로, 승부의 사지를

사목으로, 선부의 사지를 사주로, 예작부의 사지를 사례로, 병부의 노사지를 사병으로, 창부의 조사지를 사창으로 각각 개칭하였다. 3월, 혜성이 나타나서 가을이 되어서야 사라졌다.

○十九年, 春,正月에 都城寅方(동방)에 有,聲如伐
십 구 년 춘 정 월 도 성 인 방 유 성 여 벌
鼓하니 衆人이 謂之鬼鼓라 하다. 二月에 宮中에 穿,
고 중 인 위 지 귀 고 이 월 궁 중 천
大池하다. 又於,宮南〈蚊川〉之上에 起〈月淨〉·
대 지 우 어 궁 남 문 천 지 상 기 월 정
〈春陽〉二橋하다. 夏,四月에 侍中「廉相」이 退하고
춘 양 이 교 하 사 월 시 중 염 상 퇴
伊湌「金邕」으로 爲,侍中하다. 秋,七月에 封,王子
이 찬 김 옹 위 시 중 추 칠 월 봉 왕 자
「乾運」하여 爲,王太子하다.
건 운 위 왕 태 자

▶ 어려운 낱말 ◀

[寅方(인방)] : 동쪽 방향. [月淨橋(월정교),春陽橋(춘양교)] : 경주 동남 문천위에 있었던 다리로, 동은 일정, 서를 월정이라고 했다. 지금은 돌다리 흔적만 남아있다. 月淨橋는 - 月精橋, 春陽橋 - 日精橋. 근래에 월정교를 복원했음. [邕] : 화목할(옹).

▷ 본문풀이 ◁

19년, 봄 정월에 서울 동쪽에서 북을 치는 소리가 들렸다. 사람들은 이를 귀신이 치는 북소리라고 말하였다. 2월에, 대궐 안에 큰 연못을 파고, 또한 대궐 남쪽 〈문천〉에 〈월정교〉·〈춘양교〉

의 두 다리를 놓았다. 여름 4월에, 시중 「염상」이 퇴직하고, 이찬 「김옹」이 시중이 되었다. 가을 7월에, 왕자 「건운」을 왕태자로 봉하였다.

○二十年, 春.正月朔에 虹.貫日하고 日有.珥하다. 夏.四月에 彗星.出하다.
(이십년 춘정월삭 홍관일 일유이 하사월 혜성출)

▶어려운 낱말◀

[珥] : 귀고리(이). [彗星(혜성)] : 살별.

▷본문풀이◁

20년, 봄 정월 초하룻날에 무지개가 해를 관통하였고 햇무리가 보였다. 여름 4월에, 혜성이 나타났다.

○二十一年, 夏.五月에 築.〈五谷:지금의 瑞興〉,〈鵂巖:지금의 鳳山〉,〈漢城:지금의 載寧〉,〈獐塞(장새):지금의 遂安〉,〈池城:지금의 海州〉,〈德谷:지금의 山谷〉의 六城하고 各置太守하다. 秋.九月에 遣使入唐.朝貢하다.
(이십일년 하오월 축 오곡 휴암 한성 장새 지성 덕곡 육성 각치태수 추구월 견사입당조공)

▶ 어려운 낱말 ◀

[鵂] : 수리부엉이(휴). [巖] : 바위(암). [獐] : 노루(장). [塞] : 변방(새).

▷ 본문풀이 ◁

21년, 여름 5월에 〈오곡〉 · 〈휴암〉 · 〈한성〉 · 〈장새〉 · 〈지성〉 · 〈덕곡〉의 여섯 성을 쌓고, 각각 태수를 두었다. 가을 9월에, 사신을 당나라에 보내 조공하였다.

○二十二年, 夏,四月에 遣使入唐,朝貢하다. 秋,
이십이년 하사월 견사입당조공 추

七月에 京都大風하여 飛瓦拔樹하다. 八月에 桃李
칠월 경도대풍 비와발수 팔월 도리

再花하다. 上大等「信忠」과 侍中「金邕」이 免하
재화 상대등 신충 시중 김옹 면

다. 大奈麻「李純」이 爲,王寵臣이러니 忽,一旦에
대나마 이순 위왕총신 홀일단

避世入山하여 累徵不就하다. 剃髮爲僧하여 爲王
피세입산 누징불취 체발위승 위왕

創立〈斷俗寺〉하고 居之하다. 後에 聞王好樂하고
창립 단속사 거지 후 문왕호악

卽詣宮門하다. 諫奏曰, "臣聞하되 昔者에 「桀紂」
즉예궁문 간주왈 신문 석자 걸주

荒于,酒色하여 淫樂不止하여 由是로 政事凌遲하
황우주색 음락부지 유시 정사릉지

고 國家敗滅이라 하니 覆轍在前에 後車宜戒하옵니
국가패멸 복철재전 후거의계

다. 伏望, 大王은 改過自新하시어 以永國壽하소
복망 대왕 개과자신 이영국수

서." 하다. 王이 聞之感歎하여 爲之停樂하다. 便引
왕 문지감탄 위지정악 변인

之正室하여 聞說道妙하고 以及理世之方하고 數
지정실 문설도묘 이급이세지방 수

日乃止하다.
일내지

▶ 어려운 낱말 ◀

[拔樹(발수)] : 나무가 뽑히다. [旦] : 아침(단). 朝와 같은 뜻임. [剃髮(체발)] : 머리를 깎다. [詣] : 찾아가다(예). [淩遲(능지)] : 문란하다. [覆轍(복철)] : 엎질러진 수레.

▷ 본문풀이 ◁

22년, 여름 4월에 사신을 당나라에 보내 조공하였다. 가을 7월에, 서울에 큰 바람이 불어 기와가 날리고 나무가 뽑혔다. 8월에, 복숭아와 오얏나무 꽃이 두 번째 피었다. 상대등 「신충」과 시중 「김옹」이 퇴직하였다. 대나마 「이순」은 왕의 총신이었다. 그가 어느 날 갑자기 세상을 피하여 산으로 들어갔는데, 여러 번 불렀으나 나오지 않았다. 그는 머리를 깎고 중이 되어 왕을 위하여 〈단속사〉를 세우고 그곳에서 살았다. 그 후 왕이 풍악을 즐긴다는 말을 듣고 그는 즉시 대궐문으로 찾아갔다. 그는 왕에게 "제가 듣건대 옛날 「걸주」가 주색에 빠져 황음을 그칠 줄 몰랐습니다. 이로 인하여 정치가 문란하고 나라가 망하였다고 합니다. 앞에 가는 수레바퀴가 엎어지면 뒤의 수레는 마땅히 이를 경계하여야 합니다. 엎드려 바라옵건대, 대왕은 허물을 고치고 자신을 새롭게 바꾸어 나라를 영원히 보존하소서."라고 간하였다. 왕은 이 말을 듣고 감탄하여 풍악을 그치게 했다. 문득 그를 정실로 인도하여 도리(道理)의 오묘함과 세상 다스리는 방법을 수일 동안 듣고는 그치었다.

○二十三年, 春.正月에 伊湌「萬宗」으로 爲.上
이 십 삼 년 춘 정 월 이 찬 만 종 위 상
大等하고 阿湌「良相」으로 爲.侍中하다. 三月에
대 등 아 찬 양 상 위 시 중 삼 월
星孛于.東南하다. 龍見〈楊山〉下하여 俄而飛去하
성 패 우 동 남 용 현 양 산 하 아 이 비 거
다. 冬.十二月十一日에 流星이 或大或小하여 觀
동 십 이 월 십 일 일 유 성 혹 대 혹 소 관
者不能數하다.
자 불 능 수

▷ **본문풀이** ◁

23년, 봄 정월에 이찬「만종」이 상대등이 되고, 아찬「양상」이 시중이 되었다. 3월에, 혜성이 동남쪽에 나타나고, 용이 〈양산〉 밑에 나타났다가 얼마 안 되어 날아갔다. 겨울 12월 11일에, 크고 작은 유성이 나타났는데, 이를 본 사람이 셀 수 없이 많았다.

○二十四年, 夏.四月에 地震하다. 遣使入唐.朝
이 십 사 년 하 사 월 지 진 견 사 입 당 조
貢하니 帝(:代宗)授.使者.'檢校禮部尚書'하다. 六月
공 제 수 사 자 검 교 예 부 상 서 유 월
에 流星이 犯心(心星으로 28수의 하나)하다. 是月에 王
유 성 범 심 시 월 왕

薨하다. 謚曰『景德』이라 하고 葬〈毛祇寺:內南面梟池
홍 시왈 경덕 장모기사

里〉西岑하다.[『古記』云, 〈永泰〉元年乙巳卒. 而『舊唐書』及
서잠

『資理通鑑』 皆云, “大曆二年에 新羅王「憲英」卒하다. 하니 豈其

誤耶.]

▶ **어려운 낱말** ◀

[犯心(범심)] : 하늘의 별인 心星을 침범함. [祇] : 토지의 신(기). 祇林은 祇園精舍란 뜻으로, 절을 이름. [梟] : 오리(부).

▷ **본문풀이** ◁

24년, 여름 4월에 지진이 있었다. 사신을 당나라에 보내 조공하니, 황제가 사신에게 '검교예부상서' 의 벼슬을 주었다. 6월에, 유성이 심성을 범하였다. 이 달에 왕이 서거하였다. 시호를 『경덕』이라 하고, 〈모기사〉 서쪽 산에 장사지냈다. 【[고기]에는 '영태 원년 을사에 죽었다.' 라고 기록되어 있고, [구당서]와 [자리통감]에는 모두 '대력 2년에 신라왕 「헌영」이 사망하였다.' 라고 기록되어 있으니, 잘못된 것이 아닌가 한다.】

36 惠恭王(혜공왕) : 765~780

○惠恭王이 立하다. 諱「乾運」이니『景德王』之
혜 공 왕 입 휘 건 운 경 덕 왕 지

嫡子니라. 母는 金氏로「滿月夫人」이며 舒弗邯
적 자 모 김 씨 만 월 부 인 서 불 한

「義忠」之女니라. 王이 卽位時에 年,八歲로 太后
의 충 지 녀 왕 즉 위 시 년 팔 세 태 후

攝政하다.
섭 정

▶ 어려운 낱말 ◀

[嫡子(적자)] : 맏아들.(庶子, 孽子 등). [攝] : 잡을(섭), 당길(섭), 대신할(섭).
[攝政(섭정)] : 정사를 대신함.

▷ 본문풀이 ◁

혜공왕이 왕위에 올랐다. 그의 이름은「건운」이니,『경덕왕』의 적자이다. 어머니는 김씨「만월부인」이며, 그는 서불한「의충」의 딸이다. 왕이 즉위했을 때 나이가 여덟 살이었으므로, 태후가 섭정하였다.

○元年에 大赦하다. 幸,大學하여 命,博士講『尙
원 년 대 사 행 태 학 명 박 사 강 상

書』義하다.
서 의

▷ 본문풀이 ◁

원년에 죄수들을 대사하고, 왕이 태학에 행차하여 박사에게 [상서]를 강의하게 하였다.

○二年, 春.正月에 二日並出하다. 大赦하다. 二月에 王이 親祀神宮하다.「良里公」家에 牝牛生犢하니 五脚이라 一脚은 向上하다.〈康州:지금의 晉州〉地陷成池하여 縱廣.五十餘尺하고 水色이 青黑하다. 冬.十月에 天有聲하니 如鼓하다.

이년 춘 정월 이일병출 대사 이월 왕 친사신궁 양리공 가 빈우생독 오각 일각 향상 강주 지함성지 종광 오십여척 수색 청흑 동 십월 천유성 여고

▶ 어려운 낱말 ◀

[牝] : 암놈(빈). [牝牛(빈우)] : 암소. [犢] : 송아지(독). [脚] : 다리(각). [地陷(지함)] : 땅이 꺼지다. [縱廣(종광)] : 세로의 넓이.

▷ 본문풀이 ◁

2년, 봄 정월에 두 개의 해가 나타났다. 죄수들을 크게 사면하였다. 2월에, 왕이 신궁에 직접 제사를 지냈다.「양리공」집에서 암소가 송아지를 낳았는데, 다리가 다섯이었다. 다리 하나는 위로 향하였다.〈강주〉에서 땅이 내려앉아 연못이 되었는데, 넓이가 50여 척이고 검푸른 물빛이었다. 겨울 10월에, 하늘에서 소리가 들렸는데 그 소리가 북 치는 소리 같았다.

○三年, 夏.六月에 地震하다. 秋.七月에 遣.伊湌
삼 년 하 유 월 지 진 추 칠 월 견 이 찬
「金隱居」하여 入唐貢方物하고 仍請加.冊命하다.
김 은 거 입 당 공 방 물 잉 청 가 책 명
帝御〈紫宸殿〉에서 宴見하다. 三星이 隕.王庭하여
제 어 자 신 전 연 견 삼 성 운 왕 정
相擊하고 其光이 如火迸散하다. 九月에 〈金浦縣:
상 격 기 광 여 화 병 산 구 월 김 포 현
지금의 金浦〉에서 禾實이 皆米하다.
화 실 개 미

▶ **어려운 낱말** ◀

[宸] : 대궐(신). [宴見(연견)] : 접견. [相擊(상격)] : 서로 부딪치다. [迸] : 달아날(병). [迸散(병산)] : 세차게 흩날림(飛散). [禾實(화실)] : 벼의 낟알.

▷ **본문풀이** ◁

3년 여름 6월, 지진이 있었다. 가을 7월, 이찬 「김은거」를 당에 보내 토산물을 바치고, 동시에 책명해주기를 요청하니, 황제가 〈자신전〉에 나와 접견하였다. 별 세 개가 대궐에 떨어져 서로 부딪쳤다. 그 빛이 불꽃같이 솟아올랐다가 흩어졌다. 9월, 〈김포현〉에서 벼 이삭이 모두 쌀로 변하였다.

○四年, 春에 彗星이 出.東北하다. 唐『代宗』이
사 년 춘 혜 성 출 동 북 당 대 종
遣.倉部郎中「歸崇敬」으로 兼.御史中丞하여 持
견 창 부 낭 중 귀 숭 경 겸 어 사 중 승 지
節齎冊書하고 冊王爲.『開府儀同三司.新羅王』하
절 재 책 서 책 왕 위 개 부 의 동 삼 사 신 라 왕

다. 兼冊,王母金氏를 爲,大妃하다. 夏,五月에 赦,
겸책왕모김씨 위대비 하오월 사

殊死已下罪하다. 六月에 京都雷雹하여 傷,草木하
수사이하죄 유월 경도뇌박 상초목

다. 大星이 隕〈皇龍寺〉南하다. 地震聲이 如雷하고
대성 운 황룡사 남 지진성 여뢰

泉井이 皆渴하다. 虎入宮中하다. 秋,七月에 一吉
천정 개갈 호입궁중 추칠월 일길

湌 「大恭」이 與弟,阿湌 「大廉」과 叛하여 集衆하
찬 대공 여제아찬 대렴 반 집중

고 圍,王宮三十三日에 王軍이 討平之하여 誅,九
위왕궁삼십삼일 왕군 토평지 주구

族하다. 九月에 遣使,入唐朝貢하다. 冬,十月에 以,
족 구월 견사입당조공 동시월 이

伊湌 「神猷」로 爲,上大等하고 伊湌 「金隱居」로
이찬 신유 위상대등 이찬 김은거

爲,侍中하다.
위시중

▶ 어려운 낱말 ◀

[殊死(수사)] : 사형수. [雷雹(뇌박)] : 천둥과 우박. [猷] : 꾀할(유).

▷ 본문풀이 ◁

4년, 봄에 혜성이 동북쪽에 나타났다. 당나라 『대종』이 창부낭중 「귀숭경」에게 어사중승을 겸직시켜 황제의 신임표와 책봉서를 가지고 와서 왕을 『개부의동삼사, 신라왕』으로 책봉하였다. 동시에 왕의 어머니 김씨를 대비로 책봉하였다. 여름 5월에, 사형수를 제외한 죄수들을 석방하였다. 6월에, 서울에 벼락이 치고 우박이 내려 초목이 상하였다. 큰 별이 〈황룡사〉 남쪽에 떨어졌다. 지진이 발생하였는데 그 소리가 벼락 소리 같았고, 우물과 샘이 모두 말랐다. 호랑이가 대궐에 들어왔다. 가을 7월에, 일길찬 「대공」이 그의 아우인 아찬 「대렴」과 함께 반란을 일으키고, 무리를 모아 33일간 왕궁을 포위하였다. 왕의 군사가 이들을 토벌하여 평정하고, 9족을 모두 처형하였다. 9월에, 사신을 당에 보내 조공하였다. 겨울 10월에, 이찬 「신유」를 상대등으로 임명하고, 이찬 「김은거」를 시중으로 임명하였다.

○ 五年, 春,三月에 燕,群臣於〈臨海殿〉하다. 夏,
오년 춘삼월 연군신어 임해전 하
五月에 蝗하고 旱하다. 命,百官하여 各擧所知하다.
오월 황 한 명백관 각거소지
冬,十一月에 〈雉岳縣:지금의 白川〉鼠,八千許가 向
동십일월 치악현 서팔천허 향
〈平壤〉하다. 無雪하다.
평양 무설

▷ **본문풀이** ◁

5년, 봄 3월에 〈임해전〉에서 여러 신하들에게 연회를 베풀었다. 여름 5월에, 메뚜기 떼가 생기고 가뭄이 들었다. 왕이 백관들에게 각자 아는 인물을 천거하게 하였다. 겨울 11월에, 〈치악현〉에서 쥐 8천여 마리가 〈평양〉 방향으로 이동하였다. 눈이 내리지 않았다.

○六年, 春,正月에 王幸〈西原京:지금의 淸州〉하여
육 년 춘 정 월 왕 행 서 원 경

曲赦,所經州縣,繫囚하다. 三月에 雨土하다. 夏,四
곡 사 소 경 주 현 계 수 삼 월 우 토 하 사

月에 王이 至自〈西原:청주〉하다. 五月十一日에 彗
월 왕 지 자 서 원 오 월 십 일 일 혜

星이 出,五車北하다가 至,六月十二日에 滅하다. 二
성 출 오 거 북 지 유 월 십 이 일 멸 이

十九日에 虎入,執事省이어늘 捉殺之하다 秋,八月
십 구 일 호 입 집 사 성 착 살 지 추 팔 월

에 大阿飡「金融」이 叛하다가 伏誅하다. 冬,十一
대 아 찬 김 융 반 복 주 동 십 일

月에 京都地震하다. 十二月에 侍中「隱居」退하
월 경 도 지 진 십 이 월 시 중 은 거 퇴

니 伊飡「正門」이 爲,侍中하다.
이 찬 정 문 위 시 중

▶ 어려운 낱말 ◀

[曲赦(곡사)] : 그 지방에 한 특사. [繫] : 맬(계). [五車(오거)] : 성좌 이름. [執事省(집사성)] : 신라 때 정무를 총괄하던 관아.

▷ 본문풀이 ◁

6년, 봄 정월에 왕이 〈서원경〉에 행차하였는데, 도중의 주와 현의 죄수들에게 특사를 내렸다. 3월에, 흙비가 내렸다. 4월에, 왕이 〈서원〉에서 돌아왔다. 5월 11일, 혜성이 오거성좌 북쪽에 나타났다가 6월 12일에 사라졌다. 29일에, 호랑이가 집사성에 들어왔으므로 잡아 죽였다. 가을 8월에, 대아찬 「김융」이 반역하다가 사형 당하였다. 겨울 11월에, 서울에 지진이 있었다. 12월에, 시

중「은거」가 물러나니 이찬「정문」이 시중으로 삼았다.

○八年, 春,正月에 遣,伊湌「金標石」하여 朝唐
팔 년 춘 정 월 견 이 찬 김 표 석 조 당
賀正하다.『代宗』이 授'衛尉員外少卿'하여 放還
하 정 대 종 수 위 위 원 외 소 경 방 환
하다.

▷본문풀이◁

8년, 봄 정월에 이찬「김표석」을 당에 보내 신년 하례를 하였다. 당나라『대종』이 그에게 '위위원외소경' 벼슬을 주어 돌려보냈다.

○九年, 夏,四月에 遣使如唐,賀正하고 獻,金,銀,
구 년 하 사 월 견 사 여 당 하 정 헌 금 은
牛黃,魚牙紬,朝霞紬,等, 方物하다. 六月에 遣使如
우 황 어 아 주 조 하 주 등 방 물 유 월 견 사 여
唐,謝恩하니『代宗』이 引見於〈延英殿〉하다.
당 사 은 대 종 인 견 어 연 영 전

▷본문풀이◁

9년, 여름 4월에 사신을 당나라에 보내 신년 하례를 하고 금·은·우황·어아주·조하주 등의 토산물을 바쳤다. 6월에, 사신을 당나라에 보내 사은을 표하니『대종』이 사신을〈연영전〉에서 접견하였다.

○十年, 夏,四月에 遣使如唐,朝貢하다. 秋,九月
십 년 하 사 월 견 사 여 당 조 공 추 구 월
에 拜,伊湌「良相(내물왕 10세손)」하여 爲,上大等하
배 이 찬 양 상 위 상 대 등
다. 冬,十月에 遣使如唐,賀正하니 見于〈延英殿〉
동 시 월 견 사 여 당 하 정 견 우 연 영 전
하여 授'員外衛尉卿'하여 遣之하다.
수 원 외 위 위 경 견 지

▷본문풀이◁

10년, 여름 4월에 사신을 당나라에 보내 조공하였다. 가을 9월에, 이찬 「양상」을 상대등으로 임명하였다. 겨울 10월에, 사신을 당나라에 보내 신년 하례를 하였다. 황제는 〈연영전〉에서 이들을 접견하고, 그들에게 '원외위위경' 벼슬을 주어 귀국시켰다.

○十一年, 春,正月에 遣使如唐,朝貢하다. 三月
십 일 년 춘 정 월 견 사 여 당 조 공 삼 월
에 以,伊湌「金順」으로 爲,侍中하다. 夏,六月에 遣
이 이 찬 김 순 위 시 중 하 유 월 견
使朝唐하다. 伊湌「金隱居」叛하다가 伏誅하다.
사 조 당 이 찬 김 은 거 반 복 주
秋,八月에 伊湌「廉相」이 與,侍中「正門」으로 謀
추 팔 월 이 찬 염 상 여 시 중 정 문 모
叛하다가 伏誅하다.
반 복 주

▷본문풀이◁

11년, 봄 정월에 사신을 당나라에 보내 조공하였다. 3월에, 이

찬 「김순」으로 시중을 삼았다. 여름 6월에, 사신을 파견하여 당나라에 입조하였다. 이찬 「김은거」가 반역하다가 처형당하였다. 가을 8월에, 이찬 「염상」이 시중 「정문」과 함께 반역을 도모하다가 처형당하였다.

○十二年, 春,正月에 下敎하여 百官之號를 盡合
십이년 춘정월 하교 백관지호 진합

復舊하다. 幸〈感恩寺〉하여 望海하다. 二月에 幸,
복구 행감은사 망해 이월 행

國學聽講하다. 三月에 加,倉部史,八人하다. 秋,七
국학청강 삼월 가창부사팔인 추칠

月에 遣使朝唐하여 獻,方物하다. 冬,十月에 遣使
월 견사조당 헌방물 동시월 견사

入唐,朝貢하다.
입당조공

▶어려운 낱말◀

[號(호)] : 이름. [盡合(진합)] : 모두. [望海(망해)] : 바다를 향해 제사를 올림(望祭). [國學(국학)] : 교육을 맡아보던 기관. [倉部(창부)] : 전곡을 받는 관아.

▷본문풀이◁

12년, 봄 정월에 왕이 교서를 내려 백관들의 관직 이름을 모두 이전대로 복구하였다. 왕이 〈감은사〉에 행차하여 바다를 향하여 망제를 지냈다. 2월에, 왕이 국학에 가서 강의를 들었다. 3월에, 창부에 사 8명을 더 두었다. 가을 7월에, 사신을 당나라에 보내 토산물을 바쳤다. 가을 10월에, 사신을 당나라에 보내 조공하였다.

○十三年, 春.三月에 京都地震하다. 夏.四月에
십삼년 춘 삼월 경도지진 하사월

又震하다. 上大等「良相」이 上疏하여 極論時政하
우진 상대등 양상 상소 극론시정

다. 冬.十月에 伊飡「周元」이 爲.侍中하다.
동시월 이찬 주원 위시중

▶어려운 낱말◀

[疏(소)] : 상소. [極論(극론)] : 극렬한 논리와 비판. [時政(시정)] : 시국의 정치.

▷본문풀이◁

13년 봄 3월, 서울에 지진이 있었다. 여름 4월, 지진이 다시 발생하였다. 상대등 「양상」이 상소하여 시국을 극렬하게 비판하였다. 겨울 10월, 이찬 「주원」이 시중이 되었다.

○十五年, 春.三月에 京都地震하여 壞.民屋하고
십오년 춘 삼월 경도지진 괴민옥

死者.百餘人하다. 太白이 入月하여 設.百座法會
사자 백여인 태백 입월 설 백좌법회

(佛事)하다.

▷본문풀이◁

15년, 봄 3월에 경도에 지진이 발생하여 민가가 무너지고 사망자가 백여 명이 되었다. 금성이 달에 들어갔다. 백좌법회를 열었다.

○十六年, 春,正月에 黃霧하다. 二月에 雨土하
십 육 년 춘 정 월 황 무 이 월 우 토
다. 王이 幼少卽位하여 及,壯에 淫于聲色하고 巡
왕 유 소 즉 위 급 장 음 우 성 색 순
遊不度하며 綱紀紊亂하고 災異屢見하며 人心反
유 부 도 강 기 문 란 재 이 누 현 인 심 반
側하고 社稷机隍하므로 伊湌「志貞」叛하여 聚衆
측 사 직 궤 황 이 찬 지 정 반 취 중
하여 圍犯宮闕하다. 夏,四月에 上大等「金良相」이
위 범 궁 궐 하 사 월 상 대 등 김 양 상
與,伊湌「敬信」으로 擧兵하여 誅,「志貞」等하고
여 이 찬 경 신 거 병 주 지 정 등
王與后妃도 爲,亂兵所害하다.「良相」等이 諡王
왕 여 후 비 위 란 병 소 해 양 상 등 시 왕
하여 爲,『惠恭王』이라 하다. 元妃「新寶王后」는
위 혜 공 왕 원 비 신 보 왕 후
伊湌「維誠」之女요, 次妃는 伊湌「金璋」之女이
이 찬 유 성 지 녀 차 비 이 찬 김 장 지 녀
나 史失入宮歲月(月日)하다.
사 실 입 궁 세 월

▶ 어려운 낱말 ◀

[淫于聲色(음우성색)] : 음탕한 음악과 호색. [巡遊(순유)] : 놀러나감. [紊亂(문란)] : 어지럽다. [災異(재이)] : 재난과 이변. [屢見(누현)] : 여러 번 나타남. [反側(반측)] : 기울어지다. [机隍(궤황)] : 위태롭다. [史失(사실)] : 역사적 기록이 빠져있음. *良相(37대, 선덕왕)과 敬信(38대, 원성왕)이 반란을 평정함.

▷ 본문풀이 ◁

16년, 봄 정월에 누런 안개가 끼었다. 2월에, 흙비가 내렸다.

왕이 어렸을 때 왕위에 올랐으나 나이가 들자 음악과 여색에 빠져 아무 때나 법도를 잃고 놀러 다니며, 기강이 문란하여 재난과 이변이 자주 발생하였으므로, 인심이 이반되고 사직이 위태로웠다. 이찬 「지정」이 반란을 일으키고 무리를 모아 대궐을 포위하여 침범하였다. 여름 4월에, 상대등 「김양상」이 이찬 「경신」과 함께 군사를 동원하여 「지정」 등을 죽였다. 왕과 왕비는 이 난리 중에 군사들에게 살해되었다. 「양상」 등이 왕의 시호를 『혜공왕』이라 하였다. 대비 「신보왕후」는 이찬 「유성」의 딸이고, 다음 왕비는 이찬 「김장」의 딸이었는데, 역사서에는 두 왕비가 궁에 들어온 시기를 기록하고 있지 않다.

37 宣德王(선덕왕) : 780~785

○宣德王이 立하다. 姓은 金氏요, 諱는 「良相」이
선덕왕 입 성 김씨 휘 양상
니 「奈勿王」 十世孫也니라. 父는 海飡 「孝芳」이
나물왕 십세손야 부 해찬 효방
요, 母는 金氏로 「四炤夫人」이니 「聖德王」 之女
모 김씨 사소부인 성덕왕 지녀
也니라. 妃는 「具足夫人」이니 角干 「良品」 之女
야 비 구족부인 각간 양품 지녀

也니라. [一云〈義恭〉阿湌之女] 大赦하다. 追封父爲『開
야 대사 추봉부위 개

聖大王』이라 하며 尊母金氏를 爲「貞懿太后」라 하
성대왕 존모김씨 위 정의태후

고 妻爲王妃하다. 拜,伊湌「敬信」을 爲,上大等하
처위왕비 배이찬 경신 위상대등

고 阿湌「義恭」을 爲,侍中하다. 改,御龍省,奉御를
아찬 의공 위시중 개어룡성봉어

爲卿하다가 又改,卿을 爲監하다.
위경 우개경 위감

▶어려운 낱말◀

[尊母(존모)] : 어머니를 추존하여. [懿] : 아름다울(의).

▷본문풀이◁

선덕왕이 왕위에 올랐다. 그의 성은 김씨이며, 이름은 「양상」이니, 「나물왕」의 10대손이다. 그의 아버지는 해찬 「효방」이요, 어머니는 김씨 「사소부인」이니 『성덕왕』의 딸이다. 왕비는 「구족부인」이니, 각간 「양품」의 딸이다. 【아찬 의공의 딸이라고도 한다.】 죄수들을 크게 사면하였다. 아버지를 『개성대왕』으로 추봉하고, 어머니 김씨를 「정의태후」로 추존하였으며, 아내를 왕비로 삼았다. 이찬 「경신」을 상대등으로 임명하고, 아찬 「의공」을 시중으로 삼았다. 어룡성의 봉어를 '경'으로 고쳤다가 '경'을 다시 '감'으로 고쳤다. (奉御-卿-監.)

○三年, 春,二月에 親祀神宮(:奈乙)하다. 秋,七月
삼년 춘이월 친사신궁 추칠월

에 發使安撫〈浿江〉南州郡하다.
발사안무 패강 남주군

[구분]

*浿水 : 漢. 魏시대 - 압록강. 隋, 唐시대 - 대동강. 우리나라 - 예성강, 임진강을 말했음.

▷본문풀이◁

2년, 봄 2월에 왕이 직접 신궁에 제사를 지냈다. 가을 7월에 왕이 사신을 보내 〈패강〉 남쪽의 주와 군을 위로하였다.

○三年, 春.閏正月에 遣使入唐.朝貢하다. 二月
삼년 춘윤정월 견사입당조공 이월
에 王이 巡幸〈漢山州〉하여 移民户於〈浿江鎮〉하
왕 순행 한산주 이민호어 패강진
다. 秋.七月에 大閱於〈始林〉之原하다.
추칠월 대열어 시림 지원

▷본문풀이◁

3년, 봄 윤 정월에 사신을 당나라에 보내 조공하였다. 2월에, 왕이 〈한산주〉를 순행하고 주민들을 〈패강진〉으로 옮겼다. 가을 7월에, 〈시림〉 벌에서 군사를 크게 사열하였다.

○四年, 春.正月에 以.阿湌「體信」을 爲.〈大谷
사년 춘정월 이아찬 체신 위대곡
鎮:지금의 平山〉軍主하다. 二月에 京都雪.三尺하다.
진 군주 이월 경도설삼척

▷ 본문풀이 ◁

4년, 봄 정월에 아찬 「체신」을 〈대곡진〉 군주로 임명하였다. 2월에, 서울에 눈이 석 자나 내렸다.

○ 五年, 夏.四月에 王이 欲.遜位하다. 君臣이 三
오 년 하 사 월 왕 욕 손 위 군 신 삼
上.表諫하여 乃止하다.
상 표 간 내 지

▶ 어려운 낱말 ◀

[遜位(손위)] : 임금의 자리나 벼슬에서 물려줌. [表諫(표간)] : 표를 올려 간함.

▷ 본문풀이 ◁

5년, 여름 4월에 왕이 왕위를 물러나려 했다. 여러 신하들이 세 번이나 표를 올려 간하자, 이에 중지하였다.

○ 六年, 春.正月에 唐『德宗』이 遣.户部郎中
육 년 춘 정 월 당 덕 종 견 호 부 낭 중
「蓋塤」하여 持節.冊命王하되『爲.檢校大尉.雞林
개 훈 지 절 책 명 왕 위 검 교 대 위 계 림
州刺史.寧海軍使.新羅王』하다. 是月에 王이 寢疾
주 자 사 영 해 군 사 신 라 왕 시 월 왕 침 질
彌留하다. 乃.下詔曰, "寡人이 本惟菲薄하여 無心
미 류 내 하 조 왈 과 인 본 유 비 박 무 심
大寶하고 難逃推戴하여 作其卽位하다. 居位以來
대 보 난 도 추 대 작 기 즉 위 거 위 이 래
로 年不順成하고 民用窮困하니 此는 皆.德不符.民
연 불 순 성 민 용 궁 곤 차 개 덕 불 부 민

望하고 政未合天心이라. 常欲禪讓하고 退居于外
망 정미합천심 상욕선양 퇴거우외

하나 群官百辟으로 每以誠止하여 未果如意하며
군관백벽 매이성지 미과여의

因循至今하다. 忽遘疾疹하여 不寤不興하니 死生
인순지금 홀구질진 불오불흥 사생

有命이나 顧復何恨이리요? 死後에 依,佛制燒火하
유명 고복하한 사후 의불제소화

여 散骨東海하라!" 하고 至,十三日에 薨하니 謚曰
산골동해 지십삼일 훙 시왈

『宣德』이라 하다.
선덕

▶ **어려운 낱말** ◀

[寢疾(침질)] : 병으로 앓아눕다. [彌留(미류)] : 몸이 편찮다. [菲薄(비박)] : 재주나 덕망이 뒤짐. [年不順成(연불순성)] : 해마다 하는 일이 순조롭지 못함. [百辟(백벽)] : 여러 번 말리다. [誠止(성지)] : 뜻을 이루지 못하고. [因循(인순)] : 머뭇거리다. [忽遘疾疹(홀구질진)] : 갑자기 병을 만나다. [不寤不興(불오불흥)] : 깨어나 일어나지 못하다. [顧復(고복)] : 지나친 걱정. [顧(고)] : 신상을 돌봄. [復(복)] : 그 일의 반복을 뜻함.

▷ **본문풀이** ◁

6년, 봄 정월에 당 『덕종』이 호부낭중 「개훈」을 지절사로 보내 왕을 『검교대위, 계림주자사, 영해군사, 신라왕』으로 책봉하였다. 이 달에 왕이 병으로 누웠고, 병이 점점 위독해지자 다음과 같이 조서를 내리기를, "과인은 본래 재능이 없고 덕이 적어 왕위에 오를 마음이 없었으나 추대를 피할 수 없어 왕위에 올랐다. 왕위에 오른 이래 해마다 하는 일이 순조롭지 못하고, 백성의 일상생활이 곤궁하여졌으니, 이는 모두 과인의 덕성이 백성들의 소망에 부합되니 아니하고, 정치가 하늘의 뜻에 합치되지 못하였기 때문이다. 과인은 항상 왕위를 물러나 궁궐 밖에 살고자 하였으나, 많은 신하들이 그때마다 지성으로 말렸기 때문에, 매번 뜻을 이루지 못하고, 지금까지 주저하고 있었다. 이제 갑자기 병이 나서 다시 회복이 어렵게 되었다. 죽고 사는 것은 천명에 달렸으니 다시 무엇을 원망하겠는가? 과인이 죽은 후에는 불교의 법식대로 화장할 것이며, 유골을 동해에 뿌리도록 하라!" 하였다. 13일에, 왕이 서거하니, 시호를 『선덕』이라 하였다.

38 元聖王(원성왕) : 785~798

○元聖王이 立하다. 諱는 「敬信」이니 『奈勿王』.
원성왕 입 휘 경신 나물왕
十二世孫이라. 母는 朴氏니 「繼烏夫人」이요. 妃는
십이세손 모 박씨 계오부인 비
金氏로 「神述」 角干之女니라. 初에 惠恭王.末年
김씨 신술 각간지녀 초 혜공왕말년
에 叛臣跋扈에 「宣德」이 時爲.上大等하여 首唱.
반신발호 선덕 시위상대등 수창
除君側之.惡하다. 「敬信」이 預之하여 平亂有功하
제군측지악 경신 예지 평란유공

니 洎,「宣德」卽位에 卽爲,上大等하다. 及,「宣德」
계 선덕 즉위 즉위상대등 급 선덕
薨하니 無子라. 群臣議後하여 欲立,王之族子「周
홍 무자 군신의후 욕립왕지족자 주
元」하다.「周元」이 宅於,京北,二十里한데 會에 大
원 주원 택어경북이십리 회 대
雨하여 閼川이 水漲하니「周元」이 不得渡하다. 或
우 알천 수창 주원 부득도 혹
曰, "卽,人君大位는 固非人謀라 今日,暴雨는 天
왈 즉인군대위 고비인모 금일폭우 천
이 其,或者不欲立「周元」乎아? 今,上大等「敬
기혹자불욕립 주원 호 금상대등 경
信」은 前王之弟로 德望素高하고 有,人君之體하
신 전왕지제 덕망소고 유인군지체
다." 하고 於是에 衆議,翕然하여 立之繼位하다. 旣
어시 중의흡연 입지계위 기
而雨止하니 國人,皆呼萬歲하다. 二月에 追封,高
이우지 국인개호만세 이월 추봉고
祖,大阿飡「法宣」을 爲『玄聖大王』하고 曾祖,伊
조대아찬 법선 위현성대왕 증조이
飡「義寬」을 爲『神英大王』하고 祖,伊飡「魏文」
찬 의관 위 신영대왕 조이찬 위문
을 爲『興平大王』하고 考,一吉飡「孝讓」을 爲『明
위흥평대왕 고일길찬 효양 위 명
德大王』하고 母,朴氏를 爲『昭文太后』하고 立子
덕대왕 모박씨 위소문태후 입자
「仁謙」하여 爲,王太子하다. 毁『聖德大王』·『開
인겸 위왕태자 훼 성덕대왕 개
聖大王』二廟하고 以,『始祖大王:味鄒王』·『太宗大
성대왕이묘 이 시조대왕 태종대
王:武烈王』·『文武大王』及,祖『興平大王』·考『明
왕 문무대왕급조흥평대왕 고명

德大王』爲,五廟하다. 增,文武百官爵,一級하다.
덕대왕 위 오묘 증 문무백관작 일급

拜,伊飡兵部令「忠廉」을 爲,上大等하다. 伊飡
배 이찬병부령 충렴 위 상대등 이찬

「悌恭」을 爲,侍中하고, 「悌恭」이 免(면직)하니 伊飡
제공 위 시중 제공 면 이찬

「世强」으로 爲,侍中하다. 三月에 出,前妃『具足王
세강 위 시중 삼월 출 전비 구족왕

后』를 於,外宮하고 賜租,三萬四千石하다. 〈浿江
후 어 외궁 사조 삼만사천석 패강

鎭:지금의 황해도 金川〉에서 進,赤烏하다. 改,摠管하여
진 진 적오 개 총관

爲,都督하다.
위 도독

▶어려운 낱말◀

[跋扈(발호)] : 신하로서 권세를 농락하여 군주를 범하는 일. [首唱(수창)] : 앞장서서 주창하다. [預之(예지)] : 거기에 참여하여. [洎(계)] : ~함에 이르러. [族子(족자)] : 아들뻘 되는 친척. [水漲(수창)] : 물이 흘러넘치다. [翕] : 모아지다(흡). [衆議翕然(중의흡연)] : 여러 의견을 모아서.

▷본문풀이◁

『원성왕』이 왕위에 올랐다. 그의 이름은 「경신」이며, 『나물왕』의 12대손이다. 어머니는 박씨 「계오부인」이다. 왕비는 김씨이니 「신술」 각간의 딸이다. 처음 혜공왕 말년에 신하들이 반역하여 발호하였는데, 「선덕」이 당시에 상대등이 되어 임금 측근의 악당들을 제거할 것을 앞장서서 주장하였다. 「경신」이 이에 동조하여 반란을 평정하는데 공을 세우자, 「선덕」이 왕위에 오르면서 바로 상

대등으로 임명하였다. 「선덕」이 죽었으나 아들이 없었다. 여러 신하들이 의논한 후, 왕의 족질 「주원」을 왕으로 세우려 하였다. 그때 「주원」은 서울 북쪽 20리 되는 곳에 살았는데, 때마침 큰 비가 내려 알천의 물이 불어나 「주원」이 건너올 수 없었다. 누군가가 말하기를, "임금이라는 큰 지위는 실로 사람이 마음대로 할 수 없는 것인데, 오늘 폭우가 내리니, 하늘이 혹시 「주원」을 왕으로 세우려 하지 않는 것이 아닌가? 지금의 상대등 「경신」은 전 임금의 아우로서, 덕망이 높고 임금의 체통을 가졌다." 고 말하였다. 이에 여러 사람들의 의견이 일치하여, 그로 하여금 왕위를 잇게 하였다. 얼마 후 비가 그치니 백성들이 모두 만세를 불렀다. 2월에, 왕의 고조부 대아찬 「법선」을 『현성대왕』으로 추봉하고, 증조부 이찬 「의관」을 『신영대왕』으로, 조부 이찬 「위문」을 『흥평대왕』으로, 아버지 일길찬 「효양」을 『명덕대왕』으로, 어머니 박씨를 『소문태후』로 추봉하고, 아들 「인겸」을 왕태자로 삼았다. 『성덕대왕』과 『개성대왕』의 두 묘당을 헐고, 『시조대왕』과 『태종대왕』, 『문무대왕』 및 조부 『흥평대왕』과 부 『명덕대왕』을 5묘로 정하였다. 문무백관에게 작위를 한 급씩 올려주었다. 이찬 병부령 「충렴」을 상대등으로 임명하고, 이찬 「제공」을 시중으로 임명하였다가, 「제공」이 퇴직하자, 이찬 「세강」을 시중으로 임명하였다. 3월에, 전 왕비 『구족왕후』를 외궁으로 내보내고, 벼 3만 4천 석을 주었다. 〈패강진〉에서 붉은 까마귀를 진상하였다. 총관을 고쳐 도독이라 하였다.

○二年, 夏.四月에 國東.雨雹하여 桑麥皆傷하다.
이년 하사월 국동우박 상맥개상

遣「金元全」을 入唐하여 進奉方物하다.『德宗』이
견 김 원 전 입 당 진 봉 방 물 덕 종

下,詔書曰, "勅,新羅王「金敬信」하노니「金元全」
하 조 서 왈 칙 신 라 왕 김 경 신 김 원 전

至하여 省表及,所進奉,具悉하다. 卿은 俗敦信義하
지 성 표 급 소 진 봉 구 실 경 속 돈 신 의

고 志秉貞純하며 夙奉邦家하여 克遵聲教하라. 撫
지 병 정 순 숙 봉 방 가 극 준 성 교 무

茲藩服하고 皆稟儒風하여 禮法興行하고 封部寧
자 번 복 개 품 유 풍 예 법 흥 행 봉 부 녕

乂니라. 而,竭誠向闕하니 述職(:天子에게 職貢)無虧하
예 이 갈 성 향 궐 술 직 무 휴

고 累遣使臣하여 聿修貢獻할지라. 雖,溟渤遐廣하
누 견 사 신 율 수 공 헌 수 명 발 하 광

고 道路悠長이나 贄幣往來는 率循舊典하고 忠效
도 로 유 장 지 폐 왕 래 솔 순 구 전 충 효

益著하니 嘉歎良深하노라. 朕은 君臨萬方하여 作
익 저 가 탄 양 심 짐 군 임 만 방 작

人父母하고 自中及外가 合軌同文으로 期致太和
인 부 모 자 중 급 외 합 궤 동 문 기 치 태 화

(음양조화)하고 共躋仁壽하노라. 卿은 宜,保安封内하
공 제 인 수 경 의 보 안 봉 내

고 勤恤蒼生하여 永作藩臣하여 以寧海裔하라. 今,
근 휼 창 생 영 작 번 신 이 녕 해 예 금

賜卿, 羅錦,綾綵,等三十匹과 衣,一副와 銀榼一口
사 경 나 금 능 채 등 삼 십 필 의 일 부 은 합 일 구

하니 至宜領之하며 妃,錦綵綾羅,等,二十匹과 押
지 의 령 지 비 금 채 능 나 등 이 십 필 압

金線,繡羅裙衣,一副와 銀椀一하다. 大,宰相一人
금 선 수 라 군 의 일 부 은 완 일 대 재 상 일 인

에 衣,一副와 銀椀一個, 次,宰相二人에 各,衣一
의 일 부 은 완 일 개 차 재 상 이 인 각 의 일

副와 銀椀,各一하니 卿은 宜,領受分給하라. 夏中
부 은완각일 경 의영수분급 하중

盛熱하니 卿比,平安好하고 宰相,已下는 並,存問
성열 경비평안호 재상이하 병존문

之하노라. 遣書指,不多及하노라." 하다. 秋,七月에
지 견서지부다급 추칠월

旱하다. 九月에 王都民饑하니 出粟,三萬三千二百
한 구월 왕도민기 출속삼만삼천이백

四十石으로 以,賑給之하다. 冬,十月에 又,出粟,三
사십석 이진급지 동시월 우출속삼

萬三千石,以給之하다. 大舍(제12品官)「武烏」가 獻
만삼천석이급지 대사 무오 헌

『兵法』十五卷과『花鈴圖』二卷이어늘 授以〈屈
병법 십오권 화령도 이권 수이굴

押縣:황해도 金川郡〉令하다.
압현 령

▶ 어려운 낱말 ◀

[寧乂(영예)] : 편안하게 다스리다. [聿修(율수)] : 선인의 덕을 이어받아 닦음. [溟渤遐廣(명발하광)] : 바다가 격하고 길이 멀다. [贄幣(지폐] : 폐백. [躋 : 오를(제). [海裔(해예)] : 바다 변방의 백성.

▷ 본문풀이 ◁

2년, 여름 4월에 동쪽 지방에 우박이 내려 뽕과 보리가 모두 상하였다. 「김원전」을 당에 보내 토산물을 바쳤다. 당나라『덕종』이 다음과 같이 조서를 내리기를, "신라왕「김경신」에게 말하노라. 「김원전」이 와서 바친 표문과 진상한 물건을 살펴보았다. 그대 나라의 풍속은 신의를 중시하고, 지조는 바르며, 일찍부터 중국의 번방으로서 교시를 잘 받들었다. 또한 변방에 속한 무리들을 훌륭하게 진무하였으며, 유교의 풍습을 받들어 예법이 성행하고, 나라가 평안하게 다스려졌으며, 중국에 정성을 다하고, 천자에게 직무를 보고하지 않는 일이 없었다. 또한 자주 사신을 보내 조공과 진상을 계속하였고, 비록 바닷길이 멀고 육로로도 먼 곳에 떨어져 있지만, 폐백의 왕래가 옛법을 따르고, 충성은 더욱 드러나니 더없이 가상하고 감탄할 일이다. 나는 만방에 백성의 부모로 군림하였으니, 안으로부터 중외에 이르기까지, 법도에 맞게 하며, 문화를 공유하고 태평화락을 이루어서 모두와 함께 안락장수의 경계에 오르고자 한다. 그대는 마땅히 국내를 안정시키고 백성들을 열성으로 구휼하며, 길이 변방의 신하가 되어 바다 변방의 백성들을 평안케 하라. 이제 그대에게 비단 · 능직 · 채단 등 30필과 옷 한 벌 · 은합 한 개를 주노니, 이들이 도착하면 받을 것이며, 왕비에게 비단 · 채단 · 능직 등 20필과 금실로 수놓은 비단 치마 한 벌과 은쟁반 한 개를, 가장 높은 재상 한 사람에게 옷 한 벌과 은합 한 개를, 다음 직위의 재상 두 사람에게는 각각 옷 한 벌과 은쟁반 한 개를 준다. 그대는 이를 받아서 나누어 주라. 여름이 깊어 날씨가 더워지는데, 그대 내내 평안하기 바라며, 재상 이하 모두에게도 안부를 묻는다. 글월로는 나의 뜻을 다 싣지 못하노라." 고 하였다. 가을 7월에, 가뭄이 들었다. 9월에, 서울에 기근이 들어 곡식 3만 3천 2백 40석을 내어 구제하였고, 겨울 10월에도 곡식 3만 3천 석을 나누어 주었다. 대사 「무오」가 [병법] 15권과 [화령도] 2권을 바쳤으므로, 〈굴압현〉 령(令)으로 임명하였다.

○三年, 春,二月에 京都地震하다. 親祀神宮(:奈
삼 년 춘 이 월 경 도 지 진 친 사 신 궁
乙)하다. 大赦하다. 夏,五月에 太白晝見하다. 秋,七
대 사 하 오 월 태 백 주 현 추 칠
月에 蝗害穀하다. 八月辛巳,朔에 日有食之하다.
월 황 해 곡 팔 월 신 사 삭 일 유 식 지

▷본문풀이◁

3년, 봄 2월에 경도에 지진이 있었다. 왕이 친히 신궁에 제사지내다. 죄수들을 크게 사면하였다. 여름 5월에, 금성이 낮에 나타났다. 가을 7월에, 메뚜기 떼가 나타나 곡식을 해쳤다. 8월 초하루 신사일에 일식이 있었다.

○四年,春에 始定,讀書三品,以出身하다. 讀,『春
사 년 춘 시 정 독 서 삼 품 이 출 신 독 춘
秋左氏傳』若『禮記』若『文選』하여 而,能通其
추 좌 씨 전 약 예 기 약 문 선 이 능 통 기
義하고 兼明『論語』『孝經』者를 爲上하고 讀,
의 겸 명 논 어 효 경 자 위 상 독
『曲禮』『論語』『孝經』者를 爲,中하고 讀,『曲禮』
곡 례 논 어 효 경 자 위 중 독 곡 례
『孝經』을 爲,下하다. 若,博通五經, 三史, 諸子百
효 경 위 하 약 박 통 오 경 삼 사 제 자 백
家書者는 超擢用之하다. 前祇以,弓箭選人하다가
가 서 자 초 탁 용 지 전 지 이 궁 전 선 인
至是改之하다. 秋에 國西旱蝗하고 多,盜賊하여 王
지 시 개 지 추 국 서 한 황 다 도 적 왕
이 發使安撫之하다.
발 사 안 무 지

▶ 어려운 낱말 ◀

[超擢(초탁)] : 특별히 발탁하다. [擢] : 뽑을(탁). [祇(지)] : 다만. [前祇(전지)] : 예전에는 다만. [弓箭選(궁전선)] : 활쏘기로만 선발하다. [旱蝗(한황)] : 가물고 메뚜기가 많았다.

▷ 본문풀이 ◁

4년, 봄에 처음으로 독서삼품과를 설치하여 벼슬을 주었다. [춘추좌씨전] · [예기] · [문선]을 읽어서 그 뜻을 능히 알고, 이와 동시에 [논어]와 [효경]에 밝은 자를 상등으로 하고, [곡례] · [논어] · [효경]을 읽은 자를 중등으로 하고, [곡례]와 [효경]을 읽은 자를 하등으로 하였다. 5경, 3사, 제자백가서에 모두 능통한 자는 절차를 밟지 않고 등용하였다. 예전에는 다만 활쏘기만으로 인물을 선발하던 것을 이때에 와서 바꾼 것이다. 가을, 서쪽 지방에 가뭄이 들고, 메뚜기 떼가 나타나고, 도적이 많이 일어났으므로, 왕이 사신을 보내 위무하였다.

○五年, 春,正月甲辰,朔에 日有食之하다. 〈漢山
오 년 춘 정 월 갑 진 삭 일 유 식 지 한 산

州〉民饑하여 出粟以,賙之하다. 秋,七月에 隕霜傷
주 민 기 출 속 이 주 지 추 칠 월 운 상 상

穀하다. 九月에 以「子玉」으로 爲〈楊根縣:지금의 楊
곡 구 월 이 자 옥 위 양 근 현

平〉小守하니 執事史「毛肖」가 駁言하되 "「子玉」
소 수 집 사 사 모 초 박 언 자 옥

이 不以,文籍出身이니 不可委,分憂之職이라." 하니
불 이 문 적 출 신 불 가 위 분 우 지 직

侍中이 議云하되 "雖不以,文籍出身이나 曾入,大唐
시중 의운 수불이문적출신 증입대당

爲,學生이니 不亦,可用耶아?"하니 王이 從之하다.
위학생 불역가용야 왕 종지

▶어려운 낱말◀

[賙] : 진휼할(주). [小守(소수)] : 지방 장관, 고을 책임자. [分憂之職(분우지직)] : 근심을 나눈다는 말로, 지방행정의 뜻임.

▷본문풀이◁

5년, 봄 정월 초하루 갑진일에 일식이 있었다. 〈한산주〉 백성들에게 기근이 들어 곡식을 나누어 주었다. 가을 7월에, 서리가 내려 곡식을 해쳤다. 9월에, 「자옥」을 〈양근현〉 소수로 임명하였는데, 집사사 「모초」가 반박하여 "「자옥」은 학문을 잘하여 등용된 것이 아니므로 지방 장관의 관직을 맡길 수 없다."라고 말했다. 시중이 "비록 학문을 잘하여 출세한 것은 아니지만, 일찍이 당나라에 가서 학생이 된 적이 있으니, 역시 등용할 수 있지 않겠는가?" 라고 말하자, 왕은 시중의 말을 따랐다.

○論曰, "惟,學焉,然後에 聞道하고 惟,聞道然後
논왈 유학언연후 문도 유문도연후

에 灼知事之,本末하니 故로 學而,後仕者이니 其於
작지사지본말 고 학이후사자 기어

事也는 先本而末,自正하리라. 譬如擧,一綱이면 萬
사야 선본이말자정 비여거일강 만

目이 從而皆正이라. 不學者는 反此이니 不知,事
목 종이개정 불학자 반차 부지사

有先後와 本末之序하고 但區區弊精神於枝末하
유선후 본말지서 단구구폐정신어지말

여 或掊斂以爲利하고 或苛察以相高하나니 雖欲
혹부렴이위리 혹가찰이상고 수욕

利國安民하여도 而反害之로다. 是故로 『學記:禮記
리국안민 이반해지 시고 학기

의 編名』之言이 終於務本이라." 하고 而『書』亦言
지언 종어무본 이서 역언

하되 '不學牆面하여 莅事惟煩이라.' 하였으니 則執
불학장면 이사유번 즉집

事「毛肖」一言이 可爲萬世之模範者焉하다.
사 모초 일언 가위만세지모범자언

▶ 어려운 낱말 ◀

[灼知(작지)] : 밝게 안다. [苛察(가찰)] : 까닭 없이 살피는 것. [莅] : 다다르다(이). [莅事(이사)] : 어떤 일에 다다라서. [惟煩(유번)] : 오직 번거롭게 처리함.

〖 저자의 견해 〗

"오직 학문을 닦은 연후에 도리를 알게 되고, 도리를 알고 난 이후에야 사물의 근본과 말단을 확실히 이해하게 된다. 그러므로 학문을 연마한 뒤에 벼슬을 하는 자는, 사물에 대하여 근본적인 것을 먼저 바르게 처리하므로, 말단은 저절로 바르게 되는 것이다. 비유하자면, 그물의 벼리 하나를 들면, 만 개의 그물코가 바르게 되는 것과 같은 이치이다. 학문을 연마하지 않은 자는 이와 반대이니, 사물에 선후와 본말의 순서가 있음을 알지 못하고, 다만 구구하게 정신을 지엽적인 것에만 빼앗기게 되어, 백성들로부터 거두어들이는 것으로 이익을 삼기도 하고, 백성을 까다롭게 규찰하는 것으로 높은 체하기도 한다. 이러한 사람은 비록 나라를 이롭게 하고 백성을 안정시키려고 할지라도 도리어 해가 된다. 그러므로 [학기]는 근본에 힘써야 한다."는 문장으로 끝을 맺고 있으며, [상서]에도 또한 '배우지 않으면 벽에 얼굴을 마주하고 있는 것처럼 답답하며, 오직 번거롭게 일을 처리한다.' 고 하였으니, 집사 「모초」의 한 마디는 만대의 모범이 될 만한 것이다.

○六年, 春,正月에 以「宗基」로 爲,侍中하다. 增
육 년 춘 정 월 이 종 기 위 시 중 증
築〈碧骨堤:金堤〉하다. 徵〈全州〉等, 七州人하여 興
축 벽 골 제 징 전 주 등 칠 주 인 흥
役하다. 〈熊川州〉에서 進,赤烏하다. 三月에 以,一
역 웅 천 주 진 적 오 삼 월 이 일
吉湌「伯魚」로 使,北國(발해를 말함)하다. 大旱하다.
길 찬 백 어 사 북 국 대 한
夏,四月에 太白辰星이 聚于,東井(星座 이름)하다. 五
하 사 월 태 백 진 성 취 우 동 정 오
月에 出,粟賑〈漢山〉,〈熊川〉二州,饑民하다.
월 출 속 진 한 산 웅 천 이 주 기 민

▷본문풀이◁

6년, 봄 정월에 「종기」를 시중에 임명하였다. 〈벽골제〉를 증축하였다. 〈전주〉 등 일곱 주의 사람을 징발하여 이 공사를 하였다. 〈웅천주〉에서 붉은 까마귀를 바쳤다. 3월, 일길찬 「백어」를 북국에 사신으로 보냈다. 큰 가뭄이 들었다. 여름 4월에, 금성과 진성이 동정성좌에 모였다. 5월, 〈한산〉·〈웅천〉 두 주의 굶주리는 백성들에게 곡식을 주어 구제하였다.

○七年, 春.正月에 王太子.卒하니 謚曰「惠忠」
칠년 춘정월 왕태자졸 시왈 혜충
이라 하다. 伊湌「悌恭」이 叛하다가 伏誅하다. 〈熊
이찬 제공 반 복주 웅
川州〉의「向省」大舍의 妻가 一産三男하다. 冬.十
천주 향성 대사 처 일산삼남 동시
月에 京都雪.三尺하여 人有凍死하다. 侍中「宗
월 경도설삼척 인유동사 시중 종
基」免하고 大阿湌「俊邕」이 爲.侍中하다. 十一月
기 면 대아찬 준옹 위시중 십일월
에 京都地震하다. 內省侍郎「金言」으로 爲.三重
경도지진 내성시랑 김언 위삼중
阿湌하다.
아찬

▶어려운 낱말◀

[大舍(대사)] : 신라 17관등의 12등급. 柰麻의 아래, 舍知의 위. [免(면)] : 면직. [三重阿湌(삼중아찬)] : 제6품관인 阿湌에는 重阿湌으로부터 四重阿湌까지 있었다.

▷본문풀이◁

7년, 봄 정월에 왕태자가 죽으니, 시호를「혜충」이라 하였다. 이찬「제공」이 반역하다가 처형당했다. 〈웅천주〉 대사「향성」의 아내가 한꺼번에 아들 셋을 낳았다. 겨울 10월, 서울에 눈이 석 자나 내리고 사람이 얼어 죽었다. 시중「종기」가 퇴직하자, 대아찬「준옹」이 시중이 되었다. 11월에, 경도에 지진이 있었다. 내성시

랑「김언」이 3중아찬이 되었다.

○八年, 秋.七月에 遣使入唐하여 獻.美女「金井
팔년 추 칠월 견사입당 헌 미녀 김정
蘭」하니 其女는 國色으로 身香하다. 八月에 封.王
란 기여 국색 신향 팔월 봉왕
子「義英」하여 爲.太子하다. 上大等「忠廉」이 卒
자 의영 위태자 상대등 충렴 졸
하니 伊湌「世强」으로 爲.上大等하다. 侍中「俊
이찬 세강 위상대등 시중 준
邕」이 病免하니 伊湌「崇斌」으로 爲.侍中하다. 冬.
옹 병면 이찬 숭빈 위시중 동
十一月壬子.朔에 日有食之하다.
십일월임자삭 일유식지

▶ **어려운 낱말** ◀

[崇] : 높을(숭). [斌] : 빛날(빈).

▷ **본문풀이** ◁

8년, 가을 7월에 사신을 당나라에 보내 미인「김정란」을 바쳤다. 그녀는 국색으로서 몸에서 향내가 났다. 8월에, 왕자「의영」을 태자로 봉하였다. 상대등「충렴」이 죽자, 이찬「세강」을 상대등으로 삼았다. 시중「준옹」이 병으로 사직하자, 이찬「숭빈」을 시중으로 삼았다. 겨울 11월, 초하루 임자일에 일식이 있었다.

○九年, 秋.八月에 大風折木.偃禾하다. 奈麻
구년 추 팔월 대풍절목 언화 나마

「金惱」가 獻, 白雉하다.
김 뇌 헌 백 치

▶어려운 낱말◀

[偃禾(언화)] : 벼가 쓰러지다. [惱] : 괴로워할(뇌). [雉] : 꿩(치).

▷본문풀이◁

9년, 가을 8월에 큰 바람이 불어와 나무가 꺾이고 벼가 쓰러졌다. 나마 「김뇌」가 흰 꿩을 바쳤다.

○十年, 春, 二月에 地震하다. 太子「義英」이 卒하니 諡曰「憲平」이라 하다. 侍中「崇斌」이 免하고 以, 匝湌「彦昇」으로 爲, 侍中하다. 秋, 七月에 始創〈奉恩寺〉하다. 〈漢山州〉에서 進, 白烏하다. 起〈望恩樓〉於, 宮西하다.
십 년 춘 이 월 지 진 태 자 의 영 졸 시 왈 헌 평 시 중 숭 빈 면 이 잡 찬 언 승 위 시 중 추 칠 월 시 창 봉 은 사 한 산 주 진 백 오 기 망 은 루 어 궁 서

▶어려운 낱말◀

[匝] : 두루(잡). [彦] : 선비(언).

▷본문풀이◁

10년, 봄 2월에 지진이 있었다. 태자 「의영」이 죽으니, 시호를 「헌평」이라 하였다. 시중 「숭빈」이 면직하고 잡찬 「언승」으로 시

중을 삼았다. 가을 7월에, 〈봉은사〉를 창건하였다. 〈한산주〉에서 흰 까마귀를 진상하였다. 〈망은루〉를 대궐 서쪽에 세웠다.

○十一年, 春,正月에 封「惠忠太子」之子「俊邕」을 爲,太子하다. 夏,四月에 旱하여 親,錄囚하다. 至,六月乃雨하다. 秋,八月에 隕霜害穀하다.
십일년 춘정월 봉 혜충태자 지자 준옹 위태자 하사월 한 친록수 지유월내우 추팔월 운상해곡

▶어려운 낱말◀

[錄囚(록수)] : 죄수를 재심사하다.

▷본문풀이◁

11년, 봄 정월에 「혜충태자」의 아들 「준옹」을 태자로 봉하였다. 여름 4월에, 가뭄이 들자 왕이 친히 죄수를 재심사하여 형량을 낮추어 주었다. 6월에, 이르러 비가 내렸다. 가을 8월에, 서리가 내려 곡식을 해쳤다.

○十二年, 春에 京都,飢疫하니 王이 發倉廩,賑恤之하다. 夏,四月에 侍中「彦昇」으로 爲,兵部令하고 伊湌「智原」으로 爲,侍中하다.
십이년 춘 경도기역 왕 발창름진휼지 하사월 시중 언승 위병부령 이찬 지원 위시중

▷ 본문풀이 ◁

12년, 봄에 서울에 기근이 들고 전염병이 돌았다. 왕이 창고를 열어 구제하였다. 여름 4월에, 시중 「언승」이 병부령이 되고, 이찬 「지원」이 시중이 되었다.

○十三年, 秋,九月에 國東에 蝗,害穀하고 大水
십삼년 추구월 국동 황해곡 대수
山崩하다. 侍中「智原」이 免하고 阿飡「金三朝」
산붕 시중 지원 면 아찬 김삼조
가 爲,侍中하다.
위시중

▷ 본문풀이 ◁

13년 가을 9월, 동쪽 지방에 메뚜기 떼가 나타나 곡식을 해치고, 홍수가 발생하여 산이 무너졌다. 시중 「지원」이 사직하였다. 아찬 「김삼조」가 시중이 되었다.

○十四年, 春,三月에 宮南,樓橋,災하다. 〈望德
십사년 춘삼월 궁남누교재 망덕
寺〉二塔,相擊하다. 夏,六月에 旱하다. 〈屈自郡〉의
사 이탑상격 하유월 한 굴자군
「石南烏」大舍의 妻가 一産,三男一女하다. 冬,十
석남오 대사 처 일산삼남일녀 동십
二月二十九日에 王薨하다. 諡曰『元聖』이라 하고
이월이십구일 왕훙 시왈 원성
以,遺命으로 擧柩燒於〈奉德寺〉南하다.[『唐書』云, 貞
이유명 거구소어 봉덕사 남

元十四年에「敬信」死하다.『通鑑』云, 貞元十六年에「敬信」死하다이니, 以本史考之하니『通鑑』이 誤니라.]

▶ 어려운 낱말 ◀

[屈自郡(굴자군)] : 지금의 昌原. [柩] : 널(구).

▷ 본문풀이 ◁

14년, 봄 3월에 대궐 남쪽의 누교(樓橋)에 화재가 났다. 〈망덕사〉의 두 탑이 서로 부딪쳤다. 여름 6월에, 가뭄이 들었다. 〈굴자군〉 대사「석남오」의 아내가 한 번에 아들 셋과 딸 하나를 낳았다. 겨울 12월 29일에, 왕이 서거하였다. 시호를『원성』이라 하고, 유언에 따라 관을 〈봉덕사〉 남쪽에 옮겨 화장하였다.【[당서]에는 '정원 14년에「경신」이 죽었다.' 라고 기록되어 있고, [통감]에는 '정원 16년에「경신」이 죽었다' 라고 기록되어 있다. 본 사기를 기준으로 고찰하면 [통감]이 틀린 것이다.】

39 昭聖王(소성왕) : 798~800

○ 昭聖[或云,昭成]王이 立하다. 諱는「俊邕」이니
소성 왕 입 휘 준옹

『元聖王』의 太子「仁謙」之子也요. 母는 金氏라.
원성왕 태자 인겸 지자야 모 김씨

妃는 金氏로 「桂花夫人」이니 大阿飡「叔明」의
비 김씨 계화부인 대아찬 숙명

女也니라. 『元聖大王』 元年에 封子「仁謙」하여
여야 원성대왕 원년 봉자 인겸

爲太子하나 至七年에 卒하니 『元聖』이 其子(태자
위태자 지칠년 졸 원성 기자

인겸의 아들)를 養於宮中하다. 五年에 奉使大唐하여
양어궁중 오년 봉사대당

受位大阿飡하며 六年에는 以波珍飡으로 爲宰相
수위대아찬 육년 이파진찬 위재상

하고 七年에는 爲侍中하며 八年에는 爲兵部令하
칠년 위시중 팔년 위병부령

고 十一年에는 爲太子라가 及『元聖』薨하니 繼
십일년 위태자 급 원성 홍 계

位하니라.
위

▷본문풀이◁

소성왕【'昭聖'을 '昭成'으로도 쓴다.】이 왕위에 올랐다. 그의 이름은「준옹」이며,『원성왕』의 태자「인겸」의 아들이다. 어머니는 김씨이고, 왕비는 김씨「계화부인」이며, 대아찬「숙명」의 딸이다.『원성대왕』원년에, 그의 아들「인겸」을 태자로 봉하였으나 7년에 죽었으므로『원성』이 태자의 아들을 궁중에서 길렀다. 그는 5년에, 사신으로 당나라에 가서 대아찬 직위를 받았고, 6년에, 파진찬으로 재상이 되었고, 7년에는 시중이 되었고, 8년에는 병부령이 되었고, 11년에는 태자가 되었다가, 『원성』이 서거하자 왕위를 계승하게 되었다.

○元年, 春,三月에 以,〈菁州:晉州〉,〈居老縣:巨濟〉
원년 춘삼월 이 청주 거노현
을 爲,學生(국학생) 祿邑(食邑)하다. 〈冷井縣〉令,「廉
위학생 녹읍 냉정현령 염
哲」이 進,白鹿하다. 夏,五月에 追封考「惠忠太
철 진백록 하오월 추봉고 혜충태
子」를 爲『惠忠大王』하다. 〈牛頭州〉都督이 遣使
자 위 혜충대왕 우두주도독 견사
奏言하되 "有,異獸若牛가 身長且高하며 尾長三
주언 유이수약우 신장차고 미장삼
尺許에 無毛長鼻로 自〈峴城川〉하여 向〈烏食壤〉
척허 무모장비 자현성천 향오식양
하여 去라." 하다. 秋,七月에 得,人蔘九尺하여 甚,異
거 추칠월 득인삼구척 심이
之하여 遣使如唐,進奉하니 『德宗』이 謂非人蔘이
지 견사여당진봉 덕종 위비인삼
라 하여 不受하다. 八月에 追,封母金氏하여 爲「聖
불수 팔월 추봉모김씨 위성
穆太后」하다. 〈漢山州〉獻,白烏하다.
목태후 한산주헌백오

▷본문풀이◁

원년, 봄 3월에 〈청주〉의 〈거노현〉을 국학생의 녹읍으로 정하였다. 〈냉정현〉령 「염철」이 흰 사슴을 진상하였다. 여름 5월에, 왕의 아버지인 「혜충 태자」를 『혜충대왕』으로 추봉하였다. 〈우두주〉 도독이 사신을 보내 왕에게 말했다. "소와 비슷한 이상한 짐승이 나타났습니다. 그 짐승의 몸체는 길고 크며, 꼬리 길이가 석 자쯤 되고, 털은 없고 코가 긴데, 〈현성천〉에서 〈오식양〉을 향하여 갔습니다."고 했다. 가을 7월에, 길이가 아홉 자인 인삼을 얻었다. 이를 매우 기이하게 여겨서 사신에게 주어 당나라에 바쳤다. 『덕종』은 인삼이 아니라 하여 받지 않았다. 8월에, 어머니 김씨를 「성목태후」로 추봉하였다. 〈한산주〉에서 흰 까마귀를 바쳤다.

○二年, 春.正月에 封妃.金氏하여 爲.王后하고 以
이년 춘정월 봉비김씨 위왕후 이
「忠芬」으로 爲.侍中하다. 夏.四月에 暴風.折木蜚
충분 위시중 하사월 폭풍절목비
瓦하며 〈瑞蘭殿〉簾이 飛.不知處하고 〈臨海〉〈仁
와 서란전염 비불지처 임해 인
化〉二門이 壞하다. 六月에 封.王子하여 爲.太子하
화 이문 괴 유월 봉왕자 위태자
다. 王薨하니 諡曰『昭聖』이라 하다.
왕홍 시왈 소성

▶ **어려운 낱말** ◀

[折] : 끊어질(절). [蜚] : 날(비). [瓦] : 기와(와). [瑞] : 상서로울(서).

▷ **본문풀이** ◁

2년, 봄 정월에 왕비 김씨를 왕후로 봉하고, 「충분」을 시중으로 임명하였다. 여름 4월에, 폭풍이 불어 나무가 부러지고 기와가 날렸다. 〈서란전〉에 쳤던 발이 날아갔는데 어디로 갔는지를 알 수 없었으며, 〈임해문〉과 〈인화문〉이 무너졌다. 6월에, 왕자를 태자로 봉하였다. 왕이 서거하였다. 시호를 『소성』이라 하였다.

40 哀莊王(애장왕) : 800~809

○哀莊王이 立하다. 諱는「清明」이니『昭聖王』
애 장 왕 입 휘 청 명 소 성 왕

太子也라. 母는 金氏로「桂花夫人」이다. 卽位時
태 자 야 모 김 씨 계 화 부 인 즉 위 시

에 年,十三歲로 阿飡,兵部令「彦昇」이 攝政하다.
년 십 삼 세 아 찬 병 부 령 언 승 섭 정

初에「元聖」之,薨也에 唐「德宗」은 遣,司封郎中,
초 원 성 지 훙 야 당 덕 종 견 사 봉 낭 중

兼,御史中丞「韋丹」을 持節弔慰하고 且,冊命王
겸 어 사 중 승 위 단 지 절 적 위 차 책 명 왕

「俊邕」을 爲,『開府儀同三司,檢校太尉,新羅王』하
준 옹 위 개 부 의 동 삼 사 검 교 태 위 신 라 왕

니「丹」이 至,〈鄆州:운주=지금의 산동성〉에 聞,王薨하
단 지 운 주 문 왕 훙

고 乃還하다. 秋,七月에 王이 更名하여「重熙」라 하
내 환 추 칠 월 왕 갱 명 중 희

다. 八月에 授,前入唐,宿衛學生「梁悅」을〈豆肹:
팔 월 수 전 입 당 숙 위 학 생 양 열 두 힐

두힐(현)〉,小守하다. 初에「德宗」이 幸,〈奉天:지금의
소 수 초 덕 종 행 봉 천

陝西省〉에 「悅」이 從難有功하여 帝授,右贊善大夫
열 종 난 유 공 제 수 우 찬 선 대 부

하여 還之故로 王이 擢用之하다.
환 지 고 왕 탁 용 지

▷ **본문풀이** ◁

애장왕이 왕위에 올랐다. 그의 이름은 「청명」이며, 『소성왕』의 태자이었다. 어머니는 김씨 「계화부인」이다. 왕위에 오를 때 나이가 13세였으므로, 아찬 병부령 「언승」이 섭정하였다. 앞서 「원성」이 죽었을 때, 당나라 「덕종」이 사봉낭중 겸 어사중승 「위단」을 지절사로 보내 조문하게 하고, 또한 왕 「준옹」을 『개부의동삼사, 검교태위, 신라왕』으로 책봉하려 하였는데, 「위단」이 〈운주〉에 도착했을 때, 새로운 왕이 또 죽었다는 말을 듣고 돌아갔다. 가을 7월에, 왕이 이름을 「중희」로 고쳤다. 8월에, 당나라에 가서 숙위했던 학생 「양열」에게 〈두힐〉소수란 벼슬을 주었다. 처음에, 당나라 「덕종」이 〈봉천〉으로 피난 갔을 때, 「양열」이 난리 중에 공을 세웠다 하여, 황제가 우찬선대부 벼슬을 주어 귀국시켰기 때문에 왕이 그를 발탁한 것이다.

○二年, 春,二月에 謁,始祖廟하다. 別立,『太宗大
이 년 춘 이 월 알 시 조 묘 별 립 태 종 대

王:무열왕』,『文武大王』二廟하고 以,『始祖大王(미추
왕 문 무 대 왕 이 묘 이 시 조 대 왕

왕)』, 及,王高祖『明德大王:孝讓』과 曾祖『元聖大
급 왕 고 조 명 덕 대 왕 증 조 원 성 대

王』과 皇祖『惠忠大王』과 皇考『昭聖大王』을 爲,
왕 황조 혜충대왕 황고 소성대왕 위

五廟하다. 以,兵部令「彥昇」으로 爲,御龍省私臣
오묘 이 병부령 언승 위 어룡성사신

하다가 未幾에 爲,上大等하다. 大赦하다. 夏,五月
미기 위 상대등 대사 하 오월

壬戌,朔에 日當食인데 不食하다. 秋,九月에 熒惑,
임술 삭 일당식 불식 추 구월 형혹

入月하여 星隕如雨하다. 〈武珍州〉에서 進,赤烏하
입월 성운여우 무진주 진 적오

고 〈牛頭州〉에서 進,白雉하다. 冬,十月에 大寒하여
우두주 진 백치 동 시월 대한

松竹이 皆死하다. 〈耽羅國:濟州〉에서 遣使朝貢하
송죽 개사 탐라국 견사조공

다.

▶ 어려운 낱말 ◀

[皇祖(황조)] : 조부. [未幾(미기)] : 얼마 안 있어. [日當食(일당식)] : 그날에 마땅히 일식이 있어야 하는데.

▷ 본문풀이 ◁

2년, 봄 2월에 왕이 시조의 사당에 참배하였다. 『태종대왕』과 『문무대왕』의 두 묘는 별도로 세우고, 『시조대왕』 및 왕의 고조부 『명덕대왕』, 증조부 『원성대왕』, 조부 『혜충대왕』, 아버지 『소성대왕』을 5묘로 정했다. 병부령 「언승」을 어룡성 사신으로 임명했다가, 얼마 되지 않아 상대등으로 임명하였다. 죄수들을 크게 사면하였다. 여름, 5월 초하루 임술일에 꼭 있어야 할 일식이 일어나지 않았다. 가을 9월에, 화성이 달에 들어가고, 별이 비 오듯 떨어졌다. 〈무진주〉에서 붉은 까마귀를 진상하고, 〈우두주〉에서는 흰 꿩을 진상하였다. 겨울 10월에, 날씨가 아주 추워서 소나무와 대나무가 모두 말라 죽었다. 〈탐라국〉에서 사신을 보내 조공하였다.

○三年, 春,正月에 王이 親祀神宮하다. 夏,四月
삼 년 춘 정 월 왕 친 사 신 궁 하 사 월

에 以,阿飡「金宙碧」女가 入,後宮하다. 秋,七月에
이 아 찬 김 주 벽 여 입 후 궁 추 칠 월

地震하다. 八月에 創,加耶山(陜川)〈海印寺〉하다.
지 진 팔 월 창 가 야 산 해 인 사

〈歃良州〉에서 進,赤烏하다. 冬,十二月에 授,「均
삽 량 주 진 적 오 동 십 이 월 수 균

貞」을 大阿飡하고 爲,假王子하여 欲,以質倭國하니
정 대 아 찬 위 가 왕 자 욕 이 질 왜 국

「均貞」이 辭之하다.
균 정 사 지

▷본문풀이◁

3년, 봄 정월에 왕이 직접 신궁에 제사를 지냈다. 여름 4월에, 아찬 「김주벽」의 딸이 왕의 후궁으로 들어왔다. 가을 7월, 지진이 있었다. 8월, 가야산 〈해인사〉를 창건하였다. 〈삽량주〉에서 붉은 까마귀를 진상하였다. 겨울 12월, 「균정」에게 대아찬의 위를 주고, 거짓 왕자로 꾸며 왜국에 볼모로 보내려 하였으나 「균정」이 이를 사양하였다.

○四年, 夏,四月에 王이 幸,南郊觀麥하다. 秋,七
사 년 하 사 월 왕 행 남 교 관 맥 추 칠
月에 與,日本으로 國交聘,結好하다. 冬,十月에 地
월 여 일 본 국 교 빙 결 호 동 시 월 지
震하다.
진

▷본문풀이◁

4년, 여름 4월에 왕이 남쪽 교외로 행차하여 보리농사를 관찰하였다. 가을 7월에, 일본국과 사신을 교환하고 우호관계를 맺었다. 겨울 10월, 지진이 있었다.

○五年, 春,正月에 以,伊湌「秀昇」으로 爲,侍中
오 년 춘 정 월 이 이 찬 수 승 위 시 중
하다. 夏,五月에 日本國이 遣使하여 進,黃金三百
하 오 월 일 본 국 견 사 진 황 금 삼 백
兩하다. 秋,七月에 大閱於〈閼川〉之上하다. 〈歃良
량 추 칠 월 대 열 어 알 천 지 상 삽 량
州〉에서 進,白鵲하다. 重修,〈臨海殿〉하고 新作東宮
주 진 백 작 중 수 임 해 전 신 작 동 궁
(太子宮)〈萬壽房〉하다. 〈牛頭州〉의 〈蘭山縣〉에서 伏
만 수 방 우 두 주 난 산 현 복
石,起立하다. 〈熊川州〉〈蘇大縣:지금의 태안〉의 〈釜
석 기 립 웅 천 주 소 대 현 부
浦〉水가 變血하다. 九月에 〈望德寺〉二塔戰하다.
포 수 변 혈 구 월 망 덕 사 이 탑 전

▷본문풀이◁

5년, 봄 정월에 이찬 「수승」을 시중으로 임명하였다. 여름 5월에, 일본국이 사신을 보내 황금 3백 냥을 바쳤다. 가을 7월에, 〈알천〉가에서 군대를 크게 사열하였다. 〈삽량주〉에서 흰 까치를 진상하였다. 〈임해전〉을 중수하고, 동궁의 〈만수방〉을 새로 지었다. 〈우두주〉 〈난산현〉에서 누워있던 돌이 일어났다. 〈웅천주〉 〈소대현〉 부포의 물이 핏빛으로 변하였다. 9월에, 〈망덕사〉의 두 탑이 부딪쳤다.

○六年, 春,正月에 封母金氏하여 爲,大王后하고
육 년 춘 정 월 봉 모 김 씨 위 태 왕 후
妃,朴氏를 爲,王后하다. 是年에 唐『德宗』이 崩하
비 박 씨 위 왕 후 시 년 당 덕 종 붕
여『順宗』이 遣,兵部郎中,兼,御史大夫「元季方」
순 종 견 병 부 랑 중 겸 어 사 대 부 원 계 방
하여 告哀(부고)하고 且,冊王하여 爲,『開府儀同三
고 애 차 책 왕 위 개 부 의 동 삼
司,檢校太尉使,持節大都督,雞林州諸軍事,雞林
사 검 교 태 위 사 지 절 대 도 독 계 림 주 제 군 사 계 림
州刺史,兼,持節充寧海軍使,上柱國新羅王』하다.
주 자 사 겸 지 절 충 영 해 군 사 상 주 국 신 라 왕
其母「叔」氏를 爲,大妃하고 [王母父〈叔明〉, 〈奈勿王〉十
기 모 숙 씨 위 대 비
三世孫, 則母姓〈金〉氏, 以父名爲〈叔〉氏, 誤也.] 妻,朴氏를 爲
처 박 씨 위
妃하다. 秋,八月에 頒示하되 公式(:法規)二十餘條하
비 추 팔 월 반 시 공 식 이 십 여 조
다. 冬,十一月에 地震하다.
동 십 일 월 지 진

▶어려운 낱말◀

[告哀(고애)] : 슬픔을 표하다. [頒示(반시)] : 반포하여 시행하다.

▷본문풀이◁

6년, 봄 정월에 왕의 어머니 김씨를 태왕후로 봉하고, 왕비 박씨를 왕후로 봉하였다. 이 해에 당나라 『덕종』이 붕어하자, 새로운 황제 『순종』이 병부낭중 겸 어사대부 「원계방」을 보내 부고를 전하고, 또한 왕을 『개부의동삼사, 검교태위사, 지절대도독, 계림주제군사, 계림주자사 겸 지절충영해군사, 상주국신라왕』으로 책봉하고, 그 어머니 「숙」씨를 대비로 책봉하고 【왕모의 부친인 숙명은 나물왕의 13대손이므로, 왕모의 성은 김씨이다. 그런데 아버지의 이름을 따라 숙씨라고 한 것은 잘못이다.】 아내 박씨를 왕비로 하였다. 가을 8월, 공식(법규) 20여 조를 반포하였다. 겨울 11월에, 지진이 있었다.

○七年, 春,三月에 日本國,使至하니 引見〈朝元
칠 년 춘 삼 월 일 본 국 사 지 인 견 조 원
殿〉하다. 下教하여 禁,新創佛寺하고 唯許,修葺하
전 하 교 금 신 창 불 사 유 허 수 집
다. 又禁以,錦繡로 爲,佛事하고 金銀,爲器用을 宜
우 금 이 금 수 위 불 사 금 은 위 기 용 의
令,所司하여 普告,施行하라 하다. 唐『憲宗』이 放,
령 소 사 보 고 시 행 당 헌 종 방
宿衛王子「金獻忠」을 歸國케 하고 仍加,試秘書
숙 위 왕 자 김 헌 충 귀 국 잉 가 시 비 서
監하다. 秋,八月에 遣使入唐,朝貢하다.
감 추 팔 월 견 사 입 당 조 공

▶ **어려운 낱말** ◀

[修葺(수집)] : 보수하다. [普告(보고)] : 널리 알려서.

▷ **본문풀이** ◁

7년, 봄 3월에 일본국 사신이 오자, 왕이 〈조원전〉에서 접견하였다. 왕이 교서를 내려 새로 절을 짓는 것을 금하고, 수리하는 것만을 허락하였다. 또한 불교행사에 고급 비단을 사용하지 못하며, 금은으로 만든 그릇을 사용하지 못하게 하여 담당자로 하여금 이를 널리 알려 시행하도록 하였다. 당나라 『헌종』이 숙위하던 왕자 「김헌충」을 귀국하게 하고, 그에게 시비서감의 직을 더하여 주었다. 가을 8월에, 사신을 당나라에 보내 조공하였다.

○八年, 春,正月에 伊飡「金憲昌」[一作貞]으로 爲,侍中하다. 二月에 王坐〈崇禮殿〉하여 觀樂하다. 秋,八月에 大雪하다.
팔년 춘정월 이찬 김헌창 위 시중 이월 왕좌 숭례전 관악 추 팔월 대설

▷ **본문풀이** ◁

8년, 봄 정월에 이찬 「김헌창」【'昌'을 '貞'이라고도 한다.】이 시중이 되었다. 2월, 왕이 〈숭례전〉에 앉아 풍악을 즐겼다. 가을 8월에, 큰 눈이 내렸다.

○九年, 春,二月에 日本國,使至하니 王이 厚,禮
구년 춘이월 일본국사지 왕 후례

待之하다. 遣「金力奇」하여 入唐朝貢하다. 「力奇」
대지 견 김역기 입당조공 역기

上言하되 "貞元 十六年(:신라 소성왕 2년)에 詔冊으로
상언 정원 십육년 조책

臣의 故主「金俊邕」을 爲,新羅王으로 母,申氏를
신 고주 김준옹 위신라왕 모신씨

爲,大妃하고, 妻,叔氏로 爲,王妃하다. 冊使「韋丹」이
위대비 처숙씨 위왕비 책사 위단

至,中路에서 聞,王薨却廻하여 其冊在,〈中書省〉하니
지중로 문왕홍각회 기책재 중서성

今臣이 還國하여 伏請,授臣以歸하라 하소서." 하다.
금신 환국 복청수신이귀

"〈金俊邕〉 等冊은 宜令,〈鴻臚寺(외무부와 같음)〉하
김준옹 등책 의령 홍려사

여 於,中書省,受領하여 至寺(홍려사)宣,授與「金力
어중서성수령 지사 선수여 김역

奇」하여 令奉歸國하라." 하고, 仍,賜王叔「彦昇」과
기 영봉귀국 잉사왕숙 언승

及,其弟「仲恭」等에게 門戟하고 令,本國准例給
급기제 중공 등 문극 영본국준례급

之하다.[〈申〉氏는 〈金神述〉之女인데, 以申字同韻이라 申爲氏
지

는 誤也.] 發使,十二道하여 分定하되 諸郡邑,疆境하
발사십이도 분정 제군읍강경

다. 秋,七月辛巳,朔에 日有食之하다.
추칠월신사삭 일유식지

▶ **어려운 낱말** ◀

[門戟(문극)] : 귀족 가문 앞에 내리는 木戟. [疆境(강경)] : 경계.

▷본문풀이◁

9년, 봄 2월에 일본국 사신이 오니 왕이 후대하였다. 「김역기」를 당나라에 보내 조공하였다. 「역기」가 황제에게 "정원 16년에 조서로 신라의 전 임금 「김준옹」을 신라왕으로 책봉하고, 왕모 신씨를 대비로 책봉하고, 왕의 아내 숙씨를 왕비로 책봉하였는데, 책봉사신 「위단」이 도중에서 왕이 사망했다는 말을 듣고 돌아갔습니다. 현재 그 책문이 〈중서성〉에 있사오니, 청컨대 지금 제가 귀국하는 길에 그것을 가지고 돌아가도록 하여 주십시오." 라고 말했다. 황제는, "「김준옹」 등의 책문은 응당 〈홍려사〉에 가서 중서성에서 수령해 와서 「김역기」에게 주어 그가 가지고 귀국하도록 하라"는 칙명을 내리고, 이어 왕의 숙부 「언승」과 그의 아우 「중공」 등에게 문극을 하사하고, 이를 신라가 그들의 기준과 예규에 따라 나누어 주도록 하였다. 【신(申)씨는 김신술(金神述)의 딸인데, 신(神)과 동운이라 하여 신(申)씨라 한 것은 잘못이다.】 왕이 12도에 사신을 보내 모든 군과 읍의 경계를 획정하였다. 가을, 7월 초하루 신사일에 일식이 있었다.

○十年, 春,正月에 月,犯畢하다. 夏,六月에 〈西
십 년 춘 정 월 월 범 필 하 유 월 서

兄山城〉의 鹽庫鳴하여 聲如牛하다. 〈碧寺〉에서
형 산 성 염 고 명 성 여 우 벽 사

蝦蟆가 食蛇하다. 秋,七月에 遣,大阿湌「金陸珍」
하 마 식 사 추 칠 월 견 대 아 찬 김 육 진

을 入唐謝恩하고 兼進奉,方物하다. 大旱하다. 王의
입 당 사 은 겸 진 봉 방 물 대 한 왕

叔父「彦昇」이 與弟,伊湌「悌邕」으로 將兵入內
숙부 언승 여제이찬 제옹 장병입내

하여 作亂弑王하다. 王弟「體明」도 侍衛王하다가
작란시왕 왕제 체명 시위왕

幷,害之하다. 追,謚王하여 爲『哀莊』하다.
병해지 추시왕 위 애장

▶ **어려운 낱말** ◀

[畢(필)] : 28수의 하나. [鹽庫(염고)] : 소금 창고. [蝦蟆(하마)] : 두꺼비. [邕] : 화할(옹), 막을(옹). [弑] : 죽일(시). 신하가 임금을, 자식이 아비를 죽임.

▷ **본문풀이** ◁

10년, 봄 정월에 달이 필성 성좌를 범하였다. 여름 6월에, 〈서형산성〉 소금 창고에서 소 우는 소리가 들렸다. 〈벽사〉에서 두꺼비가 뱀을 잡아먹었다. 가을 7월에, 대아찬 「김육진」을 당에 보내 사은하고, 동시에 방물을 바쳤다. 날씨가 크게 가물었다. 왕의 숙부 「언승」이 그의 아우 이찬 「제옹」과 함께 군사를 이끌고 궁중에 들어가 반란을 일으켜 왕을 죽였다. 왕의 아우 「체명」이 왕을 시위하고 있다가 함께 살해당했다. 왕의 시호를 『애장』으로 추증하였다.

41 憲德王(헌덕왕) : 809~826

○憲德王이 立하다. 諱는 「彦昇」이니 『昭聖王』
헌덕왕 입 휘 언승 소성왕
의 同母弟也니라. 『元聖王』 六年에 奉使大唐하여
동모제야 원성왕 육년 봉사대당
受位,大阿湌하고 七年에 誅,逆臣(:悌恭)하고 爲,迊
수위대아찬 칠년 주역신 위잡
湌(제3品官)하며 十年에 爲,侍中하고 十一年에 以,
찬 십년 위시중 십일년 이
伊湌으로 爲,宰相하고 十二年에 爲,兵部令하고
이찬 위재상 십이년 위병부령
『哀莊王』 元年에 爲,角干하고 二年에 爲,〈御龍
애장왕 원년 위각간 이년 위어룡
省〉私臣하고 未幾에 爲,上大等하다가 至是에 卽
성사신 미기 위상대등 지시 즉
位하다. 妃는 「貴勝夫人」이니 「禮英」 角干女也니
위 비 귀승부인 예영 각간여야
라. 以,伊湌 「金崇斌」으로 爲,上大等하다. 秋,八月
이이찬 김숭빈 위상대등 추팔월
에 大赦하다. 遣,伊湌 「金昌南」 等이 入唐告哀하
대사 견이찬 김창남 등 입당고애
다. 『憲宗』이 遣,職方員外郎,攝御史中丞 「崔廷」
헌종 견직방원외랑섭어사중승 최정
하여 以其質子 「金士信」 副之하여 持節吊祭하고
이기질자 김사신 부지 지절조제
冊立王爲, '開府儀同三司,檢校太尉持節,大都督,
책립왕위 개부의동삼사 검교태위지절 대도독
雞林州諸軍事,兼,持節充寧海軍使,上柱國新羅
계림주제군사 겸 지절충영해군사 상주국신라

王' 하다. 冊妻「貞」氏를 爲妃하다. 賜大宰相「金
왕 책처 정 씨 위비 사대재상 김

崇斌」等, 三人에게 門戟하다. [按, 王妃는「禮英」角干女
숭빈 등 삼인 문극

也니 今云〈貞〉氏는 未詳이라.]

▶어려운 낱말◀

[御龍省(어룡성)] : 왕을 호위하는 기관. [告哀(고애)] : 죽음을 알림. [門戟(문극)] : 귀족 가문 앞에 세워 장식하는 木戟.

▷본문풀이◁

헌덕왕이 왕위에 올랐다. 그는 이름은「언승」이며,『소성왕』의 동복아우이다. 왕은 이에 앞서『원성왕』6년에, 사신으로 당나라에 갔다가 대아찬의 작위를 받았고, 7년에 반역하는 신하(제공)를 처형하여 잡찬이 되었고, 10년에 시중이 되었고, 11년에 이찬으로서 재상이 되었고, 12년에 병부령이 되었고,『애장왕』원년에 각간이 되었고, 2년에〈어룡성〉사신이 되었고, 그 후 얼마 안 되어 상대등이 되었다가, 이때에 와서 즉위한 것이다. 왕비는「귀승부인」이니, 각간「예영」의 딸이다. 이찬「김숭빈」을 상대등으로 임명하였다. 가을 8월에, 죄수들을 크게 사면하였다. 이찬「김창남」등을 당에 보내 이전 왕의 죽음을 알렸다. 당『헌종』은 직방원외랑, 섭어사중승「최정」을 정사로, 인질로 가있던「김사신」을 부사로 파견하면서, 황제의 신임표를 지니고 가서 조의를 표하고 제사를 지내게 하면서, 새로운 왕을 '개부의동삼사, 검교태

위지절, 대도독계림주제군사 겸 지절충영해군사, 상주국신라왕'으로 책봉하고, 그의 아내 「정」씨를 왕비로 책봉하였으며, 대재상 「김숭빈」 등 3명에게 문극을 주었다.【살펴보면, 왕비는 각간 「예영」의 딸인데, 여기에서는 정씨라고 했으니 확실하지 않다.】

○二年, 春,正月에 以,波珍飡「亮宗」으로 爲,侍
이 년 춘 정 월 이 파 진 찬 양 종 위 시
中하다.〈河西州〉에서 進,赤烏하다. 二月에 王이
중 하 서 주 진 적 오 이 월 왕
親祀神宮하다. 發使,修葺,國內隄防하다. 秋,七月
친 사 신 궁 발 사 수 즙 국 내 제 방 추 칠 월
에 流星이 入,紫微하다.〈西原京:지금의 淸州〉에서
유 성 입 자 미 서 원 경
進,白雉하다. 冬,十月에 遣,王子「金憲章」을 入唐
진 백 치 동 시 월 견 왕 자 김 헌 장 입 당
하여 獻,金銀佛像及佛經等하고 上言하되 "爲『順
헌 금 은 불 상 급 불 경 등 상 언 위 순
宗:故 唐主』祈福이라." 하다. 流星入,王良하다.
종 기 복 유 성 입 왕 량

▷ **본문풀이** ◁

2년, 봄 정월에 파진찬 「양종」을 시중으로 삼았다. 〈하서주〉에서 붉은 까마귀를 진상하였다. 2월에, 왕이 친히 신궁에 제사지내고, 사람을 보내 국내의 제방을 수리하게 하였다. 가을 7월에, 유성이 자미 성좌에 들어갔다. 〈서원경〉에서 흰 꿩을 진상하였다. 겨울 10월, 왕자 「김헌장」을 당에 보내 금은으로 만든 불상과 불경 등을 바치고 아뢰기를 "『순종』을 위하여 명복을 빈다."고

하였다. 유성이 왕량 성좌에 들어갔다.

○三年, 春正月에 侍中「亮宗」이 以病免하니
삼 년 춘 정 월 시 중 양 종 이 병 면
伊飡「元興」으로 爲侍中하다. 二月에 以伊飡
이 찬 원 흥 위 시 중 이 월 이 이 찬
「雄元」으로 爲〈完山州:全州〉都督하다. 夏四月에
웅 원 위 완 산 주 도 독 하 사 월
始御〈平議殿〉에서 聽政하다.
시 어 평 의 전 청 정

▷본문풀이◁

3년, 봄 정월에 시중「양종」이 병으로 사직하자, 이찬「원흥」이 시중이 되었다. 2월에, 이찬「웅원」을〈완산주〉도독으로 임명하였다. 여름 4월에, 왕이 처음으로〈평의전〉에서 정사를 들었다.

○四年, 春에 以「均貞」으로 爲侍中하고 以伊
사 년 춘 이 균 정 위 시 중 이 이
飡「忠永」이 年七十에 賜几杖하다. 秋九月에
찬 충 영 년 칠 십 사 궤 장 추 구 월
遣級飡「崇正」하여 使北國(渤海)하다.
견 급 찬 숭 정 사 북 국

▷본문풀이◁

4년 봄,「균정」을 시중으로 임명하였다. 이찬「충영」이 나이 70세가 되었으므로 안석과 지팡이를 하사하였다. 가을 9월, 급찬「숭정」을 북국에 사신으로 보냈다.

○五年, 春,正月에 以,伊湌「憲昌」으로 爲〈武珍
오 년 춘 정 월 이 이 찬 헌 창 위 무 진
州:光州〉都督하다. 二月에 謁,始祖廟하다. 〈玄德
주 도 독 이 월 알 시 조 묘 현 덕
門〉에 火하다.
문 화

▷ **본문풀이** ◁

5년, 봄 정월에 이찬 「헌창」을 〈무진주〉 도독으로 임명하였다. 2월에, 시조 묘에 참배하였다. 〈현덕문〉에 불이 났다.

○六年, 春,三月에 宴,群臣於〈崇禮殿〉하여 樂極
육 년 춘 삼 월 연 군 신 어 숭 례 전 낙 극
하니 王은 鼓琴하고 伊湌「忠榮」이 起舞하다. 夏,
왕 고 금 이 찬 충 영 기 무 하
五月에 國西(지금 낙동강 연안지방)大水하여 發使撫
오 월 국 서 대 수 발 사 무
問,經水,州郡人民하고 復,一年租調하다. 秋,八月
문 경 수 주 군 인 민 부 일 년 조 조 추 팔 월
에 京都,風霧如夜하다. 〈武珍州〉都督「憲昌」이
경 도 풍 무 여 야 무 진 주 도 독 헌 창
入爲,侍中하다. 冬,十月에 「黔牟」大舍,妻가 一産
입 위 시 중 동 시 월 검 모 대 사 처 일 산
三男하다.
삼 남

▷ **본문풀이** ◁

6년, 봄 3월에 〈숭례전〉에서 여러 신하들에게 연회를 베풀었는데, 즐거움이 극에 달하자, 왕은 거문고를 연주하고, 이찬 「충

영」은 일어나 춤을 추었다. 여름 5월에, 서쪽 지방에 홍수가 나자, 왕이 사자를 보내 수재를 당한 주군의 백성들을 위문하고, 1년간의 조세와 공물을 면제하였다. 가을 8월에, 서울에 바람이 불고 안개가 끼어 낮이 밤과 같았다. 〈무진주〉 도독 「헌창」이 중앙으로 들어가서 시중으로 임명하였다. 겨울 10월에, 대사 「검모」의 아내가 한꺼번에 아들 셋을 낳았다.

○七年, 春, 正月에 遣使朝唐하니 「憲宗」이 引見하고 宴賜, 有差하다. 夏, 五月에 下雪하다. 秋, 八月己亥, 朔에 日有食之하다. 西邊, 州郡, 大飢하여 盜賊이 蜂起하니 出軍, 討平之하다. 大星이 出, 翼軫間하여 指庚(서쪽)하니 芒長이 六許尺이요, 廣, 二許寸하다.

칠년 춘 정월 견사조당 헌종 인견 연사유차 하오월 하설 추팔월 기해삭 일유식지 서변주군대기 도적 봉기 출군토평지 대성 출익진 간 지경 망장 육허척 광이허 촌

▶ 어려운 낱말 ◀

[引見(인견)] : 접견하다. [翼軫(익진)] : 별의 이름으로, 익진 모두 28수에 속함. [芒長(망장)] : 芒彩 – 빛의 뻗침. [六許尺(육허척)] : 6자쯤 되다.

▷ 본문풀이 ◁

7년, 봄 정월에 당에 사신을 보냈다. 「헌종」이 그를 접견하고 사신의 등급에 따라 연회를 열어주고 등급에 따라 하사품을 주었

다. 여름 5월에, 눈이 내렸다. 가을 8월, 초하루 기해일에 일식이 있었고, 서쪽 변방의 주와 군에 큰 기근이 들어 도적이 봉기하므로 군사를 파견하여 토벌하였다. 큰 별이 익성과 진성 성좌 사이에 나타나서 서쪽을 향하니 그 빛의 길이는 6척쯤이었고, 폭은 두 치쯤 되었다.

○八年, 春,正月에 侍中「憲昌」이 出爲〈菁州:晋
팔 년 춘 정 월 시 중 헌 창 출 위 청 주
州〉都督하고「璋如」가 爲,侍中하다. 年荒民飢하여
도 독 장 여 위 시 중 연 황 민 기
抵〈浙東:당나라 折江 동쪽〉求食者가 一百七十人하
저 절 동 구 식 자 일 백 칠 십 인
다.〈漢山州〉〈唐恩縣:지금의 華城郡 陰德面〉에서 石長,
한 산 주 당 은 현 석 장
十尺이요 廣,八尺이요 高,三尺五寸이 自移,一百
십 척 광 팔 척 고 삼 척 오 촌 자 이 일 백
餘步하다. 夏,六月에 〈望德寺〉二塔,戰하다.
여 보 하 유 월 망 덕 사 이 탑 전

▶어려운 낱말◀

[年荒(연황)] : 흉년. [抵] : 가서 닿다(저). [戰(전)] : 부딪치다.

▷본문풀이◁

8년, 봄 정월에 시중「헌창」이 외직으로 나가 〈청주〉 도독이 되었고,「장여」가 시중이 되었다. 흉년이 들어 백성들이 굶주림을 이기지 못하고, 〈절동〉 지방으로 가서 먹을 것을 구하는 자가 170명이었다. 〈한산주〉 〈당은현〉에서 길이 10척, 넓이 8척, 높이

3척 5촌이 되는 큰 바위가 저절로 1백여 보를 움직여 갔다. 여름 6월에, 〈망덕사〉의 두 탑이 서로 부딪쳤다.

○九年, 春.正月에 以.伊湌「金忠恭」으로 爲.侍
구년 춘 정 월 이 이 찬 김 충 공 위 시
中하다. 夏.五月에 不雨하니 遍祈山川하여 至.秋七
중 하 오 월 불 우 편 기 산 천 지 추 칠
月에 乃雨하다. 冬.十月에 人多飢死하니 敎.州郡
월 내 우 동 시 월 인 다 기 사 교 주 군
發倉하여 穀.存恤하다. 遣王子「金張廉」하여 入唐
발 창 곡 존 휼 견 왕 자 김 장 렴 입 당
朝貢하다.
조 공

▷**본문풀이**◁

9년, 봄 정월에 이찬 「김충공」을 시중으로 임명하였다. 여름 5월에, 비가 내리지 않아서 산천에 두루 기도하였더니, 가을 7월이 되자 비가 내렸다. 겨울 10월에, 굶어 죽는 사람이 늘어나자, 왕은 주와 군에 교서를 내려 창고를 열어 곡식으로 그들을 구제하게 하였다. 왕자 「김장렴」을 당에 보내 조공하였다.

○十年에 夏.六月癸丑.朔에 日有食之하다.
십 년 하 유 월 계 축 삭 일 유 식 지

▷**본문풀이**◁

10년, 여름 6월 초하루 계축일에 일식이 있었다.

○十一年, 春,正月에 以,伊湌「眞元」이 年이 七
십 일 년 춘 정 월 이 이 찬 진 원 년 칠

十에 賜,几杖하다. 以,伊湌「憲貞」이 病不能行으
십 사 궤 장 이 이 찬 헌 정 병 불 능 행

로 年未七十에 賜,金飾紫檀杖하다. 二月에 上大
년 미 칠 십 사 금 식 자 단 장 이 월 상 대

等「金崇斌」이 卒하고 伊湌「金秀宗」이 爲,上大
등 김 숭 빈 졸 이 찬 김 수 종 위 상 대

等하다. 三月에 草賊이 遍起하니 命,諸州郡,都督
등 삼 월 초 적 편 기 명 제 주 군 도 독

太守하여 捕捉之하다. 秋,七月에 唐〈鄆州:지금의 山
태 수 포 착 지 추 칠 월 당 운 주

東省 濟寧道〉節度使「李師道」叛하다.「憲宗」이 將
절 도 사 이 사 도 반 헌 종 장

欲討平하여 詔遣,楊州節度使「趙恭」하여 徵發,
욕 토 평 조 견 양 주 절 도 사 조 공 징 발

我兵馬하니 王이 奉,勅旨하여 命,順天軍將軍「金
아 병 마 왕 봉 칙 지 명 순 천 군 장 군 김

雄元」하여 率,甲兵三萬以,助之하다.
웅 원 솔 갑 병 삼 만 이 조 지

▶어려운 낱말◀

[金飾紫檀杖(금식자단장)] : 금으로 장식한 자단 지팡이. [草賊(초적)] : 좀도둑. [遍起(편기)] : 곳곳에 일어남.

▷본문풀이◁

11년, 봄 정월에 이찬「진원」의 나이가 70세가 되자, 안석과 지팡이를 하사하였다. 이찬「헌정」이 병이 나서 걷지 못하므로, 나이 70세가 안되었으나 금으로 장식한 자색 지팡이를 하사하였다. 2월에, 상대등 「김숭빈」이 사망하자, 이찬 「김수종」이 상대등이 되었다. 3월에, 좀도둑들이 도처에서 곳곳에 일어나니 왕은 모든 주와 군의 도독 및 태수에게 명하여 그들을 체포하도록 하였다. 가을 7월에, 당나라 〈운주〉절도사 「이사도」가 반란을 일으켰다. 「헌종」이 이를 토벌하기 위하여 양주절도사 「조공」을 보내 우리 병마의 징발을 요구하니, 왕은 이에 따라 순천군 장군 「김웅원」으로 하여금 갑사 3만을 거느리고 가서 그들을 돕게 하였다.

○十二年에 春夏,旱하여 冬飢하다. 十一月에 遣
십이년 춘하한 동기 십일월 견
使入唐,朝貢하니 『穆宗』이 召見〈麟德殿〉에서 宴
사입당조공 목종 소견 인덕전 연
賜有差하다.
사유차

▷ **본문풀이** ◁

12년에, 봄과 여름에 가물어서 겨울에 기근이 들었다. 11월에, 당나라에 사신을 보내 조공하니, 『목종』이 〈인덕전〉에서 사신을 접견하고, 사신의 등급에 따라 연회를 열어 주고 등급에 따라 하사품을 주었다.

○十三年, 春에 民饑하여 賣,子孫自活하다. 夏,
십삼년 춘 민기 매자손자활 하
四月에 侍中「金忠恭」卒하니 伊飡「永恭」이 爲,
사월 시중 김충공 졸 이찬 영공 위

侍中하다. 〈菁州〉都督 「憲昌」이 改爲〈熊川州〉
시 중 청 주 도 독 헌 창 개 위 웅 천 주

都督하다. 秋,七月에 〈浿江〉,〈南川〉二石이 戰하
도 독 추 칠 월 패 강 남 천 이 석 전

다. 冬,十二月二十九日에 大雷하다.
동 십 이 월 이 십 구 일 대 뢰

▷본문풀이◁

13년, 봄에 백성들이 굶주려 자손을 팔아 연명하는 자가 있었다. 여름 4월에, 시중 「김충공」이 사망하자, 이찬 「영공」이 시중이 되었다. 〈청주〉 도독 「헌창」이 〈웅천주〉 도독이 되었다. 가을 7월에, 〈패강〉과 〈남천〉에 있는 두 돌이 서로 맞붙어 싸웠다. 겨울, 12월 29일에 큰 우레가 있었다.

○十四年, 春,正月에 以,母弟「秀宗:次主 흥덕왕」이
십 사 년 춘 정 월 이 모 제 수 종

爲,副君하여 入〈月池宮〉하다.[〈秀宗〉或云〈秀升〉.] 二月
위 부 군 입 월 지 궁 이 월

에 雪,五尺하여 樹木,枯하다. 三月에 〈熊川州〉都督
설 오 척 수 목 고 삼 월 웅 천 주 도 독

「憲昌」이 以,父「周元」이 不得爲王으로 反叛하여
헌 창 이 부 주 원 부 득 위 왕 반 반

國號를 〈長安〉이라 하고 建元「慶雲」元年이라 하다.
국 호 장 안 건 원 경 운 원 년

脅,〈武珍:광주〉,〈完山:전주〉,〈菁州:진주〉,〈沙伐:상주〉,
협 무 진 완 산 청 주 사 벌

四州都督과 〈國原:충주〉,〈西原:청주〉,〈金官:김해〉,仕
사 주 도 독 국 원 서 원 금 관 사

臣及,諸,郡縣守令하여 以爲己屬하다. 〈菁州〉都督
신급 제군현수령 이위기속 청주 도독

「尙榮」은 脫身走〈推火郡:밀양군〉하고 〈漢山〉,〈牛
상영 탈신주 추화군 한산 우

頭〉,〈歃良〉,〈浿江〉,〈北原〉,等은 先知「憲昌」이
두 삽량 패강 북원 등 선지 헌창

逆謀하고 擧兵自守하다. 十八日에 〈完山〉長史(官
역모 거병자수 십팔일 완산 장사

名)「崔雄」과 助阿飡「正連」之子「令忠」等이
최웅 조아찬 정련 지자 영충 등

遁走,王京告之하니 王이 卽授「崔雄」을 位,級飡
둔주 왕경고지 왕 즉수 최웅 위급찬

과 〈速含郡〉太守하고「令忠」에게 位,級飡하고 遂,
속함군 태수 영충 위급찬 수

差員將八人하여 守,王都八方한 然後에 出師하다.
차원장팔인 수왕도팔방 연후 출사

一吉飡「張雄」이 先發하고 迊飡「衛恭」과 波珍
일길찬 장웅 선발 잡찬 위공 파진

飡「悌陵」이 繼之하다. 伊飡「均貞」, 迊飡「雄
찬 제릉 계지 이찬 균정 잡찬 웅

元」, 大阿飡「祐徵」等은 掌,三軍徂征하다. 角干
원 대아찬 우징 등 장삼군조정 각간

「忠恭」과 迊飡「允膺」은 守,〈蚊火關門:경주 외동〉하
충공 잡찬 윤응 수 문화관문

다.「明基」,「安樂」二郎은 各請從軍하여「明基」
명기 안락 이랑 각청종군 명기

與,徒衆赴〈黃山:지금의 연산〉하고「安樂」은 赴〈施彌
여도중부 황산 안락 부시미

知鎭〉하다. 於是에「憲昌」은 遣其將하여 據,要路以
지진 어시 헌창 견기장 거요로이

待하다.「張雄」遇,賊兵於 〈道冬峴〉하여 擊敗之하
대 장웅 우적병어 도동현 격패지

다.「衛恭」「悌淩」은 合「張雄」軍하여 攻,〈三年山
위공 제릉 합 장웅 군 공 삼년산

城:지금의 報恩〉하여 克之하고 進兵,〈俗離山〉하여 擊,
성 극지 진병 속리산 격

賊兵滅之하다.「均貞」等은 與,賊戰〈星山:지금의 星
적병멸지 균정 등 여적전 성산

州〉하여 滅之하다. 諸軍共到〈熊津〉하여 與賊大戰
멸지 제군공도 웅진 여적대전

하여 斬獲,不可勝計하다.「憲昌」이 僅以身免하여
참획불가승계 헌창 근이신면

入城固守하나 諸軍圍攻浹旬에 城,將陷하니「憲
입성고수 제군위공협순 성장함 헌

昌」은 知不免하여 自死하다. 從者는 斷首與身하고
창 지불면 자사 종자 단수여신

各藏하다. 及,城陷에 得其身於,古塚하여 誅之하고
각장 급성함 득기신어고총 주지

戮,宗族黨與,凡二百三十九人하고 縱,其民하다.
육종족당여 범이백삼십구인 종기민

後에 論功爵賞,有差하다. 阿飡「祿眞」이 授位,大
후 논공작상유차 아찬 녹진 수위대

阿飡하나 辭不受하다. 以〈歃良州〉〈屈自郡:지금의
아찬 사불수 이삽량주 굴자군

昌寧〉은 近賊이나 不汙於亂하여 復,七年하다. 先是
근적 불오어란 부칠년 선시

에〈菁州〉太守,廳事南(廳舍 남쪽), 池中에 有,異鳥
청주 태수청사남 지중 유이조

하니 身長五尺에 色黑하고 頭如,五歲許兒하고 喙
신장오척 색흑 두여오세허아 훼

長,一尺五寸이요 目如人하고 嗉如,受五升許器하
장일척오촌 목여인 소여수오승허기

니 三日而死하다.「憲昌」이 敗亡兆也하다. 聘,角
삼일이사 헌창 패망조야 빙각

干「忠恭」之女「貞嬌」하여 爲太子妃하다. 〈浿江〉山谷間에 顚木이 生蘖하니 一夜高十三尺이요 圍四尺七寸하다. 夏四月十三日에 月色如血하다. 秋七月十二日에 日有黑暈하여 指南北하다. 冬十二月에 遣「柱弼」하여 入唐朝貢하다.

▶ 어려운 낱말 ◀

[喙] : 부리(훼) [嗉] : 모래주머니(소). [顚木(전목)] : 쓰러져 누워있는 나무. [蘖] : 움트다(얼). *庶孼(서얼)은 적자 아닌 庶子 및 孼子를 말함. [黑暈(흑훈)] : 검은 햇무리.

▷ 본문풀이 ◁

14년, 봄 정월에 왕의 동복아우 「수종」을 부군으로 삼아 〈월지궁〉에 들어오도록 하였다.【수종을 수승이라고도 한다.】 2월에는 눈이 다섯 자나 내리고 나무가 말랐다. 3월에, 〈웅천주〉 도독 「헌창」은 그의 아버지 「주원」이 왕이 되지 못하였다는 이유로 반역하여 국호를 〈장안〉이라 하고, 연호를 「경운」 원년이라 하고, 〈무진〉·〈완산〉·〈청주〉·〈사벌〉 네 주의 도독과 〈국원경〉·〈서원경〉·〈금관경〉의 사신과 여러 군현의 수령들을 협박하여 자기 부하로 삼았다. 청주 도독 「상영」이 〈추화군〉으로 도주하고, 〈한산주〉·〈우두주〉·〈삽량주〉·〈패강진〉·〈북원경〉 등의 여러 성은 「헌

창」의 역모를 미리 알고, 군사를 모아 스스로 수비하였다. 18일에, 〈완산주〉 장사 「최웅」과 조아찬 「정련」의 아들 「영충」 등이 서울로 도주해와서 변고를 알렸다. 왕은 곧 「최웅」에게 급찬의 위와 〈속함군〉 태수의 벼슬을 주고, 「영충」에게는 급찬의 위를 주었다. 그리고 마침내 원장 8명을 파견하여 서울의 8방을 지키게 하고, 그 후에 군사를 출동시켰다. 일길찬 「장웅」이 먼저 출발하고, 잡찬 「위공」과 파진찬 「제릉」이 뒤를 잇고, 이찬 「균정」과 잡찬 「웅원」과 대아찬 「우징」 등이 삼군을 이끌고 출정하였다. 각간 「충공」과 잡찬 「윤응」은 문화의 관문을 지켰다. 「명기」와 「안락」 두 화랑이 모두 종군을 요청하여, 「명기」는 여러 무리들과 함께 〈황산〉으로 가고, 「안락」은 〈시미지진〉으로 갔다. 이때 「헌창」은 그의 장수를 보내, 요충지를 차지하고 관군을 기다렸다. 「장웅」이 적병을 〈도동현〉에서 만나 격파하였다. 「위공」과 「제릉」은 「장웅」의 군사와 연합하여 〈삼년산성〉을 공격하여 승리하고, 〈속리산〉으로 진군하여 적병을 격멸하였다. 「균정」 등은 〈성산〉에서 적과 싸워 격멸시켰다. 여러 군대가 함께 〈웅진〉에 도착하여, 적과 크게 싸웠는데 죽이거나 생포한 숫자를 모두 헤아릴 수 없었다. 「헌창」이 가까스로 몸을 피하여 성으로 들어가 수비하였다. 모든 군사가 그들을 포위하고 공격한지 열흘 만에 성이 함락되려 하자, 「헌창」은 패배를 피할 수 없다는 것을 알고 자결하였다. 그의 종자가 머리와 몸을 베어 각각 따로 묻었다. 성이 점령되자 그의 몸을 옛무덤에서 찾아내어 다시 베고, 그의 친족과 도당 239명을 죽이고, 그 백성들은 방면하였다. 후에 전공을 논하여 정도에 따라 자위를 상으로 주었다. 아찬 「녹진」에게는 대아찬의 작위를 주었으나, 사양하며 받지 않았다. 〈삽량주〉의 〈굴자군〉은 적지와 근접한 곳에 있었으나 반란에 동참하지 않았으므로 7년 동안의 조세를 면제하였다. 이에 앞서 〈청주〉 태수의 청사 남쪽 연못에 이상한 새가 있었다. 그 키는 다섯 자였으며, 빛깔이 검고, 머리는 다섯 살 정도의 아이의 머리 크기만 하고, 부리의 길이는 한 자 다섯 치였으며, 눈은 사람의 눈과 흡사하고, 위장은 닷 되들이 그릇 정도였는데, 사흘 만에 죽었다. 이는 「헌창」이 패망할 징조였다. 각간 「충공」의 딸 「정교」를 태자비로 맞았다. 〈패강〉 산골짜기의 쓰러진 나무에서 새싹이 돋아났다. 그 싹은 하룻밤에 높이가 열세 자, 둘레가 넉 자 일곱 치나 자랐다. 여름, 4월 13일에 달빛이 핏빛 같았다. 가을, 7월 12일에 해에 흑점이 생겨 남북을 가리켰다. 겨울 12월에, 「주필」을 당나라에 보내 조공하였다.

○十五年, 春,正月五日에 〈西原京〉有蟲하여 從
십오년 춘정월오일 서원경 유충 종
天而墮하다. 九日에는 有,白,黑,赤,三種蟲이 冒雪
천이타 구일 유백흑적삼종충 모설
能行하다가 見陽而止하다. 「元順」과 「平原」, 二角
능행 견양이지 원순 평원 이각
干이 七十告老하니 賜,几杖하다. 二月에 合,〈水成
간 칠십고로 사궤장 이월 합 수성
郡:지금 화성〉과 〈唐恩縣:舊南陽〉하다. 夏,四月十二日
군 당은현 하사월십이일
에 流星이 起,天市(星名)하여 犯,帝座(紫微星)하니 過,
유성 기천시 범제좌 과

天市東北하여 垣,織女,王良하여 至,閣道(紫微星 뒤에
천 시 동 북 원 직 녀 왕 량 지 각 도

있는 6星)하여 分,爲三하되 聲如,擊鼓而滅하다. 秋,七
분 위 삼 성 여 격 고 이 멸 추 칠

月에 雪하다.
월 설

▶ **어려운 낱말** ◀

[冒雪(모설)] : 눈을 무릅쓰고. [帝座(제좌)] : 北斗의 북쪽에 있는 紫微星. [垣] : 별 이름(원), 담(원). [閣道(각도)] : 紫微星 뒤에 있는 6성.

▷ **본문풀이** ◁

15년, 봄 정월 5일에 〈서원경〉에, 하늘에서 벌레가 떨어졌다. 9일에는 흰색 · 검은색 · 붉은색의 세 가지 벌레가 눈밭을 기어 다니다가 햇볕이 나자 사라졌다. 「원순」 · 「평원」 두 각간이 나이 70세가 되어 은퇴하고자 하였다. 왕은 그에게 안석과 지팡이를 하사하였다. 2월, 〈수성군〉과 〈당은현〉을 합쳤다. 여름, 4월 12일에 유성이 천시 성좌에서 나와 제좌를 범하고, 천시 성좌 동북쪽의 원 성좌, 직녀 성좌, 왕량 성좌를 지나 각도성에 이르러 셋으로 나뉘었는데, 북 치는 소리를 내면서 사라졌다. 가을 7월에, 눈이 내렸다.

○十七年, 春,正月에 「憲昌」 子 「梵文」이 與〈高
십 칠 년 춘 정 월 헌 창 자 범 문 여 고

達山:驪州〉賊 「壽神」 等, 百餘人이 同,謀叛하여 欲,
날 산 적 수 신 등 백 여 인 동 모 반 욕

立都於〈平壤:지금의 서울〉하여 攻〈北漢山州(北漢山城)〉하니 都督「聰明」이 率兵하여 捕殺之하다.[平壤은 今楊州也라, 太祖,製〈庄義寺〉齋文에 有〈高麗〉舊壤이요, 平壤은 名山이란 句가 있다.] 三月에 〈武珍州〉〈馬彌知縣〉女人이 産兒하니 二頭,二身,四臂하고 産時에 天大雷하다. 夏,五月에 遣,王子「金昕」을 入唐朝貢하고 遂,奏言하되, "先在大學生「崔利貞」「金叔貞」「朴季業」等을 請放還蕃하고, 其,新赴朝「金允夫」「金立之」「朴亮之」等, 一十二人은 請留宿衛하고 仍,請配,國子監,習業하여 〈鴻臚寺(:唐의 外務省)〉給資粮(:學資)하소서." 하니 從之하다. 秋에 〈歃良州〉에서 獻,白烏하고 〈牛頭州〉〈大楊管郡:지금의 회양군〉의 「黃知」奈麻,妻가 一産,二男二女하니 賜租,一百石하다.

▶어려운 낱말◀

[臂] : 팔(비). [昕] : 아침(흔). [蕃] : 번성하다(번). 여기서는 신라를 말함.

[粮] : 양식(량). 糧과 같은 자.

▷본문풀이◁

17년, 봄 정월에 「헌창」의 아들 「범문」이 〈고달산〉의 적 「수신」 등 백여 명과 함께 모반하였다. 그들은 〈평양〉에 도읍을 세우기 위하여, 〈북한산주〉를 공격해왔다. 도독 「총명」이 군사를 거느리고 가서 그를 잡아 처형하였다. 【평양은 지금의 양주인데, 태조가 지은 장의사 재문에 '고려의 옛 땅이요, 평양 명산이라' 는 글귀가 있다.】 3월에, 〈무진주〉 〈마미지현〉에 사는 여자가 아이를 낳았는데 머리가 둘, 몸이 둘, 팔이 넷이었다. 이 아이를 낳을 때, 천둥소리가 크게 울렸다. 여름 5월에, 왕자 「김흔」을 당나라에 보내 조공하고 황제에게 말했다. "이전에 와있는 대학생 「최이정」·「김숙정」·「박계업」 등을 본국으로 돌려 보내주고, 새로 입조한 「김윤부」·「김입지」·「박양지」 등 열두 명을 숙위로 머물도록 해주소서. 그리고 그들을 국자감에 배치하여 공부를 하게 하고, 〈홍려사〉에서 물자와 식량을 공급하여 주소서." 하니, 황제가 이를 따랐다. 가을에 〈삽량주〉에서 흰 까마귀를 바쳤다. 〈우두주〉 〈대양관군〉에 사는 나마 「황지」의 아내가 아들 둘과 딸 둘을 한 번에 낳았다. 그녀에게 벼 1백 석을 주었다.

○十八年, 秋,七月에 命〈牛岑:黃海道 金川郡〉太守
십팔년 추칠월 명 우잠 태수
「白永」하여 徵〈漢山(廣州)〉北, 諸,州郡人一萬하여
백영 징 한산 북 제 주군인일만

築〈浿江:지금의 禮成江〉長城, 三百里하다. 冬, 十月에
축 패강 장성 삼백리 동시월

王薨하다. 諡曰『憲德』이라 하고 葬于〈泉林寺:경주
왕홍 시왈 헌덕 장우 천림사

동천리〉北하다. [『古記』云, "在位十八年, 〈寶曆〉二年丙午四月
북

卒."하고,『新唐書』云, "〈長慶〉〈寶曆〉間, 羅王「彦昇」卒." 하고,

而『資治通鑑』及『舊唐書』皆云: "〈大和〉五年卒." 豈其誤耶.]

▷ **본문풀이** ◁

18년, 가을 7월에 〈우잠〉 태수 「백영」으로 하여금 〈한산〉 북쪽의 여러 주와 군에서 1만 명을 징발하여, 〈패강〉에 장성 300리를 쌓게 하였다. 겨울 10월에, 왕이 서거하였다. 시호를 『헌덕』이라 하고, 〈천림사〉 북쪽에 장사지냈다.【[고기]에는 '재위 18년 〈보력〉 2년 병오 4월에 죽었다.' 라고 기록되어 있고, [신당서]에는 '장경 〈보력〉 연간에 신라왕 「언승」이 사망하였다.' 고 기록되어 있다. 그러나 [자치통감]과 [구당서]에는 모두 〈태화〉 5년에 죽었다고 기록되어 있으니 잘못된 것이 아닌가 생각된다.】

42 興德王(흥덕왕) : 826~836

○興德王이 立하다. 諱는 「秀宗」이나 改爲하여
홍덕왕 입 휘 수종 개위

「景徽」라 하니 『憲德王』母弟也니라. 冬十二月에
경휘 헌덕왕 모제야 동십이월

妃「章和夫人」이 卒하니 追封하여 「定穆王后」라
비 장화부인 졸 추봉 정목왕후

하다. 王이 思不能忘하여 悵然不樂하다. 群臣表
왕 사불능망 창연불락 군신표

하여 請再納妃하니 王曰, "隻鳥도 有喪匹之悲어
청재납비 왕왈 척조 유상필지비

늘 況失良匹에 何忍無情遽再娶乎아?" 하고 遂不
황실양필 하인무정거재취호 수부

從하며 亦不親近女侍하다. 左右使令에는 唯宦竪
종 역불친근여시 좌우사령 유환수

而已니라. [「章和」, 姓「金」氏,『昭聖王』之女也.]
이기

▶ 어려운 낱말 ◀

[喪匹(상필)] : 짝이 죽다. [遽] : 갑자기(거). [遂不從(수부종)] : 끝내 말을 듣지 않았다. [宦竪(환수)] : 환관, 내시.

▷ 본문풀이 ◁

홍덕왕이 왕위에 올랐다. 그의 이름은 「수종」이지만, 그 후에 「경휘」로 바꾸었다. 그는 『헌덕왕』의 동복아우이다. 겨울 12월에, 왕비 「장화부인」이 사망하자, 「정목왕후」로 추봉하였다. 왕은 왕비를 잊지 못하고 슬퍼하였다. 여러 신하들이 표문을 올려 다시 왕비를 맞아들이기를 요청하였다. 왕이 말하기를, "짝을 잃은 새에게도 자기의 짝을 잃은 슬픔이 있는데, 좋은 배필을 잃고 나서 어찌하여 무정스럽게도 바로 다시 부인을 얻겠는가?" 하고 왕은 끝내 듣지 않고, 시녀들조차도 가까이하지 않았다. 좌우의 심부름꾼은 오직 내시뿐이었다.【「장화」의 성은 「김」씨이고, 『소성왕』의 딸이다.】

○二年, 春,正月에 親祀神宮하다. 唐『文宗』이
이 년 춘 정 월 친 사 신 궁 당 문 종
聞,王薨하고 廢朝하고 命,太子左諭德,兼,御史中
문 왕 홍 폐 조 명 태 자 좌 유 덕 겸 어 사 중
丞「源寂」하여 持節吊祭하다. 仍,冊立嗣王하여
승 원 적 지 절 적 제 잉 책 립 사 왕
爲,'開府儀同三司,檢校太尉使,持節大都督雞林
위 개 부 의 동 삼 사 검 교 태 위 사 지 절 대 도 독 계 림
州諸軍事,兼,持節充寧海軍使,新羅王'하다. 母,朴
주 제 군 사 겸 지 절 충 영 해 군 사 신 라 왕 모 박
氏를 爲,大妃하고 妻,朴氏를 爲妃하다. 三月에 高
씨 위 대 비 처 박 씨 위 비 삼 월 고
句麗僧「丘德」이 入唐하여 齎經至하니 王이 集,
구 려 승 구 덕 입 당 재 경 지 왕 집
諸寺僧徒하여 出迎之하다. 夏,五月에 降霜하다.
제 사 승 도 출 영 지 하 오 월 강 상
秋,八月에 太白晝見하다. 京都大旱하다. 侍中「永
추 팔 월 태 백 주 현 경 도 대 한 시 중 영
恭」이 退하다.
공 퇴

▷ **본문풀이** ◁

2년, 봄 정월에 왕이 직접 신궁에 제사를 지냈다. 당 『문종』은 헌덕왕이 서거하였다는 소식을 듣고, 조회를 폐지하고 '태자좌유덕 겸 어사중승' 「원적」을 지절사로 파견하여 조의를 표하고 제사에 참여케 하였다. 이어 새 왕을 '개부의동삼사, 검교태위, 사, 지절대도독, 계림주제군사 겸, 지절충영해군사, 신라왕' 으로 책봉하고, 어머니 박씨를 대비로, 아내 박씨를 왕비로 책봉하였다. 3월에, 고구려의 중 「구덕」이 당나라에 갔다가 불경을 가지고 오자, 왕이 여러 절의 중을 소집하여 그를 맞이하게 하였다. 여름 5월에, 서리가 내렸다. 가을 8월에, 금성이 낮에 나타나고, 경도에 큰 가뭄이 들었다. 시중 「영공」이 퇴직하였다.

○ 三年, 春.正月에 大阿湌「金祐徵」이 爲.侍中
삼년 춘정월 대아찬 김우징 위시중

하다. 二月에 遣使入唐.朝貢하다. 三月에 雪深三
이월 견사입당조공 삼월 설심삼

尺하다. 夏.四月에 〈淸海:지금의 莞島〉大使「弓福」
척 하사월 청해 대사 궁복

의 姓은 張氏이니[一名「保皐」] 入唐〈徐州:지금의 절강성
성 장씨 입당 서주

동산현〉하여 爲.軍中小將하다. 後에 歸國謁王하여
위군중소장 후 귀국알왕

以卒.萬人鎭〈淸海〉[〈淸海〉, 今之〈莞島〉.]하다. 〈漢山
이졸만인진 청해 한산

州〉,〈瓢川縣:지금의 파주 부근〉에 妖人이 自言有.速
주 표천현 요인 자언유속

富之術하여 衆人,頗惑之하니 王이 聞之하고 曰,
부 지 술 중 인 파 혹 지 왕 문 지 왈

"執,左道(:邪道)以,惑衆者의 刑之는 先王之法也니
집 좌 도 이 혹 중 자 형 지 선 왕 지 법 야

라." 하고 投畀其人,遠島하다. 冬,十二月에 遣使入
투 비 기 인 원 도 동 십 이 월 견 사 입

唐,朝貢하다. 『文宗』이 召對于〈麟德殿〉하고 宴賜
당 조 공 문 종 소 대 우 인 덕 전 연 사

有差하다. 入唐廻使「大廉」이 持,茶種子,來하니
유 차 입 당 회 사 대 렴 지 차 종 자 래

王使植〈地理山:현재 智異山〉하다. 茶는 自『善德
왕 사 식 지 리 산 차 자 선 덕

王』時에 有之나 至於此하여 盛焉하다.
왕 시 유 지 지 어 차 성 언

▶ 어려운 낱말 ◀

[瓢] : 박(표). [畀] : 넘겨주다(비). [地理山(지리산)] : 현재의 지리산으로 차 始培地였다.

▷ 본문풀이 ◁

3년, 봄 정월에 대아찬 「김우징」이 시중이 되었다. 2월에, 사신을 당나라에 보내 조공하였다. 3월에, 눈이 석 자나 내렸다. 여름 4월에, 〈청해〉대사 「궁복」은 성이 장씨였다.【일명 「보고」이다.】 그는 당나라 〈서주〉에 건너가 군중소장이 되었다가 후에 귀국하여 그는 왕을 알현하고, 군사 1만 명을 이끌고 〈청해〉【청해는 지금의 완도이다.】를 수비하게 되었다. 〈한산주〉 〈표천현〉에 사는 요망스러운 자가, 빨리 부자가 되는 술수가 있다고 말하여 많은 사람들이 이에 미혹되었다. 왕은 이 말을 듣고 말하기를 "옳지 않은 방도로 많은 사람을 미혹시키는 자에게는 벌을 주는 것은 선왕의 법도이니 그 자를 먼 섬으로 쫓아버리라."라고 말하였다. 겨울 12월에, 사신을 당나라에 보내 조공하였다. 『문종(당)』이 〈인덕전〉에서 접견하고, 사신의 등급에 따라 연회를 베풀어주고, 사신의 등급에 따라 하사품을 주었다. 당나라에 갔다가 귀국한 사신 「대렴」이 차나무 종자를 가지고 왔다. 왕은 그것을 〈지리산〉에 심게 하였다. 차는 『선덕왕』 때부터 있었으나, 이때 이르러서 더욱 왕성하게 되었다.

○四年, 春,二月에 以,〈唐恩郡〉을 爲,〈唐城鎭〉하
사 년 춘 이 월 이 당 은 군 위 당 성 진

고 以,沙飡「極正」으로 往守之하다.
이 사 찬 극 정 왕 수 지

▷ **본문풀이** ◁

4년, 봄 2월에 〈당은군〉을 〈당성진〉으로 바꾸고, 사찬 「극정」을 파견하여 이곳을 수비하게 하였다.

○五年, 夏,四月에 王이 不豫하여 祈禱하고 仍,
오 년 하 사 월 왕 불 예 기 도 잉

許度僧,一百五十人하다. 冬,十二月에 遣使入唐,
허 도 승 일 백 오 십 인 동 십 이 월 견 사 입 당

朝貢하다.
조 공

▶ **어려운 낱말** ◀

[不豫(불예)] : 병으로 편치 못함. [許度(허도)] : 도첩을 내리다.

▷ **본문풀이** ◁

5년, 여름 4월에 왕의 건강이 좋지 않게 되자, 기도를 드리고 이어서 중 150명에게 도첩을 주었다. 겨울 12월에, 사신을 당나라에 보내 조공하였다.

○六年, 春,正月에 地震하다. 侍中「祐徵」이 免
육 년 춘 정 월 지 진 시 중 우 징 면

하니 伊湌「允芬」이 爲,侍中하다. 二月에 遣,王子
이 찬 윤 분 위 시 중 이 월 견 왕 자

「金能儒」와 并僧,九人을 朝唐하다. 秋,七月에 入
김 능 유 병 승 구 인 조 당 추 칠 월 입

唐,進奉使「能儒」等의 一行人이 廻次溺海하다.
당 진 봉 사 능 유 등 일 행 인 회 차 익 해

冬,十一月에 遣使入唐,朝貢하다.
동 십 일 월 견 사 입 당 조 공

▷ **본문풀이** ◁

6년, 봄 정월에 지진이 있었다. 시중「우징」이 퇴직하고, 이찬「윤분」이 시중이 되었다. 2월에, 왕자「김능유」와 중 아홉 명을 당나라에 보냈다. 가을 7월에, 당나라에 갔던 진봉사「능유」등 일행이 귀국하다가 바다에 빠져 익사하였다. 겨울 11월에, 사신을 당나라에 보내 조공하였다.

○七年, 春夏旱하니 赤地하다. 王避正殿하여 減常膳하고 赦內外獄囚하다. 秋七月에 乃雨하다. 八月에 飢荒하여 盜賊遍起하다. 冬十月에 王이 命使安撫之하다.
칠년 춘하한 적지 왕피정전 감 상선 사내외옥수 추칠월 내우 팔월 기황 도적편기 동십월 왕 명사안무지

▷본문풀이◁

7년, 봄과 여름이 가물어 땅의 빛깔이 붉은색으로 변했다. 왕은 정전에 나가지 않고 음식을 줄였으며, 중앙과 지방의 죄수들을 특사하였다. 가을, 7월에야 비가 내렸다. 8월에, 흉년이 들어 도적이 곳곳에서 일어났다. 겨울 10월에, 왕은 사자를 명하여 백성들을 위무하였다.

○八年, 春에 國內大飢하다. 夏四月에 王이 謁始祖廟하다. 冬十月에 桃李再華하고 民多疫死하다. 十一月에 侍中「允芬」이 退하다.
팔년 춘 국내대기 하사월 왕 알 시조묘 동시월 도리재화 민다역사 십일월 시중 윤분 퇴

▷본문풀이◁

8년, 봄에 나라에 대 기근이 들었다. 여름 4월에, 왕이 시조 묘에 참배하였다. 겨울 10월에, 복숭아와 오얏나무에 두벌꽃이 피었고, 전염병으로 죽은 사람이 많았다. 11월에, 시중「윤분」이 사

퇴하였다.

○九年, 春,正月에 「祐徵」이 復爲,侍中하다. 秋,
구 년 춘 정 월 우 징 부 위 시 중 추

九月에 王幸〈西兄山:서악〉下하여 大閱하고 御,〈武
구 월 왕 행 서 형 산 하 대 열 어 무

平門〉에서 觀射하다. 冬,十月에 巡幸,國南州郡하여
평 문 관 사 동 시 월 순 행 국 남 주 군

存問,耆老及,鰥寡孤獨하고 賜,穀布有差하다.
존 문 기 로 급 환 과 고 독 사 곡 포 유 차

▶ **어려운 낱말** ◀

[觀射(관사)] : 활 쏘는 것을 구경하다. [耆老(기로)] : 노인. [鰥寡孤獨(환과고독)] : 외롭게 의지할 곳이 없는 사람.

▷ **본문풀이** ◁

9년, 봄 정월에 「우징」을 다시 시중으로 임명하였다. 가을 9월에, 왕이 〈서형산〉에 행차하여 크게 군대를 사열하고, 왕은 또 〈무평문〉에서 활쏘기를 관람하였다. 겨울 10월에, 왕이 남쪽 지방의 주와 군을 순행하면서 노인과 홀아비 · 과부 · 고아 · 자식 없는 노인들을 위문하고 차등에 따라 곡식과 베를 하사하였다.

○十年, 春,二月에 拜,阿飡「金均貞」하여 爲,上
십 년 춘 이 월 배 아 찬 김 균 정 위 상

大等하다. 侍中「祐徵」이 以父「均貞」의 入相으
대 등 시 중 우 징 이 부 균 정 입 상

로 表乞解職하니 大阿飡「金明:왕제 충공의 아들」으로 爲,侍中하다.

▷본문풀이◁

10년, 봄 2월에 아찬「김균정」을 상대등으로 임명하였다. 시중「우징」이 그의 아버지「균정」이 재상이 되었으므로 글을 올려 사직할 것을 청하니, 대아찬「김명」으로 시중을 삼았다.

○十一年, 春,正月辛丑,朔에 日有食之하다. 遣,王子「金義琮」이 如唐謝恩兼,宿衛하다. 夏,六月에 星孛于,東하다. 秋,七月에 太白犯月하다. 冬,十二月에 王이 薨하니 諡曰『興德』이라 하다. 朝廷에는 以,遺言으로 合葬「章和王妃」之陵하다.

▷본문풀이◁

11년, 봄 정월 초하루 신축일에 일식이 있었다. 왕자「김의종」을 당에 보내 사은을 하고, 아울러 숙위를 하게 하였다. 여름 6월에, 혜성이 동쪽에 나타났다. 가을 7월에는, 금성이 달을 범하였다. 겨울 12월에, 왕이 서거하니 시호를『홍덕』이라 하였다. 조정에서는 왕의 유언에 따라「장화왕비」의 능에 합장하였다.

43 僖康王(희강왕) : 836~638

○僖康王이 立하다. 諱는 「悌隆」[一云「悌顒(옹)」]이
희강왕 입 휘 제융

니, 元聖大王.孫인 伊飡 「憲貞」[一云「草奴」]之子也
원성대왕손 이찬 헌정 지자야

니라. 母는 「包道夫人」이요 妃는 「文穆夫人」이니
모 포도부인 비 문목부인

葛文王 「忠恭」 之女니라. 初에 興德王之.薨也에
갈문왕 충공 지녀 초 흥덕왕지훙야

其.堂弟 「均貞」과 堂弟之子 「悌隆」이 皆欲爲君
기당제 균정 당제지자 제융 개욕위군

하다. 於是에 侍中 「金明」과 阿飡 「利弘」, 「裵萱
어시 시중 김명 아찬 이홍 배훤

伯」 等이 奉 「悌隆」하고 阿飡 「祐徵」은 與.姪 「禮
백 등 봉 제융 아찬 우징 여질 예

徵」 及 「金陽」으로 奉.其父 「均貞」하여 一時에 入
징 급 김양 봉기부 균정 일시 입

內.相戰하다. 「金陽」은 中箭하여 與 「祐徵」 等과
내상전 김양 중전 여 우징 등

逃走하고 「均貞」은 遇害하니 而後 「悌隆」이 乃得.
도주 균정 우해 이후 제융 내득

卽位하니라.
즉위

▶ 어려운 낱말 ◀

[堂弟(당제)] : 종제. [堂弟之子(당제지자)] : 종질(5촌). [中箭(중전)] : 화살을 맞다. [遇害(우해)] : 해를 입어 죽다.

▷ **본문풀이** ◁

희강왕이 왕위에 올랐다. 그의 이름은 「제융」【제옹이라고도 한다.】이다. 그는 원성대왕의 손자 이찬 「헌정」【초노라고도 한다.】의 아들이다. 어머니는 「포도부인」이다. 왕비는 「문목부인」이니, 갈문왕 「충공」의 딸이다. 이전에 흥덕왕이 서거했을 때, 그의 종제 「균정」과 종제의 아들 「제융」이 모두 임금이 되고자 하였다. 이때 시중 「김명」과 아찬 「이홍」과 아찬 「배훤백」 등은 「제융」을 지지하였고, 아찬 「우징」은 조카 「예징」 및 「김양」과 더불어 그의 아버지 「균정」을 지지하였다. 그들은 동시에 대궐로 들어가 서로 싸웠다. 「김양」은 화살에 맞아 「우징」 등과 함께 도주하였고, 「균정」은 죽었다. 그래서 뒤에 「제융」이 즉위하게 된 것이다.

○二年, 春.正月에 大赦獄囚를 誅死.已下하다
이년 춘정월 대사옥수 주사이하

追封.考하여 爲「翌成大王」하고 母.朴氏를 爲「順成太后」하다. 拜.侍中「金明」하여 爲.上大等하고
추봉고 위 익성대왕 모박씨 위 순성태후 배시중 김명 위상대등

阿飡「利弘」으로 爲.侍中하다. 夏.四月에 唐『文宗』이 放還.宿衛王子「金義琮」하다. 阿飡「祐徵」
아찬 이홍 위시중 하사월 당 문종 방환숙위왕자 김의종 아찬 우징

은 以父「均貞」遇害로 出.怨言하니「金明」과「利弘」等은 不平之하다. 五月에「祐徵」은 懼.禍及하
이부 균정 우해 출원언 김명 이홍 등 불평지 오월 우징 구화급

여 與,妻子로 奔〈黃山津:양산과 김해 사이 낙동강〉口하
여 처 자 분 황 산 진 구

여 乘舟往,依於〈淸海鎭〉大使「弓福」하다. 六月
승 주 왕 의 어 청 해 진 대 사 궁 복 유 월

에「均貞」의 妹壻, 阿飡「禮徵」과 與,阿飡「良
균 정 매 서 아 찬 예 징 여 아 찬 양

順」은 亡投於「祐徵」하다. 唐『文宗』은 賜,宿衛
순 망 투 어 우 징 당 문 종 사 숙 위

「金忠信」等에게 錦綵有差하다.
김 충 신 등 금 채 유 차

▶ **어려운 낱말** ◀

[放還(방환)] : 돌려보내다. [妹壻(매서)] : 매부. [亡投(망투)] : 도망가서 항복하다.

▷ **본문풀이** ◁

2년, 봄 정월에 사형수 이외의 죄수들을 크게 사면하였다. 왕의 아버지를「익성대왕」, 어머니 박씨를「순성태후」로 추봉하였다. 시중「김명」을 상대등으로 임명하고, 아찬「이홍」을 시중으로 삼았다. 여름 4월에, 당『문종』은 숙위하던 왕자「김의종」을 돌려보냈다. 아찬「우징」이 그의 아버지「균정」이 피살되었다는 이유로 원망에 찬 말을 하고 다니자,「김명」과「이홍」등이 이를 불만스럽게 생각하였다. 5월에,「우징」은 자기에게 화가 미칠 것을 두려워하여, 그의 처자와 함께 〈황산진〉 어구로 도주하여, 배를 타고 가서 〈청해진〉 대사「궁복」에게 의탁하였다. 6월에,「균정」의 매부 아찬「예징」이 아찬「양순」과 함께 도주하여「우징」

에게 투항하였다. 당나라 『문종』이 숙위 「김충신」 등에게 차등에 따라 비단을 주었다.

○三年, 春,正月에 上大等「金明」과 侍中「利
삼년 춘정월 상대등 김명 시중 이
弘」等이 興兵,作亂하여 害王,左右하다. 王은 知,
홍 등 흥병작란 해왕좌우 왕 지
不能自全하고 乃縊於,宮中하다. 諡曰『僖康』이니
불능자전 내액어궁중 시왈 희강
葬于〈蘇山〉하다.
장우 소산

▶ **어려운 낱말** ◀

[縊] : 목맬(액). [僖] : 즐겁다(희).

▷ **본문풀이** ◁

3년, 봄 정월에 상대등 「김명」과 시중 「이홍」 등이 군사를 동원하여 반역하고, 왕의 측근들을 죽였다. 왕은 자신도 무사할 수 없음을 알고, 궁중에서 목을 매어 자결하였다. 그의 시호를 『희강』이라 하고 〈소산〉에 장사지냈다.

44 閔哀王(민애왕) : 838~839

○閔哀王이 立하다. 姓은 金氏요, 諱는 「明」이니
민애왕 입 성 김씨 휘 명
『元聖大王』之曾孫也요, 大阿飡 「忠恭」 之子니
원성대왕 지증손야 대아찬 충공 지자
라. 累官爲上大等하여 與侍中 「利弘」과 逼王殺
누관위상대등 여시중 이홍 핍왕살
之하고 自立爲王하다. 追謚考하여 爲『宣康大王』
지 자립위왕 추시고 위 선강대왕
이라 하고 母朴氏「貴寶夫人」을 爲「宣懿太后」하
모박씨 귀보부인 위 선의태후
고 妻金氏를 爲「允容王后」하다. 拜伊飡 「金貴」
처김씨 위 윤용왕후 배이찬 김귀
를 爲上大等하고 阿飡 「憲崇」을 爲侍中하다. 二
위상대등 아찬 헌숭 위시중 이
月에 「金陽」은 募集兵士하여 入〈清海鎭〉하여 謁
월 김양 모집병사 입 청해진 알
「祐徵」하다. 阿飡 「祐徵」이 在〈清海鎭〉하여 聞,
우징 아찬 우징 재 청해진 문
「金明」이 簒位하고 謂鎭大使 「弓福」에게 曰,
김명 찬위 위진대사 궁복 왈
"「金明」이 弑君自立하고 「利弘」도 枉殺君父하니
김명 시군자립 이홍 왕살군부
不可共戴天也니라. 願仗將軍之兵으로 以報君
불가공대천야 원장장군지병 이보군
父之讎하리라." 하니 「弓福」이 曰, "古人有言에 見
부지수 궁복 왈 고인유언 견
義不爲하면 無勇이라 하니 吾雖庸劣하나 唯命是從
의불위 무용 오수용렬 유명시종

이리라." 하고 遂,分兵五千人하여 與,其友「鄭年」
수 분 병 오 천 인 여 기 우 정 년
하여 曰, "非子면 不能平,禍亂이라." 하다. 冬,十二
왈 비 자 불 능 평 화 란 동 십 이
月에「金陽」이 爲,平東將軍하여 與,「閻長」,「張
월 김 양 위 평 동 장 군 여 염 장 장
弁」,「鄭年」,「駱金」,「張建榮」,「李順行」과 統
변 정 년 낙 금 장 건 영 이 순 행 통
軍하여 至〈武州:무진주〉〈鐵冶縣:지금의 나주 남평〉하
군 지 무 주 철 치 현
다. 王은 使,大監「金敏周」로 出軍迎戰하다. 遣,
왕 사 대 감 김 민 주 출 군 영 전 견
「駱金」「李順行」하여 以,馬軍三千으로 突擊하여
낙 금 이 순 행 이 마 군 삼 천 돌 격
殺傷殆盡하다.
살 상 태 진

▷ 본문풀이 ◁

민애왕이 왕위에 올랐다. 그의 성은 「김씨」이고, 이름은 「명」이다. 그는 『원성대왕』의 증손이며, 대아찬 「충공」의 아들이다. 그는 여러 종류의 관직을 거쳐 상대등이 되었던 바, 시중 「이홍」과 함께 왕을 핍박하여 죽이고 스스로 왕이 된 것이다. 그는 아버지를 추존하여 『선강대왕』이라 하고, 어머니 박씨 「귀보부인」은 「선의태후」라 하고, 아내 김씨를 「윤용왕후」라 하였으며, 이찬 「김귀」를 상대등으로, 그리고 아찬 「헌숭」을 시중으로 임명하였다. 2월에, 「김양」은 군사를 모집하여 〈청해진〉으로 들어가 「우징」을 만났다. 아찬 「우징」은 〈청해진〉에서 「김명」이 왕위를 찬

탈했다는 소문을 듣고 〈청해진〉 대사 「궁복」에게 말하기를, “김명」은 왕을 죽이고 스스로 왕이 되었고, 「이홍」은 임금과 아비를 함부로 살해하였으니, 그들과는 같은 하늘 아래에서 살 수 없다. 원컨대 장군의 군사를 빌려, 임금과 아비의 원수를 갚고자 한다.” 고 했다. 「궁복」은, 옛사람의 말에 “정의를 보고도 실천하지 않는 자는 용기 없는 자라.” 고 하였으니, “내 비록 용렬하나 명령에 따르겠다.” 라고 대답하고, 마침내 군사 5천을 그의 친구인 「정년」에게 주면서 “자네가 아니면 이 화란을 평정하지 못하리라.” 고 말하였다. 겨울 12월에, 「김양」이 평동장군이 되어 「염장」·「장변」·「정년」·「낙금」·「장건영」·「이순행」 등과 함께 군사를 거느리고, 〈무주〉 〈철야현〉에 도착하였다. 왕은 대감 「김민주」로 하여금 군사를 출동시켜 싸우게 하였다. 이에 김양이 「낙금」과 「이순행」에게 기마 3천을 주어 돌격하게 하여 거의 다 섬멸하였다.

*44대 ‘閔哀王’ 을 중심으로 한 38대 ‘元聖王’ 이래의 系表

38대元聖王(敬信:내물왕 12세손) –

– 仁謙 – 39昭聖王(俊邕) – 40哀莊王 –義英 –禮英

– 41憲德王(彦升) – 憲貞 – 43僖康王(悌隆)

– 42興德王(秀宗,개명하여 景徽) – 均貞–45–神武王(祐徵)

– 忠恭 – 44대,閔哀王(明) – 46文聖王(慶膺)

○二年, 春.閏正月에 晝夜兼行하여 十九日에 至
이년 춘윤정월 주야겸행 십구일 지

于〈達伐:대구〉之丘하다. 王이 聞兵至하고 命.伊湌
우달벌 지구 왕 문병지 명이찬

「大昕」과 大阿飡「允璘」과「嶷勛」等으로 將兵
대 흔　　대 아 찬　윤 린　　의 훈　등　　장 병

拒之하다. 又,一戰大克하니 王軍死者過半이라. 時
거 지　　우　일 전 대 극　　왕 군 사 자 과 반　　시

에 王이 在,西郊大樹之下러니 左右皆散하고 獨立
왕　　재　서 교 대 수 지 하　　좌 우 개 산　　독 립

으로 不知所爲하다가 奔入〈月遊宅:離宮〉하니 兵士
부 지 소 위　　분 입　월 유 택　　병 사

尋而,害之하다. 群臣이 以,禮葬之하니 謚曰『閔
심 이　해 지　　군 신　이　예 장 지　　시 왈　민

哀』라 하다.
애

▶ **어려운 낱말** ◀

[奔入(분입)] ; 도망하여 들어가다. [害之(해지)] : 그를 죽이다.

▷ **본문풀이** ◁

2년, 봄 윤정월에 김양의 군사가 주야로 행군하여, 19일에 〈달벌: 대구〉에 도착하였다. 왕은 김양의 군사가 도달하였다는 소식을 듣고, 이찬 「대흔」과 대아찬 「윤린」·「의훈」 등으로 하여금 군사를 거느리고 이에 대항하도록 하였다. 김양의 군사가 다시 한 번 싸워 대승하였다. 왕의 군사 중에는 사망자가 절반이 넘었다. 이때 왕이 서쪽 교외의 큰 나무 밑에 있다가 측근들이 모두 흩어지고 혼자 남게 되자 어찌할 줄을 모르다가 〈월유택:이궁〉으로 도망하여 들어가니 군사들은 그를 찾아내어 죽였다. 여러 신하들이 예를 갖추어 장사 지내니, 시호를 『민애』라 하였다.

45 | 神武王(신무왕) : 839~839

○神武王이 立하다. 諱는「祐徵」이니 元聖大王의
신 무 왕 입 휘 우 징 원 성 대 왕

孫「均貞」上大等之子이며『僖康王』之從弟也
손 균 정 상 대 등 지 자 희 강 왕 지 종 제 야

라.「禮徵」等이 旣淸宮禁하고 備禮迎之하여 卽
예 징 등 기 청 궁 금 비 례 영 지 즉

位하다. 追尊祖伊湌「禮英」[一云,孝眞]으로 爲『惠康
위 추 존 조 이 찬 예 영 위 혜 강

大王』하고 考爲『成德大王』하고 母朴氏「眞矯夫
대 왕 고 위 성 덕 대 왕 모 박 씨 진 교 부

人」을 爲「憲穆太后」하고 立子「慶膺」하여 爲太
인 위 헌 목 태 후 입 자 경 응 위 태

子하다. 封〈淸海鎭〉大使「弓福」을 爲感義軍使
자 봉 청 해 진 대 사 궁 복 위 감 의 군 사

하고 食實封二千户하다.「利弘」이 懼하여 棄妻子
식 실 봉 이 천 호 이 홍 구 기 처 자

하고 遁山林하니 王이 遣騎士하여 追捕殺之하다.
둔 산 림 왕 견 기 사 추 포 살 지

秋七月에 遣使如唐하여 遺〈淄青:치청=山東省〉節度
추 칠 월 견 사 여 당 유 치 청 절 도

使奴婢하니 帝聞之하고 矜遠人하여 詔令歸國하
사 노 비 제 문 지 긍 원 인 조 령 귀 국

다. 王이 寢疾한데 夢에「利弘」이 射中背하니 旣
왕 침 질 몽 이 홍 사 중 배 기

寤하여 瘡發背하다. 至是月二十三日에 薨하다.
오 창 발 배 지 시 월 이 십 삼 일 홍

謚曰,『神武』라 하고 葬于〈弟兄山:경주 충효?〉西北
시 왈 신 무 장 우 제 형 산 서 북

하다.

▶ 어려운 낱말 ◀

[旣淸(기청)] : 이미 숙청을 하고. [宮禁(궁금)] : 대궐. [禁] : 대궐(금). [食實(식실)] : 식읍. [遺(유)] : 주다. [淄靑(치청)] : 山東省 절도사.

▷ 본문풀이 ◁

신무왕이 왕위에 올랐다. 그의 이름은 「우징」이다. 그는 원성대왕의 손자인 상대등 「균정」의 아들이며, 『희강왕』의 종제이다. 「예징」 등이 이미 궁중을 숙청하고, 예절을 갖추어 그를 맞이하고, 왕위에 오르게 하였다. 왕의 조부 이찬 「예영」【효진이라고도 한다.】을 추존하여 『혜강대왕』이라 하고, 아버지를 『성덕대왕』이라 하고, 어머니 박씨 「진교부인」을 「헌목태후」라 하고, 아들 「경응」을 태자로 삼았다. 〈청해진〉 대사 「궁복」을 감의 군사로 삼는 동시에 식읍 2천 호를 주었다. 「이홍」은 화가 미칠 것을 두려워하여, 처자를 버리고 산림으로 도주하였으나, 왕이 기병을 보내 추격시켜 잡아 죽였다. 가을 7월에, 당나라에 사신을 보냈다. 그들이 당나라로 가는 도중에 〈치청〉의 절도사에게 노비를 주었다. 황제가 이를 듣고 먼 지방 사람이라고 불쌍히 여겨서, 그들을 귀국시키게 하였다. 왕이 병으로 누웠는데, 꿈에 「이홍」이 왕의 등에 활을 쏘았다. 왕이 잠을 깨어 보니 등에 종기가 났다. 이 달 23일에, 왕이 서거하였다. 시호를 『신무』라 하고 〈제형산〉 서북쪽에 장사지냈다.

○論曰,「歐陽子:修」之論曰, "魯의「桓公:隱公의
논 왈 구 양 자 지 논 왈 노 환 공
異母弟」은 弑「隱公」하고 而,自立者이며「宣公:魯文
시 은 공 이 자 립 자 선 공
公의 庶子」은 弑「子赤:魯文公의 太子」하고 而,自立者
시 자 적 이 자 립 자
이며 鄭의「厲公:名은 突,忽의 異母弟」은 逐,世子「忽:
정 여 공 축 세 자 홀
鄭莊公子 昭公」하고 而,自立者이며 衛公「孫剽:公孫剽
이 자 립 자 위 공 손 표
=殤公」는 逐,其君「衎:衛獻公」하고 而,自立者니라.
축 기 군 간 이 자 립 자
聖人(공자)於『春秋:魯의 史記』에 皆,不絶其,爲君하
성 인 어 춘 추 개 부 절 기 위 군
고 各傳其實은 而使,後世信之이니 則,四君之罪는
각 전 기 실 이 사 후 세 신 지 즉 사 군 지 죄
不可得而,掩耳이니 則,人之爲惡을 庶乎其,息矣리
불 가 득 이 엄 이 즉 인 지 위 악 서 호 기 식 의
라"하였다. 羅之「彦昇:憲德王」은 弑『哀莊』而,卽
나 지 언 승 시 애 장 이 즉
位하고「金明:閔哀王」은 弑『僖康:悌隆』而,卽位하고
위 김 명 시 희 강 이 즉 위
「祐徵:神武王」은 弑『閔哀』하고 而,卽位하니 今,皆
우 징 시 민 애 이 즉 위 금 개
書其實은 亦『春秋』之志也라 하리라.
서 기 실 역 춘 추 지 지 야

▶ **어려운 낱말** ◀

[之志也(지지야)] : 춘추의 기록과 같다.

【저자의 견해】

「구양자:구양수」는, "노 「환공」은 「은공」을 죽이고 스스로 왕이 된 자요, 「선공」은 「자적」을 죽이고 스스로 왕이 된 자이며, 정 「여공」은 세자 「홀」을 내쫓고 스스로 왕이 된 자요, 위공 「손표」는 그의 임금 「간」을 쫓아내고 스스로 왕이 된 자이다. 공자가 [춘추]에 그들이 임금된 것을 하나도 빼지 아니하고 일일이 사실대로 전한 것은, 후인들로 하여금 이를 알고 믿게 하기 위함이다. 위의 네 왕의 죄는 귀를 가려도 들릴 수밖에 없는 사실이므로, 이제 사람들의 악행이 거의 없어질 만도 하다."라고 주장하였다.

신라의 「언승」은 『애장왕』을 죽이고 즉위하였고, 「김명」은 『희강왕』을 죽이고 즉위하였고, 「우징」은 『민애왕』을 죽이고 즉위하였다. 지금 그 사실을 기록하는 것은 역시 모두 [춘추]의 기록과 그 뜻이 동일한 것이라 할 것이다.

46 文聖王(문성왕) : 839~857

○文聖王이 立하다. 諱「慶膺」이니『神武王』의
문성왕 입 휘 경응 신무왕

太子요, 母는「貞繼夫人」[一云, 定宗太后]이라. 八月에
태자 모 정계부인 팔월

大赦하다. 敎曰 "〈淸海鎭〉大使 「弓福」은 嘗,以
대사 교왈 청해진 대사 궁복 상 이

兵으로 助,神考(神武王)하여 滅,先朝(僖康王)之,巨賊
병 조 신고 멸 선조 지 거적

(閔哀王 金明等)하니 其,功烈을 可忘耶아?" 하고 乃,拜
기 공렬 가 망 야 내 배

爲「鎭海將軍」하고 兼賜,章服하다.
위 진해장군 겸 사 장복

▶ **어려운 낱말** ◀

[功烈(공렬)] : 훌륭한 공적. [章服(장복)] : 쉽게 구별 되도록 무늬나 특별한 기호를 붙인 의복.

▷ **본문풀이** ◁

문성왕이 왕위에 올랐다. 그의 이름은 「경응」이다. 그는 『신무왕』의 태자이며, 그의 어머니는 「정계부인」【정종태후라고도 한다.】이다. 8월에, 왕이 죄수들을 크게 사면하였다. 왕이 "〈청해진〉 대사 궁복이 일찍이 군사를 거느리고 아버지 신무왕을 도와 선왕의 대적을 격멸하였으니, 그의 공로를 잊을 수 있겠는가?" 하고는, 교서를 내려 곧 「진해장군」으로 임명하고 겸하여 장복을 하사하였다.

○二年, 春,正月에 以「禮徵」을 爲,上大等하고
이년 춘 정월 이 예징 위 상대등

「義琮」을 爲,侍中하고 「良順」을 爲,伊湌하다. 自,
의종 위 시중 양순 위 이찬 자

夏四月로 至,六月히 不雨하다. 唐,文宗이 勅〈鴻臚
하사월 지유월 불우 당문종 칙홍려

寺:외교를 맡음〉하여 放還,質子及,年滿合한 歸國學
사 방환질자급년만합 귀국학

生, 共,一百五人하다. 冬에 饑하다.
생 공일백오인 동 기

▷본문풀이◁

2년, 봄 정월에 「예징」을 상대등, 「의종」을 시중, 「양순」을 이찬으로 임명하였다. 여름, 4월부터 6월까지 비가 내리지 않았다. 당 문종이 〈홍려사〉에 조서를 내려 인질 및 기한이 되어 귀국하게 된 학생 총 105인을 돌려보내도록 하였다. 겨울에는, 기근이 들었다.

○三年, 春에 京都疾疫하다. 一吉湌「弘弼」이
삼년 춘 경도질역 일길찬 홍필

謀叛하여 事發에 逃入海島하여 捕之不獲하다. 秋,
모반 사발 도입해도 포지불획 추

七月에 唐『武宗』이 歸國,新羅官으로 前入新羅하
칠월 당 무종 귀국신라관 전입신라

여 宣慰副使,充兗州都督府司馬,賜緋魚袋「金雲
선위부사충연주도독부사마사비어대 김운

卿」으로 可〈淄州長史〉하고 仍,爲使하여 冊王爲,
경 가 치주장사 잉위사 책왕위

'開府儀同三司,檢校大尉使,持節大都督雞林州
개부의동삼사검교태위사지절대도독계림주

諸軍事.兼,持節充寧海軍使,上柱國新羅王'하다.
제군사겸지절충영해군사상주국신라왕

妻,朴氏로 爲,王妃하다.
처 박 씨 위 왕 비

▶어려운 낱말◀

[充兗州都督府(충연주도독부)] : 당나라에서 김운경에 내린 벼슬. [金雲卿(김운경)] : 최치원과 함께 당나라 유학생으로 당나라에서 과거하여 벼슬을 한 인물이다. [可〈淄州(치주)長史〉] : 치주장사란 벼슬을 주고.

▷본문풀이◁

3년, 봄에 경도에 전염병이 돌았다. 일길찬 「홍필」이 반역을 도모하다가 그 일이 발각되자, 섬으로 도주하여 이를 체포하려도 잡지 못했다. 가을 7월에, 당 『무종』이 신라에 귀국할 관리를 선발하는데, 이전에 신라에 갔던 선위부사, 충연주도독부사마, 사비어대, 「김운경」으로 〈치주장사〉의 직위를 주어 사신으로 임명하여 그에게 신라의 왕을 '개부의동삼사, 검교태위사, 지절대도독, 계림주제군사 겸 지절충영해군사, 상주국신라왕'으로 책봉하고, 아내 박씨를 왕비로 책봉하였다.

○四年, 春,三月에 納,伊湌「魏昕」之女하여 爲妃하다.
사 년 춘 삼 월 납 이 찬 위 흔 지 녀 위 비

▷본문풀이◁

4년, 봄 3월에 이찬 「위흔」의 딸을 맞아 왕비로 삼았다.

○五年, 春,正月에 侍中「義琮」이 病免하니 伊
오 년 춘 정 월 시 중 의 종 병 면 이

湌「良順」으로 爲,侍中하다. 秋,七月에 五虎入,神
찬 양 순 위 시 중 추 칠 월 오 호 입 신

宮園하다.
궁 원

▷ **본문풀이** ◁

5년, 봄 정월에 시중「의종」이 병으로 사직하자, 이찬「양순」이 시중이 되었다. 가을 7월에, 호랑이 다섯 마리가 신궁의 정원에 들어왔다.

○六年, 春,二月甲寅,朔에 日有食之하다. 太白(:
육 년 춘 이 월 갑 인 삭 일 유 식 지 태 백

별)이 犯,鎭星(토성)하다. 三月에 京都雨雹하다. 侍
범 진 성 삼 월 경 도 우 박 시

中「良順」이 退하고 大阿湌「金茹」가 爲,侍中하
중 양 순 퇴 대 아 찬 김 여 위 시 중

다. 秋,八月에 置,〈穴口鎭:지금의 강화〉하고 以,阿湌
추 팔 월 치 혈 구 진 이 아 찬

「啓弘」으로 爲,鎭頭(관명)하다.
계 홍 위 진 두

▷ **본문풀이** ◁

6년, 봄 2월 초하루 갑인일에 일식이 있었다. 금성이 토성을 범하였다. 3월에, 경도에 우박이 내렸다. 시중「양순」이 퇴직하자, 대아찬「김여」가 시중이 되었다. 가을 8월,〈혈구진〉을 설치하고, 아찬 「계홍」을 진두로 임명하였다.

○七年, 春,三月에 欲娶,〈清海鎭〉大使「弓福」
칠 년 춘 삼 월 욕 취 청 해 진 대 사 궁 복
女를 爲,次妃하니 朝臣,諫曰, "夫婦之道는 人之大
여 위 차 비 조 신 간 왈 부 부 지 도 인 지 대
倫也라. 故로 夏(:禹)는 以,〈塗山:우의 부인〉으로 興하
륜 야 고 하 이 도 산 흥
고 〈殷:湯〉은 以,「莘氏:湯女 有華氏」로 昌하고 〈周〉는
은 이 신 씨 창 주
以,「褒姒:幽王의 寵妃」로 滅하고 〈晉〉은 以,「驪姬:獻公
이 포 사 멸 진 이 여 희
의 妃」로 亂하다. 則,國之存亡이 於是乎在하니 其
난 즉 국 지 존 망 어 시 호 재 기
可,不愼乎리오? 今에 「弓福」은 海島人也어늘 其
가 불 신 호 금 궁 복 해 도 인 야 기
女를 豈可以配,王室乎아?"하니 王이 從之하다. 冬,
녀 기 가 이 배 왕 실 호 왕 종 지 동
十一月에 雷하고 無雪하다. 十二月,朔에 三日,並
십 일 월 뢰 무 설 십 이 월 삭 삼 일 병
出하다.
출

▶어려운 낱말◀

[莘] : 신씨(신). [褒] : 기릴(포). [姒] : 동서(사). [於是乎(어시호)] : 여기에.

▷본문풀이◁

7년, 봄 3월에 왕이 〈청해진〉 대사 「궁복」의 딸을 둘째 왕비로 삼고자 했다. 조정 신하들이 간하여 말하기를 "부부간의 도는 사

람이 지켜야 할 큰 질서입니다. 그러므로 하나라는 〈도산〉을 얻어 흥성하였고, 〈은〉나라는 「신씨」를 얻어 번창하였으며, 〈주〉나라는 「포사」로 인하여 멸망하였고, 〈진〉나라는 「여희」로 인하여 혼란하였습니다. 나라의 존망은 여기에 달려있는 것이니, 어찌 신중하지 않을 수 있습니까? 지금 「궁복」은 섬사람인데, 그의 딸을 어떻게 왕실의 배필로 정할 수 있겠습니까?"라고 하였다. 왕이 이 말을 따랐다. 겨울 11월에, 우레가 있었고 눈이 내리지 않았다. 12월 초하룻날, 해가 세 개로 나란히 나타났다.

○八年, 春에 〈清海〉「弓福」이 怨王不納女하여
팔 년 춘 청 해 궁 복 원 왕 불 납 녀
據鎭叛하다. 朝廷將討之면 則恐有不測之患하고
거 진 반 조 정 장 토 지 즉 공 유 불 측 지 환
將置之하니 則罪不可赦하므로 憂慮를 不知所圖
장 치 지 즉 죄 불 가 사 우 려 부 지 소 도
하다. 〈武州:지금의 광주〉人「閻長」者가 以勇壯聞
무 주 인 염 장 자 이 용 장 문
於時하다. 來告曰, "朝廷幸聽臣이면 臣은 不煩一
어 시 내 고 왈 조 정 행 청 신 신 불 번 일
卒하고 持空拳으로 以斬「弓福」以獻하리다." 하니
졸 지 공 권 이 참 궁 복 이 헌
王이 從之하다. 「閻長」이 佯叛國하고 投〈清海〉하
왕 종 지 염 장 양 반 국 투 청 해
니 「弓福」이 愛壯士하여 無所猜疑하고 引爲上客
궁 복 애 장 사 무 소 시 의 인 위 상 객
하여 與之飮極歡하다. 及其醉에 奪「弓福」劍하
여 지 음 극 환 급 기 취 탈 궁 복 검
여 斬訖하고 召其衆하여 說之하니 伏不敢動하다.
참 흘 소 기 중 설 지 복 불 감 동

▶어려운 낱말◀

[猜疑(시의)] : 시기하고 의심하는 기색. [飮極歡(음극환)] : 지극한 기쁨으로 술을 마셨다. [斬訖(참흘)] : 참살에 이름. 訖은 이르다(흘).

▷본문풀이◁

8년, 봄에 〈청해진〉의 「궁복」이 자신의 딸을 왕비로 삼지 않는다고 하여 왕을 원망하며, 청해진에 웅거하여 반란을 일으켰다. 조정에서는, 이를 토벌하자니 예기하지 못한 후환이 발생할 것이 염려되고, 그대로 두자니 그 죄를 용서할 수 없기에, 처리할 바를 몰라 걱정하고 있었다. 그때 〈무주〉 사람 「염장」이 용감하고 힘이 세다는 소문이 있었다. 그가 와서 "조정에서 다행히 저의 청을 들어 주신다면, 저는 군사 한 명도 필요 없이 빈 주먹으로 「궁복」의 목을 베어 바치겠습니다."라고 말하니, 왕이 이 말을 따랐다. 「염장」은 거짓으로 나라를 배반한 척하고 〈청해진〉에 투항하였다. 「궁복」은 평소 힘센 사람을 좋아하였기 때문에 아무런 의심도 없이 그를 귀한 손님으로 대접하면서 함께 술을 마시고 매우 기뻐하였다. 그가 술에 취하자 「염장」은 「궁복」의 칼을 빼앗아 목을 벤 후에, 그의 무리를 불러 사유를 설명하니, 그들은 엎드려 감히 움직이지 못하였다.

○九年, 春.二月에 重修〈平議〉,〈臨海〉二殿하
구년 춘 이월 중수 평의 임해 이전

다. 夏.五月에 伊湌「良順」과 波珍湌「興宗」等이
하 오월 이찬 양순 파진찬 흥종 등

叛하거늘 伏誅하다. 秋,八月에 封,王子하여 爲,王太子하다. 侍中「金茹」卒하고 伊湌「魏昕」으로 爲,侍中하다.

▷본문풀이◁

9년, 봄 2월에 〈평의전〉과 〈임해전〉을 중수하였다. 여름 5월에, 이찬「양순」과 파진찬「홍종」 등이 반란을 일으켰다가 처형당하였다. 가을 8월에, 세자를 왕태자로 봉하였다. 시중「김여」가 사망하자, 이찬「위흔」으로 시중을 삼았다.

○十年, 春夏,旱하다. 侍中「魏昕」이 退하고 波珍湌「金啓明」이 爲,侍中하다. 冬,十月에 天有聲,如雷하다.

▷본문풀이◁

10년, 봄과 여름에 가뭄이 들었다. 시중「위흔」이 퇴직하자, 파진찬「김계명」이 시중이 되었다. 겨울 10월에, 하늘에서 우레와 같은 소리가 들려왔다.

○十一年, 春,正月에 上大等「禮徵」이 卒하고

伊湌「義正」이 爲上大等하다. 秋九月에 伊湌
이 찬 의 정 위 상 대 등 추 구 월 이 찬

「金式」「大昕」等이 叛하여 伏誅하고 大阿湌「昕
김 식 대 흔 등 반 복 주 대 아 찬 흔

鄰」도 緣坐罪하다.
린 연 좌 죄

▷본문풀이◁

11년, 봄 정월에 상대등「예징」이 사망하자, 이찬「의정」이 상대등이 되었다. 가을 9월에, 이찬「김식」·「대흔」등이 반란을 일으켜서 처형당하고, 대아찬「흔린」도 연좌되어 죄를 받았다.

○十二年, 春正月에 土星入月하고 京都雨土하
십 이 년 춘 정 월 토 성 입 월 경 도 우 토

고 大風拔木하다. 赦獄囚誅死已下하다.
대 풍 발 목 사 옥 수 주 사 이 하

▷본문풀이◁

12년, 봄 정월에 토성이 달에 들어갔다. 경도에 흙비가 내렸으며, 큰 바람이 불어 나무가 뽑혔다. 사형수 이하의 죄수를 사면하였다.

○十三年, 春二月에 罷〈清海鎭〉하고 徙其人於
십 삼 년 춘 이 월 파 청 해 진 사 기 인 어

〈碧骨郡:지금의 金堤郡〉하다. 夏四月에 隕霜하다. 入
벽 골 군 하 사 월 운 상 입

唐使,阿湌「元弘」이 佛經幷,佛牙來하니 王이 出
당사아찬 원홍 불경병불아래 왕 출

郊迎之하다.
교영지

▷ 본문풀이 ◁

13년, 봄 2월에 〈청해진〉을 없애고, 그 지방 사람들을 〈벽골군〉으로 옮겨 살게 하였다. 여름 4월에, 서리가 내렸다. 당나라에 갔던 사신 아찬 「원홍」이 불경과 부처의 치아를 가지고 오니 왕이 교외로 나가 그를 맞이했다.

○ 十四年, 春,二月에 波珍湌「眞亮」이 爲〈熊
십사년 춘이월 파진찬 진량 위 웅

州〉都督하다. 調府에 火하다. 秋,七月에 重修〈鳴
주 도독 조부 화 추칠월 중수 명

鶴樓〉하다. 冬,十一月에 王太子,卒하다.
학루 동십일월 왕태자졸

▶ 어려운 낱말 ◀

[調府(조부)] : 신라 때 貢賦를 맡은 관청. 진평왕 6년에 베풀어서 경덕왕 때는 大府로 고침.

▷ 본문풀이 ◁

14년, 봄 2월에 파진찬 「진량」이 〈웅주〉 도독이 되었다. 조부에 불이 났다. 가을 7월에, 〈명학루〉를 중수하였다. 겨울 11월에, 왕태자가 죽었다.

○十五年, 夏,六月에 大水하다. 秋,八月, 西南州
십 오 년 하 유 월 대 수 추 팔 월 서 남 주
郡에 蝗하다.
군 황

▷본문풀이◁

15년, 여름 6월에 홍수가 났다. 가을 8월, 서남 주와 군에 메뚜기 떼가 나타났다.

○十七年, 春,正月에 發使,撫問西南,百姓하고
십 칠 년 춘 정 월 발 사 무 문 서 남 백 성
冬,十二月에 〈珍閣省〉災하다. 土星이 入月하다.
동 십 이 월 진 각 성 재 토 성 입 월

▷본문풀이◁

17년, 봄 정월에 사신을 보내 서남 지방의 백성들을 위문하였다. 겨울 12월에, 〈진각성〉에 불이 났다. 토성이 달에 들어갔다.

○十九年, 秋,九月에 王이 不豫하여 降,遺詔曰,
십 구 년 추 구 월 왕 불 예 강 유 조 왈
"寡人이 以,眇末之資로 處,崇高之位하여 上恐,獲
과 인 이 묘 말 지 자 처 숭 고 지 위 상 공 획
罪於,天鑑하고 下慮,失望於,人心하여 夙夜兢兢이
죄 어 천 감 하 려 실 망 어 인 심 숙 야 긍 긍
若涉淵氷하더니 賴,三事大夫와 百辟卿士가 左右
약 섭 연 빙 뢰 삼 사 대 부 백 벽 경 사 좌 우
挾維하여 不墜重器하다. 今者에 忽染疾疹하여 至
협 유 불 추 중 기 금 자 홀 염 질 진 지

于旬日하니 恍惚之際에 恐先朝露니라. 惟,祖宗
우순일 황홀지제 공선조로 유조종

之,大業은 不可以無主하며 軍國之,萬機는 不可
지대업 불가이무주 군국지만기 불가

以,暫廢니라. 顧惟,舒佛邯「誼靖」은 先皇之,令孫
이잠폐 고유서불한 의정 선황지영손

으로 寡人之,叔父어니와 孝友明敏,寬厚仁慈하며
과인지숙부 효우명민관후인자

久處古衡하여 挾贊王政하니 上可以,祇奉宗廟하
구처고형 협찬왕정 상가이지봉종묘

고 下可以,撫育蒼生하다. 袁釋重負하여 委之賢德
하가이무육창생 원석중부 위지현덕

으로 付託得人하니 夫復何恨이리오? 況,生死始終
부탁득인 부부하한 황생사시종

은 物之大期요, 壽夭脩短은 命之常分이라. 逝者
물지대기 수요수단 명지상분 서자

可以,達理요, 存者不必,過哀니라. 伊爾多士는 竭
가이달리 존자불필과애 이이다사 갈

力盡忠하여 送往事居를 罔或違禮하라. 布告國內
력진충 송왕사거 망혹위례 포고국내

하여 明知朕懷하라!"하더니 越,七日에 王薨하다. 諡
명지짐회 월칠일 왕훙 시

曰『文聖』이라 하고 葬于〈孔雀趾:경주 西岳〉하니라.
왈 문성 장우 공작지

▶어려운 낱말◀

[不豫(불예)] : 건강하지 못함. 병이 들다. [眇末之資(묘말지자)] : 미미한 자질로. [百辟(백벽)] : 많은 군주와 제후. 여기서는 여러 신하. [重器(중기)] : 왕의 자리. [恍惚(황홀)] : 정신이 흐리고 어리둥절함. [恐先朝露(공선조로)] : 아침 이슬보다 먼저 떨어질까 두렵다. [萬機(만기)] : 여러 사무. [古衡(고형)] : 재상의 자리. [伊爾(이이)] : 너희. [送往事居(송왕사거)] : 가는 자는 보내고, 남

은 자는 섬김. [越(월)] : ~만에.

▷ **본문풀이** ◁

19년, 가을 9월에 왕이 병환이 들자, 다음과 같은 유언을 남기기를, "과인이 미미한 자질로 높은 자리에 처하여, 위로는 하늘에 죄를 짓지 않을까 두려워하고, 아래로는 백성들에게 실망을 주지 않을까 걱정하였으니, 밤낮으로 깊은 물과 얇은 얼음을 건너는 듯 전전긍긍하면서도, 세 명의 재상과 여러 신하들의 보좌에 의지하여 왕위를 유지해왔다. 이제 나는 갑자기 병에 걸린 지 열흘이 지났으니, 정신이 혼몽하여 아침이슬보다 빨리 세상을 떠날지도 모른다. 선조로부터 내려오는 사직에는 주인이 없을 수 없으며, 국가의 정치에 관한 모든 사무는 잠시라도 폐할 수 없다. 돌아보건대, 서불한 「의정」은 선왕의 손자요, 나의 숙부이다. 그는 효성과 우애가 있고 명민하며 관후하고 인자하여 오래도록 재상의 직에 있으면서 왕의 정사를 도왔으니, 위로는 종묘를 받들 만하고, 아래로는 창생을 기를 만하다. 이에 나는 무거운 책무에서 벗어나, 어질고 덕 있는 이에게 그것을 맡기려 하는 바, 그것을 부탁할 적임자를 얻었으니, 다시 무슨 여한이 있으랴? 살고 죽는 것과 시작하고 끝맺는 것은 만물의 위대한 기약이요, 오래 살고 일찍 죽는 것은 천명이 부여하는 정해진 몫이다. 세상을 뜨는 자는 하늘의 이치에 이르는 것이니, 세상에 남는 자가 지나치게 슬퍼할 필요는 없다. 너희 여러 신하들은 힘을 다하여 충성할 것이며, 가는 사람을 장례 지내고 살아있는 사람을 섬김에 있어서, 혹시라도 예절을 어기지 말 것이다. 나라 전체에 포고하여, 나의 뜻을 분명히 알게 하라!" 고 하더니, 왕이 7일 만에 서거하였다. 시호를 『문성』이라 하고, 〈공작지〉에 장사지냈다.

47 憲安王(헌안왕) : 857~861

○憲安王이 立하다. 諱는 「誼靖」[一云〈祐靖〉]이니
헌안왕 입 휘 의정
『神武王』 之,異母弟也니라. 母는 「照明夫人」이니
신무왕 지 이모제야 모 조명부인
『宣康王』 之女니라. 以『文聖』 顧命으로 卽位하
선강왕 지녀 이 문성 고명 즉위
다. 大赦하고 拜,伊湌「金安」으로 爲,上大等하다.
대사 배 이찬 김안 위 상대등

▷본문풀이◁

헌안왕이 왕위에 올랐다. 이름은 「의정」【우정이라고도 한다.】이며, 『신무왕』의 이복 아우이다. 그의 어머니는 「조명부인」이니 『선강왕』의 딸이다. 『문성』왕의 유언에 따라 왕위에 올랐다. 죄수들을 크게 사면하고, 이찬 「김안」을 상대등으로 임명하였다.

○二年, 春,正月에 親祀神宮하다. 夏,四月에 降
이 년 춘 정 월 친 사 신 궁 하 사 월 강
霜하다. 自,五月로 至,秋七月히 不雨하다. 〈唐城
상 자 오 월 지 추 칠 월 불 우 당 성
郡:지금의 華城郡 陰德面〉南,河岸에 有,大魚出하니 長,
군 남 하 안 유 대 어 출 장
四十步요 高,六丈하다.
사 십 보 고 육 장

▷ **본문풀이** ◁

2년, 봄 정월에 왕이 직접 신궁에 제사지냈다. 여름 4월에, 서리가 내렸다. 5월부터 가을 7월까지 비가 내리지 않았다. 〈당성군〉 남쪽 강변에서 큰 고기가 나왔는데, 길이가 40보, 높이가 6장(丈)이었다.

○三年, 春에 穀貴하여 人饑하니 王遣使,賑救하
삼 년 춘 곡 귀 인 기 왕 견 사 진 구
다. 夏,四月에 敎하여 修完,隄防勸農하다.
하 사 월 교 수 완 제 방 권 농

▷ **본문풀이** ◁

3년, 봄에 곡식이 귀하여 사람들이 굶주리므로, 왕이 특사를 보내 구제하였다. 여름 4월에, 왕이 교서를 내려, 제방을 수축하고 농사를 권장하였다.

○四年, 秋,九月에 王이 會,群臣於〈臨海殿〉할세
사 년 추 구 월 왕 회 군 신 어 임 해 전

王族「膺廉」이 年,十五歲로 預坐焉하다. 王이 欲
왕족 응렴 년십오세 예좌언 왕 욕

觀其志하여 忽問曰, "汝,游學有日矣이니 得無見,
관기지 홀문왈 여유학유일의 득무견

善人者乎아?" 答曰, "臣이 嘗見三人한데 竊以爲,
선인자호 답왈 신 상견삼인 절이위

有,善行也니이다." 하니 王曰, "何如오?" 하니 曰,
유선행야 왕왈 하여 왈

"一은 高門子弟로 其,與人也에 不,自先而,處於下
일 고문자제 기여인야 불자선이처어하

하고, 一은 家富於財하여 可以,侈衣服이나 而,常
일 가부어재 가이치의복 이상

以,麻紵로 自喜하며, 一은 有,勢榮이나 而,未嘗以,
이마저 자희 일 유세영 이미상이

其勢加人하니 臣所見,如此하나이다." 하니 王이 聞
기세가인 신소견여차 왕 문

之默然하더니 與,王后로 耳語曰, "朕이 閱,人多矣
지묵연 여왕후 이어왈 짐 열인다의

나 無如「膺廉」者니라." 하니 意,以女妻之로 顧謂
무여 응렴 자 의이녀처지 고위

「膺廉」曰, "願郎自愛하라. 朕이 有,息女하니 使
응렴 왈 원랑자애 짐 유식녀 사

之,薦枕하리라." 하고 更,置酒同飮하며 從容言曰,
지천침 갱치주동음 종용언왈

"吾有,二女하니 兄은 今年二十歲요, 弟는 十九勢
오유이녀 형 금년이십세 제 십구세

이니 惟郎所娶오!" 하니「膺廉」辭,不獲하여 起,拜
유랑소취 응렴 사불획 기배

謝하고 便,歸家하여 告,父母하다. 父母言하되 "聞
사 변귀가 고부모 부모언 문

王,二女容色은 兄不如弟라 하니 若,不得已면 宜娶
왕이녀용색 형불여제 약부득이 의취

其弟니라." 하니 然이나 尙疑未決하여 乃問〈興輪
기 제 연 상의미결 내문 홍륜

寺〉僧하다. 僧曰, "娶兄則,有,三益이요 弟則,反是
사 승 승왈 취형즉유 삼익 제즉반시

로 有,三損이라." 하다. 「膺廉」이 乃奏하되 "臣이 不
유 삼손 응렴 내주 신 불

敢自決하오니 惟,王命을 是從하리다." 하니 於是에
감자결 유왕명 시종 어시

王이 長女를 出降焉하니라.
왕 장녀 출강언

▶ **어려운 낱말** ◀

[得無見(득무견)] : ~얻어 본 일이 없느냐? [預坐(예좌)] : 참석. [有日(유일)] : 오랜 기간 동안 . [竊] : 훔칠(절). [麻紵(마저)] : 삼과 모시. [閱人(열인)] : 사람을 많이 겪어보다. [薦枕(천침)] : 동거시키다. 즉, 결혼시키다. [尙疑未決(상의미결)] : 주저하여 결정을 못함. [拜謝(배사)] : 절을 하며 감사의 뜻을 표함.

▷ **본문풀이** ◁

4년, 가을 9월에 왕이 〈임해전〉에 여러 신하들을 모았을 때, 왕족 「응렴」이 열다섯 살의 나이로 이 자리에 참석하였다. 왕이 그의 생각을 알고자 하여 갑자기 "네가 상당 기간 사방을 돌면서 견학한 바 있는데, 착한 사람을 본 일이 없었던가?" 라고 물었다. 그는 "제가 일찍이 세 사람을 보았는데, 그들은 착한 행동을 한다고 생각했습니다." 라고 대답하였다. 왕이 "어떤 행위인가?" 라고 물었다. 그는 "한 사람은 높은 가문의 자제로서, 다른 사람과 교제함에 있어서 자신을 내세우지 않고 남의 아래에 처하였으며, 한 사람은 재물이 많아 사치스러운 의복을 입을 만한데도 언제나

베옷을 입는 것으로 자족하였으며, 한 사람은 세도와 영화를 누리면서 한 번도 남에게 세도를 부리지 않았습니다. 제가 본 것은 이와 같았습니다."라고 대답하였다. 왕이 이 말을 듣고 잠자코 있다가 왕후에게 귓속말로 "내가 사람을 많이 겪었지만 「응렴」 같은 자는 없었다."라고 말하고, 사위를 삼을 생각으로 「응렴」을 돌아보고 말했다. "그대는 자중자애 하라. 내가 딸이 있으니 사위를 삼도록 하겠다." 왕은 다시 술을 가져오게 하여 함께 마시면서 조용히 말했다. "내가 딸이 둘 있는데, 형은 금년에 스무 살이요, 동생은 열아홉 살인데 그대의 마음에 드는 대로 장가를 들라!" 「응렴」이 사양할 수 없어 일어나 절을 하며 감사의 뜻을 표하고, 곧 집으로 돌아와 부모에게 이 사실을 말했다. 그의 부모는 "듣건대 왕의 두 딸의 얼굴은 형이 동생만 못하다고 하니, 만약 부득이 장가를 가야 한다면, 동생에게 장가를 드는 것이 좋겠다."라고 말하였다. 그러나 응렴은 결정을 내리지 못하고 주저하다가, 〈홍륜사〉 중에게 물었다. 그 중은 "형에게 장가를 들면 세 가지 이익이 있을 것이요, 동생에게 장가를 들면 반대로 세 가지 손해를 볼 것이다."라고 대답하였다. 「응렴」이 곧 "제가 감히 마음대로 결정을 못하겠사오니, 다만 왕의 명령에 따르겠나이다."라고 아뢰니, 이에 왕이 맏딸을 시집보냈느니라.

○ 五年, 春.正月에 王이 寢疾.彌留하여 謂.左右
오년 춘정월 왕 침질미류 위좌우

曰, "寡人이 不幸하여 無男子.有女하니 吾邦故事
왈 과인 불행 무남자유녀 오방고사

에 雖有『善德』『眞德』二女主나 然이나 '近於牝
수유 선덕 진덕 이녀주 연 근어빈

雞之晨이라.' 하여 不可法也라 하니 甥「膺廉」이
계지신 불가법야 생 응렴

年雖幼少나 有老成之德하니 卿等이 立而事之하
년수유소 유로성지덕 경등 입이사지

면 必不墜祖宗之令緖하리라. 則寡人死라도 且
필불추조종지영서 즉과인사 차

不朽矣리라." 하고 是月二十九日에 薨하다. 諡曰
불후의 시월이십구일 홍 시왈

『憲安』이라 하고 葬于〈孔雀趾:경주 西岳〉하다.
헌안 장우 공작지

▶ 어려운 낱말 ◀

[彌留(미류)] : 임금이 병으로 눕게 되다. [牝雞之晨(빈계지신)] : 암탉이 때를 알린다는 것이니, 여자가 外事에 참여함을 이름. [甥] : 생질. 사위(생). [令緖(영서)] : 후계자. [不朽(불후)] : 썩지 않음. 즉 마음을 놓을 수 있겠다.

▷ 본문풀이 ◁

5년, 봄 정월에 왕이 병으로 누워 위독해지자, 측근들에게 말하기를, "과인이 불행하게 아들 없이 딸만 두었다. 우리나라에는 예전에 『선덕』·『진덕』 두 여왕이 있었지만, 이는 '암탉이 새벽에 운다.' 는 것과 비슷한 일로써, 이를 본받을 수는 없다. 사위인 「응렴」은 나이가 비록 어리지만 노숙한 덕성을 갖추고 있으니, 경들이 그를 임금으로 세워 섬긴다면, 반드시 조종의 훌륭한 후계자를 잃지 않을 것이라. "내가 죽은 이후에도 나라에 해로운 일이 없을 것이다." 고 하고서 이 달 29일에 왕이 서거하였다. 시호를 『헌안』이라 하고, 〈공작지〉에 장사지냈다.

48 | 景文王(경문왕) : 861~875

○景文王이 立하다. 諱는「膺廉」[膺,一作,凝]이니『僖
경 문 왕 입 휘 응 렴 희
康王』의 子,「啓明」阿飡之子也니라. 母曰「光和
강 왕 자 계 명 아 찬 지 자 야 모 왈 광 화
[一云,光義]夫人」이요, 妃는 金氏「寧花夫人」이라.
부 인 비 김 씨 영 화 부 인

▷본문풀이◁

경문왕이 왕위에 올랐다. 그의 이름은「응렴」【'응(膺)'을 '의(疑)'라고도 한다.】이며,『희강왕』의 아들인 아찬「계명」의 아들이다. 어머니는「광화【'광의'라고도 한다.】부인」이요, 왕비는 김씨「영화부인」이다.

○元年, 三月에 王御〈武平門〉하여 大赦하다.
원 년 삼 월 왕 어 무 평 문 대 사

▷ **본문풀이** ◁

원년, 3월에 왕이 〈무평문〉에 나아가 죄수들을 크게 사면하였다.

○二年, 春,正月에 以,伊湌「金正」으로 爲,上大
이 년 춘 정 월 이 이 찬 김 정 위 상 대
等하고 阿湌「魏珍」으로 爲,侍中하다. 二月에 王이
등 아 찬 위 진 위 시 중 이 월 왕
親祀神宮하다. 秋,七月에 遣使如唐하여 貢,方物하
친 사 신 궁 추 칠 월 견 사 여 당 공 방 물
다. 八月에 入唐使, 阿湌「富良」等, 一行人이 溺
팔 월 입 당 사 아 찬 부 량 등 일 행 인 익
沒하다.
몰

▷ **본문풀이** ◁

2년, 봄 정월에 이찬 「김정」을 상대등, 아찬 「위진」을 시중에 임명하였다. 2월에, 왕이 직접 신궁에 제사지냈다. 가을 7월에, 당에 사신을 보내 토산물을 바쳤다. 8월에, 당에 사신 가던 아찬 「부량」 등의 일행이 익사하였다.

○三年, 春,二月에 王幸,國學(大學)하여 令,博士已
삼 년 춘 이 월 왕 행 국 학 영 박 사 이
下로 講論經義하고 賜物有差하다. 冬,十月에 桃李
하 강 론 경 의 사 물 유 차 동 시 월 도 리
華하다. 十一月에 無雪하다. 納「寧花夫人」弟하여
화 십 일 월 무 설 납 영 화 부 인 제

爲次妃하다. 異曰, 王이 問〈興輪寺〉僧(:範敎使) 曰,
위 차 비 이 왈 왕 문 흥 륜 사 승 왈

"師前所謂三益者何也오?" 하니 對曰, "當時에
사 전 소 위 삼 익 자 하 야 대 왈 당 시

王(憲安王)及 王妃喜其如意하여 寵愛浸深하니 一
왕 급 왕 비 희 기 여 의 총 애 침 심 일

也요. 因此로 得繼大位가 二也요. 卒得娶嚮所求
야 인 차 득 계 대 위 이 야 졸 득 취 향 소 구

季女하니 三也니다." 하니 王이 大笑하다.
계 녀 삼 야 왕 대 소

▶어려운 낱말◀

[異曰(이왈)] : 그 후에. 다른 말로 바꾸어 서술하면. [卒得(졸득)] : 마침내 얻다. [嚮] : 향할(향), 지난번(향). [娶嚮(취향)] : 지난번에 장가들려고 했던 것을.

▷본문풀이◁

3년, 봄 2월에 왕이 국학에 가서 박사 이하 여러 사람들로 하여금 경서의 뜻을 강론하게 하고, 정도에 따라 선물을 주었다. 겨울 10월에, 복숭아와 오얏꽃이 피었다. 11월에, 눈이 내리지 않았다. 「영화부인」의 아우를 둘째 왕비로 삼았다. 그 후 왕이 〈흥륜사〉 중에게 묻기를, "대사가 전에 말했던 세 가지 이익이란 무엇인가?" 하니, 중이 대답하기를, "형과 결혼하면 그것이 당시에 왕과 왕비의 뜻대로 되는 것이니, 왕과 왕비가 기뻐하여 당신에 대한 사랑이 점점 깊어질 것이니, 이것이 첫째 이익입니다. 이로 인하여 왕위를 잇게 될 것이니, 이것이 둘째 이익입니다. 그리고 마침내 처음부터 원하던 둘째 딸을 취하게 된 것이니, 이것이 셋째 이익입니다." 하니, 왕이 크게 웃었다.

○四年, 春,二月에 王幸〈感恩寺〉望海하다. 夏,
사년 춘이월 왕행감은사망해 하
四月에 日本國,使至하다.
사월 일본국사지

▷본문풀이◁

4년, 봄 2월에 왕이 〈감은사〉에 가서 바다에 망제를 올렸다. 여름 4월에, 일본국 사신이 왔다.

○五年, 夏,四月에 唐「懿宗」이 降使,太子右諭
오년 하사월 당 의종 강사태자우유
德,御史中丞「胡歸厚」와 使副,光祿主簿,兼,監察
덕어사중승 호귀후 사부광록주부겸감찰
御史「裵光」等하여 弔祭,先王하고 兼,賻贈一千
어사 배광 등 조제선왕 겸부증일천
匹하여 冊立王爲,'開府儀同三司,檢校太尉持節
필 책립왕위 개부의동삼사검교태위지절
大都督,雞林州諸軍事,上柱國新羅王'하다. 仍賜
대도독계림주제군사상주국신라왕 잉사
王,官誥一道(1통),旌節一副,錦綵五百匹,衣二副,
왕관고일도 정절일부금채오백필의이부
金銀器七事하다. 賜,王妃錦綵五十匹,衣一副,銀
금은기칠사 사왕비금채오십필의일부은
器二事하다. 賜,王太子,錦綵四十匹,衣一副,銀器
기이사 사왕태자금채사십필의일부은기
一事하다. 賜,大宰相,錦綵三十匹,衣一副,銀器一
일사 사대재상금채삼십필의일부은기일

事하다. 賜次宰相錦綵二十匹, 衣一副, 銀器一事
사 사 차 재 상 금 채 이 십 필 의 일 부 은 기 일 사
하다.

▶ 어려운 낱말 ◀

[官誥(관고)] : 당나라의 辭令書.

▷ 본문풀이 ◁

5년, 여름 4월에 당「의종」이 정사 태자우유덕어사중승 〈호귀후〉와 부사 광록주부 겸 감찰어사「배광」등을 내려 보내 선왕을 조상하는 제사를 지내고, 동시에 비단 1천 필을 부의로 주고, 왕을 '개부의동삼사, 검교태위지절대도독, 계림주제군사, 상주국 신라왕'으로 책봉하게 하였다. 그리고 왕에게 관직을 임명하는 문건 한 통, 황제의 신임표 한 벌, 비단 5백 필, 옷 두 벌, 금은 그릇 일곱 개를 주고, 왕비에게는 비단 50필, 옷 한 벌, 은 그릇 두 개를 주고, 왕태자에게는 비단 40필, 옷 한 벌, 은 그릇 한 개를 주고, 대재상에게는 비단 30필, 옷 한 벌, 은 그릇 한 개를 주고, 다음 재상에게는 비단 20필, 옷 한 벌, 은그릇 한 개를 주었다.

○六年, 春正月에 封王考爲『懿恭大王』하고
육 년 춘 정 월 봉 왕 고 위 의 공 대 왕
母朴氏「光和夫人」을 爲「光懿王太后」하고 夫人
모 박 씨 광 화 부 인 위 광 의 왕 태 후 부 인
金氏를 爲「文懿王妃」하고 立王子「晸」을 爲王
김 씨 위 문 의 왕 비 입 왕 자 정 위 왕

太子하다. 十五日에 幸〈皇龍寺〉看燈하고 仍,賜燕
태 자 십 오 일 행 황 룡 사 간 등 잉 사 연

百寮하다. 冬,十月에 伊湌「允興」이 與弟「叔興」,
백 료 동 시 월 이 찬 윤 흥 여 제 숙 흥

「季興」으로 謀逆하여 事,發覺하여 走〈岱山郡:지금
계 흥 모 역 사 발 각 주 대 산 군

의 성주?〉하니 王이 命,追捕斬之하고 夷,一族하다.
왕 명 추 포 참 지 이 일 족

▶어려운 낱말◀

[懿] : 아름다울(의). [寮] : 관료(료). [夷] : 오랑캐. 상하다. 죽여 없애다(이).

▷본문풀이◁

6년, 봄 정월에 왕의 선친을 『의공대왕』으로 봉하고, 어머니 박씨「광화부인」을「광의왕태후」로 봉하고, 부인 김씨를「문의왕비」로 봉하고, 왕자「정」을 왕태자로 삼았다. 15일, 왕이〈황룡사〉에 행차하여 연등 행사를 보고, 그 자리에서 백관들을 위하여 연회를 베풀었다. 겨울 10월에, 이찬「윤흥」이 아우「숙흥」·「계흥」과 함께 역모를 꾀하다가 일이 발각되자,〈대산군〉으로 도주하였다. 왕이 명령을 내려 그들을 붙잡아 참수하고, 일족을 처형하였다.

○七年, 春,正月에 重修〈臨海殿〉하다. 夏,五月
칠 년 춘 정 월 중 수 임 해 전 하 오 월

에 京都,疫하다. 秋,八月에 大水하고 不登하다. 冬,
경 도 역 추 팔 월 대 수 부 등 동

十月에 發使,分道撫問하다. 十二月에 客星이 犯
시 월 발 사 분 도 무 문 십 이 월 객 성 범

太白하다.
태 백

▶ 어려운 낱말 ◀

[不登(부등)] : 곡식이 여물지 않아 흉년이 들다. [撫問(무문)] : 위로하고 위문하다.

▷ 본문풀이 ◁

7년, 봄 정월에 〈임해전〉을 중수하였다. 여름 5월에, 경도에 전염병이 돌았다. 가을 8월에, 홍수가 나고 곡식이 잘 여물지 않았다. 겨울 10월에, 사신들을 여러 곳으로 보내어 백성들을 위문하였다. 12월에, 객성이 금성을 범하였다.

○八年, 春.正月에 伊湌「金銳」,「金鉉」等이 謀
팔 년 춘 정 월 이 찬 김 예 김 현 등 모
叛하여 伏誅하다. 夏.六月에 震.〈皇龍寺塔:9층탑〉하
반 복 주 하 유 월 진 황 룡 사 탑
다. 秋.八月에 重修〈朝元殿〉하다.
추 팔 월 중 수 조 원 전

▷ 본문풀이 ◁

8년, 봄 정월에 이찬 「김예」·「김현」 등이 반란을 도모하다가 처형당하였다. 여름 6월에, 〈황룡사 탑〉에 벼락이 쳤다. 가을 8월에, 〈조원전〉을 중수하였다.

○九年, 秋,七月에 遣,王子,蘇判「金胤」等이 入
구 년 추 칠 월 견 왕 자 소 판 김 윤 등 입

唐謝恩하고 兼進奉,馬二匹,麩金一百兩,銀二百
당 사 은 겸 진 봉 마 이 필 부 금 일 백 량 은 이 백

兩,牛黃十五兩,人蔘一百斤,大花魚牙錦,一十匹,
량 우 황 십 오 량 인 삼 일 백 근 대 화 어 아 금 일 십 필

小花魚牙錦,一十匹,朝霞錦,二十匹,四十升,白氎
소 화 어 아 금 일 십 필 조 하 금 이 십 필 사 십 승 백 첩

布,四十匹,三十升,紵衫段,四十匹,四尺五寸,頭髮
포 사 십 필 삼 십 승 저 삼 단 사 십 필 사 척 오 촌 두 발

百五十兩,三尺五寸頭髮,三百兩,金釵頭,五色綦
백 오 십 량 삼 척 오 촌 두 발 삼 백 량 금 채 두 오 색 기

帶,幷,班胸,各一十條,鷹金鏁鏇子幷,紛鎝紅帢(분
대 병 반 흉 각 일 십 조 응 금 쇄 선 자 병 분 삽 홍 도

삽홍도:모자)二十副,新樣鷹金,鏁鏇子紛鎝,五色帢,
이 십 부 신 양 응 금 쇄 선 자 분 삽 오 색 도

三十副,鷹銀鏁鏇子紛鎝紅帢(모자)二十副,新樣鷹
삼 십 부 응 은 쇄 선 자 분 삽 홍 도 이 십 부 신 양 응

銀鏁鏇子紛鎝五色帢三十副,鷂子金鏁鏇子紛鎝
은 쇄 선 자 분 삽 오 색 도 삼 십 부 요 자 금 쇄 선 자 분 삽

紅帢,二十副,新樣鷂子金鏁鏇子紛五色帢,三十
홍 도 이 십 부 신 양 요 자 금 쇄 선 자 분 오 색 도 삼 십

副,鷂子銀鏁鏇子紛鎝紅帢,二十副,新樣鷂子銀
부 요 자 은 쇄 선 자 분 삽 홍 도 이 십 부 신 양 요 자 은

鏁鏇子紛鎝五色帢三十副,金花鷹鈴子,二百顆,
쇄 선 자 분 삽 오 색 도 삼 십 부 금 화 응 령 자 이 백 과

金花鷂子鈴子,二百顆,金鏤鷹尾筒,五十雙,金鏤
금 화 요 자 령 자 이 백 과 금 루 응 미 통 오 십 쌍 금 루

鷂子尾筒,五十雙,銀鏤鷹尾筒五十雙,銀鏤子尾
요 자 미 통 오 십 쌍 은 루 응 미 통 오 십 쌍 은 루 자 미

筒五十雙,繫鷹緋纈皮一百雙,繫鷂子緋纈皮一百
통 오 십 쌍 계 응 비 힐 피 일 백 쌍 계 요 자 비 힐 피 일 백

雙, 瑟瑟鈿金針筒三十具, 金花銀針筒三十具, 針
쌍 슬슬전금침통삼십구 금화은침통삼십구 침

一千五百하다. 又遣學生「李同」等, 三人을 隨進
일천오백 우견학생 이동 등삼인 수진

奉使「金胤」하여 入唐習業하고 仍賜, 買書銀, 三
봉사 김윤 입당습업 잉사 매서은 삼

百兩하다.
백량

▶어려운 낱말◀

[麩金(부금)] : 사금. [氎] : 모직물(첩). 올이 가는 모직물(첩). [紵衫(저삼)] : 모시적삼. [綦] : 연둣빛 비단(기). [韜] : 비단으로 만든 모자(도). [鷂子(요자)] : 익더귀. 새매의 암컷. [顆] : 덩이(과). [緋纈(비힐)] : 홀치기 하여 염색한 붉은 비단. [瑟瑟鈿(슬슬전)] : 푸른 빛깔의 비녀 이름.

▷본문풀이◁

9년, 가을 7월에 왕자인 소판「김윤」등을 당에 보내 사은하고, 동시에 말 2필·부금 1백 냥·은 2백 냥·우황 15냥·인삼 1백 근·대화어아금 10필·소화어아금 10필·조하금 20필·마흔새 흰 세모직 40필·설흔새모시 40필·넉자 5치 짜리 머리털 150냥, 석자 다섯치 짜리 머리털 3백 냥·금비녀·오색 댕기·반흉 각 10개·응금쇄선자병분삽홍도 20개·신양응금쇄선자·분삽오색도 30개·응은쇄선자·분삽홍도 20개·신양응은쇄선자·분삽오색도 30개·요자금쇄선자·분삽홍도 20개·신양요자금쇄선자·분삽오색도 30개·요자은쇄선자·분삽홍도 20개·신양요자은쇄선자·분삽오색도 30개·금화응삽령자 2백 과·금화요자

령자 2백과 · 금루응미통 50쌍 · 금루요자미통 50 쌍 · 은루응미통 50쌍 · 은루요자미통 50쌍 · 계응비힐피 1백 쌍 · 계요자비힐피 1백 쌍 · 슬슬전금침통 30구 · 금화은침통 30 구 · 바늘 1천5백 개를 바쳤다. 또한 학생 「이동」 등 세 사람으로 하여금 진봉 사신 「김윤」을 수행케 하여 당에 보내 글을 배우게 하고, 그들에게 책값으로 은 3백 냥을 주었다.

○十年, 春,二月에 遣,沙飡「金因」이 入唐宿衛하다. 夏,四月에 京都地震하다. 五月에 王妃,卒하다. 秋,七月에 大水하다. 冬에 無雪하다. 國人多疫하다.

(십년 춘이월 견사찬 김인 입당숙위 하사월 경도지진 오월 왕비졸 추칠월 대수 동 무설 국인다역)

▷본문풀이◁

10년, 봄 2월에 사찬 「김인」을 당나라에 보내 숙위를 하게 하였다. 여름 4월에, 왕도에 지진이 있었다. 5월에, 왕비가 죽었다. 가을 7월에, 홍수가 났다. 겨울에, 눈이 내리지 않았다. 백성들이 전염병에 많이 걸렸다.

○十一年, 春,正月에 王이 命,有司(해당 관리)하여 改造〈皇龍寺〉塔하다. 二月에 重修〈月上樓〉하다.

(십일년 춘정월 왕 명유사 개조황룡사탑 이월 중수월상루)

▷ **본문풀이** ◁

11년, 봄 정월에 왕이 관리에게 명령하여, 〈황룡사〉 탑을 개조하게 하였다. 2월에, 〈월상루〉를 중수하였다.

○十二年, 春,二月에 親祀神宮하다. 夏,四月에
십이년 춘이월 친사신궁 하사월

京師,地震하다. 秋,八月, 國內州郡에 蝗,害穀하다.
경사지진 추팔월 국내주군 황해곡

▷ **본문풀이** ◁

12년, 봄 2월에 왕이 직접 신궁에 제사지냈다. 여름 4월, 경도에 지진이 있었다. 가을 8월에, 국내의 주와 군에 메뚜기 떼가 나타나 곡식을 해쳤다.

○十三年, 春에 民饑且疫하여 王이 發使賑救하다. 秋,九月에 〈皇龍寺〉塔成하니 九層高,二十二
십삼년 춘 민기차역 왕 발사진구
추구월 황룡사 탑성 구층고이십이

丈하다.
장

▷ **본문풀이** ◁

13년, 봄에 백성들이 굶주리고 또한 전염병이 돌았으므로, 왕이 사신을 보내 백성들을 구제하였다. 가을 9월에, 〈황룡사〉 탑이 낙성되었는데, 9층으로 되어 있고 높이가 스물두 장(丈)이었다.

○十四年, 春,正月에 上大等「金正」卒하고 以,
십 사 년 춘 정 월 상 대 등 김 정 졸 이

侍中「魏珍」으로 爲,上大等하고「蘭興」으로 爲,侍
시 중 위 진 위 상 대 등 인 홍 위 시

中하다. 夏,四月에 唐『僖宗』이 降使宣諭하다. 五
중 하 사 월 당 희 종 강 사 선 유 오

月에 伊湌「近宗」이 謀逆하여 犯闕이어늘 出,禁軍
월 이 찬 근 종 모 역 범 궐 출 금 군

(近衛隊)擊破之하다.「近宗」이 與其黨으로 夜,出城
격 파 지 근 종 여 기 당 야 출 성

하니 追獲之하여 車裂하다. 秋,九月에 重修〈月正
추 획 지 거 열 추 구 월 중 수 월 정

堂〉하다.「崔致遠」이 在唐登科하다.
당 최 치 원 재 당 등 과

▶ 어려운 낱말 ◀

[藺] : 골풀, 조약돌(린). [諭] : 깨우치다(유). 諭示하다. [宣諭(선유)] : 황제의 유지를 널리 알려 선포하다. [犯闕(범궐)] : 대궐을 침범하다. [車裂(거열)] : 수레에 묶어 찢어 죽이는 형벌.

▷ 본문풀이 ◁

14년, 봄 정월에 상대등「김정」이 죽으니, 시중「위진」을 상대등「인홍」을 시중으로 임명하였다. 여름 4월에, 당『희종』이 사신을 보내와 황제의 유조를 선포하였다. 5월에, 이찬「근종」이 모반하여 대궐을 침범하므로, 대궐을 지키는 군사를 출동시켜 격파하였다.「근종」이 그의 무리들과 함께 밤에 성 밖으로 도주하는 것을 추격 체포하여 수레에 매어 찢어 죽였다.(거열이순) 가을 9

월에, 〈월정당〉을 중수하였다. 「최치원」이 당나라에서 과거에 급제하였다.

○十五年, 春,二月에 京都及,國東地震하다. 星
십 오 년 춘 이 월 경 도 급 국 동 지 진 성

孛于東하여 二十日,乃滅하다. 夏,五月에 龍見,王
패 우 동 이 십 일 내 멸 하 오 월 용 현 왕

宮井하여 須臾에 雲霧四合,飛去하다. 秋,七月八
궁 정 수 유 운 무 사 합 비 거 추 칠 월 팔

日에 王薨하니 諡曰『景文』이라 하다.
일 왕 훙 시 왈 경 문

▶어려운 낱말◀

[宮井(궁정)] : 대궐 우물. [須臾(수유)] : 잠시. [雲霧(운무)] : 구름안개.

▷본문풀이◁

15년, 봄 2월에 서울과 동쪽 지방에 지진이 있었다. 혜성이 동쪽에 나타났다가 20일 만에 없어졌다. 여름 5월에, 용이 왕궁의 우물에 나타났는데, 잠시 후 구름과 안개가 사방에서 모여들면서 날아갔다. 가을, 7월 8일에 왕이 서거하니, 시호를 『경문』이라 하였다.

49 憲康王(헌강왕) : 875~886

○憲康王이 立하다. 諱는 「晸」이니 『景文王』之
헌 강 왕 입 휘 정 경 문 왕 지

太子니라. 母는 「文懿王后」이며 妃는 「懿明夫人」이
태 자 모 문 의 왕 후 비 의 명 부 인

라. 王性聰敏하고 愛,看書하여 目所一覽은 皆誦於
왕 성 총 민 애 간 서 목 소 일 람 개 송 어

口하다. 卽位하여 拜,伊湌「魏弘」하여 爲,上大等하
구 즉 위 배 이 찬 위 홍 위 상 대 등

고 大阿湌「乂謙」을 爲,侍中하고 大赦하되 內外,
대 아 찬 예 겸 위 시 중 대 사 내 외

殊死已下하다.
수 사 이 하

▶ 어려운 낱말 ◀

[晸] : 해 뜨는 모양(정). [愛看書(애간서)] : 책 읽기를 좋아함. [乂] : 베다(예). [內外(내외)] : 서울과 지방. [殊死(수사)] : 사형수.

▷ 본문풀이 ◁

헌강왕이 왕위에 올랐다. 그의 이름은 「정」이며, 『경문왕』의 맏아들이다. 그의 어머니는 「문의왕후」이며, 왕비는 「의명부인」이다. 왕은 성품이 명민하였으며 글 읽기를 좋아하였는데, 눈으로 한 번 보면 입으로 모두 외웠다. 왕위에 오르면서 이찬 「위홍」을 상대등으로 임명하고, 대아찬 「예겸」을 시중으로 임명하고,

서울과 지방에 있는 사형수 이하의 죄수들을 크게 사면하였다.

○二年, 春.二月에 〈皇龍寺〉齋僧하고 設.百高
이 년 춘 이 월 황 룡 사 재 승 설 백 고
座.講經하니 王이 親幸聽之하다. 秋.七月에 遣使
좌 강 경 왕 친 행 청 지 추 칠 월 견 사
入唐.貢方物하다.
입 당 공 방 물

▶어려운 낱말◀

[齋僧(재승)] : 음식을 차려놓고 승려를 먹이는 일. [百高座(백고좌)] : 고승이 앉아 설법을 하는 자리.

▷본문풀이◁

2년, 봄 2월에 〈황룡사〉에서 모든 중에게 음식을 대접하며 백고좌를 열어 불경을 강론하였다. 왕이 직접 가서 들었다. 가을 7월에, 당나라에 사신을 보내 토산물을 바쳤다.

○三年, 春.正月에 我『太祖大王:王建』이 生於〈松
삼 년 춘 정 월 아 태 조 대 왕 생 어 송
岳郡〉하다.
악 군

▷본문풀이◁

3년, 봄 정월에 고려『태조대왕(왕건)』이 〈송악군〉에서 태어났다.

○四年, 夏.四月에 唐『僖宗』이 降使하여 冊封
사년 하사월 당 희종 강사 책봉
王爲.使持節開府儀同三司.檢校大尉大都督.雞
왕위사지절개부의동삼사검교대위대도독계
林州諸軍事.新羅王하다. 秋.七月에 遣使朝唐하니
림주제군사신라왕 추칠월 견사조당
聞〈黃巢〉賊起하여 乃止하다. 八月에 日本國.使至
문황소적기 내지 팔월 일본국사지
하여 王이 引見於〈朝元殿〉하다.
왕 인견어 조원전

▷**본문풀이**◁

4년, 여름 4월에 당『희종』이 사신을 보내 왕을『사지절개부의동삼사, 검교대위대도독, 계림주제군사, 신라왕』으로 책봉하였다. 가을 7월에, 당에 사신을 보내려다가 〈황소〉의 난이 일어났다는 소문을 듣고 중지하였다. 8월에, 일본국 사신이 오니, 왕이 〈조원전〉에서 접견하였다.

○五年, 春.二月에 幸.國學하여 命.博士已下.講
오년 춘이월 행국학 명박사이하강
論하다. 三月에 巡幸.國東州郡하니 有.不知所從
론 삼월 순행국동주군 유부지소종
來.四人이 詣.駕前하여 歌歌舞하다. 形容可駭하고
래사인 예가전 가가무 형용가해
衣巾詭異하여 時人이 謂之.山海精靈이라 하다.[古記,謂王卽位,元年事.] 夏.六月에 一吉湌「信弘」이 叛하
의건궤이 시인 위지산해정령 하유월 일길찬 신홍 반

다가 伏誅하다. 冬,十月에 御,〈遵禮門〉하여 觀射하
복주 동시월 어 준례문 관사
다. 十一月에 獵'穴城'原하다.
십일월 엽 혈성 원

▶어려운 낱말◀

[駭] : 놀랄(해), 어지러울(해), 무섭다(해). [衣巾(의건)] : 옷차림. [詭異(궤이)] : 이상한 모양이나 현상. [獵(렵)] : 사냥하다.

▷본문풀이◁

5년, 봄 2월에 왕이 국학에 행차하여 박사 이하 사람들에게 강론을 하게 하였다. 3월에, 왕이 동쪽의 주군을 순행하였는데, 어디서 왔는지 알 수 없는 사람 넷이 왕의 수레 앞에 와서 노래를 부르고 춤을 추었다. 그들의 모양이 무섭고 차림새가 괴이하여, 당시 사람들이 그들을 일컬어 산과 바다에 사는 정령이라고 하였다.【고기에는 이 사건이 왕위에 오른 첫해에 일어난 일로 기록되어 있다.】 여름 6월에, 일길찬 「신홍」이 모반하다가 사형을 당하였다. 겨울 10월, 왕이 〈준례문〉에 행차하여 활 쏘는 것을 구경하였다. 11월에, 왕이 혈성 들판에서 사냥을 하였다.

○六年, 春,二月에 太白犯月하다. 侍中「乂謙」
육년 춘이월 태백범월 시중 예겸
이 退하니 伊湌「敏恭」으로 爲,侍中하다. 秋,八月
퇴 이찬 민공 위시중 추팔월
에 〈熊州〉에서 進,嘉禾하다. 九月九日에 王이 與,
웅주 진가화 구월구일 왕 여

左右로 登,〈月上樓〉하여 四望하니 京都에 民屋相
좌 우 등 월상루 사망 경도 민옥상

屬하고 歌吹連聲이라 王이 顧謂侍中「敏恭」曰,
속 가취연성 왕 고위시중 민공 왈

"孤,聞今之民間하니 覆屋以瓦,不以茅하며 炊飯
고 문금지민간 복옥이와 불이모 취반

에 以炭,不以薪이라 하니 有是耶아?" 하니 「敏恭」
이탄 불이신 유시야 민공

對曰, "臣도 亦,嘗聞之,如此니이다." 하고 因,奏曰,
대왈 신 역 상문지 여차 인 주왈

"上이 卽位以來로 陰陽和하고 風雨順하여 歲有
상 즉위이래 음양화 풍우순 세유

年하니 民이 足食하여 邊境이 謐靜하고 市井歡娛
년 민 족식 변경 밀정 시정환오

하니 此는 聖德之,所致也니이다." 하니 王이 欣然
차 성덕지 소치야 왕 흔연

曰, "此는 卿等,輔佐之,力也니 朕何德焉리오?" 하
왈 차 경등 보좌지 력야 짐하덕언

니라.

▶ **어려운 낱말** ◀

[乂] : 베다(예). [敏] : 민첩할(민). [有是耶(유시야)] : 이것이 정말이냐? [謐靜(밀정)] : 고요함. 여기서는 안정됨을 뜻함. [欣然(흔연)] : 즐거워하며.

▷ **본문풀이** ◁

6년, 봄 2월에 금성이 달을 범하였다. 시중 「예겸」이 사직하자, 이찬 「민공」이 시중이 되었다. 가을 8월에, 〈웅주〉에서 상서로운 벼이삭을 바쳐 왔다. 9월 9일에, 왕이 좌우의 신하들과 〈월상루〉에 올라가 사방을 바라보니, 서울에 민가가 즐비하고, 노래 소리가 연이어 들렸다. 왕이 시중 「민공」을 돌아보면서 말하기를, "내가 듣건대, 지금 민간에서는 짚이 아닌 기와로 지붕을 덮고, 나무가 아닌 숯으로 밥을 짓는다 하니 과연 그러한가?" 하고 물으니, 「민공」이 대답하기를, "저도 일찍 그렇다는 말을 들었습니다."라고 대답하고, 이어서 "왕께서 즉위하신 이후로 음양이 조화를 이루고, 바람과 비가 순조로워서 해마다 풍년이 들고, 백성들은 먹을 것이 넉넉하며, 변경이 안정되고 시정이 즐거워하니, 이는 왕의 어진 덕에 의하여 이루어진 것입니다."라고 말했다. 왕이 즐거워하며 말하기를, "이는 그대들의 도움 때문이지, 나에게 무슨 덕이 있겠는가?"라고 말했다.

○七年, 春,三月에 燕,群臣於〈臨海殿〉하다. 酒
칠년 춘 삼월 연 군 신 어 임 해 전 주
酣하여 上,鼓琴하니 左右各進,歌詞하며 極歡而罷
감 상 고 금 좌 우 각 진 가 사 극 환 이 파
하다.

▶ 어려운 낱말 ◀

[酒酣(주감)] : 술이 거나하게 됨. [鼓琴(고금)] : 거문고를 켜다. [極歡(극환)] : 즐거움이 극에 달함. [罷] : 끝낼(파).

▷ 본문풀이 ◁

7년, 봄 3월에 왕이 〈임해전〉에서 여러 신하들에게 연회를 베풀었다. 술기운이 오르자 왕은 거문고를 타고, 신하들은 각각 가사를 지어 올리면서 마음껏 즐기다가 헤어졌다.

○八年, 夏,四月에 日本國王이 遣使하다 進,黃
팔 년 하 사 월 일 본 국 왕 견 사 진 황
金三百兩과 明珠,一十箇하다. 冬,十二月에 〈枯彌
금 삼 백 양 명 주 일 십 개 동 십 이 월 고 미
縣:전남 靈岩〉女가 一産三男하다.
현 녀 일 산 삼 남

▷본문풀이◁

8년, 여름 4월에 일본국 왕이 사신을 보내서 황금 3백 냥과 명주 10개를 바쳤다. 겨울 12월에, 〈고미현〉 여자가 한꺼번에 아들 셋을 낳았다.

○九年, 春,二月에 王幸〈三郞寺〉하여 命,文臣하
구 년 춘 이 월 왕 행 삼 랑 사 명 문 신
여 各,賦詩一首하다.
각 부 시 일 수

▷본문풀이◁

9년, 봄 2월에 왕이 〈삼랑사〉에 행차하여, 문신들에게 시 한 수씩을 짓도록 하였다.

○十一年, 春,二月에 虎入,宮庭하다. 三月에 「崔
십 일 년 춘 이 월 호 입 궁 정 삼 월 최

致遠」還하다. 冬,十月,壬子에 太白晝見하다. 遣
치 원 환 동 시 월 임 자 태 백 주 현 견

使入唐하여 賀破「黃巢」賊하다.
사 입 당 하 파 황 소 적

▷본문풀이◁

11년, 봄 2월에 호랑이가 대궐에 들어 왔다. 3월에,「최치원」이 돌아왔다. 겨울 10월, 임자일에 금성이 낮에 나타났다. 당에 사신을 보내「황소」의 난을 평정한 것을 축하하였다. *崔致遠의 格黃巢格文은 유명하다.

○十二年, 春에 北鎭(安邊)奏하되 "狄國人,入鎭
십 이 년 춘 북 진 주 적 국 인 입 진

하여 以,片木을 掛樹而歸라." 하고 遂取以獻하니
이 편 목 괘 수 이 귀 수 취 이 헌

其,木書十五字,云하되 '寶露國與,黑水國人,共向,
기 목 서 십 오 자 운 보 로 국 여 흑 수 국 인 공 향

新羅國和通이라.' 하다. 夏,六月에 王이 不預하여
신 라 국 화 통 하 유 월 왕 불 예

赦,國內獄囚하다. 又於〈皇龍寺〉에 設,百高座,講
사 국 내 옥 수 우 어 황 룡 사 설 백 고 좌 강

經하다. 秋,七月五日에 薨하다. 諡曰『憲康』이라
경 추 칠 월 오 일 홍 시 왈 헌 강

하고 葬〈菩提寺〉東南하다.
장 보 리 사 동 남

▶어려운 낱말◀

[北鎭(북진)] : 신라 동북경의 요진으로 지금의 안변인듯하다. [狄國人(적국

인)] : 여진족. [片木(편목) : 나뭇조각. [寶露國(보로국)] : 지금의 安邊郡 瑞谷面 부근에 있었던 여진의 한 부락. [黑水國(흑수국)] : 흑수국은 분명하지 않으나 안변 부근의 여진부락인 것 같다. [和通(화통)] : 화친. [不預(불예)] : 편치 못함. [菩提寺(보리사)] : 경주 남산 東麓에 있음.

▷ **본문풀이** ◁

12년, 봄에 북쪽 진에서 이르기를, "적국 사람이 진(鎭)에 들어와서 판자 쪽을 나무에 걸어 놓고 돌아갔다." 고 하면서 그것을 가져다 바쳤다. 그 판자 쪽에는 '보로국과 흑수국 사람들이 모두 신라국과 화친하고자 한다.' 라는 글자가 씌여 있었다. 여름 6월에, 왕이 병으로 편치 못하자, 전국의 죄수들을 석방하였고, 또한 〈황룡사〉에서 백고좌를 열어 불경을 강론하였다. 가을, 7월 5일에 왕이 서거하였다. 시호를 『헌강』이라 하고, 〈보리사〉 동남쪽에 장사지냈다.

50 定康王(정강왕) : 886~887

○定康王이 立하다. 諱「晃」이니『景文王』之第,
정강왕 입 휘 황 경문왕 지제

二子也라. 八月에 拜伊湌「俊興」으로 爲,侍中하
이자야 팔월 배이찬 준흥 위시중

다. 國西,旱하고 且荒하다.
국 서 한 차 황

▷본문풀이◁

정강왕이 왕위에 올랐다. 그의 이름은 「황」이며, 『경문왕』의 둘째 아들이다. 8월에, 이찬 「준흥」을 시중으로 임명하였다. 서쪽 지방에 가뭄이 들어 황폐하였다.

○二年, 春,正月에 設,百高座於,〈皇龍寺〉하고
이 년 춘 정 월 설 백 고 좌 어 황 룡 사

親幸,聽講하다. 〈漢州:廣州〉伊湌 「金蕘」가 叛하니
친 행 청 강 한 주 이 찬 김 요 반

發兵,誅之하다. 夏,五月에 王이 疾病하다. 謂,侍中
발 병 주 지 하 오 월 왕 질 병 위 시 중

「俊興」曰, "孤之病革矣이니 必不復起하리라. 不
준 흥 왈 고 지 병 혁 의 필 불 복 기 불

幸無,嗣子하니 然妹「曼」이 天資明銳하고 骨法이
행 무 사 자 연 매 만 천 자 명 예 골 법

似,丈夫하니 卿等은 宜傍『善德』,『眞德』古事하
사 장 부 경 등 의 방 선 덕 진 덕 고 사

여 立之,可也니라." 하고 秋,七月五日에 薨하다. 謚
입 지 가 야 추 칠 월 오 일 훙 시

曰『定康』이라 하고 葬,〈菩提寺〉東南하다.
왈 정 강 장 보 리 사 동 남

▶어려운 낱말◀

[病革(병혁)] : 병이 들다. [骨法(골법)] : 체격이. [宜倣(의방)] : 본받아. [菩提寺(보리사)] : 헌강왕과 同所임.

▷ **본문풀이** ◁

2년, 봄 정월에 〈황룡사〉에 백고좌를 열고 왕이 직접 가서 강론을 들었다. 〈한주〉 이찬 「김요」가 모반하므로, 군사를 보내 그를 처형하였다. 여름 5월에, 왕이 병들자 시중 「준홍」에게 말하기를, "나의 병이 위급하니 다시 회복되지 못할 것이다. 불행히 뒤를 이을 자식은 없으나, 누이동생 「만」은 천성이 명민하고 체격이 남자와 같으니, 그대들이 『선덕왕』과 『진덕왕』의 옛일을 본받아 그녀를 왕위에 세우는 것이 좋을 것이다." 했다. 가을, 7월 5일에 왕이 서거하였다. 시호를 『정강』이라 하고 〈보리사〉 동남쪽에 장사지냈다.

51 | 眞聖王(진성왕) : 887~897

○眞聖王이 立하다. 諱는 「曼」이며 『憲康王』之,
진성왕 입 휘 만 헌강왕 지

女弟也니라. [崔致遠文集第二卷에 謝追贈表云, "臣,「坦(眞聖
녀제야

王)」言하되 伏奉制旨하여 追贈,亡父臣 「凝」을 爲,太師하고 亡兄

臣 「晸(헌강왕)」을 爲大傅{太傅}라."하다. 又納旌節表云, "臣,長兄

國王「晸」이 以去〈光啓〉三年七月五日하고 奄御聖代하니 臣,姪男「嶢:효공왕」生,未周晬하고, 臣,仲兄「晃:정강왕」權統藩垣에 又未經朞月하여 遠謝明時라." 하였다. 以此言之면 『景文王』는 諱「凝」으로 本紀則云「膺廉」이라 하고, 『眞聖王』諱「坦」인데 本紀則云「曼」이라 하고, 又『定康王』「晃」以〈光啓〉三年薨하고 本紀,謂二年薨하니 皆不知孰是니라.] 大赦하고 復,諸州郡,一年租稅하다. 設,百高座〈皇龍寺〉하여 親幸,廳法하다. 冬,無雪하다.

대사 복제주군 일년조세 / 설 백고좌 황룡사 친행 청법 동 / 무설

▶ 어려운 낱말 ◀

[追贈表(추증표)] : 진성여왕이 선왕의 추증을 사하는 표문이다. 최치원의 문집에 있는 글로, 지금은 전하지 않음. [旌節表(정절표)] : 당에서 보낸 정절을 표하는 글로, 최치원이 대작한 것으로 전하지 않음. [復諸(복제)] : 모두 면제하기.

▷ 본문풀이 ◁

진성왕이 왕위에 올랐다. 그의 이름은 「만」이며, 『헌강왕』의 누이 동생이다.【최치원 문집 제2권 사추증표에는 "신하 「탄」은 말합니다. 삼가 하명을 받들어 저의 죽은 아비 「응」을 태사로 추증하고, 죽은 형인 「정」을 태부라고 추증하였습니다."라고 되어 있으며, 또한 '납정절표' 에 이르기를 "저의 맏형인 국왕 「정」이 지난 〈광계〉 3년 7월 5일에 갑자기 세상을 떠났으나, 저의 조

카「요」는 태어난 지 아직 1년이 되지 않았으므로, 저의 둘째 형인「황」이 임시로 나라를 다스리다가, 또한 1년을 넘기지 못하고 세상을 떠났습니다." 라고 하였으니, 이를 보면『경문왕』의 이름이「응」인데, 본기에는「응렴」이라 하였고,『진성왕』의 이름이「탄」인데, 본기에는「만」이라 하였으며, 또한『정강왕』「황」은〈광계〉3년에 죽었는데, 본기에는 2년에 죽은 것으로 되어 있으니, 모두 어느 것이 옳은지 알 수 없다.】죄수들을 크게 사면하고, 모든 주와 군의 1년간의 조세를 면제하였다. 〈황룡사〉에 백고좌를 열고 왕이 직접 가서 설법을 들었다. 겨울에, 눈이 내리지 않았다.

○二年, 春,二月에 〈少梁里?〉石이 自行하다. 王
이 년 춘 이 월 소 양 리 석 자 행 왕

이 素與,角干「魏弘」으로 通하더니 至是에 常,入
소 여 각 간 위 홍 통 지 시 상 입

內用事하다. 仍,命與「大矩和尙」과 修集,鄕歌하
내 용 사 잉 명 여 대 구 화 상 수 집 향 가

여 謂之 '三代目' 云하다. 及「魏弘」이 卒하니 追
위 지 삼 대 목 운 급 위 홍 졸 추

諡,爲『惠成大王』이라 하다. 此後에는 潛引,少年美
시 위 혜 성 대 왕 차 후 잠 인 소 년 미

丈夫,兩三人하여 淫亂하고 仍,授其人以要職하며
장 부 양 삼 인 음 란 잉 수 기 인 이 요 직

委以國政하다. 由是로 佞倖肆志하고 貨賂公行하
위 이 국 정 유 시 녕 행 사 지 화 뢰 공 행

고 賞罰不公하여 紀綱이 壞弛하다. 時에 有,無名
상 벌 불 공 기 강 괴 이 시 유 무 명

子하여 欺訪時政하여 構辭榜於,朝路하다. 王이 命
자 기 방 시 정 구 사 방 어 조 로 왕 명

人,搜索이나 不能得하다. 或告,王曰, "此必文人으
인 수 색 불 능 득 혹 고 왕 왈 차 필 문 인

로 不得志者,所爲니 殆是〈大耶州:합천〉隱者「巨仁(왕거인)」耶아?" 하다. 王이 命拘「巨仁」京獄하고 將刑之하다. 「巨仁」이 憤怨하여 書於獄壁曰, "「于公」은 慟哭,三年旱하고 「鄒衍」은 含悲,五月霜이니라. 今我幽愁,還似古하니 皇天無語,但蒼蒼이랴?" 하였다. 其夕에 忽,雲霧震,雷雨雹하니 王이 懼하여 出「巨仁」하여 放歸하다. 三月戊戌,朔에 日有食之하다. 王이 不豫하여 錄,囚徒하여 赦,殊死已下하고 許度僧,六十人하니 王疾乃瘳하다. 夏,五月에 旱하다.

▶ 어려운 낱말 ◀

[用事(용사)] : 일을 보다. [命與(명여)] : 위홍과 함께. [三代目(삼대목)] : 신라 시대 향가집으로 오늘날 전하지 않는다. 이것이 전한다면 신라 향가 연구에 획기적인 도움이 되었을 것이다. [潛引(잠인)] : 몰래 불러들이다. [兩三人(양삼인)] : 두세 사람. [佞倖(녕행)] : 임금의 총애를 받은 자. [肆志(사지)] : 뜻이 방자함. [貨賂(화뢰)] : 뇌물. [壞弛(괴이)] : 해이해지고 무너지다. [無名子(무명자)] : 익명으로. [欺謗(기방)] : 비방. [構辭榜於朝路(구사방어조로)] : 대로상에 갖다 붙이다. [殆] : 위태하다, 의심하다(태). [殆是(태시)] : 거의 ~맞다. [于公(우공)] : 漢나라의 지사. 어느 동해의 한 효부가 원통한 죽음을 당하자,

우공이 그를 위해 송사하여 뜻을 이루지 못하므로 3년 동안 비가 오지 않았다는 고사가 있음. [鄒衍(추연)] : 전국시대 제나라 사람. 참소 때문에 연을 옥에 가두었더니 여름에도 서리가 내렸다는 고사. [囚徒(수도)] : 죄수들. [瘳] : 병 나을(추).

*왕거인의 시

于公慟哭, 三年旱하고 鄒衍含悲, 五月霜이니라.
우공통곡 삼년한 추연함비 오월상

今我幽愁, 還似古하니 皇天無語, 但蒼蒼이랴?"
금아유수 환사고 황천무어 단창창

▷본문풀이◁

2년, 봄 2월에 〈소양리〉에서 돌이 저절로 움직였다. 왕이 원래부터 각간 「위홍」과 간통하고 있었는데, 이때에 이르러서는 언제나 궁중에 들어 와서 일을 보게 하였다. 그리고 그에게 명령하여 「대구화상」과 함께 향가를 수집하게 하였는데, 이를 '삼대목' 이라고 불렀다. 「위홍」이 죽자, 『혜성대왕』이라는 시호를 추증하였다. 이후로 왕은 젊은 미남자 두세 명을 남몰래 불러들여 음란하게 지내고, 그들에게 요직을 주어 나라 정사를 맡겼다. 이에 따라 아첨하고 총애를 받는 자들이 방자하여지고, 뇌물을 주는 일이 공공연하게 행해졌으며, 상벌이 공평하지 못하고 기강이 문란해졌다. 이때 누군가가 이름을 감추고 시정을 비방하는 말을 만들어 관청과 거리에 방을 붙였다. 왕이 그를 수색케 하였으나 잡을 수 없었다. 누가 왕에게 말하기를, "이것은 필시 문인으로서 뜻을 펴

지 못한 자의 소행이니, 아마도 〈대야주〉에 숨어 사는 「거인」이 아닌가?" 라고 하였다. 왕이 명령을 내려 「거인」을 체포하여 서울 감옥에 가두고 처벌하려 하였는데, 「거인」이 분하고 원망스러워, 감옥 벽에 다음과 같은 글을 썼다.

> "「우공」이 통곡하니 3년이나 가물었고,
> 「추연」이 슬퍼하니 5월에도 서리 왔네.
> 지금 나의 깊은 시름, 옛일과 같건만
> 하늘은 말없이 푸를 뿐인가?"

그날 저녁에 갑자기 구름과 안개가 덮이고 번개가 치며 우박이 내렸다. 왕이 이를 두려워하여 「거인」을 석방하여 돌려보냈다. 3월, 초하루 무술일에 일식이 있었다. 왕이 병들어 편치 못하자, 죄수들을 조사하여 사형수 이하의 죄수를 석방하고, 중 60명에게 도첩을 주었다. 왕의 병이 곧 나았다. 여름 5월, 가뭄이 들었다.

○三年, 國內諸,州郡에 不輸貢賦하여 府庫虛竭
삼 년 국 내 제 주 군 불 수 공 부 부 고 허 갈

하고 國用窮乏하여 王이 發使督促하다. 由是로 所
국 용 궁 핍 왕 발 사 독 촉 유 시 소

在,盜賊蜂起하다. 於是에 「元宗」, 「哀奴」 等은 據
재 도 적 봉 기 어 시 원 종 애 노 등 거

〈沙伐州:상주〉하여 叛하다. 王이 命,奈麻 「令奇」하
사 벌 주 반 왕 명 나 마 영 기

여 捕捉하니 「令奇」는 望,賊壘하고도 畏不能進이라
포 착 영 기 망 적 루 외 불 능 진

村主「祐連」이 力戰死之하다. 王이 下勅斬,「令
촌주 우연 역전사지 왕 하칙참 영

奇」하고「祐連」子를 年,十餘歲에 嗣爲村主하다.
기 우연 자 년십여세 사위촌주

▶어려운 낱말◀

[貢賦(공부)] : 공물과 부세. [所在(소재)] : 도처에. [賊壘(적루)] : 적의 보루. [村主(촌주)] : 촌장.

▷본문풀이◁

3년, 국내 여러 주와 군에서 납세를 하지 않아 창고가 비고 국가 재정이 궁핍해지자, 왕이 사신을 파견하여 독촉하였다. 이로 인하여 도처에서 도적이 봉기하였다. 이때「원종」·「애노」등이〈사벌주〉에 웅거하여 반란을 일으켰다. 왕이 나마「영기」에게 명령하여 그들을 체포하게 하였으나,「영기」가 적의 보루를 보고도 두려워하여 진군하지 못하자, 촌주「우연」이 최선을 다하여 싸우다가 여기에서 전사하였다. 왕이 칙명을 내려「영기」를 참수하고, 나이가 10여 세인「우연」의 아들로 하여금 아버지의 뒤를 이어 촌주가 되게 하였다.

○四年, 春,正月에 日暈,五重하다. 十五日에 幸
사년 춘정월 일훈오중 십오일 행

〈皇龍寺〉하여 看登하다.
황룡사 간등

▷ **본문풀이** ◁

4년, 봄 정월에 햇무리가 다섯 겹으로 나타났다. 15일에, 왕이 〈황룡사〉에 행차하여 연등 행사에 참가했다.

○五年, 冬,十月에 〈北原:원주〉賊帥 「梁吉」이
오 년 동 시 월 북 원 적 수 양 길
遣,其佐 「弓裔」하여 領,百餘騎하고 襲,〈北原〉東
견 기 좌 궁 예 영 백 여 기 습 북 원 동
部落及〈溟州〉管内〈酒泉〉等, 十餘郡縣하다.
부 락 급 명 주 관 내 주 천 등 십 여 군 현

▶ **어려운 낱말** ◀

[弓裔(궁예)] : 신라 왕자로 47대 憲安王의 庶子라고도 하고, 48대 景文王의 아들이라고도한다. 버려진바 되어 경기도 世達寺의 승려로 있다가 이때 梁吉의 부하가 되었던 것이다. 弓裔는 속명이요, 僧名은 善宗이었다.

▷ **본문풀이** ◁

5년, 겨울 10월에 〈북원〉의 도적 두목 「양길」이 그의 부하 「궁예」로 하여금 기병 백여 명을 거느리고 〈북원〉 동쪽 부락과 〈명주〉 관내 〈주천〉 등 10여 군현을 습격하게 하였다.

○六年, 〈完山〉賊 「甄萱」이 據州하고 自稱〈後
육 년 완 산 적 견 훤 거 주 자 칭 후
百濟〉라 하니 〈武州:光州〉東南郡縣이 降屬하다.
백 제 무 주 동 남 군 현 항 속

▶ 어려운 낱말 ◀

[甄萱(견훤)] : 그의 어머니가 일찍 어느 紫衣(자의) 입은 남자에게 매양 동침을 강요당하게 되어 하루는 바늘에 긴 실을 꿰어 그 남자의 옷에 찔러 두었는데, 이튿날 살펴보니 북쪽 바위 밑에 사는 蚯蚓(지렁이)의 허리에 바늘이 꽂혀있었다. 태기가 있어 아들을 낳았는데, 나이 15세가 되어 甄萱이라 자칭했다. - 古記의 說話. [降屬(항속)] : 항복하여 예속됨.

▷ 본문풀이 ◁

6년, 〈완산〉의 도적 「견훤」이 한 고을에 웅거하고 〈후백제〉라고 자칭하였다. 〈무주〉 동남쪽의 군현이 그에게 투항하였다.

○七年에 遣.兵部侍郞「金處誨」를 如唐納.旌節하다가 沒於海하다.
칠년 견병부시랑 김처회 여당납정절 몰어해

▶ 어려운 낱말 ◀

[誨] : 가르칠(회). [旌節(정절)] : 使臣이 들고 가는 기.

▷ 본문풀이 ◁

7년, 병부시랑 「김처회」를 당나라에 보내 정절을 바치게 했는데, 그는 바다에 빠져 익사하였다.

○八年, 春.二月에 「崔致遠」이 進.時務.一十餘條하니 王이 嘉納之하고 拜「致遠」하여 爲.阿飡하
팔년 춘이월 최치원 진시무일십여조 왕 가납지 배 치원 위아찬

다. 冬,十月에 「弓裔」 自,〈北原:原州〉으로 入〈何瑟
동 시 월 궁 예 자 북 원 입 하 슬

羅:지금의 江陵〉하여 衆至,六百餘人하고 自稱,將軍
라 중 지 육 백 여 인 자 칭 장 군

이라 하다.

▷ **본문풀이** ◁

8년 봄 2월, 「최치원」이 시국에 관한 의견 십여 조목을 작성하여 바쳤다. 왕이 이를 기쁘게 받아들이고, 「치원」을 아찬으로 삼았다. 겨울 10월, 「궁예」가 〈북원〉으로부터 〈하슬라〉에 들어오니, 따르는 무리가 6백여 명에 달하였다. 장군이라고 자칭하였다.

○九年, 秋八月에 「弓裔」 擊取〈狙足:지금의 麟
구 년 추 팔 월 궁 예 격 취 저 족

蹄〉,〈狌川:성천=지금의 華川〉,二郡하고 又破〈漢州管
성 천 이 군 우 파 한 주 관

內〉,〈夫若〉,〈鐵員〉等, 十餘郡縣하다. 冬,十月에
내 부 약 철 원 등 십 여 군 현 동 시 월

立『憲康王』庶子 「嶢」를 爲,太子하다. 初에 『憲
립 헌 강 왕 서 자 요 위 태 자 초 헌

康王』이 觀獵에 行,道傍見,一女子하니 姿質佳麗
강 왕 관 렵 행 도 방 견 일 녀 자 자 질 가 려

하여 王이 心愛之러니 命,後車載하고 到,帷宮野合
왕 심 애 지 명 후 거 재 도 유 궁 야 합

하니 卽,有娠而,生子하다. 及長에 體貌魁傑하여 名
즉 유 신 이 생 자 급 장 체 모 괴 걸 명

曰 「嶢」라 하다. 『眞聖』 聞之하고 喚,入內하여 以
왈 요 진 성 문 지 환 입 내 이

手,撫其背曰, "孤之,兄弟姉賣는 骨法이 異於人이
수 무 기 배 왈 고 지 형 제 자 매 골 법 이 어 인

라 此兒도 背上兩骨이 隆起하니 眞,『憲康王』之,
차 아 배 상 양 골 융 기 진 헌 강 왕 지

子也니라." 하고 仍命,有司하여 備禮封崇하다.
자 야 잉 명 유 사 비 례 봉 숭

▶어려운 낱말◀

[帷宮(유궁)] : 휘장을 친 임시 궁전. [野合(야합)] : 정식 혼인 없이 정을 통함. [魁] : 으뜸(괴). [魁傑(괴걸)] : 뛰어나다. [嶢] : 높을(요). [崇] : 높을(숭).

▷본문풀이◁

9년, 가을 8월에 「궁예」가 〈저족〉·〈성천〉의 두 군을 탈취하고, 또한 〈한주 관내〉의 〈부약〉·〈철원〉 등 10여 군현을 격파하였다. 겨울 10월에, 『헌강왕』의 서자 「요」를 태자로 삼았다. 처음에 『헌강왕』이 사냥 구경을 가다가 길옆에서 한 여인을 보았는데, 그녀의 자태가 아름다웠다. 왕이 마음속으로 그녀를 사랑하여 뒤 수레에 태우고 행재소에 와서 야합하였는데, 바로 임신이 되어 아들을 낳았다. 그가 장성하자, 체격이 크고 용모가 걸출하므로 이름을 「요」라고 하였다. 『진성왕』이 말을 듣고 그를 궁에 불러들여, 손으로 그의 등을 어루만지면서, "나의 형제자매의 골격은 다른 사람들과 다른데, 이 아이는 등에 두 뼈가 솟아 있으니, 정말 『헌강왕』의 아들이다."라고 말하고, 곧 유사에게 명하여 예를 갖추어 높이 봉하였다.

○十年에 賊起.國西南하여 赤其袴하여 以.自異
십 년 적 기 국 서 남 적 기 고 이 자 이

하니 人.謂之'赤袴賊'이라 하다. 屠害.州縣하고 至.
인 위 지 적 고 적 도 해 주 현 지

京西部〈牟梁里〉하여 劫掠.人家而去하다.
경 서 부 모 량 리 겁 략 인 가 이 거

▶어려운 낱말◀

[袴] : 바지(고). [自異(자이)] : 다른 사람과 구별. [赤袴賊(적고적)] : 붉은 바지를 입은 도적. [屠害(도해)] : 무찌르다. [劫掠(겁략)] : 덮쳐 약탈하다.

▷본문풀이◁

10년, 도적들이 서남쪽에서 봉기하였다. 그들은 바지를 붉게 물들여 남들과 구별하였기 때문에 사람들은 그들을 '붉은 바지를 입은 도적' 이라고 불렀다. 그들이 주와 현을 도륙하고, 서울의 서부 〈모량리〉까지 와서 인가를 위협하고 약탈하여 돌아갔다.

○十一年, 夏.六月에 王이 謂.左右曰, "近年以
십 일 년 하 유 월 왕 위 좌 우 왈 근 년 이

來로 百姓困窮하고 盜賊蜂起하니 此는 孤之.不德
래 백 성 곤 궁 도 적 봉 기 차 고 지 부 덕

也라. 避賢讓位하려 하니 吾意決矣니라."하고 禪位
야 피 현 양 위 오 의 결 의 선 위

於.太子「嶢」하다. 於是에 遣使入唐.表奏曰, "臣.
어 태 자 요 어 시 견 사 입 당 표 주 왈 신

某言하노니 居.羲仲之官은 非.臣素分이요, 守「延
모 언 거 희 중 지 관 비 신 소 분 수 연

陵」之節이 是臣良圖이오이다. 以臣.姪男「嶢」는
릉 지 절 시 신 량 도 이 신 질 남 요

是臣, 亡兄「晸」의 息으로 年將志學하고 器可興宗하여 不, 假外求하고 爰從內學하여 近已, 俾權藩寄하여 用靖國災하오이다." 하다. 冬, 十二月, 乙巳에 王이 薨於, 〈北宮〉하다. 謚曰『眞聖』이라 하고 葬于〈黃山〉하다.

▶ 어려운 낱말 ◀

[蜂起(봉기)] : 벌떼처럼 일어나다. [避賢(피현)] : 피하여 있는 어진 자. [禪] : 참선. 물려주다(선). [羲仲之官(희중지관)] : 羲仲의 관직으로 임금 자신을 말함. 즉, 堯時에 동방을 장악하였다는 日官. [延陵(연릉)] : 춘추시대 吳나라 季札이 그의 아버지의 책립을 받지 못하고 延陵에 봉해졌다고 해서 '延陵季子'라 하였다. [志學(지학)] : 15세. [假外(가외)] : 멀리 밖에서. [爰] : 이에(원). [俾權藩寄(비권번기)] : 나라의 권력이 맡겨지다. [靖] : 편안할(정). 다스리다. [黃山(황산)] : 지금의 梁山군 黃山.

▷ 본문풀이 ◁

11년, 여름 6월에 왕이 측근들에게 "근년 이래로 백성의 생활이 곤궁해지고 도적들이 봉기하니, 이는 내가 덕이 없기 때문이다. 숨어 있는 어진 자에게 왕위를 넘겨주기로 나의 뜻이 결정 되었노라."라고 말하고, 왕위를 태자 「요」에게 선양하였다. 이에 〈당〉에 사신을 보내 표문을 올려 아뢰기를, "신하, 아무개는 아뢰옵니다. 희중의 관직에 처하는 것이 저의 본분이 아니며, 「연릉」의 절조를 지키는 것이 제가 생각하는 좋은 방도입니다. 저의 조카 「요」는 죽은 형 「정」의 아들입니다. 그는 나이가 열댓 살이 되었고, 종실을 홍성케 할 자질이 있기에, 인재를 밖에서 구하지 않고 안에서 선택하여, 근일에 이미 나라 일을 임시로 맡겨 국가의 재난을 안정시키게 하고 있습니다." 했다. 겨울 12월, 을사에 왕이 〈북궁〉에서 죽으니, 시호를 『진성』이라 하고 〈황산〉에 장사지냈다.

52 孝恭王(효공왕) : 897~912

○孝恭王이 立하다. 諱는 「嶢」이니 『憲康王』之.
　효공왕　　　입　　　　휘　　　요　　　　　헌강왕　　지
庶子요. 母는 金氏라. 大赦하고 增.文武百官爵.一
서자　　　모　　김씨　　　대사　　　　증문무백관작일
級하다.
급

▷본문풀이◁

효공왕이 왕위에 올랐다. 그의 이름은 「요」이며, 『헌강왕』의 서자이다. 그의 어머니는 김씨다. 죄수들을 크게 사면하고, 문무백관의 작위를 한 급씩 증직했다.

○二年, 春.正月에 尊母 金氏를 爲「義明王太
이년 춘정월 존모 김씨 위 의명왕태

后」하다. 以.舒弗邯「俊興」으로 爲.上大等하고 阿湌
후 이서불한 준흥 위상대등 아찬

「繼康」을 爲.侍中하다. 秋.七月에「弓裔」取.〈浿西
계강 위시중 추칠월 궁예 취패서

道:지금 평양이남〉及〈漢山州〉管內.三十餘城하고 遂
도 급 한산주 관내 삼십여성 수

都於〈松岳郡〉하다.
도어 송악군

▶어려운 낱말◀

[浿] : 물 이름(패). [遂] : 결정하다. 드디어(수).

▷본문풀이◁

2년, 봄 정월에 왕의 어머니 김씨를 「의명왕태후」로 추존하다. 서불한 「준흥」을 상대등을, 아찬 「계강」을 시중으로 삼았다. 가을, 7월에 「궁예」가 〈패서도〉와 〈한산주〉 관내의 30여 성을 빼앗고, 마침내 〈송악군〉에 도읍을 정하였다.

○三年, 春.三月에 納.伊湌「乂謙」之女를 爲妃
삼년 춘삼월 납이찬 예겸 지녀 위비

하다. 秋.七月에〈北原〉賊帥「梁吉」은 忌.「弓裔」
추칠월 북원적수 양길 기 궁예

貳己하여 與.〈國原:지금의 충주〉等, 十餘城主와 謀
이기 여 국원 등 십여성주 모

攻之하여 進軍於.〈非惱城〉下하니「梁吉」兵이 潰
공지 진군어 비뇌성하 양길 병 궤

走하다.
주

▶ **어려운 낱말** ◀

[貳(이)] : 의심하다, 두 마음을 품다. [貳己(이기)] : 자기를 배신함.

▷ **본문풀이** ◁

3년, 봄 3월에 이찬「예겸」의 딸을 왕비로 맞았다. 가을 7월에, 〈북원〉의 도적 두목「양길」은,「궁예」가 자기를 배반할 생각을 가지고 있는 것을 싫어하여, 〈국원〉 등 10여 성주들과 함께 그를 공격하기로 계획하여 〈비뇌성〉 아래까지 진군하였으나,「양길」의 군사가 패하여 도주하였다.

○ 四年, 冬, 十月에 〈國原:충주〉, 〈菁州:진주〉, 〈槐
사 년 동 시 월 국 원 청 주 괴
壤:괴산〉의 賊帥, 「淸吉」과 「莘萱」 等이 擧城投於
양 적 수 청 길 신 훤 등 거 성 투 어
「弓裔」하다.
궁 예

▷ **본문풀이** ◁

4년, 겨울 10월에 〈국원〉·〈청주〉·〈괴양〉의 도적 두목「청길」과「신훤」 등이「궁예」에게 성을 바치고 투항하여 왔다.

○ 五年에 「弓裔」 稱王하다. 秋, 八月에 後百濟王
오 년 궁 예 칭 왕 추 팔 월 후 백 제 왕

「甄萱」이 攻〈大耶城:陜川〉이나 不下하고 移軍,〈錦
견훤 공 대야성 불하 이군 금

城:羅州〉之南하여 奪掠,沿邊部落,而歸하다.
성 지남 탈략 연변부락 이귀

▷ **본문풀이** ◁

5년, 「궁예」가 왕을 자칭하였다. 가을 8월에, 후백제왕 「견훤」이 〈대야성〉을 공격하였으나 승리하지 못하고, 〈금성〉 남쪽으로 군사를 옮기면서 부근의 부락을 약탈하고 돌아갔다.

○六年, 春,三月에 降霜하다. 以,大阿飡「孝宗」
육년 춘삼월 강상 이대아찬 효종

으로 爲,侍中하다.
위시중

▷ **본문풀이** ◁

6년 봄 3월, 서리가 내렸다. 대아찬 「효종」을 시중으로 임명하였다.

○七年에 「弓裔」 欲,移都하여 到〈鐵圓〉과 〈斧
칠년 궁예 욕이도 도철원 부

壤:지금의平康〉하여 周覽山水하다.
양 주람산수

▷ **본문풀이** ◁

7년, 궁예가 도읍을 옮기기 위하여, 〈철원〉과 〈부양〉에 와서 산수를 둘러보았다.

○八年에 「弓裔」 設,百官하여 依,新羅制하다.[所
팔 년 궁 예 설 백 관 의 신 라 제

制官號는 雖因羅制나 多有異者니라.] 國號를 〈摩震〉이라
국 호 마 진

하고 年號를 『武泰』 元年이라 하다. 〈浿西道:지금의
년 호 무 태 원 년 패 서 도

평양 이남〉 十餘州縣이 降於「弓裔」하다.
십 여 주 현 항 어 궁 예

▷ 본문풀이 ◁

8년, 「궁예」가 백관을 두어 신라의 제도를 따랐다.【제정한 관직 칭호는 비록 신라 제도를 모방하였으나, 신라의 제도와 다른 것도 많이 있었다.】 국호를 〈마진〉이라 하고, 연호를 『무태』 원년이라 하였다. 〈패서도〉의 10여 주현이 궁예에게 투항하였다.

○九年, 春,二月에 星隕如雨하다. 夏,四月에 降
구 년 춘 이 월 성 운 여 우 하 사 월 강

霜하다. 秋,七月에 「弓裔」 移都於〈鐵圓〉하다. 八
상 추 칠 월 궁 예 이 도 어 철 원 팔

月에 「弓裔」 行兵하여 侵奪,我邊邑하여 以至〈竹
월 궁 예 행 병 침 탈 아 변 읍 이 지 죽

嶺〉東北하다. 王이 聞,疆埸日削하여 甚患이나 然
령 동 북 왕 문 강 역 일 삭 심 환 연

이나 力不能禦하므로 命諸,城主하여 愼勿出戰하고
역 불 능 어 명 제 성 주 신 물 출 전

堅壁固守하라 하다.
견 벽 고 수

▶ **어려운 낱말** ◀

[疆場(강역)] : 나리의 국경 지역. [日削(일삭)] : 날로 사그라지다.

▷ **본문풀이** ◁

9년, 봄 2월에 별이 비 오듯 떨어졌다. 여름 4월에, 서리가 내렸다. 가을 7월에, 「궁예」가 〈철원〉으로 도읍을 옮겼다. 8월에, 「궁예」가 군사를 동원하여 우리의 변방 고을을 침략하면서, 〈죽령〉 동북 지역까지 이르렀다. 왕이 국토가 나날이 줄어든다는 말을 듣고 매우 근심하였으나, 방어할 능력이 없으므로 모든 성주들에게 명령하여 함부로 나가서 싸우지 말고, 성벽을 굳게 수비하도록 하였다.

○十年, 春.正月에 以.波珍飡「金成」으로 爲.上大等하다. 三月에 前.入唐及第한「金文蔚」은 官至.‘工部員外郎.沂王府.諮議參軍’하여 充.冊命使而還하다. 自.夏四月로 至.五月히 不雨하다.
(십년 춘정월 이파진찬 김성 위상대등 삼월 전입당급제 김문울 관지 공부원외랑 기왕부 자의참군 충책명사이환 자하사월 지오월 불우)

▶ **어려운 낱말** ◀

[充(충)] : 피임되다. 채워지다. [冊命使(책명사)] : 왕의 책명을 전하는 사람.

▷ **본문풀이** ◁

10년, 봄 정월에 파진찬 「김성」을 상대등으로 임명하였다. 3월에, 이전에 당나라에서 과거에 급제한 「김문울」의 관직이 '공부 원외랑, 기왕부, 자의참군' 에 이르러서 그가 책명사가 되어 돌아왔다. 여름 4월부터 5월까지 비가 내리지 않았다.

○十一年, 春夏無雨하다. 〈一善郡:善山郡〉以南,
십 일 년 춘 하 무 우 일 선 군 이 남

十餘城을 盡爲「甄萱」에 所取하다.
십 여 성 진 위 견 훤 소 취

▷본문풀이◁

11년, 봄과 여름에 비가 내리지 않았다. 〈일선군〉 이남 10여 성을 전부 「견훤」에게 빼앗겼다.

○十二年, 春,二月에 星孛于,東하다. 三月에 隕
십 이 년 춘 이 월 성 패 우 동 삼 월 운

霜하다. 夏,四月에 雨雹하다.
상 하 사 월 우 박

▷본문풀이◁

12년, 봄 2월에 혜성이 동쪽에 나타났다. 3월에, 서리가 내렸다. 여름 4월에, 우박이 내렸다.

○十三年, 夏,六月에 「弓裔」가 命,將領兵船하여
십 삼 년 하 유 월 궁 예 명 장 령 병 선

降,〈珍島郡〉하고 又破〈皐夷島城:靈光 西海의 皐夷島〉
항 진 도 군 우 파 고 이 도 성

하다.

▷ **본문풀이** ◁

13년, 여름 6월에 「궁예」가 장수들이 병선을 거느리고 와서 〈진도군〉의 항복을 받고, 또한 〈고이도성〉을 격파하도록 명령하였다.

○十四年에 「甄萱」이 躬率.步騎三千하여 圍.〈羅
십 사 년 견 훤 궁 솔 보 기 삼 천 위 나
州城〉하고 經旬不解어늘 「弓裔」가 發.水軍하여 襲
주 성 경 순 불 해 궁 예 발 수 군 습
擊之하니 「萱」이 引軍而.退하다.
격 지 훤 인 군 이 퇴

▷ **본문풀이** ◁

14년, 「견훤」이 직접 보병과 기병 3천을 거느리고 〈나주성〉을 포위하고 열흘 동안 풀지 않았다. 「궁예」가 수군을 출동시켜 그를 습격하니, 「견훤」이 군사를 이끌고 퇴각하였다.

○十五年, 春.正月丙戌.朔에 日有食之하다. 王
십 오 년 춘 정 월 병 술 삭 일 유 식 지 왕
이 嬖於賤妾하여 不恤政事하다. 大臣「殷影」이
폐 어 천 첩 불 휼 정 사 대 신 은 영
諫하여도 不從하니 「影」이 執其妾하여 殺之하다.
간 부 종 영 집 기 첩 살 지
「弓裔」 改.國號를 『泰封』이라 하고 年號를 『水德
궁 예 개 국 호 태 봉 연 호 수 덕
萬歲』라 하다.
만 세

▶ 어려운 낱말 ◀

[嬖] : 사랑할(폐). [不恤(불휼)] : 돌보지 않음.

▷ 본문풀이 ◁

15년, 봄 정월 초하루 병술일에 일식이 있었다. 왕이 첩에게 미혹되어 정사를 돌보지 않았다. 대신 「은영」이 충간하였으나 왕이 이를 듣지 않았다. 「은영」은 그 첩을 죽여 버렸다. 「궁예」가 국호를 『태봉』으로 고치고, 연호를 『수덕만세』라 하였다.

○十六年, 夏.四月에 王薨하다. 諡曰『孝恭』이라
십육년 하 사월 왕홍 시왈 효공
하고 葬于〈師子寺:미상〉北하다.
장우 사자사 북

▷ 본문풀이 ◁

16년, 여름 4월에 왕이 서거하였다. 시호를 『효공』이라 하고, 〈사자사〉 북쪽에 장사지냈다.

53 神德王(신덕왕) : 913~917

○神德王이 立하다. 姓은 朴氏요, 諱는 「景暉」로
신덕왕 입 성 박씨 휘 경휘

『阿達羅王:제8대』 遠孫이라. 父「乂兼」[一云,銳謙]은
아 달 라 왕 원 손 부 예 겸

事『定康大王』하여 爲,大阿飡하다. 母는「貞和夫
사 정 강 대 왕 위 대 아 찬 모 정 화 부

人」이며 妃,金氏는『憲康大王』之女니라.『孝恭
인 비 김 씨 헌 강 대 왕 지 녀 효 공

王』이 薨하니 無子라 爲,國人推戴하여 卽位하니라.
왕 훙 무 자 위 국 인 추 대 즉 위

▷본문풀이◁

신덕왕이 왕위에 올랐다. 그의 성은 박씨이며, 이름은「경휘」이고,『아달라왕』의 먼 후손이다. 아버지는「예겸(乂兼)」【'예겸(銳謙)'이라는 주장도 있다.】이다. 그는『정강대왕』을 섬겨 대아찬이 되었었다. 어머니는「정화부인」이며 왕비는 김씨이니,『헌강대왕』의 딸이다.『효공왕』이 별세하였으나 아들이 없었으므로, 백성들이 그를 추대하여 왕위에 오르게 하였다.

○元年, 五月에 追尊,考爲『宣聖大王』하고 母
원 년 오 월 추 존 고 위 선 성 대 왕 모

爲「貞和太后」요, 妃는 爲「義成王后」니 立子「昇
위 정 화 태 후 비 위 의 성 왕 후 입 자 승

英」하여 爲,王太子하다. 拜,伊飡「繼康」하여 爲,上
영 위 왕 태 자 배 이 찬 계 강 위 상

大等하다.
대 등

▷ 본문풀이 ◁

원년, 5월에 돌아가신 아버지를 『선성대왕』으로 추존하고, 어머니를 「정화태후」요, 왕비를 「의성왕후」라 하고, 아들 「승영」을 왕태자로 삼았다. 이찬 「계강」을 상대등으로 임명하였다.

○二年, 夏,四月에 隕霜하고 地震하다.
이 년 하 사 월 운 상 지 진

▷ 본문풀이 ◁

2년, 여름 4월에 서리가 내렸고 지진이 있었다.

○三年, 春,三月에 隕霜하다. 「弓裔」가 改,〈水德萬歲〉를 爲,『政開』元年이라 하다.
삼 년 춘 삼 월 운 상 궁 예 개 수 덕 만 세 위 정 개 원 년

▷ 본문풀이 ◁

3년, 봄 3월에 서리가 내렸다. 「궁예」가 연호 〈수덕만세〉를 『정개』 원년이라 했다.

○四年, 夏,六月에 〈槧浦:참포=영일군興德면〉水와 與,東海水로 相擊하여 浪高,二十丈許하더니 三日而止하다.
사 년 하 유 월 참 포 수 여 동 해 수 상 격 낭 고 이 십 장 허 삼 일 이 지

▶ 어려운 낱말 ◀

[槧] : 나무판(참). [許] : 쯤. 가량(허).

▷ 본문풀이 ◁

4년, 여름 6월에 〈참포〉의 물과 동해의 물이 맞부딪쳐서, 물결 높이가 20장 가량 솟았다가 3일이 지나서야 멈추었다.

○ 五年, 秋.八月에 「甄萱」이 攻.〈大耶城:陜川〉하
오년 추팔월 견훤 공 대야성

여 不克하다. 冬.十月에 地震하니 聲如雷하다.
불극 동시월 지진 성여뢰

▷ 본문풀이 ◁

5년, 가을 8월에 「견훤」이 〈대야성〉을 공격하였으나 이기지 못했다. 겨울 10월에, 지진이 있었는데 소리가 우레와 같았다.

○ 六年, 春.正月에 太白이 犯月하다. 秋.七月에
육년 춘정월 태백 범월 추칠월

王薨하다. 諡曰『神德』이라 하고 葬于〈竹城:미상〉
왕훙 시왈 신덕 장우 죽성

하다.

▷ 본문풀이 ◁

6년, 봄 정월에 금성이 달을 범하였다. 가을 7월에, 왕이 서거하였다. 시호를 『신덕』이라 하고, 〈죽성〉에 장사지냈다.

54 景明王(경명왕) : 917~924

○景明王이 立하다. 諱는 「昇英」이니 『神德王』
경 명 왕 입 휘 승 영 신 덕 왕

之.太子요, 母는 「義成王后」니라.
지 태 자 모 의 성 왕 후

▷ **본문풀이** ◁

경명왕이 왕위에 올랐다. 그의 이름은 「승영」이며, 『신덕왕』의 태자이다. 그의 어머니는 「의성왕후」이다.

○元年, 八月에 拜.王弟.伊湌 「魏膺」으로 爲.上
원 년 팔 월 배 왕 제 이 찬 위 응 위 상

大等하고 大阿湌 「裕廉」으로 爲.侍中하다.
대 등 대 아 찬 유 렴 위 시 중

▷ **본문풀이** ◁

원년, 8월에 왕의 아우 이찬 「위응」을 상대등으로 임명하고, 대아찬 「유렴」을 시중으로 임명하였다.

○二年, 春,二月에 一吉湌「玄昇」이 叛하다가
이년 춘 이월 일길찬 현승 반
伏誅하다. 夏,六月에「弓裔」麾下人心이 忽變하여
복주 하 유월 궁예 휘하인심 홀변
推戴『太祖(왕건)』하니「弓裔」出奔하다가 爲下所
추대 태조 궁예 출분 위하소
殺하다.『太祖』卽位稱元하다. 秋,七月에〈尙州〉
살 태조 즉위칭원 추 칠월 상주
賊帥「阿玆盖」가 遣使降於『太祖』하다.
적수 아자개 견사항어 태조

▷본문풀이◁

2년, 봄 2월에 일길찬「현승」이 모반하다가 처형되었다. 여름 6월에,「궁예」의 부하들 인심이 갑자기 변하여『태조(왕건)』를 추대하자, 궁예가 도주하다가 부하에게 피살되었다.『태조』가 즉위하여 연호를 새로 정하고, 이 해를 원년으로 하였다. 가을 7월에〈상주〉의 도적 두목「아자개」가 사신을 보내『태조』에게 항복하였다.

○三年에〈四天王寺:寺址,경주 狼山 동남〉塑像의 所
삼년 사천왕사 소상 소
執弓弦이 自絶하고 壁畵狗子가 有聲하니 若,吠者
집궁현 자절 벽화구자 유성 약 폐자
하다. 以,上大等「金成」으로 爲,角湌하고 侍中「彦
이 상대등 김성 위 각찬 시중 언
邕」으로 爲,沙湌하다. 我『太祖』移都〈松岳郡〉하
옹 위 사찬 아 태조 이도 송악군
다.

▶어려운 낱말◀

[塑像(소상)] : 흙으로 만든 사람. [弓弦(궁현)] : 활의 시위.

▷본문풀이◁

3년에, 〈사천왕사〉의 소상이 잡고 있던 활줄이 저절로 끊어지고, 벽화에 그려진 개에서 소리가 들렸는데, 마치 그 개가 짖는 것 같았다. 상대등 「김성」으로 각찬을 삼고 시중 「언옹」을 사찬으로 삼았다. 우리 『태조』가 〈송악군〉으로 도읍을 옮겼다.

○四年, 春,正月에 王이 與『太祖』로 交聘,修好
사 년 춘 정 월 왕 여 태 조 교 빙 수 호

하다. 二月에 〈康州〉將軍「閏雄」이 降於『太祖』
이 월 강 주 장 군 윤 웅 항 어 태 조

하다. 冬,十月에 後百濟,主「甄萱」이 率,步騎一萬
동 시 월 후 백 제 주 견 훤 솔 보 기 일 만

하여 攻陷〈大耶城〉하고 進軍於〈進禮:청도?〉하니
공 함 대 야 성 진 군 어 진 례

王이 遣,阿湌「金律」하여 求援於『太祖』하다. 『太
왕 견 아 찬 김 율 구 원 어 태 조 태

祖』命將,出師救之하니「萱」이 聞,乃去하다.
조 명 장 출 사 구 지 훤 문 내 거

▷본문풀이◁

4년, 봄 정월에 왕이 『태조』와 사신을 교환하고 수호 관계를 맺었다. 2월에, 〈강주〉 장군 「윤웅」이 『태조』에게 항복하였다. 겨울 10월에, 후백제 군주 「견훤」이 보병과 기병 1만을 거느리고

〈대야성〉을 공격하여 점령한 후 〈진례〉로 진군하였다. 왕이 아찬 「김율」을 태조에게 보내 구원을 요청하였다. 『태조』가 장수에게 명하여 군사를 출동시켜 구원하게 하니, 「견훤」이 말을 듣고 물러갔다.

○五年, 春.正月에 「金律」이 告王曰, 臣이 往年.
오년 춘정월 김율 고왕왈 신 왕년
奉使〈高麗〉하니 麗王이 問臣曰, "聞.新羅에 有.
봉사고려 여왕 문신왈 문신라 유
王三寶하니 所謂.丈六尊像과 九層塔과 幷.聖帶
왕삼보 소위장륙존상 구층탑 병성대
也라. 像塔은 猶存이나 不知聖帶는 今.猶在耶아?
야 상탑 유존 부지성대 금유재야
하거늘 臣이 不能答하니다." 하니 王이 聞之하고 問.
신 불능답 왕 문지 문
群臣曰, "聖帶는 是.何寶物耶아?"하니 無.能知者
군신왈 성대 시하보물야 무능지자
하다. 時에 有〈皇龍寺〉僧이 年過.九十者라 曰,
시 유황룡사승 년과구십자 왈
"予嘗聞之하니 寶帶는 是『眞平大王:제26대』所服
여상문지 보대 시 진평대왕 소복
也로 歷代傳之하여 藏在.南庫하니다."하니 王이 遂
야 역대전지 장재남고 왕 수
令.開庫하나 不能得見이요. 乃.以別日.齋祭한 然
령개고 불능득견 내이별일재제 연
後에야 見之하다. 其帶는 粧以金玉으로 甚長하여
후 현지 기대 장이금옥 심장
非.常人.所可束也니라.
비상인소가속야

▷ **본문풀이** ◁

5년, 봄 정월에 「김율」이 왕에게 고하기를, 제가 지난해 〈고려〉에 사신으로 갔을 때, 고려왕이 저에게 묻기를 "신라에는 세 가지 보물이 있으니, 소위 장륙불상과 9층탑과 성대가 그것이라고 들었다. 불상과 탑은 지금도 있는 줄 알거니와 성대가 지금도 있는지는 모르겠구나 하므로, 제가 대답을 할 수 없었습니다."라고 말하였다. 왕이 이 말을 듣고 여러 신하들에게 묻기를, "성대란 어떠한 보물인가?" 하니, 이를 아는 자가 없었다. 이때 황룡사에 중이 있었는데 나이 90세가 넘었다. 그가 말하기를, "그 보배로운 허리띠는 『진평대왕』이 사용하던 것인데, 여러 대를 전해 내려오면서 남쪽 창고에 보관되어 있다고 일찍이 들은 적이 있습니다." 하니, 왕이 즉시 창고를 열어 찾게 하였으나 발견할 수 없었다. 날을 정하여 치성을 드리고 제사를 지낸 뒤에야 그것이 발견되었다. 그 띠는 금과 옥으로 장식되었고 매우 길어서 보통 사람은 맬 수가 없었다.

○論曰, 古者에 坐.明堂하여 執傳.國璽하고 列.
논왈 고자 좌명당 집전국새 열

九鼎은 其若.帝王之.盛事者也니라. 而「韓公」論
구정 기약제왕지성사자야 이 한공 논

之曰, '歸天.人之心하고 興.太平之基는 決非.三
지왈 귀천인지심 흥태평지기 결비삼

器之.所能也니라.' 竪.三器而.爲重者는 其.誇者
기지소능야 수삼기이위중자 기과자

之詞耶아? 하다. 此.新羅所謂三寶는 亦出於.人爲
지사야 차신라소위삼보 역출어인위

之侈,而已니 爲,國家에 何須此耶야? 『孟子』曰,
지 치 이 이 위 국 가 하 수 차 야 맹 자 왈

'諸侯之寶三은 土地와 人民과 政事라.' 하였고 『楚
제 후 지 보 삼 토 지 인 민 정 사 초

書』曰, '楚國에 無以爲寶나 惟,善以爲寶니라.' 하
서 왈 초 국 무 이 위 보 유 선 이 위 보

다. 若,此者는 行之於內하여 足以善,一國하며 推
약 차 자 행 지 어 내 족 이 선 일 국 추

之於外하여 足以澤,四海하리니 又何外物之,足云
지 어 외 족 이 택 사 해 우 하 외 물 지 족 운

哉리요! 『太祖』는 聞,羅人之說而,問之耳요 非,以
재 태 조 문 라 인 지 설 이 문 지 이 비 이

爲,可尙者也니라.
위 가 상 자 야

▶ 어려운 낱말 ◀

[明堂(명당)] : 왕이 모든 예로서 집정하는 곳. [傳國璽(전국새)] : 제왕의 국새. [九鼎(구정)] : 夏禹시대 9州長官의 金을 모아 9州를 상징하는 九鼎을 만들어 傳國의 보물로 삼았다는 것. [韓公(한공)] : 韓愈를 말함. [歸天人之心(귀천인지심)] : 하늘과 사람의 마음을 모으다. [三器(삼기)] : 明堂, 璽, 鼎의 3가지. [可尙者(가상자)] : 숭상할만한 것. [구분] 竪(수)는 세우다.(竪竭). 더벅머리. 堅은 굳을(견).

〖저자의 견해〗

옛날 명당에 앉아서 나라를 이어받는 옥새를 쥐고, 아홉 개의 솥을 진열하여 놓는 것, 그것이 마치 제왕들의 대단한 일인 것처럼 생각하지만, 「한퇴지」가 평론하기를, '하늘과 백성들의 마음을 모으고, 태평 성세의 기초를 일으키는 것은, 결코 세 가지 기

물이 할 수 있는 일이 아니다.' 라고 하였으니, 세 가지 기물을 소중하다고 한 것은, 과장된 자의 말이 아니겠는가? 더구나 신라의 소위 세 가지 보물은 또한 사람이 만든 사치한 물건일 뿐이니, 나라를 통치함에 있어서 이들이 어찌 꼭 필요한 것이겠는가? [맹자]에는, '제후의 보배가 세 가지이니, 곧 토지 · 백성 · 정치라.' 고 기록되어 있으며, [초서]에는 '초나라에는 보물이라고 여길만한 것이 없고, 오직 선(善)을 보배로 삼는다.' 고 기록되어 있다. 이러한 것은, 국내에서 실천하면 족히 한 나라를 선하게 할 것이며, 국외로 실천하면, 족히 천하에 은혜를 입힐 수 있는 것이니, 이밖에 또 무엇을 보배라고 말할 수 있겠는가! 『태조』는 신라 사람들의 전설을 듣고 물었을 뿐이며, 그것을 숭상할만한 것으로 생각한 것은 아니었다.

○二月에 〈靺鞨:여진〉,別部인 「達姑」衆이 來寇,
이월 말갈 별부 달고중 내구
北邊하다. 時에 『太祖』將 「堅權」이 鎭〈朔州:춘
북변 시 태조 장 견권 진 삭주
천〉라가 率騎擊,大破之하고 匹馬不還하다. 王이
솔기격 대파지 필마불환 왕
喜하여 遣使,移書하여 謝於『太祖』하다. 夏,四月에
희 견사이서 사어 태조 하사월
京都,大風拔樹하다. 秋,八月에 蝗하고 旱하다.
경도대풍발수 추팔월 황 한

▷본문풀이◁

2월에, 〈말갈〉의 별부인 「달고」의 무리가 북쪽 변경을 침략하였다. 이때 『태조』의 장수 「견권」이 〈삭주〉를 지키고 있다가, 기병을 이끌고 그들을 공격하여 대파시키니, 한 필의 말도 돌아가지 못하였다. 왕이 기뻐하여 『태조』에게 사신을 통해 편지를 보내어 사례하였다. 여름 4월에, 서울에 큰 바람이 불어 나무가 뽑혔다. 가을 8월에, 메뚜기 떼가 생기고 가뭄이 들었다.

○六年, 春,正月에 〈下枝城:지금의 안동 풍산〉將軍,
육 년 춘 정 월 하 지 성 장 군
「元逢」과 〈溟州:강릉〉將軍 「順式」이 降於 『太祖』
원 봉 명 주 장 군 순 식 항 어 태 조
하다. 『太祖』 念其,歸順하여 以 「元逢」 本城(:下枝
태 조 념 기 귀 순 이 원 봉 본 성
城)을 爲,〈順州〉라 하고 賜 「順式」 姓曰, 王이라 하
위 순 주 사 순 식 성 왈 왕
다. 是月에 〈眞寶城:청송 진보〉將軍 「洪述」이 降於
시 월 진 보 성 장 군 홍 술 항 어
『太祖』하다.
태 조

▷본문풀이◁

6년, 봄 정월에 〈하지성〉 장군 「원봉」과 〈명주〉 장군 「순식」이 『태조』에게 항복하였다. 『태조』가 그들의 귀순을 기념하여 「원봉」의 본 성을 〈순주〉라 하였으며, 「순식」에게 왕씨 성을 내려 주었다. 이 달에 〈진보성〉 장군 「홍술」이 『태조』에게 항복하였다.

○七年, 秋,七月에 命,〈旨城:위치 미상〉將軍 「城
칠 년 추 칠 월 명 지 성 장 군 성

達」과 〈京山府:지금의 星州〉將軍「良文」等이 降於
달 경산부 장군 양문 등 항어

『太祖』하다. 王이 遣,倉部侍郎「金樂」과 錄事參
태조 왕 견 창부시랑 김낙 녹사참

軍「金幼卿」을 朝,後唐(五代의 하나)하여 貢,方物하
군 김유경 조후당 공방물

다.『莊宗(後唐)』이 賜物有差하다.
장종 사물유차

▷본문풀이◁

7년, 가을 7월에 왕이 〈지성〉 장군「성달」과 〈경산부〉 장군「양문」 등에게 명령하여『태조』에게 항복하게 하였다. 왕이 창부시랑「김낙」과 녹사 참군「김유경」을 후당에 입조시키고 토산물을 바쳤다.『장종』이 정도에 따라 선물을 주었다.

○八年, 春,正月에 遣使入,後唐朝貢하다. 泉州
팔년 춘정월 견사입후당조공 천주

節度使「王逢規」도 亦,遣使하여 貢,方物하다 夏,
절도사 왕봉규 역견사 공방물 하

六月에 遣,朝散大夫,倉部侍郎「金岳」을 入,後唐
유월 견조산대부창부시랑 김악 입후당

朝貢하니『莊宗』은 授,朝議大夫,試衛尉卿하다. 秋,
조공 장종 수조의대부시위위경 추

八月에 王薨하다. 諡曰『景明』이라 하고 葬于〈黃
팔월 왕훙 시왈 경명 장우황

福寺〉北하다.『太祖』遣使弔祭하다.
복사북 태조 견사조제

▶ **어려운 낱말** ◀

[王逢規(왕봉규)] : 신라 晉州人으로, 그 지방에서 독립하여 後唐과 내통하여 泉州節度使란 직을 받았다

▷ **본문풀이** ◁

8년, 봄 정월에 후당에 사신을 보내 조공하였다. 천주절도사 「왕봉규」가 역시 후당에 사람을 보내 토산물을 바쳤다. 여름 6월에, 왕이 조산대부 창부시랑 「김악」을 후당에 보내 조공하니, 『장종』이 그에게 조의대부, 시위위경의 관직을 주었다. 가을 8월에, 왕이 서거하였다. 시호를 『경명』이라 하고, 〈황복사〉 북쪽에 장사지냈다. 『태조』가 사신을 보내 조문하고 제사에 참여케 하였다.

55 | 景哀王(경애왕) : 924~927

○景愛王이 立하다. 諱는 「魏膺」이니 『景明王』
경 애 왕 입 휘 위 응 경 명 왕

의 同母弟也니라.
동 모 제 야

▷ **본문풀이** ◁

경애왕이 왕위에 올랐다. 그의 이름은 「위응」이니, 『경명왕』의 동복아우이다.

○元年, 九月에 遣使聘於『太祖』하다. 冬,十月
원년 구월 견사빙어 태조 동시월

에 親祀神宮하고 大赦하다.
친사신궁 대사

▷ **본문풀이** ◁

원년, 9월에 『태조』에게 사신을 보내 예빙하였다. 겨울 10월에, 왕이 직접 신궁에 제사지내고 죄수들을 크게 사면하였다.

○二年, 冬,十月에 〈高鬱府:지금의 永川〉將軍「能
이년 동시월 고울부 장군 능

文」이 投於『太祖』어늘 勞諭還之하니 以其城이
문 투어 태조 노유환지 이기성

迫近,新羅,王都故也니라. 十一月에 後百濟,主
박근신라 왕도고야 십일월 후백제주

「甄萱」이 以姪「眞虎」를 質於,高麗하다. 王이 聞
견훤 이질 진호 질어고려 왕 문

之하고 使謂『太祖』曰, "「甄萱」은 反覆多詐하여
지 사위 태조 왈 견훤 반복다사

不可和親하니다" 하니『太祖』然之하다.
불가화친 태조 연지

▶ **어려운 낱말** ◀

[勞諭(노유)] : 위로하고 타이르다. [諭] : 깨우칠(유). [迫] : 닥칠(박). [迫近

(박근)] : 매우 가깝다. [反覆多詐(반복다사)] : 변덕과 거짓이 많음.

▷ **본문풀이** ◁

2년, 겨울 10월에 〈고울부〉 장군 「능문」이 『태조』에게 투항하였다. 『태조』가 그를 위로하고 타일러서 돌려보냈다. 왜냐하면 그 성이 신라의 서울과 가까웠기 때문이었다. 11월에, 후백제 임금 「견훤」이 그의 조카 「진호」를 고려에 인질로 보냈다. 왕이 이 말을 듣고 사신을 보내 『태조』에게 "「견훤」은 변덕스럽고 거짓말을 많이 하므로 그와 화친해서는 안 된다."고 말했다. 『태조』도 그렇게 생각하였다.

○三年, 夏,四月에 「眞虎」가 暴死하다. 「萱」이 謂,
삼 년 하 사 월 진 호 폭 사 훤 위
高麗人이 故殺이라 하고 怒,擧兵하여 進軍於〈熊
고 려 인 고 살 노 거 병 진 군 어 웅
津〉하다. 『太祖』 命,諸城하여 堅壁不出하라 하다.
진 태 조 명 제 성 견 벽 불 출
王이 遣使曰, "「甄萱」이 違盟,擧兵이라, 天必,不
왕 견 사 왈 견 훤 위 맹 거 병 천 필 불
祐하리라. 若,大王이 奮,一鼓之威하면 「甄萱」이
우 약 대 왕 분 일 고 지 위 견 훤
必,自破矣리라." 하니 『太祖』 爲,使者曰, "吾,非畏
필 자 파 의 태 조 위 사 자 왈 오 비 외
「萱」이라 俟,惡盈而,自彊耳라." 하다.
훤 사 악 영 이 자 강 이

▶ **어려운 낱말** ◀

[暴死(폭사)] : 갑자기 죽다. [堅] : 굳을(견). [違盟(위맹)] : 약속을 잘 어김. [一鼓(일고)] : 한 번 진격하여. [自破(자파)] : 스스로 무너지다. [俟] : 기다릴(사). [惡盈(악영)] : 악이 가득 차서. [自彊耳(자강이)] : 자멸할 뿐이다.

▷ **본문풀이** ◁

3년, 여름 4월에 「진호」가 갑자기 죽었다. 「견훤」은 고려 사람들이 고의로 죽였다고 생각하고 분개하여 군사를 동원하여 〈웅진〉까지 진군하였다. 『태조』가 모든 성에 명령하여 방비를 굳게 하고 나가지 않도록 하였다. 왕은 사신을 보내 "「견훤」은 약속을 위반하고 군사를 일으켰으므로 하늘이 반드시 돕지 않을 것입니다. 만약 대왕이 진격하여 위풍을 보인다면 「견훤」은 반드시 스스로 파괴될 것입니다."라고 말했다. 『태조』는 사신에게 "내가 「견훤」을 두려워하는 것이 아니라, 그의 죄악이 넘쳐서 자멸하기를 기다릴 뿐이다."라고 말하였다.

○四年, 春,正月에 『太祖』 親征百濟하니 王이 出
사 년 춘 정 월 태 조 친 정 백 제 왕 출

兵助之하다. 二月에 遣,兵部侍郎「張芬」等이 入,
병 조 지 이 월 견 병 부 시 랑 장 분 등 입

後唐朝貢하다. 唐授「張芬」을 檢校工部尙書하고,
후 당 조 공 당 수 장 분 검 교 공 부 상 서

副使인 兵部郎中「朴術洪」을 兼,御史中丞으로,
부 사 병 부 낭 중 박 술 홍 겸 어 사 중 승

判官인 倉部員外郎「李忠式」을 兼,侍御史하다.
판 관 창 부 원 외 랑 이 충 식 겸 시 어 사

三月에 〈皇龍寺:9층탑〉塔이 搖動,北傾하다.『太祖』
삼월 황룡사 탑 요동북경 태조

親破〈近巖城:문경군 산양면〉하다. 後唐『明宗』이
친파 근암성 후당 명종

以,(權)知康州事(唐爵)「王逢規」로 爲,懷化大將軍
이 권 지강주사 왕봉규 위회화대장군

하다. 夏,四月에 知康州事「王逢規」가 遣使「林
하사월 지강주사 왕봉규 견사 임

彦」을 入,後唐朝貢하니『明宗』이 召對〈中興殿〉하
언 입후당조공 명종 소대중흥전

여 賜物하다.〈康州〉所管의〈突山〉等, 四鄕이 歸
사물 강주소관 돌산등 사향 귀

於『太祖』하다. 秋,九月에「甄萱」이 侵,我軍於〈高
어 태조 추구월 견훤 침아군어고

鬱府:永川〉하니 王이 請救於『太祖』하여 命,將出勁
울부 왕 청구어 태조 명장출경

兵,一萬으로 往救하다.「甄萱」은 以,救兵未至로
병일만 왕구 견훤 이구병미지

冬,十一月에 掩入,王京하다. 王이 與,妃嬪宗戚으로
동십일월 엄입왕경 왕 여비빈종척

遊,〈鮑石亭〉宴娛하다가 不覺賊兵至하고 倉猝하여
유 포석정 연오 불각적병지 창졸

不知所爲하다. 王이 與妃로 奔入〈後宮〉하고 宗戚
부지소위 왕 여비 분입 후궁 종척

及,公卿大夫士女는 四散하여 奔走逃竄하다. 其,爲
급공경대부사녀 사산 분주도찬 기위

賊所虜者는 無,貴賤으로 皆,駭汗匍匐하여 乞爲奴
적소로자 무귀천 개해한포복 걸위노

僕이나 而,不免하다.「萱」이 又縱,其兵하여 剽掠,公
복 이불면 훤 우종기병 표략공

私財物,略盡하고 入處宮闕하여 乃命,左右索王하
사재물약진 입처궁궐 내명좌우색왕

다. 王은 與,妃妾數人으로 在,後宮하다가 拘致軍中하다. 逼令王하여 自盡케 하고 强淫王妃하고 縱其下하여 亂其妃妾하고 乃立,王之族弟(金傅)로 權知國事하니 是爲『敬順王』이니라.

▶어려운 낱말◀

[倉猝(창졸)] : 갑자기. [竄] : 숨을(찬). [逃竄(도찬)] : 도망하여 숨다. [駭汗匍匐(해한포복)] : 놀라고 두려워 엉금엉금 기다. [乞爲奴僕(걸위노복)] : 노복이 되기를 애걸복걸하다. [剽] : 위협할(표). [剽掠(표략)] : 협박하여 빼앗음. [拘致(구치)] : 붙잡아 데리고 옴, 拘引. [逼] : 협박할(핍). [逼令(핍령)] : 협박하여 명령함. [自盡(자진)] : 자살. 甄萱傳에는 '使人捉王, 至前戕(장)之'라 하여 피살과 같이 말하였다. 戕은 죽일(장). [縱其下(종기하)] : 그 부하들을 놓아서. [族弟(족제)] : 宗戚으로 동생뻘. [權知(권지)] : 임시로 맡김.

▷본문풀이◁

4년, 봄 정월에 태조가 직접 백제를 공격하자, 왕이 군사를 출동시켜 그를 도왔다. 2월에, 병부 시랑 「장분」 등을 후당에 보내 조공하였다. 후당에서는 「장분」을 검교공부상서로 임명하고, 부사인 병부낭중 「박술홍」을 겸어사중승으로, 판관인 창부 원외랑 「이충식」을 겸시어사로 임명하였다. 3월에, 〈황룡사〉 탑이 흔들리다가 북쪽으로 기울었다. 『태조』가 직접 가서 〈근암성〉을 격파하였다. 후당 『명종』이 권,지강주사 「왕봉규」를 회화 대장군으로 삼았다. 여름 4월에, 지강주사 「왕봉규」가 사자 「임언」을 후당에 보내 조공하였다. 『명종』이 〈중흥전〉에서 그를 접견하고 선물을 주었다. 〈강주〉 관하의 〈돌산〉 등 네 고을이 『태조』에게 귀순하였다. 가을 9월에, 「견훤」이 〈고울부〉에서 우리 군사를 공격하므로, 왕이 『태조』에게 구원을 요청하였다. 『태조』가 장수에게 명령하여 정병 1만 명을 출동시켜 구원하게 하였다. 「견훤」은 이 구원병이 도착하지 않은 틈을 이용하여, 겨울 11월에, 서울을 습격하였다. 이때 왕은 왕비 및 후궁과 친척들을 데리고 〈포석정〉에서 연회를 베풀며 놀고 있었다. 이 때문에 적병이 오는 것을 모르고 있었으므로 갑자기 어찌할 줄을 몰랐다. 왕은 왕비와 함께 〈후궁〉으로 뛰어 들어가고, 친척과 공경대부 및 사녀들은 사방으로 흩어져 달아나고 숨었다. 적에게 붙잡힌 자들은 귀한 자, 천한 자 할 것 없이 놀라고 진땀을 흘리며 엎드려 노복이 되겠다고 빌었으나 화를 면하지 못했다. 「견훤」은 또한 군사들을 풀어 공공의 재물이나 사사로운 재물을 거의 모두 약탈하고, 대궐에 들어 앉아 측근들로 하여금 왕을 찾게 하였다. 왕은 왕비와 첩 몇 사람을 데리고 후궁에 있다가 군영으로 잡혀 갔다. 「견훤」은 왕을 협박하여 자살하게 하고, 왕비를 강간하고, 그의 부하들로 하여금 비첩들을 강간하게 하였다. 그리고 왕의 아우뻘 되는 사람으로 하여금 임시로 국사를 맡게 하였다. 이 사람이 『경순왕』이다.

56 敬順王(경순왕) : 927~935

○敬順王이 立하다. 諱는 「傳」이니 『文聖大王』
경순왕 입 휘 부 문성대왕

之,裔孫이요, 『孝宗』 伊湌,之,子也며 母는 「桂娥
지 예손 효종 이찬 지 자야 모 계아

太后」니라. 爲, 「甄萱」 所擧,卽位하다. 擧,前王屍
태후 위 견훤 소거즉위 거 전왕시

하여 殯於西堂하고 與,群下로 慟哭하다. 上謚曰
빈어서당 여군하 통곡 상시왈

『景哀』라 하고 葬,南山〈蟹目嶺〉하니 『太祖』 遣使
경애 장남산 해목령 태조 견사

弔祭하다.
조제

▶ **어려운 낱말** ◀

[裔] : 옷깃(예). [裔孫(예손)] : 후손. [殯] : 빈소(빈). [蟹] : 게(해).

▷ **본문풀이** ◁

경순왕이 왕위에 올랐다. 그의 이름은 「부」이고, 『문성대왕』의 후손이며, 이찬 『효종』의 아들이다. 어머니는 「계아태후」이다. 「부」는 「견훤」의 추대로 왕위에 올랐다. 왕은 전 왕의 시체를 서쪽 대청에 모시고, 여러 신하들과 함께 통곡하였다. 시호를 올려 『경애』라 하고, 남산 〈해목령〉에 장사지냈다. 『태조』가 사신을 보내 조문하고 제사에 참여케 하였다.

○元年, 十一月에 追尊考爲『神興大王』하고
원년 십일월 추존고위 신흥대왕
母爲王太后하다. 十二月에「甄萱」이 侵〈大木郡:
모위왕태후 십이월 견훤 침 대목군
漆谷 若木〉하여 燒盡田野積聚하다.
소진전야적취

▶ **어려운 낱말** ◀

[燒盡(소진)] : 다 태우다. [積聚(적취)] : 곡식의 노적가리.

▷ **본문풀이** ◁

원년, 11월에 왕의 아버지를『신흥대왕』, 어머니를 왕태후로 추존하였다. 12월에,「견훤」이 〈대목군〉에 침입하여, 논밭에 있던 노적가리를 모두 불태웠다.

○二年, 春正月에 高麗將「金相」이 與〈草八
이년 춘정월 고려장 김상 여 초팔
城:지금의 陜川 草溪面〉의 賊「興宗」과 戰하여 不克死
성 적 흥종 전 불극사
之하다. 夏五月에 〈康州〉將軍「有文」이 降於
지 하오월 강주 장군 유문 항어
「甄萱」하다. 六月에 地震하다. 秋八月에「甄萱」이
견훤 유월 지진 추팔월 견훤
命將軍「官昕」하여 築城於〈陽山〉하니『太祖』
명장군 관흔 축성어 양산 태조
命〈命旨城〉長軍「王忠」으로 率兵하여 擊走之하
명 명지성 장군 왕충 솔병 격주지
다.「甄萱」이 進屯於〈大耶城:陜川〉下하고 分遣軍
견훤 진둔어 대야성 하 분견군

士하여 芟取〈大木郡〉禾稼하다. 冬,十月에 「甄萱」
사　　삼취　대목군　화가　　　동시월　　견훤

이 攻陷〈武谷城:軍威郡 缶溪面〉하다.
　공함　무곡성

▶어려운 낱말◀

[芟取(삼취)] : 베어가다. [禾稼(화가)] : 벼. [攻陷(공함)] : 쳐서 함락함.

▷본문풀이◁

2년, 봄 정월에 고려 장수 「김상」이 〈초팔성〉의 도적 「홍종」과 싸우다가 승리하지 못하고 전사하였다. 여름 5월에, 〈강주〉 장군 「유문」이 「견훤」에게 항복하였다. 6월에, 지진이 있었다. 가을 8월에, 「견훤」이 장군 「관흔」을 명하여 〈양산〉에 성을 쌓게 하자, 『태조』가 〈명지성〉의 장군 「왕충」에게 명하여 군사를 거느리고 가서 쫓아내게 하였다. 「견훤」이 〈대야성〉 아래에 주둔하면서, 군사들을 보내 〈대목군〉의 벼를 베어 갔다. 겨울 10월에, 「견훤」이 〈무곡성〉을 공격하여 점령하였다.

○三年, 夏,六月에 天竺國 「三藏摩睺羅」가 抵,
　삼년　하유월　천축국　삼장마후라　　저

高麗하다. 秋,七月에 「甄萱」이 攻〈義城府城:義城
고려　　　추칠월　　견훤　　공　의성부성

郡〉하고, 高麗,將 「洪述」이 出戰하여 不克死之하
　　　　고려장　홍술　　출전　　불극사지

다. 〈順州:안동 풍산〉將軍 「元逢」이 降於 「甄萱」하
　　순주　　　　　장군　원봉　　항어　견훤

다. 『太祖』 聞之怒하나 然以, 「元逢」 前功으로 宥
태 조 문 지 노 연 이 원 봉 전 공 유
之하여 但改〈順州〉를 爲縣하다. 冬, 十月에 「甄萱」
지 단 개 순 주 위 현 동 십 월 견 훤
圍, 〈加恩縣:聞慶 加恩〉하다가 不克而歸하다.
위 가 은 현 불 극 이 귀

▶ **어려운 낱말** ◀

[天竺國(천축국)] : 인도. [三藏(삼장)] : 법사. [摩睺羅(마후라)] : 인도의 스님 이름. [宥] : 용서할(유).

▷ **본문풀이** ◁

3년, 여름 6월에 천축국의 「삼장마후라」가 고려에 왔다. 가을 7월에, 「견훤」이 〈의성부성〉을 공격하므로, 고려 장수 「홍술」이 그들과 싸우다가 이기지 못하고 전사하였다. 〈순주〉 장군 「원봉」이 「견훤」에게 항복하였다. 『태조』가 이 말을 듣고 노하였으나 「원봉」의 전공을 생각하여 용서하고, 다만 〈순주〉를 현으로 고쳤다. 겨울 10월에, 「견훤」이 〈가은현〉을 포위했다가 이기지 못하고 돌아갔다.

○四年, 春, 正月에 〈載巖城:青松珍寶〉將軍 「善弼」
사 년 춘 정 월 재 암 성 장 군 선 필
이 降, 高麗하니 『太祖』 厚, 禮待之하여 稱爲, 尚父하
항 고 려 태 조 후 예 대 지 칭 위 상 보
다. 初에 『太祖』 將通好, 新羅에 「善弼」이 引導之
초 태 조 장 통 호 신 라 선 필 인 도 지

하고 至是에 降也하니 念其,有功且老하여 故로 寵
지시 향야 념기유공차로 고 총

褒之하다.『太祖』與「甄萱」으로 戰〈古昌郡:안동군
포지 태조 여 견훤 전 고창군

병산〉〈甁山〉之下할세 大捷으로 殺虜甚衆하다. 其,
병산 지하 대첩 살로심중 기

〈永安:안동군 풍산면〉,〈河曲:안동군 임하면〉,〈直明:안동
영안 하곡 직명

일직〉,〈松生:청송군 청송면〉等, 三十餘,郡縣이 相次
송생 등 삼십여군현 상차

降於『太祖』하다. 二月에『太祖』遣使,告捷하니
항어 태조 이월 태조 견사고첩

王이 報聘兼,請,相會하다. 秋,九月에 國東沿海,州
왕 보빙겸청상회 추구월 국동연해주

郡部落이 盡降於『太祖』하다.
군부락 진항어 태조

▶ 어려운 낱말 ◀

[厚禮待(후예대)] : 후하게 대접함. [尙父(상보)] : 周武王이 공신 呂尙을 尊稱하여 師尙父(사상보)라 하였음을 본뜬 것. [相次(상차)] : 차례로. [告捷(고첩)]: : 승전소식을 알리다. [報聘(보빙)] : 보답의 예로서. [沿海州郡(연해주군)] : 지금의 강릉 일대와 울산 등, 10餘城이 來降.

▷ 본문풀이 ◁

4년, 봄 정월에 〈재암성〉 장군 「선필」이 고려에 투항하였다. 『태조』가 그를 후하게 예우하고 상보라고 불렀다. 예전에 『태조』가 신라와 우호관계를 맺으려 할 때 「선필」이 안내를 해주었는데, 이때에 이르러 그가 항복해오자 『태조』가 그의 공로와 연로함을 참작하

여 은총을 베풀고 표창하였다. 『태조』는 〈고창군〉 〈병산〉 아래에서 견훤과 싸워 크게 이겼다. 이 전투에서 죽이거나 사로잡은 자가 매우 많았다. 견훤의 영향 하에 있던 〈영안〉·〈하곡〉·〈직명〉·〈송생〉 등 30여 군현이 차례로 태조에게 투항하였다. 2월에, 『태조』가 사신을 신라에 보내 승전한 소식을 전하니, 왕이 보답으로 사신을 보내고 만날 것을 요청하였다. 가을 9월에, 동해 주변에 있는 주와 군의 부락이 모두 『태조』에게 투항하였다.

○五年, 春,二月에『太祖』率,五十餘騎하여 至,
오 년 춘 이 월 태 조 솔 오 십 여 기 지

京畿,通謁하다. 王이 與,百官으로 郊迎하여 入宮,相
경 기 통 알 왕 여 백 관 교 영 입 궁 상

對하며 曲盡,情禮하다. 置宴於,〈臨海殿〉하여 酒酣
대 곡 진 정 례 치 연 어 임 해 전 주 감

에 王言曰, “吾以不天으로 寢致禍亂하고「甄萱」
왕 언 왈 오 이 불 천 침 치 화 란 견 훤

이 恣行不義하여 喪我,國家하니 何痛如之로다.”
자 행 불 의 상 아 국 가 하 통 여 지

하고 因,泫然涕泣하니 左右無不,嗚咽하고『太祖』
인 현 연 체 읍 좌 우 무 불 명 인 태 조

亦,流涕,慰藉하다. 因留,數旬에 廻駕하니 王이 送
역 류 체 위 자 인 류 수 순 회 가 왕 송

至〈穴城:위치 미상〉하고 以,堂弟「裕廉」으로 爲質하
지 혈 성 이 당 제 유 렴 위 질

고 隨駕焉하다.『太祖』麾下軍士,肅正하여 不犯
수 가 언 태 조 휘 하 군 사 숙 정 불 범

秋毫하니 都人士女,相慶曰, “昔에 甄氏之,來也에
추 호 도 인 사 녀 상 경 왈 석 견 씨 지 래 야

如逢豺虎터니 今에 「王公」之至也에 如見父母
여봉시호 금 왕공 지지야 여견부모

라." 하다. 秋八月에 『太祖』遣使하여 遺王以錦彩
추팔월 태조 견사 유왕이금채

鞍馬하고 幷賜群僚將士에 布帛有差하다.
안마 병사군료장사 포백유차

▶ 어려운 낱말 ◀

[通謁(통알)] : 만나기를 통보함. [不天(불천)] : 하늘의 도움을 얻지 못하여. [寖致(침치)] : ~가 점점 닥치게 하다. [泫然(현연)] : 눈물을 줄줄 흘리는 모양. [慰藉(위자)] : 위로하다. [都人(도인)] : 서울(경주) 사는 사람들. [士女(사녀)] : 일반 남녀들. [豺虎(시호)] : 승냥이와 호랑이. [鞍馬(안마)] : 안장을 갖춘 말. [群僚(군료)] : 여러 관료들.

▷ 본문풀이 ◁

5년, 봄 2월에 『태조』가 기병 50여 명을 거느리고 서울 근방에 와서 왕을 만나기를 요청하였다. 왕은 백관들과 함께 교외에서 영접하여 대궐로 들어 와서 마주 대하며, 진정한 예우를 극진히 하였다. 〈임해전〉에서 연회를 베풀어 술이 취하자 왕이 말했다. "내가 하늘의 도움을 얻지 못하여 점점 환란이 닥쳐오고 있다. 「견훤」이 불의의 행동을 자행하여 나의 나라를 망치고 있으니, 어떠한 통분이 이와 같을 것인가?" 왕이 말을 마치고 눈물을 흘리자, 좌우에서 목이 메어 흐느끼지 않는 자가 없었고, 『태조』도 또한 눈물을 흘리면서 위로하였다. 이로부터 태조가 수십 일 체류하다가 돌아가려 하므로 왕이 〈혈성〉까지 나가서 송별하고, 종제 「유렴」을 볼모로 삼아 태조를 따라가게 하였다. 『태조』 휘하의 군사들의 규율이 엄정하여, 조금도 규율을 위반하는 일이 없었으니, 서울에 사는 남녀가 서로 기뻐하면서 "이전에 견훤이 왔을 때는 마치 범이나 이리 떼를 만난 것 같았는데, 오늘 「왕공」이 왔을 때는 부모를 만난 것 같았다."라고 말하였다. 가을 8월에, 『태조』가 사신을 보내 왕에게 비단과 안장을 갖춘 말을 주고, 동시에 여러 관료와 장병들에게도 정도에 따라 포백을 주었다.

○六年, 春.正月에 地震하다. 夏.四月에 遣使하여 執事侍郎「金昢」과 副使.司賓卿「李儒」로 入唐朝貢하다.
육년 춘정월 지진 하사월 견사 집사시랑 김불 부사 사빈경 이유 입당 조공

▶어려운 낱말◀

[昢] : 새벽(불).

▷본문풀이◁

6년 봄 정월, 지진이 있었다. 여름 4월에, 사신으로 집사시랑 「김불」, 부사로 사빈경 「이유」를 후당에 보내 조공하였다.

○七年에 唐,『明宗』이 遣使.高麗하여 錫命하다.
칠년 당 명종 견사고려 사명

▷본문풀이◁

7년, 후당 『명종』이 고려에 사신을 보내 책명을 주었다.

○八年, 秋,九月에 老人星(南極星)이 見하다. 〈運
팔 년 추 구 월 노 인 성 현 운

州:지금 충남 洪城〉 界, 三十餘郡縣,降於『太祖』하다.
주 계 삼 십 여 군 현 항 어 태 조

▷본문풀이◁

8년, 가을 9월에 남극성이 나타났다. 〈운주〉 경내의 30여 군현이 『태조』에게 투항하였다.

○九年, 冬,十月에 王이 以,四方土地가 盡爲他
구 년 동 시 월 왕 이 사 방 토 지 진 위 타

有하여 國弱,勢孤하니 不能自安이라 乃與群으로
유 국 약 세 고 불 능 자 안 내 여 군

下謀하여 擧土降『太祖』하다. 群臣之議는 或以爲
하 모 거 토 항 태 조 군 신 지 의 혹 이 위

可하고 或以爲,不可라 하나 王子(:마의태자)曰, "國
가 혹 이 위 불 가 왕 자 왈 국

之存亡에는 必有天命이니 只合與,忠臣義士로 收
지 존 망 필 유 천 명 지 합 여 충 신 의 사 수

合民心하여 自固力盡,而後已니 豈宜以,一千年社
합 민 심 자 고 력 진 이 후 이 기 의 이 일 천 년 사

稷(:國家)을 一旦,輕以,與人이랴?"하다. 王曰, 「孤危
직 일 단 경 이 여 인 왕 왈 고 위

若此하여 勢不能全하니 旣不能强하고 又不能弱
약 차 세 불 능 전 기 불 능 강 우 불 능 약

하여 至使,無辜之民을 肝腦塗地는 吾所不忍也니
지 사 무 고 지 민 간 뇌 도 지 오 소 불 인 야

라." 하고 乃使侍郎 「金封休」로 齎書,請降於『太
내 사 시 랑 김 봉 휴 재 서 청 항 어 태

祖』하다. 王子는 哭泣,辭王하고 徑歸〈皆骨山:금강
조 왕 자 곡 읍 사 왕 경 귀 개 골 산

산〉하여 倚巖,爲屋하고 麻衣草食으로 以終其身하
의 암 위 옥 마 의 초 식 이 종 기 신

다. 十一月에 『太祖』 受,王書하고 送,大相(:수상대
십 일 월 태 조 수 왕 서 송 대 상

리)「王鐵」 等으로 迎之하다. 王이 率,百寮하고 發
왕 철 등 영 지 왕 솔 백 료 발

自,王都하여 歸于『太祖』하다. 香車,寶馬는 連亘,
자 왕 도 귀 우 태 조 향 거 보 마 연 긍

三十餘里하여 道路,塡咽하고 觀者如堵하다. 『太
삼 십 여 리 도 로 전 인 관 자 여 도 태

祖』 出郊,迎勞하여 賜,宮東甲第(花柳宮)一區하고
조 출 교 영 로 사 궁 동 갑 제 일 구

以,長女「樂浪公主」로 妻之하다. 十二月에 封爲
이 장 녀 낙 랑 공 주 처 지 십 이 월 봉 위

「正承公(正丞公)」하니 位在,太子之上하고 給祿,一
정 승 공 위 재 태 자 지 상 급 록 일

千石하고 侍從,員將을 皆錄用之하다. 改,〈新羅〉를
천 석 시 종 원 장 개 록 용 지 개 신 라

爲,〈慶州〉라 하고 以,爲公之,食邑(封邑)하다. 初에
위 경 주 이 위 공 지 식 읍 초

新羅之,降也에 『太祖』 甚喜하여 旣,待之以,厚禮
신 라 지 항 야 태 조 심 희 기 대 지 이 후 례

하고 使告曰, "今王은 以國與,寡人하니 其,爲賜大
사 고 왈 금 왕 이 국 여 과 인 기 위 사 대

矣니 願,結婚於宗室하여 以永,甥舅之好이니다."하
의 원 결 혼 어 종 실 이 영 생 구 지 호

니 答曰, "我,伯父「億廉」 匝干(:제3품위 迊湌)은 知
답 왈 아 백 부 억 렴 잡 간 지

〈大耶郡:지금의 陜川〉事한데 其,女子,德容雙美하여
대 야 군 사 기 녀 자 덕 용 쌍 미

非是면 無以備.內政이라." 하니 『太祖』 遂.取之生
비 시 무 이 비 내 정 태 조 수 취 지 생

子하니 是는 『顯宗:太祖의孫,제8대왕』 之考로 追封爲
자 시 현 종 지 고 추 봉 위

『安宗』하다. 至 『景宗』하여 『獻和大王:태조의 孫으
안 종 지 경 종 헌 화 대 왕

로 제5대왕』하니 聘.「正承公:신라왕 金傅」女하여 納爲.
빙 정 승 공 녀 납 위

王妃하고 仍封「正承公」을 爲.〈尙父令〉하다. 公至.
왕 비 잉 봉 정 승 공 위 상 보 령 공 지

大宋『興國』四年.戊寅(고려 경종3년)에 薨하니 謚曰
대 송 흥 국 사 년 무 인 훙 시 왈

『敬順』이라[一云,孝哀.]하다. 國人이 自.始祖.至此로
경 순 국 인 자 시 조 지 차

分爲.三代하여, 自初로 至 『眞德』 二十八王으로
분 위 삼 대 자 초 지 진 덕 이 십 팔 왕

謂之《上代》하고, 自, 『武烈』로 至, 『惠恭』 八王
위 지 상 대 자 무 열 지 혜 공 팔 왕

을 謂之 《中代》하고 自, 『宣德』으로 至, 『敬順』
위 지 중 대 자 선 덕 지 경 순

二十王을 謂之《下代》 云이라 하다.
이 십 왕 위 지 하 대 운

▶어려운 낱말◀

[徑歸(경귀)] : 곧바로 가다. [香車寶馬(향거보마)] : 좋은 수레와 좋은 말. [塡咽(전열)] : 많은 사람, 많은 물건들로 붐빔. [觀者如堵(관자여도)] : 구경꾼들은 담을 두른 것 같음. [錄用(록용)] : 채용하다. [甥舅(생구)] : 장인과 사위. 외숙과 생질.

▷본문풀이◁

9년, 겨울 10월에 사방의 국토가 모두 타인의 소유로 되어, 국세가 약하고 고립되었으므로, 왕은 나라를 스스로 보존할 수 없다고 판단하고, 여러 신하들과 함께 『태조』에게 항복할 것을 의논하였다. 여러 신하들이 의논하였으나 옳다는 사람도 있었고, 옳지 않다고 하는 사람도 있었다. 이때 왕자가 "나라의 존속과 멸망은 반드시 하늘의 운명에 달려 있으니, 다만 충신 의사들과 함께 민심을 수습하여, 우리 자신을 공고히 하고 힘이 다한 뒤에 망할지언정, 어찌 1천 년의 역사를 가진 사직을 하루아침에 경솔히 남에게 주겠습니까?"라고 말했다. 왕은 "고립되고 위태로운 상황이 이와 같아서는 나라를 보전할 수 없다. 강하지도 못하고 약하지도 않으면서, 무고한 백성들이 참혹하게 죽도록 하는 것은, 나로서는 차마 할 수 없는 일이다."라고 말하고, 곧 시랑 「김봉휴」로 하여금 『태조』에게 편지를 보내 항복을 청하였다. 왕자는 통곡하면서 왕에게 하직 인사를 하고, 산길을 따라 〈개골산〉으로 들어갔다. 그는 바위 아래에 집을 짓고, 삼베옷을 입고 풀잎을 먹으며 일생을 마쳤다. 11월에, 『태조』가 왕의 편지를 받고, 대상 「왕철」 등을 보내 왕을 영접하게 하였다. 왕이 백관을 거느리고 서울을 출발하여 태조에게 가는데, 향나무 수레와 구슬로 장식한 말이 30여 리에 이어지니, 길이 막히고 구경꾼은 울타리를 두른 것 같았다. 태조가 교외에 나와서 왕을 영접하여 위로하였으며, 왕궁 동쪽의 가장 좋은 구역을 주고, 맏딸 낙랑 공주를 아내로 삼게 하였다. 12월에, 왕을 「정승공」으로 봉하여, 태자보다 높은 지

위에 두었으며, 녹봉으로 1천 석을 주고, 시종하던 관원과 장수들을 모두 등용하였다. 〈신라〉를 개칭하여 〈경주〉라 하고, 이를 공의 식읍으로 삼았다. 처음 신라가 항복하였을 때, 『태조』가 매우 기뻐하여 후한 예로 대우하였고, 사자를 보내 왕에게 말하기를, "이제 왕이 나에게 나라를 주었으니, 이는 큰 선물입니다. 원컨대 저의 종실과 혼인하여, 영원히 집안 관계를 맺고자 합니다."라고 하였다. 왕은 "나의 백부 잡간 「억렴」이 〈대야군사〉로 있는데, 그의 딸이 덕행이 훌륭하고 용모가 아름다우니, 이 외에는 집안을 받들 만한 자가 없습니다."라고 대답하였다. 『태조』가 마침내 그 여자와 결혼하여 아들을 낳았다. 이 사람이 곧 『현종』의 아버지로서, 후에 『안종』으로 추봉되었다. 『경종』『헌화대왕』 때에 이르러, 정승공의 딸을 맞아 왕비로 삼고, 「정승공」을 〈상보령〉으로 봉하였다. 공이 송나라 『흥국』 4년 무인년에 죽으니, 호를 『경순』【효애라고도 한다.】이라 하였다. 신라 시조로부터 이때에 이르기까지를 3대로 구분하니, 초대부터 『진덕왕』까지 28왕을 《상대(上代)》라 하고, 『무열왕』으로부터 『혜공왕』까지 8왕을 《중대(中代)》라 하고, 『선덕왕』으로부터 『경순왕』까지 20왕을 《하대(下代)》라고 하였다

○論曰, 新羅「朴」氏·「昔」氏는 皆自卵生하다.
논왈 신라 박 씨 석 씨 개자란생

「金」氏는 從天으로 入,金櫃而降하니 或云, 乘,金
김 씨 종천 입 금궤이강 혹운 승 금

車하나 此尤,詭怪하여 不可信하다. 然이나 世俗相
거 차우궤괴 불가신 연 세속상

傳하여 爲之實事하다.〈政和:宋徽宗의 年號〉中에 我
전 위 지 실 사 정 화 중 아

朝遣,商書「李資諒」하여 入宋朝貢에 臣「富軾」
조 견 상 서 이 자 량 입 송 조 공 신 부 식

은 以,文翰(:書記)之任하여 輔行하고 詣〈佑神館〉하
이 문 한 지 임 보 행 예 우 신 관

여 見,一堂設,女仙像하니 館伴(사신 접대관)學士「王
견 일 당 설 녀 선 상 관 반 학 사 왕

黼」曰, "此는 貴國之神이니 公等이 知之乎아?"
보 왈 차 귀 국 지 신 공 등 지 지 호

하고 遂言曰, "古有,帝室之女가 不夫而,孕하니
수 언 왈 고 유 제 실 지 녀 불 부 이 잉

爲,人所疑하여 乃,泛海,抵〈辰韓〉하여 生子하니 爲,
위 인 소 의 내 범 해 저 진 한 생 자 위

海東始主하고 帝女는 爲,地仙하여 長在〈仙桃山〉
해 동 시 주 제 녀 위 지 선 장 재 선 도 산

하니 此其像也니라."하다. 臣은 又見,大宋國,信使
차 기 상 야 신 우 견 대 송 국 신 사

「王襄」의 '祭,東神聖母文'에 '有,娠賢(:賢女)肇
왕 양 제 동 신 성 모 문 유 신 현 조

邦'之句하니 乃知,東神(聖母)은 則,〈仙桃山〉神聖
방 지 구 내 지 동 신 즉 선 도 산 신 성

者也니라. 然이나 而,不知其子가 王於何時하고 今,
자 야 연 이 부 지 기 자 왕 어 하 시 금

但原,厥初하면 在上者는 其,爲己也,儉하고 其爲
단 원 궐 초 재 상 자 기 위 기 야 검 기 위

人也,寬하고 其設官也,略하고 其行事也,簡하고 以,
인 야 관 기 설 관 야 략 기 행 사 야 간 이

至誠으로 事,中國하여 梯航(山海跋涉)朝聘之使가
지 성 사 중 국 제 항 조 빙 지 사

相續不絶하고 常遣子弟하여 造朝(:중국 조정)而,宿
상 속 부 절 상 견 자 제 조 조 이 숙

衛하고 入學而,講習하다. 于以襲,聖賢之風化(:교
위 입학이강습 우이습성현지풍화

화)하고 革,鴻荒(:蠻夷未開)之俗하여 爲,禮義之邦하
혁홍황 지속 위예의지방

다. 又憑,王師(:唐軍)之,威靈하여 平,百濟,高句麗하
우빙왕사 지위령 평백제고구려

여 取其地,郡縣之하니 可謂盛矣니라. 而奉,浮屠(:
취기지군현지 가위성의 이봉부도

부처)之法하여도 不知其弊하고 至使閭里에 比其塔
지법 부지기폐 지사여리 비기탑

廟하고 齊民,逃於,緇褐(:치갈=승려)로 兵農浸小하고
묘 제민도어치갈 병농침소

而,國家日衰하니 則,幾何其,不亂且,亡也哉아? 於
이국가일쇠 즉기하기불란차망야재 어

是時也에 『景哀』는 加之以,荒樂하고 與,宮人左
시시야 경애 가지이황락 여궁인좌

右와 出遊,鮑石亭에 置酒燕衎하다가 不知「甄萱」
우 출유포석정 치주연간 부지 견훤

之至하니 與,夫門外「韓擒虎」와 樓頭「張麗華」
지지 여부문외 한금호 누두 장여화

의 無以異矣니라. 若『敬順』之,歸命『太祖』는
무이이의 약 경순 지귀명 태조

雖,非獲已나 亦可嘉矣리라. 向若,力戰守死하여
수비획이 역가가의 향약역전수사

以抗,王師(:고려 군사)하다가 至於,力屈勢窮이면 則,
이항왕사 지어역굴세궁 즉

必覆其,宗族하고 害及于,無辜之民이리라. 而,乃不
필복기종족 해급우무고지민 이내부

待,告命(誥命:宣言)하고 封,府庫籍,郡縣하여 以歸之
대고명 봉부고적군현 이귀지

하니 其,有功於朝廷과 有德於,生民이 甚大로다.
기유공어조정 유덕어생민 심대

昔에 「錢氏:吳越王」가 以〈吳越〉로 入宋을 「蘇子瞻:
석 전씨 이 오 월 입 송 소 자 첨

軾의 字」이 謂之.忠臣이라 하니 今.新羅功德은 過於
위 지 충 신 금 신 라 공 덕 과 어

彼(:吳越)遠矣니라. 我『太祖』는 妃嬪衆多하고 其.
피 원 의 아 태 조 비 빈 중 다 기

子孫이 亦繁衍하니 而『顯宗:제8대』은 自.新羅外
자 손 역 번 연 이 현 종 자 신 라 외

孫으로 卽.寶位하여 此後繼統者하니 皆其.子孫으
손 즉 보 위 차 후 계 통 자 개 기 자 손

로 豈非.陰德之.報者歟아!
기 비 음 덕 지 보 자 여

▶어려운 낱말◀

[詭怪(궤괴)] : 이상하고 괴이함. [詣] : 이를(예). [原厥初(원궐초)] : 그 본래의 사실을 따져보면. [憑(빙)] : 기대어, 의탁하여. [威靈(위령)] : 권위와 힘. [齊民(제민)] : 많은 백성들이. [浸小(침소)] : 점점 줄어들다. [韓擒虎(한금호)] : 수나라 東垣人으로 隋文帝時에 盧州摠管이 되어 輕騎500을 이끌고 金陵에 쳐들어가 陳의 後主를 잡아서 平陳의 공을 세운 사람. 진후주의 말로는 신라 경애왕과 방불함이 있다. [張麗華(장여화)] : 진 후주 장귀비 등의 유연오락과 그들의 최후가 역시 신라 경애왕의 경우와 같은 것. [雖非獲已(수비획이)] : 비록 마지못하여 한 일이지만. [向若(향약)] : 만약에. [彼~遠] : 저~보다 훨씬~하다. [繁衍(번연)] : 번성하여 수가 불어남.

〖저자의 견해〗

신라의 「박」씨와 「석」씨는 모두 알에서 태어났으며, 「김」씨는 금궤에 들어 있다가 하늘로부터 하강하였거나 혹은 금수레를 타고 왔다고 하니, 이는 더욱 괴이하여 믿을 수 없다. 그러나 세속에서는 이것이 대대로 전해 내려와 사실로 알려져 있다. 〈정화〉 연간에 우리나라에서 상서 「이자량」을 송나라에 보내 조공할 때, 신 「부식」은 글 쓰는 임무를 맡아 보좌로 가게 되었다. 우리가 〈우신관〉에 이르렀을 때 마루 한 편에 선녀의 화상을 걸어 놓은 것을 보았다. 숙소에서 접대를 맡은 학사 「왕보」가 "이는 귀국의 신인데 공들은 이를 아는가?" 라 하고, 이어서 말하기를 "옛날에 어떤 제왕의 딸이 있었는데, 남편 없이 잉태하자 남들에게 의심을 받게 되었다. 그녀는 곧 바다를 건너 〈진한〉으로 가서 아들을 낳았는데, 이 사람이 해동의 첫 임금이 되었고, 제왕의 딸은 땅의 신선이 되어 영원히 〈선도산〉에 살게 되었으니, 이것이 그녀의 화상이다." 라고 하였다. 나는 또한 송나라 사신 「왕양」이 지은 '동신성모제문' 에 '어진 사람을 낳아 나라를 창건하였다.' 는 구절이 있는 것을 보고, 이 동방의 신이 곧 〈선도산〉의 신성임을 알게 되었다. 그러나 그 선녀의 아들이 언제 왕 노릇을 하였는지는 알 수 없고, 이제 다만 이러한 전설이 생긴 시초를 고찰해 본 것이다. 〈신라〉에서 왕위에 오른 자들은, 자기에게는 엄격하고, 남에게는 너그러우며, 관직은 간략히 두고, 일의 처리는 간편하게 하며, 지성으로 중국을 섬기어, 산 넘고 바다 건너 예빙하는 사신이 끊이지 않았고, 항상 자제들을 보내 중국의 조정에 나아가 숙위하게 하였으며, 국학에 입학하여 학문을 닦게 하였으니, 여기에서 성현의 교화를 받았기 때문에 미개하고 거칠던 풍속을 바꾸어 예의가 있는 나라를 만들었다. 또한 〈신라〉는 중국 군사의 위세를 빌어 〈백제〉와 〈고구려〉를 평정하고, 그 지역을 취하여 군현으로 만들었으니, 가히

성대를 이루었다고 할 수 있었다. 그러나 〈신라〉는 불가의 법을 받들고, 그 폐해를 깨닫지 못하였으며, 심지어 마을에도 탑과 절간이 늘어서고, 백성들이 사찰로 도피하여 승려가 되었으니, 군사와 농사 지을 사람이 점점 줄어들고, 나라는 날로 쇠퇴하게 되었으니, 어찌 나라가 문란하지 않고 멸망하지 않기를 바라겠는가? 이때에 이르러서 『경애왕』은 더욱 황음하게 되어, 궁인과 근신을 데리고 포석정에 나가 놀면서 술을 마시며 연회를 하다가 「견훤」이 오는 줄을 알지 못하였으니, 이것이 문 밖에 한 금호가 온 것을 모른 것이나, 누각 위에서 「장여화」를 데리고 놀다가 화를 당하였던 것과 다름이 없었다. 『경순왕』이 『태조』에게 귀순한 것은 비록 부득이한 일이기는 하지만 또한 가상한 일이었다. 그 당시에 만약 목숨을 걸고 『태조』의 군사와 싸워서 힘이 다하고 형세가 곤궁하여졌다면, 필히 그의 일족은 멸망하고, 무고한 백성들에게도 해가 미쳤을 것이다. 그러나 명령을 기다리지 않고, 나라의 창고를 봉하고, 군현을 기록하여 『태조』에게 귀의하였으니, 그가 고려에 세운 공로와 백성들에게 입힌 은덕이 매우 크다 할 것이다. 옛날 「전」씨가 〈오〉와 〈월〉의 국토를 송나라에 바친 것을 두고, 「소자첨」은 그를 충신이라고 하였으니, 지금 신라의 공덕은 그보다도 훨씬 더 훌륭한 것이다. 우리 『태조』는 비빈이 많았고, 그의 자손들 역시 번창하였는데도, 『현종』은 신라의 외손으로서 왕위에 오르게 되었고, 그를 계승한 자들이 모두 그의 자손이었으니, 어찌 위와 같은 음덕의 보답이 아니겠는가?

「한문 원본」을 원문·현토·주해한

삼국사기(三國史記) 【1권】

-신라본기-

초판 1쇄 발행 2020년 6월 15일
초판 3쇄 발행 2023년 7월 20일

현토·주해 | 정민호
원 작 자 | 김부식
추천및감수 | 문경현
발 행 자 | 김동구
디 자 인 | 이명숙 · 양철민
발 행 처 | 명문당(1923. 10. 1 창립)
주 소 | 서울시 종로구 윤보선길 61(안국동)
국민은행 006-01-0483-171
전 화 | 02)733-3039, 734-4798, 733-4748(영)
팩 스 | 02)734-9209
Homepage | www.myungmundang.net
E-mail | mmdbook1@hanmail.net
등 록 | 1977. 11. 19. 제1~148호

ISBN 979-11-90155-43-4 (04910)
ISBN 979-11-90155-42-7 (세트)
25,000원

* 낙장 및 파본은 교환해 드립니다.